DICCIONARIO NORMATIVO
Y GUÍA PRÁCTICA
DE LA LENGUA ESPAÑOLA

ARIEL LINGÜÍSTICA

FRANCISCO MARSÁ

DICCIONARIO NORMATIVO
Y GUÍA PRÁCTICA
DE LA LENGUA ESPAÑOLA

EDITORIAL ARIEL, S. A.

BARCELONA

1.ª edición: noviembre 1986
Reimpresión: diciembre 1990

© 1986: Francisco Marsá

Derechos exclusivos de edición en castellano
reservados para todo el mundo:
© 1986 y 1990: Editorial Ariel, S. A.
Córcega, 270 - 08008 Barcelona

ISBN: 84-344-8200-2

Depósito legal: B. 40.838 - 1990

Impreso en España

0. INTRODUCCIÓN

¿Es verdad que hablando se entiende la gente? No es seguro. Las personas propenden a no entender lo que no les conviene entender. Y no siempre llegan a entender, por muy diversos motivos, lo que sí les convendría entender. Aparte razones de conveniencia, obcecación, dogmatismo y otras actitudes de la misma cuerda, hay impedimentos más inmediatos que restringen la eficacia de la comunicación humana. Un proceso de comunicación oral puede fracasar por la mala pronunciación del emisor, la mayor o menor sordera del receptor o el ruido de fondo. No menos amenazada está la comunicación escrita: la falta de caligrafía en el que escribe o algún defecto de visión en el que lee bastan para alterar el contenido informativo del texto y malograr el mensaje.

Porque, en el complejo acto de la comunicación lingüística, no suele producirse el fallo por incomprensión total. Es más; si hay conciencia de incomprensión, el fallo puede remediarse. Un mensaje totalmente opaco suele provocar en el receptor una respuesta inquisitiva: *¿Cómo dice?* Lo malo es que el receptor entienda satisfactoriamente, pero entienda algo distinto de lo que quiso comunicar el emisor. Y este fenómeno de incomprensión inconsciente se produce con mayor frecuencia de lo que el profano suele suponer.

La comunicación lingüística constituye un proceso lo bastante delicado para que se le preste la mayor atención posible. No pretendemos remediar desde aquí el balbuceo de unos, la sordera de otros, el pulso tembloroso de éste ni las dioptrías de aquél. Ni, por supuesto, la obcecación, el sectarismo o la insensatez. Aunque cabe prevenir contra la precipitación, la falta de atención y los prejuicios. El que supone de antemano lo que su interlocutor va a decirle entiende efectivamente lo que ya suponía, aunque no sea precisamente lo que le haya dicho. Mejor es no suponer nada y aguardar receptivamente la llegada del mensaje.

En este libro no se plantean siquiera estos grandes problemas de la comunicación. Su alcance se limita a considerar las cuestiones más importantes de un determinado código de comunicación, un código que permite poner en relación hablada o escrita a trescientos millones de personas: la lengua española. En este libro se tratan los aspectos más conflictivos que se presentan en la práctica oral o escrita del español. Porque la ignorancia del significado preciso de una palabra, del matiz de tiempo de una forma verbal, del uso de un signo de puntuación o de la relación que establece una preposición pueden contribuir por sí solos a la comprensión incompleta o incorrecta de un mensaje.

En un tiempo de reverencia idolátrica hacia las ciencias del lenguaje, puede parecer banal ocuparse de los aspectos prácticos de una lengua; pero no faltan ejemplos de grandes obras repletas de sublime doctrina lingüística que resultan ininteligibles a causa de su defectuosa redacción. Nadie subestime el valor de la modesta gramática, la que enseña a hablar y escribir correctamente, a comprender cabalmente lo oído o leído; la que hace posible la comunicación entre los miembros de una comunidad. Muchas comunidades de ámbito reducido pugnan tenazmente por defender la unidad y la eficacia cultural de sus respectivas lenguas, mediante la rigurosa aplicación de normas y preceptos. ¿Hay alguna razón para renunciar al mantenimiento de la unidad y de la eficacia cultural de una lengua que tiene trescientos millones de hablantes y una brillantísima historia literaria?

Vivimos una época en que la autoridad, la norma y la disciplina parecen no gozar de prestigio social. Claro que, al mismo tiempo, se exige a los parlamentarios disciplina de voto, se fomenta entre los televidentes la unanimidad de opinión y se impone —a palos, si hace falta— la efectividad de la huelga. Ante tales muestras de disciplina rigurosa, no parece mucho pedir un cierto respeto a la norma lingüística. Si, como se pregona, la feliz convivencia ha de basarse en el diálogo, bueno será pertrechar a los dialogantes de recursos lingüísticos adecuados. Por lo menos, que no falle el acuerdo por falta de gramática. Si pretendemos que la gente se entienda hablando, hablemos lo más claramente posible. Si hemos de regirnos por leyes escritas, escríbanse éstas con diáfana claridad, sin ambigüedades ni imprecisiones.

Cualquier texto escrito o hablado, desde la Constitución a la más banal de las conversaciones, contiene mensajes cifrados lingüísticamente. Aparte las razones de conveniencia o pasión arriba apuntadas, la infidelidad a las normas gramaticales —código de la lengua— comporta riesgo de fracaso comunicativo. Aprender la gramática práctica de una lengua no es un capricho ni un lujo; es una necesidad. La lengua es un bien público. Deben mantenerla ágil y expedita las instituciones culturales; pero cada uno de los hablantes debe contribuir con su conocimiento reflexivo y su uso correcto. Se nos dice con frecuencia que las víctimas de la carretera lo son por su incumplimiento de las normas de circulación. La mayor parte de los equívocos, tergiversaciones y ambigüedades en la comunicación lingüística se deben a incumplimiento de las normas gramaticales.

Este libro no podrá ser, claro está, el remedio mágico para los males que abruman al español de hoy; pero querría contribuir a la salud de la lengua española. Y no precisamente de la lengua literaria, que tiene ya sus propios valedores. Este libro pretende presentar, de modo claro y práctico, las nociones gramaticales que permitan al español medio expresarse con dignidad y eficacia. Y —¿por qué no?— proporcionar al español culto la ocasión de comprobar el buen estado de sus conocimientos lingüísticos; que es imprudente confiar en la rutina de cada día, en un mundo de oradores improvisados y escritores de urgencia.

La primera parte se dedica a la exposición razonada de los aspectos más interesantes de la fonética, la ortografía, la morfología y la sintaxis de la lengua española. No hay en el texto concesión a la afectación ni a la pedantería. El razonamiento directo, el rigor de las normas prácticas, la abundancia de ejemplos y la riqueza de cuadros y sinopsis constituyen los pilares básicos de la primera parte de esta obra. La segunda contiene, ordenado alfabéticamente, un rico caudal de información sobre la lengua española, tanto por lo que se refiere a la ortografía y a la conjugación de los verbos, como a las propias cuestiones gramaticales tratadas en la primera parte, a cuyos párrafos remite. En la introdución al diccionario se explica el modo de utilizarlo con mayor provecho.

Por mucho que haya sido —y mucho ha sido— el esfuerzo dedicado a la confección de este libro, no cabe pensar que esté limpio de omisiones y errores. Nos disculpamos de antemano; pero la disculpa no suple la omisión ni corrige el error. Como este libro nace con vocación de perdurabilidad, solicitamos la generosa colaboración de cuantos observen yerros o lagunas; su amistosa aportación contribuirá a mejorar, en nuevas ediciones, una obra concebida como instrumento de información lingüística y guía práctica para el uso de la lengua española.

1. ESTRUCTURA FÓNICA DE LA LENGUA

1.1. LENGUAJE Y ESCRITURA

En sentido muy amplio, puede denominarse lenguaje a cualquier conjunto de señales que den a entender alguna cosa; de aquí que pueda hablarse del lenguaje de las flores, de los ojos, de las estrellas. En sentido más restringido, se denomina lenguaje al conjunto de sonidos, gestos y movimientos de que se sirven los animales para intercambiar información. Las especies que viven en colonias (como las abejas y las hormigas) disponen de un complejo sistema de comunicación, en el cual el tacto y los movimientos de desplazamiento juegan un importante papel. En sentido estricto, sólo cabe llamar lenguaje al conjunto de sonidos articulados que emplea el hombre para la expresión de sus vivencias.

En un libro que preste atención a la ortografía es importante destacar la condición fónica del lenguaje humano, porque la escritura no es sino un sistema de transcripción gráfica de los sonidos constitutivos del lenguaje oral. El lenguaje escrito permite al hombre superar los dos mayores obstáculos que limitan la comunicación oral: la lejanía en el espacio y el transcurso del tiempo. Una y otro fueron vencidos por la escritura, que puede viajar hasta el más recóndito escondrijo y aguardar impávida la llegada del futuro.

La humanidad entró en el corriente siglo sin otro medio de fijación de lenguaje que la escritura. Luego se descubrieron la grabación de discos y la magnetofonía; procedimientos que permiten la difusión y la conservación de la palabra oral sin necesidad de transcripción gráfica. No obstante el concurso de estas nuevas técnicas, el presente y el futuro inmediato de la cultura habrán de discurrir aún por la senda del lenguaje escrito.

1.2. ARTE Y ESCRITURA

Desde la más remota antigüedad el hombre ha mostrado tendencia a manifestarse mediante técnicas gráficas. Conocidas son las llamadas pinturas rupestres, expresión pictórica de las vivencias del hombre cavernícola. Los especialistas en arte paleolítico suelen atribuir a ciertas escenas de las pinturas rupestres un significado ritual o mágico; un valor de mensaje, cuyo contenido trasciende de la mera representación del objeto. La posibilidad de atribuir sentido abstracto a la imagen de un objeto significa ya el paso de la pictografía a la ideografía. La escritura ideográfica consiste precisamente en la representación de ideas mediante imágenes de objetos; cuando —por ejemplo— la imagen de un ojo no representa sólo el órgano de la vista, sino la vista misma.

El tipo más conocido de escritura ideográfica la ofrece la historia del antiguo Egipto. En el jeroglífico, los signos corresponden directamente a las ideas; este procedimiento permite la referencia no sólo a objetos de sencillo diseño, sino a conceptos que implican movimiento o actividad. Mediante dibujos muy estilizados no es difícil representar actitudes tales como caminar, correr o saltar. Para facilitar la comprensión cabe añadir rasgos referentes a algún aspecto de la acción que se pretende representar; así, la idea de beber puede sugerirse mediante la figura esquemática de un hombre arrodillado ante unas líneas horizontales onduladas, representación gráfica del elemento líquido.

El perfeccionamiento del sistema jeroglífico permite ampliar su aplicación a conceptos de más difícil representación gráfica e incluso carentes de dimensión espacial; el círculo, que representa el *sol*, puede significar también *día* e incluso —en progresiva línea de abstracción— la noción de *tiempo*. A pesar de esta función simbólica, los ideogramas no alcanzan a cubrir todas las necesidades de representación gráfica del lenguaje oral. No todas las palabras se refieren a objetos susceptibles de ser descritos en términos aptos para su interpretación gráfica. Los nombres propios no se aplican a clases de objetos con unas determinadas características; designan precisamente a este o a aquel ente aislado —persona, lugar o institución—, sin referencia alguna a sus características de clase. Razón por la cual, ya en el lenguaje jeroglífico, la representación gráfica de los nombres propios no se basa en una relación ideográfica, sino fonográfica.

1.3. EL ALFABETO

Si la ideografía es la representación gráfica de una idea, el fonograma es la representación gráfica de un sonido. Su trazado es sistemáticamente arbitrario, aunque históricamente motivado. Esta independencia de la grafía respecto del objeto permite una extrema simplificación de líneas y un trazado más acorde con el ejercicio de la escritura; en definitiva, una mayor rapidez y una más amplia posibilidad combinatoria. Por esta causa las antiguas escrituras ideográficas fueron evolucionando hacia una correspondencia fonográfica. Los ideogramas se emplearon como letras y los conjuntos de signos de las distintas escrituras (jeroglífica, cuneiforme, etc.) se convirtieron en los correspondientes alfabetos.

Se conocen más de doscientos alfabetos, unos cincuenta de los cuales se usan en la actualidad. Tal variedad constituye un obstáculo para la relación entre los pueblos; porque, a las naturales dificultades que ofrece el aprendizaje de una lengua extraña, hay que añadir el inconveniente previo de tener que aprender un nuevo alfabeto. Pueblos tan vinculados entre sí como Grecia y Roma —cuna conjunta de la cultura clásica— usaron y usan alfabetos distintos. Otro tanto ocurre con Rusia y los Estados Unidos, grandes potencias y polos culturales de nuestro tiempo.

La inmensa mayoría de los países del llamado mundo occidental emplean el alfabeto latino; éste procede del fenicio, a través de Grecia, y fue proyectado sobre Europa por el Imperio Romano. El prestigio cultural de Europa durante la edad moderna y la expansión imperial de algunas naciones europeas —especialmente España e Inglaterra— contribuyeron a su actual difusión.

1.4. EL ALFABETO ESPAÑOL

Para escribir en lengua española se emplea el alfabeto latino, con algunas particularidades, que se indican en este mismo apartado. Los signos del alfabeto usados para la escritura en lengua española figuran en el siguiente cuadro, en que se distingue entre modalidad mecánica y manual, redonda y cursiva, mayúscula y minúscula.

Algunos de los signos contenidos en el cuadro citado requieren explicación. La letra *w* no se emplea sino en voces de procedencia extranjera. En palabras totalmente incorporadas al español es frecuente que la grafía *w* haya sido reemplazada por *v*, como en *vagón* (del inglés *waggon*) y en *vals* (del alemán *Walz,* derivado de *walzer*). En el recuadro final se incluyen las tres letras compuestas del alfabeto español. La *ch* es doble por su figura e indivisible en la escritura, pero corresponde a un solo sonido. En caso de mayúscula en posición inicial de palabra, sólo la *C* adopta esta forma, manteniéndose la *h* en su forma minúscula (como en *China, Chaplin, Chopin*).

La letra *ll* es también doble e indivisible en la escritura, y corresponde también a un solo sonido; en caso de mayúscula inicial de palabra, esta forma sólo afecta a la primera *L,* quedando la segunda *l* en minúscula (como en *Llerena, Llodio, Llobregat*). La letra *rr* corresponde a un sonido distinto del de la simple *r.* Se escribe sólo en posición interior de palabra y entre vocales (como en *carro, arroz, pizarra*); si el mismo sonido corresponde a posición inicial de palabra o siguiente a una consonante, no se escribe el signo doble, sino el sencillo. Al no ocupar nunca la *rr* posición inicial, esta letra doble no se escribe en mayúscula más que cuando se escriba así toda la palabra (como en CARRO, ARROZ, PIZARRA).

El signo *h* no corresponde a ningún sonido en la pronunciación esmerada de la lengua española, aunque es frecuente pronunciarlo como aspiración en el habla popular de algunas regiones. La letra *ñ*, signo usado sólo en español, procede de la aplicación sobre la *n* de una tilde, recurso en la escritura medieval para indicar duplicación de la *n* (como en *caña,* del latín *canna*), concurren-

LETRA MECÁNICA				LETRA MANUAL		NOMBRE
REDONDA		CURSIVA				
Mayúscula	Minúscula	Mayúscula	Minúscula	Mayúscula	Minúscula	
A	a	A	a	A	a	a
B	b	B	b	B	b	be
C	c	C	c	C	c	ce
D	d	D	d	D	d	de
E	e	E	e	E	e	e
F	f	F	f	F	f	efe
G	g	G	g	G	g	ge
H	h	H	h	H	h	hache
I	i	I	i	I	i	i
J	j	J	j	J	j	jota
K	k	K	k	K	k	ka
L	l	L	l	L	l	ele
M	m	M	m	M	m	eme
N	n	N	n	N	n	ene
Ñ	ñ	Ñ	ñ	Ñ	ñ	eñe
O	o	O	o	O	o	o
P	p	P	p	P	p	pe
Q	q	Q	q	Q	q	cu
R	r	R	r	R	r	ere
S	s	S	s	S	s	ese
T	t	T	t	T	t	te
U	u	U	u	U	u	u
V	v	V	v	V	v	uve
W	w	W	w	W	w	uve doble
X	x	X	x	X	x	equis
Y	y	Y	y	Y	y	i griega
Z	z	Z	z	Z	z	zeta
CH	ch	CH	ch	CH	ch	che
LL	ll	LL	ll	LL	ll	elle
RR	rr	RR	rr	RR	rr	erre

cia de consonantes (como en *dueño,* del vulgar *domno,* derivado del latín *dominu*) o el seguimiento de una semiconsonante (como en *señor,* del latín *seniore*).

1.5. FONEMAS DEL ESPAÑOL

El concepto de sonido, aun aplicado exclusivamente a la expresión oral de una lengua, adolece de imprecisión. El alfabeto fonético internacional cataloga más de noventa sonidos lingüísticos diferenciados; los dialectólogos, apremiados por la necesidad de distinguir matices importantes para su trabajo, acrecientan esta cifra con sus aportaciones. Por fortuna, el hablante de una lengua no necesita distinguir todos los matices de tan amplio repertorio de sonidos para su expresión oral. El hablante español pronuncia de modo muy distinto la *l* de *altar* de la de *algún* y la *n* de *anciano* de la de *angustia;* pero no necesita tener conciencia de ello, porque la diferencia de articulación se debe a la inmediata vecindad de otros sonidos y no afecta al sistema de oposiciones del consonantismo español.

En francés, por ejemplo, la diferencia entre la pronunciación sonora y sorda de la *s* afecta al significado de las palabras: *poison* (pronunciado *puasón,* con *s* sonora) significa «veneno»; *poisson* (pronunciado *puasón* con *s* sorda) significa «pez» o «pescado». En catalán ocurre otro tanto: *llosa* (con *s* sonora) significa «losa»; *llossa* (con *s* sorda) significa «cucharón». La sonoridad o sordez de la *s* no afecta al significado de las palabras en español; pero sí hay diferencia de significado entre las palabras *peso* y *beso,* opuestas sólo por la sordez y la sonoridad de las respectivas consonantes iniciales, ambas bilabiales oclusivas.

Al considerar la vertiente oral de una lengua es importante no confundir los conceptos de sonido y fonema; el primero pertenece al ámbito de realización del habla y el último al sistema de la lengua; el número de los sonidos es prácticamente ilimitado y varían según la vecindad de otros sonidos y la particular articulación de cada hablante; el número de los fonemas, en cambio, es fijo y limitado en cada lengua y su conjunto constituye un sistema de modelos de pronunciación que intencionalmente eligen los hablantes.

En la articulación de los distintos sonidos que se emplean al hablar no siempre se parte del aire vibrante, sino del aire normalmente emitido en la respiración. Si no hay vibración, los sonidos se llaman sordos; si la hay, sonoros. Todas las vocales (*a, e, i, o, u*), y algunas consonantes (las correspondientes a los signos *b, d, g, l, ll, m, n, ñ, r,* y *rr*) son sonoras; las demás son sordas. Además de la sonoridad y la sordez, hay que considerar otros aspectos de la articulación fonética. El aire salido de las cuerdas vocales encuentra el velo del paladar. Si éste está levantado, el camino del aire hacia la boca está expedito y el sonido será bucal; si, por el contrario, el velo está caído, el aire se dirige a las fosas nasales y sale por las ventanas de la nariz. Ésta es, siguiendo el camino de salida del aire, la primera de las modificaciones que conforman los fonemas y recibe el nombre de articulación.

Aun a los sonidos nasales afecta la posición de los órganos articulatorios bucales. Éstos se dividen en activos y pasivos. Son pasivos o fijos los dientes, los alvéolos y el paladar. Son activos o movibles los labios, el maxilar inferior, el velo del paladar y —más activo que cualquier otro órgano— la lengua. La disposición de estos órganos determina en la cavidad bucal un contacto o estrechamiento que modifica el curso de salida del aire y caracteriza el fonema. El lugar donde tal ocurre se llama punto de articulación. En la clasificación de los fonemas se tiene siempre en cuenta el punto de articulación, que recibe el nombre del órgano que interviene de modo más importante o característico.

Pero no sólo importa el lugar donde se produce la articulación, sino también el modo cómo se produce. Si el sonido es consecuencia del contacto de los órganos, de modo que se interrumpa momentáneamente la salida del aire espirado, la articulación se llama oclusiva. Si el contacto es incompleto y hay entre los órganos un canal de mayor o menor amplitud, por el que pasa el aire rozando, la articulación se llama fricativa. Y se llama africada la articulación compuesta de dos tiempos: una oclusión inicial momentánea, que se resuelve gradualmente en una fricación. Los sonidos resultantes de uno o varios movimientos rápidos que interrumpen alternativamente la salida de aire reciben el nombre de vibrantes. La carencia de obstáculos en la salida de aire origina las vocales, en cuya articulación la cavidad bucal actúa como instrumento modulador y caja de resonancia.

La concurrencia de los factores citados produce una amplia gama de sonidos. Cada lengua se sirve de un determinado número de ellos, seleccionados por su valor fonológico. He aquí las consonantes que constituyen el sistema fonológico de la lengua española, pronunciables con el concurso de alguno de los fonemas vocálicos. Figuran sólo los fonemas o sonidos con valor fonológico, prescindiéndose de aquellos sonidos que son meras variantes circunstanciales o regionales. En cuanto al modo de articulación, los fonemas se clasifican por su matiz más frecuente o más característico. Las consonantes *b, d* y *g* —por ejemplo— se articulan como oclusivas en posición inicial y tras sonidos nasales (la *d,* además, tras *l*); pero son fricativas en las demás posiciones. Pues bien: en el siguiente cuadro figuran en la columna de las oclusivas, por ser éste su modo teórico y más contrastado de articulación. Para no complicar el cuadro, figuran en una sola casilla las dos posibilidades de articulación de la vibrante alveolar sonora: la simple *r* y la múltiple *rr.*

Punto de articulación	Sonoridad	Modo de articulación						Nasales
		Bucales						
		oclu-sivas	afri-cadas	frica-tivas	late-rales	vibran-tes		
bilabial	sonora	b						m
	sorda	p						
labiodental	sonora							
	sorda			f				
interdental	sonora							
	sorda			z				
dental	sonora	d						
	sorda	t						
alveolar	sonora				l	r, rr		n
	sorda			s				
palatal	sonora			y	ll			ñ
	sorda		ch					
velar	sonora	g						
	sorda	k		j				

1.6. Correspondencia entre fonemas y letras

Según podemos contar en el cuadro inmediato precedente, el número de fonemas consonánticos del español es de diecinueve; si a éstos sumamos los cinco fonemas vocálicos, obtenemos para el sistema fonemático español un total de veinticuatro fonemas. En cambio, son treinta los fonogramas o letras que constituyen el alfabeto español, según se indica en páginas anteriores. El sistema de escritura de una lengua podría considerarse perfecto si hubiera total coincidencia entre el número de fonemas y el de letras; esto permitiría establecer entre los sistemas de expresión oral y gráfica una correspondencia biunívoca: una sola letra para cada fonema y un solo fonema para cada letra.

Desdichadamente para cuantos se debaten entre dudas a la hora de escribir, el alfabeto perfecto no existe. No hay ninguna causa objetiva que se oponga a la adopción de tan deseable alfabeto; pero el imperativo histórico de las diversas culturas lleva consigo un lastre de convenciones ortográficas. Lenguas de gran prestigio y extensión, como el francés y el inglés, se manifiestan por escrito mediante sistemas ortográficos basados en el origen etimológico de las palabras y no en su realidad fonológica; de aquí la dificultad —y aun la ambigüedad— de sus correspondientes ortografías.

Otras lenguas, como el italiano y el español, se acercan más a la correspondencia entre fonemas y letras, aunque sin alcanzar la tan deseada biunivocidad; circunstancia esta última que explica el hecho de que el alfabeto español disponga de treinta letras para la representación gráfica de solo veinticuatro fonemas. Los casos de desajuste son inmediatamente observables en el siguiente cuadro, en el que figuran las líneas de correspondencia entre los fonemas y las letras de la lengua española, con acompañamiento de ejemplos aclaratorios. Renunciamos a representar los fonemas por medio de los signos del alfabeto fonético internacional —establecido por acuerdo entre los lingüistas— en atención al carácter no específicamente fonológico de este tratado y a la dificultad adicional que comportaría para no pocos lectores. Confiamos en que los ejemplos basten para la identificación de cada uno de los fonemas.

Fonemas	Ejemplos	Letras
a	*a*cera, *h*a*b*lar	a, ha
b	*b*ata, *v*ino, *w*agneriano	b, v, w,
z	*c*ebada, *z*ancadilla	c, z
ch	*ch*ico	ch
d	*d*ocena	d
e	*e*ncina, *h*é*r*oe	e, he
f	*f*inal	f
g	*g*ota, *gu*itarra	g, gu
i	*i*lusión, esto*y*, *hi*storia	i, y, hi
y	*y*eso, *hi*elo	y, hi
j	*j*amón, *g*erente	j, g
k	*c*oser, *k*ilómetro, *qu*erer	c, k, qu
l	*l*atín	l
ll	*ll*anura	ll
m	*m*ano, i*n*vierno	m, n
n	*n*ariz	n
ñ	ni*ñ*o	ñ
o	*o*casión, *h*otel	o, ho
p	*p*iso	p
r	du*r*o	r
rr	ca*rr*o, hon*r*ado, *r*isa	rr, r
s	*s*eñal	s
t	*t*abique	t
u	*u*no, *h*u*m*ano	u, hu

Basta una ojeada a este cuadro para comprobar cuáles son las posibilidades de conflicto en la escritura del español. A algunos fonemas corresponde una sola representación gráfica; tal es el caso de los fonemas representados en la columna de la izquierda por *ch, d, f, l, ll, n, ñ, p, r, s, t.* A algunas letras, como puede verse en la columna de la derecha, corresponde un solo fonema; tal es el caso de las letras *ch, d, f, l, ll, ñ, p, s, t.* La dificultad ortográfica en español reside en la posibilidad de representación de un fonema por medio de varios signos. La posibilidad de confusión se produce entre *b-v-w, c-z, g-gu, y-hi, j-g, c-k-qu, m-n y r-rr*. A cada uno de estos problemas y a la eventual presencia de *h* ante vocal —especialmente en posición inicial de palabra— se prestará la debida atención más adelante.

1.7. VOCALES Y CONSONANTES

En páginas anteriores hemos distinguido entre sonidos vocálicos y sonidos consonánticos. Acaso quepa definir los primeros por su suficiencia para subsistir por sí mismos en el encadenamiento de sonidos del decurso hablado; las consonantes, en cambio, necesitan el apoyo de alguna vocal para su articulación. Es cierto que algunas consonantes pueden también subsistir por sí mismas, sin apoyo vocálico; pero los sonidos así obtenidos no pueden integrarse en la frase hablada como realización de un fonema. Tal es el caso de la *s*, cuya articulación independiente produce el sonido denominado *siseo*; pero sisear, como chascar o silbar, no son actividades estrictamente lingüísticas, aunque puedan a veces incorporarse al decurso hablado como elementos complementarios de expresión.

La insuficiencia de las consonantes para integrarse por sí mismas en la cadena fónica origina la agrupación de sonidos en torno a las vocales. Cada una de las vocales, sola o acompañada de consonante o consonantes, puede constituir una unidad fónica denominada sílaba; ésta se caracteriza, en el decurso de la expresión oral, por las depresiones de perceptibilidad que la preceden y la siguen inmediatamente. En la práctica es fácil identificar las sílabas por su condición de entidades prosódicas mínimas; el núcleo o soporte silábico es siempre una vocal, en la cual apoyan su articulación las posibles consonantes asociadas. La palabra *constructor,* por ejemplo, contiene ocho consonantes y sólo tres vocales. No puede, por tanto, dividirse en un número de sílabas superior a tres; por lo que, al descomponer la palabra en fragmentos prosódicos, no se obtienen nueve sonidos independientes, sino tres asociaciones de sonidos; es decir, tres sílabas: *cons-truc-tor*.

1.8. ESTRUCTURA DE LA SÍLABA

Las vocales pueden formar sílaba por sí mismas; por lo tanto, cabe la posibilidad de sílabas meramente vocálicas. Lo son, por ejemplo, las dos primeras y la última de la palabra *aéreo*: *a-e-re-o*. La sílaba restante está formada por una consonante y una vocal, precisamente en este orden; cuando tal ocurre la sílaba se llama directa. Son directas todas las sílabas de las palabras *me-sa, ca-mi-no, ca-ma-ra-da, ra-mi-fi-ca-do*.

Se llaman inversas las sílabas en las que la vocal precede a la consonante; son inversas todas las sílabas iniciales de las palabras *as-no, en-ci-na, is-la, ob-tu-so* y *ur-ba-no*. Son mixtas las sílabas cuya vocal se articula entre consonantes, como todas las de las palabras *can-tar, con-ven-tos, des-per-tar* y *fan-tas-món*. Lo normal es encontrar mezclados los distintos tipos de sílabas en el seno de cada palabra; en las siguientes se suceden las sílabas inversas, mixtas y directas, por este orden: *ar-tis-ta, es-mal-te, im-pul-so, os-cen-se* y *ur-gen-te*.

Si volvemos ahora a la palabra *constructor,* citada en el párrafo anterior como dividida en *cons-truc-tor,* observamos que la estructura de las dos primeras sílabas es más compleja; en la primera hay un grupo consonántico final y en la segunda hay un grupo consonántico inicial. Si sustituimos *constructor* por *cons-truc-ción,* notamos la presencia en la última sílaba de un grupo vocálico: *io*. A todo ello habrá que prestar la debida atención; aunque antes haya que atender a un fenómeno que condiciona algunas posibilidades combinatorias vocálicas.

1.9. ACENTO DE INTENSIDAD

No todas las sílabas de una palabra se pronuncian con la misma intensidad. En una de ellas recae la máxima intensidad de pronunciación; se llama sílaba tónica. La situación de la sílaba tónica en el seno de la palabra puede determinar su significado. Así, la palabra *a-ni-mo* puede tener distintos valores significativos, según la posición del acento de intensidad. Con acento en la primera sílaba, *ánimo* equivale a «valor, esfuerzo, energía, intención»; con acento en la segunda, *animo* es la forma verbal correspondiente a la primera persona del singular del presente de indicativo del verbo *animar*; con acento en la última, *animó* corresponde a la tercera persona del singular del pretérito indefinido del mismo verbo.

Siendo las consonantes elementos marginales en la estructura de la sílaba, la posible tonicidad habrá de recaer sobre la parte vocálica. Ante la palabra *cons-truc-tor* no sólo podemos afirmar que la sílaba tónica es la final *tor* (y átonas las restantes *cons-truc*), sino que el acento fónico recae precisamente sobre la vocal *o*. En la palabra *cons-truc-ción* la tonicidad máxima corresponde a la sílaba final *ción*; pero, estando el núcleo vocálico constituido por dos elementos, hay que precisar que el punto de máxima acentuación fónica coincide con la vocal *o*. Este hecho —como se verá más adelante— tiene importancia para la ortografía del acento.

Otra cuestión importante para la ortografía del acento es la clasificación de las palabras según la situación en su seno de las sílabas tónicas respectivas. Las palabras *ánimo, animo* y *animó* sólo difieren por la posición de su acento de intensidad, que recae en la antepenúltima, penúltima y última sílabas, respectivamente. Las palabras, según este criterio —y también respectivamente— se denominan esdrújulas, llanas y agudas. Si se produce algún caso de acumulación de palabras gráficamente reunidas, cabe la posibilidad de acentuación en la preantepenúltima sílaba, como en *de-vuél-va-me-lo, en-tré-gue-se-me, guár-da-te-la*; en cuyo caso las palabras reciben el nombre de sobresdrújulas.

1.10. COMBINACIONES VOCÁLICAS

En algunos de los ejemplos precedentes (*construcción, devuélvamelo, guárdatela*) notamos la presencia de sílabas con dos vocales (*ción, vuél* y *guar,* respectivamente); distinto es el caso de la sílaba *gue* de *entrégueseme,* en la que se pronuncia una sola vocal (la *e*) y una consonante, representada gráficamente por el signo compuesto *gu,* correspondiente al fonema *g.* En *cion, vuel* y *guar* hay, en efecto, dos vocales; aunque se pronuncian en tan íntima combinación que constituyen una sola sílaba. Tal combinación recibe el nombre de diptongo. Las posibilidades combinatorias vocálicas en español se ven, mejor que de otro modo, en el siguiente cuadro; en él puede observarse que la combinación sólo es posible si por lo menos una de las dos vocales pertenece a la pareja de las llamadas vocales débiles o cerradas: la *i* y la *u*.

	a	e	i	o	u
a			ai		au
e			ei		eu
i	ia	ie		io	iu
o			oi		ou
u	ua	ue	ui	uo	

Para que, en el seno de una palabra, se realice la combinación vocálica llamada diptongo es necesario que en la vocal débil o cerrada no recaiga acento fónico; lo que no ocurre en ninguno de los siguientes casos, que sirven de ilustración práctica de cada uno de los diptongos posibles en español.

ai	*pai-sa-no*	*ai-re*	*cai-mán*
au	*cau-sa*	*a-plau-so*	*fau-na*
ei	*pei-ne*	*al-féi-zar*	*rei-no*

eu	*deu-da*	*eu-ro-pe-o*	*neu-má-ti-co*
ia	*pia-no*	*ca-viar*	*llu-via*
ie	*tie-rra*	*cie-lo*	*con-cier-to*
io	*vio-lín*	*pre-cio*	*es-tu-dio*
iu	*ciu-dad*	*diur-no*	*viu-do*
oi	*boi-na*	*he-roi-co*	*o-voi-de*
ou	*bou*		
ua	*cua-dro*	*za-guán*	*a-gua-ce-ro*
ue	*fue-go*	*es-cue-la*	*due-lo*
ui	*lin-güis-ta*	*cui-dar*	*al-truis-mo*
uo	*re-si-duo*	*i-ni-cuo*	*duo-de-no*

En una sílaba pueden concurrir hasta tres vocales, con la doble condición de que dos de ellas sean débiles y átonas y de que ocupen las posiciones inicial y final en la combinación vocálica; si ambas condiciones se cumplen, se produce un triptongo. Los triptongos no son frecuentes en español, e incluso raros en palabras que no sean formas de verbo; véanse algunos ejemplos:

iai	*es-tu-diáis*
iei	*fas-ti-diéis*
iau	*miau*
ioi	*dioi-co*
uai	*guai-ra*
uei	*san-ti-güéis*
uau	*guau*

Es necesario distinguir entre un triptongo y un diptongo precedido de una vocal débil tónica. Las formas verbales ofrecen abundantes ejemplos de una y otra combinación. En la columna de la izquierda de la siguiente serie aparecen grupos de tres vocales contiguas que no constituyen triptongos; en la columna de la derecha pueden verse auténticos triptongos, formados por las mismas vocales y en el mismo orden.

a-pre-cia-rí-ais	*a-pre-ciáis*
a-gen-cia-rí-ais	*a-gen-ciáis*
en-tur-bia-rí-ais	*en-tur-biáis*
co-lum-pia-rí-ais	*co-lum-piáis*

Esta diferencia es importante para la ortografía del acento; es decir, para el uso correcto del acento gráfico.

Del mismo modo que el acento descompone un posible triptongo *iai* en una vocal débil tónica y un diptongo (*í-ai*), también puede descomponer en dos vocales un presunto diptongo. Para ello basta que la vocal débil o cerrada (la *i* o la *u*) tengan acento fónico. Obsérvese a continuación la distinta estructura silábica de las palabras, según tenga o no acento la vocal débil de las respectivas agrupaciones vocálicas. En la columna de la izquierda, ejemplos de vocal débil con acento, formando sílaba propia; en la columna de la derecha, la misma vocal débil sin acento, formando diptongo.

pa-ís	*pai-sa-je*
la-úd	*lau-da-ble*
re-ír	*rei-na*
ví-a	*via-duc-to*
im-pí-o	*lim-pio*
si-tú-o	*fa-tuo*

1.11. COMBINACIONES CONSONÁNTICAS

Al tratar de la estructura de la sílaba y del acento de intensidad se ha aludido a la concurrencia de consonantes. Uno de los ejemplos allí propuestos (*constructor*) contiene dos grupos, uno de cuatro consonantes (*nstr*) y otro de dos (*ct*). Este último grupo no constituye combinación consonántica, porque las consonantes concurrentes pertenecen a sílabas distintas: la *c* pertenece a la anterior (final de *truc*) y la *t* pertenece a la siguiente (inicial de *tor*).

Las cuatro consonantes del otro grupo tampoco forman combinación única, porque se reparten también entre la sílaba anterior (las dos últimas de *cons*) y la siguiente (las dos primeras de *truc*); pero sí constituyen dos combinaciones binarias: *ns* y *tr*. Ambas corresponden a sílabas mixtas, aunque ocupando en ellas distintas posiciones: final en *cons* e inicial en *truc*.

La combinación consonántica en posición explosiva (anterior a la vocal en sílabas directas o mixtas) sólo es posible en español cuando el segundo lugar lo ocupan las consonantes *l* o *r*. Las consonantes *b*, *c*, *f*, *g* y *p* pueden combinar indistintamente con *l* y *r*; las consonantes *d* y *t* sólo pueden combinar con *r*. Todo lo cual puede observarse en el siguiente cuadro, en el que figuran todas las combinaciones consonánticas explosivas posibles en español, acreditadas mediante los correspondientes ejemplos.

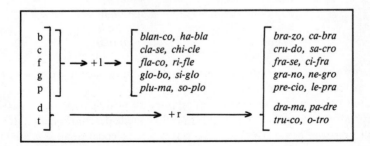

Si a las consonantes *d* o *t* sigue *l*, no se produce combinación; la *l* se articula con la vocal siguiente y la otra consonante (*d* o *t*) se articula con la anterior;

como puede observarse en la división silábica de las palabras *ad-lá-te-re, mi-rad-le, at-le-ta* y *at-lán-ti-co.*

La combinación consonántica en posición implosiva (posterior a la vocal en sílabas inversas o mixtas) sólo es posible en español cuando el segundo lugar lo ocupa la consonante *s*. Acaso la única excepción en la lengua usual sea la primera sílaba de las palabras *ist-mo* e *íst-mi-co* (*ist-mi-tis* es un término técnico de medicina), en cuya combinación la *s* ocupa el primer lugar y la *t* el segundo. De hecho, las combinaciones consonánticas en posición implosiva son raras en español; sólo *ns* es frecuente. Todos los casos posibles se señalan y ejemplifican en el siguiente cuadro.

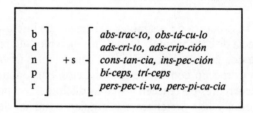

$$
\left.\begin{array}{c} b \\ d \\ n \\ p \\ r \end{array}\right\} + s \left\{\begin{array}{l} \textit{abs-trac-to, obs-tá-cu-lo} \\ \textit{ads-cri-to, ads-crip-ción} \\ \textit{cons-tan-cia, ins-pec-ción} \\ \textit{bí-ceps, trí-ceps} \\ \textit{pers-pec-ti-va, pers-pi-ca-cia} \end{array}\right.
$$

De todo lo dicho anteriormente se sigue una norma práctica, muy útil para la escritura correcta, como se verá más adelante (§ 4.1.2). Las sílabas se escriben juntas, sin ninguna separación, dentro de cada palabra; pero, en algunos casos, hay que dividir la palabra por razones ajenas a su estructura silábica. Tal ocurre cuando no cabe la palabra entera al final de un renglón o línea. En tal caso, puede dividirse la palabra en dos segmentos, pero sin romper ninguna sílaba; tal como se viene haciendo en los ejemplos citados en este párrafo.

2. ORTOLOGÍA O CORRECTA PRONUNCIACIÓN

2.1. ORTOLOGÍA Y PROSODIA

Según la última edición del *Diccionario* de la Real Academia Española (1984), se denomina Ortología al «arte de pronunciar correctamente y, en sentido más general, de hablar con propiedad». Un pequeño libro de un gran maestro es más explícito: «Ortología es una disciplina normativa que trata de la recta pronunciación de una lengua; informa sobre las variedades sociales y regionales de los sonidos, y aconseja sobre las que deben usarse y las que deben evitarse».

La Real Academia Española, ya en la primera edición de su *Gramática* (1771), omite la Ortología; a pesar de definir precisamente la Gramática como el «arte de hablar bien». Tampoco en la última edición normativa de la *Gramática* académica (1931) se menciona la Ortología; aunque sí la Prosodia, a la que se dedica por entero la parte III del libro. Allí se define la Prosodia en términos esperanzadores: «es la parte de la Gramática que enseña la recta pronunciación y acentuación de letras, sílabas y palabras»; y añade que «para hablar y leer con entonación propia y sentido perfecto no basta pronunciar las palabras aisladamente, sino que es preciso atender a la prosodia de la cláusula entera». El último capítulo de esta parte III se dedica a «los vicios de dicción... que destruyen la pureza, claridad, propiedad y elegancia del idioma»; aunque sin aparecer en parte alguna los deseados consejos prácticos sobre cómo evitar tan nefandos vicios lingüísticos.

Las *Nuevas Normas de Prosodia y Ortografía,* que la Real Academia Española declara de aplicación preceptiva desde primero de enero de 1959, no contiene —a pesar de su título— ninguna norma estrictamente prosódica. En la advertencia con que se inicia el académico *Esbozo de una Nueva Gramática de la Lengua Española* (1973) se destaca con letra versalita —única frase destacada a lo largo de un volumen de casi seiscientas páginas— que, «por su carácter de simple proyecto, el presente *Esbozo* carece de toda validez normativa». En el nuevo texto se sustituye la Prosodia por la Fonología; es decir, se sustituye el cómo debe hablarse por la mera exposición de cómo se habla. Pero de cómo habla ¿quién? Nos contesta la propia Academia: «El breve examen que hacemos aquí de la entonación española refleja los usos que han dominado en Madrid dentro de los últimos cincuenta años en el seno de familias burguesas de antiguo abolengo madrileño y en gran parte de los medios universitarios y cultos».

En vista de lo cual, acaso no resulte ocioso reflexionar aquí sobre la actitud de la Academia en esta cuestión. La leyenda que figura en el emblema académico —*limpia, fija y da esplendor*— parece aludir al objetivo primordial de la corporación: depurar y conservar la lengua española. La Real Academia Española ha cumplido y sigue cumpliendo —con no pocas indecisiones, como se señalará en lugar oportuno— la tarea de fijación ortográfica y léxica; pero apenas ha mostrado preocupación por la ortología del español. Tal vez porque la expresión oral —muchas veces espontánea e inmediata al pensamiento— sea menos asequible a la regulación que el texto escrito, cuyo proceso de redacción invita al retoque y a la enmienda. En la publicación de lo escrito cabe la intervención del corrector de pruebas, no sólo atento a las erratas de imprenta, sino a los posibles deslices ortográficos del autor. Y no hay corrector que pueda acudir con prontitud bastante a remediar los deslices de dicción.

No parece aventurado pensar que, en los últimos años, hayan contribuido al relajo ortológico o prosódico —tan notorio— motivos políticos. El fomento de la singularidad de cada una de las comunidades autónomas, destacando en ellas cuanto las distingue de las demás, cohíbe cualquier intento de unidad lingüística, incluso en aquellas regiones que no disponen de otra lengua que la común —según la Constitución— a todos los españoles; como cohíbe la ambigüedad del número 3 del artículo 3 de la propia Constitución: «La riqueza de las distintas modalidades lingüísticas de España es un patrimonio cultural que será objeto de especial respeto y protección».

Está claro que, entre las modalidades lingüísticas constitutivas de patrimonio cultural —cuyo respeto y protección se proclama—, hay que incluir las lenguas catalana, gallega y vasca, y cuantas otras se decida incluir; pero no parece tan evidente que haya que extender ese respeto y protección a aquellos fenómenos de dicción que la propia Academia no admite en versión escrita. Y no se trata, claro está, de corregir la dicción de nadie en particular; que tampoco es función de la Academia censurar la escritura de las cartas personales, de las notas de agenda ni de la cuenta de la plaza. Se trata de establecer para la pronunciación unas normas de uso público, correspondientes a las establecidas por la ortografía para la escritura; normas que permitan distinguir, en la pronunciación, lo que debe usarse de lo que debe evitarse. Que sea la libre voluntad de cada uno la que decida sobre la pronunciación, como decide sobre la escritura; que no sea la ignorancia —por ausencia de normas— la que induzca a la incorrección oral en el hablante de buena fe.

Que personajes públicos —y profesionales de la expresión en público— pronuncien *cónyugue, périto, dijistes, expontáneo* o *inflacción* no constituye mácula menor que escribir *cónyuje, períto, dijistes, hespontáneo* o *inflazión*. Acaso conviniera aceptar que el respeto y la protección que se proclama para las modalidades lingüísticas constitutivas del patrimonio cultural de España no excluyen a la lengua española; y que la mejor contribución a su protección y respeto consiste en hablarla correctamente.

La historia de la cultura justifica la distinta valoración que se ha hecho hasta ahora de la lengua escrita frente a la lengua oral. Los manuscritos primero y los libros después —a los que se añadieron luego revistas y diarios— fueron durante siglos los vehículos exclusivos de la cultura. La expresión oral se suponía coloquial, conversacional, tertuliana; lo escrito constituía literatura. De aquí que importase más la ortografía que la ortología. Pero la irrupción de la radio y la televisión como medios de comunicación pública han igualado las modalidades oral y escrita, en cuanto a rango cultural.

Sólo teóricamente, por lo que se oye; porque la improvisación, la precipitación y el descuido se manifiestan más en lo dicho que en lo escrito; tanto en la selección del léxico como en la construcción sintáctica. Pero éstas no son faltas inherentes a la condición oral; caben —y se dan— en la escritura. Para prevenirlas están el Diccionario y la Sintaxis. Sólo la pronunciación es cuestión exclusiva de la lengua oral; por lo que, sin la Ortología, la dicción quedaría huérfana de prevención normativa.

A la vista de la realidad actual cualquier intento de mejorar la pronunciación de los españoles parece quimérico; de aquí, sin duda, que la Academia lo evite y que la prosodia u ortología no se incluya —en general— en la enseñanza de la lengua española. Nosotros no tratamos en estas páginas de cambiar el rumbo de la historia ni siquiera de constituirnos en baluarte numantino de la ortología. Cumplimos estoicamente una función informativa, con el fundado temor de ser sembradores en día de huracán y con la gratuita esperanza de que alguna semilla caiga en tierra fértil.

2.2. El yeísmo

El diccionario académico define el yeísmo como la «pronunciación de la elle como ye, diciendo, por ejemplo, *gayina* por *gallina*; *poyo* por *pollo*». Aprovechamos el último ejemplo para señalar el peligro de confusión por incurrir en yeísmo; ya que las voces *poyo* y *pollo,* que los yeístas pronuncian igual, tienen distintos significados: *pollo* es la «cría que sacan de cada huevo las aves...» y *poyo* es el «banco... que ordinariamente se fabrica arrimado a las paredes, junto a las puertas de las casas, en los zaguanes y otras partes». La ortografía distingue claramente las dos palabras en la escritura y también la ortología en la lengua hablada; pero la deficiente pronunciación de *pollo* por yeísmo anula la oposición oral de los dos términos y puede originar confusión.

Según el *Esbozo,* los sonidos de elle y de ye «se confunden en uno solo en extensos territorios del sur de España (casi toda Andalucía y Extremadura, Ciudad Real, Madrid, Toledo y sur de Ávila) y de América» (con las excepciones que la Academia señala oportunamente). La pronunciación de elle adquiere características especiales en Uruguay y en las provincias orientales y meridionales de Argentina, donde las elles tienen un sonido semejante al de la *j* francesa de *jour* (día), la catalana de *joc* (juego) o el grupo inglés *si* de *vision* (visión); y aun este sonido tiende a ensordecerse en el área porteña, alcanzando una pronunciación próxima a la *ch* francesa de *champ* (campo), la *x* catalana de *xarxa* (red) o la *sh* inglesa de *short* (corto).

Echamos de menos en las páginas que la Academia dedica a la fonología una indicación sobre la conveniencia de corregir el yeísmo en la pronunciación culta; no sólo para evitar las confusiones a que puede dar lugar, sino para mantener la unidad ortológica de la lengua española. No deja de ser curioso que sea precisamente en gramáticas para escolares del otro lado del Atlántico donde se indique: «En la escuela, el alumno debe aprender a diferenciar *ll* de *y* en su pronunciación, a fin de disponer fácilmente de este recurso cuando lo considere conveniente»; es decir, tan pronto como el hablante rebase el límite del ámbito meramente coloquial y —ajeno a cualquier intención dialectal o folclórica— se asome a un auditorio público. Porque las personas que hablan para el público —desde la cátedra o el púlpito, desde la tribuna o el escaño, desde la radio o la televisión— deben atender a la pronunciación de sus elles. Y, en caso de duda, acudir al diccionario, con la misma humildad y diligencia con que se acude a él para resolver dudas ortográficas.

2.3. LA ASPIRACIÓN

La aspiración consiste en la pronunciación como *j* suave —o no tan suave, según zonas y personas— de la letra *h* inicial, a la que ortológicamente no corresponde sonido alguno; fenómeno espontáneo en los hablantes de Extremadura y Andalucía (excepto la provincia de Jaén, casi toda la de Almería y el nordeste de la de Granada), así como algún territorio castellano colindante. La aspiración convierte *hartar* en *jartar, hembra* en *jembra* e *hijo* en *jijo,* con pronunciación parecida a la del inglés *hit* (éxito) o *hot* (caliente).

En español actual dan testimonio de este fenómeno algunas palabras de origen andaluz, admitidas por la Academia con ortografía que refleja su pronunciación popular; entre ellas están *jaca, jalear, jamelgo, jolgorio* y *juerga.* Algunas figuran en el diccionario también con *h,* como *haca* (con remisión a *jaca*), *holgorio* (con la advertencia de que «suele aspirarse la *h*») y *huelga* (con remisión a *juerga* para el significado de «diversión bullanguera»). Cabe preguntarse por qué no habrá admitido todavía la Academia la expresión *cante jondo* —que figura como *cante hondo*— si, con no mayor motivo, ha admitido los demás andalucismos.

En una amplia zona de la España meridional —notablemente coincidente con la de pronunciación yeísta— suele aspirarse la *s* implosiva que antecede a consonante, como en *ajco* por *asco, laj casas* por *las·casas.* Se llega incluso a la asimilación de la *s* a la consonante siguiente, en un proceso tal como los de *cáscara > cájcara > cáccara* o *mosca > mojca > mocca.*

El hablante culto debe evitar la aspiración, tanto la de *h* inicial como la de *s* implosiva; y también, claro está, la asimilación de ésta al sonido de la consonante siguiente. Se trata, en todos los casos, de «vicios de dicción» de reconocida vulgaridad.

2.4. EXCESO Y DEFECTO EN LA PRONUNCIACIÓN DE *d*

En las áreas de lengua catalana —las comunidades de Baleares, Cataluña y Valencia— hay marcada tendencia a reforzar la pronunciación de la *d* final, en palabras de la lengua española, ensordeciéndola hasta sonar como *t*; con lo que *Madrid* se convierte en *Madrit, verdad* en *verdat, pared* en *paret*. En zonas de la Castilla septentrional, la *d* final tiende a pronunciarse como *z*; con lo que los ejemplos citados se convierten, respectivamente, en *Madriz, verdaz* y *parez*. Ambas transformaciones deben evitarse, tanto la de catalanes como la de castellanos. Ciertamente no es fácil la pronunciación correcta de la *d* final en español; pero el hablante culto debe intentar lograrla, con no menor diligencia que la que ponga en su aseo personal y en la pulcritud de su vestido.

La tendencia a la relajación en la pronunciación de la *d* es prácticamente general en el español vulgar; hasta tal punto que deja de pronunciarse en posición final (*verdá* por *verdad, usté* por *usted*) y en posición intervocálica, especialmente en los participios terminados en *ado* (*cansao* por *cansado, mojao* por *mojado*) e incluso —aunque con menos regularidad— en los terminados en *ido* (*salío* por *salido, perdío* por *perdido*). En algunos casos, la relajación alcanza a la vocal vecina, que desaparece; de tal modo que *colorada* queda en *colorá, puede* en *pue, todo* en *to* y *nada* en *na*. En este campo, el lenguaje vulgar se ha hecho corriente y expresiones como las ejemplificadas pueden oírse de boca de personas que ocupan posiciones sociales o políticas harto relevantes; acaso por falta de ortología o por exceso de posición.

2.5. ASPIRACIÓN, ASIMILACIÓN Y PÉRDIDA DE *s*

En el párrafo 2.3 se señala que, en el habla vulgar de algunas regiones, la *s* implosiva ante consonante tiende a asimilarse a la consonante siguiente o a quedar en aspiración (*cáscara* > *cáccara* o *cájcara*); pero ¿qué ocurre con la *s* implosiva ante vocal o pausa? Puede ocurrir que, limpiamente, desaparezca; solución frecuente en el habla de la España meridional. La diferencia entre *lo antiguo* y *lo(s) antiguo(s)* no radica en la pronunciación de la *s*, sino en la abertura de la vocal precedente; la cual —en este ejemplo— se pronuncia como la *o* abierta del catalán *foc* (fuego) o del catalán y francés *fort* (fuerte). Este sistema permite distinguir el singular *padre*, con *e* cerrada, del plural *padre*, con *e* abierta; vocal ésta semejante a la del catalán *sec* (seco) o del francés *flè-*

che (flecha). Y permite también distinguir la segunda persona verbal *tú come* (con *e* abierta) de la tercera *él come* (con *e* cerrada).

Es importante llamar la atención sobre estos fenómenos —que pueden pasar inadvertidos a los hablantes de las zonas afectadas— porque, aunque sean de gran interés dialectológico, deben evitarse en el uso del español culto.

2.6. CECEO Y SESEO

En una franja muy irregular del sur de Andalucía, se produce el fenómeno fonético llamado ceceo, consistente en la pronunciación de la letra *s* con sonido de *z*; así, *caza* por *casa, iglecia* por *iglesia, pizo* por *piso*. El ceceo no goza de ninguna consideración social, se le tiene por vulgarismo inaceptable e incluso se emplea como recurso caricaturesco.

Bien distinto es el caso del seseo, consistente en la pronunciación consonántica de *z* o *c* (en *za, ce, ci, zo, zu*) como si se tratara de *s: siensia* por *ciencia, aseite* por *aceite, corasón* por *corazón*. Tienden a incurrir en este defecto de pronunciación algunos hablantes de las regiones bilingües de la península, por carecer las demás lenguas habladas en España del sonido castellano interdental fricativo sordo correspondiente a la consonante *z* y a la *c* ante las vocales *e, i*. Este seseo —que se añade a otras peculiaridades fonéticas en cada una de las regiones bilingües— suele ser considerado por los tratadistas un vicio nefando y vitando.

No deja de resultar chocante que tan severo repudio se reserve exclusivamente para el seseo septentrional; porque el seseo andaluz, canario e hispanoamericano merece muy distinta consideración. La articulación de *s* por *z* se considera natural e incluso graciosa en andaluces y canarios, y única en hispanoamericanos; en éstos, la pronunciación castellana de *cielo* o *zurdo* se tomaría como afectación. El creciente protagonismo de algunos ilustres hispanoamericanos y el acceso de no pocos andaluces a puestos de gran resonancia pública han contribuido al actual prestigio del seseo; precisamente por ello acaso convenga recordar que no ha habido cambio alguno en las reglas de pronunciación de la lengua española, sino sólo incumplimiento.

Ya es notable que la Academia no se defina con claridad en este punto. Circula como rumor, ni confirmado ni desmentido, que «la consideración social del seseo y ceceo es diferente», vulgar el segundo y admitido el primero; y que «el español seseante de parte de Galicia, Cataluña, Valencia y Vascongadas —a diferencia del andaluz— se considera gravemente defectuoso». Nótese: a diferencia del andaluz.

En la última edición del diccionario académico (1984) se define sesear como «pronunciar la *z*, o la *c* ante *e, i*, como *s*, ya sea con articulación predorsoalveolar o predorsodental, como en Andalucía, Canarias o América, ya con articulación apicoalveolar, como en la dicción popular de Cataluña y Valencia». Ahí queda: el seseo es «dicción popular» en Cataluña y Valencia, pero no —quien calla otorga— en Andalucía, Canarias y América.

América hay que dejarla aparte; que, si doctores tiene la Santa Madre Iglesia, Academias tienen los países hispanoamericanos. En Canarias, el seseo es general, con algún resto de ceceo en el campo de Tenerife. Pero ¿qué ocurre en Andalucía? ¿Se adopta el seseo en toda Andalucía, incluso donde no lo hay? Porque —no se olvide— en la provincia de Cádiz y en la mayor parte de las de Huelva, Sevilla, Málaga y Granada se cecea; y en la mitad de la provincia de Granada y en la casi totalidad de las de Almería y Jaén ni se cecea ni se sesea, sino que se distingue entre los sonidos de *s* y *z*. Con todo lo cual, ¿hay que ir a una norma andaluza —la de la minoría seseante— o hay que quedarse en la norma general, que rige para todos los españoles? Mucha pregunta es ésta para que quepa despacharla con una respuesta personal. Acaso no sean siquiera los lingüistas ni los académicos los que tengan la respuesta.

En el II Congreso de Academias de la lengua española (Madrid, del 22 de abril al 2 de mayo de 1956) se acordó recomendar que se aceptara la legitimidad del seseo. En el IV Congreso (Buenos Aires, del 30 de noviembre al 10 de diciembre de 1964) se autorizó el yeísmo, aunque aconsejando que la enseñanza procurara mantener la diferencia entre el sonido de *ll* y el de *y*. Acaso no sería excesivo que, aceptada la legitimidad del seseo para quienes no lo puedan evitar, se procurara —en todas las fuentes de formación lingüística oral: escuela, radio, televisión— mantener la diferencia entre el sonido de *s* y el de *z*; aunque sólo fuera como estímulo para quienes desean contribuir al mantenimiento de una lengua oral común a todos los españoles cultos.

2.7. LA ORTOLOGÍA Y LOS CÓDIGOS

La civilización consiste, fundamentalmente, en la regulación de la convivencia. De aquí los códigos. No sólo los códigos jurídicos —derecho canónico, civil, marítimo, mercantil, etc.—, sino los meramente consuetudinarios. Algo tan elemental como circular por calles y caminos ha sido objeto de rigurosa regulación. El código de la circulación se enseña en las escuelas y su conocimiento se exige a quienes pretenden obtener permiso de conducción de vehículos.

También en la escuela se enseña el código ortográfico, cuyo conocimiento se toma en consideración —cada vez menos, ciertamente— en pruebas para el acceso a ciertos puestos de trabajo. Claro que, con el carné de conducir en el bolsillo y superada la escolaridad, cada uno conduce y escribe como le viene en gana. Para vigilar la circulación y exigir el cumplimiento de su código están la policía municipal y la guardia civil; pero ¿quién vigila la escritura? Basta ver libros, periódicos y revistas para comprobar cuán escasa —o cuán ineficaz— es la vigilancia ortográfica.

Y ¿qué hay de aquel «arte de hablar bien» y de aquella «recta pronunciación» que menciona la Academia? En el ámbito gramatical, la ortografía tiene código, laxa vigilancia e insólito castigo; la ortología no tiene siquiera código. Por eso dejamos aquí —como al descuido— alguna noticia sobre los más inmediatos peligros que acechan al hablante de la lengua española, por si quisiera evitarlos y, con ello, acreditar su cultura.

3. ORTOGRAFÍA DE LAS LETRAS

3.1. B - V - W

3.1.1. Posibilidades ortográficas del sonido *b/v/w*

Al presentar la correspondencia entre fonemas y letras (§ 1.6), se anuncia cuáles son los puntos conflictivos de la ortografía española; entre ellos, el uso de los signos consonánticos *b, v* y *w*. Se confunden fácilmente en la escritura porque, en la actualidad, no representan fonemas distintos, sino un fonema único, de articulación bilabial sonora. Sí correspondían a sonidos distintos en la Edad Media; distinción que se ha mantenido, en algunas zonas bilingües, por influencia de la otra lengua hablada en la región. En algunos casos, la articulación labiodental de la *v* se debe a un equivocado prurito de perfección, que raya en amaneramiento.

No hay regla general sobre el uso de estas consonantes ante vocal, aunque sí en los demás casos, como puede observarse en la siguiente sinopsis:

sonido	posición	a	e	i	o	u
b	ante vocal	ba va	be ve	bi vi	bo vo	bu vu
	tras vocal	ab	eb	ib	ob	ub
	ante l	bla	ble	bli	blo	blu
	ante r	bra	bre	bri	bro	bru

3.1.2. Ante consonante

Ante consonante, hay que escribir siempre *b*, nunca *v* ni *w*; tanto si la otra consonante pertenece a la misma sílaba (combinación consonántica) como a la siguiente.

a) Primer caso:

visible	hablar	brazo
hombre	pueblo	blindado
blusa	abrir	broma
abstemio	abstracción	obstinado

b) Segundo caso:

absorber	objeto	subvención
absolver	observar	súbdito
abdicar	obtener	obvio

3.1.3.   En terminaciones *-bil, -ble, -bilidad*

Se escribe con *b* la terminación *-bilidad,* menos *civilidad, movilidad* y sus derivados (*incivilidad, inmovilidad*). Véanse ejemplos:

a) Sustantivos terminados en *-bilidad,* correspondientes a adjetivos terminados en *-ble*:

probabilidad	probable
amabilidad	amable
posibilidad	posible
visibilidad	visible
responsabilidad	responsable

b) Correspondientes a adjetivos terminados en *-bil*:

habilidad	hábil
debilidad	débil
nubilidad	núbil
labilidad	lábil

3.1.4.   En los verbos terminados en *-bir/vir*

De los verbos terminados en *-bir/vir,* sólo *hervir, servir* y *vivir* (y sus compuestos: *convivir, revivir,* etc.) se escriben con *v*; los demás se escriben con *b* en todas las formas de la conjugación. Ejemplos:

prohibir	prohibimos	prohibía
escribir	escribieras	escribirás
recibir	recibiste	recibiría
exhibir	exhibes	exhibieses
inhibir	inhibió	inhibas

3.1.5.   Terminaciones de pretérito imperfecto de indicativo

Las terminaciones del pretérito imperfecto de indicativo de los verbos de la primera conjugación se escriben siempre con *b*.

cantaba	estirabas	entraba
hablábamos	masticabais	soplaban

Las terminaciones del pretérito imperfecto de indicativo de los verbos *andar, desandar, estar* e *ir* (irregulares las de este último) se escriben según la regla anterior; pero se escriben con *v* las formas de los demás tiempos. Nótese en los siguientes ejemplos:

andar	andabas	anduvimos
desandar	desandaban	desanduviera
estar	estábamos	estuvimos
ir	ibais	vamos, vayáis

3.1.6. En el verbo *tener* y sus compuestos

Se escriben con *v* las formas del verbo *tener* y las de todos sus compuestos:

tener	tuve, tuviéramos, tuvieseis
detener	detuvo, detuviste, detuviera
contener	contuvimos, contuviéramos
entretener	entretuve, entretuviésemos
mantener	mantuviste, mantuvierais
obtener	obtuvieron, obtuvieran
retener	retuviste, retuviéramos
sostener	sostuvimos, sostuviera

3.1.7. En el verbo *haber*

Todas las formas del verbo *haber* se escriben con *b*:

habido	habéis	hubieron
habríais	habrá	hubiésemos
habiendo	hube	hubierais

3.1.8. Adjetivos en *-avo/ava, -evo/eva, -ivo/iva, -ave, -eve*

Se escriben con *v* los adjetivos terminados en *-avo, -ava, -evo, -eva, -ivo, -iva, -ave, -eve*:

bravo	octava	nuevo
longevo	expresivo	cursiva
grave	leve	suave

Conservan la misma ortografía los adverbios formados con estos adjetivos y la terminación *-mente*:

bravamente	nuevamente
gravemente	levemente
expresivamente	suavemente

3.1.9. Los mismos sonidos finales en sustantivos

Quede claro que la norma establecida en el párrafo anterior sólo es aplicable a adjetivos. Los sustantivos con las mismas terminaciones (*-avo, -ava, -evo, -eva...*) se escriben con *b* o con *v,* según los casos:

sílaba	pava
nabo	clavo
cebo	huevo
prueba	leva
estribo	cultivo
criba	oliva
arquitrabe	llave
plebe	nieve

3.1.10. Palabras que empiezan con *billa/villa*

Con las excepciones de *billar, billas* y *billalda* o *billarda,* se escriben con *v* todas las palabras que empiezan con *villa,* incluyendo los nombres de lugar (con las excepciones del lugar gallego de *Billacha* y el asturiano de *Billarede*):

villa	villar	villancico
Villanueva	Villafranca	Villalba

3.1.11. Palabras que empiezan con *nava*

También se escriben con *v* las palabras que empiezan con *nava,* incluyendo los nombres de lugar (aunque a veces se escriben con *b* los nombres de *Nabaja* y *Nabalón*); son excepción las palabras relacionadas con *nabo* (*naba, nabal* o *nabar*), *nabab* o *nababo, nabato* y el gentilicio *nabateo*):

naval	navaja	navazo
Navarra	Navalmoral	Las Navas

3.1.12. Uso de la letra *w*

La letra *w* se encuentra sólo en algunas palabras de origen extranjero, especialmente nombres propios y sus derivados:

Wifredo	Washington	washingtoniano
Windsor	Wagner	wagneriano

Sólo en cuatro casos admite la Academia, además de la forma españolizada, la ortografía con *w* de palabras extranjeras; como en:

walón	valón
wellingtonia	velintonia
whiski	güisqui
wólfram o wolframio	volframio

3.2. C - K - Q

3.2.1. Posibilidades ortográficas del sonido c/k/q

El sonido velar sordo correspondiente a *k* es representable en español por *c* (ante las vocales *a, o, u*) o por *qu* (ante las vocales *e, i*), y siempre por *c* (ante las consonantes *l, r*); tal como puede observarse en la siguiente sinopsis:

sonido	posición	a	e	i	o	u
	ante vocal	ca	que	qui	co	cu
k	tras vocal	ac	ec	ic	oc	uc
	ante l	cla	cle	cli	clo	clu
	ante r	cra	cre	cri	cro	cru

3.2.2. Uso de la letra *k*

La letra *k* tiene un uso muy limitado en la lengua española. Puede utilizarse en algunas pocas palabras, aunque todas ellas es preferible escribirlas con *qu*; como en

kilómetro	quilómetro
kilolitro	quilolitro
kilogramo	quilogramo
cok	coque
kilo	quilo
kiosco	quiosco

Es recomendable restringir el uso de *k* a las abreviaturas más corrientes o a las palabras derivadas de nombres propios extranjeros:

Km. = quilómetro	Kl. = quilolitro
Kg. = quilogramo	Kp. = quilopondio
Kw. = quilovatio	Kgm. = quilográmetro
kantiano (de Kant)	krausismo (de Krause)

3.2.3. Uso de *c* ante *a, o, u*

Para representar en la escritura el sonido de *k* ante las vocales *a, o, u,* hay que usar la letra *c*:

casa	comedor	culebra
pecado	escote	escudo
petaca	tabaco	disculpa

Ante las vocales *e, i,* el sonido *k* se representa mediante la consonante *q*, seguida de *u* muda. Nunca se escribe la *q* sola; ni nunca suena la *u*, cuando acompaña a *q*. Nótese en

querer	barquero	estoque
quitar	mezquita	adoquín
izquierda	quiste	anaquel

3.2.4. Uso de *c* en posición final de sílaba

Tras vocal, al final de sílabas inversas o mixtas, se escribe siempre *c*:

activo	ictericia	octavo
vivac	cinc	invicto
pacto	recto	pictórico
práctico	ecléctico	deíctico

3.2.5. Uso de *c* ante *l* y *r*

Ante las consonantes *l* y *r* (correspondientes a los únicos sonidos con que el sonido de *k* puede formar combinación consonántica), se escribe siempre *c*:

claro	clero	cloro
reclamo	ciclo	mezcla
cráter	crema	cromo
escribir	decreto	lucrativo

3.3. C - S - Z

3.3.1. Dialectología del sonido *s/z*; seseo y ceceo

Un caso particular de dificultad ortográfica lo ofrece la duda entre la escritura de *s* y *z*. La elección entre una y otra no constituye problema para los españoles que distinguen los correspondientes sonidos: el alveolar sibilante de la *s* y el interdental fricativo de la *z*. Pero en la mayor parte del territorio de habla española ambos sonidos se confunden; bien porque los dos se reducen a *z* (ceceo) o porque se reducen a *s* (seseo). En la parte meridional de Andalucía predomina el ceceo; buena parte del resto de Andalucía es seseante, así como Canarias y casi toda la América de habla española.

En todas las regiones citadas, para alcanzar el uso correcto de los signos *s, z* y *c* (ya que el problema afecta también al sonido de la consonante *c* ante las vocales *e, i*) hay que recurrir al conocimiento directo de la lengua escrita. No hay regla ortográfica posible, puesto que no se trata de una cuestión de escritura, sino de pronunciación. De aquí que, en el § 2.6 —a propósito del ceceo y del seseo—, insistiéramos en la conveniencia de distinguir los sonidos de *z* y *s,* tanto en la enseñanza como en el uso público de la lengua española.

3.3.2. Uso de *s* y de *x*

La escritura de *s* no ofrece dificultad —como acabamos de señalar— para quienes distinguen su sonido. Se escribe *s* cuando se pronuncia *s*; tanto ante vocal como tras ella:

brasero	sardina	camisón
aspecto	estímulo	ostra

Tras consonante, el sonido *s* se representa también con el mismo signo; excepto tras el sonido *k*, en cuyo caso este sonido y el de *s* se representan conjuntamente mediante *x*. Véanse ejemplos de los dos casos.

a) Tras sonido *k*:

examen	extenso	pretexto
exponer	próximo	reflexión

b) Tras cualquier otro sonido consonántico:

absurdo	obstáculo	adscribir
falso	enseñar	instante
elipse	farsa	bíceps

3.3.3. Uso de *s* y de *z*

Para la representación del sonido interdental fricativo sordo (el correspondiente a *z*), la ortografía española cuenta con dos signos; uno de ellos —la propia *z*—, de uso obligatorio ante las vocales *a, o, u* y en posición final de sílaba:

zarza	zorra	zurrón
caza	marzo	cazurro
paz	pez	feliz
veloz	avestruz	atroz

Conviene señalar que las palabras terminadas en *z* cambian este signo por *c* al añadir la sílaba *es,* indicadora de plural, por quedar entonces el sonido consonántico ante la vocal *e*; caso en que resulta de aplicación la regla del párrafo próximo siguiente. Véanse ahora algunos ejemplos de formación de plural:

paz	paces
pez	peces
feliz	felices
veloz	veloces
avestruz	avestruces
atroz	atroces

3.3.4. Uso de *c/z* ante *e/i*

Ante las vocales *e, i,* se escribe generalmente *c*:

cena	cima	receta
encima	negocio	reciente

Por lo que respecta a la oposición entre *c* y *z*, algunas palabras admiten doble ortografía. Entre estas pocas figuran

ácimo	ázimo
acimut	azimut
cinc	zinc
Ceferino	Zeferino

Y sólo en poquísimos casos se prefiere, ante *e, i,* el uso de *z*:

zigzag	zipizape
Zenón	Ezequiel

3.3.5. Ortografía *cc* de los sonidos *k + z*

En español, es frecuente la concurrencia de los sonidos correspondientes a *k* y *z*, el primero al final de una sílaba y el segundo al principio de la siguiente. Ambos signos siguen, también en este caso, la regla general. El sonido *k* se representa mediante *c*, ya que se encuentra en posición final de sílaba; el sonido *z* se representará también mediante *c*, ya que en todos los casos precede a una de las vocales *e, i*:

acceso	lección	occidente
fricción	succión	accésit

3.3.6. Sinopsis del uso de *c/z*

Todo lo expuesto a lo largo de este párrafo puede resumirse en la siguiente sinopsis:

sonido	posición	a	e	i	o	u
z	ante vocal	za	ce/ze	ci/zi	zo	zu
	tras vocal	az	ez	iz	oz	uz

3.4. D - T - Z

3.4.1. Palabras terminadas en *t*

La ortografía de las consonantes *d* y *t* no ofrece mayor dificultad, si se parte de una pronunciación correcta. La tendencia a la pronunciación relajada de la *d* en posición final de sílaba puede inducir a confusión; bien por relajación total y omisión de la consonante, bien por articulación como *z*, bien por ensordecimiento en *t*. Un remedio eficaz para evitar este último error (escribir *t* por *d* al final de palabra) consiste en recordar la docena larga de palabras que, en español, terminan en *t*, la mayoría de las cuales son de uso poco frecuente:

accésit	azimut	cenit
cesolfaút	complot	déficit
fefaút	pailebot	paquebot
prest	recésit	salacot
superávit	volaverunt	vermut

Todas las demás terminan en *d,* como en los ejemplos:

soledad	amistad	pared
adalid	salud	abad
ataúd	merced	dignidad

3.4.2. Omisión incorrecta de la *d* final

Acaso no sea superfluo recordar aquí la tendencia popular a omitir la pronunciación de la *d* final en algunas palabras (véase § 2.4); hecho inaceptable en la lengua escrita. Debe, pues, evitarse escribir como en la columna de la izquierda las palabras cuya forma ortográfica figura en la columna de la derecha:

Madrí	Madrid
Valladolí	Valladolid
usté	usted
verdá	verdad
salú	salud
bondá	bondad
virtú	virtud

En la escritura hay que evitar a toda costa —excepto que quiera reflejarse adrede el lenguaje popular— la omisión de una sílaba entera, como en

$$
\left.\begin{array}{l} na \\ to \\ pa \end{array}\right\} \text{ por } \left\{\begin{array}{l} nada \\ todo \\ para \end{array}\right.
$$

3.4.3. Sustitución incorrecta de *d* final por *z*

En una amplia zona de Castilla, se tiende a pronunciar como *z* la *d* final de palabra (véase § 2.4), lo cual puede crear confusión en la escritura. Para conocer cuál sea la consonante correcta en la escritura de palabras acerca de cuya terminación haya duda, ténganse en cuenta las formas de plural. Los plurales terminados en *-des* corresponden a singulares terminados en *d*; como en

amistades	amistad
beldades	beldad
cantidades	cantidad
paredes	pared
verdades	verdad
virtudes	virtud

Como ya se ha indicado en el § 3.3.3, los plurales terminados en *-ces* corresponden a singulares terminados en *z*; así en

haces	haz
luces	luz
perdices	perdiz
capataces	capataz
coces	coz
heces	hez

3.4.4. Palabras terminadas en *-ado, -ido* y *-ador*

En los adjetivos y participios verbales terminados en *-ado* y en *-ido,* hay una fuerte tendencia a omitir la pronunciación de la *d* intervocálica. Esta relajación de la articulación consonántica se ha generalizado, especialmente en las terminaciones en *-ado*. Se trata de un vulgarismo que debe evitarse (véase § 2.4); pero constituye falta aún más grave si se refleja en la escritura. Siguen algunos ejemplos, acompañados —en la columna de la derecha— de la correspondiente forma ortográfica.

cansao	cansado
olvidao	olvidado
perdío	perdido
salío	salido

Aunque con menor frecuencia, el mismo fenómeno puede darse en nombres sustantivos; como en *tablao* (admitido por la Academia como vulgarismo) por *tablado, hipío* por *hipido* (pronunciado en ambos casos aspirando la *h*), *soldao* por *soldado*. Igual tendencia se manifiesta en la pronunciación —e igual riesgo en la escritura— de algunas palabras terminadas en *-ador*, tales como *bailaor* por *bailador, cantaor* por *cantador*.

3.4.5. Sílabas *ad/at* y *et*

En relación con las letras *t* y *d*, puede ayudar a la ortografía una regla de aplicación general: de las palabras que empiezan con la sílaba inversa *ad/at* sólo se escriben con *t*

atlante	Atlántida	atlántico
atleta	atlético	atletismo
atlas	atmósfera	atmosférico

En los demás casos, se escribe siempre *ad*:

adherir	adherencia	adhesión
adjuntar	adjunto	adjunción
administrar	administrador	administración
admirar	admirador	admirable
adquirir	adquisitivo	adquisición

Y también las palabras derivadas mediante prefijos, al modo de *inadvertido, readmitir, desadherir*.

No hay problema en la ortografía de la sílaba inversa inicial *et,* que siempre se escribe así, nunca *ed*. Véase en los ejemplos:

etcétera	etmoides	étnico
etnografía	etnógrafo	etnográfico
etnología	etnólogo	etnológico

3.5. G - J

3.5.1. Sinopsis del uso de *g/j*

Tal vez sea en torno al uso de las consonantes *g* y *j* donde haya más dudas a la hora de escribir. Reconozcamos que la ortografía española es ambigua en este punto. La principal dificultad reside en el hecho de que, ante las vocales *e, i,* las consonantes *g* y *j* representan un mismo sonido; en los demás casos, la regla es general. Una y otra circunstancia se reflejan claramente en la siguiente sinopsis:

sonido	posición	a	e	i	o	u
g	ante vocal	ga	gue	gui	go	gu
	ante diptongo	gua	güe	güi	guo	—
	tras vocal	ag	eg	ig	og	ug
	ante l	gla	gle	gli	glo	glu
	ante r	gra	gre	gri	gro	gru
j	ante vocal	ja	je ge	ji gi	jo	ju
	tras vocal	aj	ej	ij	oj	uj

3.5.2. Uso de *g* ante *a, o, u*; uso de *gu* ante *e, i*

Para representar el sonido suave de *g* (velar sonoro) debe emplearse precisamente esta letra. Ante las vocales *a, o, u,* se escribe directamente; ante *e, i,* se interpone una *u* muda entre la consonante y la vocal.

a)   Primer caso:

garrote	pagano	regar
gota	algo	gordura
gusano	regular	agua

b)   Segundo caso:

guerra	manguera	malagueño
guitarra	águila	seguir

3.5.3. Uso de *güe, güi*

Cuando a la *g* siga uno de los diptongos *ue, ui,* hay que colocar sobre la *u* la crema o diéresis, porque de otro modo sonaría *gue, gui* (es decir, como en los ejemplos anteriores, en que la *u* intermedia no suena), en vez de sonar *güe, güi,* como se pretende:

agüero	halagüeño	antigüedad
pingüino	piragüista	argüir

3.5.4. Uso de *g* ante *l* y *r*

El sonido suave de *g* (sonoro) se representa siempre mediante este mismo signo, cuando le sigue inmediatamente y en la propia sílaba (combinación consonántica) una de las consonantes *l* o *r*. Ejemplos:

tinglado	gladiador	inglés
glicerina	globo	siglo
glúteo	gramo	tigre
suegro	gruta	grito

3.5.5. Uso de *g/j* en posición final de sílaba

En posición final de sílaba, el sonido relajado de la consonante hace difícil distinguir entre las articulaciones de *g* y *j*; a pesar de lo cual puede afirmarse que la ortografía corresponde a la fonética, escribiéndose *g* cuando se representa el sonido suave de *g* (velar sonoro) y usando el signo *j* para representar el sonido fuerte de *j* (velar sordo). Nótese que al signo *g* sigue siempre una consonante nasal (*m* o *n*) y que la *j* implosiva sólo se encuentra en posición final de palabra.

a) Primer caso:

ignorante	sigma	impregnar
agnóstico	resignación	sigmoideo
signo	ignominia	segmento

b) Segundo caso:

carcaj	boj	reloj

3.5.6. La sucesión *gen*

Como puede observarse en el cuadro sinóptico que encabeza este capítulo, la única situación de conflicto se produce en la posición de *g* o *j* ante *e* o *i*; ya que, en ambos casos, se obtiene el mismo sonido fuerte de consonante velar fricativa sorda (igual al de *j* ante *a, o, u*). No hay norma general que permita resolver este problema ortográfico de la lengua española; en vista de lo cual, ensayamos aquí algunas reglas tendentes a resolver casos concretos.

Sea el primero el de la sílaba *gen,* que suele escribirse con *g* en la mayor parte de las palabras que la contienen, tanto si está al principio, en medio o al final; como en

gente	gentil	gendarme
diligencia	sargento	urgente
imagen	origen	virgen

Cabe añadir algunas voces que contienen la sucesión de letras *g-e-n,* aunque no formen sílaba, porque la *n* se pronuncia con la vocal siguiente, con la que forma nueva sílaba. Tales palabras también se escriben generalmente con *g* (y *generalmente* sirve ya de primer ejemplo):

género	genital	genuflexión
ingenuo	oxígeno	Eugenio
genealogía	ingenio	genuino

3.5.7. La sucesión *jen*; verbos terminados en *-jar*; verbo *tejer*

Hay cierto número de excepciones a la regla anterior; en las cuales se escribe *jen,* tanto si estos sonidos constituyen una sola sílaba como si la *n* se articula con la vocal siguiente.

a) Primer caso:

jengibre	ajenjo	jején
comején	avejentar	ojén

b) Segundo caso:

berenjena	ajeno
ajenuz	enajenar
jeniquén	jenabe

Constituyen también excepción las terceras personas del plural del presente de subjuntivo de los verbos cuyo infinitivo termina en *-jar,* todas ellas terminan en *-jen.* Así

ahijar	ahíjen	cobijar	cobijen
alejar	alejen	despojar	despojen
alojar	alojen	dibujar	dibujen
arrojar	arrojen	esponjar	esponjen
bajar	bajen	rebajar	rebajen
barajar	barajen	trabajar	trabajen

Otro tanto ocurre con las terceras personas del presente de indicativo del verbo *tejer* y sus compuestos:

tejer	tejen
destejer	destejen
entretejer	entretejen
sobretejer	sobretejen

3.5.8. Palabras terminadas en *gio/gia*, *gío/gía*, *gión* y *gésimo*

Se escriben con *g* la mayor parte de las palabras terminadas en *-gio, -gia* (sea cual fuere su acentuación) y sus correspondientes plurales; así como todas las palabras terminadas en *-gión* y *-gésimo,* y sus plurales.

a) Primer caso:

analogía	adagio	cirugía
energía	estrategia	Eulogio
martirologio	elogio	naufragio
neuralgia	orgía	pedagogía
sufragio	trisagio	vestigio

b) Excepciones al primer caso:

alfajía	apoplejía	bujía
canonjía	crujía	hemiplejía
herejía	lejía	monjía

c) Segundo caso:

legión	región	religión
vigésimo	trigésimo	nonagésimo

3.5.9. Verbos de infinitivo terminado en *-ger*, *-gir*

En el cuadro sinóptico que encabeza este capítulo puede observarse que el uso correcto de las consonantes *g* y *j*, ante las vocales *a, o, u,* no plantea ningún problema: hay que escribir *g* cuando se representa el sonido suave o sonoro y hay que escribir *j* cuando se representa el sonido fuerte o sordo. En aplicación de lo cual conviene recordar que, en la conjugación de los verbos cuyo infinitivo termina en *-ger* o en *-gir,* concurren terminaciones que empiezan con las vocales *a, e, i* y *o;* lo que obliga, en la escritura de tales formas, a elegir entre *g* y *j*, según que la vocal sea de la serie anterior (*e, i*) o de la media y posterior (*a, o*), respectivamente. Véase:

coger	cogemos	cojamos
elegir	eliges	elijas
proteger	proteged	protejan
recoger	recoge	recojo
fingir	fingimos	finjamos
emerger	emergieran	emerjan
dirigir	dirigiste	dirijo
fingir	fingís	finjáis

3.5.10. Verbos de infinitivo terminado en *-jar, -jer, -jir*

En cambio, los verbos cuyo infinitivo termina en *-jar, -jer* (sólo *tejer* y sus compuestos) y *-jir* (sólo *crujir* y *bujir*) conservan la *j* en todas las formas de la conjugación, sea cual fuere la vocal siguiente. Ejemplos:

destejer	destejía	destejan
crujir	crujen	crujan
bajar	bajéis	bajamos
dibujar	dibujemos	dibujamos
alejar	alejes	alejo

3.5.11. Verbos de infinitivo terminado en *-jear*

Todos los verbos cuyo infinitivo termina en *-jear* conservan la *j* en todas sus formas:

flojear	flojeo	flojeáis
canjear	canjearé	canjees
forcejear	forcejeaste	forcejeemos

3.5.12. Formas del verbo *traer* y sus compuestos

Se escriben con *j* todas las formas del verbo *traer* (y sus compuestos) que contienen este sonido.

a) Ejemplos:

traer	traje, trajiste, trajéramos
atraer	atrajimos, atrajísteis
extraer	extrajo, extrajésemos
distraer	distrajisteis, distrajerais
contraer	contraje, contrajera

b) Pero no —claro está— las formas con sonido *g*:

traer	traigo, traigas, traigan
atraer	atraigamos, atraigáis
extraer	extraiga, extraigan
distraer	distraigo, distraigamos
contraer	contraigamos, contraigas

3.5.13. Verbos de infinitivo terminado en *-cir* (formas irregulares)

Se escriben con *j* las formas irregulares de los verbos cuyo infinitivo termina en *-cir*. Ejemplos:

aducir	aduje, adujimos
decir	dijiste, dijéramos
bendecir	bendijeran, bendijesen
conducir	conduje, condujeron
reducir	redujisteis, redujeras

3.5.14. Palabras terminadas en *-ge/je, -jero, -jera, -jería*

Se escriben con *j* la mayor parte de las palabras terminadas en *-je, -jero, -jera, -jería*.

a) Ejemplos:

conserje	embalaje	garaje
pasajero	viajero	agujero
tijera	ojera	vinajera
brujería	relojería	extranjería

b) Excepciones:

alóbroge	ambages	anagoge
apófige	auge	asperges
compage	companage	cónyuge
eringe	esfinge	estringe
falange	faringe	flamígero
frange	isagoge	Jorge
laringe	ligero	litarge
losange	metagoge	meninge
paragoge	tinge	

c) Recuérdese que, a pesar de su terminación y en aplicación de lo expuesto en el § 3.5.9, se escriben con *g* las formas de los verbos cuyos infinitivos terminan en *-ger* y *-gir*. Ejemplos:

proteger	protege, protegería
dirigir	dirige
aligerar	aligero, aligera
coger	coge, cogería
digerir	digería
exagerar	exagero, exagera

3.6. H

3.6.1. Mudez y aspiración de *h*; *h* procedente de *f* latina

El signo *h* no corresponde a ningún sonido de la lengua española; de aquí la dificultad de su uso. El perfecto conocimiento de la lengua hablada, que contribuye a resolver en la escritura algunos problemas relacionados con la expresión oral (como el ceceo, el seseo y otros), sirve de poco para la ortografía de la *h*. Alguna ayuda aporta el conocimiento de la etimología y de la dialectología del español; ya que, en algunas áreas subsiste la pronunciación aspirada de la *h* (véase § 2.3).

También la comparación del español con otras lenguas emparentadas con él (las lenguas romances, todas ellas derivadas del latín) ofrece información útil para la ortografía de la *h*. El procedimiento es asequible a muchos españoles, especialmente catalanes y gallegos, que no hallarán dificultad en establecer comparaciones como las que se ejemplifican en la siguiente tabla:

latín	catalán	gallego	español
fame	fam	fame	hambre
farina	farina	fariña	harina
filiu	fill	fillo	hijo
ferru	ferro	ferro	hierro
folia	fulla	folla	hoja
ferire	ferir	ferir	herir
facere	fer	facer	hacer
ficu, -ca	figa	figo	higo

Los recursos citados pueden constituir ayuda para algunos; pero no todos los españoles disponen de ellos, ni ellos bastan para resolver el problema ortográfico de la *h*. Habrá que intentar algunas normas de mera aplicación práctica.

3.6.2. Uso de la *h* ante *ie, ue*

Los diptongos *ie* y *ue*, cuando no van precedidos de consonante que forme sílaba con ellos o ésta sea la final de un prefijo, llevan siempre *h*. Ejemplos:

hierro	hueso	huelga
deshielo	cacahuete	Orihuela
hiel	huésped	huerto
ahuecar	vihuela	sinhueso

3.6.3. Palabras que empiezan con *hip-, hidr-*

Se escriben también con *h* las palabras que empiezan con *hip-* y con *hidr-* (y sus correspondientes compuestas), como las siguientes:

hipo	hípico	hipódromo
hipoteca	hipocresía	Hipólito
hidrógeno	hidráulico	hidroavión
anhídrido	deshipotecar	clorhídrico

3.6.4. Diferencia de significado en palabras con o sin *h*

Hay en español una serie de palabras que pueden escribirse con *h* o sin ella, con distinto significado en cada caso. He aquí algunas muestras:

herrar (poner herraduras)	*errar* (equivocarse)
hierro (metal)	*yerro* (equivocación)
hasta (preposición)	*asta* (de toro o bandera)
huso (de hilar)	*uso* (empleo, costumbre)
hora (del reloj)	*ora* (conjunción, de *orar*)
hola (saludo)	*ola* (del mar)
honda (profunda)	*onda* (del cabello)
hecho (de *hacer*)	*echo* (de *echar*)

3.6.5. Expresiones monosilábicas con o sin *h*

Hay dos expresiones monosilábicas —y monofónicas—, con tres posibilidades ortográficas en relación con la *h*. Son:

he *ha* } (de *haber*)	*e* (conjunción) *a* (preposición)	*eh* *ah* } (interjección)

Las formas de *haber,* que es verbo auxiliar, suelen ir acompañadas de participios; los cuales, si son regulares (y lo son en su inmensa mayoría), terminan en *-ado* o *-ido*. Las interjecciones suelen ir acompañadas de signo de admiración. He aquí algunos ejemplos, en frases corrientes:

¡*Eh*! Llama *a* Juan y dile que *he* llegado.
He mirado por todas partes, pero ¡*ah*! no he visto nada.
Ha dicho que van juntos porque son padre *e* hijo.

Las expresiones *he aquí, he ahí, hete, helo* y otras semejantes se escriben con *h* porque la forma *he* incluida en ellas pertenece al verbo *haber*. También pertenece al mismo verbo la forma *hay,* impersonal de presente, que no debe confundirse con la exclamación *ay*; véase la diferencia en los ejemplos:

¡*Ay* de mí! No *hay* nada que comer.
Hay que reconocer su valor; murió sin decir un *ay*.

3.7.   I - Y - LL

3.7.1.   Uso de *y* en posición inicial y final de sílaba

La confusión en la escritura entre *y* e *i* es posible, aunque no frecuente. Se escribe con *y* la conjunción copulativa, excepto si precede a palabras que empiecen con *i* o *hi* (pero no *hie*); entonces se escribe *e*, tal como se indica y ejemplifica en el § 3.6.5. Se escribe siempre *y* al principio de sílaba, sea ésta inicial de palabra o no. También se escribe *y* al final de palabra, si sobre este sonido no recae el acento tónico; si recae el acento, se escribe *í,* signo vocálico con tilde. Véanse ejemplos de cada uno de los supuestos.

a)   Primer caso:

campo *y* playa	madera *y* hierro
verano *e* invierno	cantos *e* himnos

b)   Segundo caso:

yerro	yesca	yegua
yodo	yunque	yunta
mayor	bayeta	abyecto
desmayo	rehúye	Pelayo

c)   Tercer caso:

buey	convoy	Uruguay
recaí	oí	reí
bisturí	rubí	aquí

3.7.2.   Consecuencias ortográficas del yeísmo

Se llama yeísmo la pronunciación de la *ll* como si fuera *y* (véase § 2.2). En las regiones de habla española donde tal fenómeno predomina es más frecuente la confusión entre los dos signos, en el ejercicio de la escritura. Sólo para quienes se encuentren en tal caso se ofrece a continuación una relación de palabras de uso ordinario que se escriben con *y*:

ahuyentar	aleluya	apoyar
arroyo	ayuda	ayuntamiento
ayuno	bayeta	boya
cobaya	cuyo	desmayo
ensayo	escayola	hoyo
joya	lacayo	mayar
mayo	mayor	mayoral
papagayo	payaso	pararrayos

playa	proyecto	proyectil
yema	yerno	yeso
yugo	yunque	yunta
rayo	raya	tocayo
tramoya	yegua	tuyo
yute	payo	yodo

3.7.3. Diferencia de significado en palabras con *ll* o con *y*

La confusión de los sonidos representados por *ll* y por *y* lleva en ocasiones a confundir palabras que tienen ortología y ortografía distintas; como en los ejemplos siguientes:

arrollo (de arrollar)	*arroyo* (caudal de agua)
bolla (panecillo)	*boya* (señal)
callado (de *callar*)	*cayado* (garrote)
callo (de *callar*, dureza)	*cayo* (islote)
falla (defecto, hoguera)	*faya* (tejido, peñasco)
gallo (ave)	*gayo* (alegre, vistoso)
halla (de *hallar*)	*haya* (árbol)
hulla (carbón)	*huya* (de *huir*)
malla (tejido)	*maya* (de *mayar*, tribu, planta)
mallo (mazo)	*mayo* (mes)
pollo (cría de ave)	*poyo* (banco)
rallar (desmenuzar)	*rayar* (hacer rayas)
rallo (de *rallar*)`	*rayo* (chispa eléctrica)
valla (barrera, cerca)	*vaya* (de *ir*, burla)

3.8. M - N

3.8.1. Posibilidad de confusión entre *m* y *n*

Las letras *m* y *n* representan sonidos suficientemente diferentes para que, en posición anterior a vocal, no suelan confundirse; *mata* y *nata*, *cama* y *cana* son parejas de palabras que sólo difieren en el punto de articulación de su consonante nasal (*m* bilabial frente a *n* alveolar) y no originan confusión. Pero en posición implosiva (apoyando su articulación en la vocal anterior) aumenta el riesgo de confusión; la diferencia articulatoria entre *m* y *n* disminuye en tal posición, bien porque la condición implosiva tiende a debilitar o relajar la pronunciación consonántica, bien porque tal pronunciación quede afectada —con tendencia a la asimilación— por la articulación de la consonante siguiente. No se pronuncian igual las *n* de *conmigo*, *contigo*, *concha* y *conjuro*; en cambio, es idéntica la pronunciación de *m* y *n* en las palabras *combate* y *convite*; como es idéntica la pronunciación de las correspondientes *b* y *v* (véase § 3.1.1). Todo lo cual aconseja proponer algunas normas clarificadoras.

3.8.2. Uso de *m* ante *p* y *b*

Delante de *b* y *p* se escribe siempre *m* y nunca *n*; como en los ejemplos:

cambio	trampa	embolia
imperio	combate	empresa
tumbo	imbécil	trompeta
interrumpir	asombrar	asamblea

3.8.3. Uso de *n* ante *v* y *f*

Delante de *v* y *f* se escribe siempre *n* y nunca *m*; como en los ejemplos:

tranvía	enfermo	convoy
confesión	infusión	triunvirato
invento	infamia	envenenar
sinvergüenza	triunfal	confección

3.8.4. Uso de *m/n* ante *n*

Con excepción de las palabras *himno* e *himnario,* delante de *n* se escribe siempre *n*:

innato	innoble	innecesario
ennegrecer	innovar	connivencia
connotar	sinnúmero	ennoblecer

3.8.5. Uso de *n* ante *c, d, m, s, t*

Sin ninguna excepción, hay que escribir siempre *n* (y nunca *m*) delante de las consonantes *c, d, m, s* y *t*. Ejemplos:

encierro	concierto	sinceridad
inducir	indecente	conducta
inmenso	conmigo	inmundo
insensato	conseguir	prensa
pronto	íntimo	contumaz

3.8.6. Sílabas *trans* y *tras*

Acerca de la presencia de *n* en la sílaba *tras/trans,* solo cabe citar ejemplos de presencia necesaria de *n*, de ausencia obligatoria y de palabras de uso indistinto.

a) Primer caso, de sílaba *tran + s* inicial de la sílaba siguiente:

transacción	transeúnte	transiberiano
transición	transido	transigencia
tránsito	transitar	transitorio

b) Segundo caso, sin *n* y con *s* final en la misma sílaba:

trasca	trascantón	trascendente
trascolar	trascoro	trasgo
trasluz	trasmano	trasnochar
traspasar	trasplantar	trastocar
traste	trasto	traspunte
trastear	trasquilar	trastienda

c) Tercer caso, con sílaba completa *trans* o *tras,* indistintamente; aunque la Academia prefiera la primera:

transbisnieto	trasbisnieto
transbordador	trasbordador
transbordar	trasbordar
transcribir	trascribir
transcripción	trascripción
transcurrir	trascurrir
transcurso	trascurso
transferencia	trasferencia
transferir	trasferir
transfiguración	trasfiguración
transfigurar	trasfigurar
transformación	trasformación
transformar	trasformar
tránsfuga	trásfuga
transfundir	trasfundir
transfusión	trasfusión
transmarino	trasmarino
transmediterráneo	trasmediterráneo
transmigración	trasmigración
transmigrar	trasmigrar
transmisión	trasmisión
transmitir	trasmitir
transmontar	trasmontar
transmudación	trasmudación
transmudar	trasmudar
transmutación	trasmutación
transmutar	trasmutar
transparencia	trasparencia
transparente	trasparente
transpiración	traspiración
transpirar	traspirar

transporte	trasporte
transportar	trasportar
transversal	trasversal
transverso	trasverso

3.9.   B - P

3.9.1.   Uso de *b/p* en posición final de sílaba

Respecto a las consonantes *b* o *p,* sólo tienden a confundirse cuando se hallan en posición final de sílaba; posición implosiva que debilita o relaja la articulación, haciendo apenas perceptible la diferencia entre ambas. En el conjunto de la lengua española, es mucho mayor el número de palabras que contienen sílabas inversas o mixtas con *b* que con *p,* como se verá también en los párrafos 3.12.7 y 3.12.8. He aquí ejemplos con *p:*

aptitud	asepsia	críptico
óptimo	áptero	sinóptico
elipsis	rapto	inepto
óptico	capcioso	optimismo

3.9.2.   Prefijos *ab, ob, sub*

Se escriben con *b* los prefijos *ab, ob* y *sub,* como en los siguientes ejemplos:

abdicar	abjurar	absolver
obtener	objeto	observación
submarino	subsidio	subversivo

Algunas sílabas no catalogables como prefijos se escriben también con *b* final, como en las palabras

nabab	rob	club

En las palabras *ábside* y *ápside,* la doble ortografía corresponde a doble significado. La primera significa «parte abovedada del templo que sobresale en la fachada posterior»; la segunda, «cada uno de los dos extremos del eje mayor de la órbita trazada por un astro».

3.9.3.   Uso de *a(b)s, o(b)s, su(b)s*

Excepto *bíceps* y *tríceps,* las combinaciones consonánticas formadas con bilabial no nasal más *s* se escriben siempre con *b* y constituyen precisamente las sílabas *abs, obs* y *subs.* Ejemplos:

abstemio   abstracto   abstención
obsceno   obstáculo   obstrucción
substancia   substrato   substantivo

Pero es posible —e incluso recomendable— la simplificación de la sílaba *subs* en *sus,* cuando ambas formas son igualmente aceptables. Tal es el caso de

subscribir	suscribir
subscripción	suscripción
subscrito	suscrito
subscriptor	suscriptor
substancia	sustancia
substancial	sustancial
substanciar	sustanciar
substancioso	sustancioso
substantivar	sustantivar
substantividad	sustantividad
substantivo	sustantivo
substitución	sustitución
substituible	sustituible
substituir	sustituir
substracción	sustracción
substraendo	sustraendo
substraer	sustraer
substrato	sustrato

En cambio, sólo admiten la forma sin *b* las palabras de la siguiente serie (con algún derivado de poco uso):

susceptibilidad	suspiro
susceptible	sustentable
suscitar	sustentación
suspecto	sustentáculo
suspender	sustentador
suspenso	sustentamiento
suspicacia	sustentante
suspicaz	sustentar
suspirar	sustento

3.10.   R - RR

3.10.1.   Sinopsis del uso de *r/rr*

La mayor dificultad ortográfica en relación con la consonante *r* reside en la falta de correspondencia entre la pareja de fonemas *r/rr* (alveolar vibrante laxo frente a alveolar vibrante tenso) y la pareja de letras *r/rr,* que las representan en la escritura; ya que la letra *rr* representa siempre la articulación tensa o fuerte, pero la letra *r* representa indistintamente la articulación tensa o fuerte y la laxa o suave, según su posición en la sílaba. Acaso una presentación sinóptica con ejemplos contribuya a la comprensión del problema y a su solución ortográfica.

posición	sonidos	letras	ejemplos
inicial de palabra	rr	r	ramo, reja, rosa
tras consonante de sílaba anterior			honra, enredo
intervocálica		rr	perra, cerro
			pera, cero, moro
en combinación consonántica	r	r	crimen, patria
final de sílaba			torcer, armar

3.10.2. Uso de *r* ante y tras vocal; ante y tras consonante

Como norma ortográfica práctica baste señalar que el signo doble *rr* sólo se escribe en el interior de palabra y entre vocales, representando siempre el sonido tenso o fuerte; el mismo sonido en posición inicial de palabra o tras consonante se representa mediante *r* simple. Ejemplos:

a) Primer caso:

carro	guerra	tierra
aquelarre	irrumpir	arrebato
perro	abarrotado	barraca

b) Segundo caso:

rábano	regla	rico
roble	rumiante	ruido

c) Tercer caso:

alrededor	sonrisa	israelita
honradez	sinrazón	Enrique

El sonido laxo o suave de *r* se representa siempre mediante el signo *r*, sea cual fuere su posición en la sílaba: entre vocales, tras consonante o final de sílaba. Ejemplos:

a) Primer caso:

paraguas	escalera	parado
merendero	pereza	puro

b) Segundo caso:

brazo	grano	trono
sombrilla	retrato	micrófono

c) Tercer caso:

saber	cadáver	revólver
artista	cartero	cerveza

3.11. X - S - C

3.11.1. Ortografía de los sonidos $k+s$ y $k+z$

La letra x representa en la escritura la asociación de sonidos $k+s$, aunque en el habla corriente y poco cuidada su pronunciación tienda a simplificarse en s; de aquí la perplejidad de algunos ante la distinción ortográfica entre *excepción* («que se aparta de la regla o condición general») y *escéptico* («relativo a la duda sobre la posibilidad de conocer la verdad»). También suele constituir dificultad —especialmente para seseantes y ceceantes— la distinción entre la pronunciación de x (equivalente a ks) y la de la concurrencia consonántica cc (con sonido equivalente a kz); como *oxidante* («que transforma por la acción del oxígeno») frente a *occidente* («lugar por donde se pone el sol»).

3.11.2. Uso de *cc*

El sonido kz, articulado entre vocales, se representa siempre en la escritura mediante doble c; aunque la Academia acaba de admitir (en 1984) *eczema*, con remisión a *eccema*. Las demás palabras se escriben como

acción	accidente	faccioso
eccehomo	occipital	elección

Vale la pena de llamar la atención —porque se incurre frecuentemente en falta— acerca de la ortografía de las palabras terminadas en *-ción*. Muchas de ellas pertenecen al grupo inmediato anterior (véanse *acción* y *elección*), ya que precede a la sílaba final la consonante c (con sonido k); por lo que la concurrencia cc suena kz, como puede notarse leyendo los siguientes ejemplos de la columna de la izquierda. Otras muchas palabras terminan en *-ción*, pero precedida esta sílaba final de una vocal; por lo que la *c* suena simplemente *z*, como en los siguientes ejemplos de la columna de la derecha:

convicción	condición
infracción	inflación
aflicción	deflación
redacción	relación
contracción	demostración
transacción	tasación

3.11.3. Uso de *x*

La concurrencia de sonidos *ks* se representa en la escritura mediante la letra *x* (con la sola excepción de la palabra *facsímil*), tanto si se articula entre vocales como al final de sílaba. Ejemplos:

a) Primer caso:

auxilio	anexo	reflexión
axioma	maxilar	inexorable
óxido	éxito	próximo

b) Segundo caso:

texto	mixtura	ántrax
sexteto	pretexto	yuxtaponer
inexperto	clímax	Calixto

3.11.4. *Ex/es* en posición inicial de palabra

Adrede se han omitido en el párrafo anterior las palabras con sonido inicial *eks*, tan abundantes en el léxico español. Todas ellas se escriben con la forma *ex,* tanto si sigue vocal como consonante; sólo se escribe *es* cuando a la consonante final le corresponde el sonido simple de *s*. Ejemplos:

a) Primer caso:

exagerar	éxito	exigencia
examen	exento	exégesis
existir	exudar	exultación

b) Segundo caso:

excavar	excitar	exclamar
excremento	excusa	expansión
experiencia	explicar	expiación
explosión	expresar	exprimir
externo	extirpar	extranjero

c) Tercer caso:

escalera	escollo	escudilla
espasmo	especial	espectáculo
estreno	estridente	estratégico

3.12. OMISIÓN DE CONSONANTES

3.12.1. **Palabras terminadas en** *d, t, c*

La pronunciación relajada en el habla corriente origina hábitos, que luego repercuten en dificultades ortográficas. La tendencia a debilitar la pronunciación de algunas consonantes en posición implosiva y la relajación extrema en su articulación en posición intervocálica, así como en sílaba final de palabra, son hechos habituales; cuando éstos trascienden a la escritura constituyen faltas de ortografía. Ya se indica en páginas precedentes la tendencia popular a no pronunciar la *d* implosiva en sílaba tónica y final de palabra (véase § 2.4); compruébense ahora sus consecuencias en la escritura, mediante algunos ejemplos, cuya forma correcta se indica entre paréntesis:

verdá (verdad)	cantidá (cantidad)
amistá (amistad)	usté (usted) .
voluntá (voluntad)	salú (salud)
paré (pared)	virtú (virtud)

En casos extremos, el fenómeno puede extenderse a las formas de plural, como en

las verdás (verdades)   para ustés (para ustedes)

No es infrecuente la duda entre la terminación vocálica o consonántica de algunas palabras, como las que figuran a continuación en su escritura correcta:

acimut (ángulo astronómico)
bistec o *bisté* (lonja de carne)
carné (documento, cuaderno)
cucú (canto del. cuclillo)
parqué (entarimado)
vermut o *vermú* (aperitivo)

3.12.2. **Palabras terminadas en** *ao/ado*

La terminación ortográfica de algunas palabras es -*ao,* porque ésta es también su correcta pronunciación; como, por ejemplo,

bacalao	blocao	Bilbao
cacao	Estanislao	sarao

Pero son las menos; las más terminan en -*ado*; como

bocado	dado	delgado
ducado	estrado	grado
lado	nado	prado

Así como todos los participios regulares de los verbos de la primera conjugación. Ejemplos:

cansado	sentado	montado
contestado	atracado	olvidado
acabado	atrasado	llamado

La Real Academia Española acaba de admitir la forma *tablao* (como vulgarismo por *tablado*), pero no *cantaor* ni *bailaor,* tan usuales en la lengua hablada, como consecuencia de la pronunciación andaluza de palabras relativas al arte flamenco. El diccionario académico escribe *tablado* como forma recomendada y *cantador* y *bailador* como formas únicas. En la constante revisión que la Academia hace del léxico español, han ido incorporándose como ortográficas formas procedentes de la pronunciación meridional; tal ha ocurrido, por ejemplo, con *jaca, jaleo, jamelgo, jipido, jolgorio* y *juerga* (aunque no con *jondo,* que sigue figurando sólo como *hondo*).

3.12.3. Palabras terminadas en *edo/eo* y en *ido/ío*

No siempre es fácil distinguir entre las terminaciones -*edo/eo,* -*ido/ío.* Son muchas las palabras españolas terminadas ortográficamente en -*eo* y en -*ío.* Ejemplos:

mareo	judío
solideo	mujerío
aseo	albedrío
arreo	labrantío
tintineo	señorío
correo	envío
meneo	plantío
feo	lío
reo	río

Pero los participios regulares de los verbos de la segunda y tercera conjugaciones terminan todos en -*ido*; como

temido	partido
perdido	salido
sabido	rendido
sostenido	dormido
aborrecido	afligido
corrido	aburrido
ascendido	escurrido

3.12.4. Omisión de *d*, *b*, *g* intervocálicas

A veces se incurre en falta al omitir la *d* intervocálica en el interior de palabra, aunque no se trate de ninguna de las terminaciones citadas; omisiones que deben evitarse a toda costa. Véanse unos pocos ejemplos, seguidos de las formas correctas entre paréntesis:

caena (cadena)	maúro (maduro)
gastaora (gastadora)	tocaor (tocador)

Este fenómeno no es exclusivo de la letra *d*; se da también en otras consonantes sonoras, como en *caeza* por *cabeza*, *chaola* por *chabola*, *miaja* por *migaja* (las dos últimas admitidas por la Academia; la primera, no).

3.12.5. Omisión de la sílaba final

La situación de la consonante *d* entre dos vocales iguales y al final de sílaba favorece la omisión fónica de la última sílaba completa y la correspondiente falta de ortografía; fenómenos ambos más frecuentes en el uso popular del español en las zonas meridionales de la península. He aquí algunos ejemplos, acompañados de las correspondientes formas correctas entre paréntesis:

na (nada)	olvidá (olvidada)
criá (criada)	enfadá (enfadada)
to (todo)	espantá (espantada)
bajá (bajada)	adorná (adornada)
cansá (cansada)	camará (camarada)

Cabe aún la posibilidad de que se combinen en una sola palabra dos omisiones consonánticas (más probablemente de *d*), lo que provoca la creación de una nueva palabra, con su propio plural. Hay casos, ya admitidos por la Academia; como *soleá* (plural *soleares*), derivada —por omisión de las dos *d*— de *soledad* (plural *soledades*).

3.12.6. Omisión de *c, g, p,* en posición final de sílaba

No es ortográfica la omisión de las consonantes *c, g,* y *p* en posición implosiva, tal como se produce en los ejemplos siguientes, tomados del uso corriente; las correspondientes formas correctas van entre paréntesis:

a) Primer caso:

conduto (conducto)	dotrina (doctrina)
efeto (efecto)	contrátil (contráctil)
otavo (octavo)	perfeto (perfecto)
exato (exacto)	datilares (dactilares)
sedutor (seductor)	oleoduto (oleoducto)

b) Segundo caso:

inorancia (ignorancia)	sinificación (significación)
manífico (magnífico)	inominia (ignominia)
beninidad (benignidad)	anóstico (agnóstico)
insinia (insignia)	indino (indigno)
malinidad (malignidad)	framento (fragmento)

c) Tercer caso:

atitud (aptitud)	asético (aséptico)
cásula (cápsula)	Egito (Egipto)
conceto (concepto)	retil (reptil)

Nótese que, en las palabras derivadas de *septe* (siete), se admite doble ortografía:

setena	septena
setenario	septenario
setiembre	septiembre
sétimo	séptimo

3.12.7. Palabras que empiezan con *ab/ap* y *abs*

Los casos más conflictivos de uso de consonante implosiva corresponden a las sílabas terminadas en *b*; su presencia es ortográfica en las palabras que empiezan con las sílabas *ab* y *abs*, salvo la duplicidad de *ábside/ápside* (ya señalada en el § 3.9.2) y las excepciones que se indican.

a) Ejemplos con *ab*:

abdicar	abdominal	abducción
abnegado	absenta	absentismo
absolución	absoluto	absolver
absorber	absortar	absorto

b) Excepciones:

apsara	aptar	áptero
apteza	aptitud	apto

c) Ejemplos con *abs*:

absceso	abscisa	abstemio
abstención	abstinencia	abstracción
abstracto	abstraer	abstruso

3.12.8. Palabras que empiezan con *ob/op* y *obs*

También es ortográfica la presencia de *b* en las palabras que empiezan con las sílabas *ob* y *obs,* con algunas salvedades, ya apuntadas en párrafos anteriores (3.9.2 y 3.9.3).

a) Ejemplos con *ob*:

obcecar	objeto	obsequio
observar	obsesión	obtener
obturar	obtuso	obvio

b) Excepciones:

opción	opcional	optación
optante	optar	optativo
óptica	óptico	optimación
optimar	optimismo	optimista
optimizar	óptimo	optómetro

c) Ejemplos con *obs*:

obscenidad	obstáculo	obstante
obstetricia	obstinarse	obstrucción

d) Familia de palabras que admiten doble ortografía:

obscurantismo	oscurantismo
obscurantista	oscurantista
obscurecer	oscurecer
obscurecimiento	oscurecimiento
obscuridad	oscuridad
obscuro	oscuro

4. ORTOGRAFÍA DE LAS PALABRAS

4.1. ESTRUCTURA DE LA PALABRA

4.1.1. Unidad formal de la palabra

Durante siglos el concepto de palabra se consideró evidente. Cuando los lingüistas empezaron a profundizar en él, la evidencia fue desapareciendo. La aplicación de criterios distintos —fonético, sintáctico, semántico; descriptivo, interpretativo— a una sola realidad ha producido, como no podía ser de otro modo, imágenes distintas. Como consecuencia de lo cual la Lingüística actual procura evitar el término «palabra» o lo restringe a usos muy concretos; como el de designar, en estudios de estadística léxica, la unidad de ocurrencia de un «vocablo» en un texto.

Con criterio normativo, cual corresponde a la ortografía, el concepto de palabra queda determinado por su propia definición: palabra es cada porción de texto escrito comprendido entre dos espacios en blanco. Según lo cual *por qué* son dos palabras y *porqué* es sólo una; *dámelo* es una palabra y *me lo da* son tres; *correveidile* es una y *corre, ve y dile* son cuatro; pero *papel* es una y sólo una, porque cada una de las partes en que puede dividirse (*pa* y *pel*) no son ninguna palabra.

Precisamente el hecho de que algunas palabras puedan dividirse en partes que son, a su vez, palabras; la estructura de las palabras y la naturaleza de las que son susceptibles de integración; el motivo u ocasión de que tal integración se produzca; la compleja casuística que este conjunto de fenómenos (y otros, que al estudiarlos se irán manifestando) en el plano de la expresión escrita; todo ello aconseja prestar atención a cada uno de los aspectos de esa realidad convencional denominada «palabra escrita» y a su ortografía.

4.1.2. División de la palabra en sílabas

La aplicación práctica de lo explicado a propósito de las combinaciones vocálicas y de las consonánticas (§§ 1.10 y 1.11, respectivamente) permite conocer la escritura silábica de las palabras y las posibilidades de su división ortográfica. Las palabras («porción de texto escrito entre dos espacios en blanco», según acabamos de definir en el párrafo inmediato anterior) sólo se dividen por necesidades extralingüísticas, ya sean tipográficas, mecanográficas o de mera escritura manual. Al escribir, puede ocurrir que una palabra no quepa entera en un final de línea; en cuyo caso es útil conocer su estructura silábica, para cortar precisamente por donde sea correcto. El guión indicador de la división de una palabra en dos segmentos (uno que quedará al final de una línea y el otro al principio de la siguiente) ha de situarse entre sílabas, nunca rompiendo la estructura de una de ellas. Para separar ortográficamente las sílabas de una palabra basta aplicar cuanto se ha dicho ya acerca de la estructura silábica (§ 1.8) y experimentar en el siguiente texto:

> La cons-truc-ción de cen-tros de dis-tri-bu-ción co-mer-cial e-xi-ge u-na im-por-tan-te in-ver-sión e-co-nó-mi-ca. El pro-ble-ma fun-da-men-tal con-sis-te en ar-bi-trar los re-cur-sos ne-ce-sa-rios pa-ra u-na a-de-cua-da pre-sen-ta-ción del pro-yec-to a los po-si-bles in-ver-so-res. La cam-pa-ña, o-rien-ta-da ex-clu-si-va-men-te a per-so-nas e ins-ti-tu-cio-nes de gran so-li-dez e-co-nó-mi-ca, de-be con-te-ner cuan-tos e-le-men-tos in-for-ma-ti-vos pue-dan ser so-li-ci-ta-dos por los pre-sun-tos con-cu-rren-tes, tan-to en el as-pec-to téc-ni-co co-mo fi-nan-cie-ro.

Hay un caso especial. Cuando al dividir una palabra por sus sílabas haya de quedar en principio de línea una *h* precedida de consonante, se dejará esta consonante al final del renglón anterior y se comenzará el siguiente con la *h*; de modo que nunca se divida como en la columna de la izquierda, sino como en la de la derecha:

alh-araca	al-haraca
inh-umación	in-humación
clorh-idrato	clor-hidrato
desh-idratar	des-hidratar

Es asimismo doctrina académica que «cuando la primera o la última sílaba de una palabra fuera una vocal, se evitará poner esta letra sola en fin o en principio de línea»; por lo que sería incorrecto dividir como en los siguientes ejemplos, a pesar de que las vocales afectadas constituyen sílaba independiente:

a-centuación	aére-o
u-nidos	alcaldí-a
i-maginación	odise-a

4.2. REGLA GENERAL DE ACENTUACIÓN GRÁFICA

4.2.1. Palabras agudas, llanas y esdrújulas

La identificación de las palabras en español depende en buena medida del acento; algunas sólo difieren de otras (como ya se ha indicado en el § 1.9) en tener situada en sílaba distinta su máxima intensidad tonal. Así se distingue *canto* (sustantivo y verbo en presente) de *cantó* (verbo en pasado), *sábana* (lienzo de cama) de *sabana* (llanura sin árboles). Es fácil confeccionar una relación —que podría ser muy larga— de palabras del español, ordenadas en triple columna, de modo que la primera contenga un nombre, y la segunda y tercera contengan distintas formas de un mismo verbo; la expresión de tales palabras difiere entre sí sólo en la acentuación en distinta sílaba. He aquí algunos ejemplos.

ánimo	animo	animó
cálculo	calculo	calculó
cántara	cantara	cantará
capítulo	capitulo	capituló
catálogo	catalogo	catalogó
cítara	citara	citará
crítico	critico	criticó
depósito	deposito	depositó
desánimo	desanimo	desanimó
diálogo	dialogo	dialogó
diagnóstico	diagnostico	diagnosticó
ejército	ejercito	ejercitó
émulo	emulo	emuló
equívoco	equivoco	equivocó
específico	especifico	especificó
espéculo	especulo	especuló
estímulo	estimulo	estimuló
filósofo	filosofo	filosofó
género	genero	generó
hábito	habito	habitó
júbilo	jubilo	jubiló
límite	limite	limité
líquido	liquido	liquidó
médico	medico	medicó
pacífico	pacifico	pacificó
pálpito	palpito	palpitó
partícipe	participe	participé
práctico	practico	practicó
próspero	prospero	prosperó
público	publico	publicó
simultáneo	simultaneo	simultaneó
título	titulo	tituló

4.2.2. Sinopsis de la acentuación gráfica

Como puede observarse, el acento fónico se indica en la escritura por la ausencia o presencia (y, en este último caso, por su situación) de un signo gráfico llamado tilde, consistente en una rayita oblicua colocada sobre la vocal de la sílaba tónica. Para la identificación en la escritura de la acentuación fónica y el uso más racional de la tilde o acento gráfico se ha establecido una regla general, que se ofrece a continuación en cuadro sinóptico:

Acentuación fónica	Palabra terminada en VOCAL, N o S	Palabra terminada en otra consonante (ni N ni S)
AGUDA (acento en la última sílaba)	tilde	no
LLANA (acento en la penúltima sílaba	no	tilde
(acento en cualquier otra sílaba)	tilde	

4.2.3. Acentuación gráfica de agudas, llanas y esdrújulas

El cuadro precedente contiene las siguientes nociones:

a) Las palabras de más de una sílaba con acento fónico o prosódico en la última sílaba (palabras agudas) llevan tilde o acento gráfico si terminan en vocal o una de las consonantes *n* o *s*. Ejemplos:

sofá	maná	café
canapé	cañí	carmesí
dominó	landó	bantú
tisú	amén	jamón
atún	sinfín	ademán
jamás	francés	anís

b) Las palabras agudas que terminan en consonante distinta de *n* o *s* (incluyendo la *y* entre las consonantes) no llevan acento gráfico. Ejemplos:

vivac	bistec	edad
merced	mantel	farol
cantar	dolor	cenit
vermut	nariz	convoy

c) Las palabras cuyo acento prosódico recae en la penúltima sílaba (palabras llanas) y terminan en vocal o una de las consonantes *n* o *s* no llevan acento ortográfico. Ejemplos:

casa	pelota	vale
carne	perro	boleto
volumen	virgen	margen
martes	dosis	crisis

d) Las palabras llanas que terminan en consonante distinta de *n* o *s* llevan todas acento. Ejemplos:

cráter	alcázar	cárcel
mármol	útil	mártir
alférez	lápiz	carácter
mástil	cáncer	López

Añádanse los nombres *bíceps, fórceps* y *tríceps*, que la ortografía no considera terminados en *s*, sino en la combinación consonántica *ps*.

e) Las palabras cuyo acento prosódico recae en cualquier sílaba anterior a la penúltima (llamadas esdrújulas si tienen acentuada la antepenúltima sílaba; sobresdrújulas si tienen acentuada la anterior a la antepenúltima) llevan siempre acento gráfico. Ejemplos:

pálido	cántaro	escándalo
máquina	párroco	apéndice
célula	altísimo	Cáceres
fácilmente	llevándosela	entrégamelo

4.3. ACENTUACIÓN DE LAS COMBINACIONES VOCÁLICAS

4.3.1. Diptongo y acento en la vocal fuerte

Las combinaciones vocálicas (diptongos y triptongos) se comportan, a efectos de acentuación, como vocales sencillas. Si, en aplicación de la regla general, corresponde acento gráfico a alguna de ellas, la tilde ha de colocarse precisamente sobre la vocal fuerte o abierta (*a, e, o*); su colocación sobre la débil o cerrada (*i, u*) indicaría la ruptura de la combinación vocálica (véase § 1.10). En el diptongo *ui* el acento —si le corresponde— recae necesariamente sobre la *i*. He aquí ejemplos de diptongos y triptongos acentuados en aplicación de la regla general.

a) En palabras agudas:

parabién	después	edición
buscapié	benjuí	Sebastián

b) En palabras llanas:

béisbol	géiser	alféizar
diésel	albéitar	Gutiérrez

c)   En palabras esdrújulas:

| piélago | diócesis | jesuítico |
| ciénaga | muérdago | Cáucaso |

4.3.2. Diptongo, triptongo y acento en la vocal débil

La acentuación de la vocal débil o cerrada (*i, u*), contigua a una fuerte o abierta, indica la pronunciación separada de ambas vocales —en sus respectivas sílabas— y la inexistencia de combinación silábica (hiato); lo cual basta, si se trata de dos vocales, para manifestar su independencia; si se trata de tres, manifiesta la independencia de la débil acentuada respecto del diptongo restante. Véanse algunos ejemplos (además de los aportados al final del § 1.10).

a)   Dos vocales contiguas no combinadas:

| dí-a | ba-úl | pa-ís |
| grú-a | en-ví-o | Ma-tí-as |

b)   Tres vocales contiguas no combinadas:

se-rí-ais   di-rí-ais   es-ta-rí-ais

La acentuación gráfica, en tales casos, es independiente de la regla general. La palabra *Ma-rio* no se acentúa porque es llana terminada en vocal (que, en este caso, es diptongo) y sigue la regla general; pero *Ma-rí-a* se acentúa, aunque también es llana terminada en vocal, para indicar la no combinación de *i + a* en diptongo y la pertenencia de cada una de las vocales a sílabas distintas. Sin el acento gráfico sobre la *i* de *María,* esta palabra —que entonces sería *Maria*— se leería con la misma entonación que *Mario*; lo que no correspondería a las respectivas realidades fónicas de los dos nombres.

4.3.3. Palabras con *h* entre vocales

Hay dos casos de concurrencia vocálica que pueden ofrecer dificultad a la hora de aplicarles la regla general de acentuación gráfica. En el primero, se trata de la vecindad prosódica de dos vocales separadas ortográficamente por una *h*, consonante que no representa sonido alguno; tales vocales constituyen diptongo, si se cumple el requisito de que una de ellas sea *i* o *u*. Sirvan de ejemplo *de-sahu-cio* y *sahu-me-rio,* ambas trisílabas.

El segundo caso es más complejo; en cierto aspecto, parece discrepante respecto de la regla general e incluso del caso inmediato anterior. Véase un ejemplo. La palabra *tru-hán* es bisílaba; porque, aunque la primera de las vocales es *u*, ésta no forma diptongo con la *a* siguiente a la *h*, y una y otra se pronuncian separadamente. La forma femenina de la misma palabra es trisílaba (*tru-*

ha-na), porque también la *u* y la *a* pertenecen a sílabas distintas; circunstancia que no afecta —en este último caso— a la acentuación gráfica. En ambos géneros, se trata de una realidad fonética (así apreciada por la Real Academia Española) que afecta a la división silábica; en la forma masculina afecta, además, al acento gráfico.

4.3.4. *Fue, fui, dio, vio, pie, guión* y otras palabras monosílabas

Una modalidad especial de concurrencia de vocales no constitutiva de diptongo la ofrecen ciertas formas verbales. Es hecho conocido que, por acuerdo académico de 1958, las formas verbales *fue, fui, dio* y *vio* no llevan acento gráfico; en efecto, no les corresponde, porque son palabras monosílabas y la regla general sólo atribuye acento gráfico a las palabras de más de una sílaba. Pero llevan acento gráfico palabras aparentemente de la misma estructura, tales como

cié, ció (del verbo ciar)	crié, crió (de criar)
fié, fió (de fiar)	guié, guió (de guiar)
guión (sustantivo)	lié, lió (de liar)
mié, mió (de miar)	pié, pió (de piar)
rió (de reír)	trié, trió (de triar)

Acaso ayude a explicar este fenómeno la oposición entre tres palabras españolas: *píe* (primera y tercera persona del singular del presente de subjuntivo del verbo *piar*), *pie* («extremidad de cualquiera de los dos miembros inferiores del ser humano», entre otros significados) y *pié* (primera persona del singular del pretérito indefinido de *piar*). La primera forma es bisílaba llana (*pí-e*); la segunda, monosílaba con diptongo (*pie*); la tercera, bisílaba aguda (*pi-é*). Se trata de tres formas fonéticamente diferentes (con diferencia más patente en pronunciación enfática), que la ortografía distingue mediante la aplicación de la tilde o acento gráfico a una u otra de las vocales, o a ninguna.

4.4. ACENTUACIÓN DIFERENCIAL

4.4.1. Oposición *solo/sólo*

Por lo dicho hasta ahora no cabe atribuir a la tilde o acento gráfico otra función que la de representar en la escritura la tonicidad de la lengua hablada. En este párrafo se indica cómo se aprovecha también este signo para una función meramente diferencial; es decir, de distinción gráfica entre elementos no necesariamente dispares en su pronunciación, pero distintos en su significado o en su función gramatical.

Leída la frase *toma güisqui solo los domingos,* caben tres interpretaciones:

que «toma güisqui sin agua los domingos», que «toma güisqui sin compañía los domingos» o que «toma güisqui los domingos, pero no los demás días de la semana». La lengua oral dispone de sus propios recursos para resolver esta ambigüedad: la inflexión de la voz, el ritmo, incluso el ademán; en la lengua escrita sólo cabe recurrir a la tilde. El que *toma güisqui solo los domingos,* lo toma sin agua o sin compañía; el que *toma güisqui sólo los domingos,* lo toma los domingos (con agua o sin ella, con o sin compañía, que eso queda por decir), pero no los demás días de la semana; el que *toma güisqui solo sólo los domingos,* lo toma los domingos, sin agua o sin compañía, pero no los demás días de la semana, que acaso no lo tome o lo tome con agua o en buena compañía. La duda entre la ausencia de agua o de compañía sólo podrá disiparla el contexto, si lo hay y es lo bastante explícito.

La tilde como elemento diferencial ante la ambigüedad de *solo* no es de uso obligatorio. La Real Academia Española establece que la palabra *solo* en función adverbial (es decir, en el sentido de «solamente, exclusivamente») podrá llevar acento ortográfico, si con ello se ha de evitar una anfibología (es decir, una ambigüedad o doble sentido). Lo cual comporta que la palabra *solo* en función adjetiva (con significado equivalente a «sin compañía o acompañamiento») no puede nunca llevar acento gráfico. Cuando no hay riesgo de confusión, la Academia admite la no acentuación gráfica en uso adverbial, como en *solo* (o *sólo*) *falta un minuto para la salida del tren*; o bien en *su nieta solo* (o *sólo*) *tiene dos años.* Sin embargo, lo más seguro es acentuar el adverbio y dejar el adjetivo sin acento.

4.4.2. Oposición *este/éste, ese/ése, aquel/aquél*

Sujeta al mismo criterio se encuentra la acentuación gráfica de las formas de pronombre demostrativo: obligatoriamente sin tilde en función adjetiva; con tilde en función sustantivada, si con ello se evita ambigüedad o confusión. Como las formas neutras del demostrativo (*esto, eso, aquello*) tienen siempre función sustantiva, no hay confusión posible; por lo que no necesitan (ni admiten) acento gráfico. En cuanto a las demás formas, cada uno juzgará sobre el riesgo de confusión y, consecuentemente, sobre la conveniencia de escribirlas sin tilde o con ella; aunque siempre es más seguro señalar la diferencia. Como mera orientación, véanse los siguientes ejemplos:

> *Este* taxi parece más cómodo que *aquel* (o *aquél*) de anoche.
> ¿Ves *esto* que parece un pedrusco? Pues vale más de medio millón.
> De *esta* mina se saca menos carbón que de *aquella* (o *aquélla*).
> ¡Dame *eso* que traes en la mano!
> No compares *aquel* cacharro con el coche que llevas ahora; *este* (o *éste*) es mucho mejor.
> ¿Qué es *aquello* que se ve a lo lejos?

Feliz *aquel* (o *aquél*) que vive lejos del mundanal ruido.

Esa joya que llevas es más elegante que *esta* (o *ésta*) mía y que *aquella* (o *aquélla*) que te regalaron cuando la boda.

¿Recuerdas *aquellos* tiempos? Pues *estos* (o *éstos*) de ahora son peores.

Y *estas* (o *éstas*) son hijas de *aquellas* mujeres que tanto amé.

4.4.3. Oposición *aun/aún*

La palabra *aún* lleva acento gráfico cuando puede sustituirse por *todavía*, sin alterar el sentido de la frase; *aun* va sin acento cuando es sustituible por *hasta, también, inclusive* (o *siquiera,* con negación). Ejemplos:

No han llegado *aún* (todavía) los comensales.
Accedieron todos los chicos y *aun* (también) algunos padres.
Sigue enfermo; *aún* (todavía) no se ha repuesto.
Fue tal la explosión que *aun* (incluso, inclusive) los más alejados la oyeron.
Tiene la vista tan mal que ni *aun* (siquiera) con gafas puede leer.

4.4.4. Palabras diferenciadas por su acento gráfico

Hay una serie de palabras en la lengua española a las que, por ser monosílabas, no correspondería acento gráfico; pero a las que, por razón de ambigüedad, puede aplicárseles la acentuación diferencial. Con la excepción de *si* (nota musical), que es palabra monosílaba tónica y no lleva tilde, en las expresiones afectadas por la acentuación diferencial se respeta la correspondencia entre tonicidad y tilde; es decir, que se atribuye acento gráfico a las formas que lo tienen prosódico y quedan sin tilde las que tienen pronunciación átona. He aquí, numerada la doble serie, seguida de los correspondientes ejemplos:

1. *el* (artículo)   *él* (pronombre)
2. *mi* (posesivo)   *mí* (personal)
3. *tu* (posesivo)   *tú* (personal)
4. *mas* (conjunción)   *más* (adverbio)
5. *si* (condicional)   *sí* (pronombre)
6. *si* (nota musical)   *sí* (afirmación)
7. *de* (preposición)   .   *dé* (de *dar*)
8. *se* (pronombre)   *sé* (de *ser* y de *saber*)
9. *te* (pronombre)   *té* (planta, infusión)

1. Cuando vi que *el* ratero escapaba, me lancé sobre *él*.
2. *Mi* hermana siempre se burla de *mí*.
3. Y *tú* ¿qué sabes de *tu* futuro?
4. Quise reunir *más* dinero, *mas* no pude.
5. *Si* le atacan, ya se defenderá por *sí* mismo.

   6. Ella no alcanza el *si* natural, pero yo *sí.*
   7. No conozco a nadie que *dé* medio millón *de* propina.
   8. Ya *sé* que *se* trata de algo difícil, pero *sé* constante y lo lograrás.
   9. Y ahora *te* invito a tomar el *té.*

Queda el caso especial de la conjunción copulativa *o,* que admite acento gráfico sólo cuando se trata de evitar su confusión con la cifra *0* (cero); lo que puede ocurrir cuando la conjunción se encuentra entre dos guarismos. Así, se escribe *compré 3 ó 4 periódicos,* para evitar que se lea *compré 304* (trescientos cuatro) *periódicos.*

4.4.5. Oposición *que/qué* y *cuando/cuándo*

El último y más complejo caso de acentuación diferencial se refiere a las partículas de relación, que admiten acento gráfico cuando ejercen en la frase funciones pronominales, ya sean sustantivas o adjetivas; y no lo admiten en su natural función relacionante. El reconocimiento de estas circunstancias requiere unos conocimientos gramaticales no exigibles a cuantos pretendan simplemente alcanzar una escritura ortográfica. De aquí la dificultad de establecer normas elementales y de aplicación general y de aquí también la imprecisión de las reglas que de ordinario se ofrecen a este propósito. La búsqueda de un procedimiento práctico pasa por la consideración de las dos frases siguientes:

   1. Ya sé *que* cantaste anoche.
   2. Ya sé *qué* cantaste anoche.

A pesar de su aparente semejanza, las dos frases tienen sentidos distintos. La primera significa «tengo conocimiento de que anoche ejerciste la acción de cantar»; la segunda equivale a «conozco la canción que cantaste anoche». El conocimiento de la primera se refiere al hecho de cantar; el de la segunda, al contenido de lo cantado. En la primera frase, el *que* es mera partícula de relación y no le corresponde tilde; en la segunda, el *qué* tiene función pronominal sustantiva y le corresponde tilde. La frase *ya sé la canción que cantaste anoche* tiene un significado equivalente a la segunda (*ya se qué cantaste anoche*); pero el *que* no lleva acento, porque la información acerca del contenido de lo cantado está expreso en *la canción* y no necesita la representación del *qué* tónico. Basta pronunciar enfáticamente las frases señaladas con los números 1 y 2 para darse cuenta de la diferencia de entonación entre ambas: la condición átona del *que* de la primera y la condición tónica del *que* de la segunda. Lo cual se refleja en sus correspondientes acentuaciones ortográficas, en aplicación del principio anunciado en las primeras líneas de este mismo párrafo, acerca de la correspondencia entre el acento gráfico de función diferencial y el acento prosódico.

Acaso convenga remachar con otro ejemplo y otra partícula:

1. Me avisó *cuando* se marchaba.
2. Me avisó *cuándo* se marchaba.

La primera frase significa «me avisó al marcharse, en el momento de marcharse»; la segunda frase significa «me avisó el momento de su marcha». Ya se comprende que es bien distinto y que de algún modo debe señalarse la diferencia en la escritura. Para ello basta una tilde; reconózcase que el procedimiento es económico.

4.4.6. *Que, cual, quien, cuan, cuanto, cuando, donde, adonde, cuyo*

Lo expuesto en el párrafo anterior es de aplicación a las partículas *que, cual, quien, cuanto* (y *cuan*), *cuando, donde* (y *adonde*). El acento gráfico, aplicado a cada una de ellas, convierte la mera relación en función pronominal; por lo que cabe atribuir a la partícula contenido informativo acerca de algún objeto, persona, cantidad, tiempo o lugar. El contexto permite, en muchos casos, identificar la información aludida por la partícula. En otros casos, la información permanece velada; bien por voluntad e intención del emisor (el que habla o escribe), bien por ignorancia. En cualquier caso, la tilde en la escritura corresponde a la pronunciación tónica en la lengua oral. Nada ilustrará mejor esta cuestión que un nutrido repertorio de ejemplos. Helos aquí:

que

> Me dijo *que* vendría, pero no me dijo a *qué* hora.
> ¿*Qué* quieres? Quiero *que* me dejes tranquilo.
> ¡*Qué* locura! Ni siquiera tiene con *qué* pagarlo.
> Le pregunté *qué* quería y contestó: ¡*Que* se vayan todos a la porra!
> ¿*Que* me case yo con él? Pero ¡*qué* se ha creído!
> No basta decir *que* pague; tienes *que* decirme con *qué*.

cual

> Me contó una historia sobre la *cual* se podría escribir un libro.
> Vi aquellos coches, de los *cuales* me hablaste; no sé *cuál* quedarme.
> Ni siquiera recuerdo *cuál* es su nombre. ¿*Cuál* será?
> Uso gafas, sin las *cuales* no veo nada. ¿*Cuál* de vosotros me las trae?
> Todo estaba carísimo; en vista de lo *cual* salimos sin comprar nada.
> ¿*Cuál* de las chicas prefieres? Debe ir cada *cual* con su pareja.

quien

> ¿*Quién* llama? Alguien a *quien* no conozco.
> Aquel de *quien* me hablaste se acercó y me habló como *quien* reza.
> Advierto a *quienes* me escuchan que ignoro *quién* es el culpable.
> Dime con *quién* andas y te diré *quién* eres.

cuan
cuanto

> Haré *cuanto* pueda, no importa *cuán* difícil sea.
> Logró *cuanto* se propuso y no sabemos a *cuánto* aspira aún.
> En *cuanto* pisó la grasa, resbaló y cayó *cuan* largo era.
> ¡*Cuánta* hipocresía! Presume de haber ganado honradamente *cuanto* posee.

cuando
> ¿*Cuándo* llegará? Llegará *cuando* pueda.
> *Cuando* te pregunten *cuándo* llegaste, confiesa la verdad.
> Ya sé que saldremos *cuando* nos llamen, pero ignoramos *cuándo* nos llamarán.
> No recuerdo *cuándo* fue, pero no fue *cuando* tú dices.

donde
adonde
> Espérame *donde* quieras, pero dime *dónde*.
> ¿*Dónde* dejarás la llave? Déjala *donde* pueda encontrarla
> Me llevó *adonde* vivía, aunque ni siquiera sé por *dónde* pasamos.
> Se marchó de *donde* estaba, pero ignoro *adónde* ha ido.

El relativo *cuyo* sólo suele usarse sin acento, como en los siguientes ejemplos:

> Una chica muy simpática, *cuyo* nombre no recuerdo, ha preguntado por ti.
> Ha huido en un coche, de *cuya* matrícula sólo recuerdo dos números.
> Llevaba una cartera, por *cuyo* contenido yo daría un millón ahora mismo
> Se ha casado con una viuda, *cuyas* hijas son mayores que él.

El antiguo uso de *cúyo* en expresiones interrogativas (¿*cúyo es este libro?*, ¿*cúyas son estas llaves?*) ha sido sustituido por *de quién* (¿*de quién es este libro? ¿de quién son estas llaves?*).

4.4.7. Uso de la diéresis

En lugar pertinente del capítulo dedicado a la ortografía de las letras (§ 3.5.3), se explica la condición muda de la letra *u* colocada entre la consonante *g* y una de las vocales *e* o *i*. En las sílabas así formadas, la *g* tiene sonido suave (como ante *a, o, u*) y la *u* no tiene sonido alguno. Pero cabe la posibilidad de que la *g* forme sílaba con los diptongos *ue, ui*. En tales casos, para indicar la condición sonora de la *u,* se emplea la crema o diéresis, consistente en dos puntos colocados sobre la vocal; lo cual explica la existencia de palabras tales como

vergüenza	antigüedad	pingüe
agüilla	pingüino	argüir

Va cayendo en desuso la antigua costumbre de señalar mediante diéresis la ruptura intencional de un diptongo; medio empleado por poetas y editores para reflejar en el verso escrito su cadencia oral, como en el dodecasílabo becqueriano

> domando el rebelde, mezquino idïoma

4.4.8. Norma acentual y corrección ortográfica

Acaso quepa concluir la serie de párrafos dedicados a la acentuación con una reflexión acerca de la atención que presta al acento gráfico la sociedad contemporánea. Ni la escuela, ni los medios de comunicación escrita —ni el audiovisual por antonomasia, tan poderoso— cuidan ya de la acentuación. El proceso de degradación parece irreversible.

Una institución muy próxima a la Real Academia Española —tan próxima como quepa imaginar— ha repartido entre sus socios copia del acta de la asamblea general ordinaria; documento en el que aparecen sin acento *reune, leida* y *fructifera*, va con acento un *quién* al que no corresponde llevarlo y figura ¡por dos veces! insólitamente acentuada la palabra *sólamente*. Por no hablar de la falta sistemática de acentos en las mayúsculas, aunque —como recordamos en el § 4.9.3— sea la propia Academia la que recomienda mantenerlos. Con lo que viene a cumplirse lo que está escrito: en casa del herrero, cuchillo de palo.

La irrupción del télex y los ordenadores en el ámbito de la comunicación ha aumentado el desdén por los signos diacríticos. No sólo los acentos y diéresis se han visto afectados, sino la *ñ*, que ha perdido su tilde característica. El ardid de sustituir la *ñ* por barras, cruces o sostenidos musicales entra ya en el terreno de la astracanada. Si —como cabe esperar— prevalecen las exigencias de las máquinas sobre la tradición cultural, en algo se habrá ya cumplido el siniestro vaticinio del sometimiento del hombre a su propia criatura mecánica.

Nuestra tarea es exponer el código ortográfico. El hecho de que multitud de peatones crucen la calle con el semáforo en rojo no ha movido a las autoridades viarias a modificar el código de la circulación. Que haya transgresores de las reglas de acentuación tampoco debe afectar a la ortografía. A ella le corresponde establecer las normas; a los ignorantes y a los ineducados les corresponde transgredirlas.

4.5. FORMAS PRONOMINALES ÁTONAS

4.5.1. Sinopsis de las formas pronominales

La gramática de la lengua española distingue, dentro de las formas pronominales de función sustantiva (los comúnmente llamados pronombres personales), las destinadas a ejercer en la frase la función de sujeto y las destinadas al ejercicio de funciones complementarias. Entre estas últimas cabe distinguir —no por razones sintácticas, sino prosódicas— las átonas de las tónicas. Las formas pronominales tónicas son equivalentes a las de contenido léxico (sustantivos, adjetivos, verbos, adverbios); las hay monosílabas (*mí, ti, sí, él*), bisílabas (*esto, eso, usted, ella, ellas, ellos*) y trisílabas (*conmigo, contigo, consigo, ustedes, nosotros, vosotros, aquello*). Todas ellas se escriben como tales palabras, separadas ortográficamente.

No puede competir *contigo*; es imposible para *él*.
¿Ninguno de *ustedes* tiene nada que decir de *mí*?
Ella se enfadó *conmigo* y en *ello* intervinisteis *vosotros*.

Las formas pronominales átonas no tienen una ortografía tan sencilla. Su atonicidad determina su dependencia prosódica; de tal modo que, en cada caso, la forma átona se pronuncia apoyada en la palabra precedente o en la siguiente. Lo cual, a su vez, determina distinta ortografía.

Para una más fácil e inmediata comprensión de la clasificación de las formas pronominales en tónicas y átonas, el conjunto de todas ellas se ofrece a continuación de modo sistemático y en presentación sinóptica, atendiendo a la calificación gramatical (persona, número, género) y a su condición prosódica.

CATEGORÍAS GRAMATICALES			FUNCIÓN SUSTANTIVA		
			COMPLEMENTO		SUJETO
Persona	Número	Género	Átono	Tónico	
1.ª	Singular	Masculino	*me*	mí, conmigo	yo
		Femenino			
		Neutro		esto	
	Plural	Masculino	*nos*		nosotros
		Femenino			nosotras
2.ª	Singular	Masculino	*te*	ti, contigo] usted [tú	
		Femenino			
		Neutro		eso	
	Plural	Masculino	*os*		vosotros
		Femenino			ustedes
					vosotras
3.ª	Singular	Masculino	*lo*	sí, consigo]	él
		Femenino	*la*	*le, se*	ella
		Neutro			ello, aquello
	Plural	Masculino	*los*	sí, consigo]	ellos
		Femenino	*las*	*les, se*	ellas

4.5.2. Anteposición y posposición de formas átonas: su ortografía

La forma pronominal átona que precede a la palabra en que se apoya prosódicamente (el verbo del cual es complemento) se escribe separada de ella, como palabra independiente.

Así:

Te llamé y no *me* oíste; *nos* llamaron y no *los* oímos.
Nos debían mil duros, *te los* dieron y ahora *me los* reclaman.
Al cobrador *le* robé la cartera, pero *se la* devolví.

La posposición de las formas átonas conlleva su adhesión prosódica y ortográfica a la palabra en que se apoya, que es el verbo al cual complementa; o sea, que la forma pronominal que sigue a la palabra en que se apoya prosódicamente se escribe sin separación ortográfica, formando una sola palabra.

Conseguí informar*me* preguntándo*selo* al guía.
Aunque sigo intentándo*lo,* no logro olvidar*la.*
Hay que encontrar*la* y decir*le* que quiero ver*la.*
Lláma*lo,* píde*le* información y pása*mela.*

En estos ejemplos, las partículas enclíticas (es decir, unidas ortográficamente a la palabra anterior) siguen a formas verbales de infinitivo (informar*me*, olvidar*la*, encontrar*la*, ver*la*, decir*le*), de gerundio (preguntándo*selo*, intentándo*lo*) y de imperativo (lláma*lo*, píde*le*, pása*mela*). En tales casos, la enclisis o escritura conjunta es obligatoria en español; no sólo es obligatoria la posposición de la partícula pronominal, sino su unión ortográfica al verbo. Con las demás formas verbales, la posposición es facultativa, aunque infrecuente —e incluso rara— en la lengua corriente; pero si la posposición se produce (en casos de expresión retórica, enfática o dialectal), la ortografía exige la enclisis o escritura conjunta. He aquí ejemplos:

De puro distraído, olvidába*se* de su propio nombre.
Por su aspecto, diría*se* que venía de un largo viaje.
Acuérdo*me* con frecuencia de aquellos tiempos.
Acercó*se* a la puerta, abrió*la* y salió a la calle.

4.5.3. Alteraciones ortográficas por posposición de formas átonas

Las partículas *me, te, se, nos, os* no siempre tienen verdadera función pronominal, sino que duplican —como elementos de flexión— las correspondientes terminaciones o desinencias verbales. Así, el verbo *acordarse* (que no es un verbo seguido de una forma pronominal complementaria, sino otro verbo, distinto de *acordar,* con significado y flexión distintos) se conjuga del modo siguiente:

me acuerdo	nos acordamos
te acuerdas	os acordáis
se acuerda	se acuerdan

Cuando la partícula *os* se pospone a su correspondiente forma verbal de imperativo (segunda persona del plural), se produce riesgo de confusión con la de participio plural, ya que *olvidad + os = olvidados.* Compruébese en los ejemplos siguientes la pérdida de la *d* final del imperativo, que marca la diferencia entre la construcción de segunda persona del plural de imperativo más partícula pronominal pospuesta (columna de la izquierda) y la forma de participio plural (columna de la derecha):

amad + os = amaos	amados
acordad + os = acordaos	acordados
servid + os = servíos	servidos
sentid + os = sentíos	sentidos

Exactamente lo mismo ocurre con los verbos de la segunda conjugación (aquéllos cuyo infinitivo termina en -*er*), aunque no se produce la identidad entre la forma de imperativo más *os* y la de participio. Nótese en los siguientes ejemplos:

defended + os = defendeos	defendidos
detened + os = deteneos	detenidos

El imperativo del verbo *ir* constituye la única excepción a esta regla; queda en *idos,* sin alteración alguna. Adviértase, no obstante, que en el verbo *ir* es muy frecuente el uso imperativo del infinitivo (*iros* por *idos*); tendencia general y creciente también en los demás verbos (*amaros* por *amaos, acordaros* por *acordaos, deteneros* por *deteneos,* etc.).

La concurrencia en la escritura de la *s* final de la forma de la primera persona del plural del presente de subjuntivo con la partícula enclítica *nos* (cuando se emplea como imperativo) se resuelve con la omisión de la *s* final de la desinencia verbal. Así, *olvidemos + nos = olvidémonos* (no *olvidemosnos*); solución que se aplica a todos los casos de enclisis de flexión en la primera persona del plural del presente de subjuntivo, en función imperativa, siendo ésta la única forma correcta, tanto en la pronunciación como en la escritura. Véanse algunos ejemplos:

amemos + nos = amémonos
acordemos + nos = acordémonos
sirvamos + nos = sirvámonos
sintamos + nos = sintámonos
defendamos + nos = defendámonos
detengamos + nos = detengámonos

Otra consecuencia en la ortografía de la aplicación de partículas pronominales es el desplazamiento del acento prosódico en relación con la sílaba final de la palabra. La enclisis de una partícula convierte en llano el infinitivo verbal (agudo en su forma espontánea) y en esdrújulos el gerundio y las formas llanas del imperativo (todas, menos la segunda de plural); con la correspondiente consecuencia ortográfica, en el gerundio e imperativo. Véase en

levantarse	levantándose	levántate
acostarse	acostándose	acostémonos
rendirse	rindiéndose	ríndanse

No quedan incluidas en esta regla algunas formas monosílabas de imperativo. Pueden ser monosílabas por serlo su correspondiente infinitivo; en cuyo caso la composición de imperativo más enclítico llevará el acento gráfico que corresponda al verbo. Así,

> *da, de, den* (de *dar*) = *dame* tú, *deme* usted, *denme* todos.
> *sé* (de *ser*) = *séme* fiel y corresponderé a tu fidelidad.
> *ve* (de *ir*) = ¡*vete* ahora mismo de esta casa!
> *ve* (de *ver*) = *vete* a ti mismo como ves a los demás.

Pueden ser también monosílabas las formas de segunda persona del singular del imperativo de algunos verbos, por irregularidad; en cuyo caso la composición va sin acento gráfico. Como en

> *pon* (de *poner*) = *ponme* una cerveza.
> *ten* (de *tener*) = *tenme* el paquete un momento.
> *ven* (de *venir*) = *vente* conmigo a la fiesta.

La acumulación de dos partículas enclíticas convierten en esdrújulas (o sobresdrújulas, según los casos) las formas afectadas; éstas son: el infinitivo, el gerundio y todas las del imperativo; por lo que todas ellas llevan acento ortográfico. Como en los siguientes ejemplos:

avisármelo	avisándomelo	avísamelo
comértela	comiéndotela	cómetela
sabérnoslo	sabiéndonoslo	sepámonoslo
pedírsela	pidiéndosela	pídesela

Claro está que, si las partículas pronominales se posponen a formas verbales de enclisis no obligatoria, el resultado ortográfico es el mismo; como en

dícese	mirábanos	dióselos
estábanse	sirviéronme	devolviéronsela
gústanme	admírote	comprámostelos

Si las formas verbales afectadas por la enclisis pronominal tienen acentuación gráfica en aplicación de la regla general no la pierden, aunque la nueva forma no la requiera, en aplicación de la misma regla general; por lo que conservan su acento las composiciones

miró + me = miróme		tiró + se = tiróse
partió + las = partiólas		leyó + los = leyólos

4.6. PALABRAS COMPUESTAS

4.6.1. Su acentuación como las simples

Al tratar del concepto de palabra se han evitado las especulaciones teóricas y se ha apelado al criterio normativo que conviene a la ortografía (§ 4.1.1); pero allí mismo se señala la ambigüedad de algunas expresiones, que cabe considerar como un conjunto de palabras o como una sola palabra, pero compuesta. No es la lógica, sino la costumbre, la que confiere a una asociación de palabras el rango de palabra compuesta; y a la Real Academia Española compete establecer su ortografía.

El único criterio fehaciente para no errar en la ortografía de las palabras que pueden ser compuestas consiste en verificar su inclusión como tales en el diccionario. Porque ¿cómo adivinar que en español haya *malasangre, malasombra* y *malhumor,* pero no los correlativos compuestos con *buen* o *buena*? Se puede ser *maldicente, malcriado, malcarado, malconsiderado, malcasado, malgastador, malingenioso* y *malmirado*; pero no lo opuesto. Se puede estar *maldispuesto, malavenido* y *malmaridada*; pero no lo contrario (y ni siquiera *malmaridado*). Uno puede, en español, *malcomer, malmeter, malparar, malsonar, malparir, maltraer, malvezar, malversar* y *maltratar*; pero no *bien*. Sea cual fuera la causa de la falta de paralelismo en las series de palabras compuestas con *mal* y con *bien/buen,* nótese el hecho como ejemplo de la disparidad de criterio con que se incluyen en el diccionario las palabras compuestas; acaso sirve para no confiar en la correlación de formas y evite faltas de ortografía.

4.6.2. Adverbios en *-mente*

La composición de palabras afecta también a la acentuación gráfica. Sólo las palabras antepuestas a la terminación adverbial *-mente* conservan su propia acentuación; tal es el caso de

$$
\left.\begin{array}{l}
\text{amable} \\
\text{cortés} \\
\text{torpe} \\
\text{fácil} \\
\text{sencilla} \\
\text{rápida}
\end{array}\right\} + \text{mente} = \left\{\begin{array}{l}
\text{amablemente} \\
\text{cortésmente} \\
\text{torpemente} \\
\text{fácilmente} \\
\text{sencillamente} \\
\text{rápidamente}
\end{array}\right.
$$

En cualquier otro caso, la primera palabra componente pierde la tilde que pudiera corresponderle como palabra simple; como en las compuestas

$$
\begin{array}{l}
\text{así} + \text{mismo} = \text{asimismo} \\
\text{pía} + \text{madre} = \text{piamadre} \\
\text{tío} + \text{vivo} = \text{tiovivo}
\end{array}
$$

Sólo la última palabra componente conserva la tilde que le corresponde como palabra simple; como en

hazme + reír = hazmerreír
porta + guión = portaguión
amor + mío = amormío

Si la palabra integrada al final de la compuesta es monosílaba en cuanto simple, la compuesta será de pronunciación aguda; por lo que le corresponderá tilde si termina en vocal, *n* o *s*. Ejemplos:

agua + pie = aguapié
gana + pan = ganapán
tras + dos = trasdós

Pero la palabra compuesta va sin acento ortográfico (en aplicación de la regla general) si termina en cualquier otra consonante; como

alta + voz = altavoz
baja + mar = bajamar
agua + sol = aguasol

Y finalmente, adquiere nueva acentuación gráfica la palabra compuesta si la tilde es necesaria para indicar la no combinación de las vocales que hayan quedado en contacto (inmediato o mediante *h*), como consecuencia de la composición; como en

guarda + humo = guardahúmo
pisa + uva = pisaúva
sobre + hilo = sobrehílo

4.6.3. División silábica especial de algunas palabras compuestas

En cuanto a la división silábica, las palabras compuestas se rigen por las mismas normas que las simples. Así es en todos los casos; aunque se admite la separación de los elementos componentes, en especial cuando se trata de formas pronominales o de prefijos de mucho uso y fácil identificación. Véanse ejemplos:

no-so-tros		nos-o-tros
de-sam-pa-ro	pero también	des-am-pa-ro
su-bes-ti-mar		sub-es-ti-mar
tra-so-ír		tras-o-ír

La composición circunstancial se rige por sus propias normas, porque se trata de un fenómeno distinto del considerado hasta ahora. La palabra compuesta propiamente dicha es una asociación estable de dos o más palabras que constituyen una entidad lingüística nueva, no siempre equivalente a la simple suma del significado de los elementos componentes; ni siquiera de la mera suma de sus formas de expresión, que pueden quedar modificados por la composición. Tal es el caso de

> ojo + negro = ojinegro
> ala + caído + alicaído
> boca + abierto = boquiabierto
> cara + ancho = cariancho
> pata + tieso = patitieso
> punta + agudo = puntiagudo

Estas formas, que han adquirido su propio significado (no siempre mera suma de los significados de las palabras componentes), son nuevas palabras, incorporadas al acervo de la lengua de modo permanente. El paso del tiempo puede incluso borrar las cicatrices de la composición y el hablante corriente acaso no alcance a identificar los antiguos elementos componentes de ciertas palabras, que hoy ni siquiera le parecen compuestas. Al llamar *pimpollo* a una jovencita que se distingue por su belleza y donaire, ¿quién piensa en el *pino* (árbol) y el *pollo* (nuevo, joven), que fueron sus componentes?

En ocasiones se establece una conexión circunstancial entre dos o más palabras, que aportan sus respectivos significados en función de concurrencia u oposición. Tal composición circunstancial no implica cambio en el significado de las palabras componentes; no se produce otra alteración que el mantenimiento de la terminación de masculino (si tienen flexión de género) en las palabras componentes no finales. La concurrencia u oposición circunstancial se indica mediante interposición de guión corto (el mismo que se usa para indicar la interrupción accidental de palabra, al final de renglón), conservando las palabras integrantes la propia acentuación ortográfica; tal como puede comprobarse en los ejemplos siguientes:

> ejercicio teórico-práctico (concurrencia)
> guerra ruso-japonesa (oposición)
> estudio histórico-crítico-bibliográfico (concurrencia)
> relaciones hombre-mujer (oposición)

4.6.4. Superlativos en *-ísimo, -érrimo* e irregulares

Un caso especial de composición de palabra lo constituyen las formas superlativas de los adjetivos. De hecho, se trata de una sufijación, consistente en la adición del sufijo *ísimo* (o *-ísima,* para el femenino; o los correspondientes plurales *-ísimos, -ísimas*) a la forma masculina del adjetivo. Esta operación no plantea problemas de ortografía, ya que la acentuación esdrújula del sufijo (de tilde obligatoria en la escritura) anula la acentuación originaria del adjetivo; *útil* se convierte en *utilísimo* y *rápido* en *rapidísimo*.

Algunos adjetivos pueden adoptar en su superlativo formas ligeramente distintas de las de su uso ordinario; tal ocurre con los siguientes:

agudo	acutísimo
antiguo	antiquísimo
amable	amabilísimo
amigo	amicísimo
ardiente	ardentísimo
bueno	bonísimo
frío	frigidísimo
fuerte	fortísimo
humilde	humilísimo
inicuo	iniquísimo
noble	nobilísimo
nuevo	novísimo
poblado	popularísimo
sagrado	sacratísimo
simple	simplicísimo
tierno	ternísimo

Semejantes características tienen las formas de superlativo formadas con -*érrimo* (o -*érrima*, -*érrimos*, -*érrimas*), de los cuales ofrecemos los siguientes ejemplos:

abundante	ubérrimo
acre	acérrimo
áspero	aspérrimo
célebre	celebérrimo
íntegro	integérrimo
libre	libérrimo
mísero	misérrimo
pobre	paupérrimo
pulcro	pulquérrimo
salubre	salubérrimo

Algunas de estas formas de superlativo —tanto las terminadas en -*ísimo* como las terminadas en -*érrimo*— tienden a desaparecer del habla popular, pero se conservan en la lengua culta. Y es conveniente que se conserven, porque no todos los adjetivos admiten la forma popular o regular; de modo que no son de uso *acrísimo*, *librísimo*, *friísimo* ni *amablísimo*. Otros adjetivos, en cambio, admiten dos formas de superlativo; así, comparten el uso *bonísimo* y *buenísimo*, *recentísimo* y *recientísimo*, *paupérrimo* y *pobrísimo*.

No siempre se parte de la forma ordinaria del adjetivo para la formación del correspondiente superlativo. Cabe la posibilidad de que éste tenga forma propia, de honda raíz histórica.

Nótese en los cuatro casos siguientes:

bueno	óptimo
grande	máximo
malo	pésimo
pequeño	mínimo

Y cuatro más, que —en determinadas expresiones y con cierto matiz de significado— admiten formas peculiares de superlativo. Helos aquí, avalados por los respectivos ejemplos de aplicación:

alto	supremo (tribunal supremo)
bajo	ínfimo (ínfima calidad)
externo	extremo (límite extremo)
interno	íntimo (sentimiento íntimo)

4.7. Partículas de relación

4.7.1. *Si no/sino*

Suele reunirse bajo la denominación de partículas de relación el conjunto de las también llamadas preposiciones y conjunciones. Lo único que aquí importa de todas ellas es su ortografía, que sólo en unos pocos casos es conflictiva. Se ha visto ya en otro lugar, al tratar de la acentuación diferencial (§ 4.4.6), que la preposición *a* es la única que se escribe unida a la forma *donde,* constituyendo *adonde*; no así las demás preposiciones, que conservan las grafías *de donde, por donde,* etc.

También se ha hecho referencia a la ortografía de la conjunción *si,* frente a la palabra tónica *sí*; forma ésta correspondiente por igual al pronombre personal y al adverbio de afirmación (§ 4.4.4). Ahora conviene diferenciar la concurrencia de la conjunción *si* y el adverbio de negación *no* (que mantienen su independencia ortográfica) de la conjunción *sino,* adversativa tras una frase total o parcialmente negativa. Véanse ejemplos:

a)   Primer caso:

Podrás entrar *si* tienes entrada.
No podrás entrar *si no* tienes entrada.

No llegarás tarde *si* te apresuras.
Llegarás tarde *si no* te apresuras.

No ahorrarás *si* derrochas el dinero.
Ahorrarás *si no* derrochas el dinero.

b)   Segundo caso (con sentido de «al contrario»):

No pido dinero, *sino* trabajo.
Insultó no sólo al anfitrión, *sino* a su familia.

Ya no tengo dinero, *sino* deudas.
No sólo no confesó, *sino* que se negó a contestar.

4.7.2. *Aun que/aunque*

En otro párrafo sobre acentuación diferencial (el 4.4.3), se presenta la oposición entre las formas *aun* (con sentido de «también, incluso») y *aún* (con sentido de «todavía»); ahora corresponde presentar la forma compuesta *aunque* (de *aun + que*), conjunción adversativa con sentido de «pero, a pesar de». Ejemplos:

Me queda algún dinero, *aunque* poco.
Me abriré paso, *aunque* sea a empujones.
Aunque llueva, saldré a pasear.
Compró un coche viejo, *aunque* bien conservado.

4.7.3. *Por qué/porque, con que/conque*

Las preposiciones antepuestas a *que* conservan, en general, su independencia ortográfica; como en las siguientes frases:

¿*Para qué* quiero yo las llaves? En caso *de que* tú las necesites, no tienes *por qué* llamar al portero; basta *con que* me digas *en qué* sitio las quieres y *a qué* hora pasarás a recogerlas.

Nótese que la acentuación de la forma *que/qué* no influye en la relación ortográfica con la mayor parte de las preposiciones que la preceden; como puede observarse, por contraposición, en los siguientes ejemplos:

¿*Para qué* quiero la bufanda? *Para que* me abrigue.
Basta *con que* traigas lechuga; tengo *con qué* aliñarla.
Sé *de qué* te quejas; soy culpable *de que* no haya pan.
¿*En qué* piensas? Quedamos *en que* dejarías de preocuparte.
No ignoras *a qué* vengo: *a que* me devuelvas lo robado.
Dime *hasta qué* hora te espero. ¿*Hasta que* anochezca?

Sólo tras la preposición *por* el comportamiento ortográfico de *que/qué* es distinto; separación de *por + que* y unión de *por + que*. Ejemplos:

La mató *porque* la odiaba, pero no sé *por qué* la odiaba.
¿*Por qué* tantos cerrojos? ¿*Porque* estás sola en casa?
No sé *por qué* es tan retraído; acaso *porque* no oye bien.

Conviene recordar aquí la existencia en español de un sustantivo compuesto de *por + que = porqué,* con significado de «causa, razón, motivo». Se escribe como una sola unidad, como puede apreciarse en los siguientes ejemplos:

Murió sin confesar el *porqué* de su extraña conducta.
Sé que estoy despedido, pero quiero saber el *porqué*.
La ciencia consiste en buscar el *porqué* de las cosas.

También compuesta de partículas es la conjunción *conque* (de *con* + *que*), enunciativa de la «consecuencia natural de lo que acaba de decirse». Su divergencia significativa respecto de la concurrencia separada de *con* y *que* es notoria, como puede advertirse en los siguientes ejemplos:

Ya conoces tu trabajo; *conque* empieza ahora mismo.
Me amenazó *con que* avisaría a la policía.
Desde allí no se oía nada; *conque* fui acercándome.
Nunca he sabido *con qué* pagó sus deudas.
Perdió cuanto tenía; *conque* a empezar de nuevo.

4.8. LOS NUMERALES

4.8.1. Números y guarismos

La expresión de cantidades puede hacerse directamente por medio de números o mediante los nombres de éstos. Sería excesivo e inconveniente escribir un libro de matemáticas sin guarismos o pretender prescindir de ellos en los libros de cuentas y en los documentos comerciales. No se trata de eso; pero es recomendable limitar al máximo el uso de guarismos en textos no estrictamente matemáticos, en los cuales deben nombrarse los números sin escribirlos. Como en el siguiente texto:

Apenas eran las doce del mediodía cuando le encontró
frente al número dieciséis de la calle donde nos habíamos citado para hablar de su coche. Me pidió cuatrocientas mil pesetas por un viejo cacharro de más de quince años, que apenas
alcanzaba los noventa por hora en cuarta velocidad.

Es más ortográfico y más elegante no introducir cifras numerales en el texto, salvo excepciones. Entre éstas, cabe señalar los numerales cardinales indicativos de años y los ordinales que acompañan a nombres de soberanos. Los números relativos a años se escriben con cifras arábigas, omitiendo (si el número es superior a mil) el punto que separa las unidades de millar de las centenas. Los ordinales referidos a siglos y nombres propios de persona se escriben con cifras romanas. Unos y otros, como en el siguiente texto:

En lucha contra el emperador Carlos V, que reinó en España de 1517 a 1556, se reunieron algunos de los más importan-

tes soberanos de la Europa de la primera mitad del siglo XVI:
Enrique VIII de Inglaterra, Francisco I de Francia, el papa Clemente VII y el duque Francisco II de Milán.

4.8.2. Tabla de numerales cardinales y ordinales

Va a continuación una presentación sinóptica de los números en español. Consta de cuatro columnas. En la primera figura el número en cifras llamadas arábigas; en la tercera, su correspondiente escritura en letras. En la segunda columna figura el número en cifras llamadas romanas; en la cuarta, su correspondiente escritura en letras.

Los números 16, 17, 18 y 19 pueden escribirse tal como están en la tabla o con los elementos constituyentes separados (columna de la derecha)

dieciséis	diez y seis
diecisiete	diez y siete
dieciocho	diez y ocho
diecinueve	diez y nueve

Nótese la ventaja nemotécnica de adoptar las formas de la primera columna; ello permite recordar que los numerales cardinales se escriben formando una sola palabra desde el *uno* hasta el *treinta*; sólo a partir del *treinta y uno*, ya sin excepción, las unidades se escriben aparte de las decenas.

El cardinal 1 y los terminados en 1, usados en función adjetiva, son de género variable: *uno* para el masculino, *una* para el femenino y *un* cuando el masculino precede al sustantivo. Ejemplos:

Solicité dos teléfonos y sólo me han concedido *uno.*
Hay *una* sola plaza para *un* único aspirante.
Hay *veintiuna* parejas; *veintiún* chicos y *veintiuna* chicas.

El nombre correspondiente a 100 es *ciento,* única forma considerada correcta por la Real Academia Española, aunque reconoce el uso muy extendido de la forma *cien*; esta forma apocopada es correcta y normal cuando, en función adjetiva, precede al sustantivo. Ejemplos:

Me hacen un descuento del doce por *ciento.*
Se vendieron el *ciento* por *ciento* de las acciones.
Invitamos a *cien* personas y llegaron *ciento* y pico.

TABLA DE LOS NUMERALES

Cifras arábigas	Cifras romanas	Numerales cardinales	Numerales ordinales
1	I	uno	primero
2	II	dos	segundo
3	III	tres	tercero
4	IV	cuatro	cuarto
5	V	cinco	quinto
6	VI	seis	sexto
7	VII	siete	sétimo o séptimo
8	VIII	ocho	octavo
9	IX	nueve	noveno o nono
10	X	diez	décimo
11	XI	once	undécimo
12	XII	doce	duodécimo
13	XIII	trece	decimotercero
14	XIV	catorce	decimocuarto
15	XV	quince	decimoquinto
16	XVI	dieciséis	decimosexto
17	XVII	diecisiete	decimosétimo
18	XVIII	dieciocho	decimoctavo
19	XIX	diecinueve	decimonoveno
20	XX	veinte	vigésimo
21	XXI	veintiuno	vigesimoprimero
22	XXII	veintidós	vigesimosegundo
23	XXIII	veintitrés	vigesimotercero
24	XXIV	veinticuatro	vigesimocuarto
25	XXV	veinticinco	vigesimoquinto
26	XXVI	veintiséis	vigesimosexto
27	XXVII	veintisiete	vigesimosétimo
28	XXVIII	veintiocho	vigesimoctavo
29	XXIX	veintinueve	vigesimonoveno
30	XXX	treinta	trigésimo
31	XXXI	treinta y uno	trigesimoprimero
32	XXXII	treinta y dos	trigesimosegundo
...	...	...	...
40	XL	cuarenta	cuadragésimo
41	XLI	cuarenta y uno	cuadragesimoprimero
42	XLII	cuarenta y dos	cuadragesimosegundo
...	...	...	...
50	L	cincuenta	quincuagésimo
60	LX	sesenta	sexagésimo
70	LXX	setenta	septuagésimo
80	LXXX	ochenta	octagésimo
90	XC	noventa	nonagésimo
100	C	cien	centésimo
101	CI	ciento uno	centesimoprimero
102	CII	ciento dos	centesimosegundo
...	...	...	...
200	CC	doscientos	ducentésimo
300	CCC	trescientos	tricentésimo
400	CD	cuatrocientos	cuadringentésimo
500	D	quinientos	quingentésimo
600	DC	seiscientos	sexcentésimo
700	DCC	setecientos	septingentésimo
800	DCCC	ochocientos	octingentésimo
900	CM	novecientos	noningentésimo
1.000	M	mil	milésimo

4.8.3. Género, apócope y doble ortografía

Todos los ordinales son de género variable y las formas *primero* y *tercero* se apocopan en *primer* y *tercer*, cuando preceden a un sustantivo masculino. Ejemplos varios:

Vivo en el *segundo* piso, *tercera* puerta.
Hasta el *quinto* día no se atrevió a dar el *primer* paso.
Logré dar en el blanco al *tercer* intento.
La *primera* vez fallé, pero lo conseguí a la *segunda.*
Interpretó la *primera* parte de la *tercera* sinfonía.
Capítulo *duodécimo. Vigésima* representación.

El ordinal que figura en la tabla como *sétimo* (y todos sus compuestos) puede escribirse también *séptimo* (y *decimoséptimo, vigesimoséptimo, cuadragésimo séptimo,* etc.). Nótese, en general, que todos los numerales compuestos cumplen la regla particular de acentuación de palabras compuestas (véase § 4.6.2), según la cual la primera palabra componente pierde la tilde que pudiera corresponderle en cuanto palabra simple. Compruébese en los siguientes ejemplos:

décimo + quinto = decimoquinto
vigésimo + sétimo = vigesimosétimo
vigésimo + sexto = vigesimosexto

El uso de los numerales ordinales es normal hasta *décimo,* inclusive; pero, en la lengua corriente suelen sustituirse los ordinales por los cardinales correspondientes, a partir de XI u 11.°, incluso en el caso de números referentes a siglos o nombres propios de persona. Obsérvese la distinta lectura de los numerales ordinales en las dos columnas siguientes:

planta 5.ª (quinta)   planta 19.ª (diecinueve)
capítulo 6.° (sexto)   capítulo XXII (veintidós)
línea 8.ª (octava)   línea 12.ª (doce)
tomo IX (noveno)   tomo XXXII (treinta y dos)
Felipe II (segundo)   Luis XIV (catorce)
Alfonso X (décimo)   Juan XXIII (veintitrés)
siglo IV (cuarto)   siglo XX (veinte)

4.8.4. Tabla de numerales fraccionarios

Hay otra serie de números, los llamados partitivos o fraccionarios, que expresan el resultado de dividir la unidad por el número a que cada uno de ellos se refiere; son los que corresponden al denominador de los quebrados. Si el numerador es superior a la unidad, el denominador se lee en plural. Así, 1/4 se lee *un cuarto* y 3/4 se lee *tres cuartos.*

TABLA DE LOS FRACCIONARIOS

Fracción	Formas ordinales	Formas derivadas de cardinales
1/2	mitad, medio	
1/3	tercio	
1/4	cuarto	
1/5	quinto	
1/6	sexto	
1/7	sétimo o séptimo	
1/8	octavo	
1/9	noveno	
1/10	décimo	
1/11		onceavo, onzavo
1/12		doceavo, dozavo
1/13		treceavo, trezavo
1/14		catorceavo, catorzavo
1/15		quinceavo, quinzavo
1/16		dieciseisavo
1/17		diecisieteavo
1/18		dieciochavo
1/19		diecinueveavo
1/20	vigésimo	veinteavo
1/21		veintiunavo
1/22		veintidosavo
1/23		veintitresavo
1/24		veinticuatroavo
...		...
1/30		treintavo
1/31		treintaiunavo
1/32		treintaidosavo
...		...
1/40		cuarentavo
1/41		cuarentaiunavo
...		...
1/50		cincuentavo
1/60		sesentavo
1/70		setentavo
1/80		ochentavo
1/90		noventavo
1/100	centésimo	
...		
1/112		{ cientodoceavo cientodozavo
...		
1/120		cientoveinteavo
...		...
1/200		doscientosavo
1/300		trescientosavo
1/400		cuatrocientosavo
1/500		quinientosavo
...		...
1/1.000	milésimo	
1/2.000	dosmilésimo	
1/3.000	tresmilésimo	
...	...	
1/1.000.000	millonésimo	
1/2.000.000	dosmillonésimo	
1/3.000.000	tresmillonésimo	
...	...	

La minuciosa explicación de cada una de las formas de los numerales fraccionarios constituiría un texto largo y abstruso. Sin duda es mejor presentar su conjunto en la sencilla tabla precedente, de fácil consulta.

Como puede fácilmente notarse en la presentación sinóptica, los números fraccionarios correspondientes a los cardinales *dos* y *tres* tienen forma propia: *mitad* para la función sustantiva, *medio* (con su femenino *media*) para la función adjetiva; *tercio,* sólo para la sustantiva. Los números fraccionarios admiten unirse a la palabra *parte* (no lo admiten *medio* ni *mitad*; pero sí *tercera parte,* equivalente a *tercio*). El fraccionario de *veinte* lo admite en cualquiera de sus dos formas: *vigésima parte* y *veinteava parte.* Algunos números fraccionarios admiten doble grafía (*onceavo = onzavo, doceavo = dozavo,* etc.), todas igualmente correctas.

Como se desprende de algunos de los ejemplos citados, las formas numerales fraccionarias (excepto *mitad* y *tercio*) admiten flexión de género y todas, sin excepción, admiten flexión de número. Véase en

> Dividió la tarta en dos *mitades.*
> El público ocupaba dos *tercios* del aforo.
> El campeón ganó por dos *décimas* de segundo.

4.8.5. Tabla de numerales múltiplos

La última serie de numerales, llamados múltiplos o multiplicadores, es muy breve. Se parte de la teoría de que, para su formación, basta añadir una de las terminaciones *-ple* o *-plo* (ésta, con su correspondiente femenino *-pla*) a la raíz ordinal del número correspondiente. En la realidad práctica esta previsión no siempre se cumple; ni en la obtención de algunos múltiplos se aplica la teoría, ni la teoría es de aplicación sistemática a todos los números. Un minucioso rastreo en los diccionarios no logra reunir sino una docena de numerales múltiplos, con las formas que se ofrecen a continuación:

número	-ple	-plo/-pla
2	doble	
3	triple	
4	cuádruple	cuádruplo, -a
5		quíntuplo, -a
6		séxtuplo, -a
7		séptuplo, -a
8	óctuple	óctuplo, -a
9	—	—
10		décuplo, -a
11		undécuplo, -a
12		duodécuplo, -a
100		céntuplo, -a

4.9. LAS MAYÚSCULAS

4.9.1. **Nombres propios**

Los nombres llamados comunes se refieren a objetos con sus cualidades características; y cada nombre común sólo puede aplicarse a aquellos objetos que tengan tales cualidades. El nombre *bicicleta* se refiere al «vehículo de dos ruedas movidas por acción de quien lo monta, ejercida sobre los pedales y transmitida mediante piñón y cadena»; de aquí que un *triciclo* no sea bicicleta, porque no tiene dos ruedas, sino tres; y una *motocicleta* no sea *bicicleta,* porque es automóvil, no movida por acción de quien la monta.

Nombre propio es el referido a un objeto, sin atención a ninguna cualidad. El nombre *Valencia* es propio porque es aplicable por igual a una persona, una población, una horchatería, un barco, un cine o un lago; sin que haya entre las entidades citadas otra característica común que el propio nombre, su nombre propio.

Desde el punto de vista de la ortografía, una sola norma afecta a todos los nombres propios: que la letra inicial ha de ser mayúscula. A veces no hay siquiera norma sobre cuál haya de ser la letra (recuérdense las grafías del apellido *Giménez, Jiménez, Ximénez*), pero siempre mayúscula.

Además de los nombres propios en sentido estricto (nombres de lugar y nombres de persona), se escriben con inicial mayúscula los sobrenombres y apodos, tales como

el Gran Capitán	Alfonso X el Sabio
el Empecinado	Isabel la Católica
el Cordobés	Alejandro Magno

También se escriben con mayúscula los nombres de instituciones:

Real Academia Española	Escuela de Ingenieros
Cámara de Comercio	Consejo de Estado

En ocasiones se mantiene únicamente la mayúscula inicial de la primera palabra, escribiéndose

Colegio de abogados	Facultad de medicina
Gobierno civil	Policía nacional

Los títulos de publicaciones (libros, obras teatrales, películas, etc.) se escriben con mayúscula inicial absoluta; como en

Guerra y paz	La tabernera del puerto
La diligencia	Episodios nacionales

4.9.2. Mayúsculas por puntuación

Por supuesto, se escribe con letra mayúscula la inicial de la primera palabra de cada texto y también la inmediatamente siguiente al signo ortográfico llamado punto; pero no las iniciales de las palabras siguientes a coma ni a punto y coma. Tras dos puntos sólo se escribe letra mayúscula en frases que se consideran intercaladas en otro texto y que, como tales, se escribirían con inicial mayúscula. Véanse ejemplos de todo ello en el siguiente texto:

> Entró, colgó el abrigo y se sentó. Llamó a su secretaria y le dijo lo de todos los días: que clasificara la correspondencia y despachara la de puro trámite. Al observar la actitud de ella, le preguntó: ¿Le ocurre algo de particular? A la secretaria le había ocurrido algo de particular, incluso extraordinario; pero no quiso contárselo a su jefe.

4.9.3. Abreviaturas y consonantes compuestas

Se escribe con mayúscula la letra inicial de las abreviaturas de tratamiento, tales como *Dr.* (doctor), *Ilmo.* (ilustrísimo), *Vd.* (usted), *Srta.* (señorita), etc. Como se verá en el párrafo siguiente —y puede ya comprobarse en el *etcétera* inmediatamente precedente—, no todas las abreviaturas se escriben con inicial mayúscula, pero sí las de tratamiento. Éstas deben abreviarse —y escribirse con inicial mayúscula— sólo cuando preceden al nombre afectado; en otro caso, debe escribirse la palabra entera y con letra inicial minúscula. Véase en el siguiente ejemplo:

> A Ricardo Alba todos le llaman Dr. Alba. No era médico, sino doctor en no sé qué extraña ciencia. En otro tiempo había tenido alguna prebenda u honor. Solía recibir cartas dirigidas al Excmo. Sr. D. Ricardo Alba. ¿No le parece a usted mucha letra para un señor tan poquita cosa? Iba casi siempre acompañado de la Srta. Raquel, que nadie sabía si era señorita, señora o reliquia del pasado.

Ya se ha dicho en otro lugar (§ 1.4) —pero conviene recordarlo aquí— que las letras *ll* y *ch* no admiten otra mayúscula que la inicial absoluta; de modo que las formas mayúsculas de *ll* y de *ch* son, respectivamente, *Ll* y *Ch*. Otro tanto ocurre con las grafías *gu* y *qu*, correspondiente a los sonidos de *g* suave y *k* ante las vocales *e, i*, cuya forma ortográfica en mayúscula es *Gu* y *Qu*. La *rr* no se usa nunca en posición inicial de palabra. Ésta y las demás grafías compuestas sólo se escriben en su forma mayúscula completa si forman parte de títulos o se destacan adrede mediante este recurso. Obsérvese una y otra solución en los siguientes ejemplos:

Chinchón	Llorente	Guernica
Quijote	CHINA EN ARMAS	LLUVIA DE MAYO
GUERRA Y PAZ	¿QUIÉN TEME A VIRGINIA WOOLF?	

4.9.4. Acentuación gráfica de las mayúsculas

En páginas precedentes (§ 4.4.8) ya se ha apuntado algo acerca del presente y futuro de la acentuación gráfica. En el caso de las mayúsculas, la transgresión es prácticamente sistemática. La ignorancia de no pocos de los que se dedican a la difusión de información ortográfica (circunloquio que nos exime de nombrar a nadie por su oficio) los induce a divulgar la especie de que las letras mayúsculas no llevan, en ningún caso, acento gráfico. Para conocimiento general y fehaciente, quede constancia literal de la opinión vigente de la Real Academia Española, manifestada en el § 1.8.4.c.10, pág. 145, del *Esbozo de una nueva Gramática de la lengua española*: «Se recomienda que cuando se utilicen mayúsculas, se mantenga la tilde si la acentuación ortográfica lo exige, a fin de evitar errores de pronunciación o confusiones en la interpretación de vocablos. Este mantenimiento es especialmente necesario en las portadas de los libros, los nombres geográficos, listas de nombres propios, etc.».

4.10. ABREVIATURAS Y SIGLAS

4.10.1. Abreviación y abreviatura

Aunque la abreviación de palabras no es aconsejable en la escritura corriente, hay que admitirla en textos técnicos o comerciales. Con frecuencia se incurre en el error de suponer que la abreviación es cosa de nuestro tiempo. Nada más lejos de la realidad. Una de las características de la escritura es su tendencia a la abreviación. Frecuente en textos de griegos y romanos, su uso se generalizó en la Edad Media. La historia de la escritura no sólo acredita el uso de la abreviación, sino que deja constancia de su abuso; hasta tal punto que —tanto en la Antigüedad como en la Edad Media— hubo que regular el uso de abreviaturas e incluso prohibirlas. La invención de la imprenta no cambió esencialmente este aspecto de la escritura, ya que los impresores —que se sentían continuadores de la labor de los copistas— siguieron la misma técnica; hecho comprobable en las páginas de los incunables. En la posterior evolución de la imprenta, se aprecia la tendencia a prescindir de abreviaturas en muchos casos, hasta su casi desaparición en el siglo XVII.

Lo que ha variado con el tiempo es el tipo de abreviación. Como ya se ha dicho en páginas anteriores y a propósito del alfabeto español (§ 1.4), la letra *ñ* procede de la abreviación de los grupos *nn* (como en *caña*, procedente de *canna*), *mn* (como en *dueña*, de *domna*) o *ni* + vocal (como en *señor*, de *seniore*). El segundo elemento de la combinación se sustituyó por una tilde sobre la *n*; de aquí el nuevo signo *ñ,* que —con el tiempo— pasó a representar de modo sistemático el nuevo sonido nasal palatal *ñ*, frente al nasal alveolar *n*.

Algunas abreviaturas contemporáneas son mera permanencia o somera alteración de abreviaturas antiguas; pero otras nuevas han venido a complicar el panorama de la escritura. No hay que incluir entre las abreviaciones de nuevo cuño las formas apocopadas —y aun desmochadas—, que ni siquiera cabe ya considerar abreviaciones, sino palabras completas y suficientes. Tal ocurre con *cine, foto, metro* (tren subterráneo), *auto, moto* y tantas más. En la misma dirección marchan ya *cole, profe, mates, dire, compa, depre* y otras muchas; habrá que ver qué queda de esta cosecha. Pero unas y otras no son palabras abreviadas en la escritura ni por su causa, sino abreviaciones en toda la dimensión de la lengua, tanto escrita como oral. Es más: tales abreviaciones son de origen oral; la escritura se limita a reflejar fielmente la realidad fónica. De otro tipo es el problema de las siglas; éstas sí tienen origen en la abreviación escrita, con posterior trascendencia a la lengua hablada. Pero de este fenómeno habrá que ocuparse más adelante y con mayor detenimiento.

4.10.2 Tabla de abreviaturas usuales

Es inútil cualquier intento de establecer un índice completo de abreviaturas usuales en la lengua española. Así lo reconoce la Real Academia Española (*Esbozo* § 1.8.13, n.º 51) en párrafo que conviene conocer: «Es imposible sujetar a números y reglas fijas y constantes las abreviaturas, habiendo, como debe haber, justa libertad para convenir en cuantas sean necesarias y oportunas en libros de cierta índole, como diccionarios, catálogos, bibliografías, colecciones epigráficas, etc., donde resultaría molesto el repetir con todas sus letras y hasta la saciedad una o dos docenas de palabras de clasificación o especificación común o muchos artículos del libro. Al frente de tales libros se pone siempre la tabla de abreviaturas».

No obstante esta salvedad, la Academia ofrece una larga lista de las abreviaturas que considera más comunes, aunque sin carácter preceptivo alguno. En uso de la «justa libertad en convenir en cuantas sean necesarias y oportunas», se propone aquí una relación de abreviaturas, con inclusión de las más usuales y en su forma más frecuente. Se omiten muchas de las que figuran en la lista académica, por infrecuentes o de aplicación muy restringida; pero se añaden otras, no incluidas por la Academia, que el uso ha acreditado suficientemente. He aquí el resultado de la revisión:

a	área
(a)	alias
a. C.	antes de Cristo
a. de J.C.	antes de Jesucristo
a D. g.	a Dios gracias
adj.	adjetivo

admón.	administración
adv.	adverbio
afmo., -a, -os, -as	afectísimo, -a, -os, -as
a. J.C.	antes de Jesucristo
a. m.	ante merídiem (antes del mediodía)
art., art.°	artículo
B.L.M., BLM	besalamano
C.ª	compañía
cap., cap.°	capítulo
c.c.	centímetro(s) cúbico(s)
c/c., cta. cte	cuenta corriente
cénts.	céntimos
Cf., cfr	confer (compárese)
cg	centigramo(s)
Cía., cía.	compañía
cl	centilitro(s)
cm	centímetro(s)
col.	columna
colect.	colectivo
Comp., comp.ª	compañía
com.	común
cta.	cuenta
cte.	corriente
ch/	cheque
D., D.ª	don, doña
dcha.	derecha
Dg	decagramo(s)
dg	decigramo(s)
Dl	decalitro(s)
dl	decilitro(s)
D. m.	Dios mediante
Dm	decámetro(s)
dm	decímetro(s)
doc.	docena, documento
Dr.	doctor
dto.	descuento
d/v	días vista
E.	este (punto cardinal)
ed.	edición
E. M.	Estado Mayor
Em.ª	Eminencia
Emmo.	Eminentísimo
ENE.	estenordeste
entlo.	entresuelo
ESE.	estesudeste
esp.	español
etc.	etcétera
etim.	etimología

Exc.ª	Excelencia
Excmo., Excma.	Excelentísimo, Excelentísima
F.C., f.c.	ferrocarril
f.º, fol.	folio
fig.	figurado
Fr.	Fray, Frey
fut.	futuro
g	gramo(s)
gén.	género
gr., grs.	gramo, gramos
gral.	general
hect.	hectárea(s)
Hg	hectogramo(s)
Hl	hectolitro(s)
Hm	hectómetro(s)
ib., ibíd.	ibídem
íd.	ídem
Ilmo., Ilma.	Ilustrísimo, Ilustrísima
Iltre.	Ilustre
imp.	imprenta
ít.	ítem
izq. izqda.	izquierda
J.C.	Jesucristo
Jhs.	Jesús
K, Kg	kilogramo(s)
Kl	kilolitro(s)
Km	kilómetro(s)
l	litro(s)
Lic., Licdo.	licenciado
loc. cit.	loco citato (en el lugar citado)
m	metro(s)
m.	minuto(s)
mg	miligramo(s)
ml	mililitro(s)
Mm	miriámetro(s)
mm	milímetro(s)
m. n.	moneda nacional
Mons.	Monseñor
N.	norte
N.ª S.ª	Nuestra Señora
N. B.	nota bene (nótese bien)
NE.	nordeste
n.º	número
NO.	noroeste
N. S.	Nuestro Señor
núm.	número
O.	oeste
O. M.	Orden Ministerial

ONO.	oesnoroeste
OSO.	oessudoeste
p.	página
p. a.	por autorización, por ausencia
pág., págs.	página, páginas
pbro., presb.	presbítero
P.D.	posdata
p. ej.	por ejemplo
pl.	pural
p. m.	post merídiem (después del mediodía)
p. o.	por orden
pop.	popular
P. P.	porte pagado, por poder
pral.	principal
prof.	profesor
pról.	prólogo
prov.	provincia
P. S.	post scríptum (posdata)
pta.	peseta
ptas., pts.	pesetas
q.b.s.m.	que besa su mano
Q.D.G., q.D.g.	que Dios guarde
q.e.p.d.	que en paz descanse
q.e.s.m.	que estrecha su mano
Qm	quintal(es) métrico(s)
q.s.g.h.	que santa gloria haya
Rdo. -a, Rvdo. -a	Reverendo, Reverenda
R.I.P.	requiéscat in pace (en paz descanse)
Rmo., Rma.	Reverendísimo, Reverendísima
R.O.	Real Orden
S.	San, Santo
S. A.	Su Alteza
S. A.	Sociedad Anónima
s. a.	sin año
S. A. R.	Su Alteza Real
Sdad.	sociedad
S. E.	Su Excelencia
S. en C.	Sociedad en Comandita
s. e. u o.	salvo error u omisión
s. f.	sin fecha
sig., sigs.	siguiente, siguientes
sing.	singular
S. L., Sdad. Lda.	Sociedad Limitada
S. M.	Su Majestad
S. N.	Servicio Nacional
SO.	sudoeste
S. P.	servicio público
Sr., Sra.	señor, señora

Sres., Srs.	señores
Srta.	señorita
S. S.	Su Santidad
s. s.	seguro servidor
SSE.	sudsudeste
SSO.	sudsudoeste
s.s.s.	su seguro servidor
Sto., Sta.	santo, santa
s.v.	sub voce (en la palabra)
Tm	tonelada(s) métrica(s)
Ud.	usted
v.	véase, verso
V. A.	Vuestra Alteza
V. A. R.	Vuestra Alteza Real
Vd., Vds.	usted, ustedes
Vda.	viuda
V.E.	Vuestra Excelencia, Vuecencia
V. g., v. gr.	verbigracia
V. I.	Usía Ilustrísima
V. M.	Vuestra Majestad
V.º B.º	visto bueno
vol., vols.	volumen, volúmenes
V. S.	usía, Vuestra Señoría

4.10.3. Fórmulas abreviadas y sistema métrico decimal

En la relación precedente puede observarse que unas abreviaturas se escriben con inicial mayúscula y otras con inicial minúscula; y algunas admiten las dos formas (Q.D.G. = q.D.g., Cía. = cía., F.C. = f.c.). Aparte la inicial mayúscula de las abreviaturas de tratamiento (cuestión ya expuesta en el § 4.9.3), no hay regla fija a este respecto. En algún caso, la oposición mayúscula/minúscula se basa en razones de economía, ya que permite distinguir abreviaturas formadas con las mismas letras, pero correspondientes a palabras distintas. Tal ocurre con las abreviaturas de las dos series (múltiplos y submúltiplos) de las unidades del sistema métrico decimal, como puede apreciarse en el siguiente ejemplo:

Múltiplos:	*Submúltiplos:*
Dm = decámetro = 10 metros	dm = decímetro = 1/10 de metro
Mm = miriámetro = 10.000 metros	mm = milímetro = 1/10.000 de metro
Dl = decalitro = 10 litros	dl = decilitro = 1/10 de litro

4.10.4. Plural de las abreviaturas

En cuanto a la formación de plural, las abreviaturas admiten dos posibilidades. Una de ellas es únicamente aplicable a las abreviaturas formadas por letras inmediatamente seguidas del correspondiente punto. En tal caso, el plural se forma duplicando cada una de las letras, con un solo punto tras cada pareja. Ejemplos:

Singular:	*Plural:*
S. A. R. (su Alteza Real)	SS. AA. RR. (sus Altezas reales)
S. M. (su Majestad)	SS. MM. (sus Majestades)
F.C. ⎫ (ferrocarril) f.c. ⎭	FF.CC. ⎫ (ferrocarriles) ff.cc. ⎭

Otras abreviaturas forman el plural añadiendo un *s* o la sílaba *es*, según la regla general, a la forma de singular. Tal es el caso de

Singular:	*Plural:*
Srta. (señorita)	Srtas. (señoritas)
pág. (página)	págs. (páginas)
Sr. (señor)	Sres. (señores)
Dr. (doctor)	Dres. (doctores)

La mayor parte de las abreviaturas no admiten siquiera forma específica de plural, ya que su única forma es aplicable a los dos números. Así ocurre en el caso de los puntos cardinales (S., SE., SSO., etc.), de las medidas del sistema métrico decimal (m, cm, Dm, Km, etc.) o de otros sistemas (a, hect., etc.), de aquellas que no admiten plural por su significado (a.J.C., a.D.g., N. S., etc.) y de otras muchas que no lo tienen por economía o por costumbre.

4.10.5.   Lectura de abreviaturas

Contra toda apariencia, no es superfluo indicar cómo deben leerse las abreviaturas. Si la abreviatura es un recurso de la escritura para simplificar en ésta lo que íntegramente se dice en la lengua oral, no parece que la interpretación oral de las abreviaturas hubiera de ofrecer ninguna dificultad. Pero hay quien inventa por su cuenta problemas donde no los hay de suyo y lee *ilmo* por *ilustrísimo, uveé* por *vuestra excelencia* y *uveí* por *usía.* La abreviatura es una codificación de la escritura que debe ser descifrada al volver a la lengua oral. Así, no cabe leer *eseá* por S. A., sino *sociedad anónima;* ni *etecé* por etc., sino *etcétera.* Algunas abreviaturas, a fuerza de ser leídas en su forma abreviada, se han convertido en una nueva palabra. Tal es el caso de I.N.R.I. (iniciales de Jesus Nazarenus Rex Iudeorum), que se ha convertido en *inri,* con el significado de «burla» o «sarcasmo».

4.10.6. Ambigüedad de las siglas

En un corto tramo de calle, de no más de cincuenta metros —cuya localización exacta queda a disposición del lector particularmente curioso— hay abundantes tapas metálicas, situadas en el suelo de la acera. Se supone que cubren aberturas que comunican con alguna red subterránea de servicios o suministros. El paseante cabizbajo puede observar en varias de las tapas las iniciales A.P., sin otra leyenda. La presencia de tales iniciales puede inducir a la sospecha de que se trate de puertas de acceso a la estructura subterránea —o *underground,* si se prefiere— de un conocido partido político.

Pero no. El paseante, ya interesado, sigue atento a las tapas y en una de ellas halla una inscripción que desvela el misterio: A.P. significa «agua potable». Aquí habría terminado la historia, de no haber descubierto el paseante, unos metros más allá, una tapa con la inscripción «alumbrado público». El paseante ya no sabe si las tapas en que sólo figuran las iniciales A.P. corresponden a «agua potable» o a «alumbrado público». Unos pasos más y el ya perplejo paseante queda clavado ante el nuevo descubrimiento: en una tapa lee «albañal particular». Aquí, como en la puerta del infierno, *lasciate ogni speranza.* Y conste que no se trata de una parábola o un apólogo, sino de un hecho real, vivido por el autor de estas líneas.

Si el lector curioso quiere añadir a «agua potable», «alumbrado público» y «albañal particular» otras posibilidades significativas de A.P., le basta consultar un diccionario especializado en siglas. En él hallará, por lo menos, que A.P. es la sigla geográfica de Amapá (en el Brasil), la de la agencia estadounidense de noticias «Associated Press», la del partido político peruano «Acción popular» y la del partido político español «Alianza popular». A algún lector de buen humor acaso se le ocurra proponer para A.P. un nuevo significado: «ambigüedad patente».

4.10.7. Uso y abuso de las siglas

Tal es la grandeza y la servidumbre de las siglas. Una dosis discreta de abreviaciones constituye, sin duda, un instrumento útil y económico con que afrontar en el texto escrito la avalancha de nombres de instituciones políticas, económicas y comerciales, además de expresiones científicas y tecnológicas; pero su proliferación excesiva conduce a la incomunicación. ¿Todos los que entienden el significado de *mercado común* lo reconocen en las siglas CEE (Comunidad Económica Europea)? Hay registradas en los diccionarios especializados más de doce mil siglas. No todas ellas —afortunadamente— son de uso corriente, pero pasa del centenar el número de las que a diario aparecen en periódicos y revistas de amplia divulgación. No siempre llega el lector a saber su significado exacto ni siquiera su desarrollo en escritura normal.

Al adquirir las siglas dimensión internacional, no cabe traducir su contenido; con lo que las iniciales que las constituyen ni siquiera corresponden a las iniciales de las palabras en otras lenguas. Tal ocurre, por ejemplo, con la FAO (Food and Agriculture Organization), que hay que interpretar como *Organización para la Alimentación y la Agricultura*. Se han mantenido adrede las iniciales en mayúscula para mostrar que, en español, a esa organización le correspondería la sigla OAA. Sí se traduce en cambio, una sigla que debería ser universal: la ONU (Organización de las Naciones Unidas); antes de la incorporación de España al organismo internacional, éste era conocido aquí por las siglas correspondientes a su versión en inglés: UNO (United Nations Organization).

La verdad es que las siglas poco tienen que ver con la escritura corriente. Nótese como, a lo largo de las páginas de este libro, no se ha usado nunca RAE por *Real Academia Española* ni EGLE para *Esbozo de una Gramática de la lengua española*. Tanto papel se emplea en no decir nada, que no parece que desarrollar un nombre haya de constituir un despilfarro. Es curioso observar que también en la economía de la lengua escrita se aplica la técnica del chocolate del loro.

4.10.8. Lectura de siglas

En la lectura de las siglas debería seguirse la regla general de las abreviaturas. Si Sr. es la abreviación escrita de *señor*, *señor* ha de ser la interpretación oral de Sr.; no cabe leer *eseerre*. Es más: en ningún caso debería oírse *usa* como interpretación oral de USA, sino Estados Unidos de América; como no tiene sentido interpretar como *dedeerre* la sigla DDR (Deutsche Demokratische Republik), en vez de leer República Democrática Alemana. Aunque también es verdad que lo que menos sentido tiene más éxito alcanza. Y así, perdidos en la maraña de las siglas, éstas son objeto de tratamiento oral diverso. Las que permiten una lectura como si se tratara de palabras, así se leen. De aquí la existencia de expresiones como las ya citadas de *fao* (FAO), *onu* (ONU), *usa* (USA); y otras muchas, como *otán* (OTAN = Organización del Tratado del Atlántico Norte), *nasa* (NASA = National Aeronautics and Space Administration), *uso* (USO = Unión Sindical Obrera), *raf* (RAF = Royal Air Force), *once* (ONCE = Organización Nacional de Ciegos Españoles).

La sigla adquiere a veces tanta importancia que se constituye en palabra, sustituyendo al conjunto de aquellas de cuyas iniciales procede. En no pocas ocasiones los propios usuarios de la sigla ignoran que lo sea. ¿Acaso cuantos utilizan el *talgo* en sus viajes saben que TALGO es la sigla correspondiente a «Tren Articulado Ligero Goicoechea-Oriol»? Tan por supuesta se da la lectura directa de las siglas que éstas se adaptan ya a su lectura. La sigla correspondiente a «Red Nacional de los Ferrocarriles Españoles» debería ser RNFE; pero, ante la dificultad de su lectura, esta abreviatura se transforma en RENFE —claro ejemplo de epéntesis—, lo que permite su cómoda pronunciación, posible camino hacia una nueva palabra: *renfe*.

En las siglas que ofrecen resistencia a una lectura directa, se acude al deletreo. La imposible pronunciación de DDT (abreviatura del Dicloro-Difenil-Tricloroetano) aconseja el deletreo *dedeté,* nombre con el que es conocido el famoso insecticida. Otro tanto ocurre —entre muchos más— con *ugeté* (UGT = Unión General de Trabajadores), *ceneté* (CNT = Confederación Nacional del Trabajo) y *ucedé* (UCD = Unión de Centro Democrático). De la lectura de estas siglas se ha pasado a la escritura como palabra normal y a la creación de derivados (*ugetista, cenetista, ucedero*). En el mismo grupo caben —aunque sin las últimas consecuencias— siglas leídas *bebecé* (BBC = British Broadcasting Corporation), *deneí* (DNI = Documento Nacional de Identidad), *cagebé* (KGB = Komitet Gosudárstven Bezopásnosti), etc.

Hay siglas de lectura más compleja. Ante PSOE y PSUC hay quien intenta —aprovechando la presencia de vocales— la lectura directa; para ello hay que ensayar la pronunciación del grupo inicial como en *pseudo* y en *psique,* con el frecuente resultado práctico de pronunciar sólo *soe* y *suc,* respectivamente. Como remedio a lo cual se acude a deletrear la consonante inicial y leer de corrido el resto, obteniéndose *pesoe* y *pesuc,* resultados fonéticamente aceptables.

Las siglas no admiten plural por flexión, pero pueden contenerlo en su propia estructura de significado; en tal caso duplican cada una de las letras iniciales, al modo de los plurales de otras abreviaturas (SSMM = Sus Majestades, SSAARR = Sus Altezas Reales; ver en § 4.10.4). No abundan los ejemplos, aunque cabe citar CCCC (Comisiones Campesinas), CCOO (Comisiones Obreras) y EEUU (Estados Unidos). Con frecuencia se falta a este sistema indicativo de plural al referirse a las Fuerzas Armadas con la sigla FAS, en vez de FFAA.

4.11. SIGNIFICADO, PRONUNCIACIÓN Y ESCRITURA

4.11.1. Palabra y contexto

La palabra es —en cierto sentido y con muchas reservas— una unidad de comunicación. Lo importante de cualquier unidad de comunicación es su contenido informativo; es decir, su significado. Pero éste no podría ser instrumento de comunicación sin un soporte perceptible por los sentidos; es decir, su significante. El significante puede ser percibido por el oído o por la vista. En el primer caso, hay que formularlo mediante la pronunciación; en el segundo, mediante la escritura.

Tanto más cerca estaría una lengua de la perfección, cuanto menos equívoca fuera la correspondencia entre significante y significado; la correspondencia inequívoca constituiría el ideal lingüístico. Pero lo ideal no siempre es lo mejor, como lo mejor no siempre es amigo de lo bueno; o, en expresión de Séneca: «lo que ha llegado a la perfección está próximo a desaparecer». La lengua española es una realidad viva, instrumento de relación —y de cohesión—

de una vasta comunidad cultural; resultante, a su vez, de una larga y turbulenta historia. Y consecuencia de todo ello es que a cada significante de la lengua española no siempre le corresponde un solo significado. A propósito de la palabra «palabra», el Diccionario académico registra hasta quince acepciones. Sólo el contexto, la situación ambiental y el previo conocimiento del tema tratado permiten a los interlocutores atribuir a cada significante el significado correspondiente y adecuado. Ortega y Gasset decía de sí mismo: «Yo soy yo y mi circunstancia»; de la palabra puede decirse que es la palabra y su contexto.

4.11.2. Valor distintivo del género gramatical

En algunos casos, el género gramatical permite distinguir entre dos significados de un mismo significante. La presencia de un adjetivo o del artículo delatan —por su concordancia— el género de la palabra; y el género de la palabra delata su significado en aquel contexto. Compruébese la eficacia del procedimiento en los siguientes ejemplos:

la clave (de un enigma)	el clave (instrumento)
la corte (del rey)	el corte (de cortar)
la frente (de la cara)	el frente (militar, de un edificio)
la parte (porción)	el parte (aviso)
la pendiente (cuesta)	el pendiente (joya, adorno)
el o la dote (de la novia)	los dotes (cualidades)
la canal (res muerta)	el canal (cauce)
la moral (ética)	el moral (árbol de la mora)
la delta (letra griega)	el delta (del río)
la atalaya (puesto)	el atalaya (vigía)
la pez (de pegar)	el pez (animal)
la doblez (falsía)	el doblez (pliegue)
el Génesis (libro bíblico)	la génesis (origen)

La falta de correspondencia entre la pronunciación y la escritura —que a muchos parece perturbadora— puede también ayudar a distinguir el distinto significado de palabras de igual significante. Tal es el caso de las palabras homófonas. Son homófonas las palabras que tienen igual pronunciación y distinta escritura; circunstancia que convierte la ortografía en árbitro de un conflicto entre significados. La ortografía delata lo que la pronunciación recata; como en los siguientes ejemplos:

silva (composición métrica)	silba (de silbar)
naval (referente a las naves)	nabal (a los nabos)
huso (para hilar)	uso (de usar)
esteba (planta)	esteva (pieza del arado)
boto (romo, rudo)	voto (sufragio)
botar (dar botes)	votar (emitir voto)

4.11.3. Valor distintivo de la ortografía

En un apartado sobre la ambigüedad en la interpretación lingüística —último de un largo capítulo dedicado a la ortografía de las palabras— no parece superfluo ofrecer algunos ejemplos de cómo la ortografía (es decir, la escritura correcta) puede ayudar a distinguir entre palabras de estructura fonética igual o muy semejante; tan semejante, que puede parecer igual en pronunciación relajada. En la lista que sigue hay casos de posible confusión por yeísmo (*aboyar/abollar*), por seseo o ceceo (*abrazar/abrasar*), por relajación articulatoria (*expirar/espirar*) y por articulación parecida (*absolver/absorber*); además de muchos casos de pronunciación idéntica y ortografía diferente. De estas últimas se ha ofrecido una breve muestra líneas arriba; de éstas y de las demás hay abundantes ejemplos en la relación que sigue:

abollar (hacer abolladuras)	aboyar (poner boyas)
abrazar (dar abrazos)	abrasar (quemar)
absolver (perdonar)	absorber (embeber)
acecinar (curar la carne)	asesinar (matar)
acerbo (áspero)	acervo (montón)
alarma (previsión, susto)	alharma (planta)
alto (de estatura)	harto (satisfecho, ahíto)
albino (blanquecino)	alvino (del bajo vientre)
aloque (vino)	haloque (embarcación)
aprender (estudiar con fruto)	aprehender (capturar)
arrollar (formar rollos)	arroyar (formar arroyos)
arte (habilidad, maña)	harte (del verbo hartar)
azada (de cavar)	asada (de asar)
azahar (flor)	azar (casualidad)
baca (en las diligencias)	vaca (mamífero)
bacante (que celebra bacanales)	vacante (libre)
bacilar (de bacilos)	vacilar (titubear)
baqueta (varilla)	vaqueta (piel curtida)
bario (metal)	vario (diverso)
barón (título)	varón (hombre)
baya (planta)	vaya (interjección)
bello (hermoso)	vello (pelillo)
beta (letra griega)	veta (filón)
bidente (que tiene dos dientes)	vidente (que ve)
cavo (cóncavo)	cabo (extremo)
cayado (garrote)	callado (sin hablar)
cebo (para cazar)	sebo (grasa)
cidra (fruto)	sidra (bebida)
ciervo (mamífero)	siervo (criado)
combino (de combinar)	convino (de convenir)
desalmado (sin alma)	desarmado (sin arma)
deshecho (de deshacer)	desecho (de desechar)
desojar (de ojo)	deshojar (de hoja)

espiar (vigilar)   expiar (pagar culpas)
estático (quieto)   extático (en éxtasis)
expirar (morir)   espirar (exhalar)
gira (vuelta)   jira (jirón)
grabar (esculpir)   gravar (cargar)
habano (de La Habana)   abano (abanico)
habitar (morar)   abitar (amarrar)
halla (de hallar)   haya (árbol)
has (de haber)   as (de la baraja)
hasta (preposición)   asta (de toro)
hatajar (dividir el ganado)   atajar (de atajo)
hato (manada)   ato (de atar)
hay (de haber)   ay (interjección)
hecho (de hacer)   echo (de echar)
herrar (poner herradura)   errar (equivocar)
hético (flaquísimo)   ético (moral)
hierro (metal)   yerro (equivocación)
hizo (de hacer)   izo (de izar)
hojear (de hoja)   ojear (de ojo)
hola (saludo)   ola (del mar)
honda (profunda)   onda (ondulación)
hondear (sondear)   ondear (hacer ondas)
hora (de reloj)   ora (de orar)
horeja (diminutivo de hora)   oreja (oído)
huso (de hilar)   uso (de usar)
lasitud (cansancio)   laxitud (sin rigidez)
loza (vasija)   losa (piedra)
nava (tierra llana)   naba (planta)
óbolo (donativo)   óvolo (ovalado)
prójimo (semejante)   próximo (cercano)
rebozar (cubrir)   rebosar (derramarse)
recabar (conseguir)   recavar (cavar de nuevo)
recocer (cocer de nuevo)   recoser (coser de nuevo)
rehusar (apartar)   reusar (usar otra vez)
revelar (comunicar)   rebelarse (alzarse)
rivera (arroyo)   ribera (margen)
sabia (de mucho saber)   savia (en las plantas)
seta (hongo)   zeta (letra griega)
silva (composición poética)   silba (silbar)
sumo (supremo)   zumo (jugo)
tubo (cilindro)   tuvo (de tener)

5. PROBLEMAS DE REDACCIÓN

5.1. NORMA Y USO

Para usar bien una lengua no basta conocer su correcta pronunciación su ortografía. El conocimiento de la estructura fonética de cada palabra y de la técnica correcta de su transcripción no es suficiente. Las palabras son meros elementos de una compleja estructura, cuyo sistema de relaciones se llama gramática. El profundo y reflexivo conocimiento de la gramática de una lengua ayuda al hablante a expresarse en ella de modo eficaz. Pero la gramática de cualquier lengua —y, para lo que aquí importa, la gramática de la lengua española— es demasiado compleja para intentar siquiera reducirla a unas docenas de reglas prácticas.

La condición viva de las lenguas provoca su constante evolución; de tal modo que no cabe considerar las lenguas como sistemas estáticos de comunicación, sino como fases o etapas de sistemas en constante evolución. Los cambios que van produciéndose en cada sistema lingüístico a lo largo de su historia no lo afectan por igual en todo su ámbito, tanto geográfico como social. La lengua no evoluciona al mismo ritmo en las grandes ciudades que en los pequeños pueblos; ni evoluciona en la misma dirección en todas las regiones; ni la evolución afecta por igual a las personas cultas que a las analfabetas.

La Dialectología, la Etnolingüística y la Sociolingüística estudian cada uno de los aspectos —geografía, historia cultural, estratigrafía social— de la lengua. La espectacular extensión de los territorios de habla española y la diversidad étnica y cultural de los hispanohablantes componen un variado mosaico lingüístico. No queda sino intentar reducir tan rica variedad a la ficticia unidad de la lengua supuestamente común.

Tal técnica se ha aplicado ya, en este mismo libro, a la fonética del español, con normas prosódicas que descalifican el seseo, el ceceo, el yeísmo y cuantos fenómenos no se ajustan al prototipo académico de pronunciación; aunque, en cada caso, correspondan a una u otra realidad del habla. De igual modo se ha procedido con la ortografía, al establecer un conjunto de normas aplicables a todo el ámbito de la lengua, sin tener en cuenta la variedad fonética representada. Pero el léxico y la sintaxis son magnitudes lingüísticas más complejas y se resisten a la uniformidad.

5.2. LENGUA COMÚN

El léxico y la sintaxis tienen mucho que ver con los niveles de lengua. Lo que es aconsejable en la lengua literaria puede no serlo en su versión coloquial; lo que resulta aceptable en el habla corriente puede desmerecer en un texto escrito. No se trata de discutir aquí los problemas derivados de la existencia de niveles de lengua, sino de poner de relieve la dificultad de establecer normas léxicas y sintácticas de aplicación general. Existe, claro está, una llamada *lengua común,* sólo común a unos cuantos y no en cualquier circunstancia.

La literatura y el uso corriente son los límites opuestos y externos de la convención lingüística denominada *lengua común,* convención tácita en los usuarios y sólo expresa en gramáticas y diccionarios, que la acreditan y mantienen. Como cualquier otra convención social, la lengua común cede y resiste a un tiempo, tantea y se adapta. Sirve a la cultura, de la que es forma y vehículo. Es la lengua de cuya limpieza, fijación y esplendor debería cuidar la Real Academia Española.

La condición artificiosa de la lengua común —única susceptible de normativa externa— implica cierta dosis de arbitrariedad, que se manifiesta a la hora de establecer reglas y formular recomendaciones. Porque ¿cuál es el modelo de la lengua española común? ¿Cabe considerar correcta la lengua habitualmente usada en los llamados medios de comunicación social? ¿Son ejemplo de precisión y claridad los documentos oficiales? ¿Conviene aceptar el léxico y la sintaxis de que hacen gala oradores, locutores y otros profesionales de la lengua hablada? ¿Es acaso el texto de este libro buen exponente de lengua común? Muchas son las preguntas y temeraria parece la respuesta a cualquiera de ellas.

Y, no obstante, la lengua española común existe. Ha de existir inevitablemente, ya que es el eje en torno al cual giran las variantes espaciales, culturales y sociales. La lengua española común es precisamente la que intentan realizar todos los hispanohablantes, aunque ninguno lo consiga de modo total; porque es un código y no un acto; porque es un modelo y no una realización; porque es un conjunto de normas, que cada uno cumple en mayor o menor medida.

Pero es, además, un modelo vivo y cambiante, sensible a la realización concreta de la lengua en círculos mayoritarios o influyentes. La lengua común —precisamente para que siga siéndolo— incorpora a su acervo elementos de las diversas variantes, en una constante y actualizadora evolución. Cualquier fijación artificial de una lengua adolece inevitablemente de cierto envaramiento, de alguna inflexibilidad. A las reglas prácticas que intentan expresar la lengua común les ocurre lo que a las fotos instantáneas de un objeto en movimiento: que captan el gesto, pero traicionan la realidad.

5.3. Ejercicio de reflexión

Con un pie ya en el camino de dar normas concretas para la correcta sintaxis de la lengua española, nos puede la tentación de volver sobre un tema ya apuntado en el § 2.1, de este mismo libro, a propósito de la ortología del español. Allí se dice que «cumplimos estoicamente una función informativa, con el fundado temor de ser sembradores en día de huracán y con la gratuita esperanza de que alguna semilla caiga en tierra fértil». Tampoco aquí, al tratar de la sintaxis, cabe otra actitud. El permanente diluvio de información hablada, a través de mil emisoras de radio y muy pocas de televisión, afectadas unas y otras de incontinencia oral, ha convertido la variante coloquial y aun la estrictamente plebeya, en modelo lingüístico. La corrupción ha pasado de la lengua hablada a la escrita. Y en ello estamos.

Y no habría de qué quejarse, de no mediar ciertas circunstancias. Al fin y al cabo, todas las lenguas existentes proceden de la corrupción de sus precedentes. Sin la corrupción del latín no habría español que defender. Siga, pues, su rumbo la historia de la lengua y haga cada hispanohablante de su capa un sayo. Pero ahí está el imperativo constitucional: «La riqueza de las distintas modalidades lingüísticas de España es un patrimonio cultural que será objeto de especial respeto y protección» (Art. 3, n.º 3). Y, aunque este respeto y protección afectan a todos los españoles, parece que han de afectar en mayor medida a cuantos hacen de la lengua profesión y beneficio.

No deja de llamar la atención el entusiasmo con que se han puesto a normalizar y a «normativizar» sus respectivas lenguas aquellas comunidades autónomas que las tienen propias; e incluso comunidades el rango de cuya peculiaridad lingüística no sería fácil de establecer. Frente a la decidida política lingüística institucional de las comunidades autónomas, las instituciones del estado no adoptan —que se sepa— política alguna ante la incuestionable degradación de la lengua española por antonomasia, la que todos los españoles tienen el deber constitucional de conocer y el derecho de usar.

Porque nos contamos entre los que han hecho de la lengua española profesión y beneficio, nos sentimos obligados a caminar contra corriente y recordar algunas de las normas que constituyen el entramado de la lengua común; esa lengua que hemos definido, precisamente, como «conjunto de normas». No es empresa popular ni fácil. Ni siquiera agradable, ya que quien la emprende arrostra el desprecio de los pedantes, la irritación de los ignaros y la indiferencia de la mayoría. Que el cumplimiento de los códigos no está de moda y son muchos los que presumen de saltarse los semáforos en rojo.

5.4.   La base, el nivel y otras perlas

5.4.1.   *En base a, a nivel de, desde ya*

«Se ignora *en base a* qué se han introducido, *a nivel de* lenguaje, tan socorridas expresiones». ¿Hay alguna diferencia de significado entre esta desdichada frase y «se ignora por qué se han introducido en el lenguaje tan socorridas expresiones»? No importan ni su origen ni su inutilidad. Importa el hecho de que hayan proliferado hasta la náusea. En un momento en que muchos jóvenes y no pocos maduros presumen de originalidad e independencia, ¿cómo se someten a tan burda moda lingüística? ¿Qué se hizo de la tan cacareada creatividad? Malo es no saber hablar sino mediante frases oídas, malo tener que recurrir al remedo para hablar; pero peor elegir modelos tan desdichados como los de la *base* y el *nivel.* Y los hay que abusan *a base de bien,* que es otra de las ridiculeces en boga; debe corregirse, pero no *desde ya,* sino desde ahora.

5.4.2.   *De acuerdo a/con, en relación a/con, como muy*

No pocos personajes de la vida pública española quedarían muy sorprendidos al enterarse de que, en nuestra lengua, no es correcto estar *de acuerdo a* nada; que, en español, si se está de acuerdo, se está *de acuerdo con.* De tal modo que, de acuerdo con la gramática, no cabe el *de acuerdo a.* Y otro tanto hay que decir acerca de la ya famosa expresión *en relación a,* usada en vez de la correcta *en relación con.* No sabemos si a alguien estas cuestiones gramaticales le parecen *como muy* baladíes. Mal asunto si le parecieran muy baladíes; pero peor si, para expresar el superlativo, recurre al extraño *como muy.*

5.4.3.   Incorrección en comparativos y superlativos

En los comparativos y superlativos se observan frecuentes anomalías de uso. Acumular formas de un mismo adjetivo no es aceptable, aunque se haga con la *mejor buena* intención; basta con la mejor intención. Hacer algo con mala intención acaso indique animosidad o perversidad; hacerlo con la *peor mala* intención indica, además, ignorancia de la gramática. Corregir estos errores no requiere gran esfuerzo. A veces basta con el mínimo esfuerzo; pero nunca debe decirse *con el más mínimo* esfuerzo. En cualquier caso, estas construcciones gramaticales son de ínfima calidad; pero nunca debe decirse de ellas —ni de nada— que son de la *más ínfima calidad,* porque *ínfima* ya es la forma superlativa de *baja.*

5.4.4.   *Bajo el punto de vista, bajo el radio de acción, bajo encargo*

Metidos ya en bajezas, considerémoslas desde el punto de vista gramatical, nunca *bajo el punto de vista* gramatical. Por mucha que sea la influencia de los medios de comunicación social, no tienen por qué someterse a sus dictados cuantos caen dentro de su radio de acción; pero mucho menos los que dicen caer *bajo su radio de acción*. Que, aunque las cosas caen de arriba abajo, nunca hay que decir que caen de *arriba a abajo*. Y conste que estos comentarios no los hacemos por encargo de nadie; pero mucho menos aceptaríamos hacerlos *bajo encargo* de nadie.

5.4.5. Un extraño verbo: *preveer*

Como última perla —o como guinda— de este exiguo muestrario de construcciones vitandas, señalaremos la proliferación de ese nuevo verbo *preveer*, extraña mixtura de *prever* y *proveer*. Su significado coincide con el del primero, pero su conjugación se asemeja mucho a la del segundo. Con lo cual, algunos *preveyeron* en el pasado cosas que otros apenas están *preveyendo* para el futuro. Pues nada de eso; que lo que previeron unos y están previendo los otros son formas del verbo *prever* —compuesto de *pre + ver*— y se conjuga como éste, sin más añadidos que el prefijo.

5.5. EL GÉNERO DE LOS SUSTANTIVOS

5.5.1. Flexión de género en el adjetivo

Los sustantivos y los adjetivos pueden asociarse para constituir unidades más complejas y más significativas. La concordancia es la manifestación gramatical más evidente de tal asociación. Consiste en la adaptación de los adjetivos a las características gramaticales de género y número del sustantivo. Hay que advertir que los adjetivos pueden —y suelen— tener capacidad de flexión genérica; es decir, posibilidad de manifestar formalmente su adaptación al género del sustantivo. Las dos formas de las parejas *alto/alta, rico/rica, malo/mala* no corresponden a significados distintos, sino sólo a distinto género.

En el adjetivo, el género es una posibilidad de manifestación formal propia; en el sustantivo, una exigencia de concordancia ajena. Las parejas de sustantivos *suelo/suela, puerto/puerta, palo/pala* no son manifestaciones genéricas distintas de un significado único, sino palabras distintas, expresivas de significados distintos. Y también las parejas *niño/niña, perro/perra, león/leona*; son seres que no sólo difieren en el género gramatical de su expresión lingüística, sino en el sexo de su existencia real.

5.5.2. Flexión de género en el sustantivo

El sustantivo es el elemento determinante del género del adjetivo acompañante, en el caso de que éste tenga capacidad de flexión genérica; por lo cual importa mucho conocer el género de cada uno de los sustantivos. Desdichadamente no hay una regla única y sencilla que indique el género de los sustantivos; sino reglas generales, acompañadas de numerosas excepciones. Puede partirse de que los sustantivos terminados en -o son masculinos y los terminados en -a son femeninos; los de cualquier otra terminación pueden ser de uno u otro género. Pero el conocimiento de estos principios carece de valor si no se acompaña de adecuada información acerca de las numerosas excepciones.

5.5.3. Sustantivos femeninos terminados en -o

Son de género femenino, a pesar de su terminación en -o, las palabras *mano, dinamo, nao* y *seo*; además de todas aquellas que se refieran a mujeres, tales como *reo, testigo*. Hay una tendencia creciente —ya casi general— a adoptar formas específicas, terminadas en -a, tales como *jueza* y *fiscala*; éstas, no admitidas aún por la Academia, pero que lo serán probablemente, como lo han sido *ministra, abogada, médica, concejala* y tantas otras.

5.5.4. Sustantivos masculinos terminados en -a

Son de género masculino, a pesar de su terminación en -a, los sustantivos siguientes, entre los que abundan los terminados en -ma:

albacea	anagrama	apotegma
axioma	cosmorama	clima
día	diafragma	dilema
diorama	diploma	drama
edema	enigma	entimema
epigrama	idioma	lema
mapa	melodrama	monograma
panorama	pentagrama	planeta
poema	prisma	problema
programa	síntoma	sistema
sofisma	telegrama	teorema

Son muchos los sustantivos terminados en -a, que son masculinos cuando se refieren a actividades ejercidas por hombres. Tal es el caso, por ejemplo, de los siguientes:

atleta	cámara	centinela
futbolista	paria	periodista
retratista	vista	vigía

Hay una tímida tendencia a la masculinización formal de algunos nombres, fenómeno paralelo y de sentido contrario a la feminización señalada en el apartado anterior. Acaso sea la palabra *modisto* su mejor ejemplo.

5.5.5. Género de los sustantivos terminados en -e

En cuanto a los sustantivos terminados en algo distinto de -a y -o, no existe regla fija para conocer su género. La Real Academia Española ofrece una serie de listas, cuyo contenido facilita la consulta de los casos dudosos. Aprovechemos de ellas los datos más interesantes. La mayoría de los terminados en -e son masculinos; pero las excepciones son numerosas. Señalemos algunas:

aguachirle	ave	azumbre
barbarie	base	cariátide
catástrofe	certidumbre	clámide
clase	cohorte	costumbre
creciente	cumbre	chinche
dulcedumbre	efigie	especie
estirpe	falange	fase
fiebre	fuente	hambre
higiene	hueste	índole
ingle	intemperie	laringe
leche	legumbre	llave
lumbre	liendre	madre
mansedumbre	mente	mole
molicie	muchedumbre	muerte
mugre	nave	nieve
noche	nube	patente
pesadumbre	peste	pirámide
planicie	plebe	pringue
progenie	prole	salve
sangre	sede	serie
servidumbre	suerte	superficie
tarde	techumbre	torre
trípode	ubre	urdimbre

Esta larga relación no es completa, ni mucho menos; pero incluye las voces más usuales. Hay casos particulares. La palabra *arte* se usa indistintamente: *arte poética* ≠ *arte románico*. Otro tanto ocurre con *tilde* y *puente*; aunque la primera tiende al femenino y la segunda al masculino. *Consorte* y *cónyuge* son de género masculino o femenino, según el sexo de la persona a que se refieran. *Dote* es sustantivo femenino —y suele emplearse en plural— en cuanto se refiere a las buenas cualidades de las personas (*Es un hombre con las dotes precisas para el mando*); es de género indiferente cuando se refiere a la aportación de la mujer al claustro o al matrimonio (*Creo que se casó por el dote* —o *la dote— de la novia*).

5.5.6. Género de los sustantivos terminados en -i, en -u y en -d

Exceptuando *hurí, metrópoli* y alguna otra, las palabras terminadas en -i son de género masculino. Excepto *tribu,* son de género masculino los sustantivos terminados en -*u*. Son del género femenino los terminados en -*d*, con las excepciones siguientes (que son de género masculino):

abad	adalid	almud
alud	ardid	áspid
ataúd	azud	césped
laúd	sud	talmud

5.5.7. Género de los sustantivos terminados en -*j*

Son masculinos los terminados en -*j* (*boj, carcaj, reloj,* por ejemplo; sólo *troj* es femenino).

5.5.8. Género de los sustantivos terminados en -*l*

Los terminados en -*l* son masculinos, como

abedul	árbol	atril
clavel	facistol	panal

Pero son excepciones los femeninos siguientes:

cal	cárcel	col
credencial	hiel	miel
piel	sal	señal

Capital es masculino cuando significa «caudal» y femenino cuando significa «ciudad». *Canal* es masculino en su significado de «estrecho» (*Canal de la Mancha*) e indiferente en todos los demás.

5.5.9. Género de los sustantivos terminados en -*n*

Los sustantivos terminados en -*n* son masculinos en su mayoría; pero son numerosas las excepciones, entre las que se cuentan

clavazón	clin	crin
comezón	desazón	imagen
razón	salazón	sartén
sazón	sinrazón	trabazón

Son también femeninos (es decir, son también excepción) la mayoría de los terminados en -*ión*; aunque algunos son masculinos, como

alción	alubión	bastión
camión	centurión	gorrión
limpión	sarampión	turbión

El sustantivo *orden* es de género masculino en los sentidos de «regularidad, disciplina» y semejantes (*Es amante del orden y la puntualidad*); también cuando se aplica a los órdenes arquitectónicos (*Orden jónico, orden corintio*). En cuanto al significado relacionado con cierto sacramento, es masculino en expresiones tales como *El sacramento del orden*; pero femenino en *Recibió las sagradas órdenes*. Es femenino cuando expresa significados como los que pueden apreciarse en los siguientes ejemplos:

Ha sido nombrado por real orden de fecha de hoy.
Es caballero de la orden de Calatrava.
Pertenece a la venerable orden de san Francisco.

5.5.10. Género de los sustantivos terminados en *-r*

Los sustantivos terminados en *-r* son, en general, masculinos; son excepciones

flor	labor	mujer
segur	zóster	

Azúcar y *color* son de género indiferente, aunque el masculino se ha ido imponiendo con el tiempo. En el uso de *mar,* conviven los dos géneros. Predomina el femenino en expresiones tradicionales (*hacerse a la mar, alta mar, mala mar*) y el masculino cuando acompaña a nombres propios (*nuestro mar Mediterráneo, el agitado mar Cantábrico*).

5.5.11. Género de los sustantivos cuyo singular termina en *-s*

Los sustantivos terminados en *-s* (en su forma de singular) son masculinos, en general; no lo son

bilis	caries	crisis
elipsis	hematites	hipótesis
lis	litis	mies
paráfrasis	perífrasis	res
simbiosis	síntesis	silepsis
tesis	tisis	tos

También concuerdan en femenino las palabras de origen griego terminadas en *-is* (*Apocalipsis, paréntesis*). *Análisis* e *iris,* aunque de género indiferente, tienden a concordar en masculino. *Iris,* cuando se asocia a arco o se refiere al círculo de la pupila del ojo, es masculino; sólo es femenino como nombre propio de la ninfa mensajera de los dioses.

5.5.12. Género de los sustantivos terminados en -t, en -x y en -z

Los pocos sustantivos terminados en -*t* y en -*x* son masculinos. Los terminados en -*z*, son femeninos; pero hay algunas excepciones, que concuerdan en masculino:

albornoz	alcuzcuz	almez
almirez	altramuz	antifaz
arroz	barniz	capuz
haz (de leña)	pez (animal)	matiz
orozuz	regaliz	tamiz
tamariz	terliz	testuz

Finalmente, *prez* y *doblez* son de género indiferente.

5.5.13. Palabras cuyo significado se distingue por su género

En algunos casos, el género sirve de distinción entre dos palabras iguales, pero de distinto significado. No se trata de sustantivos que admitan los dos géneros, sino de palabras distintas, sólo coincidentes en la forma de expresión. He aquí algunos ejemplos:

la clave (de un enigma)	el clave (instrumento)
la corte (del rey)	el corte (de cortar)
la frente (de la cara)	el frente (militar)
la parte (porción)	el parte (aviso)
la pendiente (cuesta)	el pendiente (joya)
las dotes (cualidades)	el o la dote (de la novia)
la canal (res muerta)	el canal (cauce)
la moral (ética)	el moral (árbol)
la delta (letra griega)	el delta (del río)
la atalaya (puesto)	el atalaya (vigía)
la pez (de pegar)	el pez (animal)
la doblez (falsía)	el doblez (pliegue)
la génesis (origen)	el Génesis (libro bíblico)

5.6. EL NÚMERO DE LOS SUSTANTIVOS

5.6.1. Valor del género y del número en los sustantivos

En el párrafo anterior se indica la invariabilidad del sustantivo respecto del género; exige concordancia del adjetivo, pero no tiene capacidad de flexión. Es verdad que *perra* es femenino y *perro* es masculino; pero no es verdad que *perra* sea el femenino de *perro,* como consecuencia de flexión gramatical. El sustantivo, en cambio, sí tiene capacidad de flexión de número. No sólo es cierto que *perro* es singular y *perros* es plural, sino también que *perros* es plural de *perro*, por flexión de número.

Con el singular se expresa la unidad de lo significado por el sustantivo, bien porque se trata de un solo ente —persona, animal o cosa—, bien porque se refiere a toda la especie, clase o condición, consideradas como tales. En *tengo un perro,* hay referencia a un solo animal; en *el perro es el mejor amigo del hombre,* hay referencia a la especie entera. Compruébese en otros ejemplos:

El pan fue alimento básico de los españoles.
Me marea viajar en coche.
La encina es un árbol de hoja perenne.

5.6.2. Flexión de plural en sustantivos y en adjetivos

Los sustantivos —y también los adjetivos, como luego se verá— forman el plural añadiendo una -*s* a la forma de singular. La añaden directamente, si el singular termina en vocal átona; la añaden, precedida de una *e,* si el singular termina en consonante. Véanse, en dos columnas, ejemplos de ambos casos:

casa → casas	portal → portales
cerebro → cerebros	axón → axones
monte → montes	cráter → cráteres

Dicho queda (§ 3.3.3) que las palabras terminadas en *z* sustituyen la grafía de este sonido por *c,* al adoptar forma de plural:

pez → peces   coz → coces

5.6.3. Plural de palabras terminadas en vocal tónica

La formación del plural en las palabras que terminan en vocal tónica está en proceso de evolución. A veces se consideran palabras de terminación vocálica. Así:

mamá → mamás	sofá → sofás
pagaré → pagarés	café → cafés

En ocasiones forman el plural como las palabras terminadas en consonante:

alelí → alelíes   jabalí → jabalíes

Este criterio se aplica cada vez menos, formándose el plural de los sustantivos terminados en vocal tónica del mismo modo que los terminados en vocal átona. Así:

cliché → clichés   chaqué → chaqués
bisturí → bisturís   esquí → esquís

5.6.4. Sustantivos carentes de plural

Algunos sustantivos carecen de plural. Esto ocurre con los nombres de algunas ciencias o profesiones, tales como *ingeniería, abogacía* o *física*. En algunos casos ocurre que, en su forma de plural, el sustantivo cambia de significado. Las palabras *medicina* y *pintura* pueden servir de ejemplo. En plural sólo significan productos de las respectivas actividades (*he tomado las medicinas, hay una exposición de pinturas*); en singular pueden referirse, además, a la ciencia y al arte correspondientes.

Algunos sustantivos abstractos pierden tal condición al formularse en plural, pasando a significar cosas concretas. Frente al valor abstracto de *variedad, curiosidad* u *horror,* nótese el valor concreto de los correspondientes plurales:

Asistí a un espectáculo de variedades.
Tiene una colección de curiosidades y rarezas.
Todavía no ha olvidado los horrores de la guerra.

5.6.5. Plural de los nombres propios

Los nombres propios de lugar y de persona carecen de plural en sentido estricto; aunque cabe formularlos en frases como:

En la guerra civil se enfrentaron las dos Españas.
En verano recorrí ambas Castillas.
La catalana es la mayor de las Barcelonas.
En mi casa hay cuatro Josés.
El novelista era el menor de los Barojas.

Pero, en cambio: *El poeta era el menor de los Bécquer*; porque los apellidos que terminan en consonante se resisten a la pluralización. Así, refiriéndose a una familia, suele decirse *los Borbones* o *los Quinteros*; pero nunca *los Martíneces* o *los Gonzáleces*. No pocas veces se aplican los nombres de los artistas a sus obras: lo cual favorece la formación de los correspondientes plurales. Se dice, por ejemplo:

Tiene una excelente colección de Goyas.
Ayer adquirí dos nuevos Picassos.

Por entenderse «montes», se formulan en plural los nombres de *los Pirineos, los Alpes, los Andes*. La cordillera citada en primer lugar admite el singular, especialmente cuando se cita una zona determinada: *el Pirineo oriental, el Pirineo aragonés.*

5.6.6. Sustantivos carentes de forma de singular

Algunos sustantivos sólo se usan en la forma de plural. La carencia de singular nó implica imposibilidad de significado singular; son también aplicables a un solo ente, persona, animal o cosa. El contexto indica, en cada caso, si tales sustantivos se refieren a uno o varios individuos u objetos. He aquí una relación de los más usuales:

albricias	alicates
angarillas	calzoncillos
creces	exequias
fauces	idus
laudes	maitines
manes	nupcias
víveres	zaragüelles

5.6.7. Sinopsis del plural de sustantivos y adjetivos

Cuanto queda dicho sobre el número del sustantivo en este párrafo y cuanto se dice en el siguiente sobre el número del adjetivo, todo ello se resume y presenta sinópticamente en el siguiente cuadro, acaso útil para la consulta rápida acerca de una cuestión determinada.

PLURAL DE SUSTANTIVOS Y ADJETIVOS

REGLA GENERAL

Añaden *s*:
   Los sustantivos y adjetivos terminados en vocal no acentuada: *casa/casas*; *bueno/buenos.*
   Los sustantivos y adjetivos que terminan en *e* u *o* acentuadas: *café/cafés*; *dominó/dominós.*

Añaden *es*:
   Los sustantivos y adjetivos que acaban en consonante, excepto los acabados en *s*, y cuya última sílaba es átona: *virtud/virtudes*; *francés/franceses*; pero *lunes, crisis,* etc., no se modifican en plural.

Añaden *s* o *es*:
   Gran parte de los sustantivos y adjetivos que terminan en vocal acentuada que no sea *e* ni *o* han adoptado la desinencia *es,* en competencia con la desinencia *s*; la primera parece gozar de mayor prestigio literario, en contraste con la segunda, más coloquial y espontánea: *faralá/faralaes*; *bigudí/bigudíes, bigudís*; *maniquí/maniquíes, maniquís*; *bambú/bambúes, bambús*; se exceptúan *papá* y *mamá*, que toman *s*, y *maravedí,* que puede hacer *maravedís, íes, ises*; se emplean de modo casi exclusivo los plurales *sofás, bajás, bisturís, chacolís, esquís, gachís, ambigús, canesús, champús* y *menús.*

Voces extranjeras:

Forman el plural según las reglas de la lengua española: *álbum/álbumes*; *frac/fraques*; *lord/lores*; hay en ello gran vacilación, según que la consonante final de la palabra se use o no como final en la lengua española.

En las palabras de introducción reciente existe fuerte tendencia a añadir simplemente una *s*: *clubs, complots*.

Las palabras latinas como *ultimátum, déficit, superávit,* etc., no tienen plural.

Nombres propios:

Se pluralizan siguiendo las reglas generales de la lengua española, excepto los patronímicos acabados en *s* o *z* (*Rodés, Sánchez,* etc.), que son invariables.

OTROS CASOS

Nombres compuestos forman el plural según la cohesión de sus componentes:

Desinencias en los dos elementos:

Composiciones imperfectas, del tipo *ricahembra/ricashembras*; *mediacaña/mediascañas*.

Desinencia en el último elemento:

Composiciones perfectas: *bocacalle/bocacalles; vanagloria/vanaglorias*; pero *cualquiera, quienquiera* hacen *cualesquiera* y *quienesquiera*.

Cambio de acento en el plural:

Las palabras *carácter* y *régimen* en su plural cambian el acento de vocal, manteniéndolo en la misma posición relativa que en el singular: *carácter, caracteres* (ambas son llanas); *régimen/regímenes* (ambas son esdrújulas).

Defectivos de número:

Algunos sustantivos se usan sólo en plural: *creces, albricias, víveres,* etc.

Estas normas tienen un valor predominantemente fonológico y morfológico; en algunos casos su cumplimiento comporta variaciones de tipo ortográfico: por ejemplo, en los casos de palabras terminadas en *z* o en *c*, estas se convierten en *c* y *qu*, respectivamente: *luz/luces*; *frac/fraques*.

5.7. CONCORDANCIA NOMINAL

5.7.1. Concordancia entre sustantivo y adjetivo

Se denomina concordancia del adjetivo con el sustantivo a la acomodación de los accidentes del primero a la exigencia de género y número del segundo. Por lo que se refiere al género, los adjetivos de dos terminaciones adoptan la de masculino o la de femenino, según sea el género del sustantivo al que acompañan. Así:

El trabajo diario	La prensa diaria
Los pintores famosos	Las estrellas famosas

Los adjetivos de terminación única se usan indistintamente para acompañar a sustantivos masculinos o femeninos:

Un matrimonio feliz	Una pareja feliz
Consejos inútiles	Palabras inútiles

Cada adjetivo concuerda también en número con el sustantivo al que acompaña, como puede comprobarse en cualquiera de los ejemplos precedentes.

5.7.2. Concordancia de un adjetivo con varios sustantivos

Pero ocurre con frecuencia que un adjetivo acompaña a varios sustantivos, en cuyo caso no siempre es posible aplicar la regla general, tanto en lo que se refiere al género como al número. Si todos los sustantivos acompañados por el adjetivo son del mismo género, éste ha de ser también el género del adjetivo:

Había puertas y ventanas blindadas.
Llegaron técnicos y obreros especializados.

El adjetivo adopta la forma de plural si acompaña a varios sustantivos, aunque alguno o todos estén en singular. En cuanto al género, prevalece el masculino sobre el femenino; de modo que, en la concurrencia de sustantivos, basta la presencia de uno de género masculino para que sea también masculina la forma del adjetivo:

Carece de la paz y sosiego necesarios.
Notó movimientos y actitudes sospechosos.

5.7.3. Excepciones a las reglas de concordancia nominal

La regla general de concordancia de un adjetivo con varios sustantivos no suele incumplirse en cuanto al número, pero sí en cuanto al género. Hay cierta tendencia a concordar el adjetivo con el sustantivo inmediato; en especial cuando el adjetivo precede a los sustantivos, en cuyo caso puede incluso ser atraído al número del sustantivo. Véanse algunos ejemplos:

Llegó con el rostro y las manos tiznadas.
La tranquila paz y sosiego del campo.
Con su actitud y porte distinguido.
Con su distinguida actitud y porte.

Aunque en los ejemplos precedentes se ha evitado el riesgo de ambigüedad, la falta de concordancia puede producirla, ya que cabe considerar que el significado del adjetivo no afecta sino al sustantivo con el que concuerda. Compruébese en estos ejemplos:

Vestía sucia camisa y pantalón.
Mostró extraña inquietud y desasosiego.

5.7.4. Concordancia del artículo y de los determinativos

Los acompañantes del sustantivo que no sean adjetivos calificativos (el artículo y los llamados adjetivos determinativos: demostrativos, posesivos e indefinidos) no siguen las mismas reglas de concordancia. En general, acompañan a cada uno de los sustantivos y concuerdan con él; aunque tales sustantivos constituyan un conjunto susceptible de determinación única. Deben evitarse expresiones como las precedidas de asterisco, sustituibles con ventaja por las que les siguen en la cadena de ejemplos:

*Mis padre y madre asistieron al festival.
Mi padre y mi madre asistieron al festival.
*He comprado los mesa y armario que necesitaba.
He comprado la mesa y el armario que necesitaba.
*Esos chico y chica parecen llevarse muy bien.
Ese chico y esa chica parecen llevarse muy bien.
*Ningunos hombre ni mujer pudieron salvarse.
Ningún hombre ni ninguna mujer pudieron salvarse.

5.8. EL ARTÍCULO

5.8.1. Sobre determinación e indeterminación del sustantivo

Las gramáticas suelen definir el artículo como «una parte de la oración que se antepone al sustantivo para limitar la extensión de su significado». Se consideran artículo las formas *el, la, lo, los, las* y *un, una, unos, unas*. Los del primer grupo reciben el nombre de artículos determinados; los del segundo, el de indeterminados. Si es cierto que el artículo limita en algún sentido el significado de los sustantivos, no cabe atribuir a las formas *un* y *una* otra limitación que la de número.

Considérense las expresiones:

dame pan ≠ dame el pan ≠ dame un pan

En el primer caso, no hay limitación en el significado de *pan*. En el segundo, la expresión *el pan* puede referirse a un pan presente, a una ración ordinaria, a un pan nombrado anteriormente; se trata, sin duda, de un pan conocido o acerca del cual existen referencias. En el tercer caso, se trata de *un* pan, no de *dos*, ni de *tres*, ni de *veinte*. La forma *un* aporta un dato numérico. En cuanto a las formas de plural del llamado indeterminado, no son sino adjetivos indefinidos: *unos libros* equivale a *algunos libros,* un número impreciso de libros; pero, además, sin manifestación de preferencia por unos u otros libros.

La determinación o indeterminación del sustantivo no depende de que vaya precedido de una u otra clase de artículo. Es cierto que *el, la* (y sus respectivos plurales) pueden aportar determinación; pero no lo es menos que la indeterminación del sustantivo no requiere la anteposición de *un, una* (o sus respectivos plurales). Parece más razonable considerar las formas indeterminadas del artículo en singular como adjetivos numerales, expresivos de la unidad; y considerar las formas plurales como adjetivos indefinidos. Con lo cual la denominación de artículo queda reservada al hasta ahora llamado determinado, sin necesidad de añadir calificación alguna.

5.8.2. El artículo neutro *lo* y las formas contractas *al* y *del*

Conviene aclarar que la forma *lo* es artículo, aunque en ningún caso sea acompañante del sustantivo. Como en español no hay sustantivos neutros, mal puede concordar el artículo neutro con ningún sustantivo. Sirve, en cambio, para anunciar la condición circunstancialmente sustantiva de expresiones que, de ordinario, no la tienen; tales como adjetivos u oraciones enteras. Así ocurre en los ejemplos siguientes:

> Lo antiguo me gusta mucho más que lo moderno.
> Acepté lo que me ofrecieron.

Existen, además, las llamadas formas contractas, consistentes en la fusión fonética y ortográfica de las preposiciones *a* y *de* con la forma masculina singular del artículo. Así:

$$a + el \rightarrow al \qquad de + el \rightarrow del$$

5.8.3. Uso del artículo ante nombre propio de persona

Se admite, como regla general, que los nombres propios de persona no van precedidos de artículo; pero son tantas las excepciones que conviene señalarlas. Quede constancia de las más frecuentes.

5.8.3.1. *Nombres propios de persona en plural*

Se antepone artículo plural a nombres y apellidos cuando se hace referencia a un conjunto de personas que los tienen comunes; aun en el caso de que los nombres propios afectados no adopten forma de plural, según lo expuesto en el § 5.6.5. Véanse algunos ejemplos:

Hoy celebran las Charos su fiesta onomástica.
Los Garcías bastarían para llenar la plaza.
Anoche cené con los González.

5.8.3.2. *Nombres propios de persona simbólicos*

Cuando se usan nombres de personajes famosos, aplicados a otras personas, con la intención de poner de manifiesto en éstas alguna cualidad o defecto relacionados con los de aquéllos:

Este chico es el Napoleón de los futbolistas.
Temo que seas el Judas de esta cena.

5.8.3.3. *Nombres propios de personas famosas*

Cuando se nombra a alguna mujer famosa, especialmente en el mundo del espectáculo:

Todos aplaudieron a la Lola de España.
Ésta es la mejor película de la Garbo.

5.8.3.4. *Nombres propios de autores*

Cuando se menciona un libro por medio del nombre de su autor; lo cual ocurre, por ejemplo, con algunos diccionarios famosos:

Lo consulté en el Casares y en el Moliner.
Voces que ni siquiera figuran en el Corominas.

5.8.4. **Uso de artículo ante nombre propio de lugar**

Tampoco los nombres propios de lugar suelen llevar artículo, aunque no faltan circunstancias en las que su presencia es prácticamente obligatoria. Compruébese en distintos casos.

5.8.4.1. *Nombres propios de montes y ríos*

Los nombres propios de montes y ríos suelen llevar artículo, por sobrentenderse los respectivos nombres comunes:

El Aneto es el pico más alto de los Pirineos.
El Genil es un afluente del Guadalquivir.

5.8.4.2. *Localidades, comarcas y naciones*

En algunos casos, el artículo forma parte del nombre propio de localidades, comarcas o naciones:

El Cairo	La Habana	La Haya
La Alcarria	Las Hurdes	El Salvador

5.8.4.3. *Nombres geográficos con complemento distintivo*

También llevan artículo los nombres propios geográficos cuando van acompañados de complementos distintivos:

La Rusia de los Zares	La Europa de la posguerra
La España de Carlos V	La Italia renacentista

5.8.5. **El artículo ante palabras que empiezan con *a* o *ha* tónica**

Tal como se manifiesta en el § 5.7.4, el artículo concuerda en género y número con el sustantivo al que acompaña. Sólo hay que señalar la excepción de las formas masculinas del artículo que preceden a sustantivos femeninos cuando éstos empiezan con *a* tónica (con o sin *h*). Es importante señalar que esta tolerancia no debe extenderse al adjetivo demostrativo, en el cual también se produce —como en el artículo— la concurrencia de sonidos vocálicos iguales; pero sí a las formas apocopadas de los indefinidos *algún* y *ningún*. Véanse ejemplos de cada uno de los casos:

El alma arrepentida	Las almas arrepentidas
El hacha afilada	Las hachas afiladas
Esta agua fresca	Estas aguas frescas
Algún aula vacía	Algunas aulas vacías

5.9. EL ORDEN DE LAS PALABRAS

5.9.1. **Orden normal de las partes de la oración**

Algunos tratados de Gramática definen el hipérbaton como «la inversión del orden regular en que deben colocarse las palabras en la oración simple y las oraciones simples en la cláusula». Esta definición da por bueno que existe un orden regular en la colocación de las partes de la oración; y suele añadirse que tal orden es el siguiente: sujeto, verbo, complemento directo, complemento indirecto y complementos circunstanciales.

En el caso de que en la oración haya más de un sujeto o más de un complemento de un mismo rango, deben colocarse juntos en el lugar que les corresponde. Si el sujeto o alguno de los complementos va acompañado, a su vez, por algún complemento, éste debe seguir inmediatamente al elemento oracional al que complementa. Y así se construyen buena parte de los ejemplos escolares de oración y otras muchas otras frases que no lo son:

> El niño da el libro a su compañero con amabilidad.
> El gañán arrea un trancazo al capataz con saña.

5.9.2. Posibilidades combinatorias en el orden de las palabras

Es cierto que este orden es correcto, pero no es el único correcto. También lo es el que guardan las mismas oraciones en las formulaciones siguientes:

> El niño da a su compañero el libro con amabilidad.
> El gañán arrea con saña un trancazo al capataz.

Las posibilidades de combinación son muchas; pero no todas ellas gozan de la misma aceptabilidad. Realizamos a continuación, por vía de ejemplo, todas las posibilidades combinatorias de una oración constituida por sujeto, verbo, complemento directo y complemento indirecto. Se trata de una frase sencilla, en la que sólo entran en juego cuatro elementos; pero basta para mostrar qué combinaciones resultan admisibles en la lengua corriente y cuáles no. Estas últimas se señalan con un asterisco:

> El invitado regaló una porcelana a su anfitriona.
> El invitado regaló a su anfitriona una porcelana.
> *El invitado una porcelana regaló a su anfitriona.
> *El invitado una porcelana a su anfitriona regaló.
> *El invitado a su anfitriona regaló una porcelana.
> *El invitado a su anfitriona una porcelana regaló.
>
> Regaló el invitado una porcelana a su anfitriona.
> Regaló el invitado a su anfitriona una porcelana.
> Regaló una porcelana el invitado a su anfitriona.
> Regaló una porcelana a su anfitriona el invitado.
> Regaló a su anfitriona el invitado una porcelana.
> Regaló a su anfitriona una porcelana el invitado.
>
> *Una porcelana el invitado regaló a su anfitriona.
> *Una porcelana el invitado a su anfitriona regaló.
> Una porcelana regaló el invitado a su anfitriona.
> Una porcelana regaló a su anfitriona el invitado.
> *Una porcelana a su anfitriona el invitado regaló.
> *Una porcelana a su anfitriona regaló el invitado.

*A su anfitriona el invitado regaló una porcelana.
*A su anfitriona el invitado una porcelana regaló.
A su anfitriona regaló el invitado una porcelana.
A su anfitriona regaló una porcelana el invitado.
*A su anfitriona una porcelana el invitado regaló.
*A su anfitriona una porcelana regaló el invitado.

Sólo aparecen como aceptables la mitad de las combinaciones, entre las cuales figuran algunas de uso poco frecuente e incluso afectado. A las que constituyen la otra mitad ni siquiera se las considera aceptables. Nótese que entre éstas figuran todas las construcciones en las que el verbo ocupa las posiciones tercera y cuarta.

5.9.3. Posición del adjetivo respecto del sustantivo

Ya se han tratado en otra ocasión (§ 5.7.3) cuestiones relacionadas con la posición del adjetivo respecto del sustantivo al que acompaña. El adjetivo puede colocarse delante o detrás del sustantivo, pero su valor expresivo cambia según su posición. Cuando el adjetivo precede al sustantivo, suele prestarse mayor atención al significado de aquél que al de éste; tiende a valorarse más la cualidad expresada por el adjetivo que al significado de su soporte sustantivo. Verifíquese en estos ejemplos:

Resultaba difícil trepar al escarpado terraplén.
Lo metió en el bolsillo de la andrajosa chaqueta.

5.9.4. Posición del adjetivo y cambio en su significado

Algunos adjetivos adquieren distinto significado según sea su posición respecto del sustantivo al que acompañan. En algunos de ellos, la diferencia no es de matiz, sino de contenido informativo. Tal es el caso, entre otros, de los que figuran en la siguiente relación:

Adjetivo	Significado cuando va	
	antepuesto	pospuesto
alto	importante	elevado
bueno	de calidad	bondadoso
cierto	indeterminado	verídico
nuevo	de uso reciente	recién hecho
pobre	desdichado	escaso
simple	sencillo	tonto
triste	sin categoría	melancólico
viejo	antiguo	añoso, usado

La condición inevitablemente esquemática de este cuadro acaso no baste para apreciar la diferencia de significado de los adjetivos citados, según su posición respecto al sustantivo al que acompañan; de aquí la conveniencia de añadir algunos ejemplos, dispuestos en doble columna para facilitar la comparación:

Un alto empleado	Un empleado alto
Es un buen policía	Es un policía bueno
Hay ciertas noticias	Hay noticias ciertas
Tiene un nuevo coche	Tiene un coche nuevo
Es un pobre hombre	Es un hombre pobre
Dijo una simple frase	Dijo una frase simple
Es una triste criada	Es una criada triste

5.9.5. Apócope de adjetivos calificativos antepuestos

La anteposición del adjetivo es también posible causa del fenómeno llamado apócope, que consiste en la pérdida de una o más letras de la terminación. En el párrafo inmediato anterior hay un buen ejemplo, otro en el § 5.8.5, y otro en esta misma frase. Vayan algunos más a continuación:

Hace buen tiempo	No parece mal sujeto
La fiesta de san José	Me queda algún dinero
Ha jugado un gran partido	No sentí ningún miedo

El adjetivo *santo* sólo se apocopa ante nombres propios de persona, pero nunca ante otro cualquiera, sea propio o común. Nótese en los siguientes ejemplos:

El santo rosario	El Santo Padre
El Santo Espíritu	El santo bautismo
San Antonio	San Zacarías

Hay que señalar algunas excepciones, ya que hay tres nombres de santo ante los cuales, por razones de eufonía, el adjetivo *santo* no se apocopa. Se trata de:

Santo Domingo	Santo Tomás	Santo Toribio

5.9.6. Apócope de adjetivos posesivos antepuestos

Si se anteponen al sustantivo, se apocopan también las formas del adjetivo posesivo *mío, mía* y sus correspondientes plurales. Las formas apocopadas de plural constituyen un caso especial, ya que en ellas no se elimina la letra final, sino la penúltima, precisamente la vocal distintiva de género; con lo que la forma plural del adjetivo posesivo de un solo poseedor queda también neutralizada en cuanto al género. Compruébese en los siguientes ejemplos:

Entonces vi mi rostro y mis manos ensangrentados.
Me acompañaron algunos amigos míos.
Recogí las pocas pertenencias mías que allí había.
Tuve que dejar mis amigos y mis pertenencias.

Otro tanto ocurre con *tuyo, tuya* y *suyo, suya,* con sus correspondientes plurales:

tu(yo)			su(yo)		
tu(ya)	}	tu	su(ya)	}	su

tu(yo)s			su(yo)s		
tu(ya)s	}	tus	su(ya)s	}	sus

Nótese que se trata de un apócope silábico, que comporta neutralización de género. Ejemplos:

Prefiero tus ayudas a sus buenos consejos.
Recibí sus cartas antes que tus telegramas.
Tu padre y tu madre son tus mejores amigos.
Sus distracciones son sus libros y sus plantas.

5.9.7. Posposición de los adjetivos demostrativos y posesivos

El adjetivo demostrativo sólo se pospone al sustantivo si a éste se le antepone el artículo; la forma de demostrativo no sufre cambio alguno. El adjetivo posesivo se pospone al sustantivo si a éste se le antepone el artículo u otro determinativo, o en expresiones enfáticas. En cualquier otro caso, tanto el adjetivo demostrativo como el posesivo se anteponen al sustantivo. Véanse a continuación algunos ejemplos:

Recuerda los tiempos aquellos de tu juventud.
Aún recuerdo aquellas palabras tuyas.
Escucha, amigo mío, lo que voy a decirte.

6. SINTAXIS PRONOMINAL

6.1. POSICIÓN DE LOS PRONOMBRES

6.1.1. Posición de las formas pronominales átonas

En el § 4.5 de este mismo libro se dedica alguna atención a las cuestiones relacionadas con el pronombre llamado personal. Es precisamente en el apartado 4.5.2. donde se indica que las formas pronominales átonas se anteponen al verbo y se escriben separadas de él; excepto en el caso de las formas verbales de infinitivo, gerundio e imperativo, que llevan el pronombre pospuesto y sin separación ortográfica. Sirvan de recordatorio los siguientes ejemplos:

Me levanto temprano	Debes levantarte temprano
Se llevó el dinero al huir	Huyó llevándose el dinero
Nos avisará mañana	Avísanos mañana sin falta

6.1.2. El pronombre átono en las perífrasis verbales

En las perífrasis verbales formadas con gerundio y con infinitivo, la posición del pronombre átono sigue la misma regla, pero referida siempre al verbo principal, no al auxiliar; de modo que no debe decirse *no se debe decir,* sino *no debe decirse.* Las transgresiones a esta regla son tan frecuentes que acaso no falten ejemplos en el texto de este mismo libro. Tantas veces se dice —y se escribe— lo que no *se debería decir* (incorrecto), que olvidamos lo que *debería decirse* (correcto). La regla, en cualquier caso, es clara. Véase aplicada a algunos ejemplos. En la columna de la izquierda figura la forma incorrecta; en la de la derecha, la correcta:

Me debes confesar la verdad	Debes confesarme la verdad
Se lo tienes que pagar hoy	Tienes que pagárselo hoy
La estoy esperando desde ayer	Estoy esperándola desde ayer
Lo empiezo a entender	Empiezo a entenderlo
Hoy los tengo que terminar	Hoy tengo que terminarlos
Nos habían de llamar ahora	Habían de llamarnos ahora

6.1.3. El pronombre átono en las perífrasis incoativas

No sólo las frecuentes incorrecciones van creando hábito en los hispanohablantes, sino también la existencia de notables excepciones. Entre éstas, las perífrasis incoativas con el verbo *echar,* que no admite la posposición del pronombre a la forma verbal de infinitivo. Así, sólo cabe decir *lo echaste todo a perder,* ya que la expresión *echaste todo a perderlo* no resulta aceptable. Debe recordarse también el caso de la perífrasis del verbo *poner* en conjugación llamada pronominal, más el infinitivo de otro verbo. El tipo de conjugación del verbo auxiliar lleva ya su propia forma de pronombre; de tal modo que, si la frase lleva otra forma átona de pronombre, cada una de ellas ha de ir con su propio verbo. Obsérvese en los siguientes ejemplos:

> En cuanto lo abrí, me puse a leerlo.
> Tomó la chaqueta y se puso a cepillarla.

6.1.4. El pronombre átono y los verbos *ir* y *volver*

Por otra parte, no toda concurrencia de formas verbales constituye perífrasis. El verbo *volver,* por ejemplo, forma perífrasis con el infinitivo de otros verbos en casos como

> El libro me ha gustado tanto que volveré a leerlo.
> Temo que vuelvan a pagarnos con moneda falsa.

No siempre constituye perífrasis el encuentro de los verbos *ir* y *volver* con un infinitivo. En el caso de concurrencia no perifrástica, cada forma átona de pronombre —si las hay— debe acompañar al verbo con el cual tenga inmediata relación sintáctica; como en los siguientes ejemplos:

> Se colocó a mi espalda, pero yo me volví a mirarla.
> Casi todos nos fuimos a observarlo desde fuera.

En cambio, se agrupan tras el infinitivo las formas pronominales concurrentes, si se trata de una perífrasis:

> Hoy me ha negado su ayuda; mañana volverá a negármela.
> Agarró fuertemente el bolso cuando iban a robárselo.

6.2. Sistema pronominal átono de tercera persona

Antes de entrar en la casuística de cada una de las formas pronominales átonas de tercera persona —tan compleja, por cierto— acaso convenga ofrecer una imagen clara del sistema. Se trata de una reliquia del pasado latino en la lengua española. La lengua latina disponía de flexión nominal, que afectaba a sustantivos, adjetivos y pronombres. Cada caso de la flexión nominal correspondía a una función sintáctica en el seno de la oración; de modo que el nominativo indicaba función de sujeto, el acusativo indicaba complemento directo, el dativo indicaba complemento indirecto, etc.

En el camino de la evolución del latín al español fueron perdiéndose las formas casuales de flexión nominal; hasta el extremo de que, en el español actual, nada queda de la flexión casual —también llamada declinación— en sustantivos y adjetivos; sólo en los pronombres se conserva. Y de aquí la supervivencia de tres formas pronominales para una oposición que, en las demás categorías gramaticales, requiere dos; porque a la oposición masculino/femenino (común a adjetivos y pronombres) hay que añadir la oposición acusativo/dativo, representación formal del contraste funcional entre los complementos directo e indirecto. Todo lo cual se aplica por igual al singular y al plural; lo que da como resultado un sistema formal, aconsejado por la Real Academia Española, sistema cuya más clara expresión se obtiene mediante esta sinopsis:

	acusativo	dativo
masculino	*lo/los*	*le/les*
femenino	*la/las*	

Tal es el sistema seguido por la mayor parte de los hablantes hispanoamericanos, fieles en esto —bien que inconscientemente— a la Real Academia Española. Nótese que la forma *le/les* corresponde al dativo (función de complemento indirecto) de los dos géneros, mientras al acusativo (función de complemento directo) corresponden dos formas: *lo/los* para el masculino y *la/las* para el femenino. Véanse algunos ejemplos de indiferencia en el uso de la forma de dativo:

A mi prima le robaron el bolso (le = prima).
A las alumnas les concedieron un premio (les = alumnas).
Al portero le asestaron una puñalada (le = portero).
A los actores les dedicaron aplausos (les = actores).

Y ahora algunos ejemplos de diferencia en el uso de las formas pronominales de acusativo, según el género del sustantivo:

A mi prima la asustaron (la = prima).
A las alumnas las premiaron (las = alumnas).
Al portero lo apuñalaron (lo = portero).
A los actores los aplaudieron (los = actores).

6.3. FORMAS DE LEÍSMO

6.3.1. Uso académico de las formas pronominales átonas

La Real Academia Española, «teniendo en cuenta el origen etimológico de estas formas [las de los pronombres personales átonos de tercera persona] y la práctica más autorizada entre los escritores modernos, recomienda para el uso culto y literario la siguiente norma general: *lo,* para el acusativo masculino; *la,* acusativo femenino; *le,*dativo de ambos géneros, y además como acusativo masculino de persona, pero no de cosa; en plural, *los* para el acusativo masculino; *las* para el acusativo femenino; *les* para el dativo de ambos géneros. Así, pues, tratándose de un hombre podemos decir indistintamente *No lo conozco* o *No le conozco*; pero si se trata de una mujer, sólo podemos decir *No la conozco*; hablando de un libro, *Lo tengo en casa*».

La tolerancia académica respecto al uso de *le* en función de acusativo es el resultado de una fuerte presión de «las vacilaciones, ya antiguas, en el empleo de las formas inacentuadas de tercera persona *lo, la, le* y sus plurales *los, las, les,* y los grados con que estas confusiones se producen en las diferentes regiones y países de nuestro idioma». Todo ello da lugar a los fenómenos denominados leísmo, laísmo y loísmo; cada uno de los cuales merece adecuada atención.

6.3.2. Leísmo parcial

El leísmo denominado parcial, generalizado en la lengua española peninsular, consiste en la extensión de la forma *le/les* al acusativo masculino de persona, en sustitución de la forma ortodoxa *lo/los*; como puede apreciarse en los ejemplos:

> Era mi jefe y no lo reconocí → Era mi jefe y no le reconocí
> Seguí al ladrón y lo alcancé → Seguí al ladrón y le alcancé

Esta extensión, consagrada por el uso, hay que considerarla irreversible en el español cisatlántico y es aceptada por la Academia, aunque sólo en la forma de singular. El uso del plural *les* en función de complemento directo (o caso acusativo) es considerado por la Real Academia Española como una «reprensible incorrección»; represión aplicable al plural de los anteriores ejemplos:

> Eran mis jefes y no les reconocí.
> Seguí a los ladrones y les alcancé.

A pesar de tan severa admonición académica, el llamado leísmo parcial (limitado a personas) hay que considerarlo ya una adquisición en firme de la lengua española; más firme en singular, pero también en plural. He aquí la representación gráfica de esta sustitución pronominal:

	acusativo		dativo
	cosa	persona	
masculino	*lo/los*		
			le/les
femenino	*la/las*		

6.3.3. Leísmo total

Menos generalizado, pero en curso de afianzamiento, el leísmo total consiste en la extensión de la forma *le/les* a cualquier función de acusativo masculino, tanto de persona como de cosa. Véase en los ejemplos:

Cayó el libro y lo recogí → Cayó el libro y le recogí
Tomó el pan y lo bendijo → Tomó el pan y le bendijo

La Academia, según propia expresión, «ha contemporizado» también con este uso, aunque con la misma limitación al número singular que aplica a la tolerancia del leísmo parcial. En realidad, el leísmo total es sólo dialectal y no puede considerarse un fenómeno de la lengua común española.

6.4. LAÍSMO Y LOÍSMO

6.4.1. Laísmo

Paralela y complementariamente a la extensión del leísmo, se observa cierto desarrollo del laísmo. Consiste éste en el uso de la forma *la/las* para la función de complemento indirecto (o caso dativo) femenino; invadiendo, por lo tanto, parte del ámbito correspondiente a la forma *le/les,* como puede comprobarse en los ejemplos:

Vi al ama y le pedí la llave → Vi al ama y la pedí la llave
A la mendiga le di un duro → A la mendiga la di un duro

El laísmo es característico del castellano regional o dialecto de Castilla, aunque en creciente expansión en el ámbito de la lengua española. Ha contribuido a ello la fuerza de irradiación y el prestigio del habla de la capital de España. Por su parte, la Academia advierte que «no debe imitarse» el uso dativo de la forma *la/las*, manifiesto en la obra de algunos «autores de nota». Este fenómeno produce otro tipo de alteración en el sistema de los pronombres átonos de tercera persona, como puede apreciarse en la siguiente sinopsis:

	acusativo	dativo
masculino	*lo/los*	*le/les*
femenino	*la/las*	

6.4.2. Loísmo

Queda un último caso de perturbación del sistema pronominal español: el loísmo; el cual consiste en la sustitución de la forma *le/les* del dativo masculino por la forma *lo/los*. Es un fenómeno poco extendido, extremadamente vulgar y apenas tomado en consideración por la Academia; un par de ejemplos ilustrarán acerca de su rareza y de su vulgaridad:

Cogí al chico y le di una torta → Cogí al chico y lo di una torta
Llaman y no les hacen caso → Llaman y no los hacen caso

He aquí la representación sinóptica del loísmo:

	acusativo	dativo
masculino	*lo/los*	
femenino	*la/las*	*le/les*

6.4.3. Tendencia a la pérdida de flexión casual en el pronombre

La explicación de esta inestabilidad en el sistema pronominal átono de tercera persona hay que buscarla en un hecho morfológico general de la lengua española: la pérdida de flexión casual en las categorías nominales. Afectó primero a las formas léxicas (sustantivos y adjetivos); luego empezó a manifestarse en las partículas pronominales. El proceso, en las formas léxicas, ha terminado con la desaparición de cualquier vestigio de flexión casual; en las formas pronominales, el proceso se manifiesta en las tendencias que acabamos de detallar.

Al fallar el sistema de casos, basado en la oposición acusativo/dativo, la lengua tiende a sustituirlo por el de género, basado en la oposición masculino/femenino. El género es una magnitud gramatical viva en la lengua española, mientras que el caso no es ya sino una reliquia del pasado. Es más: el desarrollo de las dos tendencias fundamentales señaladas (leísmo y laísmo) podría conducir a un sistema de oposición simple, que acaso cabría denominar *lelaísmo*; fórmula de oposición genérica, en perfecta consonancia con el sentir lingüístico español actual. Esta sería su representación sinóptica, que permite observar la anulación de la oposición acusativo/dativo y el mantenimiento de la oposición masculino/femenino:

	acusativo = dativo
masculino	*le/les*
femenino	*la/las*

Aunque la Real Academia Española se resiste a autorizar esta tendencia hacia un sistema simplificado de las normas pronominales átonas de tercera persona, reconoce que «no le falta razón, porque perdida la noción de caso, que el pueblo no distingue, tiende a distinguir el sexo, del que se da perfecta cuenta». Quede, pues, como una tendencia con estimables posibilidades de futuro.

6.5. CONCURRENCIA DE PRONOMBRES ÁTONOS

6.5.1. Concurrencia de formas átonas de acusativo y dativo

Tras lo establecido en los párrafos anteriores, conviene ahora señalar las consecuencias de la concurrencia, en una misma oración, de dos pronombres átonos. La vecindad inmediata de las formas átonas de acusativo y dativo (complementos directo e indirecto, respectivamente) del pronombre de tercera persona determina el cambio de *le/les* en *se*. Obsérvese en los siguientes ejemplos:

Ella pidió un duro y le dieron un duro.
Ella pidió un duro y lo dieron a ella.
Ella pidió un duro y le lo dieron → ...y se lo dieron.

Mandaron la carta y les devolvieron la carta.
Mandaron la carta y la devolvieron a ellos.
Mandaron la carta y les la devolvieron → ...y se la devolvieron.

No es ésta la única cuestión que plantea la concurrencia de pronombres. La mera vecindad de dos formas átonas, sean de cualquier persona, exige unas normas que establezcan su orden en la frase. Y son las que a continuación se indican.

6.5.2. Formas átonas de acusativo de tercera persona

Cuando el complemento directo está representado por las formas de acusativo *lo, la, los, las,* las formas de dativo —sean cuales fueren— se colocan inmediatamente delante. Véanse algunos ejemplos:

> Anoche presté el libro y me lo han devuelto ahora.
> El resto de la remesa te la mandaré mañana.
> Sabíamos la noticia porque nos la comunicaron por télex.
> Limpiaré vuestras alfombras y os las dejaré como nuevas.

6.5.3. Colocación de la forma *se*

Cuando una de las formas átonas concurrentes es *se* (llamada ordinariamente reflexiva), ésta se antepone a cualquiera de las demás:

> Hablé con mi madre y se lo conté todo.
> En cuanto vi su carta, se la devolví sin abrirla.
> Siempre temo que se me olvide algo.
> Bien sabéis que aquí se os acoge con agrado.

Precisamente porque se trata de una incorrección infrecuente entre personas cultas, conviene evitarla. La transgresión de esta norma produce expresiones tan desdichadas y plebeyas como:

> Quería llamar por teléfono pero me se ha olvidado el número.
> Con el maquillaje apenas te se nota el rasguño.

6.5.4. Regla general de concurrencia pronominal

Las restantes combinaciones pronominales son poco usuales e incluso poco recomendables; aun así, debe tenerse en cuenta la norma académica, que es tajante en este punto: «Cuando concurren varios [pronombres átonos], *se* debe preceder a todos; el de segunda persona va siempre delante del de primera; y cualquiera de estos dos antes del de tercera». Cumplen esta regla los ejemplos siguientes:

> Recuerda que te me entregaste sin resistencia.
> Es verdad que te nos acercaste sin que lo advirtiéramos.

En algunos casos, tal vez sea mejor evitar la concurrencia de pronombres átonos, sustituyendo el de tercera persona por su correspondiente tónico; con lo cual se obtienen frases menos forzadas, como puede comprobarse comparando las dos series de ejemplos:

Me presenté al general y me le rendí sin condiciones.
Pactasteis con el enemigo y os le sometisteis sin lucha.
Conozco a tu hermano y te le pareces mucho.

Me presenté al general y me rendí a él sin condiciones.
Pactasteis con el enemigo y os sometisteis a él sin lucha.
Conozco a tu hermano y te pareces mucho a él.

6.6. DEL PRONOMBRE A LA PARTÍCULA

6.6.1. Formas del pronombre indefinido

Si bien es cierto que todas las cosas tienen un nombre, no lo es menos que no siempre queremos o podemos nombrarlas. Cuando oímos llamar a la puerta, podemos decir a nuestro acompañante: *alguien llama a la puerta*. La expresión *alguien* es un pronombre, palabra carente adrede de contenido léxico, precisamente para que pueda llenarse de él por contexto lingüístico o ambiental. Empleamos *alguien* al referirnos a una persona cuyo nombre no conocemos o no queremos revelar. Si, abierta la puerta, verificamos la vaciedad del corredor inmediato, acaso se nos ocurra decir: *no hay nadie*. La forma *nadie* es también pronominal de persona, pero negativa. Existe asimismo una pareja de formas pronominales para la suplencia de cosas; se trata de *algo* (para la existencia) y *nada* (para la inexistencia). Siguiendo con el ejemplo de la llamada a la puerta, podemos encontrar tras ella un paquete de contenido desconocido, lo que permitirá decir que *hay algo tras la puerta*; si no hay paquete ni objeto alguno, cabe decir que *no hay nada tras la puerta* o *nada hay tras la puerta*.

Las formas citadas hasta ahora constituyen el núcleo del sistema pronominal indefinido; pero cabe añadir algunas más. Se trata de adjetivos indefinidos circunstancialmente sustantivados, tales como *cualquiera, quienquiera* (personales), *alguno, ninguno, todo, mucho, demasiado, poco*. Véanse algunos ejemplos:

Cualquiera pudo llamar a la puerta.
Quienquiera que fuese, se ha marchado.
Sin duda se trata de alguno que está de guasa.
No conozco a ninguno de los presentes.
Tenían mucho y lo perdieron todo.
Hemos gastado demasiado y ya nos queda poco.

6.6.2. Función interrogativa del pronombre

Persistamos en el ejemplo inicial. Si se ignora el nombre de la persona que llama —acaso porque no sepamos siquiera de quién se trata—, no sólo podemos decir *alguien llama*, sino que podemos preguntar *¿quién llama?* Se desconoce el contenido informativo correspondiente al sujeto de la oración y se inquiere acerca de él mediante la pregunta. Si, desde el otro lado de la puerta, el incógnito *¿quién?* contesta *¡el cartero!,* ya se dispone del elemento necesario para completar el significado de la oración y podemos decir *el cartero llama a la puerta.* Y sabemos también que el pronombre interrogativo *quién* ejerce en la pregunta la misma función gramatical que el sustantivo *portero* en la respuesta: en este caso, la de sujeto.

La lengua española dispone de formas pronominales interrogativas, destinadas a desempeñar, en el seno de la oración, funciones de sustantivo, adjetivo y adverbio. Algunas de estas formas pueden ejercer cualquier función; otras están especializadas, no sólo en una sola función gramatical, sino en un ámbito determinado dentro de ella. Tal es el caso de *quién,* forma pronominal sustantiva dedicada exclusivamente a personas. Ejemplos:

> ¿Sabes quiénes llegaron anoche?
> ¿Para quién será este regalo?
> ¿Con quién quieres compartir la habitación?

Las respuestas a estas preguntas pueden mantener en el anonimato a las personas aludidas, empleando para ello las mismas formas pronominales:

> Todavía ignoro quiénes llegaron anoche.
> Ya sé para quién es este regalo.
> He decidido con quién quiero compartirla.

6.6.3. Formas pronominales interrogativas

Las formas tradicionalmente admitidas como pronominales interrogativas son *qué, cuál* y *quién.* Lo fue también la forma *cúyo,* pero ha caído en desuso; nadie dice hoy *¿cúyo es este abrigo?*, sino *¿de quién es este abrigo?* El *qué* interrogativo es forma invariable y no se aplica directamente a personas. Es de mucho uso y puede emplearse en representación de sustantivos y adjetivos. Ejemplos:

> ¿Qué desea? (respuesta: un libro, el abrigo).
> ¿Qué color elige? (respuesta: el color azul).

La forma interrogativa *cuál* tiene flexión de número y función adjetiva; por lo que ha de referirse a un sustantivo, de persona o de cosa, con el cual concuerda:

> ¿Cuáles (libros) prefieres? Aquéllos (libros).
> ¿Por cuál (coche) te decides? Por el (coche) rojo.
> ¿En cuál de nosotros confías más? En ti.
> ¿Con cuál (chica) te casas? Con la (chica) rubia.

La forma *quién* tiene también flexión de número, pero función sustantiva, limitada a personas. Hay ejemplos en el párrafo anterior.

Las formas correspondientes a los llamados pronombres interrogativos tienen un campo de uso más amplio que el de las preguntas. Se emplean en frases tales como

Sé qué esperas de mí.
Ignoro cuáles son sus intenciones.
Recuerdo muy bien quién te recomendó.
He olvidado quiénes llegaron primero.

Y también en oraciones exclamativas:

¡Qué gran desastre! ¡Qué catástrofe!
¡Quién tuviera la llave de la caja fuerte!

6.6.4. La interrogación y las partículas *cuanto, donde, como, cuando*

No sería bueno traer aquí la disputa en que andan metidos los gramáticos acerca del nombre que debe darse al conjunto de formas constituido por *cuanto, donde, como* y *cuando*. Van acentuadas cuando introducen frases interrogativas:

¿Cuánto invertiste en este negocio? (cantidad).
¿Dónde podría comprar unos periódicos? (lugar).
¿Cómo lograste convencerles? (modo).
¿Cuándo te incorporas al ejército? (tiempo).

También en otras construcciones, en las cuales conservan su función de pronominal incógnita:

Todo el mundo sabe cuánto invertiste.
Ignoro dónde esconden el dinero.
Adiviné cómo plantearía la cuestión.
El jefe decidirá cuándo hemos de volver.

Pero no cuando funcionan como partículas de relación, introduciendo oraciones subordinadas:

Devolvió cuanto había robado.
Lo hemos depositado donde tú dijiste.
Salió del embrollo como pudo.
Le descubrieron cuando saltaba la tapia.

6.6.5. Pronombre relativo *que*

Las formas correspondientes al pronombre interrogativo (consideradas como tales en el § 6.6.3) coinciden con las del llamado pronombre relativo. La función de éste consiste en representar en el seno de una oración subordinada adjetiva el significado de un sustantivo de la oración principal, llamado antecedente. El sustantivo puede ejercer cualquier función en la oración principal; también el pronombre relativo en la oración subordinada, aunque algunas de sus formas con limitaciones.

La forma más usual del pronombre relativo es *que,* carente de flexión de género y de número. He aquí ejemplos:

> Mi hijo, que vio lo ocurrido, acudió enseguida.
> Compré un melón que pesaba más de cinco quilos.
> Ojos que no ven, corazón que no siente.

Las llamadas oraciones de relativo se dividen en dos clases: las explicativas y las especificativas. Las primeras limitan su aportación informativa a destacar algún aspecto o cualidad inherente al significado del sustantivo antecedente. Las segundas delimitan el sentido en que se toma el significado general del sustantivo en tal ocasión. En uno y otro caso, pueden acompañarse de la preposición que les corresponde. Ejemplos:

> La grúa, que era potente, arrastró el camión.
> Llamó al guardia, que seguía junto a la puerta.
>
> Reconoció al hombre que acababa de entrar.
> La finca que ha heredado vale un dineral.
> No me gusta el asunto de que me hablas.
> La guerra destruyó el pueblo en que nací.

Nótese que, en los dos primeros ejemplos, la oración de relativo va separada del sustantivo antecedente por una coma (o una pausa, en la expresión oral); no así en los cuatro últimos. Esta circunstancia permite, si hay duda, distinguir las oraciones explicativas de las especificativas.

6.6.6. Pronombre relativo *cual*

La forma *cual* tiene flexión de número y va precedida de la correspondiente forma del artículo; el conjunto concuerda —en la medida de sus respectivas posibilidades— con el sustantivo antecedente. Admite cualquier preposición y sólo participa en oraciones explicativas:

> Tomé el bastón, sin el cual me siento inseguro.
> Llegaron mis primas, de las cuales apenas me acordaba.
> Se acercó a una imagen, ante la cual se postró.

Hay un caso de uso obligatorio de *cual*. Se trata de oraciones de relativo, cuyo pronombre no ocupa la posición inicial. Ejemplos:

Hay una cima, alcanzada la cual ya se ve el pueblo.
Esperé unos minutos, pasados los cuales volví a llamar.

6.6.7. Pronombre relativo *quien*

La forma *quien* tiene flexión de número, no lleva artículo y concuerda con un antecedente significativo de persona. Admite preposición y puede ejercer cualquier función en el seno de la oración que introduce; excepto la de sujeto, si se trata de oraciones especificativas. Ejemplos:

Éste es el chico de quien tanto te he hablado.
Acudieron algunos de quienes ni siquiera sé el nombre.
Llamó al ordenanza, quien acudió inmediatamente.

6.6.8. Pronombre relativo *cuyo*

La forma *cuyo*, herencia del genitivo latino, ejerce en español la función de complemento posesivo del nombre al que acompaña, con el cual concuerda en género y número; y representa en la oración subordinada adjetiva al sustantivo antecedente. Ejemplos:

Hay un ciprés, cuya sombra se proyecta sobre el muro.
Huyeron en un coche, cuya matrícula no pude ver.
Tiene un mastín, sin cuya compañía nunca sale de casa.
Visité la catedral, ante cuya fachada quedé admirado

Hay que evitar el uso inadecuado de *cuyo*, tan frecuente en personas de escasa cultura cuando quieren aparentarla; construcciones tales como las precedidas de asterisco en los ejemplos siguientes:

*Tengo un reloj, de cuyo reloj estoy muy contento.
Tengo un reloj, del que estoy muy contento.
*Conocí a una chica, con cuya chica me casé enseguida.
Conocí a una chica, con la cual me casé enseguida.

En cambio, es muy útil el uso de *cuyo* para evitar construcciones tales como las precedidas de asterisco en los ejemplos siguientes:

*Ayudan a los niños que sus padres no trabajan.
Ayudan a los niños cuyos padres no trabajan.
*Multan a las personas que sus perros no llevan bozal.
Multan a las personas cuyos perros no llevan bozal.

El abuso de cualquier palabra es siempre inconveniente; pero hay que precaverse especialmente contra el abuso de la forma *que*, por su cuádruple condición de pronombre interrogativo, exclamativo, relativo y partícula de relación. La alta probabilidad de aparición de *que* en el texto debe compensarse con un especial cuidado en evitar su acumulación, mediante el recurso a construcciones equivalentes y más originales.

7. PARTÍCULAS DE RELACIÓN

7.1. A LA PARTÍCULA DESDE EL PRONOMBRE

7.1.1. Relación entre pronombre y partícula

En el § 6.6.4 de este mismo libro se presentan como pronominales las formas interrogativas *cuánto, dónde, cómo* y *cuándo,* incluso en el caso de participar en oraciones no formuladas como pregunta; pero en el mismo párrafo se indica que sus formas no acentuadas (*cuanto, donde, como* y *cuando*) funcionan como partículas de relación, introduciendo oraciones subordinadas. No parece oportuno traer aquí la controversia permanente entre gramáticos acerca de la terminología de las citadas formas; porque no es propio de una guía práctica de la lengua contribuir a la diatriba, sino a la claridad y a la sencillez. Ni importa tanto disputar sobre el nombre que conviene a una forma como ilustrar sobre su uso más conveniente. Llámense pronombres adverbiales, conjunciones adverbiales, adverbios correlativos o adverbios a secas, la función que desempeñan *cuanto, donde, como* y *cuando* es la de partículas de relación hipotáctica; es decir, de signos gramaticales indicativos de relación entre elementos léxicos de distinto rango. Y otro tanto cabe decir de otras partículas, como se apunta ya en el § 6.6.8 a propósito de *que.*

Bien es verdad que, en esta cuestión —como en tantas otras—, la Real Academia Española no sirve de gran ayuda. Se limita a admitir la existencia de preposiciones y conjunciones, añadiendo que «Suele definirse la preposición como palabra que relaciona elementos de la oración simple; a la conjunción corresponde el enlace de oraciones dentro del período. Estas definiciones son exactas en general; pero al intentar aplicarlas en sus límites extremos aparecen a veces zonas borrosas en que la distinción entre unas y otras partículas no es tan tajante como podríamos esperar». No queda sino evitar perderse en la borrosidad e intentar alguna delimitación; aunque sea precisamente a partir de la que ofrece una larga tradición gramatical, la cual distingue entre conjunciones y preposiciones, sin manifestar tampoco los criterios en que se basa tal distinción.

7.1.2. La conjunción

Se denominan conjunciones las formas constitutivas de un heterogéneo conjunto de partículas de relación, diversas en sus orígenes, en sus estructuras y en sus funciones. Algunas conjunciones son consideradas específicamente tales, porque no tienen otra función en la lengua; entre ellas *y, o, pero, si*. Otras proceden de la unión de dos o más elementos, por lo que suelen recibir el nombre de locuciones o expresiones conjuntivas. Algunas de estas locuciones han adquirido unidad ortográfica y constituyen verdaderas palabras; tal es el caso de *porque, conque, adonde*. Pero las más conservan y muestran su composición originaria, como *ya que, con tal que, por más que*. Las preposiciones y ciertas formas interrogativas —como las ya citadas en el párrafo anterior— contribuyen a la formación de locuciones conjuntivas. Aunque ninguna contribuye tanto como la forma *que*; ésta se asocia con cualquier preposición para constituir locuciones que desempeñan, en el seno de la oración compuesta, una función semejante a la de la propia preposición en el seno de una oración simple.

7.1.3. Funciones de la conjunción

Las llamadas conjunciones se dividen, atendiendo a su función gramatical, en coordinantes y subordinantes. Las primeras unen elementos léxicos —simples o complejos— del mismo rango sintáctico; las segundas unen elementos léxicos de rango sintáctico distinto. A fin de evitar una larga y fatigosa correlación de formas y funciones conjuntivas, unas y otras se presentan sinópticamente en el cuadro de la página siguiente, que contiene las conjunciones y locuciones conjuntivas más usadas en español.

7.1.4. Uso de la conjunción *y*

La notoria claridad de esta clasificación puede resultar engañosa. Como en tantas otras cuestiones, la verdad no es siempre toda la verdad, ni siquiera sólo la verdad. Es cierto, claro está, que la conjunción *y* es coordinante y une elementos del mismo rango sintáctico; tal ocurre en frases como:

Me gustan Falla y Albéniz (dos sujetos).
Vivo y trabajo aquí (dos verbos).
Sólo come pan y queso (dos complementos).
Tú ves normal y yo uso gafas (dos oraciones).
La novia es rica y él es pobre (dos oraciones).

Pero la aportación significativa de la conjunción *y* no es la misma en todas las frases españolas en las que interviene. La sustitución de *y* por *pero* en los tres primeros ejemplos produciría perplejidad de significado; no así en cualquiera de los dos últimos, cuyo significado no sufriría alteración sensible:

Tú ves normal pero yo uso gafas.
La novia es rica pero él es pobre.

conjunción						
conjunciones	coordinantes	copulativas				y, e, ni
		distributivas				bien, ya, ora
		disyuntivas				o, u
		adversativas				mas, pero, empero, aunque, sino
	subordinantes	sustantivas	sujeto			que
			complemento	adnominal		de que, con que, en que
				directo		que, como
				indirecto		a que, para que, a fin de que
				circunstancial	ordinario	*preposición* + que
					causal	que, pues, pues que, porque, puesto que, supuesto que, de que, ya que, como, como que
					consecutivo causal	pues, conque, luego, por consiguiente, por tanto, por lo tanto, así que
		adverbiales	lugar			donde, en donde, de donde, adonde, por donde, hacia donde, hasta donde
			tiempo			cuando, en cuanto, apenas, aun apenas, aun, aun no, no bien, ya que, luego que, así que, tan pronto como
			modo			como, cual
			comparativas	igualdad	modales	así... como, bien así... como, tal... como, tal... cual, así... cual
					cualitativas	tal... cual, tal... como
					cuantitativas	tanto... cuanto, tanto como, tal como
				superioridad		más... que, más... de
				inferioridad		menos... que, menos... de
			consecutivas continuativas			tanto que, tal que, de modo que, de manera que, así que, de forma que, de grado que
			condicionales			si, como, cuando, siempre que, ya que, con tal que, con sólo que, con que
			concesivas			aunque, así, si bien, siquiera, ya que, a pesar de que, bien que, mal que, aun, por mucho que, por más que

Para mayor evidencia de la riqueza de matices que pueden ofrecer las partículas de relación, véase el cuadro siguiente, en el que se muestran diversos usos de la conjunción *y*, acompañado cada uno de ellos de uno o más ejemplos:

uso de la conjunción y			
enlaza	elementos de una misma oración	Su padre es moreno, alto y delgado. Compró bombones y caramelos para los niños. Estuvo paseando arriba y abajo toda la tarde.	
	oraciones	con sentido consecutivo (especialmente cuando una de las oraciones es afirmativa y la otra negativa)	Es decidido y nada le arredra. Ha trabajado mucho y está cansado.
		con sentido adversativo (especialmente en frases interrogativas)	¿Dices que has estudiado y no te sabes la lección? Sabía que no vendría y seguía esperando.
		con valor concesivo	Dame pan y llámame tonto. Ande yo caliente y ríase la gente.
valor de adverbio interrogativo, en comienzo de oración nominal interrogativa	¿Y la familia? ¿Y tu salud? ¿Y todo este desorden?		
idea de repetición indefinida cuando va precedida y seguida de una misma palabra	Transcurrieron días y días sin tener más noticias de lo ocurrido.		
a veces se pone *y* al principio de una expresión, de tal manera que parece que no enlaza esta con nada	Y la vida sigue. Y ahora llueve. Y ya se acerca el buen tiempo.		

7.1.5. Uso de *que* (conjunción y pronombre)

En párrafos anteriores se ha expuesto el papel gramatical desempeñado por la partícula *que* en oraciones interrogativas y exclamativas (§ 6.6.3), y adjetivas o de relativo (§ 6.6.5). Líneas arriba (§ 7.1.2) se destaca su participación en la construcción de locuciones conjuntivas. Tanto para mostrar la rica gama de aportaciones significativas de esta partícula a la gramática de la lengua española, como para poner de relieve —con este caso notorio— la relación formal entre pronombres y conjunciones, se ofrece el siguiente cuadro sinóptico, ilustrado con la correspondiente ejemplificación:

uso de que		
conjunción		
introduce	oraciones de complemento directo; algunos autores consideran que es un elemento sustantivador de oraciones	Me dijo que no vendría. Me parece que lloverá. Creo que vendrá mañana.
	oraciones que dependen directamente de una construcción del tipo pronombre + de	Eso de que tú lo sabes hacer mejor lo veremos.
enlaza	oraciones entre las que no existe relación de subordinación; generalmente se usa para unir una oración afirmativa con otra negativa con el mismo verbo, expresando cierto matiz adversativo	Justicia pido, que no gracia.
	oraciones o partes de una oración entre las que se establece una comparación	Prefiero pasear un rato que ir al cine. Ha sido más listo que tú.
puede depender de expresiones que manifiestan deseo o afirmación		¡Lástima que no llegaras a tiempo! A fe que no estás tú más cuerdo que yo.
inicia oraciones interrogativas o exclamativas sin precedentes, en las que se supone la elipsis de un verbo de expresión, deseo o mandato; estas oraciones pueden expresar duda, extrañeza, queja; puede ocurrir que el *que* no implique ningún verbo antecedente y sea sólo enfático		¡Que espere un momento! ¡Que no llegues tarde! ¿Que quiere usted pagar el piso al contado? ¡Que sea yo tan desdichado! ¡Que te pego!
se usa como equivalente de *lo mismo si ... que si, tanto si ... como si, ya ... ya, o*		Que llueva, que no llueva, iremos al monte. Quieras que no, te lo haré comer.
expresa relaciones causales, ilativas y finales		No subas, que no está en casa. Dio voces a los criados, que le ensillasen el caballo.
aparece en expresiones reiterativas		Charla que charla, se me pasó la tarde sin sentir.
forma parte de auxiliares verbales		Tengo que irme.
en el lenguaje coloquial se usa para expresar una hipótesis, equivaliendo, en cierta manera, a *si*		Que no puedes venir..., me avisas.
pronombre		
introduce oraciones de función adjetiva	sin artículo	se emplea como sujeto de una oración especificativa, tanto para seres no personales como para personas	La casa que se quemó no estaba asegurada. El hombre que vino ayer no ha vuelto.
		se usa como complemento directo para antecedentes no personales, en oraciones especificativas	El libro que buscas está aquí.
		puede sustituir a *quien* en complementos directos de persona	El hombre que viste ayer en casa es el cónsul.
		puede usarse como complemento indirecto no personal	El libro al que arrancaste páginas era mío.
		cuando el antecedente es un nombre no personal puede funcionar como complemento circunstancial con cualquier preposición excepto *sin*	El trabajo con que se ganaba la vida le aburría.
		puede usarse con la preposición *de* cuando el antecedente es un nombre personal	Ese es el chico de que te hablé.
	con artículo	las formas *el (la, lo, los, las)* que son equivalentes a *aquel que, el cual* o, cuando se refieren a personas, *quien*	Esta carta es la que me sorprendió. Este hombre es el que me lo contó.
frases exclamativas o interrogativas		¡Qué desastre! ¿Qué tal estás?
sustituye a sustantivos y adjetivos que se omiten		Sé perfectamente qué estás pensando. Averigua qué color le gusta más.

7.1.6. *Dequeísmo* o uso incorrecto de *de + que*

A propósito de la partícula *que,* cabe señalar la inestabilidad actual de las construcciones *de + que,* fenómeno al que algunos denominan *dequeísmo.* Se trata del uso indebido de la preposición *de* ante *que,* en expresiones tales como

> No creo de que vaya a dimitir nadie.
> Tal vez pienses de que prefiero marcharme.

Si se llama la atención a alguna persona culta acerca de la frecuencia de esta incorrección, el interpelado suele afirmar que jamás incurre en ella; pero en no pocos casos bastará prolongar un rato la conversación para obtener flagrantes ejemplos. Las construcciones correctas correspondientes a los ejemplos anteriores son las siguientes:

> No creo que vaya a dimitir nadie.
> Tal vez pienses que prefiero marcharme.

La confusión en este tipo de oraciones es tal —acaso como reacción al llamado *dequeísmo*— que no es rara la ausencia de la preposición *de* en construcciones que, de acuerdo con el uso corriente, exigen su presencia. Los verbos *enterarse* y *alegrarse,* por ejemplo, deben llevar sus complementos precedidos de preposición; no obstante lo cual es frecuente que se prescinda de ella. Obsérvese el fenómeno en la siguiente ejemplificación, en la que se señalan mediante asterisco las formas incorrectas:

> *No me había enterado que hoy fuera fiesta.
> No me había enterado de que hoy fuera fiesta.
> *Me alegro que te hayan concedido el premio.
> Me alegro de que te hayan concedido el premio.

7.1.7. Corrección e incorrección en el uso de *que/de + que*

En algunos verbos, la presencia de la preposición depende del tipo de conjugación. Tal ocurre, entre otros, con el verbo *olvidar,* cuya conjugación pronominal exige preposición, pero la conjugación normal no la exige. De acuerdo con lo cual son incorrectas las construcciones precedidas de asterisco y correctas las demás, en los siguientes ejemplos:

> *Había olvidado de que hoy fuera domingo.
> Había olvidado que hoy fuera domingo.
> *Me había olvidado que hoy fuera domingo
> Me había olvidado de que hoy fuera domingo

El verbo *alegrar,* citado en el párrafo anterior, sirve de ejemplo de un tipo de verbos que admiten también dos conjugaciones; pero la pronominal tiene distinto sujeto que la conjugación normal. Compruébese en las siguientes frases, en las cuales la incorrección se señala con asterisco:

> *Me alegro que te hayan concedido el premio.
> Me alegro de que te hayan concedido el premio.
> Me alegra que te hayan concedido el premio.
> *Me alegra de que te hayan concedido el premio.

> *Me alegro la concesión del premio.
> Me alegro de la concesión del premio.
> *Nos alegramos los éxitos obtenidos.
> Nos alegramos de los éxitos obtenidos.

> Me alegra la concesión del premio.
> *Me alegra de la concesión del premio.
> Me alegran los éxitos obtenidos.
> *Me alegran de los éxitos obtenidos.

La concordancia de las dos últimas series de cuatro ejemplos atestigua, mediante la conmutación de número, que la forma pronominal *me* ejerce la función de complemento directo del verbo en tercera persona y, en cambio, tiene una mera función morfológica de conjugación pronominal ante la forma verbal en primera persona. En este último caso, se trata de la conjugación de *alegrarse* (*me alegro de la concesión del premio*; sujeto = *yo*). En el primero se trata de la conjugación de *alegrar* (*me alegra la concesión del premio*; sujeto = *la concesión del premio*).

Algunos verbos ofrecen la doble posibilidad, sin cambio perceptible de significado ni de relación gramatical; con lo que el complemento puede introducirse con la preposición *de* o sin ella. Algunos tratadistas atribuyen a *dudar + que* el significado de «mera duda»; frente a *dudar + de + que,* construcción a la que atribuyen el significado de «desconfianza, sospecha». No obstante, la distinción de matiz se hace difícil en ejemplos tales como los siguientes:

> Nadie dudó que dijera la verdad.
> Nadie dudó de que dijera la verdad.
> Dudo que sea tan rico como dice.
> Dudo de que sea tan rico como dice.

7.1.8. Incorrección y norma lingüística

La más grave consecuencia del uso incorrecto de la preposición *de* —y de cualquier otra incorrección— en los medios de comunicación social es que el mal ejemplo arrastra a quienes no tienen otro modelo de lengua. En muchos casos no cabe siquiera el recurso al diccionario o a la gramática, sólo posible en el proceso reflexivo de la lengua escrita. No queda sino contrarrestar la nociva influencia de la improvisación y la incuria con el conocimiento de la norma y el voluntario sometimiento a la misma. La lectura asidua y reflexiva de autores de solvencia estimula el hábito de corrección y previene el efecto perturbador de la ignorancia armada de micrófono.

Y no sería justo cargar sobre los meros transgresores de las reglas gramaticales la responsabilidad de sus yerros. Hay que denunciar también la incuria de quienes, llamados a velar por el cumplimiento de las normas constitucionales, excluyen de su atención las que conciernen a la lengua española. Y no les asiste razón ninguna, ya que las normas que atañen a la lengua no son de menor rango ni de menor trascendencia. Tanto se oye hoy en día eso de que la lengua es el soporte fundamental de la cultura, que sorprende y preocupa el hecho patente de que se arriesgue temerariamente el futuro de la cultura española por la vía de la negligencia lingüística.

7.2. Uso de las preposiciones

7.2.1. Significado y uso de las preposiciones

Hasta la edición de 1931, la *Gramática* de la Real Academia Española dedicaba un capítulo entero a la *Lista de palabras que se construyen con preposición*. A partir de la publicación del *Esbozo de una nueva gramática de la lengua española* (1973), la Academia advierte que la *Lista* ha sido eliminada, alegando que, «en la forma que tenía era anticuada y parcial; ponerla al día con un mínimo de rigor exigía disponer de diccionarios modernos y completos de construcción y régimen, que, por desgracia, no existen». Es cierto que la *Lista* —según reconoce la propia Academia— «podía inducir a abundantes errores»; razón suficiente para que no la incluyamos aquí.

Aunque no existan esos «diccionarios modernos y completos de construcción y régimen», sí se dispone de modernos diccionarios de la lengua española, los cuales proporcionan información acerca del uso de las preposiciones. A ellos hay que acudir para resolver las dudas que, en cada caso, pueda ofrecer el uso de esta o aquella preposición. Los diccionarios dotados de abundante y adecuada ejemplificación son los que, de modo más real e inmediato, muestran las posibilidades combinatorias de cada palabra y la participación que, en cada una de las combinaciones, pueda corresponder a las preposiciones.

Pero no siempre es necesario recurrir al diccionario para resolver las dudas acerca del uso de las preposiciones. La misma Academia incluye en su *Esbozo* un párrafo sobre su uso y significación. También aquí se ofrece información adecuada acerca de los usos más frecuentes de cada una de las preposiciones españolas, con acompañamiento de la correspondiente ejemplificación.

No se trata, por supuesto, de establecer un catálogo exhaustivo de las posibilidades de uso de las preposiciones en español. No es trabajo para este libro, ni —por ahora— para libro alguno. La condición varia y cambiante de la lengua, a la que tantas veces nos hemos referido, afecta a las preposiciones de modo inmediato y en mayor medida que a otros elementos. Sólo cabe proponer una relación limitada de aquellos usos preposicionales más frecuentes o que comporten mayor riesgo de error o confusión.

7.2.2. Preposición *a*

La preposición *a* es, por la variedad de sus funciones, una de las más conflictivas. De aquí que requiera detenida atención. Adviértase, en primer lugar, su presencia ante nombres que ejercen, en el seno de la oración simple, la función de complemento indirecto. Ejemplos:

El mensajero entregó el paquete a su destinatario.
Han concedido la medalla de oro al ilustre escritor.

Acompaña, en algunos casos, al complemento directo, si es de persona. Su presencia es necesaria ante nombres propios. Ejemplos:

He saludado a Antonio   Anoche vi a Luis
España venció a Napoleón   Judas entregó a Jesús

Si el complemento directo es un nombre común, la presencia de la preposición es distintiva. Se usa ante nombres «que lleven artículo u otro complemento que los precise y determine de tal manera que en la mente del que habla vengan a convertirse en designaciones individualizadas equivalentes a las de los nombres propios». Nótese la importante diferencia de significado entre frases de apariencia muy similar, ordenadas en dos columnas. En la primera, con preposición; en la segunda, sin ella. Los nombres comunes de la segunda columna podrían ser sistituidos por los correspondientes nombres propios, ya que el *médico* y el *cajero* son personas determinadas, cuyos nombres son o pueden ser conocidos:

Necesito médicos competentes ≠ Necesito al médico de cabecera.
Se busca cajero de confianza ≠ Se busca al cajero huido.

Cuando un infinitivo es complemento de la acción de determinados verbos, las dos formas verbales se unen mediante la preposición *a*, como en

Pronto aprendió a devolver los golpes.
Saldremos en cuanto empiece a amanecer.

También ante complementos que indiquen dirección o término de un movimiento, material o figurado:

Toda la familia se marchó al campo.
Sólo uno se quedó; los demás emigraron a América.
Casi todos los nativos se convirtieron al cristianismo.
Asomado al balcón, se dirigió a la multitud.

Para indicar lugar y tiempo en que sucede alguna cosa:

Lo alcanzaron a la puerta de su casa.
Está sentado a la distra de Dios Padre.
Nos reuniremos a las seis en punto.
Los campesinos se levantan al amanecer.

Para indicar el modo, instrumento, costumbre o usanza:

Siempre le gustó vivir a lo grande.
Los periodistas suelen escribir a máquina.
Tiene fama la tortilla a la española.
Monta a caballo y cabalga a la inglesa.

Indica precio, pero no importe ni resultado de acuerdo o regateo:

Está carísimo: lo venden a quinientas el quilo.
Estos terrenos se venden a diez mil pesetas el palmo.
Estaba a cinco duros la pieza, pero me lo dejó en cuatro.
Compré por quinientas pesetas lo que se anunciaba a mil.

Se usa también ante infinitivo, en sustitución de una oración condicional introducida por la conjunción *si*:

A no ser por su llegada, habría muerto de hambre.
(Si él no hubiera llegado, habría muerto de hambre.)
A decir verdad, no me queda ni un duro.
(Si he de decir la verdad, no me queda ni un duro.)

7.2.3. Sinopsis del uso de *a*

Dada la frecuencia de uso y la riqueza de matices de la preposición *a*, completamos la información con una presentación sinóptica de su empleo. El cuadro no sólo ofrece una visión de conjunto de lo expuesto arriba, sino una nueva perspectiva de clasificación, con la aportación de los correspondientes ejemplos. Todo lo cual viene a enriquecer la aportación de datos sobre esta preposición.

uso de la preposición a		
relación expresada		ejemplos
tiempo	distancia	A los quince días ya no se acordaba de nada.
	precisión	Anoche me acosté a las once y media.
lugar	dirección	Emprendió viaje al extranjero.
	distancia	La explosión se oyó a más de diez quilómetros.
	precisión	Nos reuniremos a la entrada del parque.
introducción de complementos	introduce el complemento directo de persona o animal, especialmente si estos van precedidos de artículo o adjetivo	Saludé a los recién llegados. No conozco a esta señora. Ha matado al gato.
	introduce el complemento indirecto	Dar limosna a los mendigos. Pasó el balón a su compañero de equipo.
número, medida o precio		Los atacantes murieron a millares. Aquella magnífica biblioteca fue vendida a peso. Liquidan sus existencias a veinte duros la pieza.
modo, medio o instrumento		Prefiero la tortilla a la francesa. Destruyeron las defensas enemigas a cañonazos. Siempre escribo a máquina.
comparación		Hay tanta diferencia como de la noche al día. En aquella fábrica me trataban como a un esclavo.
coincidencia o simultaneidad		Topé con el cobrador al salir de mi casa. Regresamos de la excursión a la caída de la tarde.
finalidad u objeto		Entré a cobrar el billete premiado. De aquí en adelante me dedicaré sólo a la causa de la justicia social.
dirección o término de una acción o movimiento figurado		Se ha convertido al catolicismo. Tiene propensión a los resfriados.
forma parte de exclamaciones imperativas		¡A callar todos! ¡A ver si tienes más cuidado!
interviene en numerosos modismos		A tontas y a locas. A manos llenas.

7.2.4. Preposición *ante*

La preposición *ante* sustituye con ventaja —por su mayor economía— a expresiones tales como «delante de», «en presencia de» y «frente a»; tanto en su sentido material como figurado:

Prestó declaración ante el juez.
Es valiente y se crece ante las dificultades.
Juro ante Dios que es verdad cuanto he manifestado.
Paseó durante horas ante la casa de su enamorada.

7.2.5. Preposición *bajo*

La preposición *bajo,* como el adverbio *debajo*, indica situación inferior, sujeción o dependencia de una persona o cosa respecto de otra:

> Quedó sepultado bajo un montón de arena.
> Me gusta la intemperie, pero prefiero dormir bajo techo.
> Permaneció seis meses bajo vigilancia policial.
> Hoy explicará la historia de España bajo los Austrias.

7.2.6. Preposición *cabe*

La preposición *cabe* equivale a «junto a» y «cerca de». Aunque apenas se usa en la lengua corriente de hoy, aparece todavía en alguna obra literaria de gusto arcaizante y en el lenguaje campesino de algunas regiones:

> Vive en la plaza mayor, cabe la iglesia.
> Pasa las veladas de invierno cabe el hogar.

7.2.7. Preposición *con*

La preposición *con* expresa la concurrencia o compañía de personas o cosas:

> Se topó con sus amigos a la salida del teatro.
> Era tan frugal que sólo comía pan con queso.

Indica también el medio o instrumento con que se hace o se consigue algo:

> El éxito sólo se consigue con esfuerzo.
> Amenazó al cajero con una navaja.

Señala asimismo las circunstancias que acompañan a sucesos o acontecimientos:

> La fiesta transcurrió con un tiempo magnífico.
> La manifestación se celebró con tranquilidad absoluta.

En ocasiones puede sustituir a la conjunción adversativa *aunque,* con cambio en la forma verbal:

> Con haber estudiado tanto, no logró aprobar.
> Con ser grave la herida, curó al poco tiempo.

7.2.8. Sinopsis del uso de *con*

La diversidad de usos de la preposición *con* justifica su resumen sinóptico; el cuadro aporta una nueva perspectiva de clasificación y un nuevo caudal de ejemplos:

uso de la preposición con	
relación expresada	ejemplos
instrumento, medio o modo para hacer algo	Apretó la tuerca con unos alicates. Lo ha conseguido con su propio esfuerzo. Me recibió con amabilidad. Con el tiempo fue olvidando aquella desgracia.
compañía o colaboración	Estuvo toda la tarde con unos amigos. Trabaja con su padre.
contenido o adherencia	Le robaron la cartera con varios documentos. Vive en un piso con una gran terraza.
reciprocidad o comparación	Se relaciona con gente de la alta sociedad. Siempre se envalentona con los más débiles.
relación o comunicación	Es atento con todo el mundo. Se muestra demasiado severo para con sus hijos.
seguido de un infinitivo, expresa cierto medio o antecedente suficiente para que se realice lo que se expresa	Con decirle unas palabras amables se le pasará el enfado. Para ser puntuales bastará con llegar a las nueve.
significa *a pesar de*	Con el dinero que tiene está lleno de deudas. Con lo estudioso que es le han suspendido.
se emplea en exclamaciones de queja para expresar que algo señalado antes o consabido hace injusta la situación actual	¡Con lo a gusto que me encontraba aquí y ahora tengo que irme!
interviene en algunos modismos con el significado de *en el caso de que*	Con que ahora me pagues la mitad me basta. No importa cómo lo haga, con tal que lo haga. Con sólo que recibiera noticias suyas me daría por satisfecho.

7.2.9. Preposición *contra*

La preposición *contra* denota oposición o contrariedad en sentido recto o figurado; pugna o repugnancia entre personas o cosas:

Se hizo famoso por su lucha contra el invasor.
Se ha empeñado en vivir contra corriente.
Estuvo siempre contra cualquier innovación.

Expresa también la posición de algún objeto apoyado en otro vertical:

El ladrón apoyó la escalera contra el muro exterior.
Entró corriendo y dejó el paraguas contra la puerta.

7.2.10. Preposición *de*

La preposición *de* expresa propiedad, posesión o pertenencia:

Vivo en la casa de mis padres.
Trabaja las tierras del señor marqués.
Siempre ha sido del Athlétic de Bilbao.

Indica también origen o procedencia, tanto en movimiento material como figurado:

A las ocho saldremos del cine.
Esta familia desciende de los primeros colonizadores.
El tren tarda dos días en venir de Praga.
Todos nosotros somos oriundos de la Alcarria.

También indica el modo o manera de hacer algo y la materia de que está hecho, tanto en sentido real como figurado:

Los asistentes vestían de luto riguroso.
Permanecieron de pie durante todo el acto.
Me regaló una pitillera de plata.
Parece adusto, pero tiene un corazón de oro.

Señala asimismo el contenido de algo, tanto en sentido material como figurado:

Tomamos unas copas de vino.
Pasó la tarde leyendo un libro de versos.
Se gana la vida dando clases de inglés.

Sirve para indicar el tiempo en que sucede algo:

La catástrofe ocurrió de noche.
Saldremos al campo de madrugada.

Tiene valor partitivo, referido a algo de lo que sólo se toma una fracción:

Los invitados comieron del pastel nupcial.
Reunieron las provisiones y todos tomaron del montón.

En ocasiones, une algunos adjetivos con su complemento verbal en infinitivo:

Se trata de un asunto muy difícil de resolver.
Fue para mí una tentación imposible de resistir.

7.2.11. Sinopsis del uso de *de*

La preposición *de* es la de mayor incidencia en la lengua española. Este dato y la larga relación de funciones señaladas justifican que también en este caso se considere útil ofrecer otra perspectiva de presentación, ésta con criterio sinóptico y acompañada de los correspondientes ejemplos:

uso de la preposición de		
relación expresada		**ejemplos**
materia de que está hecho algo		La mesa es de madera. Lleva una mancha de aceite en la solapa.
atribución del contenido al continente		Se bebió un vaso de vino. Ayúdame a llevar este saco de garbanzos.
asunto o tema		El profesor ha explicado la primera lección de historia. El conferenciante habló de la situación económica.
naturaleza o condición		Es un hombre de carácter violento. Posee un magnífico caballo de carreras. Esta planta es de hoja caduca.
tiempo	origen, procedencia o principio	Es una costumbre que viene del más remoto pasado. La oficina permanece abierta de ocho a dos.
	duración	Trabaja de noche.
	precisión	Me levanté de madrugada.
origen, procedencia o principio en el espacio		He salido de casa hace una hora. De la estación al hotel hay unos quinientos metros.
causa		Está muerto de miedo. Se volvió loco de tanto pensar.
modo		Mató al rinoceronte de un solo tiro. Tuvimos que permanecer de pie mucho rato.
destino o finalidad		Fueron sorprendidos por un comando de ataque. Le han regalado una máquina de afeitar.
seguido de un infinitivo, expresa condición		De haberlo sabido me habría quedado en casa. De no ser por mí se habría ahogado en la charca.
interviene en numerosos modismos		Tiene un carácter de órdago. Te lo dije de mentirijillas. Aspiraba a ser un gran personaje, pero se quedó en un actor de tres al cuarto.

7.2.12. Preposición *desde*

La preposición *desde* sirve para indicar principio de tiempo, lugar o trayecto:

No ha comido nada desde el lunes.
Desde el pueblo al cortijo hay más de diez quilómetros.
Vino andando desde la frontera.

7.2.13. Preposición *en*

La preposición *en* indica espacio de tiempo y lugar:

Han construido un garaje en el patio trasero.
Escribió el artículo en veinte minutos.

Indica también modo o manera de realizar la acción:

Durante la noche teníamos que hablar en voz baja.
Atendía a los clientes en mangas de camisa.

Señala el medio o instrumento para la realización de la acción:

Escribió comedias en prosa y en verso.
Nunca quiso viajar en avión.

7.2.14. Sinopsis del uso de *en*

uso de la preposición en	
relación expresada	ejemplos
lugar	En París compró perfumes. Guarda el dinero en la caja fuerte.
tiempo	En marzo vuelve a América. Hizo el trabajo en dos horas.
modo o manera	Conserva la ropa en naftalina. La película está filmada en blanco y negro.
forma o formato	El cuchillo termina en punta. Llevaba un vestido con el escote en pico.
medio o instrumento	Procura viajar en tren. Hizo el dibujo en lápiz, antes de pasarlo a tinta.
precio	Me lo dejaron en mil pesetas, lo que supone un diez por ciento de descuento. Las pérdidas se cifran en varios millones de pesetas.
aquello en que se ocupa o sobresale una persona	Es un técnico en informática. Estuvo muy brillante en la lección oral.
con determinados verbos, término de un movimiento	El avión cayó en el mar. El agua goteaba en el suelo del pasillo.
seguido de un infinitivo o de ciertos sustantivos y adjetivos, forma oraciones adverbiales modales	Gastó tres minutos en contárselo todo. Habló en voz muy alta, casi a gritos.
seguido de un gerundio, indica anterioridad inmediata	En saliendo el sol, se levantó.
puede emplearse con verbos como *creer, esperar, confiar, pensar, dudar, entender* y otros	Dejó de creer en Dios siendo muy joven. Confío en ti; no me defraudes. Estaba pensando en salir a dar un paseo.

7.2.15. Preposición *entre*

La preposición *entre* indica situación o estado en medio de dos o más personas o cosas, tanto en sentido material como figurado:

Sentaron al invitado entre el presidente y su esposa.
Lo escondió entre los sacos del almacén.
Se sentía entre la espada y la pared.
Durante una semana estuvo entre la vida y la muerte.

Indica también concurrencia o cooperación entre dos o más personas o cosas:

Repartieron las ganancias entre los socios.
Tuvimos que sostenerlo entre el médico y yo.
La herencia se perdió entre pleitos y querellas.

7.2.16. Preposición *hacia*

La preposición *hacia* sirve para indicar el lugar en que, sobre poco más o menos, está o sucede alguna cosa:

Hay una farmacia hacia el final de la calle.
Los incidentes más graves se produjeron hacia la estación.

Indica también el tiempo en que, sobre poco más o menos, sucede algo:

La explosión se produjo hacia las dos de la madrugada.
Solemos acostarnos hacia medianoche.

Señala asimismo el lugar adonde se dirige una persona, acción o cosa:

Compré el periódico cuando volvía hacia casa.
Tantos gastos van llevándonos hacia la bancarrota.
Las piedras rodaban hacia el fondo del barranco.

7.2.17. Preposición *hasta*

La preposición *hasta* indica el término de lugar, acción, número o tiempo.

La patrulla llegó hasta las líneas enemigas.
No cejó en su empeño hasta conseguirlo.
Leyó sobre el tema hasta una docena de libros.
No volveremos a vernos hasta Navidad.

7.2.18. Preposición *para*

- La preposición *para* señala el destino que se da a las cosas y el fin propuesto en cada acción:

> Todo lo recaudado será para los pobres.
> Hay que estudiar mucho para aprobar este examen.

Comparte con *hacia* la indicación de dirección o progreso:

> Yo vivía entonces en China y él se fue para allá conmigo.
> Me parece que tu hijo va para sabio.

También indica tiempo o plazo determinado:

> Habrá que dejar el trabajo para la primavera.
> Han convocado la reunión para mañana.

Expresa asimismo proximidad o inminencia de algún hecho:

> Llegué a la estación cuando el tren estaba para salir.
> No abandonó el barco hasta que estuvo para hundirse.

Y, además, conveniencia o adecuación a cada cosa:

> Éste no es clima para su salud.
> No tenían siquiera cubiertos para el pescado.

7.2.19. Sinopsis del uso de *para*

También aquí puede resultar útil complementar la explicación precedente con la visión sinóptica de los usos de la preposición *para,* con nueva aportación de ejemplos:

uso de la preposición para	
relación expresada	ejemplos
introduce el complemento indirecto	Dio dinero para una obra de caridad. Lee para ti, que a mí no me interesa.
dirección de un movimiento	Hace un momento salió para su casa. Paseaba para arriba y para abajo.
finalidad, utilidad o aptitud	Se sirve de cualquier medio para conseguir sus propósitos. Sólo estudia con vistas a obtener el título, no para aprender. Esta agua no es buena para beber.

término de un transcurso de tiempo	Su traje estará listo para la próxima semana. La fecha de la investidura se ha fijado para el dieciocho de febrero.
comparación o desproporción de una cosa respecto a otra	Le pagan poco para lo que trabaja. Hay poco espacio para tanta gente.
motivo	Lo hice para complacerte. Ha ido a verle para pedirle consejo.
precedida de un verbo, especialmente *estar*, y seguida de infinitivo, expresa resolución, inminencia de la acción o propósito de llevarla a cabo	El tren está para salir. El arroz está listo para servir.
seguida de voces como *colmo, postre, remate*, etcétera, se antepone al enunciado de una acción_indicando una circunstancia adversa que se suma a otras anteriores	¡Para colmo me dejé el paraguas en el taxi! Para postre, aquel día tuve más trabajo que nunca.
introduce oraciones finales que pueden expresarse mediante un infinitivo o bien en forma personal	Salí un momento para dar un recado al conserje. Pidieron un préstamo para poderse comprar aquel piso.
interviene en algunos modismos	Es amable para con todos sus amigos. Para eso no valía la pena venir corriendo.

7.2.20. Preposición *por*

La preposición *por* indica la persona agente en las oraciones de pasiva:

Uno de los asaltantes fue detenido por la policía.
La gran cruz le será impuesta por el gobernador.

Se emplea también en algunas expresiones durativas de tiempo:

Asiste a clase por la mañana.
Por aquellos días apenas podíamos comer.

Indica lugar de paso o tránsito:

Paseaba por la calle de Alcalá.
Viajó de Barcelona a Moscú por Varsovia.

Introduce el medio y modo de realizar la acción:

Han dado la noticia por televisión.
Se nota que sólo trabaja por encargo.

Indica la cuantía de algo (a veces en contraposición a su precio o valor):

Estaba tasado en dos mil, pero me lo dieron por mil.
Ya sé que valía el doble, pero lo obtuve por un millón.

Puede introducir expresiones indicadoras de equivalencia, sustitución o intercambio.

> Es un comando tan eficaz que vale por todo un ejército.
> Era tal el parecido, que pudo examinarse por su hermano.
> Daría todo mi dinero por un poco de tranquilidad.

Significa en favor, ayuda o apoyo:

> Pasó media vida luchando por su patria.
> Hizo cuanto pudo por los damnificados.

Precede a infinitivos, indicando que la acción del verbo no se ha realizado todavía:

> Se marchó tan deprisa que dejó las camas por hacer.
> Está preocupada porque le quedan muchos plazos por pagar.

7.2.21. Sinopsis del uso de *por*

La riqueza manifiesta de matices en el significado de la preposición *por* invita a presentarla de modo sinóptico, perspectiva que permite destacar otros aspectos y aportar nuevos ejemplos:

uso de la preposición por		
relación expresada		ejemplos
tiempo	aproximado	Pensamos mudarnos allá por abril.
	determinado	Por semana santa nos iremos de crucero.
lugar	aproximado	Tiene una casita allá por el bosque.
	de tránsito	Iba por la calle cuando le sorprendió una tormenta.
agente		Fue detenido por la policía. Las fotos fueron tomadas por el propio autor del reportaje.
causa		Fue detenido por sus ideas. Tuvimos que suspender la fiesta por el mal tiempo.
medio		Le mandaron el paquete por correo. Efectúa todos los pagos por banco.
modo de ejecutar una acción		Se lo llevaron por la fuerza. Si lo hace, es por gusto; nadie le obliga.

intercambio, sustitución o valor	Me lo dejó por dos mil pesetas. Se ha cambiado el coche por uno mayor.
distribución	Toca a cien pesetas por barba. Si tuviera en cuenta el tiempo empleado, el trabajo me saldría a menos de trescientas pesetas por hora.
multiplicación matemática	Tres por cuatro, doce.
proporción	Tiene un diez por ciento de comisión.
finalidad	Me he quedado por ayudarte. Volví al pueblo por ver a mi madre.
elección o parcialidad	Opté por marcharme. Votó por la reforma.
comparación entre dos términos idénticos	Casa por casa, me quedo con la mía.
separación de los elementos de una serie	Registraron el pueblo casa por casa en busca del fugitivo. Examiné la colección pieza por pieza.
precedido de los verbos *tener* o *dar*, expresa opinión, consideración	Le tengo por una persona inteligente. Los médicos le dieron por muerto.
precedido de verbos de movimiento, significa en busca de	Baja por vino a la bodega. Ve a por tabaco.
precedido de *estar* y seguido de infinitivo	expresa una acción que aún debe llevarse a cabo	La casa está por barrer.
	expresa duda en hacer una acción, pero con cierta inclinación a hacerla	Cuando oí eso estuve por pegarle.
precedido de *no* o seguido de un adjetivo o un adverbio y una oración sustantivada por la partícula *que*, tiene sentido concesivo	No por mucho madrugar amanece más temprano. Por mucho que insistas no me convencerás.

7.2.22. Preposición *según*

La preposición *según* indica conformidad o dependencia:

Escriban ustedes según las normas académicas.
Vamos navegando según el viento.

7.2.23. Preposición *sin*

La preposición *sin* indica privación o carencia de algo:

Lo consiguieron sin la ayuda de nadie.
Nos hemos quedado sin un céntimo.

7.2.24. Preposición *so*

La preposición *so* equivale a *bajo* o *debajo de,* y no se usa sino formando locuciones con los sustantivos *capa, color, pena* y *pretexto*:

> No podemos almorzar, so pena que pagues tú.
> Entró en la casa so pretexto de revisar la calefacción.

7.2.25. Preposición *sobre*

La preposición *sobre* indica mayor elevación en lo material y mayor dignidad en lo moral o figurado:

> La casa está sólo a diez metros sobre el nivel del mar.
> Sobre mí no hay otra autoridad que la de Dios.

Introduce la expresión del tema o asunto de que se trata:

> Dio varias conferencias sobre economía política.
> Está escribiendo un tratado sobre galvanoplastia.

Significa también aproximación o probabilidad:

> Este paquete pesará sobre cincuenta quilos.
> El tren llegará sobre las nueve y media.

Sustituye a *además de* en expresiones tales como:

> Isaías está, sobre arruinado, gravemente enfermo.
> Este producto es, sobre malo, caro.

7.2.26. Preposición *tras*

La preposición *tras* significa orden de posterioridad:

> Salió corriendo tras el fugitivo.
> Tras la noche viene el amanecer.
> Fueron saliendo por la puerta, uno tras otro.
> Durante toda su vida corrió tras el dinero.

8. USO DE LAS FORMAS PERSONALES DEL VERBO

8.1. FORMA Y FUNCIÓN DEL VERBO

La Real Academia Española, en su *Esbozo de una nueva gramática de la lengua española,* explica: «El verbo, por sus características formales, es aquella parte de la oración que tiene morfemas flexivos de número, como el nombre y el pronombre, morfemas flexivos de persona, como el pronombre personal, y además, a diferencia del nombre y del pronombre, morfemas flexivos de tiempo y de modo». No es mucho, ciertamente; pero basta para dar idea de que se trata de la parte de la oración de estructura formal más compleja, ya que ha de expresar tantos y tan diversos rasgos morfológicos. Y aún cabría añadir a los morfemas señalados por la Academia los de aspecto y voz, tan característicamente verbales. Pero, aunque son los rasgos morfológicos los que delatan la condición verbal de una palabra, acaso no sea la morfología lo más importante del verbo, sino su función sintáctica.

Es cierto que el estructuralismo ha explicado que las dos perspectivas (la morfológica y la sintáctica) no son sino manifestaciones de una realidad única. El hecho de que se manifiesten en el verbo los llamados morfemas extensos (los accidentes gramaticales del verbo, según la terminología tradicional) se debe a que éstos no constituyen características de una u otra parte de la oración, sino de la oración en su conjunto. Lo que está en tiempo pasado, en indicativo o en pasiva no es el verbo, sino la oración, de la cual el verbo es exponente máximo. De aquí que no pocos gramáticos hayan afirmado que «cada verbo en forma personal es una oración»; o, en versión más moderna, que el verbo es «el auténtico centro de energía de la forma básica de la frase».

Todo conocimiento es útil, aunque parezca muy alejado de la preocupación inmediata de cada cual. No suele pensar el conductor de un vehículo, hasta que llega la malhadada avería, en la utilidad práctica de los conocimientos supuestamente teóricos. Y pocas veces piensa el hablante de una lengua en la utilidad del conocimiento de su gramática; pero con frecuencia tendrá que recurrir a ella si pretende una comunicación eficaz. Que tampoco en materia lingüística se aprende todo en la calle por inhalación, sino con esfuerzo y reflexión. Y la complejidad de las formas verbales en español justifica cuanta atención se presta a su estudio. La morfología y la sintaxis del verbo español, como cualquier otra cuestión lingüística, no merecen menor cuidado que otros aspectos de la presentación personal; no sea cosa que, tras el aseo meticuloso y el atildado vestir, asome por el habla el pelo de la dehesa.

Acaso justifique estas consideraciones —rayanas en el sermón— el hecho de que un locutor muy popular haya podido celebrar su trigésimo aniversario en el ejercicio de la profesión, sin enterarse de que, en español, no existe la forma verbal *dijistes, entrastes* o *salistes,* sino *dijiste, entraste* o *saliste*; y de que se cuenten por centenares los españoles con proyección pública que ignoran las formas correctas de los verbos irregulares, el sentido de las perífrasis o el uso adecuado del gerundio. Algún día habrá que publicar una antología del disparate lingüístico, con nombres y apellidos, como merecido homenaje a la ignorancia o a la incuria de tan ilustres chapuceros. Pero, mientras alguien levanta tan singular monumento, sigamos aquí con nuestra modesta aportación al conocimiento de la lengua.

8.2. MODO IMPERATIVO

8.2.1. El modo verbal

El modo verbal es una cuestión tan debatida (acaso por oscura) y tan oscura (acaso por debatida), que no queda —como en las cuestiones del más allá— sino adherirse a una u otra propuesta de salvación. Y así como en cuestiones del más allá lo más a mano, en España, es ser católico, en cuestiones de norma lingüística lo más sencillo es acogerse a la Academia. Dice tan alta institución, a este respecto, lo siguiente: «La gramática estructural moderna mira las formas modales del subjuntivo y del indicativo como expresivas de la oposición *no realidad/realidad*; y debe advertirse que entre los dos miembros de la correlación, el primero (*no realidad* = subjuntivo) es el positivo, el miembro marcado diferenciador, mientras que el segundo (*realidad* = indicativo) representa la forma habitual e indiferenciada de expresión que se halla en todas las lenguas. En cambio, el subjuntivo puede faltar, y falta de hecho en muchos idiomas. El imperativo es un modo especial que responde exclusivamente a la función activa del lenguaje, y expresa exhortación, mandato o ruego dirigidos a otra persona, de la cual depende que la acción se realice o no». Ya tenemos punto de partida. Empecemos por el imperativo.

8.2.2. Paradigma de imperativo

Aunque en las gramáticas suele presentarse el imperativo como una unidad paradigmática casi completa —a la que sólo falta la primera persona del singular—, la verdad es que no tiene sino dos formas, precisamente correspondientes a la segunda persona; una para el singular y otra para el plural. Compárense, en el ejemplo siguiente, la conjugación del llamado presente de imperativo (columna de la izquierda) con la del presente de subjuntivo (columna de la derecha):

		(yo) calle
calla (tú)		(tú) calles
calle (él)		(él) calle
callemos (nosotros)		(nosotros) callemos
callad (vosotros)		(vosotros) calléis
callen (ellos)		(ellos) callen

Nótese la coincidencia de las formas:

calle	(él)	calle
callemos	(nosotros)	callemos
callen	(ellos)	callen

Y la diferencia entre las formas:

| calla | (tú) | calles |
| callad | (vosotros) | calléis |

En las oraciones afirmativas, las únicas formas exclusivas del imperativo son, como acaba de verse, las correspondientes a la segunda persona: *calla* (singular) y *callad* (plural). En las oraciones negativas, ni eso siquiera; ya que, en éstas, la exhortación, mandato o ruego se expresa mediante el presente de subjuntivo:

> no calles (tú)
> no calle (él)
> no callemos (nosotros)
> no calléis (vosotros)
> no callen (ellos)

8.2.3. Imperativo y tratamiento

Aunque en el ejemplo anterior se ha seguido la costumbre general de acompañar cada una de las formas verbales de la correspondiente forma pronominal (para más fácil reconocimiento de persona y número), hay que advertir que el acompañamiento pronominal que corresponde a las supuestas terceras personas no es *él* o *ella* (en singular), ni *ellos* o *ellas* (en plural), sino *usted* y *ustedes*, respectivamente. Porque no tiene sentido dirigirse a una tercera persona, ajena al coloquio, para exhortar, mandar o rogar; esta persona, «de la cual depende que la acción se realice o no», ha de ser receptora del mensaje. No hay otras formas razonables de exhortación, mandato o ruego que las siguientes, en versión afirmativa y negativa:

calla tú	no calles tú
calle usted	no calle usted
callad vosotros	no calléis vosotros
callen ustedes	no callen ustedes

Cualquier expresión en tercera persona sin tratamiento de *usted* puede ser desiderativa (*¡que se callen ellos!*) o de posibilidad (*tal vez ellos se callen pronto*), pero nunca imperativa; de aquí que, en tales expresiones, se empleen formas de subjuntivo. Ni siquiera el *callemos nosotros* tiene sentido imperativo, puesto que uno no necesita exhortarse, mandarse o rogarse a sí mismo; que, si cupiera mandar sobre uno mismo, no tendría por qué faltar en la conjugación de imperativo la primera persona del singular. Lo cual no significa que no pueda usarse *callemos* en sentido exhortativo, sino que tal expresión tiene un tinte retórico. La inclusión de la primera persona en la exhortación a un grupo es una concesión a la dialéctica. La expresión *callemos todos* equivale a *callad vosotros* (exhorto, ordeno o mando), que *yo callaré* también; no porque me lo mande ni me lo pida, sino porque lo he decidido o aceptado; o, tal vez, sólo porque me conviene aparentarlo. Piénsese en la famosa frase de Fernando VII: «Marchemos francamente, y yo el primero, por la senda constitucional».

8.2.4. Tiempo del imperativo

Algunas gramáticas insisten en aplicar el nombre de presente al conjunto de formas que constituyen el modo imperativo. Aunque el nombre no hace a la cosa, malo parece que la terminología induzca a error. Cierto que el imperativo no puede tener valor pretérito, ya que no tiene sentido exhortar, mandar o rogar que se haga en el pasado lo que en el pasado no se hizo; y, si se hizo, menos razón para la exhortación, mandato o ruego. Pero el imperativo puede referirse al futuro. Y, en sentido estricto, al futuro se refiere siempre. Aun en frases con apariencia de presente (*devuelve lo robado ahora mismo, en este mismo instante*), el receptor del mensaje —la persona «de la cual depende que la acción se realice»— no puede corresponder al requerimiento sino en el futuro; tan inmediato al presente como se quiera, pero futuro al fin. El significado del verbo en forma de imperativo no adquiere realidad —si llega a adquirirla— al mismo tiempo que la adquiere el significado del requerimiento. Sólo en sentido laxo puede decirse que las formas de imperativo son de presente; con la misma laxitud con que se atribuye sentido de presente a la forma de indicativo en la frase *te lo devuelvo ahora mismo, en este mismo instante,* formulada por la persona de la cual depende que la acción se realice, precisamente en el momento de pedir el objeto cuya devolución se anuncia.

8.2.5. Imperativo y formas átonas del pronombre

La posposición de la forma pronominal acompañante del imperativo es prácticamente obligatoria. Es cierto que cabe decir *tú, calla*; pero en tal caso y en otros semejantes hay una doble invocación, indicada por la pausa —o coma— que separa los dos elementos de la frase: un vocativo (*tú, vosotros, usted, ustedes*) y una forma verbal de imperativo, vocativa —o invocatoria, por respeto a la Academia— en cuanto imperativa (*calla, callad, calle, callen*). La doble invocación es inevitable en el caso de que la forma de imperativo tenga un sustantivo de relación activa; el cual, antepuesto o pospuesto, estará separado del verbo por pausa o coma:

Marineros, arriad las velas	Arriad las velas, marineros
Lolita, abre la puerta	Abre la puerta, Lolita

Acaso no sea superfluo recordar aquí lo ya anunciado en páginas anteriores (§§ 4.5.2 y 6.1.1) acerca de que la posposición de las formas átonas del pronombre, en función complementaria del imperativo, implican su adhesión ortográfica; con lo que, elididos los sustantivos complementarios en los ejemplos anteriores, éstos quedarían así:

Marineros, arriadlas	Arriadlas, marineros
Lolita, ábrela	Ábrela, Lolita

8.3. MODO SUBJUNTIVO

8.3.1. Oposición realidad/no realidad

Pocas páginas arriba (§ 8.2.1) se señala, en redacción académica, que el modo subjuntivo es el miembro marcado de la correlación *realidad/no realidad*; es decir, que el subjuntivo tiene la marca específica de falta de realidad. Bien es verdad que cuanto se sitúa en el futuro —excepto la muerte— carece de garantías de convertirse en realidad; pero el verbo dispone de formas que le permiten presentar el acontecer futuro sin rastro de incertidumbre: *mañana volveré*. Otras formas verbales, en cambio, implican incertidumbre: *acaso vuelva mañana, ojalá vuelva mañana, si volviera mañana*. El rasgo de falta de realidad aumenta su contribución al significado si la frase con verbo en subjuntivo es sintácticamente dependiente de verbos expresivos de posibilidad, temor, duda o ignorancia; porque la dependencia de estos verbos «envuelve al verbo subordinado en la irrealidad que cada uno de ellos expresa». Nótese la diferencia en las siguientes parejas de ejemplos:

Dice que volverá	Es posible que vuelva
Afirma que le han oído	Teme que le hayan oído
Asegura que aplaudieron	Duda que aplaudieran
Sabía que habían roto	Ignoraba que hubieran roto

8.3.2. Gradación del subjuntivo

Cabe la posibilidad de establecer una cierta gradación en el uso del subjuntivo, según el grado de certidumbre incluido en el significado del verbo principal, como puede apreciarse en el siguiente cuadro. Los números que figuran en él remiten a los ejemplos que lo ilustran:

verbo principal	verbo subordinado	modo	
certeza	afirmación	indicativo	(1)
sospecha ⎱ esperanza ⎰	afirmación	⎰ indicativo ⎱ subjuntivo	(2) (3)
duda	⎰ afirmación ⎱ ⎰ negación ⎰	subjuntivo	(4) (5)
esperanza ⎱ sospecha ⎰	negación	⎰ subjuntivo ⎱ indicativo	(6) (7)
certeza	negación	indicativo	(8)

1. Sé que el inspector te visitará mañana.
2. Sospecho que aceptarás la recompensa.
3. Espero que tu mujer me invite a almorzar.
4. Dudo que reconozcas a mi hermano; no se parece a mí.
5. Dudo que no reconozcas a mi hermano; se parece a mí.
6. Espero que no olvides la cita de esta noche.
7. Sospecho que no se presentará denuncia.
8. Sé que no agotarás las provisiones.

En las oraciones subordinadas al verbo *esperar,* el comportamiento del verbo subordinado depende, en cuanto al modo, de la acepción o matiz significativo del verbo principal: 'aguardar' o 'tener esperanza'. El verbo *esperar* no tiene el mismo sentido en estas dos frases:

Siempre espero el autobús en esta parada.
Los náufragos esperan avistar algún barco.

La espera del autobús —y cualquier espera— puede expresarse también mediante el verbo *aguardar*; no así la esperanza de los náufragos, ni esperanza alguna. La esperanza consiste en creer que algo bueno o conveniente va a ocurrir; la espera es el tiempo que media entre la disposición para que acontezca algo y el acontecimiento. En ambos casos puede usarse el subjuntivo; pero el matiz de esperanza puede reforzarse, añadiendo un rasgo de realidad, con el uso del futuro de indicativo:

Espero que pase un autobús (espera y esperanza).
Espero que pasará un autobús (esperanza).
Esperan que pase algún barco (espera y esperanza).
Esperan que pasará algún barco (esperanza).

8.3.3. Subjuntivo en oraciones simples

Claro que el subjuntivo —a pesar de su nombre, que significa subordinado o dependiente— participa también en oraciones simples. Este modo verbal basta, en algunas ocasiones, para aportar el rasgo de incertidumbre que se pretende introducir en la frase a través del verbo; en otras, se apoya en adverbios o partículas. Véase en los siguientes ejemplos:

Acaso no vayamos correctamente vestidos.
Ojalá encuentre lo que busco.
Bendito sea el nombre del Señor.
¡Si alguien oyera nuestras voces!
¡Que cante otra! ¡Que cante otra!

8.3.4. Potencial o condicional

En cuanto a los límites del subjuntivo, cada gramático hace de su capa un sayo. La Academia, tras una larga tradición de incluir el modo potencial, le cambia el nombre en el *Esbozo*; y lo cita sólo para anunciar que «desaparece también el modo condicional (*amaría, temería, partiría*), que se incorpora, como un tiempo más, al modo indicativo». Y añade, en otro lugar: «Por su carácter de tiempo futuro, la acción que expresa es siempre eventual e hipotética, como en todos los futuros». Ocurre, no obstante, que el llamado condicional es más hipotético que otros futuros y menos futuro que cualquier otro. La gente prefiere oír que *cobrará* a oír que *cobraría*; le parece menos hipotético, más cercano a la realidad. Y el *cobraría* de quien, *sabiendo que cobraría,* ya ha cobrado, sólo es futuro respecto del pasado, pero no del presente; y este último futuro es el único futuro que la gente considera como tal. Por no hablar del condicional compuesto, expresión de un acontecer no ya hipotético, sino irreal; y, además, pasado. Todo lo cual puede confirmarse en los siguientes ejemplos:

1. Hemos cobrado lo que dijeron que cobraríamos.
2. No hemos cobrado lo que dijeron que cobraríamos.
3. Si yo hubiera tenido dinero ya habrías cobrado.
4. Si yo no hubiera tenido dinero no habrías cobrado.

Las características señaladas han aconsejado a algunos gramáticos considerar —y denominar— al condicional simple como pospasado, ya que indica posterioridad del significado del verbo respecto de otra referencia temporal citada. Y al condicional compuesto, como pospasado y antepresente; ya que sitúa el significado del verbo entre un momento citado del pasado y el límite del presente. Nótese, por otra parte, que los ejemplos n.º 1 y n.º 4 presentan acciones de *cobrar* consideradas reales; mientras que los ejemplos n.º 2 y número 3, presentan acciones de *cobrar* consideradas no reales. A la vista de todo lo aducido, acaso lo más razonable sea considerar el potencial o condicional como un conjunto de formas verbales situado entre el subjuntivo y el indicativo: a caballo entre dos modos y con rasgos de ambos.

8.4. TIEMPOS DE INDICATIVO

8.4.1. Terminología de los tiempos de indicativo

Hay tantas maneras de presentar el sistema temporal de indicativo como criterios se apliquen a ello. Ni siquiera la nomenclatura es única, ya que los tratadistas tienden a aplicar a cada gavilla de formas el nombre más acorde con su interpretación gramatical. Aquí adoptamos la terminología más tradicional, siguiendo la última edición normativa de la *Gramática* académica; aunque la propia Academia no la sigue ya en ese «simple proyecto» —según propia definición— llamado *Esbozo*.

Incluso hay una tradición firmemente asentada, que afecta al modo material de presentar los tiempos de la conjugación verbal: la doble columna, que separa los tiempos simples (a la izquierda) de los compuestos (a la derecha) y establece muy bien concertadas parejas horizontales de tiempos. Es la proyección gráfica de lo que suele llamarse paradigma de la conjugación verbal. De los modelos y de las vicisitudes de la conjugación nos ocupamos con minucioso detalle —acaso no alcanzado por ningún otro tratado de Gramática española— en lugar adecuado de este mismo libro; por eso nos limitamos aquí a proponer un modelo que sirva de referencia en cuanto haya que decir acerca de los tiempos de indicativo.

Formas simples		*Formas compuestas*	
Infinitivo......	am-ar	Infinitivo......	haber amado
Gerundio......	am-ando	Gerundio......	habiendo amado
Participio	am-ado		

MODO INDICATIVO

Presente		*Pretérito perfecto*	
Yo	am-o	Yo	he amado
Tú	am-as	Tú	has amado
Él......	am-a	Él......	ha amado
Nosotros	am-amos	Nosotros	hemos amado
Vosotros	am-áis	Vosotros	habéis amado
Ellos ...	am-an	Ellos ...	han amado

Pretérito imperfecto		*Pretérito pluscuamperfecto*	
Yo	am-aba	Yo	había amado
Tú	am-abas	Tú	habías amado
Él......	am-aba	Él......	había amado
Nosotros	am-ábamos	Nosotros	habíamos amado
Vosotros	am-abais	Vosotros	habíais amado
Ellos ...	am-aban	Ellos ...	habían amado

Pretérito indefinido		*Pretérito anterior*	
Yo	am-é	Yo	hube amado
Tú	am-aste	Tú	hubiste amado
Él......	am-ó	Él......	hubo amado
Nosotros	am-amos	Nosotros	hubimos amado
Vosotros	am-asteis	Vosotros	hubisteis amado
Ellos ...	am-aron	Ellos ...	hubieron amado

Futuro imperfecto		*Futuro perfecto*	
Yo	amar-é	Yo	habré amado
Tú	amar-ás	Tú	habrás amado
Él......	amar-á	Él......	habrá amado
Nosotros	amar-emos	Nosotros	habremos amado
Vosotros	amar-éis	Vosotros	habréis amado
Ellos ...	amar-án	Ellos ...	habrán amado

8.4.2. Tiempos simples y compuestos

Nótese, en primer lugar, la presentación en parejas horizontales. Las parejas no son mero resultado de la distribución de los tiempos en dos columnas (la de tiempos simples a la izquierda, la de tiempos compuestos a la derecha), sino expresión de su correspondencia formal. A quien no lo supiera, le bastaría una ojeada para observar que las formas compuestas del verbo modelo se construyen con las correspondientes simples del verbo auxiliar *haber*.

La primera pareja (tiempos llamados *presente* y *pretérito perfecto*) la constituyen dos formas distintas referentes al presente; ni el nombre del tiempo compuesto ni la rutina deben interferir en esta cuestión, explicada en lugar oportuno. Las dos parejas siguientes (los *pretéritos imperfecto, pluscuamperfecto, indefinido* y *anterior*) las constituyen cuatro formas distintas referentes al pasado. La última pareja (los *futuros imperfecto* y *perfecto*) la constituyen dos formas distintas referentes al futuro.

8.4.3. Tiempos perfectos e imperfectos

De los ocho tiempos de indicativo, cinco tienen la condición de perfectos. Tres de ellos reflejan esta circunstancia en sus nombres: pretérito perfecto, pretérito pluscuamperfecto, futuro perfecto. Los otros dos no reflejan su condición de perfectos en su denominación: el pretérito indefinido y el pretérito anterior. Los restantes tiempos de indicativo son imperfectos. Dos de ellos reflejan esta circunstancia en sus nombres: el pretérito imperfecto y el futuro imperfecto; el presente es también imperfecto, aunque su nombre no lo refleje.

Las nociones de perfección e imperfección verbal no son tan elementales que salten a la vista de cualquiera. Tienen que ver con el llamado aspecto verbal. Y éste consiste en presentar el significado del verbo como la culminación de un proceso o como un proceso en marcha. Consideremos el significado de los verbos de las siguientes frases:

1. Mi compañero cena ahora; yo he cenado en el primer turno.
2. Él cenaba cuando llamaste; yo había cenado cuando él llegó.
3. Él cenará a medianoche; yo habré cenado cuando él llegue.

En el ejemplo n.º 1 se contrapone un proceso en marcha (el *cenar* de mi compañero) con un proceso culminado (el de mi *cenar*), precisamente en el momento en que se formula la frase; es decir, en el presente. Es patente la oposición entre el aspecto imperfectivo de la actividad actual de mi compañero (que está en plena cena) y el aspecto perfectivo de mi inactividad actual (en cuanto a la cena), por haber culminado la actividad con anterioridad al momento presente. Otro tanto ocurre en la frase n.º 2: en un momento determinado del pasado, cuando tú llamaste, mi compañero se encontraba en plena actividad de cenar (aspecto imperfectivo); en otro momento determinado del pasado, cuando él llegó, yo había ya culminado la actividad de cenar (aspecto perfectivo). Y lo mismo, en la frase n.º 3: en un momento determinado del futuro, la medianoche, mi compañero estará en plena actividad de cenar (aspecto imperfectivo); y en otro momento determinado del futuro, cuando él llegue, habrá ya culminado mi actividad de cenar (aspecto perfectivo).

8.4.4. Perfección, duración y totalidad

Cabe aún la posibilidad de considerar un tercer aspecto verbal; y la palabra aspecto no hay que tomarla aquí en su sentido corriente, sino en el que se le atribuye en la terminología lingüística. En el ejemplo n.º 2 del párrafo anterior se contraponen las formas verbales *cenaba* y *había cenado,* correspondientes a los aspectos imperfectivo y perfectivo, respectivamente, pero, para establecer su limitación temporal en el pasado, se recurre a las formas *llamaste* y *llegó,* también respectivamente. Si, en *cenaba,* se atiende al valor durativo del proceso de cenar y, en *había cenado,* a su valor perfectivo, ¿qué valor cabe atribuir a las formas *llamaste* y *llegó*? Se trata de acciones terminadas, perfectivas; pero ni excluyen su contenido de duración ni hay atención expresa al momento de su perfección. Se trata de un valor aspectual distinto de los anteriores y en algún modo combinación de ambos; más bien en un sentido negativo, ya que no se presta especial atención a la perfección ni a la duración, aunque incluye una y otra.

Este valor conjunto y no especializado de la tercera posibilidad aspectual, le confiere también una función puntual de pasado. De aquí que se le denomine aspecto global, total o puntual; que no hay unanimidad —ni siquiera aproximación— en la denominación de este tercer matiz del tiempo implicado en el significado del verbo. Parece defendible que, considerando las formas verbales de pasado, se atribuya a *cantaba* un valor predominantemente durativo, a *había cantado* un valor predominantemente perfectivo y a *canté* un valor global, puntual o total. Lo que permite distinguir, con la sola perspectiva del tiempo implicado, tres valores temporales en el verbo: el imperfectivo o durativo, el perfectivo y el global o total; tal como se presentan a continuación:

	perfección	
	−	+
duración −	(perfección)	perfección
duración +	imperfección (duración)	totalidad (puntualidad)

8.4.5. Tiempo implicado y tiempo explicado

Al principio de este capítulo (§ 8.1) se indica que el tiempo es uno de los morfemas verbales. Es más: se explica que se trata de un morfema extenso, que afecta a la totalidad de la frase, aunque se manifieste en el verbo. Ahora es necesario ahondar algo más en el tema. Porque la cuestión reside en que todo proceso de comunicación tiene una doble implicación de tiempo: el tiempo implicado en la comunicación en sí (el que se emplea en hablar o escribir) y el tiempo implicado en el acontecimiento comunicado (el necesario para que ocurra lo que se comunica). La relación entre los dos tiempos implicados suele denominarse tiempo explicado. Esta relación tiene tres posibilidades: 1. coincidencia de los dos tiempos implicados (presente); 2. anterioridad del tiempo implicado en el acontecimiento comunicado respecto del invertido en la comunicación (pasado); 3. posterioridad del tiempo implicado en el acontecimiento comunicado respecto del invertido en la comunicación (futuro).

La concurrencia del tiempo explicado (con sus tres posibilidades de pasado, presente y futuro) con el tiempo implicado (en sus tres posibilidades de perfección, imperfección o duración y totalidad) produce nueve combinaciones; precisamente las que se indican en el cuadro siguiente:

		tiempo explicado		
		pasado	presente	futuro
tiempo implicado (aspecto)	perfectivo	pasado perfecto	presente perfecto	futuro perfecto
	imperfectivo (durativo)	pasado imperfecto	presente imperfecto	futuro imperfecto
	total	pasado total	presente total	futuro total

8.4.6. Paradigma de indicativo en español

El cuadro inmediatamente precedente presenta las posibilidades teóricas de combinación; pero cada lengua impone su propia realidad práctica. Y la lengua española ofrece una realidad de ocho tiempos (que ya no son los nueve previstos), expresivos de sólo siete funciones (porque dos formas temporales corresponden a una sola función); con lo que el sistema temporal del verbo español, en su conjugación de indicativo, queda como se muestra en la siguiente presentación gráfica:

		tiempo explicado		
		pasado	presente	futuro
tiempo implicado (aspecto)	perfectivo	pretérito pluscuamperfecto (anterior)	pretérito perfecto	futuro perfecto
	imperfectivo (durativo)	pretérito imperfecto	presente	futuro imperfecto
	total	pretérito indefinido		

La mera contemplación de este cuadro permite observar que cada uno de los tiempos llamados presente y futuro imperfecto cumplen la doble función de expresar la imperfección o duración y la totalidad: esto se debe a que la distinción entre ambas es menos importante en el presente y en el futuro que en el pasado. La fugacidad del presente hace difícil distinguir, en algunas acciones, la duración de la instantaneidad: y la instantaneidad es la única totalidad que cabe en el presente. El futuro pertenece, por su propia naturaleza, a la no realidad. Y, aunque las formas de indicativo confieren, por serlo, intención de realidad, ésta es menos palpable que la de pasado; por lo que la distinción entre totalidad y duración tiene menor relieve significativo. La duplicidad de formas en la casilla del pasado perfecto se considera en el párrafo siguiente.

8.5. USO DE LOS TIEMPOS DE PASADO

8.5.1. Pretéritos pluscuamperfecto y anterior

El sistema de los tiempos de pasado es el más completo de la conjugación española. Dispone de una forma para el pasado total (pretérito indefinido), una para el pasado durativo (pretérito imperfecto) y dos para el pasado perfecto (pretéritos pluscuamperfecto y anterior). El pretérito anterior apenas se usa en el español corriente, pero es interesante —para quienes quieran seguir usándolo, a lo que tienen perfecto derecho— conocer la aportación específica de este tiempo al sistema del que forma parte. Los tiempos perfectivos tienen, por serlo, un determinado límite. El perfectivo del pasado tiene, naturalmente, su límite en el pasado; y éste es su punto de referencia. Al afirmar *ya me había acostado cuando tú llamaste,* se acota el tiempo expresado por *había acostado* mediante el tiempo puntual expresado por *llamaste*; el tiempo de la llamada es el límite —no necesariamente inmediato, pero sí necesariamente final— de la actividad de acostarse.

Si quiere indicarse que la actividad de llamar ha sido, no sólo posterior a la de acostarse, sino inmediatamente posterior, cabe recurrir al pretérito llamado anterior: *en cuanto me hube acostado, llamaste tú*. El orden de los acontecimientos es el mismo en ambas frases (acostarse primero, recibir la llamada después) y también el aspecto perfectivo de las formas del verbo *acostarse,* pero no el matiz de relación temporal. En la primera frase, el pasado llamaste es el término posterior (pero no necesariamente inmediato) de *me había acostado*; en la segunda, el pasado *me hube acostado* es el término anterior (y necesariamente inmediato) del pasado *llamaste*. Véanse otros ejemplos:

Cuando todos se levantaron ya había amanecido.
No bien hubo amanecido, todos se levantaron.
Al reanudar el trabajo ya había escampado.
Apenas hubo escampado, reanudamos el trabajo.
Cuando cobré la apuesta había terminado la última carrera.
Cobré la apuesta cuando hubo terminado la última carrera.

8.5.2. Pretérito imperfecto durativo

Del pretérito imperfecto ofrece la Academia una definición concisa y contundente: «Expresa acción pasada cuyo principio y cuyo fin no nos interesan»; pura expresión de la duración y de la imperfección en el pasado. En la frase *cuando salí de casa, toda mi familia dormía,* nada se dice de cuánto haya podido suceder antes ni después del único punto de referencia (*cuando salí de casa*). Al afirmar que *durante la guerra residía en Cáceres*, no se dice si *ya residía,* si *todavía residía* o si *todavía residía y ya residía* (porque nunca ha dejado de residir) *en Cáceres*. Lo que se dice del pasado en pretérito imperfecto se refiere al período acotado por el acompañamiento oracional y sólo a este período; los períodos anterior y posterior quedan fuera de la zona de interés. La acotación del período puede hacerse mediante una oración subordinada (*cuando salí de casa*), un complemento circunstancial (*durante la guerra*) o el propio contexto. Véanse algunos ejemplos más:

Ayer nevaba y hoy luce un sol radiante.
Apenas comía, aunque bebía como un cosaco.
Trataba a muchas chicas, pero nunca se comprometía.
Le sorprendí mientras hurgaba en el archivo.

8.5.3. Pretérito imperfecto habitual

Este sentido durativo del pretérito imperfecto no exige que la acción referida sea ininterrumpida. De aquí el uso llamado habitual de este tiempo de pasado. Al decir de alguien que *fumaba mucho en su juventud,* no se pretende expresar una duración continua, sino un hábito o costumbre. En este sentido hay que interpretar los siguientes ejemplos:

En sus viajes dormía siempre en hoteles de lujo.
Durante las vacaciones sólo leía novelas baratas.
En aquel tiempo cantaba en un local de mala nota.
Se santiguaba en cuanto oía una blasfemia.

Está claro que, en el primero de estos ejemplos, el *dormía siempre* no significa que el protagonista pasara la totalidad de sus viajes en un sueño permanente; sino que, llegada la hora de dormir, lo hacía en hoteles de lujo. Otro tanto puede decirse de cada uno de los demás ejemplos. No se trata, pues, de duración continua, sino de asiduidad en los actos referidos por el verbo. De aquí que no falte quien distinga el durativo continuo (*durante la guerra residía en Cáceres*) del habitual (*se santiguaba en cuanto oía una blasfemia*); aunque el pretérito imperfecto *se santiguaba* haya que considerarlo durativo continuo en la frase *lo vi mientras se santiguaba,* ya que el significado del verbo se aplica a un solo acto y precisamente a su transcurso.

8.5.4. Pretérito imperfecto iterativo

Algunos verbos son, por la naturaleza de sus significados, perfectivos e instantáneos: *morir, disparar, explotar* o *explosionar, chocar, estallar, entrar, salir, abrir, cerrar* y muchos más. Las formas de pretérito imperfecto de tales verbos pueden adquirir —como consecuencia de la concurrencia de la condición perfectiva del significado y la imperfectiva del tiempo— un valor iterativo o de repetición. Compruébese en los siguientes ejemplos:

El cañón disparaba sin cesar día y noche.
El perro ladraba insistentemente.

No se trata, claro está, de disparos ni de ladridos de larga duración, sino de disparos y de ladridos repetidos.

8.5.5. Pretérito imperfecto de conato

A veces el pretérito imperfecto confiere al significado del verbo perfectivo un matiz de conato o intento fallido; el que puede apreciarse en los siguientes ejemplos:

La bomba ya explotaba cuando el artificiero la desmontó.
El enfermo se moría, pero el antibiótico lo salvó.

También aquí está claro que no se trata de una explosión duradera ni de un morir permanente, sino de actos iniciados y no culminados; con lo que, de hecho, no ha llegado a realizarse el significado del verbo. En el primer ejemplo, el artificiero evitó la explosión; en el segundo, el antibiótico evitó la muerte. Se trata, en ambos casos, de un mero conato; preparación y comienzo de acciones que no llegan a cumplirse.

8.5.6. Pretérito imperfecto de cortesía

Queda el llamado imperfecto de cortesía o de modestia. Consiste en el uso de este tiempo de pasado en acciones de presente, con la intención de suavizar el significado del verbo; fenómeno muy frecuente en la lengua coloquial, como puede comprobarse en los siguientes ejemplos:

Llamaba [por teléfono] para pedirte un favor.
Quería medio quilo de pan [en una panadería].
Sólo entraba [en tu despacho] para despedirme.
Venía a decirte que no asistiré a la fiesta.

El que *llamaba, quería, entraba* y *venía,* lo está haciendo mientras lo dice. Es un caso claro de coincidencia del tiempo de la acción con el tiempo de la palabra, por lo que convendría el uso de las correspondientes formas de presente: *llamo, quiero, entro* y *vengo*; pero la tradición ha consagrado, en tales casos, el uso del pretérito imperfecto. El contraste entre el presente evidente de la acción y el pasado de la forma verbal se entiende que mitiga la supuesta dureza del significado verbal. El habla popular es así de melindrosa.

8.5.7. Pretérito indefinido

El pretérito indefinido expresa la acción verbal como una unidad en el pasado. No atiende de modo especial al inicio, al desarrollo ni a la culminación de la acción. La considera en su totalidad y en su unidad; de aquí que se le atribuya —superando la aparente contradicción— valor total y valor puntual. Es el tiempo de la narración, de lo acontecido en el pasado. Suele combinarse con el pretérito imperfecto para contraponer, a lo largo del texto, los elementos narrativos y los descriptivos. Éstos se manifiestan mediante el pretérito imperfecto; aquéllos, mediante el pretérito indefinido. Compruébese en el siguiente ejemplo:

> Llegué a la estación a medianoche. La iluminación era escasa. Apenas media docena de farolas proyectaban su pálida luz sobre el sucio andén. Coloqué la maleta junto a la pared y me senté en un banco. Intenté leer el periódico; lo abrí y lo hojée sin ninguna convicción. Renuncié a la lectura. Decidí descansar, acaso dormitar un rato. El silencio era absoluto y no había movimiento alguno, pero no logré siquiera adormilarme.

Nótese que *llegué, coloqué, me senté, intenté, abrí, hojeé, renuncié, decidí* y *logré* son formas de indefinido y constituyen el hilo de la narración, la sucesión de actos del protagonista. En cambio, *era [escasa], proyectaban, era [absoluto],* y *había* son formas de imperfecto y constituyen la descripción del ambiente, el escenario del acontecimiento. Si la acción se traslada al presente, la oposición formal narración/descripción desaparece, porque el presente carece de formas verbales que opongan la puntualidad a la duración. Recuérdese (§ 8.4.6) que la conjugación española distingue entre duración y puntualidad en el pasado, pero no en el presente. Véase cómo la dualidad formal del texto anterior, formulado en pasado, se reduce a forma verbal única, en formulación de presente:

> Llego a la estación a medianoche. La iluminación es escasa. Apenas media docena de farolas proyectan su pálida luz sobre el sucio andén. Coloco la maleta junto a la pared y me siento en un banco. Intento leer el periódico; lo abro y lo hojeo sin ninguna convicción. Renuncio a la lectura. Decido descansar, acaso dormitar un rato. El silencio es absoluto y no hay movimiento alguno, pero no logro siquiera adormilarme.

8.6.   Uso de los tiempos de presente

8.6.1.   Pretérito perfecto: relación entre pasado y presente

El llamado pretérito perfecto es, en realidad, un tiempo puente entre el pasado y el presente. El contenido de su aportación significativa corresponde al pasado, pero el punto de referencia para su perfección corresponde al presente. Es decir, se trata de un tiempo que expresa una acción desarrollada en el pasado, cuyo límite de perfección es el presente. De aquí que pueda definirse como un tiempo de pretérito y un perfecto de presente. Aunque el establecimiento en el presente del límite de la perfección no significa que la culminación de la acción sea reciente —ya que el presente es el límite, pero no necesariamente el momento de la perfección—, hay manifiesta tendencia a usar el pretérito perfecto para expresar acciones relacionadas con el presente. La combinación de dos opciones (positiva y negativa) en cada uno de los factores mencionados (perfección y relación con el presente) origina cuatro posibilidades, que quedan claramente expresadas en el siguiente cuadro:

		relación con el presente	
		+	—
perfección	+	pretérito perfecto (1)	pretérito indefinido (2)
	—	presente (3)	pretérito imperfecto (4)

En los ejemplos numerados que siguen puede verificarse el uso de cada uno de los tiempos, según la clasificación establecida en la sinopsis precedente:

1. He comprado las entradas esta mañana.
2. Compré las entradas el jueves pasado.
3. Compro las entradas ahora mismo.
4. Compraba las entradas cuando recibí tu aviso.

Como consecuencia de su relación con el presente, el pretérito perfecto es muy adecuado para la expresión de acciones no realizadas hasta ahora; ya que la realización tiene su tiempo, pero la no realización comprende todo el tiempo. Quien *visitó* París hace años, emplea el pretérito indefinido; quien lo *visita* ahora, emplea el presente; quien lo *visitaba* en el pasado con frecuencia (iteración o hábito), emplea el pretérito imperfecto; quien lo *ha visitado* recientemente o no lo *ha visitado* nunca, emplea el pretérito perfecto.

En cuanto al ámbito del presente —el que decide, con su proximidad, el uso del pretérito perfecto—, hay que tener en cuenta el contexto. Depende del tema que se trate y de la unidad de medida que comporte. El desayuno sugiere la unidad 'día'; el sueldo de un funcionario público sugiere la unidad 'mes'; el veraneo sugiere la unidad 'año'. Véase todo esto reflejado en los siguientes ejemplos:

Hoy he cenado temprano; ayer cené muy tarde (*día*).
Esta *semana* no he ido al cine; la pasada, fui dos veces.
En mayo he perdido un millón; en enero pasado, dos (*mes*).
Este *año* no he viajado; en 1980 recorrí toda Europa.
Los españoles han luchado por su independencia (*siempre*).
El hombre no ha logrado vencer a la muerte (*nunca*).

Con lo expuesto en este párrafo queda someramente explorada la frontera entre el pasado y el presente, en lo que concierne a las formas verbales que expresan los diversos matices de relación. Quedan por explorar los valores del propiamente llamado tiempo de presente.

8.6.2. Presente puntual y habitual

El llamado tiempo de presente expresa —ya se ha dicho en páginas anteriores (§ 8.4.5)— la coincidencia del tiempo de la acción con el tiempo de su formulación lingüística. Una coincidencia no necesariamente rigurosa; no tan rigurosa que haga imposible decir *yo callo.* Se emplea tanto tiempo en la expresión de *en este mismo instante parte hacia su destino la bala disparada contra mí,* que en él cabría holgadamente —si hubiera ocasión— no ya el tiempo de la acción, sino el tiempo de una larga ráfaga de acciones. Por el contrario, el tiempo empleado para la expresión de *el carillón de la catedral da las doce* cabe holgadamente —y varias veces— en el tiempo de la acción. No se trata, pues, de tiempos coincidentes en su totalidad. Ni siquiera secantes; es decir, que algún momento del tiempo de la acción coincida con algún momento del tiempo de la expresión.

Hemos escrito en otra ocasión: «El presente de coincidencia es el grano de arena en torno al cual se desarrolla la perla denominada "tiempo de presente"; expresivo de un conjunto de relaciones temporales que tienen en común no excluir la coincidencia; siquiera sea la coincidencia global que permite formular la frase *yo duermo siempre profundamente.* Quien tal dice ni duerme siempre ni duerme mientras lo dice; lo cual no impide considerar correcta la frase y correcto el uso en ella del presente, porque el hablante no considera cancelado ni interrumpido su hábito de sueño profundo». Nos parece buen ejemplo de presente habitual.

Y buen ejemplo de presente puntual ofrece el locutor de radio que narra las vicisitudes de un partido de fútbol. Esta narración inmediata contrasta con la narración de los periódicos, a la mañana siguiente. El locutor dice: *Fulano lanza la falta y el portero despeja de puños*; pero leemos en el periódico: *Fulano lanzó la falta y el portero despejó de puños*. Presente frente a pasado; actualidad frente a historia.

8.6.3. Presente histórico o narrativo

Precisamente para acercar al presente los acontecimientos del pasado puede usarse, para narrarlos, la forma verbal de presente. Este uso suele denominarse presente histórico —porque es frecuente en el relato de hechos históricos— o narrativo. Es curioso que, mientras algunos historiadores recurren al uso del presente para actualizar sus relatos del pasado, algunos narradores del futuro —George Orwell, por ejemplo, en la versión española de su famosa novela *1984*— actualizan sus relatos mediante el uso de tiempos de pasado. Y, en este mismo párrafo, acabamos de escribir en presente *recurren* y *actualizan* para expresar fenómenos supuestamente ordinarios o corrientes (si la aseveración se toma como generalización) o manifiestamente pasados (si se refiere a casos concretos). En el primer supuesto se trataría de un presente habitual; en el segundo, de un presente histórico o narrativo.

8.6.4. Presente imperativo y profuturo

En la lengua coloquial es frecuente el uso de la forma de presente para expresar acontecimientos del futuro, bien para indicar inmediata proximidad en el tiempo, bien con matiz imperativo. Hay que considerar imperativas —mandato, exhortación o ruego— las siguientes frases:

> Te lo presto, pero lo devuelves mañana mismo.
> Vas a la farmacia y me traes un calmante.
> ¡Anímate! Sales a pasear y tomas algo por ahí.

Tiene mero valor de acercamiento al futuro la forma de presente (precisamente llamado profuturo, en este caso) de los siguientes ejemplos:

> Dentro de un par de días terminan las vacaciones.
> No, éste no es el mío; yo tomo el próximo tren.
> A los sesenta me jubilo y no doy golpe de por vida.

8.6.5. Presente intemporal

Los acontecimientos que pueden ser objeto de expresión lingüística no siempre implican tiempo. El hombre puede concebir la idea de 'triángulo' sin incluir ningún rasgo temporal; y expresar la idea mediante la palabra *triángulo,* sin implicar más tiempo que el de la expresión. Pero, como se ha expuesto en páginas anteriores (§§ 8.4.3 a 8.4.5), los verbos implican tiempo; son —en definición magistral— «unas formas especiales de lenguaje con las que pensamos la realidad como un comportamiento del sujeto». Y es precisamente el comportamiento el que implica tiempo; según lo cual el verbo no habría de poder participar en ninguna frase de contenido intemporal. No obstante, cabe acercarse a la intemporalidad mediante el uso del presente. Es el contexto del verbo, el propio contenido informativo de la frase, el que confiere valor intemporal a la forma verbal afectada, que ha de ser necesariamente la de presente. He aquí algunos ejemplos:

> El diámetro terrestre mide cuarenta mil quilómetros.
> El exágono es un polígono de seis lados.
> El agua hierve a cien grados de temperatura.
> El Everest supera los ocho mil metros de altitud.

Estas aseveraciones se formulan al margen del tiempo. Es improbable que cambie el tamaño de la tierra y la altura del Everest; es más improbable aún que —en las mismas circunstancias ambientales— cambie la temperatura de ebullición del agua; y es imposible que lo que entendemos por exágono deje de tener seis lados. No se trata, pues, de fenómenos que se produzcan en uno u otro tiempo; se trata de hechos considerados al margen del tiempo. En tales casos, el presente que los expresa se supone intemporal.

8.7.   USO DE LOS TIEMPOS DE FUTURO

8.7.1.   Futuro imperfecto durativo

En abstracto, nada hay más vasto que el futuro; aunque para cada uno el futuro sea tan rigurosamente limitado. Todo cuanto se haya iniciado (tanto en el pasado como en el presente) y no se concluya en el presente pertenece al futuro. La forma verbal llamada futuro imperfecto sirve para expresar lo que haya de acontecer en el porvenir, tanto en la modalidad durativa, como en la puntual. El futuro durativo, como le ocurre al pasado, incluye tanto la duración continua como la habitual. De ambos casos se ofrecen ejemplos a continuación:

A partir de mañana serás jefe de negociado.
Jamás se lanzará en paracaídas.
Cada día me levantaré a las cinco.
Tomará usted dos pastillas después de cada comida.

8.7.2.   Futuro imperfecto puntual

El futuro puntual depende del contexto, en el cual se establece el momento de la acción futura; como en los siguientes ejemplos:

Mañana, a las cinco, me nombrarán vicepresidente.
El jueves me lanzaré en paracaídas por tercera vez.
Me levantaré en cuanto suene el despertador.
Durante el viaje tomaré las pastillas sin agua.

8.7.3.   Futuro imperfecto imperativo

La fuerte tradición del decálogo mosaico —los diez mandamientos de la ley de Dios— ha popularizado el uso del futuro con valor de imperativo. Y no sólo en las prohibiciones, como señalan algunos gramáticos; sino también en las exhortaciones afirmativas. Junto a los mandamientos negativos (*no matarás, no hurtarás, no codiciarás los·bienes ajenos,* etc.), están los mandamientos positivos (*amarás a Dios sobre todas las cosas, santificarás las fiestas, honrarás a tu padre y a tu madre*). Es frecuente, en la lengua coloquial, el uso del futuro imperfecto con valor imperativo, acompañado de la adecuada entonación. Tal ocurre en expresiones como las siguientes:

¡Cállate!   ¡Te callarás!
¡Sube ahora mismo!   ¡Subirás ahora mismo!
¡Ve y pide el cambio!   ¡Irás y pedirás el cambio!

8.7.4. Futuro imperfecto de cortesía

El futuro llamado de cortesía es menos frecuente que el pretérito imperfecto, al que ya se ha hecho referencia anteriormente (§ 8.5.6); pero se emplea en el habla coloquial, en situaciones tales como las que sugieren los siguientes ejemplos:

¿Me dejará usted pasar, por favor?
Pues verá usted: yo ya tengo mis planes.

8.7.5. Futuro imperfecto y potencial simple de probabilidad

El futuro imperfecto se usa también para indicar la probabilidad de una acción en el presente. En frases que contienen información cuantificable (peso, medida, edad, grado, etc.), adquiere un sentido de estimación o aproximación respecto al significado del complemento. Véanse a continuación ejemplos en los que el futuro imperfecto aporta sentido de aproximación y de probabilidad:

Este coche alcanzará los doscientos por hora.
Su fortuna rebasará los mil millones.
Acaba de llegar; ahora estará en su habitación.
A usted le molestará este calor, pero a mí no.

La aproximación o probabilidad en el pasado se expresa mediante el llamado futuro hipotético —en este uso, más hipotético que futuro—, condicional o potencial simple. Véanse ejemplos de este tiempo en frases semejantes a las de la serie anterior:

Mi coche, cuando lo compré, alcanzaría los doscientos.
Heredó una fortuna que rebasaría los mil millones.
No le vi al llegar; estaría en su habitación.
A usted le molestaría el calor de ayer; pero a mí no.

8.7.6. Futuro perfecto

El futuro perfecto expresa la perfección o culminación de una acción con límite en un momento del futuro. Si se anuncia que mañana, a las doce, termina el plazo de presentación de instancias, tiene sentido la frase *mañana, a las doce, habré presentado mi instancia.* En rigor, cualquier instancia presentada antes de las doce de mañana cumple el requisito anunciado; no importa si se presentó ayer, hoy o mañana (antes de las doce). Pero normalmente se expresan mediante el futuro perfecto las acciones que terminan en el plazo comprendido entre el momento en que se emite la frase y el término previsto; es decir —siguiendo con el ejemplo propuesto arriba— desde ahora hasta las doce de mañana. Si la acción es puntual, como la de presentar una instancia, suele entenderse que se realiza en el tiempo comprendido entre el momento de la expresión y el límite futuro establecido. Si se trata de acciones durativas, no importa que el inicio y el desarrollo de la acción correspondan al pasado, el presente o al futuro, con tal de que la perfección se produzca antes del límite establecido; aunque, en general, se entiende que la culminación de la acción corresponde al futuro. Véanse algunos ejemplos:

El próximo domingo habré cumplido cincuenta años.
Cuando venza esta letra habrás liquidado la deuda.
El día de san Juan habrán terminado los exámenes.
Mañana ya habrán olvidado lo ocurrido.

8.7.7. Futuro perfecto de probabilidad

No siempre se señala en los tratados gramaticales el valor de probabilidad de pasado próximo al presente que puede aportar el futuro perfecto. Así como el futuro imperfecto es la expresión del presente con matiz de probabilidad, así el futuro perfecto lo es del pretérito perfecto. Compruébese en los siguientes ejemplos, en los que concurren las oposiciones imperfección/perfección y aseveración/probabilidad:

1. Yo sé que ustedes comprenden lo que explico.
2. Confío en que comprenderán lo que explico.
3. Me consta que ustedes me han comprendido.
4. Estoy seguro de que ustedes me habrán comprendido.

Las frases que constituyen la primera pareja se refieren al presente y sólo difieren en el matiz de aseveración/probabilidad. La primera viene a significar la certeza efectiva de que «van comprendiendo» al mismo tiempo (precisamente presente) que «voy explicando»; el rasgo de probabilidad de la segunda no afecta al tiempo. La oposición aseveración/probabilidad distingue también a las frases de la segunda pareja; pero ambas se refieren al mismo tiempo, distinto del de la primera pareja; el presente es en ellas el punto final de referencia del proceso de comprensión. La tercera frase equivale a manifestar la seguridad de que «han ido comprendiendo» hasta ahora; tampoco aquí afecta al tiempo el rasgo de probabilidad de la cuarta frase.

Acaso no sea superfluo señalar el recurso de compensación aplicado a la formulación de las dos frases con verbo en futuro, segunda y cuarta. En la segunda (con el futuro simple *comprenderán*), la probabilidad se compensa con la confianza manifestada mediante el verbo principal *confío*; en la cuarta (con el futuro compuesto *habrán comprendido*), la probabilidad se compensa con la seguridad expresada mediante el adjetivo *seguro*. En su interpretación más profunda, la manifestación de confianza y de seguridad suelen ser medios discretos de sugerir la desconfianza y la inseguridad; que también es aplicable a ciertos recursos de la lengua aquello de «dime de qué presumes y te diré de qué adoleces».

9. FORMAS NO PERSONALES DEL VERBO

9.1. LAS FORMAS NO PERSONALES

9.1.1. Aspecto verbal de las formas no personales

La *Gramática* de la Real Academia Española, en su última edición norma-tiva (1931), establece: «El *modo infinitivo* denota la significación del verbo en abstracto, sin expresar tiempo, número ni persona, y comprende los llama-dos *nombres verbales,* que son: el *infinitivo* propiamente dicho, que expresa la idea del verbo como puede hacerlo un hombre de acción; v. gr.: *amar;* el *participio,* que la denota como un adjetivo; v. gr.: *amante, amado;* y el *gerun-dio,* como un adverbio; v. gr.: *amando».* El *Esbozo* académico (1973), tantas veces citado, no incluye ya el infinitivo entre los modos verbales, pero añade al final del párrafo dedicado a éstos: «Finalmente, en la flexión se incluyen tres formas desprovistas de morfemas verbales de número y persona, llamadas infinitas o no personales: infinitivo, participio y gerundio, que pueden ser tam-bién simples y compuestas». Hasta aquí, doctrina académica.

Parece bien que deje de llamarse modo al conjunto de las formas no perso-nales; parece bien que se las denomine así; parece bien que se las considere carentes de flexión de número y persona; y parece bien que haya dejado de afirmarse que no expresan tiempo. Porque las formas no personales del ver-bo, precisamente por ser verbales, no pueden dejar de expresar tiempo; ya que las formas verbales —cualquiera de ellas— son las que permiten pensar la rea-lidad como un comportamiento. Y el comportamiento implica tiempo. De aquí que quepa atribuir a cada una de las formas no personales del verbo uno de los matices del tiempo implicado: el gerundio *escribiendo* expresa duración im-perfectiva; el participio *escrito,* perfección; el infinitivo *escribir,* globalidad (re-cuérdese: totalidad y puntualidad).

9.1.2. Función sintáctica de las formas no personales

Pero la condición verbal de las formas no personales, en cuanto a su signi-ficado, hay que hacerla compatible con su posible condición no verbal, en cuan-to a su función sintáctica. Tal como señala la *Gramática* de la Academia, al infinitivo corresponde la función de nombre (es decir, sustantivo); al gerundio, la de adverbio; al participio, la de adjetivo. Lo particular de dos de estas formas (el infinitivo y el gerundio) es que tienen, de hecho, un doble comportamiento sintáctico. Cada una de ellas actúa como verbo en relación con sus complementos, pero el infinitivo actúa como sustantivo y el gerundio actúa como adverbio en relación con las demás partes de la oración. En la frase *me gusta escuchar música,* el infinitivo *escuchar* tiene el complemento directo *música*; pero la expresión compleja *escuchar música* es el sustantivo sujeto del predicado *me gusta*. En la frase *ella se duerme escuchando música, música* es también el complemento directo de *escuchando*; pero la expresión compleja *escuchando música* es complemento adverbial (o circunstancial, por otro nombre) del verbo *quiere*.

Si se prefiere un ejemplo más complicado, ahí va. En la frase *me gustaría* (o *yo querría*) *saber escribir oyendo hablar,* el infinitivo *hablar* es el sustantivo complemento directo del gerundio *oyendo*; el gerundio complementado *oyendo cantar* es el complemento adverbial (o circunstancial) del infinitivo *escribir*; el infinitivo complementado *escribir oyendo hablar* es el sustantivo complemento directo del infinitivo *saber*; y el infinitivo complementado *saber escribir oyendo hablar* es el sustantivo sujeto del predicado *me gustaría* (o el sustantivo complemento directo del verbo *querría*). Y nadie caiga en la tentación de considerar lo dicho un juego de palabras, porque se trata del análisis sintáctico normal de una frase como otra cualquiera; con la complicación adicional de la capacidad del infinitivo y del adverbio para el ejercicio simultáneo de dos funciones sintácticas; funciones que acaso quepa denominar endotáctica de verbo y exotáctica de sustantivo (en el infinitivo) y de adverbio (en el gerundio).

9.2. EL INFINITIVO

9.2.1. Infinitivo simple e infinitivo compuesto

Hay que señalar, en primer lugar, que el infinitivo tiene dos formas, una simple y otra compuesta: *escribir* y *haber escrito*. La forma compuesta expresa perfección, pero no en relación con un tiempo determinado. A diferencia de los tiempos perfectivos del modo indicativo, que expresan perfección en relación al pasado, al presente o al futuro, el infinitivo compuesto lo indica en relación con cualquier tiempo. Obsérvese en los siguientes ejemplos:

> Luego me alegré de haber estudiado una carrera.
> Temo haber despertado a todos con este portazo.
> Me gustaría haber llegado a casa cuando anochezca.

El *haber estudiado* del primer ejemplo es perfecto, con límite en el momento pasado de *alegré*; el *haber despertado* del segundo ejemplo es perfecto, con límite en el presente de *temo*; el *haber llegado* del tercer ejemplo es perfecto, con límite en el futuro de *anochezca*.

Sin otra limitación que su condición de perfecto, el infinitivo compuesto ejerce las mismas funciones sintácticas que el simple. Para unificar la exposición de cuanto concierne al infinitivo, de aquí en adelante toda mención del infinitivo se entenderá referida a cualquiera de las dos formas, aunque se ejemplifique sólo con la forma simple. Precisamente por eso es importante que ahora quede clara la equivalencia sintáctica; claridad a la que acaso contribuya la consideración de los siguientes ejemplos, presentados por parejas basadas sólo en la oposición de infinitivo simple/compuesto:

1a.   No me importa pagar por adelantado.
1b.   No me importa haber pagado por adelantado.
2a.   El testigo negó convivir con el acusado.
2b.   El testigo negó haber convivido con el acusado.
3a.   Está seguro de vencer en la batalla.
3b.   Está seguro de haber vencido en la batalla.

9.2.2.   Funciones sintácticas del infinitivo

A partir del hecho de que el infinitivo es un sustantivo, no queda sino admitir que le competen, en el seno de la oración, las mismas funciones que competen al sustantivo. Ahí quedan los ejemplos del párrafo inmediato anterior. En ellos, el infinitivo desempeña la función de sujeto (1a y 1b), de complemento directo (2a y 2b) y de complemento de un adjetivo (3a y 3b). En algunas funciones (sujeto, complemento circunstancial o del nombre, incluso complemento directo), el infinitivo admite —si así conviene— la presencia del artículo y de otras partículas determinantes (demostrativos, posesivos), así como adjetivos calificativos y otros complementos nominales. Véanse ejemplos en las siguientes frases:

El mucho saber [la mucha sabiduría] nunca estorba.
Me gusta su torear [su toreo] garboso.
Este ciego obedecer [esta ciega obediencia] me exaspera.
No resiste el duro trabajar [trabajo] de cada día.
Recuerdo el suave llover [la suave lluvia] del invierno.
Está orgulloso de su salir [salida] triunfal de la plaza.

9.2.3.   El infinitivo en oraciones impersonales

Es frecuente, en las oraciones llamadas impersonales (las que carecen de flexión de persona), la presencia de un sujeto en infinitivo, acompañado de su correspondiente complemento directo. Si éste es plural, puede producirse la concordancia del verbo principal con el complemento del infinitivo. Debe evitarse. Véase la versión correcta y la incorrecta (ésta, señalada con un asterisco) de las siguientes frases:

> *Se esperan obtener resultados satisfactorios.
> Se espera obtener resultados satisfactorios.
> *Se necesitan subastar inmediatamente doce cuadros.
> Se necesita subastar inmediatamente doce cuadros.

No pocos tratadistas suponen admisibles frases como las de los siguientes ejemplos:

> Se oyen sonar las sirenas de las fábricas.
> Se ven volar las primeras mariposas.

El plural de las formas verbales *oyen* y *ven* no está justificado. Los sujetos de tales verbos son, respectivamente, los infinitivos *sonar* y *volar,* que no pueden exigir concordancia en plural. La concordancia de *sirenas* y *mariposas* con *oyen* y *ven,* respectivamente, supone alterar el sentido de la frase. Lo que *se oye* no es *las sirenas*, sino el *sonar* de las sirenas; lo que *se ve* no es *las mariposas,* sino el *volar* de las mariposas. Tampoco, en los ejemplos anteriores, lo que *se espera* es *resultados satisfactorios,* sino *obtener* esos resultados; ni lo que *se necesita* es *doce cuadros,* sino *subastar inmediatamente* esos cuadros.

El modo más eficaz de mostrar la relación entre los elementos constitutivos de cada una de las frases acaso sea el de sustituir la forma de infinitivo por un sustantivo que aporte el mismo significado y ejerza la misma función. Lo cual, aplicado a los ejemplos considerados en este párrafo, produce el siguiente resultado:

> Se espera obtener resultados satisfactorios.
> Se espera la obtención de resultados satisfactorios.
> Se necesita subastar inmediatamente doce cuadros.
> Se necesita la subasta inmediata de doce cuadros.
> Se oye sonar las sirenas de las fábricas.
> Se oye el sonido de las sirenas de las fábricas.
> Se ve volar las primeras mariposas.
> Se ve el vuelo de las primeras mariposas.

Aceptar la construcción en plural de una oración impersonal con sujeto infinitivo equivale a negar al infinitivo la condición de sujeto y a la oración la condición de impersonal. Cierto que *se pueden cometer graves errores.* Uno de ellos consiste en no colocar la partícula *se* en el lugar adecuado: *pueden cometerse graves errores*; construcción que evidencia por sí misma no tratarse de una oración impersonal, sino pasiva refleja. Está claro que *graves errores pueden ser cometidos*; pero ¿no sería uno de ellos afirmar que *las primeras mariposas ven ser voladas* y que *las sirenas de las fábricas oyen ser sonadas*?

No obstante, el uso acredita —y algunos tratadistas aconsejan— la posibilidad de concordar *sirenas* con *se oyen* y *mariposas* con *se ven*. Ello se debe, sin duda, al hecho de que *sirenas* y *mariposas* son los respectivos sujetos de *sonar* y *volar*. Cambiando el orden de las partes de la oración, podemos dar nueva forma a las frases analizadas:

Las sirenas de las fábricas se oyen sonar.
Las primeras mariposas se ven volar.

La vecindad inmediata de *las sirenas de las fábricas* y *las primeras mariposas* con los respectivos verbos impersonales ha podido inducir a una concordancia gramaticalmente no justificada. La verdad es que, a pesar de todas las razones aducidas, la construcción de estas frases con el verbo en singular produce un extraño efecto, como puede comprobarse:

Las sirenas de las fábricas se oye sonar.
Las primeras mariposas se ve volar.

La acaso excesivamente detenida reflexión sobre este conflicto sintáctico pretende poner de relieve, una vez más, lo que tantas veces se va señalando a lo largo de estas páginas. Las lenguas no pueden existir sin una norma que las rija. Pero ¿de dónde procede la norma? La norma no es sino la formulación —implícita en los hablantes y explícita en los tratados de gramática— del uso de la lengua. De modo que el uso hace la norma y la norma rige el uso. Una y otro, en equilibrio dinámico, encauzan la lengua a lo largo de su evolución histórica. La unidad de la lengua, en cada etapa de su devenir, depende del respeto a la norma; pero la vida de la lengua, sucesión de etapas, comporta cambio y adaptación. Y la vida gana siempre. Los gramáticos —y la Academia al frente de todos ellos— deben procurar el mantenimiento de la estabilidad de la lengua; es su oficio. Pero es también su obligación reconocer las novedades asentadas y los usos generalizados. De aquí que, tras exponer la doctrina ortodoxa sobre el número del verbo en las tan repetidas frases, haya que reconocer —cuando el sujeto del infinitivo es plural— la realidad de su concordancia en plural.

9.3. EL GERUNDIO

9.3.1. Funciones sintácticas del gerundio

Para evitar el uso incorrecto del gerundio, conviene partir de un claro conocimiento de su función gramatical. El gerundio simple indica coincidencia temporal de su significado con el significado del verbo en forma personal con el que está en relación. Es el caso de las frases siguientes:

La sorprendió fumando uno de sus puros.
Pasaba las tardes escuchando música.
Se gana la vida traduciendo novelas baratas.

La función meramente adverbial del gerundio es patente en frases como las siguientes:

Subió las escaleras corriendo.
Apagó la vela soplando.
Habla moviendo mucho los labios.

9.3.2. El gerundio compuesto

El gerundio compuesto indica anterioridad de su significado, respecto del significado del verbo en forma personal con el que está en relación. Así:

Habiendo acabado la clase, salieron todos al patio.
Se retiró del negocio habiendo ganado una buena fortuna.
Sorprendía que, habiendo estudiado tanto, supiera tan poco.

El uso del gerundio compuesto es menos frecuente que el del simple; pero no es menor la proporción de incorrecciones en que se incurre. Véanse a continuación algunas de las más corrientes, tanto del simple como del compuesto:

9.3.3. Usos incorrectos del gerundio

El abuso del gerundio acaso tenga su manifestación más patente en algunas narraciones biográficas, en las que pueden aparecer expresiones tales como

Nació en Tuy, estudiando el bachillerato en Lugo...

Mal podía nacer en Tuy el protagonista de esta historia, mientras estudiaba el bachillerato en Lugo. La imposible simultaneidad de ambas acciones impide, en este ejemplo, el correcto uso del gerundio. Aunque no faltan los optimistas que, atribuyendo al protagonista una extraña capacidad de anticipación, formulan la historia en estos términos:

Nació en Tuy, habiendo estudiado el bachillerato en Lugo...

En una sucesión de acontecimientos, el gerundio nunca puede expresar el acontecimiento posterior. De aquí que haya que considerar incorrectas las frases citadas anteriormente y cualquier otra del mismo tipo, como las siguientes:

Entró en el cine, acomodándose en la mejor butaca.
Se rompió la botella, derramándose todo su contenido.

Para expresar correctamente la sucesión de hechos, biográficos o no, suele bastar una coma o la correspondiente conjunción copulativa según convenga; con lo cual, las frases anteriores quedan convertidas en

Nació en Tuy, estudió el bachillerato en Lugo...
Entró en el cine y se acomodó en la mejor butaca.
Se rompió la botella y se derramó todo su contenido.

En general, es aconsejable evitar los gerundios; y no sólo cuando su uso es incorrecto, como ocurre en los casos señalados en este párrafo. La frecuencia de gerundios es inelegante, en no pocas ocasiones indica falta de imaginación o de esfuerzo en busca de otras fórmulas lingüísticas más adecuadas y casi siempre provoca molestas consonancias. No obstante, en algunos casos —como acaba de señalarse en párrafos inmediatamente anteriores—, recurrir al gerundio es, no sólo correcto, sino recomendable; y, a veces, incluso imprescindible.

9.4. EL PARTICIPIO

9.4.1. Participio activo y participio pasivo

La primera cuestión que se plantea al tratar del participio es la de su difícil delimitación respecto al adjetivo. La propia Academia contribuye a la confusión al afirmar: «A diferencia del infinitivo y del gerundio, que son invariables, el participio pasivo tiene formas distintas para concertar en género y número con el sustantivo a que se refiere; v. gr.: *hombre perseguido, mujer perseguida*; *hombres perseguidos, mujeres perseguidas*; y denota que la significación del verbo ha recaído ya en el objeto designado con el nombre con que concierta, o que recae en el tiempo indicado por el verbo con que se construye». No puede decirse que el párrafo sea un dechado de claridad; pero plantea claramente —por lo menos— tres cuestiones.

La primera, que parece la de más urgente averiguación, concierne a la supuesta pasividad del participio. Y no tanto porque, de momento, importe gran cosa que el participio sea o no pasivo; sino porque, de la mención de un «participio pasivo», acaso haya que deducir la existencia de un «participio activo». Pero no. El *Esbozo* ni lo menciona siquiera. El llamar «participio pasivo» al único participio reconocido no es sino una reminiscencia de la tradición académica, cuya última manifestación adquiere (en la *Gramática* de 1931) forma de afirmación tajante: «El *participio* se divide en *activo* y *pasivo*». Los ejemplos respectivos —ya reproducidos en páginas precedentes (§ 9.1.1)— son *amante* y *amado*. Pero nadie sostiene ya que *amante, cantante, comerciante, dibujante, estudiante, tunante, viajante* ni otra palabra *semejante* sean participios activos; excepto el *Diccionario* de la Academia, cuya última edición (1984) insiste en tan anacrónica definición.

9.4.2. Flexión del participio: género y número

La segunda cuestión se refiere a la flexión del participio. Es incuestionable que, en su contribución a la conjugación pasiva, el participio adopta formas de masculino y de femenino, de singular y de plural. Véase en el siguiente ejemplo, a doble columna:

masculino	femenino
(yo) soy amado	(yo) soy amada
(tú) eres amado	(tú) eres amada
(él) es amado	(ella) es amada
(nosotros) somos amados	(nosotras) somos amadas
(vosotros) sois amados	(vosotras) sois amadas
(ellos) son amados	(ellas) son amadas

Pero ¿habrá que negar la condición de participio a la forma invariable que contribuye a la formación de los tiempos compuestos de la voz activa? Nótese la falta de flexión, tanto de género como de número, en la conjugación —por ejemplo— del pretérito perfecto de indicativo:

(yo)	he amado
(tú)	has amado
(él, ella)	ha amado
(nosotros, nosotras)	hemos amado
(vosotros, vosotras)	habéis amado
(ellos, ellas)	han amado

Bien es verdad que el participio que contribuye a la formación de los tiempos compuestos de la conjugación activa es el único invariable; pero también es verdad que éste es tan participio como el que más y el de más uso en la lengua española. Por lo que la flexión de género y de número no debería figurar como rasgo característico en la definición del participio.

9.4.3. El participio y el adjetivo

La tercera y última cuestión (y, sin duda, la más importante) es la ya planteada acerca del difícil límite entre el participio y el adjetivo. Recuérdese (§ 9.4.1) que la Academia propone como ejemplo típico de participio el complemento *perseguido,* acompañante de las palabras *hombre* y *mujer.* En el *Diccionario* de la Academia ni siquiera figura, aunque sí *perseguidor.* Figura también *perturbador* y ¡lo más sorprendente! *perturbado,* que clasifica como participio pasivo de *perturbar* y adjetivo. El excelente *Diccionario* de María Moliner dice de *perseguido* que es «participio adjetivo». Consideramos importante dilucidar esta cuestión. Y no nos parece difícil, ya que la función del participio está descrita en su propia denominación.

No resistimos a la tentación de aportar dos testimonios que consideramos significativos. El primero, del siglo VII y referido a la lengua latina, es de Isidoro de Sevilla: «Se dice participio porque participa del verbo y del nombre»; el segundo, del siglo XV y referido a la lengua española, es de Antonio de Nebrija: «Se llamó participio porque tomó parte del nombre y parte del verbo». Y ésta es la realidad. El participio es un nombre adjetivo, que se incorpora a la conjugación verbal para la formación de tiempos compuestos; circunstancia que le confiere tiempo implicado, precisamente perfectivo. O, dicho de otro modo, el participio es una forma verbal, parcialmente emancipada, con capacidad para ejercer las funciones de adjetivo calificativo, en el conjunto de los cuales hay que incluirlo. Cualquiera de las dos interpretaciones es aceptable —porque son equivalentes— y explica satisfactoriamente el comportamiento sintáctico del participio en español.

No parece que haya duda alguna acerca de la identidad funcional de los adjetivos incluidos en cada una de las siguientes frases:

El perro perseguidor alcanzó al conejo perseguido.
Una de las toallas está sucia y la otra está rota.
El orador se expresó con voz clara y ademán comedido.

Ordenados los adjetivos según tengan o no, además de esta condición, la de participios, resultan estas dos columnas:

no participios	participios
perseguidor	perseguido
sucia	rota
clara	comedido

¿Hay alguna diferencia? Aparte de la capacidad de contribuir a la formación de perífrasis verbales (*el perro había perseguido al conejo, la toalla fue rota adrede*), ¿qué otra diferencia hay entre los adjetivos de una y otra columna? ¿Cabe siquiera considerar la palabra *comedido* como participio del inusitado verbo *comedir*? Incluso en el llamado «participio absoluto» se observa igualdad de conducta. Compruébese en los siguientes ejemplos:

Reparada la avería, vuelve a manar el agua.
Lista la reparación, se restablece el servicio.
Avisado el médico, acudió al instante.
Lleno a tope el autobús, emprendió la marcha.
Agotados los víveres, hubo que rendirse.
Exhaustas las fuerzas, pereció ahogado.

Los adjetivos *reparada, avisado* y *agotados* pueden ser considerados, además, participios; no así *lista, lleno* y *exhaustas,* que son sólo adjetivos. Pero unos y otros cumplen, en estos ejemplos, idéntica función.

Las formas no personales del verbo (infinitivo, gerundio y participio), no sólo ejercen las funciones que acabamos de describir. Éstas son las que corresponden a su vertiente no verbal (sustantiva, adverbial y adjetiva, respectivamente). Quedan por describir las que corresponden a su vertiente verbal, consistentes en contribuir a la formación de construcciones verbales complejas, denominadas perífrasis. De ellas trata, precisamente, el próximo capítulo.

10. PERÍFRASIS VERBALES

10.1. ESTRUCTURA Y FUNCIÓN DE LAS PERÍFRASIS

10.1.1. Tipos de perífrasis

Se llama perífrasis verbal la concurrencia de dos formas verbales destinadas a expresar un contenido informativo distinto de la mera suma de los contenidos informativos de cada una de las formas verbales concurrentes. Las perífrasis existen porque, a pesar de la rica morfología de la conjugación simple (persona, número, tiempo y modo), las desinencias no bastan para expresar las variantes de voz ni todos los matices aspectuales que la función verbal requiere.

Ha habido ya ocasión, en capítulos anteriores, de comprobar la insuficiencia de la flexión verbal mediante desinencias. Los llamados tiempos compuestos de la conjugación activa son la primera muestra de perífrasis. No hay formas simples para expresar el presente perfecto, el pasado perfecto, el futuro perfecto; no las hay en el indicativo ni en el subjuntivo; y faltan también para expresar la perfección de infinitivo y de gerundio. Como consecuencia de lo cual, la lengua española es rica en formas verbales compuestas; es decir, es rica en perífrasis verbales.

Los dos elementos constituyentes de la perífrasis no tienen la misma forma ni la misma función. Uno de los elementos es invariable en cuanto a la flexión verbal y aporta el contenido léxico; es decir, el significado. El otro elemento es variable y aporta fundamentalmente datos gramaticales (persona, número, tiempo y modo). El verbo que contribuye a la perífrasis con su conjugación se denomina auxiliar y pierde, en el ejercicio de esta función, su propio significado. El constante ejercicio de la función auxiliar ha producido, en algunos verbos, la pérdida permanente del significado que tuvieron como verbos independientes. El caso más extremo es el del verbo *haber,* inusitado como verbo independiente en el español de hoy. También *ser* y *estar* han quedado afectados, aunque en menor medida; pero la pérdida de densidad de su contenido léxico los ha relegado a la condición de verbos de mera relación entre el sujeto y el predicado nominal o de verbos auxiliares de voz.

El hecho de que exista gran variedad de perífrasis comporta la correspondiente variedad de matices en la aportación de cada uno de los verbos auxiliares. Obsérvense las perífrasis de los siguientes ejemplos:

El pirata ha enterrado el tesoro.
El tesoro es enterrado por el pirata.
El tesoro está enterrado en una isla. ˙

Los verbos auxiliares (*haber, ser, estar*) tienen idéntica morfología: tercera persona del singular del presente de indicativo; pero el resultado de su aplicación al participio del verbo *enterrar* no es el mismo. Ni siquiera morfológicamente, ya que *ha enterrado* es una forma del pretérito perfecto y las demás perífrasis son formas del presente de indicativo. Además de la diferencia de tiempo, hay entre las perífrasis una diferencia de voz; la primera es de activa (sujeto, *el pirata*), las otras dos son de pasiva (sujeto, *el tesoro*). Y aun entre las dos últimas hay diferencia de matiz, ya que la segunda expresa una acción (como la primera, aunque con otra formulación) y la tercera expresa un estado, resultado o consecuencia de la acción.

10.1.2.   Perífrasis con participio

Como en cualquier otra cuestión concerniente a la lengua —o a cualquier otro aspecto del conocimiento humano—, no es posible establecer con exactitud los límites del concepto de perífrasis. Pero hay que intentar establecer algunos límites. Y uno de los métodos más eficaces para lograrlo es el análisis del segundo elemento, el considerado invariable a lo largo de la conjugación. Éste ha de ser —por definición— una de las formas no personales del verbo: infinitivo, gerundio o participio. En el caso del infinitivo y del gerundio, la invariabilidad es efectiva, ya que tanto uno como otro carecen de flexión; pero no así el participio, que puede tener flexión de género y de número. Ya se ha citado antes (§ 9.4.2) la invariabilidad del participio en la formación de los tiempos compuestos de la voz activa y la variabilidad del participio en la conjugación de la voz pasiva. Pero aún hay más: hay que distinguir entre la concordancia del participio con el sujeto y la concordancia con el complemento. Véanse muestras de los distintos comportamientos en los siguientes ejemplos:

1a.   La ventolera ha abatido varias encinas.
1b.   Los temporales han abatido el viejo ciprés.
2a.   El viejo ciprés fue abatido por la ventolera.
2b.   Varias encinas fueron abatidas por los temporales.
3a.   Mi primo tiene preparado el equipaje.
3b.   Vosotras tenéis preparado el equipaje.
3c.   Mi primo tiene preparadas las maletas.

En el contraste entre las oraciones 1a y 1b se nota la invariabilidad del participio en relación con el sujeto (femenino singular en 1a y masculino plural en 1b) y con el complemento (femenino plural en 1a y masculino singular en 1b). En el contraste entre las oraciones 2a y 2b se nota la concordancia del participio con el sujeto, ya que se adapta a su género y a su número (masculino singular en 2a y femenino plural en 2b). En el contraste entre las oraciones 3a y 3b se nota la invariabilidad del participio respecto al sujeto (masculino singular en 3a y femenino plural en 3b); pero en el contraste entre 3a y 3c se nota la concordancia del participio con el complemento, ya que se adapta a su género y a su número (masculino singular en 3a y femenino plural en 3c).

10.1.3. Integración del participio en la perífrasis

Hay otra diferencia entre las cuatro primeras oraciones y las tres últimas. Tanto en la perífrasis de tiempo compuesto como en la de pasiva, el participio es la raíz significativa del verbo. Una y otra perífrasis no son sino recursos morfológicos destinados a remediar la insuficiencia del sistema desinencial. En las cuatro primeras oraciones, los participios no pueden ser sustituidos por otra palabra; la sustitución comportaría un cambio en su estructura y en su significado. Sólo en las tres últimas oraciones es posible sustituir el participio por un adjetivo, sin que la sustitución afecte a la estructura ni al significado del conjunto oracional. Compruébese el resultado del cambio en las frases que han servido de ejemplo en el párrafo anterior:

3a.   Mi primo tiene listo el equipaje.
3b.   Vosotras tenéis listo el equipaje.
3c.   Mi primo tiene listas las maletas.

No sólo no hay cambio en el significado de las frases, sino que tampoco lo hay en la conducta gramatical del adjetivo que ha sustituido al participio; éste se muestra invariable respecto al sujeto y mantiene su concordancia con el complemento.

Por otra parte, no todas las perífrasis propuestas hasta ahora admiten intercalar el complemento entre el participio y el verbo auxiliar. Verifiquemos el resultado de aplicar esta operación a cada una de las frases de la serie anterior:

1a.   La ventolera ha varias encinas abatido.
1b.   Los temporales han el viejo ciprés abatido.
2a.   El viejo ciprés fue por la ventolera abatido.
2b.   Varias encinas fueron por los temporales abatidas.
3a.   Mi primo tiene el equipaje preparado.
3b.   Vosotras tenéis el equipaje preparado.
3c.   Mi primo tiene las maletas preparadas.

Las frases 1a y 1b no admiten la intercalación. En las frases 2a y 2b, la operación parece admisible sólo en lenguaje literario o amanerado; pero en modo alguno en la lengua corriente. En las tres últimas frases, el resultado es positivo: admiten perfectamente la intercalación.

10.1.4. Clasificación de las perífrasis

De todo lo considerado en el párrafo anterior parece deducirse que hay —por lo menos— tres tipos de perífrasis, correspondientes al distinto grado de integración del participio en la estructura perifrástica. En el caso de las tres últimas oraciones (las señaladas con el número 3), la incorporación es mínima. Si los participios son sustituibles por adjetivos, sin alteración en el significado, acaso quepa deducir que tampoco se comportan como participio cuando, por su apariencia formal, aparentan serlo. ¿Es que *preparado* ha de ser necesariamente participio? Si no parece serlo, sino adjetivo, en *contamos con personal preparado y trabajador,* ¿por qué ha de serlo en *mi primo tiene el equipaje preparado* y en *mi primo tiene preparado el equipaje*? Es curioso que *listo* (adjetivo, según la Academia), *preparado* (participio, según la Academia) y *a punto* (locución adverbial, según la Academia) puedan conmutarse sin cambio perceptible en el significado de la oración. Compruébese:

> Mi primo tiene listo el equipaje.
> Mi primo tiene preparado el equipaje.
> Mi primo tiene a punto el equipaje.

A pesar de todo lo cual, *tener preparado* es una expresión considerada perifrástica por los expertos —en opinión prácticamente unánime—, como lo son todas las constituidas por *tener* + participio; entendiendo por participio la forma que, en la conjugación de cada verbo, participa como elemento invariable en la formación de los tiempos compuestos.

Como mera muestra, presentamos a continuación un cuadro sinóptico de las perífrasis más frecuentes en la lengua española; presentación que servirá de referencia a la casuística subsiguiente. Como salta a la vista, la clasificación obedece a un criterio formal, agrupando las perífrasis según la categoría gramatical de su elemento estable: perífrasis con gerundio, con participio y con infinitivo. Bien es verdad que este criterio no discrepa esencialmente del criterio aspectual. Las perífrasis con gerundio expresan continuación o iteración (aspecto durativo); las formadas con participio, excepto la de pasiva, expresan resultado (aspecto perfectivo); la mayor parte de las formadas con infinitivo expresan significados directa o indirectamente relacionados con la incoación o el término (aspecto puntual). El número que acompaña a cada perífrasis remite al ejemplo correspondiente, en la relación de frases que sigue a la sinopsis.

He aquí el cuadro de las perífrasis más usuales en español:

PERÍFRASIS VERBALES

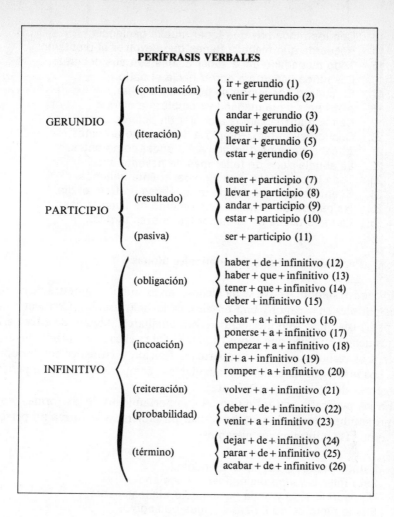

GERUNDIO	(continuación)	ir + gerundio (1) venir + gerundio (2)
	(iteración)	andar + gerundio (3) seguir + gerundio (4) llevar + gerundio (5) estar + gerundio (6)
PARTICIPIO	(resultado)	tener + participio (7) llevar + participio (8) andar + participio (9) estar + participio (10)
	(pasiva)	ser + participio (11)
INFINITIVO	(obligación)	haber + de + infinitivo (12) haber + que + infinitivo (13) tener + que + infinitivo (14) deber + infinitivo (15)
	(incoación)	echar + a + infinitivo (16) ponerse + a + infinitivo (17) empezar + a + infinitivo (18) ir + a + infinitivo (19) romper + a + infinitivo (20)
	(reiteración)	volver + a + infinitivo (21)
	(probabilidad)	deber + de + infinitivo (22) venir + a + infinitivo (23)
	(término)	dejar + de + infinitivo (24) parar + de + infinitivo (25) acabar + de + infinitivo (26)

EJEMPLOS

1. Cada día vamos envejeciendo un poco.
2. Hace meses que vienes anunciando la misma noticia.
3. Siempre anda buscando quien le preste dinero.
4. Me parece que sigues bebiendo demasiado.
5. Esta visita lleva esperando más de una hora.
6. En este momento está hablando por teléfono.
7. Ya tengo decidido dónde pasaré las vacaciones.
8. Apenas llevamos recorrida la mitad del camino.
9. Los políticos andan preocupados con las elecciones.
10. La cena estará servida a las nueve y media.
11. La manifestación fue disuelta por la policía.
12. Entre todos hemos de salvar la empresa.

13. Con los niños hay que tener mucha paciencia.
14. Recuerda que mañana tienes que devolver el préstamo.
15. Todo ciudadano debe saber cuáles son sus deberes.
16. Los niños echaron a correr hacia el patio.
17. En cuanto nos vieron se pusieron a gritar.
18. A las seis de la mañana ya empieza a clarear.
19. Desde mañana vamos a cobrar en dólares.
20. Cuando se enteró, rompió a llorar como un niño.
21. Al cabo de unos días volverá a andar como antes.
22. La abuela debe de tener más de noventa años.
23. Toda la operación vino a costar treinta millones.
24. El enfermo no ha dejado de quejarse en todo el día.
25. Ha parado de nevar en el momento de llegar a casa.
26. La radio acaba de anunciar las nuevas tarifas.

10.1.5. Perífrasis y formas pronominales átonas

El cuadro sinóptico —ya se ha dicho— no es sino una muestra de las perífrasis posibles en español y una relación de las más usuales. Contiene veintiséis perífrasis, pero sólo dieciocho verbos auxiliares. Alguno de estos verbos apenas tienen otro uso que el prerifrástico. Tal es el caso, en primer lugar, de *haber*. Los verbos *ser* y *estar* comparten la función perifrástica con la copulativa. Los más —los llamados semiauxiliares— comparten la función perifrástica con la de verbos independientes.

En las perífrasis con infinitivo, el comportamiento de las formas átonas del pronombre personal, es la ortodoxa: posponerse a la forma no personal del verbo. He aquí algunos ejemplos:

Estudio inglés y voy aprendiéndolo.
Esto mismo vengo diciéndoselo hace años.
Ha perdido algo y anda buscándolo afanosamente.
Ella le pidió perdón, pero él sigue odiándola.
Este perro lleva siguiéndome varios días.

En las perífrasis con participio, las formas átonas del pronombre personal preceden siempre al verbo auxiliar. Ejemplos:

Cuanto me dijo lo tengo olvidado por completo.
Cien casos y los lleva ganados todos.
Le está prohibido hacer declaraciones.
Tu préstamo te será devuelto inmediatamente.

En las perífrasis con infinitivo, el comportamiento de las partículas átonas del pronombre personal no es homogéneo. En general se posponen a la forma no personal del verbo. Ejemplos:

Te lo presto, pero has de devolvérmelo mañana.
Es urgente y hay que avisarlo por teléfono.
Tendrás que hablarles muy seriamente.
A cada uno debes devolverle lo que es suyo.
En ti voy a vengarme de todos mis enemigos.

El caso del auxiliar *ponerse* es particular, porque su flexión es ya pronominal, lo que propicia la concurrencia de dos pronombres. La forma de flexión pronominal precede al verbo auxiliar; el complemento pronominal de la perífrasis sigue a la forma no personal del verbo. Por ejemplo:

Reuniré el dinero y me pondré a contarlo.
Me paró y se puso a insultarme.

Las perífrasis *echar* + *a* + infinitivo y *romper* + *a* + infinitivo no admiten formas pronominales en su vecindad, a causa de la condición radicalmente intransitiva de las oraciones en que participan.

10.1.6. Verbos de uso sólo perifrástico

En otro lugar de este mismo capítulo (§ 10.1.2) ha quedado patente la dificultad de establecer el límite preciso de las perífrasis. Algunos verbos, que ni siquiera figuran en el cuadro sinóptico, carecen de capacidad para el uso independiente, pero no son generalmente considerados auxiliares. Tal es el caso de *soler* o *poder*, que no pueden usarse —y he aquí un ejemplo— sin el concurso de un infinitivo. Cualquier nombre o pronombre puede ejercer la función de sujeto de los verbos *poder* o *soler*; pero sólo un infinitivo puede ser su complemento. Muchos suelen o pueden *hablar, cantar, saltar* o *bailar*; pero nadie ni nada suele ni puede *mesa, casa, río, decadencia, silbido* o *salvación*. En cuanto a su relación con las formas átonas del pronombre personal, es la normal: posposición del pronombre a la forma no personal del verbo. Ejemplos:

Mi hermano suele escribirme cada semana.
No podré devolvértela hasta pasado mañana.

10.2. VERBO AUXILIAR DE TIEMPO

10.2.1. Función auxiliar y semiauxiliar del verbo *haber*

Recibe el nombre de verbo auxiliar de tiempo porque contribuye a la formación de todos los tiempos compuestos, en cualquier tipo de conjugación. Nos referimos, claro está, al verbo auxiliar por excelencia, el verbo *haber*.

Como tal auxiliar de tiempo no figura siquiera en el cuadro precedente, porque participa en la conjugación de todos los verbos: en la de los de significado pleno, en la de los llamados semiauxiliares (*ir, venir, andar, seguir, llevar, tener,* etcétera); en la de los auxiliares de voz (*ser* y *estar*) y en su propia conjugación; porque también las formas compuestas del verbo *haber* se construyen «con la forma simple correspondiente del verbo *haber* y el participio del verbo que se conjuga».

Pero sí figura entre los semiauxiliares que contribuyen a la formación de perífrasis con infinitivo. Participa en dos de ellas, ambas indicativas de obligación, pero de distinta morfología. Algunos ejemplos ayudarán a poner de relieve la diferencia entre estas dos perífrasis:

1a. Hemos de cumplir con nuestra obligación.
1b. El árbitro hubo de suspender el partido.
1c. Mañana habremos de madrugar.
2a. Hay que cumplir siempre lo prometido.
2b. Anoche hubo que suspender el concierto.
2c. El lunes próximo habrá que madrugar.

10.2.2.   Uso semiauxiliar del verbo *haber*

No va a tratarse ahora —porque el tema ha de ser objeto de consideración más adelante— del sentido de obligación o necesidad que la perífrasis *haber* + infinitivo confiere, en cualquiera de sus dos formas, a las frases de que forma parte; sino de la distinta conducta morfológica del verbo auxiliar en los ejemplos precedentes. Nótese la diferencia entre las tres primeras frases y las tres últimas. Aquéllas (correspondientes a los tiempos de presente, pasado y futuro) admiten la conjugación completa del verbo auxiliar, como puede comprobarse en las siguientes tablas de flexión:

he de cumplir	hube de suspender	habré de madrugar
has de cumplir	hubiste de suspender	habrás de madrugar
ha de cumplir	hubo de suspender	habrá de madrugar
hemos de cumplir	hubimos de suspender	habremos de madrugar
habéis de cumplir	hubisteis de suspender	habréis de madrugar
han de cumplir	hubieron de suspender	habrán de madrugar

En cambio, las frases 2a, 2b y 2c no admiten flexión de número ni de persona; de aquí —de la falta de flexión de persona— le viene a este tipo de perífrasis la denominación de impersonal. Cada tiempo consiste en una sola forma; la que corresponde a la tercera persona del singular del mismo verbo, en su conjugación como auxiliar. Como ejemplo de lo cual, se acompaña la conjugación completa de los tiempos simples de modo indicativo de las perífrasis impersonales integradas en los ejemplos precedentes (señaladas con el número 2):

hay que cumplir	hay que suspender	hay que madrugar
había que cumplir	había que suspender	había que madrugar
hubo que cumplir	hubo que suspender	hubo que madrugar
habrá que cumplir	habrá que suspender	habrá que madrugar

La condición impersonal de esta última perífrasis tiene manifestación patente en el presente de indicativo. Obsérvese que no se emplea en ella la forma ordinaria de la tercera persona del singular del verbo *haber,* la propia de su función auxiliar (*ha*), sino la forma especial para construcciones impersonales (*hay*); porque ésta es, precisamente, la única forma del presente de indicativo del verbo *haber,* en su conjugación impersonal. Aunque el uso impersonal de este verbo no es exclusivo del presente. Así lo atestiguan los ejemplos precedentes y lo confirman los del apartado siguiente.

10.3. Uso impersonal del verbo *HABER*

10.3.1. Uso incorrecto del plural

No hay gramática que no advierta acerca de la condición impersonal de ciertas construcciones españolas con el verbo *haber.* Sirvan de ejemplo expresiones tales como

En la estación había muchas personas esperando.
No habrá bastantes sillas para tanto público.

Nótese el número singular de las formas verbales *había* y *habrá*, no concordantes con el plural de los sustantivos *personas* y *sillas*; ni tienen por qué concordar, ya que tales sustantivos no son los sujetos de los respectivos verbos. Escuchemos, no obstante, lo que se dice en la calle, en la radio y en la televisión. No pocas veces oiremos las mismas frases, formuladas así:

En la estación habían muchas personas esperando.
No habrán bastantes sillas para tanto público.

Naturalmente que de la advertencia gramatical acerca de la condición impersonal de tales oraciones se desprende la no concordancia de los verbos con los sustantivos que les siguen en los respectivos textos; pero es tan alto el número de personas que optan —involuntaria e inadvertidamente— por la segunda fórmula, que cabe preguntarse si no se tratará de un proceso ya irreversible.

10.3.2. Las formas impersonales *ha* y *hay*

Bien es verdad que se cuenta con un medio fácil y eficaz de evitar las posibles dudas en frases impersonales construidas con el verbo *haber*: basta trasladarlas al tiempo presente, en cuyo caso aparecerá espontáneamente la forma impersonal *hay*. La construcción con el plural *han* repugna a cualquier hispanohablante. Compruébese su efecto en los anteriores ejemplos:

> En la estación han muchas personas esperando.
> No han bastantes sillas para tanto público.

No hay que saber mucha gramática para notar la incorrección de tales construcciones, cuyas versiones correctas son:

> En la estación hay muchas personas esperando.
> No hay bastantes sillas para tanto público.

Queda en la lengua española actual, como vestigio de épocas pasadas, cierto uso impersonal del verbo *haber* que no recurre, en la tercera persona del singular del presente de indicativo, a la forma *hay*. Se trata de expresiones fosilizadas, siempre relativas al transcurso del tiempo; como en los siguientes ejemplos:

> Tiempo ha que no recibo noticias tuyas.
> Días ha que espero tu visita.

Es tan patente la incorrección de las construcciones impersonales con el verbo *haber* en plural y tan fácil su remedio que sólo la grave incuria de los profesionales de la lengua explica su creciente difusión. Pero ésta es tanta —y afecta a tan altos estratos de la cultura— que acaso no quepa augurar a la lengua española un futuro libre de dudas y vacilaciones en este aspecto; que no hay trazas de que se restaure por sí misma la tradicional construcción impersonal ni se observan síntomas de voluntad en quienes habrían de restaurarla.

10.3.3. Sinopsis del uso del verbo *haber*

Como síntesis de lo dicho en este y otros capítulos acerca del verbo *haber* en español y como compensación por cuanto quede por decir (que no cabe todo en el limitado espacio de que disponemos), véase el siguiente cuadro sinóptico:

uso del verbo haber			
función auxiliar	se une al participio de los demás verbos y de él mismo para formar los tiempos compuestos		En el accidente ha habido muchos muertos. Cuando llegué ya habían comido. Hasta que no se hubo marchado, nadie habló del tema. Antes de que puedan inquietarse ya les habremos telefoneado. De haberlo sabido me habría callado.
perífrasis	*haber+de*+infinitivo conjugación perifrástica que expresa obligación, con matices que van desde lo inevitable hasta la mera intención		Todos hemos de morir. Has de estudiar más. Habrán de claudicar. Aún he de preparar la cena. Este chico ha de hacer grandes cosas.
	haber+que+infinitivo forma impersonal con sentido obligativo, aplicable sólo a la tercera persona del singular		Antes había que trabajar muy duro. Siempre habrá que soportar incomodidades. Hay que asistir a los enfermos.
forma impersonal	se emplea en frases que carecen adrede de sujeto para indicar generalización o indeterminación		En el estreno hubo poco público. Mañana habrá menos dinero aún. Hubo muchas personas que prefirieron esperar.
	expresa transcurso de tiempo		Murió dos años ha. Tres meses ha que alquilamos esta casa.
	significados específicos	estar, permanecer	Hay mucha gente en la calle. Aquí apenas había muebles.
		ocurrir, efectuarse	Anoche hubo baile en el casino. El jueves no habrá reparto.
forma transitiva	alcanzar		No codicies lo que no puedas haber.
modismos	Habérselas	disputar, contender	Si bebía, se las había con cualquiera.
	Habráse visto	expresa reproche	¡Habráse visto el mocoso, contestar así a su padre!
	No haber más que pedir	ser bastante, no faltar nada	La fiesta fue perfecta hasta en sus más pequeños detalles: no hubo más que pedir.
	No haber tal	no ser cierto	Todos creen que he heredado una fortuna, pero no hay tal.
	Si los hay	expresión ponderativa, acompañada de un calificativo	Es rico, si los hay.

10.4. ENTRE LA OBLIGACIÓN Y LA PROBABILIDAD

10.4.1. Perífrasis obligativas con *haber* y *tener*

En páginas anteriores (§§ 10.2.1 y 10.2.2) se ha señalado el sentido de obligación o necesidad de las perífrasis *haber* + *de* + infinitivo y *haber* (impersonal) + *que* + infinitivo. Pero éstas no son las únicas perífrasis que expresan este matiz de significado. En el cuadro general figuran dos más: *tener* + *que* + infinitivo y *deber* + infinitivo. El campo de la obligación o la necesidad está, pues, atendido por cuatro perífrasis. Sería contrario a la economía de cualquier lengua disponer de cuatro modos de expresar exactamente lo mismo. Las lenguas no suelen permitirse tal derroche. Ni se lo permite la lengua española en el caso que ahora importa.

Aunque siempre es arriesgado establecer reglas generales, hay que intentar alguna orientación. La perífrasis *haber* + *que* + infinitivo es la de sentido más amplio. Por su condición de impersonal, no admite sujeto nominal; la aplicación de su significado depende del contexto. La frase popular *hay que tomar las cosas como vienen* hay que entenderla como de aplicación universal; lo cual es también aplicable a *esta frase hay que entenderla como de aplicación universal.*

La construcción *haber* + *de* + infinitivo admite sujeto nominal y lo tiene siempre, implícito o explícito. Su aportación de significado, en el ámbito de la obligación o necesidad, no tiene matiz especial.

La oposición entre *tener* + *que* + infinitivo y *deber* + infinitivo es más significativa. A la primera perífrasis se le atribuye un sentido de necesidad u obligación objetivas, con ribetes de imperativo; a la segunda corresponde un sentido subjetivo, más próximo al deber moral que a la exigencia. La diferencia de significado entre ambas perífrasis es suficiente para que quepa oponerlas en una misma frase. Véanse un par de ejemplos:

Debí estar junto a mi madre, pero tuve que permanecer aquí.
Muchas veces debes hacer una cosa y tienes que hacer otra.

10.4.2.   *Deber* + *de* + infinitivo y *deber* + infinitivo

En español, el uso auxiliar del verbo *deber* para matizar el significado de otro verbo —éste en infinitivo— origina dos construcciones perifrásticas: una con el concurso de la preposición *de* y otra sin preposición. El sentido de las frases resultantes es distinto. La segunda de las perífrasis (*deber* + infinitivo) —ya lo hemos indicado en el párrafo anterior— indica obligación o necesidad; la primera (*deber* + *de* + infinitivo), indica probabilidad. Ignorar esta oposición produce ambigüedad; aplicarla, la resuelve. Es fácil notar la diferencia de sentido que una y otra perífrasis confieren a una misma frase; es decir, a dos frases con los mismos elementos acompañantes, pero con distinta perífrasis. Oposición que puede apreciarse en los siguientes ejemplos, de sentido inequívoco:

Debes de vender muy barato, cuando tienes tantos compradores.
La máquina debe de ser muy potente, ya que arrastra este tren.

Debes vender más barato, si quieres tener compradores.
La máquina debe ser muy potente para que arrastre este tren.

En el primer caso se expresa una conjetura acerca de la baratura del precio, vista la abundancia de compradores; y acerca de la potencia de la máquina, vista su capacidad para arrastrar el tren. En el segundo caso se expresa la conveniencia de abaratar el precio, a fin de atraer compradores; y la necesidad de que la máquina sea potente, en vista del peso que ha de arrastrar.

A ningún lector ha de resultarle difícil encontrar en la más lucida literatura ejemplos contrarios al uso que aquí se aconseja; lo cual no invalida la eficacia de la oposición; sólo indica que algunos autores la ignoran o la desdeñan. Quien aspire a ser claro e inequívoco en su expresión lingüística, hará bien siguiendo la norma; su cumplimiento le evitará ambigüedades y no le excluirá de la literatura.

10.4.3. Relación entre obligación y probabilidad

Si se analiza la frase *a ningún lector ha de resultarle difícil encontrar ejemplos* —escrita líneas arriba— se descubre que la perífrasis *haber + de + infinitivo* puede también tener sentido de probabilidad; sentido que comparte con *deber + de + infinitivo*. Esta circunstancia favorece la reflexión sobre el hecho de que dos verbos auxiliares que contribuyen a perífrasis de obligación o necesidad contribuyan también a las de probabilidad. Acaso porque lo necesario u obligatorio, a pesar de serlo, no siempre es seguro; a veces, ni siquiera probable. De aquí también, sin duda, la tendencia a confundir las dos perífrasis de *deber*; que la lengua no siempre es fiel reflejo de los acontecimientos que refiere, sino del estado de ánimo del que los formula.

10.5. VERBOS SEMIAUXILIARES

10.5.1. Función semiauxiliar y función plena

La denominación de semiauxiliaridad no es sino el paliativo de una denominación más descarada: verbos auxiliares. Y no faltan razones para la paliación. Del verbo *haber* se ha dicho que es auxiliar y basta una ojeada al cuadro sinóptico de su uso (§ 10.3.3) para comprobar su especialización gramatical: uso impersonal (carente de flexión de persona) o uso auxiliar en perífrasis de participio y de infinitivo. Un solo ejemplo (rebuscado y con el verbo en infinitivo) intenta justificar su uso transitivo. El verbo *haber* es, ciertamente, un verbo auxiliar. Los demás verbos contribuyentes a la formación de perífrasis son también auxiliares, pero no exclusivamente auxiliares. Claro que el verbo *tener* se considera auxiliar en la perífrasis *tengo decidida mi respuesta*; pero no en *tengo una vaca lechera*. Y otro tanto puede decirse de todos y cada uno de los verbos que figuran como auxiliares en el cuadro general de las perífrasis.

Salta a la vista que alguien, además de *romper a llorar,* puede *romper un plato* o *una vajilla entera*; tras lo cual, puede uno *echar a correr* (huyendo del castigo) o *echar a la basura los restos de la vajilla*. Y mientras unos *tienen que ayunar* (porque su religión así se lo exige), otros *tienen una incalculable fortuna* (porque los hay con suerte) y otros *tienen la esperanza de llegar a poseerla* (porque los hay optimistas). Y así sucesivamente. En la serie de los llamados verbos semiauxiliares, todos tienen capacidad para ejercer otras funciones, además de la auxiliaridad.

10.5.2. Sinopsis del uso del verbo *tener*

			uso del verbo tener	
función auxiliar		se une al participio de otro verbo, de modo semejante a *haber*, pero con la particularidad de que en este caso el participio concuerda en género y número con el complemento directo		Teníamos pensado ir al teatro esta noche. Con su encanto y simpatía tenía ganadas las voluntades de todos.
		forma la perífrasis *tener* + *que* + infinitivo, que expresa obligación, necesidad o propósito		Tengo que estar en el trabajo a las ocho. Tiene que ser así. Tenemos que salir a cenar juntos un día de estos.
forma transitiva		expresa una relación de contigüidad física, sicológica, intelectual, de parentesco, edad, etc., entre el sujeto y el complemento		Si no te cuidas el cutis, pronto tendrás arrugas. De pequeñito tenía mucho miedo. Su discurso tuvo un carácter marcadamente acusatorio. Cuando le conocí tenía treinta años. Si tienen ustedes prisa, no nos esperen.
		atribuye una determinada cualidad, estado o circunstancia al complemento		Tiene los ojos claros y el pelo rubio. ¿Tienes ya la comida hecha?
		con complemento directo que tenga a su vez un complemento constituido por *que* + infinitivo tiene un valor parecido al del caso anterior, pero con matiz enfático		Tengo algo que deciros. Esto no tiene que ver con lo que hablamos ayer.
		con una construcción partitiva expresa, además de la relación de contigüidad indicada, una relación de similitud, y equivale a semejar o parecer		Su aspecto tiene un no sé qué de canallesco.
		expresa la necesaria participación o interés del sujeto en determinada acción o acto		El próximo sábado tendremos baile.
		en determinadas construcciones sintácticas tiene un valor general de apreciación, y equivale a *estimar, considerar, juzgar*, etc.	seguido de *en* + *menos, mucho* o *poco*	Le tienen en menos porque es poco inteligente. Se tiene en mucho y no es más que una mediocridad. En esta casa siempre he sido tenido en poco.
			seguido de *por* o *como*	Ten por seguro que lloverá. Siempre me he tenido por una persona poco ambiciosa. Su interpretación fue tenida como insuperable durante muchos años.
			seguido de *a* y ciertos nombres	Tengo a mucha honra haber nacido donde nací.
	significados específicos	asir, sostener, sujetar, coger		Tiene la sartén por el mango. Me tenía por un brazo y me ayudaba a andar. Ten el libro que me pediste.
		poseer, disfrutar		Tiene mucho dinero. Tengo un piso en el centro de la ciudad.
		dominar		El avaro piensa que tiene dinero, y el dinero lo tiene a él.
		guardar, contener		Este bote es ideal para tener el azúcar.
		mantener, cumplir		Me prometió muchas cosas, pero después no me tuvo la palabra.

forma pronominal	sostenerse, mantenerse en determinada posición, generalmente erguido		Estaba tan cansado que a duras penas podía tenerse sobre el caballo.
	dominarse, contenerse		Téngase el caballero.
modismos	¿Esas tenemos?	expresión de sorpresa y enfado ante algo que ha dicho o hecho otra persona	Conque ¿esas tenemos? ¿Te niegas a colaborar?
	No tenerlas todas consigo	sentir recelo o temor	A pesar de las seguridades que me han dado, no las tengo todas conmigo.
	Tener a bien	fórmula de cortesía con que se invita a aceptar o hacer algo	Le ruego tenga usted a bien mandarme una copia de su último artículo.
	Tener a mal	desaprobar, recriminar	Si rechazáramos su invitación, nos lo tendrían a mal.
	Tener mucho gusto en, o de,	fórmula de cortesía que expresa complacencia en lo que se anuncia	Para cualquier cosa que necesite tendré mucho gusto en ayudarle
	Tener para sí	pensar o sospechar lo que se dice	Por más promesas que me hizo sobre sus buenas intenciones, siempre tuve para mí que trataba de engañarme.
	Tener presente	conservar algo en la memoria y tomarlo en consideración para usar de ello cuando convenga	Antes de tomar la decisión final ten presente lo que te he contado.
	Tenerla tomada con alguien	reprenderle o molestarle muy a menudo	Siempre he sido un chivo expiatorio; ya en la escuela el maestro la tenía tomada conmigo.
	Tenerse tieso, o firme	sostenerse en posición vertical	No había forma de que la vela se tuviera tiesa en la palmatoria.
		mantenerse constante en una actitud tomada	Por más que presionen y te amenacen, tú tente firme.

10.5.3. Uso auxiliar y pleno del verbo *ir*

El hablante no siempre tiene conciencia de los recursos lingüísticos que emplea; decir «no siempre» es cortesía, porque lo normal es que no se dé cuenta nunca. Sólo la reflexión sobre los textos elaborados —oralmente o por escrito— permite descubrir la estructura de las frases y la relación existente entre los elementos que las componen; reflexión que la mayoría suele llamar, como nostálgico homenaje a los años escolares, análisis gramatical. Aplicando este análisis a algunas frases, es posible descubrir información interesante sobre la imprecisa frontera entre el uso auxiliar y el uso normal de los verbos llamados semiauxiliares. Sin conocimiento del contexto no es posible saber si *voy a estudiar* es una perífrasis verbal o una oración constituida por «sujeto implícito en la persona del verbo + verbo de movimiento + complemento término del movimiento». Pero puede conocerse la estructura y función de cualquier expresión, si se atiende a su contorno textual o ambiental.

Si un escolar, tras la severa reprimenda de su maestro, dice *desde ahora voy a estudiar,* parece razonable suponer que se trata del anuncio de una decisión; y que *voy a estudiar* tiene, en este contexto, valor incoativo, precisamente el señalado con el número 19 en el cuadro general de las perífrasis (§ 10.1.4). Tanto la situación ambiental (reprimenda previa del maestro) como la textual (precedencia inmediata de la expresión *desde ahora*, indicadora de punto de partida temporal) sugieren al analista una interpretación perifrástica incoativa de la expresión compleja *voy a estudiar.*

Pero supongamos una situación muy semejante, apenas distinta: en el desarrollo normal de la clase, un escolar se levanta, se dirige a la puerta y el profesor le pregunta adónde va. Si el escolar contesta *voy a estudiar,* no cabe entender que anuncia la intención de aumentar o mejorar su dedicación al estudio, sino que informa sobre el destino del movimiento hacia la puerta, emprendido por el escolar y observado por el maestro. En tal caso, *voy* es una forma plena del verbo *ir* ('caminar de acá para allá', según definición académica) y *a estudiar* expresa el término y finalidad del movimiento. El escolar va a estudiar como podría ir al cine, al parque de atracciones, a merendar con unos amigos, a oír devotamente la santa misa o a escalar el Naranco de Bulnes.

10.6.   VERBOS AUXILIARES DE VOZ

10.6.1.   La conjugación pasiva

En la conjugación verbal de la lengua española, las formas compuestas no sólo son recurso para la formación de la mayor parte de los tiempos perfectos; lo son también para la expresión de cualquier matiz de significado distinto del de la voz activa. Ya se ha visto cómo los verbos semiauxiliares contribuyen a la formación de perífrasis expresivas de iteración, resultado, incoación y obligación. Queda por detallar qué verbos contribuyen a la flexión de voz. La voz es uno más de los morfemas verbales. La persona, el número y el tiempo se expresan mediante flexión desinencial. En algún caso —el pretérito indefinido—, también el aspecto; en los demás, hay que recurrir al verbo auxiliar *haber.* La lengua latina disponía de desinencias para expresar la voz pasiva. En su evolución hacia el romance español, la flexión verbal latina fue debilitándose, hasta perder todas las desinencias indicativas de voz. De aquí que la lengua española haya de recurrir al verbo *ser* para la formación de los tiempos de pasiva. Así se indica ya en el cuadro general de las perífrasis.

La conjugación pasiva es totalmente paralela a la activa. Basta añadir a la conjugación activa del verbo *ser* el participio del verbo que haya que conjugar. A cada forma activa corresponde una forma pasiva, desde el infinitivo hasta el imperativo; sólo falta el participio, que —como se dijo ya al definirlo (§ 9.4.1)— tiene por sí mismo sentido pasivo. Véase la conjugación pasiva completa del verbo *amar,* como ejemplo de esta modalidad de conjugación perifrástica:

<table>
<tr><td>*Formas simples*</td><td>*Formas compuestas*</td></tr>
<tr><td>*Infinitivo*.. ser amado.</td><td>*Infinitivo*.. haber sido amado.</td></tr>
<tr><td>*Gerundio*.. siendo amado.</td><td>*Gerundio*.. habiendo sido amado.</td></tr>
</table>

MODO INDICATIVO

	Presente		*Pretérito perfecto*
Yo	soy amado.	*Yo*	he sido amado.
Tú	eres amado.	*Tú*	has sido amado.
Él	es amado.	*Él*	ha sido amado.
Nosotros	somos amados.	*Nosotros*	hemos sido amados.
Vosotros	sois amados.	*Vosotros*	habéis sido amados.
Ellos . . .	son amados.	*Ellos* . . .	han sido amados.

	Pretérito imperfecto		*Pretérito pluscuamperfecto*
Yo	era amado.	*Yo*	había sido amado.
Tú	eras amado.	*Tú*	habías sido amado.
Él	era amado.	*Él*	había sido amado.
Nosotros	éramos amados.	*Nosotros*	habíamos sido amados.
Vosotros	erais amados.	*Vosotros*	habíais sido amados.
Ellos . . .	eran amados.	*Ellos* . . .	habían sido amados.

	Pretérito indefinido		*Pretérito anterior*
Yo	fui amado.	*Yo*	hube sido amado.
Tú	fuiste amado.	*Tú*	hubiste sido amado.
Él	fue amado.	*Él*	hubo sido amado.
Nosotros	fuimos amados.	*Nosotros*	hubimos sido amados.
Vosotros	fuisteis amados.	*Vosotros*	hubisteis sido amados.
Ellos . . .	fueron amados.	*Ellos* . . .	hubieron sido amados.

	Futuro imperfecto		*Futuro perfecto*
Yo	seré amado.	*Yo*	habré sido amado.
Tú	serás amado.	*Tú*	habrás sido amado.
Él	será amado.	*Él*	habrá sido amado.
Nosotros	seremos amados.	*Nosotros*	habremos sido amados.
Vosotros	seréis amados.	*Vosotros*	habréis sido amados.
Ellos . . .	serán amados.	*Ellos* . . .	habrán sido amados.

MODO POTENCIAL

	Simple o imperfecto		*Compuesto o perfecto*
Yo	sería amado.	*Yo*	habría sido amado.
Tú	serías amado.	*Tú*	habrías sido amado.
Él	sería amado.	*Él*	habría sido amado.
Nosotros	seríamos amados.	*Nosotros*	habríamos sido amados.
Vosotros	seríais amados.	*Vosotros*	habríais sido amados.
Ellos . . .	serían amados.	*Ellos* . . .	habrían sido amados.

MODO SUBJUNTIVO

Presente

Yo ..... sea amado.
Tú ..... seas amado.
Él...... sea amado.
Nosotros seamos amados.
Vosotros seáis amados.
Ellos ... sean amados.

Pretérito perfecto

Yo ..... haya sido amado.
Tú ..... hayas sido amado.
Él...... haya sido amado.
Nosotros hayamos sido amados.
Vosotros hayáis sido amados.
Ellos ... hayan sido amados.

Pretérito imperfecto

Yo ..... fuera o fuese amado.
Tú ..... fueras o fueses amado.
Él...... fuera o fuese amado.
Nosotros fuéramos o fuésemos amados.
Vosotros fuerais o fueseis amados.
Ellos ... fueran o fuesen amados.

Pretérito pluscuamperfecto

Yo ..... hubiera o hubiese sido amado.
Tú ..... hubieras o hubieses sido amado.
Él...... hubiera o hubiese sido amado.
Nosotros hubiéramos o hubiésemos sido amados.
Vosotros hubierais o hubieseis sido amados.
Ellos ... hubieran o hubiesen sido amados.

Futuro imperfecto

Yo ..... fuere amado.
Tú ..... fueres amado.
Él...... fuere amado.
Nosotros fuéremos amados.
Vosotros fuereis amados.
Ellos ... fueren amados.

Futuro perfecto

Yo ..... hubiere sido amado.
Tú ..... hubieres sido amado.
Él...... hubiere sido amado.
Nosotros hubiéremos sido amados.
Vosotros hubiereis sido amados.
Ellos ... hubieren sido amados.

MODO IMPERATIVO

Sé *tú* amado.
Sea *él* amado.

Seamos *nosotros* amados.
Sed *vosotros* amados.
Sean *ellos* amados.

10.6.2. Concordancia del participio

Recuérdese (§ 9.4.2) que el participio de la voz pasiva —a diferencia del de los tiempos compuestos de la voz activa— concuerda con el sujeto. En la tabla precedente puede observarse la concordancia en número, pero no la concordancia en género. Bastaría sustituir, en cualquiera de las terceras personas, *él* o *ellos* por *ella* o *ellas* para que el participio cambiara de *amado* o *amados* en *amada* o *amadas*; como ocurre en los participios de los siguientes ejemplos:

La carrera fue transmitida por televisión.
Las coristas fueron abucheadas por el público.

La vecindad entre la forma auxiliar y el participio no es necesariamente inmediata, de modo que cabe intercalar elementos complementarios de aportación adverbial. He aquí un par de ejemplos:

Llegó y fue cordialmente recibido por el alcalde.
Los cómplices fueron también condenados a muerte.

uso del verbo ser						
forma absoluta	ocurrir, suceder	El eclipse fue ayer. La conferencia era esta mañana.				
	(seguido de partitivo) función copulativa	Ese es de los que están en huelga. Ella es de las que nunca se quejan.				
	haber, existir	Belleza tal no es de este mundo.				
función copulativa	con sustantivo	sin preposición	pertenencia	Mi primo es inspector de policía.		
			inclusión	El hombre es un animal mamífero.		
			cualidad	Este edificio es un monumento nacional.		
			identidad	Cervantes es el autor del "Quijote".		
		con preposición	*para*	servir	Este cuchillo es para cortar pan. Este trapo es para sacar el polvo.	
				correspondencia o adecuación	Estos trotes no son para mí. El nuevo libro no es para niños.	
			de (seguido de infinitivo), conveniencia, posibilidad o previsión	Es de esperar que se solucione el problema entre ellos. Es de desear que consiga ese premio.		
	con adjetivo	Este señor es muy alto. Es un chico muy estudioso.				
función auxiliar de pasiva	Estos valores son establecidos después de la determinación analítica. Los campos son sembrados por los agricultores.					
significados específicos	valer	¿Cuánto es? Son trescientas cincuenta pesetas.				
	constituir	Robar es delito penado por la ley. Matar es pecado.				
	consistir en, depender de	Todo es proponérselo. La cuestión es decidirlo; luego ya hablaremos del resto.				
	expresa el día de la semana o la fecha	Hoy es martes. Mañana será quince de junio.				
	(en oraciones impersonales) introduce expresiones adverbiales de tiempo	A esta hora ya es muy tarde para ir a verlos. Era de noche cuando salimos de la casa.				
	causa	La venta del negocio fue su ruina. Encontrarle en ese momento ha sido mi salvación.				
	(con oraciones introducidas por *que*) causa o excusa	Es que ayer no pude venir porque me encontraba mal. ¿Por qué no lo has hecho? — Es que no sabía.				
	ficción en los juegos	Yo era el malo y te mataba cuando venías a rescatar a la chica. Tú eras la chica que pide socorro.				

modismos	A no ser que	expresión con que se introduce una salvedad	Seguro que iré, a no ser que ocurra algo.
	Cómo es eso	expresión con que se muestra extrañeza o disgusto	Llegó tarde. — ¡Cómo es eso, siendo tan puntual!
	Érase una vez	encabezamiento de los cuentos infantiles	Érase una vez un rey...
	Es a saber, o esto es	expresión con que se introduce la explicación de lo que se ha dicho antes	Llegamos al mediodía, esto es, pudimos aprovechar toda la tarde para empezar el trabajo.
	Es más	expresión con que se añade una razón que refuerza o confirma lo que se ha dicho antes	No quiero que vuelva por aquí; es más, no permitiré que nadie hable con él.
	No es nada	no tiene importancia	Se ha dado un golpe al pasar, pero no es nada.
	No es para menos	expresión enfática con que se encarece el valor de algo	Se enfadó mucho, pero no es para menos: no le dejó hablar en toda la tarde.
	Ser de lo que no hay	expresa lo extraordinario de algo o alguien	Este coche es de lo que no hay: no gasta nada. Con él te lo pasas estupendo; es de lo que no hay contando chistes.
	Ser de ver, o para ver, algo	llamar la atención por algo	Es de ver lo bien vestida que va siempre. Era para ver la cara que puso al verte llegar.
	Ser muy otro	expresión con que se alude al cambio realizado por algo o alguien	Desde que está él aquí el asunto es muy otro.
	Un es no es, o un sí es no es	poca cantidad o en corto grado	La sopa estaba un es no es salada. Se sirvió un sí es no es de agua.

10.6.3. Sinopsis del uso del verbo *ser*

Como se ha hecho ya con los verbos semiauxiliares (§ 10.5.2), conviene señalar aquí que el verbo *ser* (uno de los llamados auxiliares de voz) tiene capacidad para el ejercicio de otras funciones sintácticas. Destaquemos el frecuente uso copulativo de este verbo en las llamadas oraciones de predicado nominal, su contribución a otra perífrasis (por ejemplo *ser* + *de* + infinitivo, con valor de posibilidad o conveniencia) y muchos significados específicos. La participación del verbo *ser* en oraciones de predicado nominal es muy frecuente en español; la frase en que se hace esta afirmación *es* buena prueba de ello; la frase en que se dijera que la anterior *es* una prueba de ello, lo *sería* también; y así sucesivamente. Queda claro que el uso copulativo de este verbo *es* muy frecuente.

En cuanto a la perífrasis *ser* + *de* + infinitivo, no incluida en el cuadro general de las perífrasis, es de conjugación impersonal (forma única para el singular y para el plural de cada tiempo) y aplicable sólo a un número muy limitado de verbos: *esperar, suponer, desear, temer* y pocos más. He aquí algunos ejemplos:

Era de temer que la epidemia se extendiera.
Es de suponer que cuentas con recursos suficientes.
No eran de esperar tan lamentables consecuencias.

Un resumen de las posibilidades usuales del verbo *ser* se encuentra en el cuadro sinóptico precedente.

10.6.4. Pasiva refleja o impersonal

No sería razonable cerrar el espacio dedicado, en buena parte, a la voz pasiva, sin advertir acerca de la existencia de otra forma de pasiva en español. Se trata de la llamada pasiva refleja o pasiva impersonal. El nombre de refleja se justifica por la participación en esta construcción de la partícula *se,* conocida como pronombre reflexivo. El nombre de impersonal procede de la incapacidad de flexión de persona que afecta al verbo en tales oraciones.

En otra parte de este libro (§ 9.2.3) se ha prestado ya atención a las oraciones de pasiva refleja y a las propiamente impersonales; aquellas en las cuales el verbo no sólo carece de flexión de persona, sino también de número. La incapacidad de flexión de número se debe, en las impersonales, a que carecen de sujeto y su verbo no tiene con quién concordar. Las oraciones pasivas reflejas o pasivas impersonales tienen sujeto (nominal u oracional), lo que permite a su verbo concordar con él en número. Obsérvense estas circunstancias en los siguientes ejemplos:

1. En el campo se goza de paz y de silencio.
2. Antes se trabajaba sólo con las manos.
3. A veces se gasta lo que no se tiene.
4. Ahora ya se siente venir la primavera.
5. En la plaza se alquilaban bicicletas.
6. Se han olvidado las viejas costumbres.

Los dos primeros ejemplos lo son de oración impersonal. Carecen de sujeto y el verbo está en la forma que correspondería a la tercera persona del singular. Los cuatro últimos son ejemplos de oración pasiva refleja, también llamada pasiva impersonal. El sujeto de la frase n.º 3 es una oración sustantivada (*lo que no se tiene*); de aquí que el verbo se mantenga en singular. El sujeto de *se siente,* en el ejemplo n.º 4, es un infinitivo con su propio sujeto (*venir la primavera*); tampoco aquí puede el verbo ejercer su capacidad de flexión de número. Sí la ejerce, en cambio, en los dos últimos ejemplos. En el n.º 5 el verbo concuerda en plural con un sujeto plural (*bicicletas*). También en el n.º 6; pero en éste se nota además (por tratarse de una forma compuesta) la falta de concordancia genérica del participio (la forma *olvidado,* correspondiente al masculino) con el sujeto de la oración (la expresión femenina *las viejas costumbres*).

10.6.5. Sinopsis del uso del verbo *estar*

Todos los párrafos de este capítulo (numerados 10.6) se reúnen bajo la denominación de «verbos auxiliares de voz». Se habla de verbos, en plural; pero hasta ahora sólo se ha tratado del verbo *ser,* auxiliar para la voz pasiva. Ha llegado el momento de prestar atención al verbo *estar,* auxiliar para la voz llamada estativa o resultativa; auxiliaridad y perífrasis anunciadas ya, con el número 10, en el cuadro general (§ 10.1.4). Cuanto se ha dicho a propósito del auxiliar *ser* en relación con la concordancia (§ 10.6.2) y el uso copulativo (§ 10.6.3), todo es aplicable también al auxiliar *estar*; sería superfluo repetirlo aquí. También coinciden *ser* y *estar* es no limitar sus posibilidades al ámbito de la auxiliaridad y de las oraciones de predicado nominal. Baste el cuadro sinóptico de las páginas siguientes para dar idea de la riqueza sintáctica de este verbo.

10.6.6. Voz pasiva y voz estativa

La oposición *ser/estar* es muy rentable en la lengua española. En primer lugar, por la oposición de voz (pasiva/estativa) que se obtiene mediante su uso auxiliar; en segundo lugar, por la diferencia de matiz que aportan uno y otro verbo, en su uso copulativo. Ocupémonos primero de la oposición de voz. Hay afinidad entre las dos voces, en cuanto a su relación con el sujeto. En este sentido, ambas son pasivas; ya que el sujeto de la oración, tanto en la voz estativa como en la pasiva, es siempre el complemento directo de la correspondiente oración activa. Compruébese en los siguientes ejemplos:

El portero cerró la puerta anoche (activa).
La puerta fue cerrada por el portero anoche (pasiva).
La puerta estaba cerrada anoche (estativa).

Los obreros terminarán el muro mañana (activa).
El muro será terminado por los obreros mañana (pasiva).
El muro estará terminado mañana (estativa).

La acción expresada por las dos primeras frases de cada grupo es una sola en cuanto al contenido de información; las dos acciones sólo difieren en su constitución gramatical. En la tercera frase se aprecian ya diferencias respecto a las dos primeras. En primer lugar, la omisión del elemento agente (*el portero* y *los obreros*), que ejerce funciones distintas en cada una de las dos primeras frases, pero está presente en ambas.

Y lo más importante, la tercera frase difiere de las otras dos por su contenido de información y por su tiempo implicado. En la activa y en la pasiva se expresa una acción (considerada en distinta perspectiva); en la estativa se expresa el resultado de esa misma acción. De aquí que también haya diferencia de tiempo. Hay coincidencia de tiempo en las dos primeras porque se trata

uso del verbo estar				
función predicativa	presencia	El señor está en la oficina. Estaré allí a la hora que hemos convenido.		
	situación en el tiempo	Estamos a mediados de mes y ya no tengo dinero. Estábamos en octubre y aún hacía calor.		
	duración en el tiempo	Estaré un par de horas y me iré. Estuvo toda la tarde en casa.		
	permanencia en el espacio	La llave está en la cerradura. Han estado en París.		
	valoración de lo variable	Ayer estábamos a cinco grados bajo cero. Ahora este producto está a quinientas pesetas.		
	término de un proceso	La comida estará a las tres en punto. ¿Aún no está ese trabajo?		
	uso o utilidad	Para estos casos están los amigos. ¿Para qué está el vino, sino para beber?		
función auxiliar	situación en que se halla el sujeto como consecuencia de una acción o proceso	Está enfermo (porque ha enfermado). Está destruido (porque se ha destruido).		
	con gerundio	Estuvieron trabajando día y noche. Están golpeando la puerta.		
	con participio	La pared ya está pintada. El establecimiento está cerrado a partir de las ocho de la tarde.		
	con infinitivo (con preposición)	*sin*	Estoy sin dormir desde anteayer. Estuvo sin hablar toda la cena.	
		por	no haber ocurrido aún lo que cabe esperar que ocurra	La casa está todavía por arreglar
			casi decisión de realizar lo expresado por el infinitivo	Seguía molestándome y estuve por darle una bofetada.
			inminencia de la acción	El tren estaba por salir.
		para	No estoy para emprender un nuevo negocio. Siempre estará para defenderte.	
función copulativa	con sustantivo introducido por preposición o por alguna otra partícula	*a*, duración de una situación	Está a régimen. Estuvimos a oscuras durante una hora.	
		con, permanencia con posibilidad de cambio	Estaba con ansias de salir. El cielo está con nubes.	
		de	en calidad de	Está de secretaria en una gran empresa.
			permanencia de situación	Estaba de buen humor. Todos estuvimos de suerte.
		en, permanencia	Nada ocurrirá si estamos en guardia. Estos instrumentos ya no están en uso.	
		para, cierto matiz final	No estoy para bromas. Más está para la otra vida que para medrar en esta.	
		por, en favor de	Siempre está por los más débiles. Prefiero la montaña, pero ella está por el mar.	
		sin, valor correspondiente y opuesto a *con*	Estuvimos sin agua tres días. Está sin ánimo de lucha.	

función copulativa	con sustantivo introducido por preposición o por alguna otra partícula	*como*, sentido de comparación o *en calidad de*	Está como un cencerro. Estuvo como presidente en funciones.
	en raros casos admite un sustantivo sin preposición		¡Buen par de tunantes estáis! ¡Qué mozo estás! Está muy mujerona.
seguido de	**bien, mejor**	sentido aprobatorio	Está bien que salgas, pero no llegues tarde. Ese vino es malísimo, pero este otro ya está mejor.
		salud	Cuando esté bien emprenderé un largo viaje. Ya está mejor de la pulmonía.
		buena posición social o económica	Se trata de una familia que siempre ha estado bien. Consiguió levantar el negocio y ahora está mejor.
		conveniencia, oportunidad	Estará bien que en su día le hagas un buen regalo. Está mejor que no le comentes nada sobre ese asunto.
		comodidad, gusto	Sólo está bien en su vieja butaca. Está mejor entre gente sencilla y campechana.
		buena relación	Su padre está muy bien con el ministro. Hubo un altercado entre ellos, pero ahora están mejor.
	sólo *bien*	suficiencia	No me sirvas más; ya está bien, gracias. Deja de molestar, que ya está bien.
	mal, peor	sentido reprobatorio	Está mal que vayas diciendo esas palabrotas. Esto está peor de lo que yo me imaginaba.
		enfermedad	Estaba bastante mal y tuvo que guardar cama. Parecía que se recuperaba, pero vuelve a estar peor.
		mala posición social o económica	Desde que se arruinaron están muy mal. Quiso cambiar de negocio, y lo único que ha conseguido es estar peor.
		inconveniencia, inoportunidad	Estuvo mal denunciarlo a la policía. Creo que estuvo peor fingir que no le veía.
		incomodidad, disgusto	Estábamos mal en aquel piso tan pequeño y lúgubre. Está peor con su familia que con sus amigos.
		mala relación	Durante un tiempo estuvo mal con su mujer. Nunca se llevaron bien, y ahora aún están peor.
(seguido de adjetivo) duración o mutabilidad	Estos pasteles están ricos. Cuando estés lista para salir me avisas. Esta calle está sucia. Sus manos estaban frías.		
modismos	Estar a la mira	vigilar en espera de algo	La policía estaba a la mira para evitar cualquier atentado contra el presidente.
	Estar a la que salta	mantenerse dispuesto a aprovechar la ocasión	Los periodistas siempre están a la que salta para ser los primeros en dar las noticias.
	Estar a matar	tener gran enemistad	Habían sido muy amigos, pero ahora están a matar por razones políticas.
	Estar a todo	aceptar el cuidado y las resultas de algo	Cuando aceptó ese cargo sabía que debía estar a todo.

modismos	Estar al caer	estar a punto de sonar las horas	Todavía no son las siete, pero están al caer.
		estar próximo a ocurrir algún suceso	Aún no ha llegado, pero debe de estar al caer.
	Estar con alguien	compartir su punto de vista	Estoy contigo respecto a lo que piensas sobre ese asunto.
	Estar de más	sobrar, ser inútil o molesto	Las últimas palabras que has dicho han estado de más.
	Estar en ánimo	sentirse dispuesto	Estaba en ánimo de reorganizar la empresa cuando le sobrevino aquella enfermedad.
	Estar en ascuas	estar impaciente o muy interesado	Estoy en ascuas por saber lo que se cuece en la reunión.
	Estar en ello	entenderlo, estar interesado y de acuerdo	No te preocupes por tu petición; estoy en ello.
	Estar en mí, en ti, o en sí	estar sereno, con plena advertencia	He dormido muy mal y no estoy en mí. Había bebido demasiado y no estaba en sí.
	Estar en todo	atender con eficacia y a un tiempo muchas cosas	Para la buena marcha del negocio debes estar en todo.
	Estar en vilo	estar impaciente o muy interesado	Estaba en vilo por conocer el final de aquella apasionante historia.
	Estar mano sobre mano	estar ocioso o inactivo	Sentía tanta pereza que estuvo mano sobre mano toda la tarde.
	Estar por ver	dudar sobre la certeza o ejecución de algo	Está por ver que resista tanto tiempo sin probar bocado.
	Estar que arde algo	estar en situación de extrema gravedad	Desde que han anunciado varios despidos, el ambiente está que arde en el interior de la fábrica.
	Estar que arde, que bota o que bufa	sentir gran indignación	Desde que se enteró de que le habían tomado el pelo, está que arde.
	Estar sobre sí	proceder con serenidad y precaución	El ladrón estuvo sobre sí hasta el momento en que se vio rodeado por la policía.

de una misma acción. Pero el tiempo de la tercera ha de ser inevitablemente posterior, porque expresa el resultado de la acción expresada por las dos primeras; es posterior y necesariamente perfectivo. Es más; cabe establecer entre la segunda y la tercera frase de cada grupo una relación de causalidad, que afecta al tiempo implicado y al tiempo explicado.

La voz estativa es una combinación indisoluble de voz pasiva y aspecto perfectivo. En la voz pasiva, el aspecto depende del tiempo de la conjugación del verbo auxiliar. Esta diferencia explica que a la voz estativa, perfectiva en sí, le baste un tiempo imperfectivo para expresar una acción perfecta; mientras que la voz pasiva, imperfectiva en sí, necesite un tiempo perfectivo.

En el cuadro que sigue inmediatamente se señala, además de la relación causal, la correlación de los tiempos implicado y explicado, en cada una de las voces; aplicado todo ello al primero de los ejemplos propuestos en este mismo párrafo:

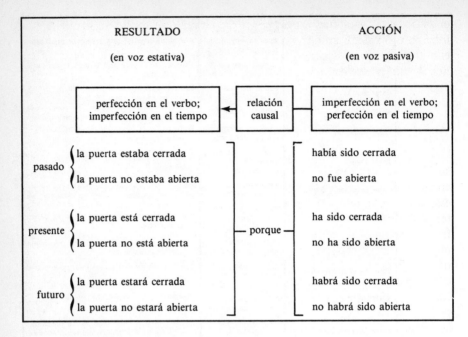

10.6.7. Oposición sintáctica *ser/estar*

El mero cotejo de los cuadros sinópticos dedicados a los verbos *ser* y *estar* pone de manifiesto notables diferencias en los respectivos usos. Una de ellas consiste en la distinta capacidad para el ejercicio de la función copulativa. El verbo *ser* admite relacionar el sujeto con un sustantivo, con o sin preposición. Ejemplos.

> Este paisaje es una maravilla.
> Estas ruinas fueron un castillo medieval.
> Las estatuillas son de mármol de Carrara.
> Estos regalos son para los niños.

El verbo *estar,* en cambio, sólo puede relacionar el sujeto con sustantivos precedidos de preposición. Ejemplos:

> Estuvimos a pan y agua una semana entera.
> Llovía tanto que estuvimos en casa todo el día.
> Ya no estoy para ejercicios violentos.

10.6.8. Oraciones de predicado nominal

En oraciones de predicado nominal, los dos verbos admiten un segundo término adjetivo; pero con resultado significativo distinto. Unidos mediante el verbo *ser,* la cualidad expresada por el adjetivo se considera permanente o inherente al sujeto; unidos mediante el verbo *estar,* la cualidad expresada por el adjetivo se considera resultado de una comprobación circunstancial. Algunos ejemplos pueden ayudar a apreciar la diferencia:

Esta niña es muy hermosa.	Esta niña está muy hermosa.
La nieve es fría.	La nieve está fría.
Su rostro era pálido.	Su rostro estaba pálido.

Es frecuente decir a un niño que *está muy alto,* pero este comentario no suele dedicarse a una persona adulta. En ésta, la estatura es algo permanente; en el niño, cambiante. Al decir *está muy alto*, comparamos implícitamente su estatura con la de otros niños de su misma edad o con la que el mismo niño tenía la última vez que lo vimos. El café o el agua no *son,* por sí mismos, ni fríos ni calientes; sino que *están* fríos o calientes, según las circunstancias. La nieve *es,* desde luego, fría; pero si, al tocarla, expresamos el resultado de nuestra experiencia, entonces podemos decir que *está* fría. De aquí la posibilidad de expresiones tales como *Fulano es siempre moreno; pero, después de las vacaciones, estará más moreno aún.* Es decir: sobre la cualidad de *ser* moreno, permanente en Fulano, anunciamos un incremento accidental para después de las vacaciones; por tratarse de una comparación, expresamos el resultado con el verbo *estar.*

10.6.9. Significado del adjetivo según el verbo copulativo

Un reducido número de adjetivos cambian de significado según se unan al sujeto mediante el verbo *ser* o el verbo *estar.* He aquí algunos de ellos:

con *ser*	con *estar*
bueno (de carácter)	bueno (sano)
fresco (despreocupado)	fresco (apurado)
listo (inteligente)	listo (preparado)
malo (de carácter)	malo (enfermo)
rico (acaudalado)	rico (sabroso)
vivo (rápido, despierto)	vivo (con vida)

Destaquemos la evidencia de la oposición señalada con sendos ejemplos. Algunos habrán de ser algo forzados, como consecuencia de su inevitable brevedad; pero servirán de ilustración:

El enfermo es bueno y paciente; estará bueno en unos días.
Ya sé que eres un fresco; pero estás fresco si te pillan.
Es un chico muy listo, pero no está listo para este trabajo.
Siempre fue malo; pero desde que estuvo malo, es perverso.
Su padre es rico y él se regala con manjares que están muy ricos.
Está vivo porque es un chico vivo y luchador.

11. MODELOS DE CONJUGACIÓN

11.1. REGULARIDAD E IRREGULARIDAD

11.1.1. Modelos básicos de irregularidad

En toda gramática que se precie hay un capítulo dedicado a los verbos irregulares. La existencia de verbos irregulares presupone, claro está, la existencia de verbos regulares. La regularidad —en esta cuestión, como en cualquier otra relacionada con la conducta humana— es un concepto estadístico. Regular viene de regla, es «lo sujeto a regla». Y regla es «la manera de producirse una cosa cuando esa manera se repite uniformemente y puede expresarse con una fórmula». La flexión verbal puede siempre expresarse con una fórmula. Es, precisamente, lo que pretendemos en este capítulo. Todo verbo se conjuga según una fórmula, pero no todos según la misma. Hay muchas fórmulas para la conjugación en español. Las fórmulas seguidas por la mayoría de los verbos se consideran regulares. Las fórmulas que difieren en algo de las consideradas regulares se denominan irregulares; e irregulares son llamados cuantos verbos se rigen por las fórmulas diferentes.

Conviene evitar, desde un principio, la idea de que los verbos irregulares son una especie de verbos díscolos e indisciplinados, especie de ovejas negras de la conjugación. No pocos de los verbos llamados irregulares son, dentro de su peculiar conducta, de una regularidad intachable. Del sustantivo *esfuerzo* no suele decirse que sea irregular, a pesar de diferir del adjetivo *esforzado* en que aquél tiene el diptongo *ue* donde éste tiene la vocal *o*; pues de la forma verbal *esfuerzo* se dice que es irregular porque difiere del infinitivo *esforzar* en lo mismo en que el sustantivo difiere del adjetivo. Y la propia forma verbal *difiere* se considera irregular porque difiere del infinitivo *diferir,* por tener aquélla el diptongo *ie* donde éste tiene la vocal *e*; pues otro tanto ocurre, sin que nadie hable de irregularidad, con *tierra* y *terreno, cielo* y *celeste, invierno* e *invernal, pariente* y *parentesco, valiente* y *valentía,* y cien más.

Tampoco las llamadas irregularidades ortográficas constituyen anomalía ni discrepancia. Se trata de la aplicación a las formas verbales de las mismas reglas ortográficas que se aplican a las demás partes de la oración. La palabra *barquero,* derivada de *barca,* cambia la *c* en *qu* porque el sonido *k* se escribe *c* ante *a, o, u,* pero se escribe *qu* ante *e, i*; la misma razón hay para escribir (yo) *saque* y (nosotros) *saquemos,* formas del verbo *sacar.* Y basta de ejemplos razonados. Vayamos a una primera clasificación de las llamadas irregularidades, en la que se incluyen los fenómenos más frecuentes y notorios en la conjugación de los verbos en español:

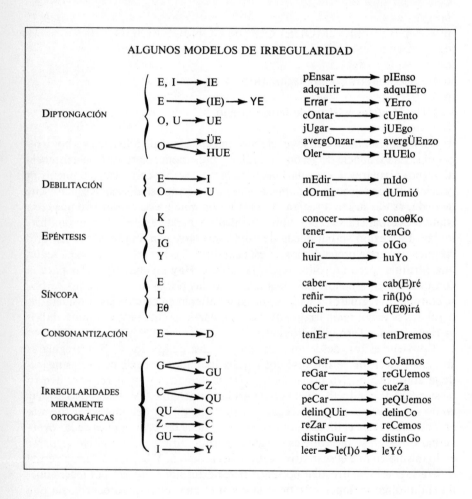

ALGUNOS MODELOS DE IRREGULARIDAD

DIPTONGACIÓN

E, I ⟶ IE   pEnsar ⟶ pIEnso
E ⟶ (IE) ⟶ YE   adquIrir ⟶ adquIEro
                         Errar ⟶ YErro
O, U ⟶ UE   cOntar ⟶ cUEnto
                         jUgar ⟶ jUEgo
O ⟶ ÜE / HUE   avergOnzar ⟶ avergÜEnzo
                         Oler ⟶ HUElo

DEBILITACIÓN

E ⟶ I   mEdir ⟶ mIdo
O ⟶ U   dOrmir ⟶ dUrmió

EPÉNTESIS

K   conocer ⟶ conoθKo
G   tener ⟶ tenGo
IG   oír ⟶ oIGo
Y   huir ⟶ huYo

SÍNCOPA

E   caber ⟶ cab(E)ré
I   reñir ⟶ riñ(I)ó
Eθ   decir ⟶ d(Eθ)irá

CONSONANTIZACIÓN

E ⟶ D   tenEr ⟶ tenDremos

IRREGULARIDADES MERAMENTE ORTOGRÁFICAS

G ⟶ J / GU   coGer ⟶ CoJamos
                     reGar ⟶ reGUemos
C ⟶ Z / QU   coCer ⟶ cueZa
                     peCar ⟶ peQUemos
QU ⟶ C   delinQUir ⟶ delinCo
Z ⟶ C   reZar ⟶ reCemos
GU ⟶ G   distinGuir ⟶ distinGo
I ⟶ Y   leer ⟶ le(I)ó ⟶ leYó

11.1.2. Correlación de irregularidades

Para verificar la llamada irregularidad de un verbo no es necesario recorrer toda su conjugación. La verificación de las formas de presente, pretérito indefinido y futuro imperfecto de indicativo permite (en la mayor parte de los casos) descubrir las características de los demás tiempos simples. El verbo *caber* es buen ejemplo para verificar lo dicho, por tener irregulares todos sus tiempos simples, excepto el pretérito imperfecto de indicativo. La variante *quepo,* de la primera persona del presente de indicativo, reaparece en todas las formas del presente de subjuntivo (*quepa, quepas, quepa,* etc.); la variante *cupe,* de todas las personas del pretérito indefinido, reaparece en todas las formas del pretérito imperfecto y del futuro imperfecto de subjuntivo (*cupiera* o *cupiese, cupieras* o *cupieses,* etc., y *cupiere, cupieres,* etc.); y la síncopa propia del futuro imperfecto de indicativo (*cabré, cabrás,* etc.) reaparece en todas las formas del potencial o condicional simple (*cabría, cabrías,* etc.).

El pretérito imperfecto de indicativo —único no citado en esta relación de tiempos— es regular, con pocas excepciones: *veía, veías,* etc. (del verbo *ver* y las de sus compuestos *prever, entrever,* etc.), *iba, ibas,* etc. (del verbo *ir*), *era, eras,* etc. (del verbo *ser*) y algunas formas afectadas de irregularidad meramente ortográfica.

Estas líneas de transmisión de irregularidades pueden presentarse sinópticamente, como en el siguiente cuadro:

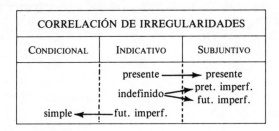

CORRELACIÓN DE IRREGULARIDADES		
CONDICIONAL	INDICATIVO	SUBJUNTIVO
	presente ──────▶	presente
	indefinido ◀──	pret. imperf.
		fut. imperf.
simple ◀────	fut. imperf.	

11.1.3 Clasificación de verbos irregulares

Pero nuestro esfuerzo, en orden a establecer los tipos de conjugación verbal en español, ha ido más lejos. Hemos examinado, uno a uno, todos los verbos de algún uso en la lengua española (incluyendo los de uso hispanoamericano), en número superior a los doce mil. De éstos, más de dos mil quinientos tienen en su conjugación algún tipo de irregularidad; alguno de los noventa y tres tipos de irregularidad que hemos logrado distinguir. Si a éstos se añaden los tres modelos considerados de conjugación regular, las variantes ascienden a noventa y seis. Estos noventa y seis tipos de conjugación van desde los modelos de flexión regular hasta los discrepantes en la casi totalidad de sus formas, pasando por los caracterizados por un simple cambio ortográfico.

Y estos noventa y seis modelos de conjugación se ofrecen a continuación, agrupados en treinta y una conjugaciones fundamentales. A cada una de éstas corresponde un número, que es la base del código; la letra acompañante, si la hay, indica la existencia de una variación secundaria (que afecta a un conjunto reducido de formas) respecto de la conjugación fundamental, señalada por el número.

En el diccionario normativo que constituye la última parte de este libro (formado por más de diez mil voces) se incluyen alrededor de dos mil verbos de conjugación irregular. Cada uno de ellos va acompañado del código correspondiente, que remite a los paradigmas o modelos. En la introducción al diccionario se ofrecen las instrucciones adecuadas para utilizar con provecho este rico caudal de información gramatical. Lo que aquí importa es exponer los paradigmas de conjugación verbal en español, para su consideración y estudio.

11.2. TABLA NUMERADA DE VERBOS IRREGULARES

1 AMAR

infinitivo	gerundio	participio	indicativo			
			presente	*imperfecto*	*indefinido*	*futuro*
amar	amando	amado	amo	amaba	amé	amaré
			amas	amabas	amaste	amarás
			ama	amaba	amó	amará
			amamos	amábamos	amamos	amaremos
			amáis	amabais	amasteis	amaréis
			aman	amaban	amaron	amarán

	subjuntivo			imperativo
potencial	*presente*	*imperfecto*	*futuro*	
amaría	ame	amara, -ase	amare	
amarías	ames	amaras, -ases	amares	ama
amaría	ame	amara, -ase	amare	ame
amaríamos	amemos	amáramos, -ásemos	amáremos	amemos
amaríais	améis	amarais, -aseis	amareis	amad
amarían	amen	amaran, -asen	amaren	amen

1a SACAR			1b PAGAR		
indicativo	**subjuntivo**	**imperativo**	**indicativo**	**subjuntivo**	**imperativo**
indefinido	*presente*		*indefinido*	*presente*	
saqué	saque		pagué	pague	
sacaste	saques	saca	pagaste	pagues	paga
sacó	saque	saque	pagó	pague	pague
sacamos	saquemos	saquemos	pagamos	paguemos	paguemos
sacasteis	saquéis	sacad	pagasteis	paguéis	pagad
sacaron	saquen	saquen	pagaron	paguen	paguen

1c AGUAR			1d REGAR			
indicativo	**subjuntivo**	**imperativo**	**indicativo**		**subjuntivo**	**imperativo**
indefinido	*presente*		*presente*	*indefinido*	*presente*	
agüé	agüe		riego	regué	riegue	
aguaste	agües	agua	riegas	regaste	riegues	riega
aguó	agüe	agüe	riega	regó	riegue	riegue
aguamos	agüemos	agüemos	regamos	regamos	reguemos	reguemos
aguasteis	agüéis	aguad	regáis	regasteis	reguéis	regad
aguaron	agüen	agüen	riegan	regaron	rieguen	rieguen

1e EMPEZAR

indicativo		subjuntivo	imperativo
presente	*indefinido*	*presente*	
empiezo	empecé	empiece	
empiezas	empezaste	empieces	empieza
empieza	empezó	empiece	empiece
empezamos	empezamos	empecemos	empecemos
empezáis	empezasteis	empecéis	empezad
empiezan	empezaron	empiecen	empiecen

1f TROCAR

indicativo		subjuntivo	imperativo
presente	*indefinido*	*presente*	
trueco	troqué	trueque	
truecas	trocaste	trueques	trueca
trueca	trocó	trueque	trueque
trocamos	trocamos	troquemos	troquemos
trocáis	trocasteis	troquéis	trocad
truecan	trocaron	truequen	truequen

1g CAZAR

indicativo	subjuntivo	imperativo
indefinido	*presente*	
cacé	cace	
cazaste	caces	caza
cazó	cace	cace
cazamos	cacemos	cacemos
cazasteis	cacéis	cazad
cazaron	cacen	cacen

1h ANDAR

indicativo	subjuntivo		
indefinido	*imperfecto*		*futuro*
anduve	anduviera, -ese		anduviere
anduviste	anduvieras, -eses		anduvieres
anduvo	anduviera, -ese		anduviere
anduvimos	anduviéramos, -ésemos		anduviéremos
anduvisteis	anduvierais, -eseis		anduviereis
anduvieron	anduvieran, -esen		anduvieren

1i DESOSAR

indicativo	subjuntivo	imperativo
presente	*presente*	
deshueso	deshuese	
deshuesas	deshueses	deshuesa
deshuesa	deshuese	deshuese
desosamos	desosemos	desosemos
desosáis	desoséis	desosad
deshuesan	deshuesen	deshuesen

1j PENSAR

indicativo	subjuntivo	imperativo
presente	*presente*	
pienso	piense	
piensas	pienses	piensa
piensa	piense	piense
pensamos	pensemos	pensemos
pensáis	penséis	pensad
piensan	piensen	piensen

1k ERRAR

indicativo	subjuntivo	
presente	*presente*	
yerro	yerre	
yerras	yerres	yerra
yerra	yerre	yerre
erramos	erremos	erremos
erráis	erréis	errad
yerran	yerren	yerren

1m ROGAR

indicativo		subjuntivo	imperativo
presente	*indefinido*	*presente*	
ruego	rogué	ruegue	
ruegas	rogaste	ruegues	ruega
ruega	rogó	ruegue	ruegue
rogamos	rogamos	roguemos	roguemos
rogáis	rogasteis	roguéis	rogad
ruegan	rogaron	rueguen	rueguen

1n FORZAR

indicativo		subjuntivo	imperativo
presente	*indefinido*	*presente*	
fuerzo	forcé	fuerce	
fuerzas	forzaste	fuerces	fuerza
fuerza	forzó	fuerce	fuerce
forzamos	forzamos	forcemos	forcemos
forzáis	forzasteis	forcéis	forzad
fuerzan	forzaron	fuercen	fuercen

1ñ JUGAR

indicativo		subjuntivo	imperativo
presente	*indefinido*	*presente*	
juego	jugué	juegue	
juegas	jugaste	juegues	juega
juega	jugó	juegue	juegue
jugamos	jugamos	juguemos	juguemos
jugáis	jugasteis	juguéis	jugad
juegan	jugaron	jueguen	jueguen

1p DAR

indicativo		subjuntivo		
presente	*indefinido*	*imperfecto*		*futuro*
doy	di	diera, -ese		diere
das	diste	dieras, -eses		dieres
da	dio	diera, -ese		diere
damos	dimos	diéramos, -ésemos		diéremos
dais	disteis	dierais, -eseis		diereis
dan	dieron	dieran -esen		dieren

1q AGORAR

indicativo	subjuntivo	imperativo
presente	*presente*	
agüero	agüere	
agüeras	agüeres	agüera
agüera	agüere	agüere
agoramos	agoremos	agoremos
agoráis	agoréis	agorad
agüeran	agüeren	agüeren

1r CONTAR

indicativo	subjuntivo	imperativo
presente	*presente*	
cuento	cuente	
cuentas	cuentes	cuenta
cuenta	cuente	cuente
contamos	contemos	contemos
contáis	contéis	contad
cuentan	cuenten	cuenten

1s ACTUAR

indicativo	subjuntivo	imperativo
presente	*presente*	
actúo	actúe	
actúas	actúes	actúa
actúa	actúe	actúe
actuamos	actuemos	actuemos
actuáis	actuéis	actuad
actúan	actúen	actúen

1t VACIAR

indicativo	subjuntivo	imperativo
presente	*presente*	
vacío	vacíe	
vacías	vacíes	vacía
vacía	vacíe	vacíe
vaciamos	vaciemos	vaciemos
vaciáis	vaciéis	vaciad
vacían	vacíen	vacíen

1u AISLAR

indicativo	subjuntivo	imperativo
presente	*presente*	
aíslo	aísle	
aíslas	aísles	aísla
aísla	aísle	aísle
aislamos	aislemos	aislemos
aisláis	aisléis	aislad
aíslan	aíslen	aíslen

1v AHINCAR

indicativo		subjuntivo	imperativo
presente	*indefinido*	*presente*	
ahínco	ahinqué	ahínque	
ahíncas	ahincaste	ahínques	ahínca
ahínca	ahincó	ahínque	ahínque
ahincamos	ahincamos	ahinquemos	ahinquemos
ahincáis	ahincasteis	ahinquéis	ahincad
ahíncan	ahincaron	ahínquen	ahínquen

1w AUNAR

indicativo	subjuntivo	imperativo
presente	*presente*	
aúno	aúne	
aúnas	aúnes	aúna
aúna	aúne	aúne
aunamos	aunemos	aunemos
aunáis	aunéis	aunad
aúnan	aúnen	aúnen

1x ARCAIZAR

indicativo		subjuntivo	imperativo
presente	*indefinido*	*presente*	
arcaízo	arcaicé	arcaíce	
arcaízas	arcaizaste	arcaíces	arcaíza
arcaíza	arcaizó	arcaíce	arcaíce
arcaizamos	arcaizamos	arcaicemos	arcaicemos
arcaizáis	arcaizasteis	arcaicéis	arcaizad
arcaízan	arcaizaron	arcaícen	arcaícen

1y AVERGONZAR

indicativo		subjuntivo	imperativo
presente	*indefinido*	*presente*	
avergüenzo	avergoncé	avergüence	
avergüenzas	avergonzaste	avergüences	avergüenza
avergüenza	avergonzó	avergüence	avergüence
avergonzamos	avergonzamos	avergoncemos	avergoncemos
avergonzáis	avergonzasteis	avergoncéis	avergonzad
avergüenzan	avergonzaron	avergüencen	avergüencen

1z CABRAHIGAR

indicativo		subjuntivo	imperativo
presente	*indefinido*	*presente*	
cabrahígo	cabrahigué	cabrahígue	
cabrahígas	cabrahigaste	cabrahígues	cabrahíga
cabrahíga	cabrahigó	cabrahígue	cabrahígue
cabrahigamos	cabrahigamos	cabrahiguemos	cabrahiguemos
cabrahigáis	cabrahigasteis	cabrahiguéis	cabrahigad
cabrahígan	cabrahigaron	cabrahíguen	cabrahíguen

2 TEMER

infinitivo	gerundio	participio	indicativo			
			presente	*imperfecto*	*indefinido*	*futuro*
temer	temiendo	temido	temo	temía	temí	temeré
			temes	temías	temiste	temerás
			teme	temía	temió	temerá
			tememos	temíamos	temimos	temeremos
			teméis	temíais	temisteis	temeréis
			temen	temían	temieron	temerán

	subjuntivo			imperativo
potencial	*presente*	*imperfecto*	*futuro*	
temería	tema	temiera, -ese	temiere	
temerías	temas	temieras, -eses	temieres	teme
temería	tema	temiera, -ese	temiere	tema
temeríamos	temamos	temiéramos, -ésemos	temiéremos	temamos
temeríais	temáis	temierais, -eseis	temiereis	temed
temerían	teman	temieran, -esen	temieren	teman

2a MECER

indicativo	subjuntivo	imperativo
presente	*presente*	
mezo	meza	
meces	mezas	mece
mece	meza	meza
mecemos	mezamos	mezamos
mecéis	mezáis	meced
mecen	mezan	mezan

2b COGER

indicativo	subjuntivo	imperativo
presente	*presente*	
cojo	coja	
coges	cojas	coge
coge	coja	coja
cogemos	cojamos	cojamos
cogéis	cojáis	coged
cogen	cojan	cojan

2c NACER

indicativo	subjuntivo	imperativo
presente	*presente*	
nazco	nazca	
naces	nazcas	nace
nace	nazca	nazca
nacemos	nazcamos	nazcamos
nacéis	nazcáis	naced
nacen	nazcan	nazcan

2d TENDER

indicativo	subjuntivo	imperativo
presente	*presente*	
tiendo	tienda	
tiendes	tiendas	tiende
tiende	tienda	tienda
tendemos	tendamos	tendamos
tendéis	tendáis	tended
tienden	tiendan	tiendan

2e MOVER

indicativo	subjuntivo	imperativo
presente	*presente*	
muevo	mueva	
mueves	muevas	mueve
mueve	mueva	mueva
movemos	movamos	movamos
movéis	mováis	moved
mueven	muevan	muevan

2f TORCER

indicativo	subjuntivo	imperativo
presente	*presente*	
tuerzo	tuerza	
tuerces	tuerzas	tuerce
tuerce	tuerza	tuerza
torcemos	torzamos	torzamos
torcéis	torzáis	torced
tuercen	tuerzan	tuerzan

2g YACER

indicativo	subjuntivo	imperativo
presente	*presente*	
yazco, yazgo o yago	yazca, yazga o yaga	
yaces	yazcas, yazgas o yagas	yace o yaz
yace	yazca, yazga o yaga	yazca, yazga o yaga
yacemos	yazcamos, yazgamos o yagamos	yazcamos, yazgamos o yagamos
yacéis	yazcáis, yazgáis o yagáis	yaced
yacen	yazcan, yazgan o yagan	yazcan, yazgan o yagan

2h OLER

indicativo	subjuntivo	imperativo	gerundio
presente	*presente*		
huelo	huela		leyendo
hueles	hueles	huele	
huele	huela	huela	
olemos	olamos	olamos	
oléis	oláis	oled	
huelen	huelan	huelan	

2i LEER

indicativo	subjuntivo		
indefinido	*imperfecto*		*futuro*
leí	leyera, -ese		leyere
leíste	leyeras, -eses		leyeres
leyó	leyera, -ese		leyere
leímos	leyéramos, -ésemos		leyéremos
leísteis	leyerais, -eseis		leyereis
leyeron	leyeran, -esen		leyeren

2j VER

participio	indicativo		subjuntivo	imperativo
	presente	*imperfecto*	*presente*	
visto	veo	veía	vea	
	ves	veías	veas	ve
	ve	veía	vea	vea
	vemos	veíamos	veamos	veamos
	veis	veíais	veáis	ved
	ven	veían	vean	vean

2k TAÑER

gerundio	indicativo	subjuntivo	
	indefinido	*imperfecto*	*futuro*
tañendo	tañí	tañera, -ese	tañere
	tañiste	tañeras, -eses	tañeres
	tañó	tañera, -ese	tañere
	tañimos	teñéramos, -ésemos	teñéremos
	tañisteis	tañerais, -eseis	tañereis
	tañeron	tañeran, -esen	tañeren

2m CARECER

indicativo	subjuntivo	imperativo
presente	*presente*	
carezco	carezca	
careces	carezcas	carece
carece	carezca	carezca
carecemos	carezcamos	carezcamos
carecéis	carezcáis	careced
carecen	carezcan	carezcan

2n VOLVER

participio	indicativo	subjuntivo	imperativo
	presente	*presente*	
vuelto	vuelvo	vuelva	
	vuelves	vuelvas	vuelve
	vuelve	vuelva	vuelva
	volvemos	volvamos	volvamos
	volvéis	volváis	volved
	vuelven	vuelvan	vuelvan

2ñ PROVEER

participio	indicativo	subjuntivo	
	indefinido	*pretérito imperfecto*	*futuro imperfecto*
provisto	proveí	proveyera, -ese	proveyere
	proveíste	proveyeras, -eses	proveyeres
	proveyó	proveyera, -ese	proveyere
	proveímos	proveyéramos, -ésemos	proveyéremos
	proveísteis	proveyerais, -eseis	proveyereis
	proveyeron	proveyeran, -esen	proveyeren

2p ROMPER

participio

roto

3 PARTIR

infinitivo	gerundio	participio	indicativo			
			presente	*imperfecto*	*indefinido*	*futuro*
partir	partiendo	partido	parto	partía	partí	partiré
			partes	partías	partiste	partirás
			parte	partía	partió	partirá
			partimos	partíamos	partimos	partiremos
			partís	partíais	partisteis	partiréis
			parten	partían	partieron	partirán

	subjuntivo			imperativo
potencial	*presente*	*imperfecto*	*futuro*	
partiría	parta	partiera, -ese	partiere	
partirías	partas	partieras, eses	partieres	parte
partiría	parta	partiera, -ese	partiere	parta
partiríamos	partamos	partiéramos, -ésemos	partiéremos	partamos
partiríais	partáis	partierais, -eseis	partiereis	partid
partirían	partan	partieran, -esen	partieren	partan

3a ZURCIR

indicativo	subjuntivo	imperativo
presente	*presente*	
zurzo	zurza	
zurces	zurzas	zurce
zurce	zurza	zurza
zurcimos	zurzamos	zurzamos
zurcís	zurzáis	zurcid
zurcen	zurzan	zurzan

3b SURGIR

indicativo	subjuntivo	imperativo
presente	*presente*	
surjo	surja	
surges	surjas	surge
surge	surja	surja
surgimos	surjamos	surjamos
surgís	surjáis	surgid
surgen	surjan	surjan

3c DELINQUIR

indicativo	subjuntivo	imperativo
presente	*presente*	
delinco	delinca	
delinques	delincas	delinque
delinque	delinca	delinca
delinquimos	delincamos	delincamos
delinquís	delincáis	delinquid
delinquen	delincan	delincan

3d ASIR

indicativo	subjuntivo	imperativo
presente	*presente*	
asgo	asga	
ases	asgas	ase
ase	asga	asga
asimos	asgamos	asgamos
asís	asgáis	asid
asen	asgan	asgan

3e DISCERNIR

indicativo	subjuntivo	imperativo
presente	*presente*	
discierno	discierna	
disciernes	disciernas	discierne
discierne	discierna	discierna
discernimos	discernamos	discernamos
discernís	discernáis	discernid
disciernen	disciernan	disciernan

3f ADQUIRIR

indicativo	subjuntivo	imperativo
presente	*presente*	
adquiero	adquiera	
adquieres	adquieras	adquiere
adquiere	adquiera	adquiera
adquirimos	adquiramos	adquiramos
adquirís	adquiráis	adquirid
adquieren	adquieran	adquieran

3g LUCIR

indicativo	subjuntivo	imperativo	gerundio
presente	*presente*		
luzco	luzca		mullendo
luces	luzcas	luce	
luce	luzca	luzca	
lucimos	luzcamos	luzcamos	
lucís	luzcáis	lucid	
lucen	luzcan	luzcan	

3h MULLIR

indicativo		subjuntivo
indefinido	*imperfecto*	*futuro*
mullí	mullera, -ese	mullere
mulliste	mulleras, -eses	mulleres
mulló	mullera, -ese	mullere
mullimos	mulléramos, -ésemos	mulléremos
mullisteis	mullerais, -eseis	mullereis
mulleron	mulleran, -esen	mulleren

3i EMBAÍR

gerundio	indicativo		subjuntivo
	indefinido	*imperfecto*	*futuro*
embayendo	embaí	embayera, -ese	embayere
	embaíste	embayeras, -eses	embayeres
	embayó	embayera, -ese	embayere
	embaímos	embayéramos, -ésemos	embayéremos
	embaísteis	embayerais, eseis	embayereis
	embayeron	embayeran, -esen	embayeren

3j PUDRIR

infinitivo	participio
pudrir o podrir	podrido

3k IMPRIMIR

participio
impreso

3m ABRIR

participio
abierto

3n ESCRIBIR

participio-
escrito

3ñ ABOLIR

indicativo	subjuntivo
presente	*presente*
abolimos	(no se usa)
abolís	

3p DISTINGUIR

indicativo	subjuntivo	imperativo
presente	*presente*	
distingo	distinga	
distingues	distingas	distingue
distingue	distinga	distinga
distinguimos	distingamos	distingamos
distinguís	distingáis	distinguid
distinguen	distingan	distingan

3q COHIBIR

indicativo	subjuntivo	imperativo
presente	*presente*	
cohíbo	cohíba	
cohíbes	cohíbas	cohíbe
cohíbe	cohíba	cohíba
cohibimos	cohibamos	cohibamos
cohibís	cohibáis	cohibid
cohíben	cohíban	cohíban

3r REUNIR

indicativo	subjuntivo	imperativo
presente	*presente*	
reúno	reúna	
reúnes	reúnas	reúne
reúne	reúna	reúna
reunimos	reunamos	reunamos
reunís	reunáis	reunid
reúnen	reúnan	reúnan

4 ESTAR

infinitivo	gerundio	participio
estar	estando	estado

indicativo

presente	imperfecto	indefinido	futuro
estoy	estaba	estuve	estaré
estás	estabas	estuviste	estarás
está	estaba	estuvo	estará
estamos	estábamos	estuvimos	estaremos
estáis	estabais	estuvisteis	estaréis
están	estaban	estuvieron	estarán

subjuntivo

potencial	presente	imperfecto	futuro
estaría	esté	estuviera, -ese	estuviere
estarías	estés	estuvieras, -eses	estuvieres
estaría	esté	estuviera, -ese	estuviere
estaríamos	estemos	estuviéramos, -ésemos	estuviéremos
estaríais	estéis	estuvierais, -eseis	estuviereis
estarían	estén	estuvieran, -esen	estuvieren

imperativo

está
esté
estemos
estad
estén

5 PONER

infinitivo	gerundio	participio		indicativo		
			presente	*imperfecto*	*indefinido*	*futuro*
poner	poniendo	puesto	pongo	ponía	puse	pondré
			pones	ponías	pusiste	pondrás
			pone	ponía	puso	pondrá
			ponemos	poníamos	pusimos	pondremos
			ponéis	poníais	pusisteis	pondréis
			ponen	ponían	pusieron	pondrán

		subjuntivo		imperativo
potencial	*presente*	*imperfecto*	*futuro*	
pondría	ponga	pusiera, -ese	pusiere	
pondrías	pongas	pusieras, -eses	pusieres	pon
pondría	ponga	pusiera, -ese	pusiere	ponga
pondríamos	pongamos	pusiéramos, -ésemos	pusiéremos	pongamos
pondríais	pongáis	pusierais, -eseis	pusiereis	poned
pondrían	pongan	pusieran, -esen	pusieren	pongan

6 PODER

infinitivo	gerundio	participio		indicativo		
			presente	*imperfecto*	*indefinido*	*futuro*
poder	pudiendo	podido	puedo	podía	pude	podré
			puedes	podías	pudiste	podrás
			puede	podía	pudo	podrá
			podemos	podíamos	pudimos	podremos
			podéis	podíais	pudisteis	podréis
			pueden	podían	pudieron	podrán

		subjuntivo		imperativo
potencial	*presente*	*imperfecto*	*futuro*	
podría	pueda	pudiera, -ese	pudiere	
podrías	puedas	pudieras, -eses	pudieres	puede
podría	pueda	pudiera, -ese	pudiere	pueda
podríamos	podamos	pudiéramos, -ésemos	pudiéremos	podamos
podríais	podáis	pudierais, -eseis	pudiereis	poded
podrían	puedan	pudieran, -esen	pudieren	pueden

7 QUERER

infinitivo	gerundio	participio				

indicativo

			presente	imperfecto	indefinido	futuro
querer	queriendo	querido	quiero	quería	quise	querré
			quieres	querías	quisiste	querrás
			quiere	quería	quiso	querrá
			queremos	queríamos	quisimos	querremos
			queréis	queríais	quisisteis	querréis
			quieren	querían	quisieron	querrán

subjuntivo   **imperativo**

potencial	presente	imperfecto	futuro	imperativo
querría	quiera	quisiera, -ese	quisiere	
querrías	quieras	quisieras, -eses	quisieres	
querría	quiera	quisiera, -ese	quisiere	quiere
querríamos	queramos	quisiéramos, -ésemos	quisiéremos	quiera
querríais	queráis	quisierais, -eseis	quisiereis	queramos
querrían	quieran	quisieran, -esen	quisieren	quered
				quieran

8 TENER

infinitivo	gerundio	participio				

indicativo

			presente	imperfecto	indefinido	futuro
tener	teniendo	tenido	tengo	tenía	tuve	tendré
			tienes	tenías	tuviste	tendrás
			tiene	tenía	tuvo	tendrá
			tenemos	teníamos	tuvimos	tendremos
			tenéis	teníais	tuvisteis	tendréis
			tienen	tenían	tuvieron	tendrán

subjuntivo   **imperativo**

potencial	presente	imperfecto	futuro	imperativo
tendría	tenga	tuviera, -ese	tuviere	
tendrías	tengas	tuvieras, -eses	tuvieres	ten
tendría	tenga	tuviera, -ese	tuviere	tenga
tendríamos	tengamos	tuviéramos, -ésemos	tuviéremos	tengamos
tendríais	tengáis	tuvierais, -eseis	tuviereis	tened
tendrían	tengan	tuvieran, -esen	tuvieren	tengan

9 VALER

infinitivo	gerundio	participio		indicativo		
			presente	*imperfecto*	*indefinido*	*futuro*
valer	valiendo	valido	valgo	valía	valí	valdré
			vales	valías	valiste	valdrás
			vale	valía	valió	valdrá
			valemos	valíamos	valimos	valdremos
			valéis	valíais	valisteis	valdréis
			valen	valían	valieron	valdrán

		subjuntivo		imperativo
potencial	*presente*	*imperfecto*	*futuro*	
valdría	valga	valiera, -ese	valiere	
valdrías	valgas	valieras, -eses	valieres	vale
valdría	valga	valiera, -ese	valiere	valga
valdríamos	valgamos	valiéramos, -ésemos	valiéremos	valgamos
valdríais	valgáis	valierais, -eseis	valiereis	valed
valdrían	valgan	valieran, -esen	valieren	valgan

10 TRAER

infinitivo	gerundio	participio		indicativo		
			presente	*imperfecto*	*indefinido*	*futuro*
traer	trayendo	traído	traigo	traía	traje	traeré
			traes	traías	trajiste	traerás
			trae	traía	trajo	traerá
			traemos	traíamos	trajimos	traeremos
			traéis	traíais	trajisteis	traeréis
			traen	traían	trajeron	traerán

		subjuntivo		imperativo
potencial	*presente*	*imperfecto*	*futuro*	
traería	traiga	trajera, -ese	trajere	
traerías	traigas	trajeras, -eses	trajeres	trae
traería	traiga	trajera, -ese	trajere	traiga
traeríamos	traigamos	trajéramos, -ésemos	trajéremos	traigamos
traeríais	traigáis	trajerais, -eseis	trajereis	traed
traerían	traigan	trajeran, -esen	trajeren	traigan

11 HACER

infinitivo	gerundio	participio				

indicativo

			presente	imperfecto	indefinido	futuro
hacer	haciendo	hecho	hago	hacía	hice	haré
			haces	hacías	hiciste	harás
			hace	hacía	hizo	hará
			hacemos	hacíamos	hicimos	haremos
			hacéis	hacíais	hicisteis	haréis
			hacen	hacían	hicieron	harán

subjuntivo   **imperativo**

potencial	presente	imperfecto	futuro	imperativo
haría	haga	hiciera, -ese	hiciere	
harías	hagas	hicieras, -eses	hicieres	haz
haría	haga	hiciera, -ese	hiciere	haga
haríamos	hagamos	hiciéramos, -ésemos	hiciéremos	hagamos
haríais	hagáis	hicierais, -eseis	hiciereis	haced
harían	hagan	hicieran, -esen	hicieren	hagan

11a SATISFACER

imperativo

satisfaz o satisface
satisfaga
satisfagamos
satisfaced
satisfagan

11b REHACER

indicativo
indefinido

rehíce
rehiciste
rehízo
rehicimos
rehicisteis
rehicieron

12 SABER

infinitivo	gerundio	participio				

indicativo

			presente	imperfecto	indefinido	futuro
saber	sabiendo	sabido	sé	sabía	supe	sabré
			sabes	sabías	supiste	sabrás
			sabe	sabía	supo	sabrá
			sabemos	sabíamos	supimos	sabremos
			sabéis	sabíais	supisteis	sabréis
			saben	sabían	supieron	sabrán

subjuntivo / imperativo

potencial	presente	imperfecto	futuro	imperativo
sabría	sepa	supiera, -ese	supiere	
sabrías	sepas	supieras, -eses	supieres	sabe
sabría	sepa	supiera, -ese	supiere	sepa
sabríamos	sepamos	supiéramos, -ésemos	supiéremos	sepamos
sabríais	sepáis	supierais, -eseis	supiereis	sabed
sabrían	sepan	supieran, -esen	supieren	sepan

13 CABER

infinitivo	gerundio	participio		indicativo		
			presente	imperfecto	indefinido	futuro
caber	cabiendo	cabido	quepo	cabía	cupe	cabré
			cabes	cabías	cupiste	cabrás
			cabe	cabía	cupo	cabrá
			cabemos	cabíamos	cupimos	cabremos
			cabéis	cabíais	cupisteis	cabréis
			caben	cabían	cupieron	cabrán

subjuntivo / imperativo

potencial	presente	imperfecto	futuro	imperativo
cabría	quepa	cupiera, -ese	cupiere	
cabrías	quepas	cupieras, -eses	cupieres	cabe
cabría	quepa	cupiera, -ese	cupiere	quepa
cabríamos	quepamos	cupiéramos, -ésemos	cupiéremos	quepamos
cabríais	quepáis	cupierais, -eseis	cupiereis	cabed
cabrían	quepan	cupieran, -esen	cupieren	quepan

14 HABER

infinitivo	gerundio	participio		indicativo		
			presente	imperfecto	indefinido	futuro
haber	habiendo	habido	he	había	hube	habré
			has	habías	hubiste	habrás
			ha (hay)	había	hubo	habrá
			hemos (habemos)	habíamos	hubimos	habremos
			habéis	habíais	hubisteis	habréis
			han	habían	hubieron	habrán

→

subjuntivo / imperativo

potencial	presente	imperfecto	futuro	imperativo
habría	haya	hubiera, -ese	hubiere	
habrías	hayas	hubieras, -eses	hubieres	he
habría	haya	hubiera, -ese	hubiere	haya
habríamos	hayamos	hubiéramos, -ésemos	hubiéremos	hayamos
habríais	hayáis	hubierais, -eseis	hubiereis	habed
habrían	hayan	hubieran, -esen	hubieren	hayan

15 SER

infinitivo	gerundio	participio
ser	siendo	sido

indicativo

presente	imperfecto	indefinido	futuro
soy	era	fui	seré
eres	eras	fuiste	serás
es	era	fue	será
somos	éramos	fuimos	seremos
sois	erais	fuisteis	seréis
son	eran	fueron	serán

subjuntivo / imperativo

potencial	presente	imperfecto	futuro	imperativo
sería	sea	fuera, -ese	fuere	
serías	seas	fueras, -eses	fueres	sé
sería	sea	fuera, -ese	fuere	sea
seríamos	seamos	fuéramos, -ésemos	fuéremos	seamos
seríais	seáis	fuerais, -eseis	fuereis	sed
serían	sean	fueran, -esen	fueren	sean

16 CAER

infinitivo	gerundio	participio
caer	cayendo	caído

indicativo

presente	imperfecto	indefinido	futuro
caigo	caía	caí	caeré
caes	caías	caíste	caerás
cae	caía	cayó	caerá
caemos	caíamos	caímos	caeremos
caéis	caíais	caísteis	caeréis
caen	caían	cayeron	caerán

		subjuntivo		imperativo
potencial	*presente*	*imperfecto*	*futuro*	
caería	caiga	cayera, -ese	cayere	
caerías	caigas	cayeras, -eses	cayeres	cae
caería	caiga	cayera, -ese	cayere	caiga
caeríamos	caigamos	cayéramos, -ésemos	cayéremos	caigamos
caeríais	caigáis	cayerais, -eseis	cayereis	caed
caerían	caigan	cayeran, -esen	cayeren	caigan

17 PLACER

infinitivo	gerundio	participio	indicativo			
			presente	*imperfecto*	*indefinido*	*futuro*
placer	placiendo	placido	plazco	placía	plací	placeré
			places	placías	placiste	placerás
			place	placía	plació o plugo	placerá
			placemos	placíamos	placimos	placeremos
			placéis	placíais	placisteis	placeréis
			placen	placían	placieron o pluguieron	placerán

		subjuntivo		imperativo
potencial	*presente*	*imperfecto*	*futuro*	
placería	plazca	placiera, -ese	placiere	
placerías	plazcas	placieras, -eses	placieres	place
placería	plazca, plega o plegue	placiera, -ese o pluguiera, -ese	placiere o pluguiere	plazca
placeríamos	plazcamos	placiéramos, -ésemos	placiéremos	plazcamos
placeríais	plazcáis	placierais, -eseis	placiereis	placed
placerían	plazcan	placieran, -esen	placieren	plazcan

18 IR

infinitivo	gerundio	participio	indicativo			
			presente	*imperfecto*	*indefinido*	*futuro*
ir	yendo	ido	voy	iba	fui	iré
			vas	ibas	fuiste	irás
			va	iba	fue	irá
			vamos	íbamos	fuimos	iremos
			vais	ibais	fuisteis	iréis
			van	iban	fueron	irán

→

		subjuntivo		imperativo
potencial	*presente*	*imperfecto*	*futuro*	
iría	vaya	fuera, -ese	fuere	
irías	vayas	fueras, -eses	fueres	ve
iría	vaya	fuera, -ese	fuere	vaya
iríamos	vayamos	fuéramos, -ésemos	fuéremos	vayamos
iríais	vayáis	fuerais, -eseis	fuereis	id
irían	vayan	fueran, -esen	fueren	vayan

19 DECIR

infinitivo	gerundio	participio		indicativo		
			presente	*imperfecto*	*indefinido*	*futuro*
decir	diciendo	dicho	digo	decía	dije	diré
			dices	decías	dijiste	dirás
			dice	decía	dijo	dirá
			decimos	decíamos	dijimos	diremos
			decís	decíais	dijisteis	diréis
			dicen	decían	dijeron	dirán

		subjuntivo		imperativo
potencial	*presente*	*imperfecto*	*futuro*	
diría	diga	dijera, -ese	dijere	
dirías	digas	dijeras, -eses	dijeres	di
diría	diga	dijera, -ese	dijere	diga
diríamos	digamos	dijéramos, -ésemos	dijéremos	digamos
diríais	digáis	dijerais, -eseis	dijereis	decid
dirían	digan	dijeran, -esen	dijeren	digan

19a BENDECIR

participio	indicativo	potencial	imperativo
	futuro	*simple*	
bendecido	bendeciré	bendeciría	
	bendecirás	bendecirías	bendice
	bendecirá	bendeciría	bendiga
	bendeciremos	bendeciríamos	bendigamos
	bendeciréis	bendeciríais	bendecid
	bendecirán	bendecirían	bendigan

20 CONDUCIR

infinitivo	gerundio	participio			indicativo	
			presente	*imperfecto*	*indefinido*	*futuro*
conducir	conduciendo	conducido	conduzco	conducía	conduje	conduciré
			conduces	conducías	condujiste	conducirás
			conduce	conducía	condujo	conducirá
			conducimos	conducíamos	condujimos	conduciremos
			conducís	conducíais	condujisteis	conduciréis
			conducen	conducían	condujeron	conducirán

		subjuntivo			imperativo
potencial	*presente*	*imperfecto*		*futuro*	
conduciría	conduzca	condujera, -ese		condujere	
conducirías	conduzcas	condujeras, -eses		condujeres	conduce
conduciría	conduzca	condujera, -ese		condujere	conduzca
conduciríamos	conduzcamos	condujéramos, -ésemos		condujéremos	conduzcamos
conduciríais	conduzcáis	condujerais, -eseis		condujereis	conducid
conducirían	conduzcan	condujeran, -esen		condujeren	conduzcan

21 VENIR

infinitivo	gerundio	participio			indicativo	
			presente	*imperfecto*	*indefinido*	*futuro*
venir	viniendo	venido	vengo	venía	vine	vendré
			vienes	venías	viniste	vendrás
			viene	venía	vino	vendrá
			venimos	veníamos	vinimos	vendremos
			venís	veníais	vinisteis	vendréis
			vienen	venían	vinieron	vendrán

		subjuntivo			imperativo
potencial	*presente*	*imperfecto*		*futuro*	
vendría	venga	viniera, -ese		viniere	
vendrías	vengas	vinieras, -eses		vinieres	ven
vendría	venga	viniera, -ese		viniere	venga
vendríamos	vengamos	viniéramos, -ésemos		viniéremos	vengamos
vendríais	vengáis	vinierais, -eseis		viniereis	venid
vendrían	vengan	vinieran, -esen		vinieren	vengan

22   SENTIR

infinitivo	gerundio	participio				

			indicativo			
			presente	*imperfecto*	*indefinido*	*futuro*
sentir	sintiendo	sentido	siento	sentía	sentí	sentiré
			sientes	sentías	sentiste	sentirás
			siente	sentía	sintió	sentirá
			sentimos	sentíamos	sentimos	sentiremos
			sentís	sentíais	sentisteis	sentiréis
			sienten	sentían	sintieron	sentirán

	subjuntivo			imperativo
potencial	*presente*	*imperfecto*	*futuro*	
sentiría	sienta	sintiera, -ese	sintiere	
sentirías	sientas	sintieras, -eses	sintieres	siente
sentiría	sienta	sintiera, -ese	sintiere	sienta
sentiríamos	sintamos	sintiéramos, -ésemos	sintiéremos	sintamos
sentiríais	sintáis	sintierais, -eseis	sintiereis	sentid
sentirían	sientan	sintieran, -esen	sintieren	sientan

23   ERGUIR

infinitivo	gerundio	participio				

			indicativo			
			presente	*imperfecto*	*indefinido*	*futuro*
erguir	irguiendo	erguido	irgo o yergo	erguía	erguí	erguiré
			irgues o yergues	erguías	erguiste	erguirás
			irgue o yergue	erguía	irguió	erguirá
			erguimos	erguíamos	erguimos	erguiremos
			erguís	erguíais	erguisteis	erguiréis
			irguen o yerguen	erguían	irguieron	erguirán

	subjuntivo			imperativo
potencial	*presente*	*imperfecto*	*futuro*	
erguiría	irga o yerga	irguiera, -ese	irguiere	
erguirías	irgas o yergas	irguieras, -eses	irguieres	irgue o yergue
erguiría	irga o yerga	irguiera, -ese	irguiere	irga o yerga
erguiríamos	irgamos y yergamos	irguiéramos, -ésemos	irguiéremos	irgamos o yergamos
erguiríais	irgáis o yergáis	irguierais, -eseis	irguiereis	erguid
erguirían	irgan o yergan	irguieran, -esen	irguieren	irgan o yergan

24 CEÑIR

infinitivo	gerundio	participio	indicativo			
			presente	*imperfecto*	*indefinido*	*futuro*
ceñir	ciñendo	ceñido	ciño	ceñía	ceñí	ceñiré
			ciñes	ceñías	ceñiste	ceñirás
			ciñe	ceñía	ciñó	ceñirá
			ceñimos	ceñíamos	ceñimos	ceñiremos
			ceñís	ceñíais	ceñisteis	ceñiréis
			ciñen	ceñían	ciñeron	ceñirán

	subjuntivo			imperativo

potencial	*presente*	*imperfecto*	*futuro*	
ceñiría	ciña	ciñera, -ese	ciñere	
ceñirías	ciñas	ciñeras, -eses	ciñeres	ciñe
ceñiría	ciña	ciñera, ese	ciñere	ciña
ceñiríamos	ciñamos	ciñéramos, -ésemos	ciñéremos	ciñamos
ceñiríais	ciñáis	ciñerais, -eseis	ciñereis	ceñid
ceñirían	ciñan	ciñeran, esen	ciñeren	ciñan

25 REÍR

infinitivo	gerundio	participio	indicativo			
			presente	*imperfecto*	*indefinido*	*futuro*
reír	riendo	reído	río	reía	reí	reiré
			ríes	reías	reíste	reirás
			ríe	reía	rió	reirá
			reímos	reíamos	reímos	reïremos
			reís	reíais	reísteis	reiréis
			ríen	reían	rieron	reirán

	subjuntivo			imperativo

potencial	*presente*	*imperfecto*	*futuro*	
reiría	ría	riera, -ese	riere	
reirías	rías	rieras, -eses	rieres	ríe
reiría	ría	riera, -ese	riere	ría
reiríamos	riamos	riéramos, -ésemos	riéremos	riamos
reiríais	riáis	rierais, -eseis	riereis	reíd
reirían	rían	rieran, -esen	rieren	rían

25a FREÍR

participio

frito

26 OÍR

infinitivo	gerundio	participio				

			indicativo			
			presente	*imperfecto*	*indefinido*	*futuro*
oír	oyendo	oído	oigo	oía	oí	oiré
			oyes	oías	oíste	oirás
			oye	oía	oyó	oirá
			oímos	oíamos	oímos	oiremos
			oís	oíais	oísteis	oiréis
			oyen	oían	oyeron	oirán

	subjuntivo			imperativo

potencial	*presente*	*imperfecto*	*futuro*	
oiría	oiga	oyera, -ese	oyere	
oirías	oigas	oyeras, -eses	oyeres	oye
oiría	oiga	oyera, -ese	oyere	oiga
oiríamos	oigamos	oyéramos, -ésemos	oyéremos	oigamos
oiríais	oigáis	oyerais, -eseis	oyereis	oíd
oirían	oigan	oyeran, -esen	oyeren	oigan

27 DORMIR

infinitivo	gerundio	participio				

			indicativo			
			presente	*imperfecto*	*indefinido*	*futuro*
dormir	durmiendo	dormido	duermo	dormía	dormí	dormiré
			duermes	dormías	dormiste	dormirás
			duerme	dormía	durmió	dormirá
			dormimos	dormíamos	dormimos	dormiremos
			dormís	dormíais	dormisteis	dormiréis
			duermen	dormían	durmieron	dormirán

	subjuntivo			imperativo

potencial	*presente*	*imperfecto*	*futuro*	
dormiría	duerma	durmiera, -ese	durmiere	
dormirías	duermas	durmieras, -eses	durmieres	duerme
dormiría	duerma	durmiera, -ese	durmiere	duerma
dormiríamos	durmamos	durmiéramos, -ésemos	durmiéremos	durmamos
dormiríais	durmáis	durmierais, -eseis	durmiereis	dormid
dormirían	duerman	durmieran, -esen	durmieren	duerman

27a MORIR

participio

muerto

28 SALIR

infinitivo	gerundio	participio		indicativo		
			presente	*imperfecto*	*indefinido*	*futuro*
salir	saliendo	salido	salgo	salía	salí	saldré
			sales	salías	saliste	saldrás
			sale	salía	salió	saldrá
			salimos	salíamos	salimos	saldremos
			salís	salíais	salisteis	saldréis
			salen	salían	salieron	saldrán

		subjuntivo		imperativo

potencial	*presente*	*imperfecto*	*futuro*	
saldría	salga	saliera, -ese	saliere	
saldrías	salgas	salieras, -éses	salieres	sal
saldría	salga	saliera, -ese	saliere	salga
saldríamos	salgamos	saliéramos, -ésemos	saliéremos	salgamos
saldríais	salgáis	salierais, -eseis	saliereis	salid
saldrían	salgan	salieran, -esen	salieren	salgan

29 HUIR

infinitivo	gerundio	participio		indicativo		
			presente	*imperfecto*	*indefinido*	*futuro*
huir	huyendo	huido	huyo	huía	huí	huiré
			huyes	huías	huiste	huirás
			huye	huía	huyó	huirá
			huimos	huíamos	huimos	huiremos
			huís	huíais	huisteis	huiréis
			huyen	huían	huyeron	huirán

		subjuntivo		imperativo

potencial	*presente*	*imperfecto*	*futuro*	
huiría	huya	huyera, -ese	huyere	
huirías	huyas	huyeras, -eses	huyeres	huye
huiría	huya	huyera, -ese	huyere	huya
huiríamos	huyamos	huyéramos, -ésemos	huyéremos	huyamos
huiríais	huyáis	huyerais, -eseis	huyereis	huid
huirían	huyan	huyeran, -esen	huyeren	huyan

29a REHUIR

indicativo	subjuntivo	imperativo
presente	*presente*	
rehúyo	rehúya	
rehúyes	rehúyas	rehúye
rehúye	rehúya	rehúya
rehuimos	rehuyamos	rehuyamos
rehuís	rehuyáis	rehuid
rehúyen	rehúyan	rehúyan

30 PEDIR

infinitivo	gerundio	participio	indicativo			
			presente	*imperfecto*	*indefinido*	*futuro*
pedir	pidiendo	pedido	pido	pedía	pedí	pediré
			pides	pedías	pediste	pedirás
			pide	pedía	pidió	pedirá
			pedimos	pedíamos	pedimos	pediremos
			pedís	pedíais	pedisteis	pediréis
			piden	pedían	pidieron	pedirán

	subjuntivo			imperativo
potencial	*presente*	*imperfecto*	*futuro*	
pediría	pida	pidiera, -ese	pidiere	
pedirías	pidas	pidieras, -eses	pidieres	pide
pediría	pida	pidiera, -ese	pidiere	pida
pediríamos	pidamos	pidiéramos, -ésemos	pidiéremos	pidamos
pediríais	pidáis	pidierais, -eseis	pidiereis	pedid
pedirían	pidan	pidieran, -esen	pidieren	pidan

30a SEGUIR

indicativo	subjuntivo	imperativo
presente	*presente*	
sigo	siga	
sigues	sigas	sigue
sigue	siga	siga
seguimos	sigamos	sigamos
seguís	sigáis	seguid
siguen	sigan	sigan

30b REGIR

indicativo	subjuntivo	imperativo
presente	*presente*	
rijo	rija	
riges	rijas	rige
rige	rija	rija
regimos	rijamos	rijamos
regís	rijáis	regid
rigen	rijan	rijan

31   ARGÜIR

infinitivo	gerundio	participio	indicativo			
			presente	*imperfecto*	*indefinido*	*futuro*
argüir	arguyendo	argüido	arguyo	argüía	argüí	argüiré
			arguyes	argüías	argüiste	argüirás
			arguye	argüía	arguyó	argüirá
			argüimos	argüíamos	argüimos	argüiremos
			argüís	argüíais	argüisteis	argüiréis
			arguyen	argüían	arguyeron	argüirán

		subjuntivo		imperativo
potencial	*presente*	*imperfecto*	*futuro*	
argüiría	arguya	arguyera, -ese	arguyere	
argüirías	arguyas	arguyeras, -eses	arguyeres	arguye
argüiría	arguya	arguyera, ese	arguyere	arguya
argüiríamos	arguyamos	arguyéramos, -ésemos	arguyéremos	arguyamos
argüiríais	arguyáis	arguyerais, -eseis	arguyereis	argüid
argüirían	arguyan	arguyeran, -esen	arguyeren	arguyan

12. REGLAS DE PUNTUACIÓN

12.1. Signos de puntuación

12.1.1. Ortografía del texto

En las primeras páginas de este libro (§ 1.1) se dice que «la escritura no es sino un sistema de transcripción gráfica de los sonidos constitutivos del lenguaje oral». Y más adelante (§ 1.6) se añade que «el sistema de escritura de una lengua podría considerarse perfecto si hubiera total coincidencia entre el número de fonemas y el de letras; esto permitiría establecer entre los sistemas de expresión oral y escrita una correspondencia biunívoca: una sola letra para cada fonema y un solo fonema para cada letra». Y cuanto acabamos de transcribir es verdad, pero —como tantas veces ocurre— no es toda la verdad. Porque «sin el acento gráfico sobre la *i* de *María* —que entonces sería *Maria*— se leería con la entonación que *Mario*; lo que no correspondería a las respectivas realidades fónicas de los dos nombres» (§ 4.3.2); y «cuando a la *g* siga uno de los diptongos *ue, ui,* hay que colocar sobre la *u* la crema o diéresis, porque de otro modo sonaría *gue, gui*, en vez de sonar *güe, güi*, como se pretende» (§ 3.5.3).

Si hubiera correspondencia biunívoca, las letras bastarían para representar los sonidos uno a uno; pero no para representar fielmente el conjunto de sonidos constituido en palabra. Para la correcta interpretación gráfica de las palabras hay que recurrir al acento y a la diéresis. Pero ni siquiera la tilde y el signo diacrítico bastan para la fiel representación de la frase, del párrafo, del texto entero. En el discurso oral y en el coloquio hay pausas, alteraciones de ritmo e inflexiones de voz que las letras y el acento no pueden expresar. Y, ciertamente, la lengua escrita nunca podrá reflejar la riqueza de matices de la lengua oral; ya que, a la modulación de la voz, se añade la aportación de gestos y ademanes. Aunque en algo remedian la pobreza de expresión de la escritura los signos de puntuación.

No menos de dieciséis son los signos de puntuación (o las combinaciones de signos de puntuación) usados en español. Algunos expresan diversos matices de la pausa, como la coma, el punto y coma, el punto (punto y seguido, punto y aparte, punto final), los dos puntos y los puntos suspensivos; otros expresan matices de la entonación, como la interrogación, la admiración y, en cierto sentido, los paréntesis. Las comillas sirven para acotar palabras o textos, en cualquiera de sus tres versiones, tal como se ejemplifican acotando las respectivas denominaciones: "altas", «bajas» y 'simples'. También acotan los paréntesis, los corchetes o paréntesis cuadrados y, a veces, las rayas o guiones largos. El guión corto o pequeño une o separa, según los casos.

12.1.2. Puntuación y estilo

Tampoco en este tema hay unanimidad en el uso ni en la norma. En el uso, claro está que no puede haberla, porque cada uno escribe «según su leal saber y entender». Y no sólo cada uno escribe a su modo, sino que habla a su modo; y a su modo come y anda y vive. Pero el vivir, el andar y el comer están en la naturaleza y se moldean con la convivencia. También el hablar. No hay pueblo que no hable; puede haber individuos mudos, pero no pueblos. Pero hay, ha habido y han sido mayoría en la historia de la humanidad los pueblos ágrafos, pueblos carentes de escritura. Hay todavía pueblos —y no son pocos— cuya lengua autóctona carece de escritura. Y, en los pueblos considerados cultos y desarrollados, hay millones de analfabetos; personas que no saben siquiera leer, que no saben interpretar los signos gráficos de su lengua. Y son mayoría en el mundo los analfabetos prácticos; los que no leen porque no saben o porque, habiendo aprendido a leer, han olvidado o no les apetece la lectura.

La técnica de la escritura se adquiere en la escuela. En la escuela se aprenden la correspondencia entre sonidos y letras, la ortografía, las reglas de acentuación y —si a tanto se llega— las reglas de puntuación. La puntuación suele ser la última capa del generalmente somero barniz lingüístico escolar. Por otra parte, una puntuación esmerada presupone conocimientos gramaticales no comunes a todos los que, en un momento u otro y por una u otra razón, toman el bolígrafo o se ponen a la máquina. Ya en trance de escribir, a nadie resulta demasiado difícil averiguar si una palabra se escribe con *g* o con *j*, con *h* o sin ella, y si le corresponde o no acento gráfico. Hay normas de uso común. Escribientes y escritores, aprendices y maestros, todos han de escribir *halagüeño* con *h*, y con diéresis; y todos —excepto don Juan Ramón Jiménez y su señora esposa, que se atribuyeron un particular privilegio— han de escribir *coger* con *g*.

Hay unidad de criterio en cuanto a la ortografía de las letras y de las palabras, unidad que suele reflejarse en los textos escritos. Las obras de Unamuno, Baroja, Valle-Inclán, Miró y *Azorín* —autores de una misma época y llamados de una misma generación— se publican con igual ortografía; pero difieren —y no poco— en la construcción de sus frases y en su puntuación. Los editores de sus obras, atentos a los cambios ortográficos producidos desde que fueron escritas, han actualizado su ortografía —la de las letras y la de los acentos—, adaptándola a las normas vigentes; pero han mantenido la construcción sintáctica y la puntuación tal cual las dejaron sus autores. Desde la última edición normativa de la *Gramática* de la Academia (1931), se han publicado unas *Nuevas normas de prosodia y ortografía* «declaradas de aplicación preceptiva desde 1.º de enero de 1959», normas incorporadas al *Esbozo de una nueva gramática de la lengua española* (1973); pero ninguna norma ha publicado la Academia acerca de la construcción y la puntuación. En estos dos campos, mucho más complejos y más dependientes del estilo personal de cada autor —sea o no literario—, es difícil establecer normas de cumplimiento obligatorio y de aplicación general.

Y ésa es precisamente la razón de que, en este mismo libro, no se haya adoptado la misma actitud ante la ortografía que ante la sintaxis. En las páginas dedicadas a aquélla, hay más reglas que razones; en las dedicadas a ésta, hay más razones y argumentos que reglas. Y a partir de aquí, abocados al tema de la puntuación, los consejos razonados habrán de prevalecer sobre las reglas. En materia de puntuación, el riesgo no consiste tanto en escribir mal como en inducir a error; en escribir de tal modo que el lector pueda atribuir al texto escrito un contenido de información distinto del que le atribuye su autor. Intentemos, pues, indicar en qué casos es prudente el uso de este o aquel signo de puntuación y cuál es su aportación al sentido general de la frase.

12.2. USO DE LA COMA

12.2.1. Coma o conjunción copulativa

La coma, que corresponde a la más leve de las pausas de la elocución, puede tener una función claramente supletoria: la de evitar la repetición de una misma conjunción copulativa en una sucesión; función idéntica a la que tiene la pausa en la correspondiente formulación oral. La sucesión puede ser de oraciones o de partes —complejas o simples— de la oración. La coma suele suplir a la conjunción en la unión de todos los elementos de la serie, excepto de los dos últimos, que se unen mediante la conjunción. Véanse algunos ejemplos.

> Me levanté temprano, desayuné deprisa y salí corriendo.
> Había una botella vacía, un vaso sucio y unos mendrugos.
> Visitamos Venecia, Florencia, Pisa, Roma y Nápoles.

La unión de tres o más elementos oracionales mediante la correspondiente conjunción copulativa produce una impresión de reiteración y de fatiga. Puede ocurrir que, al que escribe, le convenga precisamente producir esa impresión de reiteración, abundancia, acumulación o agobio, para mejor expresar su propia experiencia. En tal caso, recúrrase a las conjunciones; como en los siguientes ejemplos:

> Busqué en armarios y cómodas y cajas y cajones y gavetas.
> Logró amigos y fama y prestigio y dinero y posición.
> Y pasaron horas y días y semanas y meses y años.

Si, al contrario, conviene producir la impresión de relación somera, incompleta, no exhaustiva —como acabamos de hacer en esta misma frase—, cabe el recurso de sustituir también la conjunción por la coma entre los dos últimos elementos de la serie; como en los siguientes ejemplos:

Vagué por montes, colinas, valles, llanos, cañadas.
Consultó enciclopedias, manuales, artículos, folletos.

12.2.2. Coma y conjunción copulativa

La coma y la conjunción copulativa no son necesariamente incompatibles. Concurren en las enumeraciones de entes heterogéneos, para distinguir los de distinto matiz. Se trata, en realidad, de unir mediante coma + conjunción dos series inmediatamente vecinas en el texto; como ocurre en los siguientes ejemplos:

Compró platos, vasos y copas, y colchas, sábanas y mantas.
Redactó cartas, oficios y saludas, y un tratado de cocina.

Si se trata de unir oraciones con sujeto expreso o con el mismo sujeto, la unión se manifiesta mediante coma en toda la serie, excepto en la última pareja, que suele recurrir a la conjunción; tal como es norma general, expresada en el párrafo anterior. Pero si alguna de las oraciones tiene distinto sujeto que el conjunto de las demás, la serie se escinde en dos y la relación entre las partes escindidas se expresa mediante coma + conjunción; como en estos ejemplos:

Ella pidió, rogó, suplicó, y él no la miró siquiera.
Yo como mucho y bebo más, y tú apenas pruebas nada.

12.2.3. Coma, elisión del verbo y orden de la frase

Dos o más oraciones que tengan el mismo verbo y vayan seguidas en el texto no suelen repetir, en cada oración, el verbo común. En tal caso, el lugar que correspondería al verbo elidido puede señalarse mediante una coma. Véase en los siguientes ejemplos:

Nosotros traemos abundante comida; vosotros, sólo pan.
Tú tienes fincas, valores, negocios; yo, nada.
Ella lee libros y revistas; tú, apenas el periódico.

La coma puede señalar, no sólo la ausencia de verbo en una oración, sino su posición entre ciertos complementos y el sujeto; no hay coma en los demás casos (complemento + sujeto + verbo o sujeto + verbo + complemento). Véanse ejemplos de las distintas posiciones y de las correspondientes consecuencias en el uso de la coma:

En la intimidad del hogar, todos calzamos zapatillas.
En la intimidad del hogar calzamos zapatillas todos.
Todos calzamos zapatillas en la intimidad del hogar.

Durante toda la noche, el vigilante anda rondando.
Durante toda la noche anda rondando el vigilante.
El vigilante anda rondando durante toda la noche.

Con lo suyo, cada uno hace lo que le viene en gana.
Con lo suyo hace lo que le viene en gana cada uno.
Cada uno hace lo que le viene en gana con lo suyo.

Es frecuente el uso de comas —porque se requieren dos— para indicar cualquier cambio significativo en el orden de la frase. Se da a entender que la expresión entre comas ocupa un lugar en la frase distinto del que se considera normal. Así, por ejemplo:

Tomó el hacha y, de un solo tajo, partió el madero.
Tomó el hacha y partió el madero de un solo tajo.

Abrió la puerta y, sin mediar palabra, disparó sobre mí.
Abrió la puerta y disparó sobre mí sin mediar palabra.

12.2.4. Coma y complemento nominal explicativo

Acaso el uso de la coma sintácticamente más rentable sea el de distinguir, en el texto escrito, la explicación de la especificación. El caso más simple es, sin duda, el de la complementación nominal. Es función del adjetivo sumar su aportación significativa al significado del sustantivo al que complementa; pero esta complementación admite dos tipos de relación: la explicación y la especificación, también llamada determinación. La especificación se caracteriza por delimitar el sentido del sustantivo afectado; la explicación, por destacar algún aspecto del significado del sustantivo. Claro está que tanto la delimitación de sentido como el resalto de algún aspecto del significado dependen en gran medida del contexto, como en cualquier otra manifestación lingüística. Atiéndase a los siguientes ejemplos:

Los soldados, hambrientos y cansados, se rindieron sin lucha.
El coronel prescindió de los soldados hambrientos y cansados.

Las mujeres, más activas, terminaron antes que los hombres.
Las mujeres más activas terminaron antes que las demás.

De los primeros soldados se explica que estaban hambrientos y cansados; se destacan los rasgos que probablemente más contribuyeron a que se rindieran sin lucha. Y nada se dice de otros soldados, ni siquiera si los había. En la segunda frase se especifica que el coronel prescindió de los soldados afectados por el hambre y el cansancio; y, aunque nada se diga, parece que el coronel disponía de otros soldados, más frescos y mejor alimentados. En la segunda pareja de ejemplos, la oposición es aún más clara. De las mujeres del primer ejemplo se explica que, en conjunto, fueron más activas que los hombres; y no se mencionan otras mujeres. En la última frase hay una clara oposición entre las mujeres activas y las demás; de las primeras se especifica que eran activas. En uno y otro caso, la explicación tiene valor causal, ya que la rendición sin lucha de los soldados cabe atribuirla a su condición de hambrientos y cansados; y el mejor rendimiento laboral de las primeras mujeres, a su mayor actividad.

La explicación y la especificación no son recursos exclusivos de los adjetivos. La misma oposición se manifiesta en los complementos nominales con preposición. Sin duda no es necesaria una copiosa ejemplificación. Cualquiera comprende que *el gato con botas no pudo alcanzar al ratón* no expresa lo mismo que *el gato, con botas, no pudo alcanzar al ratón*. En la última frase se percibe la función explicativa —y el consiguiente valor causal— del complemento nominal; se trata de un gato que, a causa de las botas, perdió su presa. Las botas del otro gato no sirven sino para su identificación, especificando de qué gato se trata.

12.2.5. Coma y oraciones de relativo

La presencia o la usencia de una coma afecta no sólo al significado de los adjetivos y otros complementos nominales de la oración simple; la coma influye también en las relaciones de significado entre la oración subordinada y el elemento de la oración principal de la cual depende. De aquí que se distinga entre las oraciones de relativo explicativas y las especificativas. Las oraciones de relativo (también llamadas adjetivas, por ejercer la función complementaria propia del adjetivo) aportan su significado a un sustantivo, al que suele denominarse antecedente. La relación de tales oraciones subordinadas con su antecedente es exactamente la misma que la de cualquier adjetivo con un sustantivo. Basta introducir un verbo en los ejemplos del párrafo anterior para que los adjetivos se conviertan en oraciones adjetivas o de relativo. Obsérvese la transformación, aplicada a los citados ejemplos:

> Los soldados, que estaban hambrientos y cansados, se rindieron sin lucha.
> El coronel prescindió de los soldados que estaban hambrientos y cansados.

> Las mujeres, que se mostraron más activas, terminaron antes que los hombres.
> Las mujeres que se mostraron más activas terminaron antes que las demás.

Podrían repetirse aquí, referidas a las oraciones de relativo, las mismas consideraciones hechas a propósito de la explicación y la especificación del adjetivo, según hubiera o no una coma entre éste y el sustantivo; pero, precisamente porque son las mismas, resultaría ocioso repetirlas. Lo que no obsta para que se añadan nuevos ejemplos, en los que pueda confirmarse lo expuesto anteriormente:

La novela que escribiste en verano refleja el ambiente playero.
La empresa en que trabaja tu hijo amplía sus instalaciones.

Tu nueva novela, que escribiste en verano, refleja el ambiente playero.
La empresa ENDASA, en que trabaja tu hijo, amplía sus instalaciones.

La oración de relativo *que escribiste en verano* (sin comas) especifica de qué novela se dice que *refleja el ambiente playero*; la misma oración de relativo (entre comas) explica que la novela, previamente especificada mediante *tu nueva,* la *escribiste en verano.* La oración de relativo *en que trabaja tu hijo* (sin comas) especifica qué empresa *amplía sus instalaciones*; la misma oración de relativo (entre comas) explica que la empresa, previamente especificada mediante la sigla, *ENDASA,* es aquella *en que trabaja tu hijo.*

12.2.6. Coma y expresiones enfáticas

La coma es, en muchos casos, mera advertencia de alteración en el orden normal de la frase. Y una de las alteraciones más patentes es la incrustación de una oración en el seno de otra, sin manifestación formal de relación alguna. No se trata, pues, de la inclusión de una oración dependiente o inserta en el seno de su oración principal o matriz; sino de dos oraciones supuestamente independientes, sin otro vínculo que el consiguiente a la propia incrustación. Véase en un par de ejemplos:

Ha llegado Fulano, ¿lo sabías?, con su nueva mujer.
Ha llegado Fulano con su nueva mujer. ¿Lo sabías?

Renunció a la herencia, ¡qué disparate!, sin consultar.
Renunció a la herencia sin consultar. ¡Qué disparate!

Aunque no falte quien sostenga que hay diferencia de significado entre una y otra oración (dentro de cada pareja), alegando que la pregunta y la exclamación sólo afectan a lo que las precede, son más los que no atribuyen a la incrustación otro valor que el meramente estilístico. No se trata tanto de restringir el ámbito de lo preguntado (*¿lo sabías?*) o lo ponderado (*¡qué disparate!*) a los fragmentos de oración respectivamente precedentes (*ha llegado Fulano* y *renunció a la herencia*), como de llamar la atención sobre lo notable, destacado o sorprendente del contenido total.

Estas oraciones intercaladas tienen, en definitiva, una función enfática. Y no sólo cuando son interrogativas o exclamativas. La tienen en cualquier caso; como lo muestran los siguientes ejemplos:

> Se cruzaron en la escalera, la vida es así, y no se reconocieron.
> Cuando me llamaste, mira tú si tiene gracia, estaba pensando en ti.
> Vino a una boda, el destino es a veces cruel, y fue a un entierro.

12.2.7. Coma y vocativo

El énfasis no tiene por qué expresarse mediante oraciones. Muchas veces basta una expresión más sencilla e incluso una sola palabra. ¿Acaso el vocativo es mucho más que énfasis? Claro que el vocativo sirve para llamar. Si alguien se asoma a una ventana y grita *¡Pedrito!*, he aquí un vocativo; pero también lo hay, sin levantar la voz, en las siguientes frases:

> Debes pensarlo bien, Eugenio, y mostrarte más razonable.
> Si algo necesitas, amigo mío, no dejes de acudir a mí.
> Oiga usted, maestro, ¿sabe dónde hay por aquí una farmacia?

No importa cuál es la posición del vocativo en relación con el resto de la frase. En los ejemplos inmediatamente precedentes, el vocativo va entre comas por su condición de intercalado. Pero no es sólo la intercalación la exigente de coma, sino la condición de vocativo; de tal modo que, si éste inicia o termina la frase, subsiste la coma de separación. Compruébese en las siguientes parejas de ejemplos:

> Jefe, ¿qué hago ahora?　　　　¿Qué hago ahora, jefe?
> Compañeros, os invito a todos.　　Os invito a todos, compañeros.

En páginas anteriores (§ 8.2.5) se indica que, cuando una forma verbal de imperativo vaya acompañada del nombre (propio o común) de la persona a quien se exhorta, es necesaria una coma que indique separación entre el nombre y el verbo. Al fin y al cabo se trata de un vocativo. Y, en tal caso, tampoco importa que el sustantivo preceda o siga al imperativo; en una y otra circunstancia se impone el uso de la coma. Además de los ejemplos aportados a propósito del imperativo, vayan ahora algunos más:

> ¡Soldados, manteneos firmes!　　¡Manteneos firmes, soldados!
> Damián, préstame cien duros.　　Préstame cien duros, Damián.
> Amado pueblo, calla y trabaja.　　Calla y trabaja, amado pueblo.

12.2.8. Coma y aposición

Además del adjetivo, las oraciones de relativo y la construcción prepositiva, hay otro modo de aportar información complementaria a un sustantivo: la aposición. Consiste ésta en la presencia de un sustantivo, entre comas, tras otro sustantivo. Ambos sustantivos (el complementador y el complementado) pueden, a su vez, llevar los correspondientes complementos. La aposición es una modalidad de explicación (§ 12.3.4), una forma simplificada (por falta de estructura oracional) de oración de relativo explicativa. Su peculiaridad consiste en la condición sustantiva del núcleo de la expresión apuesta; su condición complementaria se indica mediante su posición entre comas (correspondientes a pausas de la expresión oral). He aquí los ejemplos de siempre (con verbo copulativo) y alguno más:

Budapest, capital de Hungría, es una bella ciudad.
Fulano, coronel de artillería, es el jefe de la guarnición.
Mi primo, excelente ebanista, amuebló toda la casa.
La amapola, frágil flor, pigmenta de rojo los campos de mies.

No se requiere especial ingenio para convertir las aposiciones de los ejemplos precedentes en oraciones de relativo:

Budapest, que es la capital de Hungría, ...
Fulano, que es coronel de artillería, ...
Mi primo, que es un excelente ebanista, ...
La amapola, que es una flor frágil, ...

Y queda claro que se trata de oraciones explicativas y no especificativas, ya que cuanto en ellas se dice de los respectivos antecedentes es funcionalmente intercambiable con lo que se predica de éstos; como puede comprobarse en las siguientes frases transformadas, en las cuales lo explicativo (que fue presentado como aposición y transformado luego en oración de relativo) pasa a predicado, y lo predicado pasa a aposición (en las dos primeras) o a oración de relativo (en las dos últimas):

Budapest, bella ciudad, es la capital de Hungría.
Fulano, jefe de la guarnición, es coronel de artillería.
Mi primo, que amuebló todo el piso, es un excelente ebanista.
La amapola, que pigmenta de rojo los campos de mies, es flor frágil.

Aunque también las dos primeras admiten convertir su predicado en oración explicativa de relativo:

Budapest, que es una bella ciudad, ...
Fulano, que es el jefe de la guarnición, ...

12.2.9. Coma y expresiones adverbiales

Algunas expresiones adverbiales simples o compuestas (las llamadas locuciones adverbiales) admiten ser intercaladas en el texto; en cuyo caso, se escriben entre comas. Tal puntuación en la escritura no siempre corresponde a pausas de la lengua oral. Se trata de un recurso de la lengua escrita, que conviene respetar. Entre los adverbios que admiten intercalación en la frase figuran todos los terminados en -*mente*, además de *además, encima, entonces* (en el sentido de *en tal caso*), *siquiera, también* y otros. Entre las locuciones cabe citar *aun así, al menos, no obstante, por ejemplo, así y todo, en tal caso, en cualquier caso, en efecto, en general, por tanto* y muchas más. Ejemplos:

> Ganaron varias medallas y, además, un premio en metálico.
> Estábamos sin blanca y no podíamos, por tanto, comprar nada.
> Llegué tan cansado que, ciertamente, no podía ni pensar.
> Nadie conocía el camino y, no obstante, dimos con la casa.

Los adverbios y locuciones adverbiales de este gran grupo, si ocupan posición inicial en la frase, van siempre seguidos de coma. En los ejemplos siguientes, las expresiones adverbiales están al principio de las respectivas frases, tras un punto y seguido. La primera frase de cada ejemplo tiene como única misión crear el contexto adecuado para el uso inicial de las expresiones adverbiales ejemplificadas:

> Había una cola interminable. Además, hacía mucho frío.
> Sé que no lo necesitas. Entonces, ¿por qué lo pides?
> Todo esto me parece muy raro. Sinceramente, no lo entiendo.
> Estoy contento de los chicos. En general, se portan bien.

12.2.10. Comas toleradas

No siempre hay una regla que oriente sobre el uso de la coma. En no pocas ocasiones entran en conflicto las normas de la lengua escrita y la realidad de la pronunciación. Acabamos de indicarlo en el párrafo anterior, a propósito de ciertas locuciones adverbiales. Aunque suele aconsejarse prescindir de la coma ante la mayor parte de las conjunciones, no siempre es prudente seguir el consejo; que, a veces, lo mejor es enemigo de lo bueno. Es correcto no escribir coma ante las conjunciones *pero* (adversativa), *porque* (causal), *si* (condicional) o *aunque* (concesiva); pero es mejor escribirla si con ello se contribuye a reproducir con mayor fidelidad la pronunciación de la frase. Y acabamos de mostrar prácticamente que, en algunos casos, no basta una coma ante la conjunción y hay que recurrir a signos indicadores de pausa mayor. Véase, pocas líneas arriba, el principio de la frase *pero es mejor escribirla...* Ni siquiera ha bastado la coma; ha habido que recurrir al punto y coma.

No sólo la fidelidad a las pausas de la expresión oral justifica el uso de la coma ante las conjunciones citadas. Puede justificarlo también la necesidad de marcar la oposición entre dos frases, cuando en una de ellas (o en ambas) hay una sucesión de elementos separados por comas. En nuestro reciente ejemplo, el *pero* introduce una oración inmediatamente precedida de una enumeración de cuatro miembros, separados mediante tres comas y una conjunción disyuntiva. Una conjunción adversativa no habría bastado para indicar la oposición entre las dos oraciones; y, en este caso, ya hemos indicado que ni siquiera ha bastado la coma. El buen sentido del que escribe, basado en el conocimiento de la lengua y de sus recursos estilísticos, debe resolver los problemas derivados de la incompatibilidad entre la norma general y el uso corriente. Intentemos ilustrar este comentario con algunos ejemplos, en cada uno de los cuales concurren varias conjunciones, indicadoras de relaciones de distinto rango:

Es feliz aunque nada tiene, pero acaso lo sería más si más tuviera.
Llámame si me necesitas, aunque sólo sea para desahogarte.
No hay por qué guardar silencio, si duerme aunque haya ruido.
Se echa si tiene un rato, porque descansa aunque no duerma.

12.2.11. Comas prohibidas

No sólo hay normas para el uso de la coma, sino que las hay también para evitar su abuso. La regla más conocida —aunque no siempre respetada— desaconseja el uso de coma entre las partes de una oración correctamente ordenada. Se considera correcto el orden de sujeto + verbo + complemento directo + complemento indirecto + complementos circunstanciales. Dada la posible complejidad de una oración, aunque sus elementos sigan el orden que les corresponde, no hay que ser extremoso en el cumplimiento de esta norma general. Si una coma ayuda a la cabal comprensión de una frase correctamente ordenada, pero compleja o desmesurada, bienvenida sea la coma; peor sería que la frase resultara incomprensible para el lector o que el lector no entendiese en ella lo que el autor quiso dar a entender.

Dicho lo cual, hay que insistir en la conveniencia de seguir la norma general en cuanto afecta a la inmediata vecindad del verbo. No debe haber coma entre el verbo y cualquier otro elemento de la oración, sea sujeto o complemento, inmediato a él; prohibición más tajante cuando afecta a las partes de la oración más íntimamente relacionadas con el verbo, por este orden: sujeto, complemento directo y complemento indirecto. Si algún complemento es demasiado largo, puede interponerse otro más corto (aunque ello altere el orden óptimo de la frase) para evitar el riesgo de confusión y el uso de comas. Ejemplos:

1. Devuelve ahora mismo a tu hermano lo que te prestó la semana pasada.

2. Guardó con sumo cuidado todas las piezas de la cristalería de Bohemia.
3. El galán dio en escena a la actriz el ramo de flores que había olvidado.

El orden gramatical de estas oraciones ha sido alterado para evitar que alguno de los complementos, algo más extenso, alejara demasiado a los demás. Véase a continuación cuál es el orden resultante de las respectivas transformaciones.

1. Verbo + circunstancial de tiempo + indirecto + directo.
2. Verbo + circunstancial de modo + directo.
3. Sujeto + verbo + circunstancial de lugar + indirecto + directo.

En todos los ejemplos precedentes, el complemento directo es el de mayor extensión y, por lo mismo, el causante del desorden. De aquí que, a pesar de su más inmediata relación con el verbo, ocupe el último lugar en el orden de los elementos de la oración.

No basta disponer de normas y consejos para lograr soltura en el uso de la coma. Sólo la lectura reflexiva de textos magistrales, el análisis crítico de cuanto se lea y la frecuentación de libros de consulta gramatical pueden proporcionar el conocimiento adecuado para puntuar con acierto. Pero no se trata de retener con esfuerzo en la memoria reglas y consejos, sino de adquirir un criterio y aplicarlo consecuentemente. Que no sea la inmediata e irreflexiva aplicación de reglas lo que rija la escritura, sino el buen sentido, adquirido por la asunción de conocimientos gramaticales y su consciente ejercicio. En definitiva, hay que usar las comas con la misma sabia naturalidad con que se usan los cubiertos en la mesa, se teclea en la máquina o en el ordenador, y se conduce el coche en la carretera.

12.3. Uso del punto y coma

12.3.1. **Punto y coma no es punto + coma**

El nombre de este signo ortográfico no hace sino reflejar su propia realidad material, ya que se compone de un punto y una coma. Tanto el punto como la coma representan en la escritura pausas de la expresión oral, aunque de distinta magnitud e incluso de distinto valor sintáctico. Como luego se verá, el punto suele expresar separación; la coma, como ya se ha visto, suele expresar relación. Recuérdese (§ 12.2.1) que la función primaria de la coma consiste en sustituir a la conjunción copulativa en las sucesiones de más de dos elementos gramaticalmente equivalentes. Esta oposición funcional habría de impedir la concurrencia de los dos signos y, consecuentemente, su inmediata vecindad en el texto. Pero uno de los usos del punto (ser signo final de las abreviaturas) permite la sucesión de un punto y una coma. Así ocurre en los siguientes ejemplos:

> Características: 2.000 c.c., 165 CV., 218 Km/h., etc.
> El Excmo., Rvdmo. y Mgnfco. Sr. Rector de la Universidad.

Claro que el primer ejemplo está tomado de un texto publicitario, no necesariamente modelo de escritura correcta, pero tan frecuente que su realidad no puede ignorarse. Y claro también que, en el segundo ejemplo, se añade a las condiciones de suma excelencia y de magnificencia —supuestas a cualquier rector de cualquier universidad española— la de suma reverencia. Acumulación no común, pero tampoco rara; que la dignidad eclesiástica no es incompatible con el rectorado universitario ni es infrecuente en España compensar la escasez en lo tangible con abundancia en lo rimbombante. El hecho es que la coma puede seguir al punto, sin que la inmediata sucesión constituya «punto y coma»; este signo consiste en un punto volado y una coma debajo de él, como todo el mundo sabe y es meramente formulario señalar aquí.

12.3.2. Punto y coma en oraciones de estructura compleja

En párrafos anteriores se han atribuido a la coma diversas funciones. Ocurre a veces que frases relacionadas entre sí mediante una coma contienen otras comas, consecuencia —por ejemplo— de la sustitución de conjunciones copulativas. En tal caso, el punto y coma resuelve la posible ambigüedad. Partamos del siguiente texto:

> La caballería avanzó por el llano, la infantería se infiltró en el bosque, la milicia popular asaltó los edificios.

Las tres oraciones están relacionadas mediante comas, en sustitución de las correspondientes conjunciones copulativas. Añadamos ahora algunos elementos a cada una de las oraciones, sin modificar la relación existente entre ellas, y comprobemos el resultado de la operación:

> La caballería avanzó por el llano, entre lomas, collados y cañadas, la infantería se infiltró en el bosque y en los matorrales, al amparo de la vegetación, la milicia popular asaltó las casas, cabañas, chozas y chamizos.

La mezcla de comas, preposiciones y conjunciones no permite observar con claridad la existencia de las tres oraciones, cada una con el correspondiente verbo y los respectivos sujetos y complementos. La mezcla se evita manteniendo las comas, preposiciones y conjunciones para indicar la relación de los diversos elementos en el interior de cada oración, e indicando con punto y coma la conexión entre las oraciones; con lo que la frase ampliada queda así:

> La caballería avanzó por el llano, entre lomas, collados y cañadas; la infantería se infiltró en el bosque y en los matorrales, al amparo de la vegetación; la milicia popular asaltó las casas, cabañas, chozas y chamizos.

12.3.3. Valor enfático del punto y coma

En páginas anteriores (§ 12.2.10) se reproduce el consejo de prescindir de la coma ante la mayor parte de las conjunciones; pero se señala también la conveniencia de usarla, si con ello se contribuye a una más fiel reproducción de la pronunciación de la frase. Como el punto y coma es un signo predominantemente estilístico, cabe también aplicarlo a la función de representar el énfasis de la expresión oral. De modo que cabe usar el punto y coma ante cualquier conjunción, sea adversativa, causal, comparativa, concesiva, consecutiva, e incluso disyuntiva y copulativa. Nótese el mayor contraste entre las oraciones separadas por punto y coma, en cada uno de los siguientes ejemplos:

> Me atendió y me escuchó con atención; pero no accedió a nada.
> Ni pagaron ni devolvieron la mercancía; porque no les dio la gana.
> Siempre la quise muchísimo; tanto como si fuera mi propia hija.
> Dice que no puede ayudarnos; acaso sea más pobre que nosotros.
> No encontré hotel, hostal ni fonda; conque a dormir al raso.
> Cumple fielmente tus compromisos; o tendrás que vértelas conmigo.
> Se levantó, cruzó la sala, salió a la calle; y ni siquiera saludó.

12.3.4. Valor sintáctico del punto y coma

En algunos casos el uso del punto y coma no sólo acentúa la importancia de una parte de la oración compuesta, sino que contribuye a precisar el grado de relación entre las partes componentes. Nótese la diferencia de matiz entre las oraciones de los siguientes parejas de ejemplos:

> Ha prometido que vendrá y pagará y cumplirá su promesa.
> Ha prometido que vendrá y pagará; y cumplirá su promesa.
>
> Dice que trabaja mucho y apenas adelanta en su trabajo.
> Dice que trabaja mucho; y apenas adelanta en su trabajo.

Nótese que, en la primera frase de cada pareja, la última oración (*cumplirá su promesa* y *apenas adelanta en su trabajo,* respectivamente) se entiende subordinada a un verbo principal (*ha prometido* y *dice*). En cambio, en la segunda frase de cada pareja, la última oración es sintácticamente independiente y expresa la opinión del que formula la frase, no la de su anónimo sujeto.

12.3.5. Valor estilístico del punto y coma

Muchas personas consideran que el punto y coma es el signo de uso más arbitrario y, por ello, el de uso más difícil. No les falta razón. Basta repasar los párrafos anteriores para comprobar que el punto y coma es siempre un recurso posible, pero nunca imprescindible. El examen de textos literarios permite observar la diversa actitud de los autores acerca del punto y coma. Algunos no lo usan apenas; otros parecen abusar de él. Bien es verdad que abundan más los primeros que los segundos. Acaso esta razón estadística haya favorecido la fama de signo culto y distinguido que acompaña al punto y coma. Parece que sea instrumento para iniciados en el secreto de la escritura. Y tampoco en esto yerra quien tal piense.

El uso del punto y coma exige siempre reflexión. No debe usarse sin motivo justificado; pero no debe omitirse si su presencia aclara relaciones, matiza aportaciones de significado o enriquece el estilo. El punto y coma es como la corbata: un recurso que realza la elegancia de quien lo usa con naturalidad y discreción, y acentúa la vulgaridad de quien lo usa con afectación. Es aconsejable estudiar el uso del punto y coma en los textos de los grandes maestros de nuestra lengua y aprovechar la gratuita lección; que no hay mejor norma para la escritura que el ejemplo de quienes destacaron en ella, convirtiéndola en arte.

12.4. Uso del punto

12.4.1. Valor estilístico del punto

Suele decirse que el punto sirve para indicar la separación entre oraciones independientes o que tienen sentido completo, pero ni la independencia ni el sentido completo son conceptos obvios. En realidad, ninguna oración es totalmente independiente si es parte de un texto. Y ¿qué oración no es parte de un texto? Acaso sólo quepa considerar independientes las exclamaciones o expresiones interjectivas. Las más modernas técnicas de análisis textual tienden a considerar interrelacionados todos los elementos de un texto, ya que el sentido de cada uno de los elementos depende del sentido total del texto. Así como las palabras sólo adquieren sentido —un sentido determinado— al integrarse en la estructura de una oración, del mismo modo las oraciones sólo adquieren sentido cabal al integrarse en la estructura de un texto. De aquí que, con harta frecuencia, se queje este o aquel autor de la interpretación que se da a alguna de sus frases, separada del correspondiente contexto. Tras todo lo cual ya se prevé que no será fácil dar normas para el uso del punto. Nunca es fácil hacer inteligible a otros el criterio seguido por uno mismo en el uso de cualquiera de los muchos recursos de la lengua; pero menos aún en aquellas cuestiones que dependen más de la personalidad lingüística de cada cual (temperamento, cultura, ambiente, etc.) que de las escasas y vagas normas de la autoridad académica.

Cuanto se ha dicho a propósito de la coma, en relación con la lectura reflexiva de los grandes escritores, es también aplicable al punto; al punto y a cualquier cuestión relacionada con la escritura. El mero recuento de puntos en distintos autores causaría sorpresa a más de uno. Y también el recuento de puntos en un mismo escritor, según el tema de la obra y la intención del autor. Hay escritos de Azorín con más puntos que líneas de texto; noticia que a casi nadie sorprenderá, porque tiene fama (aun entre los que no le han leído) de escritor de estilo cortado. Pero otro tanto ocurre con algunos escritos de Castelar, al que el común de las gentes atribuye (no siempre por el conocimiento de sus obras) un estilo prolijo. Hay que admitir que también el punto es un recurso estilístico y que su uso depende de la intención del autor y del carácter de la obra; pero no es menos cierto que el uso del punto tiene, en la escritura corriente, ciertos límites que es imprudente rebasar.

12.4.2. Punto y seguido

El llamado punto y seguido suele emplearse para separar oraciones sin nexo sintáctico patente, pero relacionadas temáticamente entre sí. La frase que ahora iniciamos no tiene relación formal con la anterior, pero carecería de sentido si no tuviera relación temática con ella. El tema no se menciona —y tampoco se menciona en esta nueva frase—, pero el lector sabe de qué tema se trata. Una sucesión de oraciones sobre un mismo tema, pero carente de nexos sintácticos patentes, suele jalonarse con puntos y seguido. Es frase tópica que el movimiento se demuestra andando; pues nótese cómo una serie de oraciones acerca del punto y seguido se delimitan mediante este signo. En cuanto se cambie de tema, habrá que indicar el cambio mediante un signo indicador de mayor pausa o separación; precisamente lo que ocurre al final de esta frase.

12.4.3. Punto y aparte

En el probablemente infructuoso intento de explicar el uso del punto y seguido va implícita la definición del punto y aparte; signo que separa párrafos o conjuntos de frases dedicadas a temas distintos. Eso no significa que no haya ninguna relación de contenido entre párrafos seguidos; pero ha de haber también entre ellos alguna ruptura en la línea temática o alguna novedad en la orientación dialéctica. En no pocos casos, la división en párrafos —y el consiguiente uso del punto y aparte— se debe a razones ajenas a la estructura lingüística del texto y sólo dependientes de su presentación material. Los manuales de tipografía suelen aconsejar una puntuación ágil, que dé amenidad a la página impresa. Para ello hay que evitar el «compacto», denominación despectiva que se aplica a la impresión en que hay mucho texto en poco espacio. Claro que nunca deben predominar las razones tipográficas sobre las lingüísticas; pero cabe conjugarlas de tal modo que no se estorben mutuamente. Hay puntos y aparte que vienen exigidos por el cambio de tema; hay que aprovecharlos para evitar el mazacote de letra. Si no hay cambio de tema, aprovéchense alguna inflexión en la línea temática o alguna alteración en el enfoque de la cuestión tratada. En este mismo libro puede observarse repetidamente que no siempre coinciden los párrafos temáticos (los numerados) con los meramente tipográficos, que son subdivisiones de aquéllos. Con ello se pretende aliviar el aspecto de la página impresa y no desalentar al lector.

12.4.4. Punto, abreviatura y sigla

La palabra escrita está constituida por una sucesión de letras. Cualquier interrupción en la sucesión de letras constitutiva de una palabra hay que señalarla mediante un punto. Esto no es difícil de explicar y acaso sea innecesario explicarlo, pero no siempre es fácil expresarlo gráficamente. A alguien puede parecerle incomprensible que una *col.* sea distinta de una *col.* He aquí otra muestra de la servidumbre de la escritura. La primera *l col.* no es una *col,* sino una *columna* abreviada; la segunda *col* es, efectivamente, una *col,* seguida del signo de puntuación indicador de final de frase: un punto y seguido. Ahora sólo importa el punto que sigue a la primera *col.*, el punto final de abreviatura. Como puede comprobarse en la larga lista que se ofrece en lejanas páginas (§ 4.10.2), las pocas abreviaturas terminadas en alguna letra volada (*art º, D ª, comp ª*) no requieren punto final; según la Academia hay que colocarlo antes de la letra volada (*art. º, D. ª, comp. ª*). Sorprendentemente, la Academia exime de punto las abreviaturas relativas a pesas y medidas (*Dm* = decámetro, *l* = litro, *Tm* = tonelada métrica, etc.).

No hay unanimidad en cuanto a la puntuación de las siglas. Unos escriben ONU, OTAN, CEE y UGT, mientras otros escriben O.N.U., O.T.A.N., C.E.E. y U.G.T. Sin duda lo mejor es no usar siglas; pero, si hay que usarlas, adóptese su forma más sencilla. No se olvide que algunas siglas han originado palabras derivadas (*ugetista*<UGT, *cenetista*<CNT, etc.) y que otras ni siquiera corresponden exactamente a las iniciales originarias (*renfe*<RENFE<Red Nacional de los Ferrocarriles Españoles). De todo ello se ha tratado en otro lugar de este mismo libro (§ 4.8.10).

12.5. USO DE LOS DOS PUNTOS

12.5.1. Dos puntos y enumeración

En el caso de que a una oración le siga una detallada enumeración de elementos contenidos en ella, la relación se indica mediante el signo denominado dos puntos. Nada explicará mejor esta especial circunstancia que algunos ejemplos:

> Aquello fue un desastre: asesinatos, incendios, saqueos.
> Tiró todos los enseres: muebles, ropas, vajilla, libros.
> Cultiva varios géneros: teatro, novela, ensayo y poesía.

En el caso de que la enumeración preceda a su resumen, la relación se indica con el mismo signo. Compruébese en el cambio de orden aplicado a ejemplos semejantes a los anteriores:

> Hubo asesinatos, incendios, saqueos: aquello fue un desastre.
> Tiró muebles, ropa, vajilla, libros: todo lo de la casa.
> Escribe teatro, novela, ensayo y poesía: cultiva todos los géneros.

12.5.2. Dos puntos y cita textual

A nadie habrá pasado inadvertido el hecho de que, en este mismo libro, los ejemplos vayan siempre precedidos de dos puntos. Éste es el signo adecuado para indicar que el texto que sigue no forma parte de la exposición, sino que cumple una función testimonial. Esto es aplicable a los ejemplos y a cualquier fragmento aducido como testimonio e incorporado al texto. Ejemplos:

> Pilatos respondió: «Lo que he escrito, escrito está».
> Avanzaban gritando: «¡Viva la República! ¡Abajo la tiranía!»

Como ha podido observarse, no siempre las frases citadas como ejemplos van entre comillas. Hay recursos no ortográficos, sino tipográficos, que pueden suplir con ventaja a las comillas. En cualquier caso, se trata de distinguir lo citado del resto del texto; pero no es esto lo que aquí importa, sino que los dos puntos indican que se inicia una cita.

12.5.3. Dos puntos y estilo directo

Los dos puntos se usan también para indicar la relación entre la oración subordinada y el núcleo principal, en el llamado estilo directo. La subordinación se manifiesta ordinariamente mediante las conjunciones precisamente llamadas subordinantes (porque indican el carácter subordinado de la oración que encabezan); este modo de relación recibe el nombre de estilo indirecto. El estilo directo consiste en considerar la oración subordinada (o el conjunto subordinado de oraciones) como si no lo fuera, con la estructura gramatical propia de una oración independiente. Y los dos puntos se usan para indicar esta modalidad de relación. Véanse algunos ejemplos, por parejas (estilo indirecto y estilo directo, en cada una de las frases):

> Me contestó que no le interesaba mi nuevo negocio.
> Me contestó: no me interesa tu nuevo negocio.

Colgué el teléfono y pensé que debía alejarme de ella.
Colgué el teléfono y pensé: debes alejarte de ella.

Pregunté a voz en grito si había alguien en la casa.
Pregunté a voz en grito: ¿hay alguien en la casa?

Entonces tomé la decisión de no regresar al cuartel.
Entonces tomé la decisión: no regresaré al cuartel.

12.5.4. Dos puntos y causa o conclusión

Si al término de una exposición se indica la causa del acontecimiento o la conclusión que se extrae, la causa o la conclusión van precedidas de dos puntos. Tal es el caso de los ejemplos siguientes:

Desdichadamente no pudo ver a los asaltantes: es ciego.
La han operado y la medican adecuadamente: vivirá.
Descubrí que no tenía un céntimo: me habían robado.
Los dos empujamos con todas nuestras fuerzas: la puerta cedió.

12.5.5. Dos puntos y saludo epistolar

Durante mucho tiempo se ha considerado inevitable iniciar cualquier carta con un saludo dirigido al destinatario. Este saludo va desde el comercial *muy señor mío* al cordial *mi querido amigo*. Cualquiera que sea la fórmula elegida, puede ir inmediatamente seguida de dos puntos. Se ha dicho *puede* donde hasta hace poco se habría dicho *debe*. Las costumbres propias de cada país no siempre resisten el empuje de costumbres ajenas ni todas las pesonas son refractarias al esnobismo (como atestigua el uso de este anglicismo recientemente incorporado al diccionario). Hoy tiende a usarse, para la presentación epistolar, una simple coma. No obstante, insistimos en recomendar el uso de los dos puntos, tal como se hace en el saludo de los siguientes ejemplos:

Distinguido amigo y colega: He recibido su comunicación...
Querido Arnaldo: He sabido por tu prima que...
Señor director: Tengo el gusto de poner en su conocimiento...

12.6. USO DE LOS PUNTOS SUSPENSIVOS

12.6.1. Abuso de los puntos suspensivos

Antes de explicar las posibilidades de uso de los puntos suspensivos acaso convenga advertir acerca del peligro de su abuso. Hay quienes emplean este signo de puntuación como una especie de fleco al final de frases redondas y perfectamente conclusas. Tal vez piensen que este recurso ortográfico conferirá a la frase una vaguedad elegante o romántica. El abuso de los puntos suspensivos es frecuente en ciertos escritores bisoños, aficionados al juego del «usted ya me entiende». La verdad es que no siempre le es fácil al lector entender lo que con frases enteras se le explica; pero el riesgo de incomprensión aumenta si el autor confía a los puntos suspensivos la expresión de parte de su mensaje. En el caso de un mensaje cabalmente expresado, ¿a qué vienen los puntos suspensivos finales? Quizá pretendan ser el equivalente escrito a un guiño de connivencia, a un gesto de picardía.

12.6.2. Puntos suspensivos e interrupción del texto

Los ejemplos del último párrafo dedicado a los dos puntos (12.5.5) ofrecen una buena muestra de uso correcto de los puntos suspensivos. En cada uno de los ejemplos se inicia una carta, de la que sólo importa el saludo inicial y su conexión, mediante los dos puntos ejemplificados, con el texto siguiente. Como el resto de la carta no importa, se omite; omisión que precisamente se señala mediante los puntos suspensivos. Se trata de la reproducción parcial de un texto y los puntos suspensivos indican la interrupción. Esta interrupción no ha de afectar necesariamente a la totalidad del texto restante, tal como ocurre en los ejemplos del párrafo anterior. A veces se pretende reproducir sólo la parte pertinente de un texto de mayor extensión, eliminando lo innecesario. Los fragmentos intermedios omitidos se sustituyen por puntos suspensivos. Véase una muestra:

> Artículo 5.º: Todos los afiliados y sus respectivas familias, hasta el tercer grado de parentesco (siempre que convivan con el afiliado) tendrán derecho a asistencia médica y quirúrgica.

Puede ocurrir que esta información se facilite a un afiliado que reúna las condiciones de hijo único, huérfano de padre y madre, soltero y solo en la vida. Cabe suponer que la información referente a la familia no le ha de importar gran cosa, puesto que él no la tiene, y omitimos esa parte de la información; con lo cual el texto queda como sigue:

> Artículo 5.º: Todos los afiliados... tendrán derecho a asistencia médica y quirúrgica.

Este procedimiento permite evitar lo superfluo, indicando la omisión, sin modificar la redacción del texto.

Cabe aún otro caso de interrupción, cuya representación gráfica corresponde a los puntos suspensivos. Nos referimos a las interrupciones del habla coloquial. En la conversación, los interlocutores acalorados suelen «quitarse la palabra», en el sentido de ponerse a hablar indiscretamente, interrumpiendo al que estaba hablando; o dejan inconclusa una frase, porque no acude a su mente la palabra adecuada; o, simplemente, pierden el hilo de su propio discurso. A los puntos suspensivos corresponde la representación escrita de cualquiera de esas situaciones. Compruébese en un ejemplo:

> —Tú sabes muy bien que la verdad...
> —La verdad, para ti, siempre coincide con tu conveniencia.
> —Te digo que...
> —No me importa lo que tú digas. Fue tu mujer...
> —¡No metas a mi mujer en esto! Y vete a la...

Con lo que queda claro que los puntos suspensivos pueden cumplir también una función eufemística.

12.6.3. Valor enfático de los puntos suspensivos

Corresponde a los puntos suspensivos la representación gráfica de la pausa enfática en la expresión oral; función a la que precisamente deben su nombre. En la conversación es frecuente apelar a la interrupción del discurso con intención efectista. Se trata del llamado *suspense* por los neologistas; que no es sino la suspensión, definida por la Academia como la «figura que consiste en diferir, para avivar el interés del oyente o lector, la declaración del concepto a que va encaminado y en que ha de tener remate lo dicho anteriormente». Sirva de ejemplo esta breve rima becqueriana:

> Por una mirada, un mundo;
> por una sonrisa, un cielo;
> por un beso... ¡yo no sé
> qué te daría por un beso!

Nótese que los puntos suspensivos son siempre tres. Sólo se admite una más numerosa sucesión de puntos en el caso de que el texto omitido sea muy extenso (un párrafo entero, uno o varios versos), en cuyo caso la hilera de puntos debe alcanzar la anchura de la página (si se trata de prosa) o la anchura media del verso. Puede verse un ejemplo un par de páginas más adelante (§ 12.7.2).

12.7. Uso de los signos de interrogación

12.7.1. Oraciones interrogativas

En la lengua hablada, la pregunta o interrogación se identifica por la modulación de la voz. De modo general puede afirmarse que el tono de las frases interrogativas tiene una inflexión final ascendente, llamada anticadencia; a diferencia del tono de las frases aseverativas (afirmativas o negativas), que tienen una inflexión final descendente, llamada cadencia. ¿Cómo representar la entonación interrogativa en un texto escrito? Pues acaban ustedes de verlo: mediante los llamados signos de interrogación. Hay que decir signos y no signo, porque hay uno inicial y otro final; circunstancia bastante particular de la lengua española, ya que la mayor parte de las lenguas carecen del signo inicial de interrogación. La existencia de dos signos diferenciados permite delimitar con exactitud dónde empieza el fragmento interrogativo. Véase, en primer lugar, aplicado a oraciones enteras:

> ¿Te acordaste de cerrar la puerta con llave?
> ¿Ha preguntado alguien por mí?

12.7.2. Interrogaciones parciales

La existencia de un signo inicial de interrogación y la consiguiente posibilidad de delimitar el fragmento interrogativo permite reproducir con exactitud, en la lengua escrita, la modulación oral de las frases interrogativas. Abierto ya el libro de Bécquer, aprovechemos como ejemplo las dos primeras estrofas y la última de otra de sus rimas:

> Al ver mis horas de fiebre
> e insomnio lentas pasar,
> a la orilla de mi lecho,
> ¿quién se sentará?
>
> Cuando la trémula mano
> tienda, próximo a expirar,
> buscando una mano amiga
> ¿quién la estrechará?
>
> ....
>
> ¿Quién, en fin, al otro día,
> cuando el sol vuelva a brillar,
> de que pasé por el mundo,
> quién se acordará?

Cada una de las estrofas es una oración, con más o menos incisos. En las dos primeras, la pregunta se formula sólo en el último verso; y así lo señalan los correspondientes signos de interrogación. La última estrofa es toda ella una pregunta, tal como indica la partícula interrogativa *quién* y los signos de puntuación. Y acaso valga la pena llamar la atención sobre la hilera de puntos suspensivos que separan las dos primeras estrofas de la última, indicación de que allí precisamente se han omitido las tres estrofas que completarían la rima becqueriana.

Puede también ocurrir que un texto tenga varios períodos interrogativos seguidos. La puntuación debe corresponder a la relación que haya entre los distintos fragmentos. Es decir, cada una de las unidades interrogativas debe iniciarse y terminarse con el correspondiente signo; pero sin olvidar los signos que correspondan a la relación entre las distintas unidades. Véase qué ocurre con la puntuación al convertir en interrogativa una serie de oraciones aseverativas:

> Ganas dinero, tienes una buena colocación, eres feliz.
> ¿Ganas dinero?, ¿tienes una buena colocación?, ¿eres feliz?
>
> No tengo que ir, puedo quedarme; pero sé qué he de hacer.
> ¿No tengo que ir?, ¿puedo quedarme?; pero ¿sé qué he de hacer?

12.7.3. Preguntas sin respuesta

Las oraciones interrogativas no siempre constituyen verdaderas preguntas; es decir, no se pretende con ellas obtener una respuesta. A veces tienen sentido irónico, intimidatorio o exclamativo. Como es natural, sólo el contexto permite distinguir la verdadera pregunta de la ironía o de la amenaza; aun así, vayan algunos ejemplos:

> ¿Creen ustedes que soy tonto?
> ¿Acaso prefiere salir volando por la ventana?

La oratoria recurre con frecuencia a formulaciones interrogativas que nada tienen que ver con una verdadera pregunta. En la mayor parte de los casos la respuesta es obvia, tanto para los que escuchan la supuesta pregunta como para el que la formula. Aquí sería pedantería echar mano de modelos clásicos de oratoria (la famosa primera Catilinaria de Cicerón, por ejemplo); pero no han de faltarle al lector ocasiones de comprobar por sí mismo la existencia de preguntas meramente retóricas, si presta alguna atención a la insignificante literatura política circundante.

12.8. USO DE LOS SIGNOS DE ADMIRACIÓN

12.8.1. Oraciones exclamativas

La exclamación se caracteriza, en la lengua oral, por la mayor intensidad de la voz y la fuerte inflexión tonal. La escritura dispone de signos que permiten representar gráficamente la exclamación. A diferencia de la mayor parte de las lenguas más o menos vecinas, el español dispone también de dos signos de admiración, uno inicial y otro final. Casi todo lo dicho a propósito de la interrogación es aplicable también a la admiración. Hay, por supuesto, oraciones exclamativas. Pueden serlo en su totalidad o en parte. En uno y en otro caso, además de los signos de admiración que el tono de la frase exija, no hay que descuidar los demás signos de puntuación que le correspondan. Véanse algunos ejemplos.

¡Más de doscientos hombres perdidos en una sola batalla!
Y yo, ¡pobre de mí!, ni siquiera pude acercarme.
La guerra, el éxodo, el exilio: ¡cuántas calamidades!
¡Ladrones!, ¡ladrones!, gritaba la pobre víctima.

12.8.2. Exclamaciones e interjecciones

La mínima expresión de frase exclamativa la constituye la llamada interjección. Algunas de las más frecuentes interjecciones no tienen otro contenido informativo que la mera exclamación: *¡ah!, ¡oh!, ¡ay!, ¡uf!* y cuantas otras se quieran reunir. En cuanto al sentido que se les atribuye, la doctrina de la Academia (en su última *Gramática* normativa) es hilarante. Vale la pena reproducir el párrafo; aunque conviene no tomar su contenido al pie de la letra. Dice así:

«*Ah, ay* y *oh* se usan indiferentemente para denotar pena, gozo, mofa, sorpresa, desprecio, ira y admiración. Así, lo mismo decimos *¡ah qué desgracia!, ¡ay de mí!, ¡oh dolor!,* que *¡ah bribón!, ¡ay qué alegría!, ¡oh asombro!, ¡ah qué necio!, ¡ay si te cojo!, ¡oh, ya nos yeremos!,* etc. *Bah* indica que nos causa molestia, desdén o repugnancia lo que oímos. *Ca* o *quiá* es indicio de negación o incredulidad. *Cáspita* se usa para manifestar admiración o extrañeza. *Ea* sirve unas veces para infundir ánimo, otras para meter prisa, otras para imponer silencio, y otras, en fin, para significar enojo o contradicción. Con la interjección *eh*, no menos variada que *ah,* reprendemos, llamamos, preguntamos, despreciamos y advertimos. *Guay* vale intimación [sic] y amenaza. Con la voz *hola* se llama a los inferiores, y se denota, ya alegría, ya extrañeza. *Huy* es una exclamación arrancada por dolor físico repentino, y también denota asombro con mezcla de disgusto. *Ojalá* indica vivo deseo de alguna cosa. *Ox* es voz con que se espanta a las aves. *Puf* manifiesta asco o desagrado. *Sus* sirve únicamente para animar. *Tate* es demostración de sorpresa, de advertencia para contenerse o contener a otro, y lo es también de que se cae en la cuenta de algo que no se tenía presente. *Uf* manifiesta cansancio, sofocación. *Zape*, además de emplearse para ahuyentar a los gatos, es indicio de temer algún riesgo o ponderarle.»

Conque ya lo saben ustedes. Ciertamente que la última edición de la *Gramática* normativa —¡lo hemos dicho ya tantas veces!— es de 1931; pero ¿qué habrá podido impedir a tan docta institución revisar párrafos como este, al cabo de bastante más de medio siglo? En cualquier caso, ¡cáspita!

12.8.3. Expresiones interjectivas

Los signos de admiración pueden aplicarse, según se ha visto, a oraciones, fragmentos de oración e interjecciones; pero quedan otras expresiones que son también exclamativas y no corresponden a ninguno de estos tres tipos. Nos referimos a lo que algunos autores llaman interjecciones impropias o secundarias: palabras que tienen en la lengua un uso normal, pero que pierden su significado ordinario al adquirir valor exclamativo. Recuérdense *¡anda!, ¡arrea!, ¡demonio!, ¡hombre!, ¡porras!, ¡toma!* y muchas más. No cabe establecer un repertorio de tales palabras, porque cambian con el tiempo, se ponen y pasan de moda fácilmente.

Suelen también acompañarse de signos de admiración —porque suelen pronunciarse con énfasis exclamativo— las palabrotas o tacos, que basan su fuerza expresiva en su referencia al ámbito escatológico u obsceno. No es necesaria la ejemplificación. Por ahí andan; pero no es éste lugar para su publicidad. Y no tanto por pudibundez, sino por tratarse de expresiones intencionalmente marginales. Si se enseñaran en las escuelas y se cantaran a coro —como se cantaba la tabla de multiplicar— perderían su atractivo y su eficacia.

Quedan todavía las que podríamos llamar jaculatorias desbravadas; invocaciones de origen religioso, integrantes en algún momento del léxico devoto, pero que han acabado en meros desahogos interjectivos: *¡Dios mío! ¡Virgen santa!, ¡Santo Dios!, ¡Jesús!,* etc.

12.8.4. Interrogación + admiración

Las exclamaciones no tienen por qué ser necesariamente aseverativas. La experiencia muestra con cuánta frecuencia se emplean exclamaciones interrogativas. Se puede preguntar tímidamente *¿son ya las once?*, se puede exclamar con desesperación *¡son ya las once!*; pero también se puede preguntar la hora a voz en grito, con alegría, con entusiasmo o con desesperación. Esta concurrencia parece crear un conflicto de signos. Podría pensarse en la solución *¿¡son ya las once!?*, o *¡¿son ya las once?!* Ni una ni otra. La solución es más fácil. Dice la Academia: «Hay cláusulas que son al par interrogativas y admirativas, y en ellas podrá ponerse nota de admiración al principio y de interrogación al fin, o viceversa»; lo cual, aplicado al ejemplo anterior, ofrece estas dos posibilidades: *¿son ya las once!* y *¡son ya las once?* Solución un poco salomónica, pero práctica.

12.9. Uso de las comillas

12.9.1. Tipos de comillas

Las comillas se usan para destacar una palabra o una frase dentro de un texto o para distinguir todo un texto de su contexto. En el párrafo anterior se cita literalmente un fragmento del *Esbozo* académico. La condición de texto ajeno, intercalado en el propio, se indica mediante comillas. La denominación de este signo denota su origen; se trata de dos parejas de comas, una inicial y otra final, ambas en posición volada. La actual tipografía dispone de dos tipos de comillas, que se usan discrecionalmente. Esta doble disponibilidad permite cerrar entre comillas palabras o frases en el seno de un texto entrecomillado. Unos ejemplos contribuirán a aclarar lo dicho y mostrarán su aplicación.

> Dice el periódico: «El acorazado "Baleares" ha sido hundido».
> La nota decía: «Nos veremos en el "Gran Café" a las seis».

En trabajos especializados suelen usarse las comillas simples, signo consistente en una sola coma volada al principio y al final del texto acotado. En escritos de tema lingüístico sirven para indicar el significado o la acepción en que se toma una palabra, en un caso determinado; tal como puede apreciarse en los siguientes ejemplos:

> Las voces *pino* 'árbol' y *pino* 'empinado' tienen un origen común.
> La palabra francesa *fenêtre* 'ventana' procede del latín.

12.9.2. Recursos tipográficos

Las comillas tradicionales, en cualquiera de sus formas, siguen usándose en la tipografía moderna; pero ésta dispone de otros recursos para destacar o acotar textos. En este mismo libro sólo se usan las comillas para indicar el principio y el fin de un texto ajeno, incluido en el propio. Para los ejemplos intercalados en el texto se emplea la letra cursiva. La posibilidad de usar a lo largo de un texto varios tipos de letra, distintos uno de otro por su figura y por su tamaño, permiten dar mayor variedad a las citas, ejemplos y palabras o frases destacadas. Se va imponiendo la costumbre de escribir en letra cursiva los títulos de las publicaciones (diarios, revistas, libros o folletos), las palabras o frases tomadas como objeto de atención o análisis, y las pertenecientes a otra lengua. Véanse ejemplos:

> Suelo escuchar *Radio especial* y leer *La voz del pueblo.*
> La palabra *teléfono* lleva acento porque es esdrújula.
> El *premier* británico ha hecho importantes declaraciones.

12.9.3. Comillas de repetición

Prestos a cerrar el espacio dedicado a las comillas, querríamos finalmente mencionar un uso de las comillas completamente distinto de los que se han señalado hasta ahora. Nos referimos a la función sustitutoria de palabras que habrían de aparecer repetidas en las listas, tablas o catálogos. Bastará un par de ejemplos para que el lector recuerde su empleo frecuente en la escritura:

4 cajas de lápices del n.º 2, marca Tal.
5   »   » bolígrafos, color negro.
4   »   »   »   » azul.
3 paquetes de sobres 12 × 18 cm.
5   »   »   » 9 × 13,5 cm.

yo he cantado
tú has   »
él ha   »
....

Es obligada la advertencia de que estas comillas de repetición no se escriben voladas, ni a mano ni a máquina (sea cual fuere ésta), sino al mismo nivel de las demás letras; circunstancia que aconseja, en la escritura mecanográfica (y sólo si los tipos de la máquina no ofrecen mejor solución), el empleo de una pareja de comas normales.

12.10. Uso de los paréntesis

12.10.1. Tipos de paréntesis

Quien haya leído hasta aquí prestando atención, no sólo al contenido informativo del texto, sino a la forma de expresión, habrá observado la repetida presencia de paréntesis. La introducción de un inciso en una frase hay que indicarla de algún modo. Si se trata de una explicación complementaria, pero integrada sintácticamente en el texto, basta delimitar el inciso mediante comas; pero si se trata de algo sugerido por el texto, pero ajeno a su estructura sintáctica o a su intención informativa inmediata, conviene emplear el paréntesis. También aquí es válido el principio de que es más fácil aconsejar que practicar; pero también es verdad que el consejero ha tenido que practicar —bien o mal, he aquí el problema— lo mismo que aconseja. Con lo cual el lector puede seguir los consejos o guiarse por la práctica, si ha observado discrepancia entre ésta y aquéllos.

Pocas líneas arriba hay un ejemplo de inciso introducido mediante una modalidad parentética que no suele llamarse paréntesis. Nos referimos, claro está, a la frase *bien o mal, he aquí el problema,* separada del texto mediante un signo (del que trata precisamente el párrafo siguiente) llamado raya o guión largo. Es una forma de paréntesis de creciente uso, especializada en la acotación de incisos sugerentes, irónicos o afectivos, de intención más bien estilística; una especie de contrapunto literario.

12.10.2. Paréntesis, corchetes y llaves

El uso de los paréntesis tradicionales se reserva para los incisos informativos, aportadores de datos aclaratorios o complementarios, convenientes para la cabal comprensión del texto. A lo largo de este libro, cuantas veces se hace referencia a cuestiones ya tratadas, se indica entre paréntesis el párrafo en que el tema ha sido tratado. Otro tanto ocurre con datos tan concretos como la fecha de edición de un libro. Puede que el lector recuerde haber leído «en el *Esbozo* (1973)» o «en la *Gramática* normativa (1931)». También se usa para referencias menos concretas, pero de intención también informativa. Véase en el párrafo anterior, al presentar la función parentética de las rayas o guiones largos, el inciso informativo entre paréntesis: «(del que trata precisamente el párrafo siguiente)».

La modalidad más aislante de los signos parentéticos es la pareja de los llamados corchetes o paréntesis cuadrados. Suele emplearse para incisos cuyo contenido informativo permanece ajeno al texto, aunque esté incrustado en él. No muchas páginas atrás, al citar literalmente un texto de la *Gramática* académica, se destaca la extraña presencia de la palabra *intimación* mediante la expresión «[sic]», específicamente indicadora de que una palabra o frase incluida en una cita es textual, a pesar de su aparente inexactitud. La palabra *sic,* intercalada en el texto académico, no forma parte de él. Es una llamada de atención del transcriptor, ajeno a la autoría del texto citado. Esta circunstancia es la que aconseja el uso de la modalidad más hermética de los signos parentéticos.

El *Esbozo de una nueva gramática de la lengua española* (1973) reserva el nombre de corchete al signo {, al que también llama llave, y explica: «Su oficio es abrazar diversas partidas en una cuenta, varios miembros en un cuadro sinóptico, etc., que deben considerarse agrupados y unidos para determinado fin». A los signos [ ] los llama paréntesis rectangulares. La propia Academia, en la última edición de su *Diccionario* (1984), no cita siquiera los paréntesis rectangulares. Del paréntesis, en el sentido que aquí importa, sólo dice: «Signo ortográfico ( ) en que suele encerrarse esta oración o frase»; oración o frase definida previamente como «incidental, sin enlace necesario con los demás miembros del período, cuyo sentido interrumpe y no altera». En la voz *corchete*, el *Diccionario* define: «Signo de estas figuras ([ ]) que puesto, ya vertical, ya horizontalmente, abraza dos palabras, guarismos o renglones en lo manuscrito o impreso, o dos o más pentagramas en la música». A pesar de todo lo cual —o acaso por todo lo cual— no nos sentimos incitados a modificar la nomenclatura utilizada hasta ahora, avalada por el uso corriente y el de acreditados tratadistas. Por otra parte, el nombre no hace la cosa y el lector ya sabe a qué atenerse.

12.11.   Uso de los guiones

12.11.1.   Raya o guión largo

Al tratar de la acotación de incisos, se ha hecho una primera presentación de la raya o guión largo (§ 12.10.1), precisamente referente a su uso parentético. No parece necesario insistir en este punto. Se emplea también en la reproducción escrita del diálogo. El guión largo señala el principio de la intervención de cada uno de los interlocutores o una interrupción en el curso de la conversación para expresar quién es el que habla u otra circunstancia; de todo lo cual —y de mucho más— hay ejemplos en este fragmento de *Los cipreses creen en Dios,* famosa novela de José M.ª Gironella.

> —¡Hombre! —exclamó Ignacio—. ¿Crees que el comunismo es una transformación?
> —¡Cómo! —crujió los dedos—. ¡Caray si lo es! El otro día me contaban...
> —¿Qué te contaban?
> —Que en España no se atreven a... En fin, que se sirven del socialismo.
> —No entiendo.
> —Sí, hombre. Aquí no hay disciplina, ¿comprendes? Ya lo ves. Tú, individualista. Y el Komintern lo sabe.
> —¿El Komintern sabe que yo soy individualista?
> —¡No seas burro! Sabe que lo eres tú —le señaló—, que lo soy yo —señaló—. Que todos somos individualistas. Por eso ha ordenado lo que te he dicho. —Con la diestra se dio un golpe en la otra muñeca, obligando a la mano izquierda a que se levantara—. El socialismo como trampolín.

A la raya o guión largo se le atribuye a veces la misma función sustitutoria que a las comillas, en casos especiales de catálogos, diccionarios u otras listas semejantes. En tal caso, el guión ocupa el lugar que corresponde a las palabras cuya repetición se quiere evitar; como en los siguientes ejemplos:

> Villalba de los Alcores, prov. de Valladolid.
> — de los Barros, prov. de Badajoz.
> — del Alcor, prov. de Huelva.
> — del Rey, prov. de Cuenca.

12.11.2.   Guión corto y división de palabras

El guión corto se usa cuando, al final de renglón, no cabe una palabra entera. La presencia del guión indica que el resto de la palabra cortada sigue al principio del renglón siguiente. La palabra no puede cortarse por cualquier parte.

Hay reglas muy concretas que rigen esta operación ortográfica. No las repetimos aquí porque han sido detalladamente expuestas al tratar de las combinaciones vocálicas (§ 1.10), de las combinaciones consonánticas (§ 1.11) y de la estructura de la palabra (§§ 4.1.1 y 4.1.2); puntos donde se expone cuanto es necesario saber en esta cuestión y se ofrecen abundantes ejemplos prácticos de la aplicación de las reglas. No deja de sorprender el creciente incumplimiento de estas reglas en los medios escritos de comunicación social. En algunos periódicos, no pasa día en que no aparezcan cortes inverosímiles de sílabas. Conservamos numerosos e inefables testimonios de divisiones tales como *amables, reacc-iones, conscient-e, inc-onstitucional* y cien más. Parece imposible, ¿verdad?; pero es real, verdadero y comprobable. Alguien dirá: error material. Error, desde luego. Y, en cuanto a material, ¿es que hay algo inmaterial en la mecánica de la escritura? También podría ser considerado error material pegar un tiro en vez de pegar un sello. En cuyo caso, el más necesitado de auxilios espirituales sería la víctima; al pobrecito autor del error material le bastarían correctivos materiales.

Deseamos fervientemente que no se produzcan en estas mismas páginas errores como los que acabamos de señalar. Si se logra —y es de esperar—, en todas y cada una de las páginas de este libro habrá de encontrar el lector abundantes muestras de uso correcto del guión, en su función de dividir palabras al final de renglón. Añadamos a los millares de ejemplos espontáneos e involuntarios estos pocos ejemplos preparados adrede:

Aunque actualmen-
te hay medios para igua-
lar los márgenes de un
texto sin recurrir al
uso del guión, es toda-
vía general su uso para
indicar la división me-
ramente ortográfica de
una palabra al final de un
renglón. Hay reglas ri-
gurosas para la aplica-
ción de este recurso.

12.11.3. Guión corto y unión de palabras

El guión corto se usa también para indicar el punto de unión de ciertas palabras semicompuestas. Las palabras propiamente compuestas constituyen una sola unidad ortográfica y no precisan del concurso de guión alguno: *altavoz, bocamanga, checoslovaco, hispanoamericano, patitieso, puntiagudo, sirvergüenza, tiovivo* y *zarzaparrilla* son unos pocos ejemplos, entre los muchos que ofrece la lengua española. Pero la concurrencia de palabras, con intención de destacar su ocasional cooperación u oposición de significados, se indica mediante el guión; concurrencia que produce lo que cabría denominar palabras semicompuestas. Al tema de la composición de palabras se ha dedicado minuciosa atención en páginas precedentes (§§ 4.6.1 a 4.6.4), donde se dan normas sobre el uso del guión en su función de nexo de palabras concurrentes. Baste aquí la aportación de algunos ejemplos:

Hay muchas víctimas en la guerra irano-iraquí.
Escribió un tratado teórico-práctico sobre motores.
Ocupa un importante cargo técnico-administrativo.
Está estudiando las relaciones niño-adulto.

Hay que incluir en esta función de unión entre unidades ortográficas del texto las relativas a períodos de tiempo, tanto si se expresan mediante palabras como si se expresan mediante guarismos. He aquí un par de ejemplos:

La temporada junio-agosto es la más calurosa.
Murió durante la guerra civil española (1936-1939).

12.12. OTROS SIGNOS ORTOGRÁFICOS

12.12.1. El párrafo

A lo largo de este libro, siempre que se hace referencia a otro pasaje del mismo, éste se identifica mediante el número del párrafo correspondiente; número que va precedido del signo §, precisamente indicador de párrafo. Párrafo es, según el *Diccionario* académico, «cada una de las divisiones de un escrito señaladas por letra mayúscula al principio del renglón y punto y aparte al final del trozo de escritura»; pero también es «signo ortográfico (§) con que, a veces, se denota cada una de estas divisiones». La claridad de la definición y la abundancia de ejemplos que el lector tiene a su inmediato alcance nos eximen de insistir sobre el uso de este signo.

12.12.2. El asterisco

El asterisco (*) es un signo de llamada, usado para indicar el punto exacto del texto al que se refiere la nota situada al pie de la página. Pueden utilizarse dos y hasta tres llamadas por este procedimiento en una misma página; pero lo normal es, si hay más de una llamada por página, indicar el punto del texto mediante números volados ([1]); en este libro no hay llamadas mediante números volados ni tampoco mediante asterisco, porque éste se usa sólo para indicar las frases o construcciones incorrectas, inusuales o desaconsejables, para distinguirlas más fácilmente de las correctas, en evitación de posibles confusiones; costumbre generalizada en los tratados de lingüística.

13. DICCIONARIO LÉXICO Y GRAMATICAL

13.1. LÉXICO Y DICCIONARIO

La última edición del *Diccionario* de la Real Academia Española (1984) contiene alrededor de setenta y cinco mil (75.000) palabras. Dos gruesos volúmenes de gran formato, con un total de mil cuatrocientas dieciséis páginas y un promedio de cincuenta y tres palabras por página. Setenta y cinco mil palabras son muchas palabras. Un excelente ejercicio de humildad para cualquier supuesto conocedor de la lengua española consiste en abrir el diccionario por cualquier página y empezar a leer, uno tras otro, todos los artículos. Lo menos grave es comprobar que se ignoraba la existencia de más de la mitad de las palabras; lo peor es cerciorarse de que muchas de ellas no significan lo que el lector suponía y que de la mayoría tenía una idea remota y vaga. Cura de humildad a la que deberíamos someternos periódicamente cuantos hemos hecho de la lengua profesión y beneficio; que si tal hiciéramos los profesionales, acaso no andaría la lengua tan en lenguas, ni nosotros tan orondos.

La riqueza léxica de una lengua no puede medirse por la cantidad de palabras que los eruditos hayan acumulado en un diccionario elaborado a lo largo de los siglos, sino por el número de palabras que la generalidad de los hablantes es capaz de usar con propiedad. En esta cuestión, como en tantas otras, se tiende a confundir entidades culturales con entidades físicas. Hay personas —no necesariamente simples ni zafias— que creen que la lengua existe como existen los montes, los árboles y los pájaros. La lengua existe en sus hablantes y sólo sus hablantes la mantienen viva. Muertos éstos, muerta la lengua. Pueden quedar documentos escritos y monumentos literarios, que serán estudiados en el futuro como son estudiados ahora los jeroglíficos del antiguo Egipto o los caracteres cuneiformes de las tablillas de Nínive. Pueden quedar incluso testimonios sonoros, que serán también objeto de minuciosa consideración. Pero si no hay hablantes, no hay lengua; como no hay andar sin caminantes, ni humanidad sin hombres, ni vida sin seres vivos.

Tanto las palabras como las reglas gramaticales, que establecen entre las palabras relaciones significativas, sólo son lengua viva en la memoria y en el ejercicio de los hablantes. La lengua es un bien común que guarda cada uno en su memoria; un bien común que sólo es bien si es común, puesto que es el medio de *comun*icación entre los miembros de la *comun*idad. Y una lengua sólo es común si sus hablantes comparten un mismo léxico. Bueno es que haya diccionarios que recojan todas las voces que el tiempo y las regiones han ido modelando. Bueno es que exista un catálogo con setenta y cinco mil palabras que los españoles pueden usar, porque son o han sido usadas por hispanohablantes. Pero ¿de qué le serviría a un español conocer las setenta y cinco mil palabras del diccionario académico, si sus interlocutores sólo conocen dos mil? Si media docena de eruditos las conocieran todas y pudieran usarlas en su conversación, ese sería el léxico de un grupo, de una tertulia de amigos; pero no sería el léxico español. El auténtico léxico español es el léxico por barba (o *per cápita*, si prefieren ustedes la terminología econométrica) de los españoles.

El caudal léxico de la lengua española depende, pues, del caudal léxico de los españoles. Todos somos corresponsables de la riqueza léxica de la lengua que usamos. Y cada uno es responsable de su participación en los beneficios de esa riqueza. Cuanto más extenso y más profundo sea el conocimiento del léxico de nuestra lengua, mayor será nuestra capacidad de expresarnos en ella y de comprender cabalmente cuanto expresen en ella los que mejor la conocen. Entrar en el reducto de los mejores conocedores de la lengua habría de ser una aspiración irrenunciable de todo español. Muchos no valoran —porque no han reflexionado sobre ello— la importancia que el dominio de la lengua tiene en las relaciones de convivencia en una comunidad; tanto en las que propician el desarrollo de la propia personalidad y la participación en los beneficios de la cultura común, como en las que ensanchan el campo de la actividad profesional. El dicho popular de que «hablando se entiende la gente» puede incumplirse por mera incultura lingüística de los interlocutores; porque no siempre cuantos intervienen en una conversación conocen con exactitud el contenido significativo de las palabras o el sentido especial que adquieren en determinado contexto.

El problema fundamental del léxico de cualquier lengua es su inestabilidad. El sistema de reglas sintácticas y el sistema fonológico de expresión son más estables. El léxico es lábil. Las palabras cambian fácilmente de sentido y los significados se revisten de distintas formas de expresión. De aquí la importancia del diccionario. No es necesario conocer todas las palabras del diccionario, pero es conveniente verificar en él el significado de las que usamos. El diccionario debe estar al día, atento a la evolución de la lengua, para no perder contacto con la realidad de la calle; pero los usuarios de la lengua deben someterse al dictamen del diccionario, para evitar la arbitrariedad y la confusión. También las leyes cambian con el tiempo y a tenor de las circunstancias; pero los ciudadanos deben someterse a las que están en vigor. El respeto al modelo lingüístico es la más eficaz contribución al mantenimiento de la unidad de la lengua y esta unidad es la única garantía de su eficacia como medio de comunicación.

Hay quien cree que sólo es historia lo remoto. Conviene no olvidar que el torbellino voraz del tiempo lo engulle todo hacia el insaciable pasado. En cuanto algo acontece, va ya camino de la historia. La lengua tampoco escapa a la succión del tiempo y evoluciona constantemente. Para que su continuidad no se rompa, hay que moderar el uso con la norma. La vida misma de la lengua estimula la creación de palabras y el deslizamiento de significados; pero hay que evitar que los naturales corrimientos se conviertan en alud. La lengua española es demasiado importante para dejarla a su propio albur. Va para siglo y medio que escribía Andrés Bello: «Juzgo importante la conservación de la lengua de nuestros padres en su posible pureza, como un medio providencial de comunicación y un vínculo de fraternidad entre las varias naciones de origen español derramadas sobre los dos continentes». Ahora, no menos que entonces, es importante la conservación de nuestra lengua. Para ello hay que defenderla de sus peores enemigos: los eruditos a la violeta, gente hecha de la peor mezcla de pedantería, ignorancia y frivolidad; y que va por ahí, pluma en mano —o tecla en yema, o micrófono en boca—, propagando insensatez.

Son los que, en vez de contar los asistentes a una manifestación, los *contabilizan*; y, al precisar su número, no les basta con concretarlo —que ya es concesión—, sino que lo *concretizan*. Si interviene la policía, en vez de disolver la manifestación, disuelve a los manifestantes. Ante lo cual no les embarga la emoción, sino la *emotividad*; pero no yerran, sino que *incurren en equivocidad*. Son los que sienten la *necesariedad* de *revisionarlo* todo. Y ahora, tras normalizar y normativizar las lenguas, querrán *normativizacionarlas*; porque, *a nivel de* lengua, se han *posicionado como muy en firme* y están dispuestos a *cumplimentar el tema,* sin dejarse *influenciar*. Y, de paso, dicen del Rey que *detenta* la jefatura de las Fuerzas Armadas, y ni siquiera los encarcelan; al contrario, andan libremente por la *geografía estatal* como quien camina sobre el duro suelo. ¿Para qué seguir? Guárdense ustedes de esos geniecillos de la lengua como del pedrisco.

13.2. INSTRUCCIONES PARA EL USO DEL DICCIONARIO

13.2.1. Dudas ortográficas

El diccionario que viene a continuación pretende cumplir tres funciones. Una de ellas se refiere a la ortografía. Contiene aquellas palabras cuya escritura puede presentar alguna dificultad. Se ha intentado reunir en tan larga relación el vocabulario de ortografía conflictiva. Se incluyen palabras de estructura fonética compleja, con grupos consonánticos o problemas de acentuación; también aquellas que, pronunciándose exactamente igual o de modo muy parecido, difieren en el significado, en el género gramatical o en la ortografía; las que contienen letras cuya escritura no puede deducirse de su pronunciación (*b/v, g/j, c/z,* etc.); las que tienen o podrían tener *h* inicial; y otras muchas, por muy diversas razones.

A algunos lectores el diccionario les parecerá, en este sentido, excesivo; a otros les parecerá escaso. Nada de cuanto ha de servir para muchos puede ajustarse a la medida de cada uno. Situación ante la cual acaso sea de aplicación aquello de que *por mucho pan nunca es mal año.* Cada uno pase por alto lo que le sobre y vaya directamente a lo que necesite; que no a todos aflige el mismo mal, ni hay remedio universal en achaques de ortografía.

La explicación que acompaña a cada palabra no hay que tomarla como su definición. Éste no es un diccionario destinado a definir ni precisar el significado de las palabras. La explicación tiene un valor de mera identificación. Tras *asta* se explica «cuerno, palo de lanza o de bandera» para distinguir esta voz de *hasta* «preposición». Baste este ejemplo para dejar clara la función de la breve descripción que sigue a cada una de las voces. En no pocas ocasiones se incluye más de un significado (como en el caso de «cuerno» y «palo de lanza o de bandera»); con ello se pretende sólo ayudar a la identificación de la palabra. Es frecuente la identificación mediante sinónimos. Incluso cabe que no remita a otro y éste al primero. No importa. Se trata de identificar la palabra y averiguar su ortografía. Si el acosado por la duda logra disiparla, el diccionario ha cumplido su cometido.

Es bien sabido que las palabras forman familias: *amabilidad, amable, amablemente, amante, amatorio, amar,* etc. No consideramos necesario incluir todas las voces de una misma familia. Si *amar* se escribe sin *h* —pongamos como ejemplo extremo— hay que entender que las demás palabras de la familia siguen la misma norma. Acaso se añada *amabilidad,* pero ello se debe a la presencia de la *b,* que puede constituir un problema ortográfico distinto.

13.2.2. Conjugación de los verbos

Otra e importante función del diccionario consiste en presentar de modo sistemático la conjugación de los verbos irregulares de la lengua española. En cuanto el lector abra el diccionario notará que las formas de infinitivo de cada uno de los verbos va acompañada de un número entre paréntesis; este número remite al modelo de conjugación que corresponde a cada uno de los verbos. El conjunto de todos los modelos constituye el § 11.1.3, titulado precisamente *Conjugación de verbos irregulares.* Basta una ojeada al citado párrafo para comprobar lo completo y sistemático de la presentación, en la que se recogen todas las irregularidades posibles; desde la irregularidad casi total de algunos verbos (*hacer, caber, saber, venir, salir,* etc.) hasta la alteración meramente ortográfica de otros (*cacé/cazaste, saqué/sacaste, agüé/aguaste, cojo/coges,* etcétera).

Los modelos señalados con los números 1, 2 y 3 corresponden a las tres conjugaciones regulares, las de los verbos cuyos infinitivos terminan respectivamente en *ar, er, ir.* De los verbos señalados sólo con un número se da la conjugación completa (por ejemplo: 1 = *amar,* 19 = *decir,* 25 = *reír*); las letras señalan meras variantes de la conjugación señalada con el número al que acompañan y sólo se indican las formas que difieren del modelo numerado (por ejemplo: 1r = *contar,* variante de *amar* por diptongación de tres tiempos; 19 = *bendecir,* variante de *decir* por regularidad de cuatro tiempos;

25a = *freír,* variante de *reír* por irregularidad del participio; etc.). El número (o número y letra) que acompaña a cada uno de los infinitivos del diccionario remite al correspondiente modelo, cuya conjugación se detalla en el § 11.1.3. Basta aplicar al verbo objeto de consulta las características de flexión o de ortografía patentes en la conjugación del verbo modelo.

13.2.3.   Remisiones al texto

La tercera función del diccionario no es, ni mucho menos, la menos importante. Se trata de las numerosísimas remisiones al texto de la primera parte de este libro. Allí se explican fenómenos prosódicos, ortográficos, morfológicos, sintácticos e incluso estilísticos de la lengua española: se indican cuáles son las formas correctas y se dan normas para hablar y escribir con corrección; se discuten cuestiones de uso y abuso de palabras o expresiones del español. Los números que acompañan a la identificación de muchas palabras remiten al párrafo o a los párrafos en que se trata alguna cuestión relacionada con la palabra señalada. En el párrafo indicado puede hallarse la razón de alguna particularidad sobre la forma de la palabra o la norma que justifica su ortografía.

Los números pueden indicar también relaciones más evidentes. Los temas típicamente gramaticales, tales como *imperativo, imperfecto, imperfectivo, impersonal,* etc. —tomados, por vía de ejemplo, de una misma página—, figuran en el diccionario a modo de índice de materias. El orden alfabético del diccionario facilita la localización, mediante indicación del párrafo de la primera parte de este libro, de cualquier cuestión gramatical objeto de consulta. El valor de término gramatical de muchas palabras se indica explícitamente en no pocos casos; con frecuencia se separa de la identificación anterior mediante barras y se indican entre paréntesis los diversos aspectos del tema gramatical tratado, cada uno de ellos seguido de los correspondientes números de remisión.

Si hay varias identificaciones de una misma palabra y el número de remisión se refiere a todas, se separa con el mismo signo de puntuación. Si las identificaciones están separadas por puntos, la remisión a la totalidad va precedida de punto; si aquéllas se separan mediante comas, el número de remisión va precedido de coma. En el caso de que la remisión afecte sólo a uno de los términos de identificación, se separa de éste mediante coma; pero las distintas identificaciones se separan entre sí mediante puntos.

El manejo de este diccionario no requiere instrucciones detalladas, porque se ha procurado que su consulta resulte fácil y cómoda. Como en cualquier otro instrumento —e instrumento es este diccionario—, la mejor instrucción es su uso. No es raro que quien se acostumbra a usar inteligentemente un instrumento descubra en él posibilidades que ni siquiera se le ocurrieron a su inventor. Ojalá consiga el usuario de este diccionario obtener de él más de lo que su autor quiso poner.

DICCIONARIO

LÉXICO Y GRAMATICAL

A

a. Letra. Vocal. 1.4, 1.6. ‖ Abreviatura de área. ‖ Preposición, 3.6.5.
a base de bien. Construcción abusiva, 5.4.1.
a nivel de. Construcción abusiva, 5.4.1.
a pesar de. Locución preposicional, 7.2.7.
a pesar de que. Locución conjuntiva, 7.1.3.
aba. Antigua medida de longitud.
abacería. Puesto o tienda de aceite, vinagre, pescado seco, etc.
abad. Superior de monjes, 3.4.1, 5.5.6.
abalanzar (1g). Poner en el fiel de las balanzas. Impeler. Arrojarse.
abalizar (1g). Poner balizas.
abalorio. Cuentas de vidrio.
abandalizar (1g). Abanderizar.
abanderizar (1g). Dividir en banderías.
abandonar (1). Dejar, desamparar.
abangar (1b). Torcer la madera.
abanicar (1a). Hacer aire con el abanico.
abanico. Instrumento para hacerse aire.
abano. Abanico, 4.11.3.
abanto. Ave. Toro espantadizo.
abarca. Calzado rústico de cuero.
abarcar (1a). Ceñir con los brazos. Comprender. Emprender muchos negocios a un tiempo.
abarquillar (1). Poner en forma de barquillo.
abarracar (1a). Acampar en barracas.
abarrancar (1a). Hacer barrancos. Meter o meterse en ellos.
abastecer (2m). Proveer de lo necesario.
abatir (3). Derribar. Humillar. Perder el ánimo.
abayuncar (1a). Colocar a alguien en un trance difícil.
abdicar (1a). Renunciar, 3.1.2, 3.9.2, 3.12.7.
abdomen. Cavidad inferior del tronco humano.
abdominal. Relativo al abdomen, 3.12.7.
abducción. Silogismo. Movimiento de un órgano. 3.12.7.
abecé. Alfabeto, abecedario.

abedul. Álamo blanco, 5.5.8.
abeja. Insecto alado que fabrica miel y cera.
abellacar (1a). Envilecer.
aberración. Movimiento aparente que se observa en los astros. Incoherencia.
abertura. Hendedura. Franqueza.
abeto. Especie de pino.
abiar. Manzanilla loca.
abierto, a. No murado. Llano. Sincero.
abismo. Profundidad sin término. Infierno.
abitar (1). Amarrar, 4.11.3.
abjurar (1). Retractarse, con juramentos, de un error, 3.9.2.
ablandar (1). Poner blando, laxar, suavizar.
ablandecer (2m). Ablandar.
abnegar. Renunciar voluntariamente a sus deseos, 3.12.7.
abocar (1a). Acercar alguna cosa a un lugar.
abodocar (1a). Salir bodoques.
abofetear (1). Dar de bofetadas.
abogacía. Profesión y ejercicio de abogado, 5.6.4.
abogada. Mujer autorizada para ejercer la abogacía, 5.5.3.
abogado. Hombre autorizado para ejercer la abogacía. Medianero.
abogar (1b). Defender. Interceder.
abolengo. Ascendencia de abuelos. Patrimonio de antepasados.
abolir (3ñ). Anular.
abollar (1). Producir una depresión en una superficie, 4.11.3.
abominar (1). Aborrecer, detestar. Condenar o maldecir a personas o cosas.
abonanzar (1g). Amainar el temporal. Mejorar el tiempo.
abonar (1). Acreditar de bueno. Mejorar. Admitir en cuenta. Dar por cierto. Engrasar las tierras. Pagar por adelantado para asistir a espectáculos.
aborigen. Relativo a los primitivos de un país.
aborrascar (1a). Ponerse el tiempo borrascoso.
aborrecer (2m). Odiar.

aborregar (1b). Cubrirse el cielo de nubes. Volverse gregario.

aborricar (1a). Embrutecer.

aborto. Parto prematuro.

abotagamiento. Hinchazón de cualquier parte del cuerpo.

abotagar (1b). Hincharse el cuerpo.

abotonar (1). Meter el botón por el ojal.

abovedado, a. Que tiene forma de bóveda.

aboyar (1). Boyar, poner boyas, 4.11.3.

abozar (1g). Sujetar con bozas una cuerda.

abra. Ensenada. Abertura entre montañas.

abrasar (1). Quemar, calentar demasiado, 4.11.3.

abravecer (2m). Embravecer.

abrazadera. Pieza para ceñir.

abrazar (1g). Estrechar entre los brazos. Abarcar. Profesar, 4.11.3.

abrevar (1). Dar de beber al ganado.

abreviar (1). Acortar. Reducir a menos. Apresurar.

abreviatura. Representación abreviada de una palabra en la escritura, 3.2.2, 4.10.

abrigar (1b). Proteger del frío. Tener una opinión.

abrigo. Reparo contra el frío. Lugar protegido.

abrir (3m). Quitar el impedimento para entrar o salir. Romper la continuidad de un cuerpo. Iniciar, 3.1.2.

abrogar (1b). Anular, revocar.

abrojo. Planta. Su fruto.

abroncar (1a). Reprender.

abrumar (1). Oprimir con grave peso. Causar molestia. Llenarse la atmósfera o el horizonte de bruma.

abrupto, a. Escarpado.

abruzar (1g). Inclinarse.

absceso. Acumulación de pus, 3.12.7.

abscisa. Coordenada horizontal cartesiana, 3.12.7.

absenta. Bebida alcohólica, 3.12.7.

absentismo. Ausencia frecuente en el trabajo, 3.12.7.

ábside. Parte abovedada del templo, que sobresale en la fachada posterior, 3.9.2, 3.12.7.

absolución. Acción y efecto de absolver, 3.12.7.

absoluto, a. Completo. Autoritario. 3.12.7. ‖ Término gramatical, (participio) 9.4.3.

absolver (2n). Librar de una acusación. Perdonar los pecados. 3.1.2, 3.9.2, 3.12.7, 4.11.3.

absorber (2). Atraer un líquido. Embelesarse. Ocupar por completo. 3.1.2, 3.12.7, 4.11.3.

absortar (1). Suspender el ánimo, 3.12.7.

abstemio, a. Que no bebe vino, 3.1.2, 3.9.3, 3.12.7.

abstención. Acción y efecto de abstenerse, 3.9.3, 3.12.7.

abstenerse (8). Privarse de algo.

absterger (2b). Limpiar superficies orgánicas.

abstinencia. Privación de apetitos, 3.12.7.

abstraer (10). Considerar separadamente. Enajenarse de los objetos sensibles, 3.12.7.

abstracto, a. Resultado de una operación de abstracción, 1.11, 3.9.3, 3.12.7.

abstracción. Acción y efecto de abstraer, 3.1.2, 3.12.7.

abstruso, a. Difícil de entender, 3.12.7.

absurdo, a. Contrario a la razón, 3.3.2.

abubilla. Ave.

abuela. Madre del padre o de la madre.

abuelo. Padre del padre o de la madre. Ascendiente.

abulense. De Ávila.

abultar (1). Tener o hacer bulto. Exagerar.

abundamiento. Abundancia.

abundancia. Gran cantidad.

abundante. Que abunda, 4.6.4.

abuñolar (1r). Freír en forma de buñuelo.

aburrimiento. Tedio, fastidio.

abusivo, a. Por o con abuso.

abuso. Mal uso.

abuzar (1g). Echarse de bruces.

abyección. Bajeza, envilecimiento.

abyecto, a. Vil, despreciable, 3.7.1.

acabangar (1b). Sentir congoja.

acabar (1). Dar fin a una cosa, consumirla, rematarla. ‖ (Auxiliar), 10.1.4.

acabóse. Haber llegado al último extremo de una cosa.

acacia. Árbol.

academia. Junta o reunión. Establecimiento en que se instruye para una carrera o profesión.

acaecer (2m). Suceder, ocurrir, efectuarse.

acalorar (1). Dar o causar calor. Enardecerse en la conversación.

acalugar (1b). Sosegar. Acariciar.

acallar (1). Hacer callar. Aplacar, aquietar.

acampanado, a. De forma o figura de campana.

acampar (1). Detenerse en despoblado para un largo descanso.

acanalar (1). Dar a una cosa forma de canal o teja. Estriar.

acantilado, a. Escarpado, cortado casi vertical de un terreno.

acanto. Planta. Ornato hecho imitando esta planta.

acantonar (1). Distribuir y alojar tropas.

acaparar (1). Adquirir y retener cosas del comercio en gran cantidad.

acapizar (1g). Pelear dándose cabezadas.

acariciar (1). Hacer caricias. Tocar algo suavemente.

acarrazar (1g). Abrazarse con fuerza.

acarrear (1). Transportar. Ocasionar daños o desgracias.

acartonarse (1). Ponerse como el cartón.

acaso. Casualidad. Quizá, tal vez.

acatar (1). Someterse. Tributar homenaje de respeto.

acatarrarse (1). Contraer catarro.

acatólico, a. Cristiano no perteneciente a la Iglesia católica.

acaudalado, a. Que tiene mucho caudal.

acaudillar (1). Mandar, guiar, conducir.

acceder (2). Consentir en lo que otro solicita.

accender (2d). Encender.

accésit. Recompensa inferior al premio, 3.3.5, 3.4.1.

acceso. Acción de llegar o acercarse. Lugar de llegada. Aparición repentina, 3.3.5.

accesorio, a. Que depende de lo principal. Secundario.

accidente. Calidad o estado no esencial. Suceso o indisposición, 3.11.2.

acción. Efecto de hacer. Ejercicio u operación. Postura o movimiento. Parte en que se considera dividido el capital, 3.11.2.

acción verbal. Sentido dinámico del verbo (durativa), 8.4.4, 8.7.6, 10.1.4.

accionista. Dueño de acciones comerciales o industriales.

acebuche. Olivo silvestre.

acecinar (1). Curar la carne, 4.11.3.

acechanza. Asechanza.

acechar (1). Observar, aguardar cautelosamente.

acedar (1). Poner agria una cosa. Desazonar, disputar.

acedera. Planta usada como condimento.

acéfalo, a. Falto de cabeza.

aceifa. Expedición militar sarracena que se hacía en verano.

aceite. Líquido graso que se saca de las aceitunas, de otros frutos o semillas, o de algunos animales. Cualquier cuerpo pingüe, líquido a la temperatura media de los climas templados, 2.6.

aceituna. Fruto del olivo.

aceleración. Incremento de la velocidad en la unidad de tiempo.

acelerar (1). Dar celeridad.

acelga. Planta comestible.

acémila. Mula o macho de carga. Persona ruda.

acendrar (1). Depurar en la cendra los metales por la acción del fuego. Depurar, dejar sin mancha ni defecto.

acensuar (1s). Imponer censo.

acento. Particular inflexión en el modo de hablar de cada región. ‖ Mayor intensidad con que se pronuncia una sílaba en la palabra, 1.9, 4.2.1, (cambio) 5.6.7, (combinación vocálica) 4.3, (demostrativos) 4.4.2, (diferencia) 4.4, (diptongo) 4.3.1, (excepción a la regla general) 4.3.2, 4.3.3, (fónico) 1.9, 1.10, 4.2.2, (formas verbales) 4.3.4, 4.5.3, (gráfico) 1.10, 4.2, 4.4.1, 4.4.2, 12.1.1, (hiato) 4.3.2, 4.3.3, (intensidad) 1.9, (letra mayúscula) 4.9.4, (monosílabos) 4.4.4, (ortografía) 1.10, (palabra compuesta) 4.6.2, (partículas) 4.4.5, (prosódico) 4.2.3, (regla general) 4.2.3, 4.3.1, (triptongo) 4.3.1. ‖ Rayita o tilde con que se señala en la escritura la intensidad de pronunciación, 1.10, 4.2, 4.3, 4.4, 12.1.1.

acentuación. Acción y efecto de acentuar, 2.1, 4.1.12, 4.2, 4.3, 4.4, 5.6.7.

acentuar (1s). Poner acento prosódico u ortográfico a las palabras. Recalcar.

aceña. Molino harinero situado en el cauce de un río.

acepción. Significado en que se toma una palabra o frase.

aceptar (1). Recibir lo que se ofrece. Admitir.

acequia. Zanja para la conducción de aguas.

acera. Orilla de la calle u otra vía.

acerar (1). Dar al hierro la propiedad del acero.

acerbo, a. Áspero, 4.11.3.

acerrar (1j). Asir.

acérrimo, a. Muy fuerte, 4.6.4.

acertar (1j). Dar con lo cierto. Dar en el punto deseado.

acertijo. Especie de enigma para entretenerse en acertarlo.

acervo. Montón de cosas pequeñas. Haber que pertenece en común a varias personas, 4.11.3.

acetificar (1a). Convertir en ácido acético.

acetona. Líquido de sabor parecido a la menta.

acetre. Caldero pequeño para sacar agua.

acezar (1g). Jadear.

aciago, a. De mal agüero.

acíbar. Planta de gusto amargo. Disgusto, amargura.

acicalar (1). Limpiar, adornar, pulir.

acicate. Espuela de una sola punta. Estímulo.

acidificar (1a). Agriar.

ácido, a. Que tiene sabor de vinagre. Sustancia capaz de combinarse con algún óxido metálico para formar sales.

ácimo. Ázimo, 3.3.4.

acimut. Ángulo, 3.3.4, 3.12.1.

ación. Correa de que pende el estribo en la silla de montar.

acirate. Loma que sirve de lindero. Senda que separa dos hileras de árboles.

aclarecer (2m). Hacer más claro.

aclimatar (1). Acostumbrar a un clima distinto del habitual.

aclocar (1f). Enclocar.

acocar (1a). Agusanarse los frutos.

acocharse (1). Agazaparse, agacharse.

acoger (2b). Admitir en casa a otra persona. Proteger. Refugiarse.

acólito. Ministro de la Iglesia que sirve inmediato al altar. Monacillo.

acollar (1r). Cobijar con tierra el pie de las plantas.

acomedir (30). Ofrecerse a prestar un servicio.

acomendar (1j). Encomendar.

acondicionar (1). Dar cierta condición o calidad.

acongojar (1). Oprimir, afligir.

acónito. Planta venenosa de uso medicinal.

aconsejar (1). Dar o tomar consejo.

acontecer (2m). Suceder, ocurrir.

acorazar (1g). Revestir con planchas de hierro. Defender.

acordar (1r). Llegar a una decisión.

acordarse (1r). Recordar.

acornar (1r). Acornear.

acornear (1). Dar cornadas.

acorrer (2). Acudir, socorrer.

acorrucar (1a). Acurrucar.

acorzar (1g). Acortar.

acostar (1r). Echar o tender en la cama para dormir. Inclinarse.

acotar (1). Poner cotos. Fijar, señalar. Limitar, reservar. Poner notas en el margen de un escrito.

acre. Áspero y picante, 4.6.4.

acrecentar (1j). Aumentar.

acrecer (2m). Aumentar.

acribillar (1). Hacer muchos agujeros o heridas. Molestar mucho y con frecuencia.

acrianzar (1g). Criar. Educar.

acróbata. Persona que baila o hace habilidades sobre cuerdas o alambres en el aire.

acromático, a. Que no descompone la luz en colores.

acromatizar (1g). Dar calidad de cromático.

acta. Relación escrita de lo sucedido.

actitud. Postura del cuerpo. Estado de ánimo manifestado de algún modo.

activar (1). Acelerar, avivar.

activo, a. Que obra o tiene virtud de obrar. Diligente, 3.2.4. ‖ Término gramatical, (voz) 10.1.1, 10.1.2, 10.6.1, (participio) 9.4.1.

actor. El que representa en el teatro.

actriz. Mujer que representa en el teatro.

actualizar (1g). Adaptar al presente.

actuar (1s). Poner en acción. Representar un papel.

acuantiar (1t). Fijar una cuantía.

acuatizar (1g). Posarse en el agua.

acubado, a. De figura de cubo o de cuba.

acubilar (1). Recoger el ganado en el cubil.

acucia. Prisa, deseo vehemente.

acueducto. Conducto artificial para abastecimiento de agua.

ácueo, a De agua o de su naturaleza.

acuitar. Poner en apuro.

acujera. Lazo usado por los chucheros para cazar.

acular (1). Arrimar por detrás.

acullicar (1a). Coquear.

acunar (1). Mecer la cuna.

acuñar (1). Imprimir por medio de cuño o troquel. Fabricar moneda.

acuoso, a. Jugoso. De agua o líquido parecido a ella.

acusativo. Uno de los casos de la declinación, 6.4.3, 6.5.1, 6.5.2.

achacar (1a). Atribuir. Imputar.

achantarse (1). Asustarse. Esconderse durante un peligro.

achaque. Enfermedad habitual. Pretexto.

achicar (1a). Disminuir el tamaño. Extraer agua.

achiguar (1c). Combar.

achingar (1b). Acortar trajes.

achocar (1a). Arrojar contra algo. Herir.

acholloncar (1a). Acuclillar.

achubascar (1a). Cargarse la atmósfera de nubarrones.

achuchar (1). Estrujar, empujar, aplastar.

achuicar (1a). Avergonzar.

achuñuscar (1a). Achuchar.

achurruscar (1a). Comprimir, apretar.

a.D.g. Abreviatura de *a Dios gracias*, 4.10.4.

ad hoc. Expresión latina aplicable a lo que se dice o hace sólo para un fin determinado.

ad pedem litterae. Expresión latina: al pie de la letra.

adagio. Sentencia breve y moral, 3.5.8.

adaguar (1c). Beber el ganado.

adalid. Guía o jefe de algún partido o gente de guerra, 3.4.1, 5.5.6.

adamascar (1a). Dar a la tela características de damasco.

adaptar (1). Ajustar una cosa a otra. Acomodar.

adargar (1b). Cubrir con la adarga. Defender.

adarvar (1). Pasmar, causar aturdimiento.

adecenar (1). Ordenar o dividir en decenas.

adecentar (1). Poner decente.

adecuar (1). Acomodar una cosa a otra.

adefesio. Despropósito. Adorno ridículo.

adehala. Lo que se da de gracia o se fija como obligatorio para el precio de algo.

adehesar (1). Hacer dehesa alguna tierra.

adelgazar (1g). Disminuir peso o grosor.

ademán. Movimiento, actitud, 4.2.3.

además. A más de, 12.2.9.

además de. Locución preposicional, 7.2.25.

adepto, a. Afiliado a alguna asociación. Partidario de algo o de alguien.

aderezar (1g). Componer, hermosear. Condimentar. Preparar.

adestrar (1j). Adiestrar.

adherencia. Acción y efecto de adherir o pegarse una cosa con otra. Unión de partes que deben estar separadas. Enlace. 3.4.5.

adherir (22). Unir, pegar, 3.4.5.

adhesión. Acción o resultado de adherir, 3.4.5.

adhibir (3). Unir, agregar.

adiavan. Cocotero silvestre de las Filipinas.

adicción. Hábito de quienes se dejan dominar por el uso de drogas tóxicas.

adición. Suma, añadidura.

adivinanza. Acertijo.

adivinar (1). Predecir lo futuro. Descubrir lo oculto. Acertar un enigma.

adjetivo. Parte de la oración o categoría léxica, (apócope) 5.9.5, 5.9.6, (calificativo) 9.2.2, 9.4.3, (concordancia) 5.7.1, 5.7.2, 5.7.3, (género) 5.5.1, 5.5.2, (límites con el participio) 9.4.1, 9.4.3, 10.1.3, 10.1.4, (numeral) 5.8.1, (número) 5.6.2, 5.6.7, (oración copulativa) 10.6.8, 10.6.9, (posición) 5.9.3, (puntuación) 12.2.4, 12.2.5, (superlativo) 4.6.4.

adjetivo, a. Complementario. ‖ Término gramatical, (flexión) 5.5.1, 5.5.2, (función) 6.6.2, 6.6.3, 9.1.2, 9.4.3, (oración) 6.6.5, 6.6.6, 6.6.7, 7.1.5, 12.2.5, 12.2.8.

adjudicar (1a). Declarar que una cosa pertenece o ha sido conferida a una persona. Apropiarse de algo.

adjunción. Añadidura, agregación, 3.4.5.

adjuntar (1). Acompañar. Remitir conjuntamente, 3.4.5.

adjunto, a. Unido con otra cosa, 3.4.5.

adjutor, ra. Que ayuda a otro.

adlátere. Persona subordinada, 1.11, 3.4.5.

adminículo. Objeto para servirse de él en caso de necesidad.

administración. Acción, empleo y oficina de administrar, 3.4.5.

administrador, ra. Que administra, 3.4.5.

administrar (1). Gobernar, regir, cuidar. Conferir. Aplicar. 3.4.5.

admirable. Digno de admiración, 3.4.5.

admirador, ra. Que admira, 3.4.5.

admirar (1). Contemplar con placer. Extrañar. 3.4.5.

admirativo, a. Capaz de causar admiración.

admisible. Que puede admitirse.

adnato, a. Unido con otra cosa, formando cuerpo con ella.

adobar (1). Componer, aderezar. Guisar. Curtir.

adobe. Masa de barro moldeada en forma de ladrillo y secada al sol.

adocenado, a. Efecto de adocenar. Vulgar y escaso de mérito.

adocenar (1). Ordenar o dividir en docenas.

adoctrinar (1). Doctrinar, impartir doctrina.

adolecer (2m). Padecer enfermedad. Tener vicio o pasión.

adonde. Partícula de relación, 4.4.6, 4.7.1, 7.1.2, 7.1.3.

adónde. Partícula de relación, 4.4.6, 4.7.1, 7.1.2, 7.1.3. ‖ Partícula interrogativa y pronominal, 4.4.6.

adonecer (2m). Aumentar, dar de sí.

adonizarse (1g). Embellecerse como un adonis.

adoptar (1). Prohijar. Admitir. Tomar.

adoptivo, a. Relativo a la adopción.

adoquín. Bloque de piedra para pavimentar, 3.2.3.

adoquinar (1). Empedrar con adoquines.

adormecer (2m). Dar o producir sueño.

adormir (27). Adormecer.

adquirir (3f). Ganar, conseguir, comprar, 3.4.5.

adquisición. Acción y efecto de adquirir, 3.4.5.

adquisitivo, a. Que sirve para adquirir, 3.4.5.

adrizar (1g). Poner derecha o vertical la nave.

adscribir (3n). Asignar, atribuir. Agregar, 3.3.2.

adscripción. Acción y efecto de adscribir, 1.1.1.

adsorber (2). Atraer un cuerpo moléculas o iones de un líquido o gas.

aducir (20). Añadir, agregar. Alegar. 3.5.13.

adulcir (3a). Dulcificar, endulzar.

adulzar (1g). Hacer dulce el hierro. Endulzar.

advenedizo, a. Forastero, extranjero.

advenir (21). Venir. Llegar.

adventicio, a. Que sobreviene. Extraño.

adverbial. Relativo al adverbio, (función) 6.6.2, 9.1.2, 9.3.1, 9.4.3, (locución) 12.2.9.

adverbializar (1g). Convertir en adverbio.

adverbio. Parte de la oración o categoría léxica, (puntuación) 12.2.9.

adversativo, a. Que implica oposición de concepto o sentido.

adverso, a. Contrario, enemigo, desfavorable.

advertencia. Acción y efecto de advertir.

advertir (22). Observar. Aconsejar.

adviento. Tiempo santo que celebra la Iglesia.

advocar (1a). Abogar.

advocación. Título dado a un templo o lugar sagrado según su dedicación.

adyacente. Situado en la proximidad.

aéreo, a. Relativo al aire y a la aviación, 1.8, 4.1.2.

aeta. Indígena de las montañas de Filipinas.

afabilidad. Calidad de afable.

afaca. Planta parecida a la lenteja.

afasia. Pérdida de la facultad de hablar.

afeblecerse (2m). Adelgazar. Debilitarse.

afección. Impresión que hace una cosa en otra, causando alteración en ella. Inclinación.

afelio. Punto en que la órbita de un planeta dista más del Sol.

afervorizar (1g). Enfervorizar.

afgano, a. De Afganistán.

afianzar (1g). Afirmar o asegurar con algo. Apoyar, sostener. Dar fianza.

afición. Amor, inclinación o preferencia por algo.

afín. Próximo. Que tiene analogía o parentesco.

afincar (1a). Arraigar. Establecer.

afirmativo, a. Relativo a la afirmación, (oración) 8.2.2, 8.2.3.

aflato. Soplo, viento.

aflicción. Acción y efecto de afligir, 3.11.2.

afligir (3b). Causar congoja, pena o sentimiento.

aflojar (1). Disminuir la tirantez.

afluir (29). Llegar una corriente a un sitio.

afonizar (1g). Hacer que un fonema deje de pronunciarse.

afollar (1r). Soplar con fuelles. Plegar en forma de fuelles.

afoscar (1a). Oscurecer la atmósfera.

afrancar (1a). Hacer libre al esclavo.

africado, a. Dícese del sonido fricativo inicialmente oclusivo, 1.5.

africanizar (1g). Dar carácter africano.

afuera. Fuera del sitio donde uno está. En la parte exterior.

agá. Oficial del ejército turco.

agacé. Indio americano de la desembocadura del Paraguay.

agachar (1). Inclinar. Encogerse, inclinarse.

ágape. Banquete.

agarbanzar (1g). Brotar yemas.

agatizar (1g). Quedar brillante lo pintado.

agavillar (1). Formar gavillas.

agencia. Diligencia, solicitud. Oficio y oficina del agente.

agenda. Libro o cuaderno donde se apuntan datos que han de recordarse.

agente. Que obra o tiene capacidad para obrar.

agibílibus. Habilidad para procurar la propia conveniencia.

agigantar (1). Dar a algo proporciones gigantescas.

ágil. Ligero, expedito, pronto.

agilidad. Calidad de ágil.

agilizar (1g). Hacer ágil.

agio. Especulación sobre el alza y baja de los fondos públicos.

agiotaje. Especulación abusiva.

agitar (1). Mover con frecuencia y violentamente. Inquietar, mover el ánimo.

aglomizar (1g). Decorar un objeto de vidrio mediante dorado interior.

agnosticismo. Doctrina filosófica que declara inaccesible al entendimiento humano toda noción de lo abstracto.

agnóstico, a. Relativo al agnosticismo, 3.5.5, 3.12.6.

agobiar (1). Inclinar a causa de un peso. Causar gran fatiga.

agonía. Lucha. Angustia del moribundo.

agoniar (1t). Agobiar, sufrir angustiosamente.

agonizar (1g). Estar en la agonía.

ágora. Plaza pública de las ciudades griegas.

agorafobia. Sensación de angustia ante espacios abiertos.

agorar (1q). Augurar.

agraciado, a. Que tiene gracia o es gracioso.

agradable. Que agrada.

agradecer (2m). Dar las gracias. Corresponder.

agravante. Que agrava.

agravar (1). Hacer más grave.

agraviar (1). Ofender.

agraz. Uva sin madurar. Zumo que se saca de la misma.

agrazar (1g). Saber a agraz. Disgustar.

agredir (3ñ). Acometer para hacer daño.

agregar (1b). Unir, juntar.

agringar (1b). Adquirir las costumbres del gringo.

agua. Líquido incoloro, inodoro e insípido. Líquido que mana de la tierra o cae en forma de lluvia y constituye el mar, los ríos, etcétera.

aguacero. Lluvia repentina, impetuosa y de escasa duración.

aguacibera. Agua con que se riega una tierra sembrada en seco.

aguachirle. Especie de licor, 5.5.5.

aguaicar (1a). Pelear muchos contra uno solo.

aguajaque. Resina que destila el hinojo.

aguaje. Aguadero.

aguapié. Vino muy flojo, 4.6.2.

aguar (1c). Echar agua a algo.

aguaranguar (1b). Volver mal educado.

aguardar (1). Esperar, 8.3.2.

aguazar (1g). Encharcar.

agudeza. Delgadez en la punta o en el corte. Perspicacia.

agudizar (1g). Hacer agudo.

agudo, a. Afilado. Ingenioso. ‖ Dícese de las palabras con acento en la última sílaba, 1.9, 4.9, 4.2.2, 4.3.1.

agüero. Presagio, pronóstico, 3.5.3.

aguerrido, a. Ejercitado en la guerra.

aguerrir (3ñ). Hacer valientes a los soldados.

aguijar (1). Avivar con la voz o picar a los animales de tiro.

aguijón. Punta del palo con que se aguija. Punta con que pican algunos animales.

águila. Ave rapaz, 3.5.2.

aguiscar (1a). Aguizgar.

aguizgar (1b). Azuzar. Incitar.

aguja. Barrita, púa o varilla que sirve para coser, bordar, tejer o señalar.

agujero. Abertura, hoyo, 3.5.14.

agujeta. Dolor que suele producirse después de un ejercicio violento.

aguzar (1g). Estimular. Sacar filo.

ah. Interjección, 3.6.5, 12.8.2.

ahebrado, a. Compuesto en forma de hebras.

ahechadura. Desperdicio que queda después de limpiar trigo u otras semillas.

ahechar (1). Limpiar con criba las semillas.

ahelear (1). Poner alguna cosa amarga como hiel.

ahembrado, a. Afeminado.

aherrojar (1). Poner prisiones de hierro. Oprimir.

aherrumbrar (1). Dar a una cosa color o sabor de hierro.

ahervorarse (1). Calentarse el trigo u otras semillas en el granero.

ahí. Ese lugar.

ahidalgado, a. Que muestra nobleza en el trato.

ahidalgar (1b). Hacer hidalgo a alguien.

ahijado, a. Cualquier persona respecto de sus padrinos. Prohijado.

ahijador. Pastor que tiene a su cuidado las ovejas paridas y las crías.

ahijar (1u). Prohijar al hijo ajeno, 3.5.7.

ahilado. Se dice del viento suave y continuo.

ahilar (1u). Colocar formando hilera.

ahincado, a. Eficaz. Vehemente.

ahincar (1v). Instar. Estrechar.

ahínco. Eficacia o empeño con que se hace algo.

ahitar (1u). Producir indigestión o fastidio.

ahitera. Ahíto grande y de mucha duración.

ahíto, a. Que sufre indigestión o fastidio.

ahobachonado, a. Entregado al ocio.

ahocar (1a). Enredar.

ahocicar (1a). Castigar a los animales. Rendir.

ahogado, a. Que muere por falta de respiración. Dícese del sitio estrecho sin ventilación.

ahogar (1b). Quitar la vida impidiendo la respiración. Extinguir, apagar.

ahogo. Aprieto, congoja o aflicción.

ahoguío. Opresión o fatiga en el pecho que impide la respiración.

ahondar (1). Hacer más hondo.

ahora. En el momento actual y presente.

ahorcar (1a). Quitar la vida a uno colgándole del cuello.

ahormar (1). Ajustar a su molde.

ahornagarse (1b). Abochornarse la tierra por calor excesivo.

ahornar (1). Meter en el horno.

ahorquillar (1). Afianzar con horquillas.

ahorrar (1). Reservar parte del gasto ordinario. Evitar, excusar.

ahoyar (1). Hacer hoyos.

ahuchar (1w). Guardar en hucha.

ahuecar (1a). Poner cóncava o hueca una cosa, 3.6.2.

ahuesado, a. De forma o color de hueso.

ahumar (1w). Exponer al humo. Ennegrecer con humo.

ahusar (1w). Dar forma de huso.

ahusado, a. De forma de huso.

ahuyentar (1). Hacer huir. Desechar, 3.7.2.

airar (1u). Irritar, encolerizar.

aire. Fluido transparente que envuelve la Tierra, 1.5.

airear (1). Poner al aire, ventilar.

aislar (1u). Dejar sola una cosa, separada de las demás.

a.J.C. Abreviatura de *antes de Jesucristo,* 4.10.4.

ajada. Salsa de pan desleído en agua, ajos machacados y sal.

ajaquecar (1a). Sentir jaqueca.

ajar (1). Maltratar. Deslucir.

ajarafe. Azotea. Terreno alto.

ajaspajas. Cosa baladí.

ajedrez. Juego de mesa.

ajenuz. Arañuela, 3.5.7.

ajenjo. Planta medicinal. Bebida preparada con esta planta, 3.5.7.

ajeno, a. Perteneciente a otro. Extraño, 3.5.7.

ajetreo. Ir de un lado para otro. Trabajo fatigoso.

ajiaceite. Composición de ajos y aceite.

ajimez. Ventana arqueada, dividida en el centro por una columna.

ajironar (1). Hacer jirones.

ajo. Planta cuyo bulbo se usa como condimento.

ajobar (1). Llevar a cuestas.

ajonje. Sustancia viscosa usada como liga para cazar pájaros.

ajorca. Aro de metal usado como adorno.

ajordar (1). Gritar hasta enronquecer.

ajuar. Conjunto de muebles y ropas de uso común en una casa.

al. Contracción de la preposición *a* y el artículo *el*, 5.8.2.

al menos. Locución adverbial, 12.2.9.

ala. Para volar.

alabar (1). Elogiar, celebrar con palabras.

alabarda. Especie de lanza.

alabastro. Mármol traslúcido.

álabe. Rama combada hacia el suelo.

alacena. Hueco en la pared cerrado con puertas.

alagar (1b). Llenar de lagos o charcos.

alambre. Hilo de metal.

alameda. Sitio o paseo con álamos.

alamud. Barra de hierro para asegurar puertas y ventanas.

alancear (1). Dar lanzadas.

alanzar (1g). Dar lanzadas.

alarde. Muestra u ostentación.

alargar (1b). Dar más longitud o duración.

alarido. Grito de guerra, pena o dolor.

alarije. Variedad de uva de color rojo.

alarma. Temor. Aviso para preparar la defensa. 4.11.3.

alaroz. Larguero fijo que divide el hueco de una puerta o ventana.

alavés, sa. De Álava.

alazán. Color parecido al de la canela.

alba. Tiempo durante el cual amanece.

albacea. Persona encargada de custodiar los bienes y ejecutar la última voluntad del finado, 5.5.4.

albahaca. Planta de fuerte aroma.

albañal. Canal que da salida a las aguas inmundas.

albañilería. Arte de construir con ladrillos, piedras y materiales semejantes.

albaquía. Residuo de renta o cuenta sin pagar.

albedrío. Voluntad, 3.12.3.

albéitar. Veterinario, 4.3.1.

albeldar (1j). Beldar.

alberca. Depósito artificial de agua con muros de fábrica.

albercar (1a). Macerar el cáñamo en la alberca.

albergar (1b). Dar hospedaje.

albino, a. Blanquecino, 4.11.3.

albóndiga. Bolita de carne o pescado picado y trabado.

albornoz. Prenda para salir del baño, 5.5.12.

alborozar (1g). Causar o sentir placer.

albricias. Expresión de júbilo, 5.6.6, 5.6.7.

albufera. Lago de agua salada próximo al mar.

álbum. Libro en blanco para coleccionar algo, 5.6.7.

alcahueta. Mujer que concierta o encubre la comunicación entre otros con fines lascivos.

alcahuete. Hombre que concierta o encubre la comunicación entre otros con fines lascivos.

alcalde. Presidente del Ayuntamiento.

alcaldía. Empleo y oficina del alcalde, 4.1.2.

alcalinizar (1g). Conferir propiedades alcalinas.

alcahaz. Jaula grande para aves.

alcahazar (1g). Encerrar aves en el alcahaz.

alcancía. Vasija cerrada con una hendedura por donde echar monedas para guardarlas.

alcantarilla. Acueducto subterráneo para recoger las aguas de lluvia y las inmundas.

alcanzar (1g). Juntarse con algo o alguien que va delante. Coger, lograr.

alcarreño, a. De la Alcarria.

alcayata. Clavo, escarpia.

alcázar. Palacio. Recinto fortificado, 4.2.3.

alce. Cierta suerte en el juego de naipes.

alción. Antozoo, 5.5.9.

alcista. Que juega al alza de valores cotizables.

alcoba. Aposento para dormir.

alcohilar (1u). Sustituir en una molécula orgánica un átomo de hidrógeno por un radical alcohólico deshidroxilado.

alcohol. Líquido inflamable de uso industrial y constituyente de licores.

alcoholizar (1g). Contraer dependencia del alcohol.

alcolla. Ampolla grande de vidrio.

alcornoque. Árbol productor de corcho.

alcorque. Hoyo que se hace el pie de las plantas para su riego.

alcozar (1g). Cubrir con pasta de azúcar y limón.

alcubilla. Arca de agua.

alcuza. Vasija de forma cónica para el aceite.

alcuzcuz. Pasta de harina y miel, 5.5.12.

aldaba. Pieza metálica colocada en la puerta para llamar.

aleación. Mezcla de metales fundidos.

aleatorio, a. Relativo al azar. Dependiente de un suceso fortuito.

alebrar (1j). Echarse en el suelo. Acobardarse.

alechugar (1b). Doblar en forma de hoja de lechuga.

aledaño, a. Lindante, vecino.

alegar (1b). Citar algún hecho como prueba.

alegorizar (1g). Interpretar alegóricamente.

alegrar (1). Causar o sentir alegría, 7.1.6.

alelí. Alhelí, 5.6.3.

alejar (1). Situar o trasladarse lejos, 3.5.7, 3.5.10.

aleluya. Exclamación de alegría, 3.7.2.

alenguar (1c). Tratar del arrendamiento de tierras para pasto.

alentar (1). Respirar. Animar, infundir aliento.

alero. Parte exterior del tejado que sale fuera de la pared.

aleta. Membrana externa de los peces con que se ayudan para nadar.

aletargar (1b). Causar o sentir letargo.

alevosía. Cautela para asegurar la comisión de un delito. Traición.

alfabetizar (1g). Poner por orden alfabético. Enseñar a leer y escribir.

alfabeto. Conjunto de signos para la escritura, 1.3, 1.6, (español) 1.4, 1.6, (fenicio) 1.3, (fonético internacional) 1.5, (latino) 1.3, 1.4.

alfajía. Alfarjía, 3.5.8.

alfalfa. Mielga común que se cultiva para forraje.

alfanje. Especie de sable corto.

alfaque. Banco de arena, generalmente en la desembocadura de los ríos.

alfarería. Arte de fabricar vasijas de barro.

alfarje. Artefacto que sirve para moler la aceituna en los molinos.

alféizar. Corte del muro alrededor de una puerta o ventana, 1.10, 4.3.1.

alfeizar (1g). Hacer alféizares en una pared.

alfeñicar (1a). Afectar delicadeza. Adelgazar mucho.

alférez. Grado de oficial del ejército, 4.2.3.

alfiler. Clavillo de metal que sirve para prender o sujetar.

alfombra. Tejido con que se cubre el piso para abrigo y adorno.

alforja. Talega abierta por el centro, formando dos bolsas.

alforza. Pliegue en la parte inferior de las ropas talares.

alforzar (1g). Hacer alforzas.

alfoz. Arrabal, término dependiente.

alga. Planta acuática.

algaba. Bosque, selva.

algaida. Sitio lleno de espesos matorrales.

algarabía. Lengua árabe. Lengua o escritura ininteligible. Bullicio, confusión.

algarada. Alboroto.

algarrobo. Árbol que produce la algarroba.

algazara. Ruido de muchas voces juntas.

álgido, a. Muy frío. Culminante, crítico.

algodón. Planta que produce la borra del mismo nombre.

alguacil. Oficial inferior de justicia.

alguien. Indefinido, 6.6.1, 6.6.2.

algún. Apócope de alguno, 5.8.5, 5.9.5.

algo. Indefinido, 3.5.2, 6.6.1.

alguno, a. Indefinido, 6.6.1.

alhacena. Alacena.

alhaja. Joya, adorno. Pieza de mucho valor.

alhamí. Poyo de poca altura, generalmente revestido de azulejos.

alharaca. Demostración de vehemencia, 4.1.2.

alharma. Planta, 4.11.3.

alhelí. Planta de flores olorosas.

alheña. Planta cuyas flores se emplean para teñir.

alhóndiga. Casa pública destinada a la compra y venta de trigo.

alhorre. Excremento. Cierta erupción de los niños recién nacidos.

alhucema. Planta de fruto comestible.

alhumajo. En alguna parte, hojas de los pinos.

aliar (1t). Reunir o poner de acuerdo para un fin común.

alias. De otro modo, por otro nombre.

alible. Capaz de alimentar.

alicaído. Caído de alas. Débil, falto de fuerzas. 4.6.3.

alicates. Tenacillas de acero que sirven para coger o torcer, 5.6.6.

aliciente. Atractivo.

alienado, a. Loco, demente.

aliento. Respiración. Vigor, esfuerzo.

alifafe. Achaque leve.

aligar (1b). Ligar. Confederarse.

aligerar (1). Hacer ligero. Moderar. Apresurar. 3.5.14.

alijo. Conjunto de géneros de contrabando.

alimaña. Animal perjudicial.

alimentar (1). Dar alimento. Suministrar.

aliquebrar (1j). Quebrar las alas.

aliviar (1). Aligerar, hacer una cosa menos pesada o penosa.

aljamía. Escritos de los moriscos en lengua española y caracteres arábigos.

aljibe. Cisterna, pozo de agua.

aljófar. Perla pequeña y de forma irregular.

aljofifa. Pedazo de paño basto para fregar el suelo.

aljorozar (1g). Guarnecer un muro con mortero.

aljuba. Vestidura morisca.

alma. Sustancia espiritual que informa el cuerpo humano.

almacén. Edificio o lugar donde se guardan géneros.

almacenaje. Derechos que se pagan por guardar algo en un almacén.

almáciga. Lugar donde se siembran semillas para su posterior trasplante.

almadraba. Pesca de atunes.

almaje. Conjunto de cabezas de ganado.

almanaque. Catálogo que contiene todos los días del año.

almazara. Molino de aceite.

almejía. Manto pequeño usado por los moros de España.

almena. Cada uno de los prismas que coronan los muros de las antiguas fortalezas.

almendro. Árbol que produce almendras.

almez. Planta, 5.5.12.

almíbar. Azúcar disuelto en agua y cocido al fuego.

almirez. Mortero, 5.5.12.

almizcate. Patio entre dos fincas urbanas.

almizcleña. Planta de donde se saca el almizcle, usado en medicina.

almohada. Colchoncillo que sirve para reclinar sobre él la cabeza.

almohaza. Instrumento para limpiar las caballerías.

almohazar (1g). Limpiar las caballerías con almohaza. Halagar los sentidos.

almojábana. Torta de queso y harina.

almojaya. Madero para sostener andamios.

almoneda. Venta de bienes muebles con licitación o que se anuncian a bajo precio.

almorzar (1n). Tomar el almuerzo.

almud. Medida de áridos, 5.5.6.

alóbrogue. Individuo de un pueblo de la Galia, 3.5.14.

alobunado, a. Parecido al lobo en el color del pelo.

alocar (1a). Causar locura. Aturdir.

alodio. Finca o patrimonio.

aloja. Bebida compuesta de agua, miel y especias.

alojar (1). Hospedar. Introducir. 3.5.7.

alojería. Tienda donde se vende aloja.

alongar (1m). Alargar. Alejar.

aloque. De color rojo claro, 4.11.3.

aloquecer (2m). Enloquecer.

alpargata. Calzado de cáñamo.

alpino, a. Relativo a los Alpes.

alpiste. Planta cuya semilla sirve para alimento de pájaros.

alquería. Casa de campo para la labranza.

alquibla. Punto hacia donde los musulmanes dirigen la vista cuando rezan.

alquilar (1). Ceder el uso de una cosa mediante el pago de una cantidad convenida.

alrededor. En torno. Cerca. Poco más o menos. 3.10.2.

altavoz. Aparato que reproduce en voz alta los sonidos transmitidos por la electricidad, 4.6.2, 12.11.3.

altercar (1a). Disputar.

altísimo, a. Muy alto, 4.2.3.

altivecer (2m). Causar altivez.

altivo, a. Orgulloso, soberbio.

alto, a. Que tiene grande la dimensión vertical, 4.6.4, 4.11.3, 5.5.1. ‖ Importante (antepuesto). Elevado (pospuesto). 5.9.4.

altozano. Monte de poca altura en terreno llano.

altramuz. Planta de fruto comestible, 5.5.12.

altruismo. Inclinación a procurar el bien ajeno, 1.10.

alubia. Planta de fruto comestible. Su fruto.

alud. Gran masa de nieve que se derrumba, 5.5.6.

alunizar (1g). Posarse una nave en la Luna.

aluvión. Avenida fuerte de agua, 5.5.9.

aluzar (1g). Alumbrar.

álveo. Madre de una corriente de agua.

alveolar. Relativo a los alvéolos, 1.5, 3.3.1.

alveolo. Alvéolo.

alvéolo. Cavidad en que están engastados los dientes, 1.5.

alvino, a. Relativo al bajo vientre, 4.11.3.

alzar (1g). Levantar, retirar.

allegar (1b). Recoger, juntar, arrimar.

allende. De la parte de allá.

allocarse (1f). Aclocarse.

amabilidad. Calidad de amable, 3.1.3.

amable. Digno de ser amado. Complaciente, afectuoso. 3.1.3.

amacigado, a. De color amarillo.

amadrigar (1b). Acoger bien. Meterse en la madriguera. Retraerse.

amagar (1b). Sobrevenir algún amago. Amenazar, mostrar intención.

amalvezar (1b). Acostumbrar.

amanecer (2m). Empezar a aparecer la luz del día.

amar (1). Querer.

amarecer (2m). Amorecer.

amargar (1b). Tener o dar sabor amargo. Disgustar.

amarillecer (2m). Poner amarillo.

amarizar (1g). Amarar.

amasijo. Porción de harina amasada. Mezcla.

ambages. Rodeos o circunloquios al explicar algo, 3.5.14.

ambición. Pasión por conseguir poder, dignidad, dinero o fama.

ambigú. Bufé, 5.6.7.

amblehuelo. Cirio de dos libras de peso.

ambos, as. El uno y el otro, los dos.

ambrosía. Manjar o alimento de gusto suave o delicado.

ambulancia. Lugar o vehículo destinado a prestar los primeros auxilios.

amelar (1j). Fabricar las abejas su miel.

amén. Así sea, 4.2.3.

amenazar (1g). Dar a entender con hechos o palabras que se va a hacer un mal a alguien.

amenguar (1c). Disminuir. Deshonrar.

amenizar (1g). Dar amenidad.

amentar (1j). Atar con amiento.

americanizar (1g). Dar carácter americano. Adquirir costumbres americanas.

amianto. Mineral cuyas fibras se tejen para fabricar material incombustible.

amiento. Correa.

amigar (1b). Amancebar.

amígdala. Glándula situada a la entrada del esófago.

amistad. Afecto personal recíproco, 3.4.1, 3.4.3.

amitigar (1b). Mitigar.

amnistía. Olvido de los delitos.

amnistiar (1t). Conceder amnistía.

amoblar (1r). Amueblar.

amodorrecer (2m). Producir modorra.

amohecer (2m). Enmohecer.

amohinar (1u). Causar mohína o disgusto.

amojelar (1). Sujetar el cable al vibrador con mojales.

amolar (1r). Afilar objetos cortantes con la muela.

amoníaco. Sustancia empleada como medicamento.

amónico, a. Relativo al amoníaco.

amollar (1r). Ceder. Desistir.

amontazgar (1b). Percibir tributo por el tránsito de ganado por un monte.

amoragar (1b). Asar peces en las playas.

amorcar (1a). Amurcar, entrar en celo las ovejas.

amordazar (1g). Poner mordaza.

amorecer (2m). Amorcar, cubrir el murueco a la oveja.

amorfia. Calidad de amorfo, sin forma.

amorgar (1b). Dar morga a los peces.

amormío. Planta perenne, 4.6.2.

amorrongar (1b). Acobardar.

amortecer (2m). Amortiguar. Desmayarse.

amortiguar (1c). Hacer menos vivo o violento.

amortizar (1g). Redimir un préstamo o deuda. Suprimir empleos. Sacar provecho.

amorugar (1b). Poner taciturno.

amoscar (1a). Enfadar.

amostazar (1g). Irritar.

amover (2e). Remover de su empleo.

amovible. Que puede ser quitado del lugar que ocupa.

amperio. Unidad de medida de corriente eléctrica.

ampliar (1t). Hacer más extenso o más grande.

amplificar (1a). Ampliar, aumentar.

amplitud. Extensión, dilatación.

ampolla. Vejiga formada en la epidermis. Vasija.

amueblar (1). Dotar de muebles.

amujerado. Afeminado.

amullicar (1a). Remover el estiércol para que se repudra bien.

amurcar (1a). Dar golpe el toro con las astas.

amusgar (1b). Avergonzar.

anabaptismo. Doctrina religiosa que considera que no debe bautizarse a los niños hasta que tengan uso de razón.

anacronismo. Error por suponer acaecido un hecho en un tiempo distinto de aquel en que ocurrió. Uso anticuado.

ánade. Pato.

anafilactizar (1g). Sensibilizar el organismo para que reaccione ante determinada sustancia.

anagoge. Anagogía, 3.5.14.

anagogía. Enajenación del alma en la contemplación de las cosas divinas.

anagrama. Palabra resultante de la transposición de sus letras, 5.5.4.

análisis. Distinción y separación de las partes de un todo. Examen que se hace de algo, 5.5.11.

analizar (1g). Hacer un análisis.

analogía. Relación de semejanza entre cosas distintas, 3.5.8.

anaquel. Tabla de armario, 3.2.3.

anarquía. Falta de todo gobierno.

anarquizar (1g). Propagar el anarquismo o la anarquía.

anastomizar (1g). Unir elementos anatómicos de la misma planta o del mismo animal.

anatema. Excomunión. Maldición.

anatomía. Ciencia que estudia las distintas partes del cuerpo orgánico.

anatomizar (1g). Separar artificiosamente las partes de un animal o de una planta.

anciano, a. De muchos años.

ancla. Instrumento para sujetar la nave al fondo del mar.

ancuviña. Sepultura de los indígenas chilenos.

anchoa. Cierta clase de pez.

andamiaje. Conjunto de andamios.

andar (1h). Ir de un lugar a otro dando pasos. ‖ (Auxiliar) 10.1.4.

andarivel. Maroma tendida entre las dos orillas de un río o canal.

andurrial. Paraje extraviado o fuera de camino.

aneaje. Acción de medir por anas.

aneblar (1j). Cubrir de niebla.

anécdota. Relación breve de un suceso notable o curioso.

anegar (1b). Ahogar por inmersión en un líquido. Inundar.

anejir. Refrán popular puesto en verso.

anejo, a. Sujeto, dependiente.

anemia. Empobrecimiento de la sangre.

anexo, a. Unido, agregado, dependiente, 3.11.3.

anfibio. Que puede vivir en el agua y en la tierra.

anfibología. Doble sentido de una palabra o frase.

ánfora. Cántaro alto y estrecho.

anfractuosidad. Surco que separa circunvoluciones cerebrales. Irregularidad.

angarillas. Armazón para transportar algo a mano, 5.6.6.

ángel. Espíritu celeste creado por Dios para su ministerio.

angelizar (1g). Comunicar la virtud angélica.

ángelus. Oración en honor del misterio de la Encarnación.

angina. Inflamación de las amígdalas.

anhelar (1). Respirar con dificultad. Desear con vehemencia.

anhelo. Deseo vehemente.

anhídrido. Cuerpo procedente de la deshidratación de los ácidos, 3.6.3.

anhidro, a. Sin agua.

animalizar (1g). Convertir en ser animal. Embrutecer.

ánimo. Valor. Esfuerzo. Intención. 4.2.1.

anís. Planta aromática. Semilla. Aguardiente. 4.2.3.

anoche. En la noche de ayer.

anochecer (2m). Venir la noche.

ansiar (1t). Desear con ansia.

antaño. En el año anterior. En tiempo antiguo.

ante. Preposición, 7.2.4.

anteayer. En el día anterior a ayer.

antecedente. Que antecede. ‖ Palabra a la que hace referencia algún pronombre, 6.6.5, 6.6.6, 6.6.7.

antecoger (2b). Coger llevando por delante.

antedecir (1q). Predecir.

anteojero. El que hace o vende anteojos.

antepagar (1b). Pagar con anticipación.

anteponer (5). Poner delante.

anterior. Que precede. ‖ Tiempo verbal, (pretérito) 8.4.2, 8.4.3, 8.4.6, 8.5.1.

antevenir (21). Preceder, venir antes.

antever (2j). Ver antes que otro.

antevíspera. Día inmediatamente anterior al de la víspera.

anticadencia. Inflexión final ascendente en la modulación de la frase, 12.7.1.

antídoto. Contraveneno.

antiescorbútico, a. Que es eficaz contra el escorbuto.

antifaz. Máscara, 5.5.12.

antifebril. Que es eficaz contra la fiebre.

antiflogístico, a. Que sirve para calmar la inflamación.

anticuar (1s). Hacerse antiguo.

antiguar (1c). Anticuar.

antigüedad. Calidad de antiguo. Tiempo antiguo. 3.5.3, 4.4.7.

antiguo, a. Que existe desde hace mucho tiempo. Que ocurrió en tiempo remoto.

antihistérico, a. Que es eficaz contra la histeria.

antinomia. Contradicción entre dos leyes o dos puntos de una misma ley.

antipatizar (1g). Sentir antipatía.

antipirético, a. Eficaz contra la fiebre.

antipocar (1a). Renovar una obligación que estuvo en suspenso.

antojo. Deseo vivo y pasajero.

antracita. Carbón fósil.

ántrax. Tumor inflamatorio, 3.11.3.

antropofagia. Costumbre de comer carne humana.

antuviada. Golpe dado de improviso.

antuzano. Atrio o plazuela delante de una casa.

anublar (1). Ocultar las nubes.

anuir (29). Asentir, consentir.

anúteba. Llamamiento a la guerra.

anverso. Cara impresa. Lado principal de la moneda.

anzuelo. Arponcillo metálico que sirve para pescar.

añagaza. Señuelo para coger aves. Artificio para atraer con engaño.

añascar (1a). Juntar. Embrollar.

añicos. Pedazos pequeños en que se divide una cosa al romperse.

añojo, a. Que tiene uno o más años.

añoranza. Pesar por la ausencia de una persona o cosa.

añusgar (1b). Atragantar. Enfadar.

aojar (1). Desgraciar o malograr algo. Ojear la caza.

aorta. Arteria mayor del cuerpo.

aovar (1). Poner huevos.

aovillarse (1). Encogerse mucho.

A.P. Abreviatura de *Alianza popular, Agua potable, Alumbrado público, Albañal particular, Associated Press, Amapá* y *Acción popular*, 4.10.6.

apacentar (1j). Dar pasto al ganado.

apacible. Manso, dulce, agradable.

apaciguar (1c). Poner paz.

apagar (1b). Extinguir el fuego o la luz.

apapagayado, a. Semejante al papagayo.

apalancar (1a). Levantar o mover con palanca.

apandorgar (1b). Poner muy grueso o muy pesado.

apañuscar (1a). Apretujar algo, ajándolo. Apañar.

apapizar (1g). Empapuzar.

aparcar (1a). Situar vehículos en un lugar. Estacionar.

aparecer (2m). Manifestarse. Dejarse ver. Comenzar a existir.

aparragar (1b). Achaparrarse.

aparte. En otro lugar. A distancia.

aparvar (1). Disponer la mies en la era para trillarla.

apear (1). Bajar de una caballería, carruaje o vehículo.

apechugar (1b). Hacer o soportar por fuerza algo que desagrada.

apedazar (1g). Reforzar con pedazos.

apegar (1b). Poner apego.

apelable. Que se puede apelar.

apelmazar (1g). Convertir en muy compacto.

apellido. Nombre de familia, (número) 5.6.5.

apenas. Conjunción subordinante adverbial, 7.1.3.

apencar (1a). Apechugar.

apéndice. Cosa adjunta a otra, 4.2.3.

apeñuscar (1a). Apiñar.

apepsia. Falta de digestión.

apercazar (1g). Coger, asir.

apercibir (3). Disponer, preparar lo necesario para algo.

apercollar (1r). Coger por el cuello.

aperdigar (1b). Perdigar.

aperitivo, a. Que sirve para abrir el apetito.

apero. Conjunto de instrumentos necesarios para la labranza.

apernar (1j). Asir el perro a la res por las piernas.

apersogar (1b). Atar un animal por el cuello.

apesgar (1b). Agobiar. Ponerse pesado.

ápice. Punta o extremo superior.

apetecer (2m). Desear. Gustar.

apicoalveolar. Relativo al ápice de la lengua y los alvéolos, (sonido) 2.6.

apicultura. Arte de criar abejas.

apilguar (1c). Entallecer las plantas.

apio. Planta comestible.

apiparse (1). Atracarse de comida o bebida.

apirexia. Falta de fiebre.

apitiguar (1c). Abatir.

aplacar (1a). Mitigar, suavizar.

aplacer (2m). Agradar, contentar.

aplayar (1). Salir el río de madre.

aplazar (1g). Diferir la ejecución de algo.

aplegar (1d). Recoger.

aplicar (1a). Poner una cosa en contacto con otra. Hacer algo para influir.

aplomar (1). Examinar con la plomada la verticalidad de algo.

apocalipsis. Acontecimiento aterrador, 5.5.11.

Apocalipsis. Último libro del Nuevo Testamento.

apocar (1a). Intimidar.

apócope. Supresión de letras o fonemas en posición final de palabra, 5.9.5, 5.9.6.

apócrifo, a. Fabuloso, supuesto, fingido.

apodíctico, a. Convincente, que no admite contradicción.

apófige. Parte del fuste de la columna, 3.5.14.

apófisis. Parte saliente de un hueso que sirve para su articulación.

apogeo. Punto en que la Luna está a mayor distancia de la Tierra. Lo sumo de la grandeza o perfección.

apógrafo. Copia de un documento original.

apología. Discurso de defensa o alabanza.

apologizar (1g). Hacer apología.

apomazar (1g). Alisar con piedra pómez.

apontocar (1a). Apoyar una cosa con otra.

apoplejía. Suspensión súbita de la acción cerebral, debido a un derrame sanguíneo, 3.5.8.

aporcar (1f). Cubrir las plantas para protegerlas.

aposición. Efecto de poner dos o más sustantivos consecutivos sin conjunción, 12.2.8.

apositivo, a. Referente a la aposición.

apostar (1). Situar en un lugar.

apostar (1r). Hacer apuestas.

apostolizar (1g). Convertir a la religión católica.

apotegma. Dicho breve y sentencioso, 5.5.4.

apotema. Perpendicular trazada desde el centro de un polígono a cualquiera de sus lados.

apotincar (1a). Poner a uno en cuclillas.

apoyar (1). Hacer que una cosa descanse en otra.

apozar (1g). Rebalsar.

aprehender (2). Coger, prender. Abarcar. 4.11.3.

aprehensivo, a. Que aprehende.

aprehensor, ra. Que aprehende.

apremiar (1). Dar prisa, obligar.

aprender (2). Adquirir conocimiento de algo, 4.11.3.

aprendizaje. Acción de aprender, 1.3.

aprensivo, a. Que ve peligros para su salud o supone graves sus dolencias leves.

aprestar (1). Aparejar, disponer lo necesario.

apretar (1j). Estrechar. Activar.

aprevenir (21). Prevenir.

aprieto. Opresión. Conflicto, apuro.

aprisa. Con celeridad o prontitud.

apriscar (1a). Recoger el ganado en el aprisco.

aproar (1). Volver el buque la proa a alguna parte.

aprobar (1r). Calificar o dar por bueno.

aprovecer (2m). Aprovechar. Hacer progresos.

aprovechar (1). Servir de provecho. Adelantar en algo.

aproximar (1). Arrimar, acercar.

aproximativo, a. Que se acerca o aproxima.

apsara. Ninfa, 3.12.7.

ápside. Cada uno de los extremos del eje mayor de la órbita de un astro, 3.9.2, 3.12.7.

aptar (1). Ajustar, adecuar, adaptar, 3.12.7.

áptero, a. Que carece de alas, 3.9.1, 3.12.7.

apteza. Aptitud, 3.12.7.

aptitud. Calidad de apto. Suficiencia, idoneidad. 3.9.1, 3.12.6, 3.12.7.

apto, a. Apropiado, 3.12.7.

apuñar (1). Asir o coger algo con la mano, cerrándola.

apuñear (1). Dar de puñadas.

aquel. Demostrativo, 4.4.2.

aquél. Demostrativo, 4.4.2.

aquella. Demostrativo, 4.4.2.

aquélla. Demostrativo, 4.4.2.

aquelarre. Conciliábulo de brujas, 3.10.2.

aquello. Demostrativo, 4.4.2, 4.5.1.

aquí. Este lugar, 3.7.1.

aquiescencia. Consentimiento.

ara. Altar en que se ofrecen sacrificios.

árabe. De Arabia.

arabesco. Dibujo con adorno.

arábigo, a. Relativo a Arabia.

arabigar (1g). Difundir la lengua o cultura árabes.

arable. A propósito para ser arado.

arácnido, a. Relativo a las arañas.

arado. Instrumento que sirve para labrar la tierra.

araguato. Mono americano.

araguirá. Pajarillo de Argentina.

arambel. Colgadura de paños que se emplea como adorno o cobertura.

arancel. Tarifa oficial que determina los derechos que se han de pagar.

arañar (1). Rasgar ligeramente.

arar (1). Remover la tierra haciendo surcos con el arado.

arbitraje. Acción y efecto de arbitrar.

arbitrar (1). Usar cada uno su facultad y arbitrio. Ejercer de árbitro.

arbitrariedad. Proceder contrario a la justicia, la razón, las leyes o las costumbres.

arbitrio. Facultad de adoptar una resolución con preferencia a otra.

árbol. Planta perenne de tronco leñoso, 5.5.8.

arbolecer (2m). Arborecer.

arborecer (2m). Hacerse árbol.

arborescente. Que tiene caracteres parecidos a los del árbol.

arbotante. Arco que por su extremo superior contrarresta el empuje de algún arco o bóveda.

arca. Caja sin forrar y con tapa llana.

arcabucero. Soldado armado de arcabuz.

arcabuz. Arma antigua de fuego.

arcaduz. Caño por donde se conduce el agua.

arcaísmo. Voz o expresión antigua.

arcaizar (1x). Usar arcaísmos.

arcángel. Espíritu perteneciente al octavo coro celestial.

arcano, a. Secreto, reservado.

arcar (1a). Dar figura de arco. Ahuecar la lana.

arcilla. Sustancia mineral que, empapada en agua, se hace muy plástica.

archivar (1). Poner o guardar papeles o documentos en un cierto orden.

arder (2). Estar encendido. Estar muy agitado.

ardid. Artificio empleado para el logro de algún intento, 5.5.6.

ardite. Cosa de poco valor.

área. Espacio de tierra. Superficie. Medida de superficie.

arel. Criba grande para limpiar trigo en la era.

arena. Conjunto de partículas desagregadas de las rocas.

arencar (1a). Secar y salar sardinas.

arengar (1b). Pronunciar una arenga o discurso breve y estimulante.

aricar (1a). Arar superficialmente. Arrejacar.

aridecer (2m) Convertir en árido.

arfar (1). Cabecear el buque.

argayo. Abrigo de paño burdo.

argelino, a. De Argelia.

argentar (1). Platear, guarnecer con plata.

argénteo, a. De plata. Como de plata.

argolla. Aro grueso que sirve para amarre.

argucia. Argumento falso presentado con agudeza.

argüir (31). Sacar en claro, deducir, poner argumentos, 3.5.3, 4.4.7.

argumento. Razonamiento que se emplea para demostrar una proposición.

arguyente. Que arguye.

aria. Composición musical para ser cantada por una sola voz.

arijo, a. Aplícase a la tierra delgada y de fácil cultivo.

arisco, a. Áspero, intratable.

ariscar (1a). Enojar, poner arisco.

arista. Borde de un cuerpo sólido.

aristocracia. Clase noble. Gobierno de esta clase.

aritmética. Parte de las matemáticas que estudia los números.

arlequín. Personaje cómico de la antigua comedia italiana.

arlequinada. Acción o ademán ridículo.

arma. Instrumento destinado al ataque o a la defensa.

armada. Conjunto de fuerzas navales.

armar (1). Proveer de armas. Organizar. Provocar.

armatoste. Máquina o mueble demasiado grande, tosco o inútil.

armisticio. Suspensión de hostilidades.

armonía. Combinación acorde de formas, sonidos o colores.

armonizar (1g). Estar o poner en armonía.

armonio. Instrumento musical parecido al órgano, más pequeño que éste.

arnés. Conjunto de armas.

árnica. Planta y sustancia empleada en medicina.

aro. Pieza en forma de circunferencia.

aroma. Perfume, olor muy agradable.

aromatizar (1g). Dar aroma.

arpa. Instrumento musical de cuerda.

arpía. Mujer de muy mala condición.

arpón. Astil de madera armado por uno de sus extremos.

arqueaje. Arqueo de las embarcaciones.

arquear (1). Medir la cabida de una embarcación.

arqueo. Reconocimiento de los caudales existentes en la caja.

arqueología. Ciencia que estudia las artes y monumentos de la antigüedad.

arquetipo. Tipo que sirve de ejemplo o modelo.

arquitectura. Arte de proyectar y construir edificios.

arquitrabe. Parte inferior del cornisamento, 3.1.9.

arrabal. Barrio fuera del recinto de la población.

arracada. Arete con adorno colgante.

arraigar (1b). Echar raíces.

arramblar (1). Dejar un río el suelo cubierto de arena. Recoger y llevarse codiciosamente todo lo que hay en algún lugar.

arrancar (1a). Sacar de raíz. Quitar con violencia.

arranque. Acción y efecto de arrancar.

arrear (1). Estimular a las bestias para que anden.

arrebañar (1). Recoger alguna cosa sin dejar nada.

arrebatar (1). Quitar con violencia o precipitación.

arrebato. Arranque, furor, 3.10.2.

arrebol. Color rojo de las nubes.

arrebozar (1g). Rebozar.

arrebujar (1). Coger sin orden alguna cosa flexible. Cubrirse con ropa.

arreciar (1). Aumentar la violencia.

arrecife. Bajío en el mar. Camino empedrado.

arrecir (3ñ). Hacer que alguien se entumezca.

arregazar (1g). Recoger las faldas hacia el regazo.

arrejacar (1a). Dar labor a los sembrados.

arremangar (1b). Recoger hacia arriba las mangas o la ropa.

arrendar (1j). Ceder o adquirir en arriendo.

arreo. Atavío, adorno. Guarnición de las caballerías. 3.12.3.

arrepanchigar (1b). Repantigar.

arrepentirse (22). Pesarle a uno cierta acción u omisión.

arrepticio, a. Endemoniado, espiritado.

arrequife. Cada una de las dos palomillas de hierro entre las que gira el almarrá.

arrequive. Adorno, atavío.

arrestar (1). Detener, poner preso.

arrevesado, a. Intrincado.

arrevolver (2n). Revolver.

arrezagar (1b). Arremangar.

arriar (1t). Bajar velas o banderas.

arriba. A lo alto, hacia lo alto. En la parte superior.

arribaje. Acción de arribar.

arribar (1). Llegar la nave a puerto. Llegar a destino.

arriero. El que trajina con las bestias de carga.

arriesgar (1b). Poner en riesgo o peligro.

arriscar (1a). Arriesgar.

arrizar (1g). Tomar rizos un buque.

arroba. Medida de peso.

arrobar (1). Embelesar.

arrodrigar (1b). Arrodrigonar, afianzar una planta con palo o caña.

arrogarse (1b). Atribuirse facultad.

arrojar (1). Impeler con violencia, 3.5.7.

arrojo. Osadía, intrepidez.

arrollar (1). Envolver en forma de rollo. Derrotar. 4.11.3.

arromper (2). Romper. Roturar.

arronzar (1g). Ronzar. Levar anclas.

arroyar (1). Formar la lluvia hendiduras en la tierra, 4.11.3.

arroyo. Corriente de agua. Cauce. 3.7.2, 3.7.3.

arroz. Planta. Fruto comestible de esta planta. 5.5.12.

arruar (1s). Gruñir el jabalí.

arrugar (1b). Hacer arrugas. Apocar el ánimo.

arrugía. Mina de oro.

arrullar (1). Enamorar con arrullos. Adormecer.

arrumaje. Distribución de la carga de un buque.

arrumbar (1). Poner una cosa como inútil en sitio excusado. Arrinconar.

arsenal. Establecimiento en que se construyen y reparan embarcaciones.

arsenical. Relativo al arsénico.

artajea. Caja de ladrillo con que se visten las cañerías.

arte. Virtud e industria para hacer algo, 4.11.3, 5.5.5.

artefacto. Instrumento, obra mecánica.

artera. Hierro con que se marca el pan antes de enviarlo al horno.

arteria. Vaso que lleva la sangre del corazón al resto del cuerpo.

artería. Amaño, truco, astucia.

artesa. Cajón para amasar el pan.

ártico, a. Relativo al polo norte.

articulación. Coyuntura. ‖ Acción y efecto de articular sonidos, 1.5.

artículo. Cada una de las divisiones del diccionario encabezada por una palabra, 13.1. ‖ Determinante, 5.8, 9.2.2, (concordancia) 5.7.4, 5.8.5, (contracción) 5.8.2, (determinado) 5.8.1, (indeterminado) 5.8.1, (neutro) 5.8.2, (nombre propio) 5.8.3, (topónimo) 5.8.4.

artífice. Persona que ejercita alguna bella arte o ejecuta obra mecánica.

artificial. Hecho por arte del hombre.

artigar (1b). Romper un terreno para cultivarlo.

artilugio. Mecanismo artificioso de poca importancia.

artista. Persona que ejercita las bellas artes, 3.10.2.

artizar (1g). Hacer algo con arte.

art.º Abreviatura de *artículo,* 13.4.4.

arto. Nombre que se da a varias plantas que se emplean para formar setos vivos.

artografía. Descripción de las articulaciones.

arzobispo. Obispo de la iglesia metropolitana o que tiene honores de tal.

as. Naipe que lleva el número uno. Persona que sobresale. 4.11.3.

asa. Parte por donde asir o coger.

asacar (1a). Sacar. Inventar. Fingir. Imputar.

asaetear (1). Disparar saetas.

asaltar (1). Acometer, atacar.

asamblea. Reunión numerosa de personas, 3.8.2.

asar (1). Exponer a la acción del fuego o del aire caldeado.

asaz. Bastante, mucho.

asbesto. Mineral semejante al amianto.

ascender (2d). Subir de un sitio bajo a otro más alto.

ascenso. Subida. Promoción a mayor dignidad.

asceta. Persona que se dedica a la práctica de la perfección cristiana.

ascitis. Hidropesía del vientre.

asco. Repugnancia. Impresión desagradable. 2.3.

ascua. Pedazo de materia en combustión pero sin dar llama.

asear (1). Adornar, componer con limpieza.

asechanza. Engaño o artificio para dañar o perjudicar a otro.

asedar (1). Poner suave como la seda.

asediar (1). Cercar un punto fortificado. Importunar sin descanso.

asentar (1j). Colocar en determinado lugar o asiento.

asentir (22). Admitir como cierta una cosa.

aseo. Acción y efecto de asear. Baño, lavabo o retrete. 3.12.3.

asepsia. Ausencia de microorganismos patógenos. Limpieza. 3.9.1.

aséptico, a. Relativo a la asepsia, 3.12.6.

aseptizar (1g). Limpiar, hacer aséptico.

aserción. Acción y efecto de afirmar o dar por cierto.

aserrar (1j). Cortar con sierra.

asertivo, a. Afirmativo.

aserto. Afirmación.

asesinar (1). Matar, cometer asesinato, 4.11.3.

asestar (1). Dirigir o descargar un arma sobre algo.

así. De esta o de esa manera. ‖ (Conjunción) 7.1.3.

así que. Locución conjuntiva, 7.1.3.

así y todo. Locución adverbial, 12.2.9.

asiduo, a. Frecuente, perseverante.

asiento. Sitio donde sentarse.

asignar (1). Señalar lo que corresponde.

asimilación. Acción y efecto de asimilar. Comprender y aprender lo explicado. ‖ (Consonántica) 2.3, 2.5.

asimismo. También, 4.6.2.

asir (3d). Tomar, coger, prender.

asobarcar (1a). Sobarcar.

asobinarse (1). Caer de tal modo que no pueda uno levantarse por sí mismo.

asociar (1). Juntar con otro. Tomar compañero.

asolar (1/1r). Arrasar.

asoldar (1r). Asalariar.

asombrar (1). Causar o sentir asombro, 3.8.2.

asonar (1r). Hacer asonancia.

asosegar (1d). Sosegar.

aspecto. Apariencia, semblante, 3.3.2.

aspecto verbal. Categoría gramatical, 8.1, 8.4.3, 8.4.4, 10.1.1, (global, total o puntual) 8.4.4, 8.4.5, 8.4.6, 8.5.7, 8.7.1, 8.7.6, 9.1.1, 10.1.4, (imperfectivo) 8.4.3, 8.4.4, 8.4.5, 8.4.6, 8.5.2, 8.5.3, 8.5.4, 8.5.7, 8.7.1, 8.7.7, 9.1.1, 9.2.1, (incoativo) 10.1.4, (perfectivo) 8.4.3, 8.4.4, 8.4.5, 8.4.6, 8.5.1, 8.6.1, 8.7.6, 8.7.7, 9.1.1, 9.2.1, 9.4.3, 10.1.4, 10.6.6.

asperges. Antífona, 3.5.14.

áspero, a. Falto de suavidad, 4.6.4.

aspérrimo, a. Muy áspero, 4.6.4.

áspid. Víbora muy venenosa, 5.5.6.

aspiración. Acción y efecto de aspirar. ‖ (Consonántica) 1.4, 2.3, 2.5, 3.6.1.

aspirar (1). Atraer aire exterior a los pulmones. Pretender.

asta. Cuerno. Palo de lanza o de bandera. 3.6.4, 4.11.3.

astenia. Decaimiento considerable de fuerzas.

asterisco. Signo de llamada en un escrito, 12.12.2.

astigmatismo. Imperfección del ojo o de los instrumentos dióptricos.

astil. Mango de las hachas, azadas y otros instrumentos semejantes.

astreñir (24). Astringir.

astringir (3b). Estrechar. Sujetar.

astriñir (3h). Astringir.

astrologar (1b). Pronosticar por la astrología.

asumir (3). Tomar para sí.

asunción. Acción y efecto de asumir.

asunto. Materia o argumento.

asurcar (1a). Surcar.

atabal. Tambor de un solo parche.

atacar (1a). Embestir. Actuar dañinamente.

atafagar (1b). Sofocar. Aturdir.

ataharre. Banda de cuero o cáñamo que rodea las ancas de la caballería.

atajar (1). Ir por atajo. Interrumpir, detener. 4.11.3.

atajo. Senda por donde se abrevia el camino.

atalaje. Ajuar o equipo.

atalaya (el). El que atisba o vigila, 4.11.2, 5.5.13.

atalaya (la). Lugar elevado desde donde mirar o vigilar, 4.11.2, 5.5.13.

ataluzar (1g). Ataludar, dar talud.

atañer (2k). Corresponder. Pertenecer.

atapuzar (1g). Atestar, henchir.

ataquizar (1g). Amugronar.

ataraxia. Imperturbabilidad.

atarazar (1g). Rasgar con los dientes.

atardecer (2m). Empezar a caer la tarde.

atarragar (1b). Formar herraduras y clavos. Hartar.

atarugar (1b). Atestar, rellenar.

atascar (1a). Obstruir el paso. Detener.

ataúd. Caja donde se coloca el cadáver para llevarlo a enterrar, 3.4.1, 5.5.6.

ataviar (1t). Componer, adornar.

ataxia. Perturbación de las funciones del sistema nervioso.

ateje. Árbol de Cuba, de hojas parecidas a las del café.

atemorizar (1g). Causar o sentir temor.

atenazar (1g). Apretar fuertemente. Atormentar un sentimiento o idea.

atender (2d). Acoger un deseo, ruego o mandato. Aplicar el entendimiento a la comprensión de algo. Aguardar.

atener (8). Ajustar. Limitar.

atenuar (1s). Disminuir.

ateo, a. Que niega la existencia de Dios.

aterecer (2m). Aterir.

aterir (22). Enfriar mucho.

aterrar (1). Causar o sentir terror.

aterrar (1j). Derribar. Enterrar.

aterrizar (1g). Posarse en tierra. Aparecer inesperadamente.

aterrorizar (1g). Aterrar, causar terror.

atesar (1j). Atiesar. Tesar cabos y velas de la nave.

atestar (1). Testificar.

atestar (1j). Llenar, embutir.

atestiguar (1c). Deponer, afirmar algo como testigo.

atezar (1g). Ennegrecer.

aticismo. Delicadeza, elegancia.

atingir (3b). Oprimir, tiranizar.

atiquizar (1g). Fustigar.

atizar (1g). Avivar el fuego. Excitar.

atlante. Columna en forma de figura masculina, 3.4.5.

atlántico, a. Relativo al océano Atlántico, 1.11, 3.4.5.

Atlántico. Nombre del mar que separa Europa y África de América.

atleta. Hombre membrudo y de grandes fuerzas, 1.11, 3.4.5, 5.5.4.

atlético, a. Relativo al atletismo y a los atletas, 3.4.5.

atletismo. Práctica de ejercicios atléticos, 3.4.5.

atmósfera. Masa de aire que rodea el globo terráqueo, 3.4.5.

atómico, a. Relativo al átomo.

atomizar (1g). Dividir en partes muy pequeñas.

atondar (1r). Estimular al caballo.

atónico, a. Átono, sin acentuación prosódica.

atorar (1). Atascar.

atorar (1r). Partir leña.

atorgar (1b). Otorgar.

atosigar (1b). Dar prisa. Importunar. Envenenar.

atoxicar (1a). Atosigar, envenenar.

atrabancar (1a). Saltar deprisa. Salvar obstáculos.

atracar (1a). Arrimar una nave a tierra. Asaltar con armas para robar. Hartar.

atracción. Acción de atraer.

atraer (10). Traer hacia sí. Captar la voluntad. 3.5.12.

atrafagar (1b). Ajetrear.

atraillar (1u). Atar con traílla. Dominar.

atrancar (1a). Asegurar con tranca. Atascar.

atravesar (1j). Pasar o hacer pasar de una parte a otra.

atrayente. Que atrae.

atreguar (1c). Dar tregua.

atreverse (2). Osar, determinarse a algo.

atrevido, a. Que se atreve. Osado.

atribución. Acción de atribuir.

atribuir (29). Aplicar hechos o cualidades a una persona o cosa.

atributivo, a. Que indica un atributo o cualidad.

atributo. Cada una de las cualidades de un ser.

atrición. Dolor de haber ofendido a Dios por temor de perder la bienaventuranza.

atril. Mueble para sostener libros abiertos, 5.5.8.

atrincar (1a). Trincar. Asegurar con cuerdas. Apretar.

atrito, a. Que tiene atrición.

atrofia. Falta de desarrollo de cualquier parte del cuerpo. Degeneración.

atronar (1r). Tronar. Aturdir.

atroz. Fiero, inhumano, grave, 3.3.3.

atruhanado, a. Que parece truhán.

atún. Pez marino, 4.2.3.

audacia. Osadía, atrevimiento.

audiencia. Recepción. Tribunal de justicia. Sesión de este tribunal y lugar donde está instalado.

audición. Acto de oír.

auditivo, a. Perteneciente al órgano del oído.

auge. Elevación grande en dignidad, éxito o fortuna, 3.5.14.

augurar (1). Pronosticar.

áulico, a. Cortesano o palaciego.

aullar (1w). Dar aullidos.

aullido. Voz prolongada y lastimera del perro y otros animales.

aun. Incluso, hasta, 4.4.3, 4.7.2. ‖ (Conjunción) 7.1.3.

aún. Todavía, 4.4.3, 4.7.2.

aun no. Locución conjuntiva, 7.1.3.

aun apenas. Locución conjuntiva, 7.1.3.

aún así. Locución adverbial, 12.2.9.

aunar (1w). Juntar, unir.

aunque. Conjunción concesiva, 4.7.2, 7.1.3, 7.2.7, 12.2.10.

aura. Viento suave y apacible.

aureola. Resplandor que suele figurar alrededor de la cabeza de las imágenes sagradas.

auricular. Relativo al oído.

aurífero. Que contiene o produce oro.

auriga. El que dirige las caballerías que tiran de un carruaje.

aurora. Luz sonrosada que precede inmediatamente a la salida del sol.

auscultar (1). Aplicar el oído para explorar las cavidades del cuerpo.

ausencia. Efecto de ausentarse.

ausentarse (1). Separarse o alejarse de algún lugar o persona.

ausetano. De Vic.

auspicio. Agüero, presagio. Protección.

austeridad. Moderación en el modo de vida. Mortificación.

austral. Relativo al polo y hemisferio sur.

auto. Automóvil, 4.10.1.

autocracia. Gobierno de una sola persona.

autodidacta. Que se instruye a sí mismo.

autógeno, a. Sistema de soldadura por fusión con el soplete.

autografiar (1t). Reproducir un escrito mediante cierta técnica litográfica.

autógrafo. Escrito de mano del propio autor.

automatizar (1g). Dar capacidad de funcionamiento automático.

automóvil. Que se mueve por sí mismo. Vehículo de motor mecánico.

autopsia. Examen anatómico del cadáver.

autorizar (1g). Facultar para hacer algo. Aprobar con autoridad.

autosugestión. Sugestión espontánea, sin intervención ajena.

auxiliar. Que ayuda o coopera. ‖ (Verbo) 8.4.2, 10.1.1, 10.1.4, 10.1.5, 10.2.1, 10.5.1, 10.5.3.

auxiliar (1). Prestar auxilio, ayudar.

auxilio. Ayuda. Socorro. 3.11.3.

avacado, a. Como las vacas. De mucho vientre y poco brío.

avadar (1). Menguar tanto el caudal del río que se pueda vadear.

avahar (1). Calentar con vaho.

avalar (1). Garantizar por medio de aval.

avalorar (1). Dar valor.

avance. Acción y efecto de avanzar. Anticipo.

avanecerse (2m). Acorcharse, resecarse la fruta.

avanzada. Partida de soldados en punto próximo al enemigo para observarlo.

avanzar (1g). Ir hacia adelante.

avaricia. Afán de poseer riquezas para atesorarlas.

avariento, a. Que tiene avaricia.

avasallar (1). Sujetar o someter a obediencia.

ave. Animal vertebrado que vuela, 5.5.5.

avecilla. Diminutivo de ave.

avecindar (1). Admitir como vecino. Instalarse en la vecindad.

avejentar (1). Poner en estado de parecer viejo, 3.5.7.

avejigar (1b). Levantar ampollas.

avellano. Árbol que produce avellana.

avemaría. Oración a la Virgen María.

avena. Planta que se cultiva para alimento de ciertos animales.

avenencia. Convenio, transacción.

avenida. Paseo. Crecida impetuosa de agua.

avenir (21). Concordar. Suceder.

aventajar (1). Adelantar, poner en mejor estado.

aventar (1j). Mover el aire. Echar al aire para limpiar.

aventura. Suceso o lance notable o extraño.

averdugar (1b). Apretar excesivamente.

avergonzar (1y). Causar o sentir vergüenza.

avería. Daño o desperfecto.

averiar (1t). Producir o sufrir avería.

averiguar (1c). Inquirir la verdad hasta descubrirla.

averno. Infierno.

aversión. Oposición o repugnancia.

avestruz. Ave corredora de largo cuello, 3.3.3.

avetado, a. Que tiene vetas.

avezar (1g). Acostumbrar.

aviación. Locomoción aérea.

aviar (1t). Disponer. Despachar.

avicultura. Arte de criar aves.

avidez. Ansia, codicia.

aviento. Utensilio para cargar paja.

avieso, a. Torcido, fuera de regla.

avispa. Insecto cuya picadura produce inflamación.

avistar (1). Alcanzar con la vista.

avivar (1). Excitar, animar, encender.

avizorar (1). Acechar.

avocación. Acción y efecto de avocar.

avocar (1a). Reclamar.

axilar. Relativo a la axila o sobaco.

axioma. Proposición tan clara y evidente que no necesita demostración, 3.11.3, 5.5.4.

axiomatizar (1g). Construir la axiomática de una ciencia.

axón. Neurita, 5.6.2.

ay. Interjección, 3.6.5, 4.11.3, 12.8.2.

ayear (1). Repetir ayes en señal de pena o dolor.

ayer. Día que precede inmediatamente al de hoy.

ayuda. Acción y efecto de ayudar, 3.7.2.

ayudar (1). Auxiliar. Prestar cooperación.

ayunar (1). Abstenerse total o parcialmente de comida o bebida.

ayuno. Acción de ayunar, 3.7.2.

ayuntamiento. Corporación para la administración municipal, 3.7.2.

azabache. Variedad de lignito, de hermoso color negro.

azacán. Que se ocupa en trabajos humildes y penosos.

azada. Instrumento para las labores del campo.

azafata. Criada real. Auxiliar femenina.

azafrán. Planta cuyo estigma se emplea como condimento.

azahar. Flor del naranjo, del limonero y del cidro, 4.11.3.

azanahoriate. Zanahoria confitada.

azar. Casualidad, 4.11.3.

ázimo. Pan sin levadura, 3.3.4.

azimut. Acimut, término astronómico, 3.3.4, 3.4.1.

azocar (1a). Apretar nudos. Apretar mucho.

azogar (1b). Cubrir con azogue.

azogue. Metal blanco y brillante como la plata.

azolar (1r). Desbastar la madera con la azuela.

azolvar (1). Cegar un conducto.

azorar (1). Conturbar, sobresaltar.

azotar (1). Dar azotes.

azote. Golpe con látigo. Golpe suave en la nalga dado con la mano abierta.

azotea. Cubierta llana y practicable de un edificio.

azúcar. Sustancia sólida y muy dulce, 5.5.10.

azucena. Planta de grandes y hermosas flores.

azud. Máquina que extrae el agua de la tierra para el riego, 5.5.6.

azuela. Herramienta de carpintería.

azufre. Metaloide amarillo que arde con llama azul.

azulejo. Ladrillo pequeño de uno o varios colores.

azumagar (1b). Enmohecer.

azumbre. Medida de capacidad para líquidos, 5.5.5.

azuzar (1g). Incitar a los perros para que embistan. Irritar, estimular.

B

b. Letra. Consonante. 1.4, 1.5, 1.6, 1.11, 3.1, 3.9.

baba. Humor espeso y abundante que fluye de la boca.

bable. Dialeeto de los asturianos.

babosa. Especie de caracol sin concha.

babucha. Zapato ligero y sin tacón.

baca. Sitio para el equipaje en la parte superior del carruaje o automóvil, 4.11.3.

bacalao. Pez comestible que se suele salar, 3.12.2.

bacallao. Bacalao.

bacanal. Orgía con desorden y tumulto.

bacante. Mujer que celebra fiestas bacanales. Mujer descocada. 4.11.3.

bacía. Vasija usada antaño por los barberos.

bacilar. Relativo al bacilo, 4.11.3.

bacilo. Microbio de forma cilíndrica.

bacteria. Pequeño organismo vegetal.

báculo. Palo o cayado.

bache. Hoyo que se hace en el camino.

bachiller. Persona que ha obtenido el grado al final de la enseñanza media.

badajo. Pieza que pende en el interior de las campanas para golpearlas.

badajocense. De Badajoz.

badén. Zanja que forma en el terreno el paso de las aguas llovedizas. Cauce enlosado o empedrado para el paso de agua o de vehículos.

badil. Paleta de metal para mover la lumbre.

badulaque. Persona de poca razón.

baga. Cápsula que contiene la linaza o semilla de lino.

baga. Soga con que se atan las cargas que llevan las caballerías.

bagaje. Equipaje de un ejército o tropa. Caudal de conocimientos.

bagar (1b). Echar el lino baga y semilla.

bagatela. Cosa de poca importancia y valor.

bah. Interjección, 12.8.2.

bahía. Entrada del mar en la costa.

bailar (1). Ejecutar ciertos movimientos en orden y compás.

bailotear (1). Bailar mucho y sin gracia.

baivel. Escuadra falsa empleada por los canteros.

bajá. Título honorífico, 5.6.7.

bajada. Acción de bajar. Camino por donde se baja. 3.12.5.

bajamar. Término del reflujo del mar, 4.6.2.

bajar (1). Ir desde un lugar a otro que esté más abajo, 3.5.7, 3.5.10.

bajel. Buque, barco.

bajeza. Acción indigna.

bajío. Elevación del fondo en mares y ríos.

bajo. Preposición, 7.2.5, 7.2.24.

bajo, a. De pequeña altura o estatura. Que está a poca distancia del suelo. 4.6.4.

bala. Proyectil para cargar armas de fuego. Fardo apretado de mercancías.

baladí. De poca sustancia y aprecio.

baladre. Adelfa.

baladro. Alarido o voz espantosa.

baladrón, na. Fanfarrón que blasona de valiente.

bálago. Paja larga de los cereales después de quitarle el grano.

balaje. Rubí de color morado.

balance. Movimiento pendular. Confrontación del estado de cuentas de un negocio. Comprobación de resultados.

balandra. Embarcación de un solo palo.

balandro. Balandra pequeña.

balanza. Instrumento para pesar.

balarrasa. Aguardiente fuerte. Persona de poco juicio.

balasto. Capa de grava que se extiende para asentar las traviesas del ferrocarril o el pavimento de las carreteras.

balastro. Balasto.

balaustrada. Serie de columnillas que constituyen una baranda.

balazo. Golpe de bala.

balbucir (3g). Hablar o leer con pronunciación vacilante.

balcón. Hueco abierto en la pared desde el suelo, con barandilla.

balconaje. Conjunto de balcones.

balda. Anaquel de armario o alacena.

baldaquín. Especie de dosel de tela de seda.

balde. Cubo para sacar y transportar agua.

balde (de). Gratuitamente.

baldear. Regar, achicar o limpiar con baldes de agua.

baldeo. Acción de baldear.

baldío. Tierra que ni se labra ni está adehesada.

baldón. Oprobio, injuria.

baldosa. Ladrillo para solar.

baldragas. Persona floja, sin energías.

balido. Voz del cordero, oveja, carnero, cabra, gamo y ciervo.

balística. Ciencia que estudia el cálculo del alcance y dirección de los proyectiles.

baliza. Señal para indicar pistas terrestres o canales en el mar.

balizar (1g). Poner balizas.

balón. Pelota grande usada en varios juegos.

balsa. Conjunto de maderos que se emplean para navegar.

balsámico, a. Que tiene bálsamo o cualidades de tal.

bálsamo. Sustancia aromática y medicamentosa.

baluarte. Obra fortificada de figura pentagonal.

balumba. Bulto que hacen muchas cosas juntas.

ballena. El mayor de los animales conocidos.

bambalina. Cada una de las tiras de lienzo que cuelgan del telar del teatro.

bambolear (1). Moverse a un lado y a otro sin perder el sitio.

bambú. Planta de tallo leñoso empleada en usos diversos, 5.6.7.

bambuc. Bambú.

banasta. Cesto de mimbres.

bancal. Pedazo de tierra dispuesto para plantar legumbres o árboles frutales.

bancario, a. Relativo al banco.

bancarrota. Quiebra.

banco. Asiento para varias personas. Establecimiento público de crédito. Bajío extenso.

banda. Cinta ancha que se lleva atravesada desde un hombro hasta el costado opuesto. Conjunto musical de instrumentos de viento.

bandada. Número crecido de aves que vuelan juntas.

bandazo. Tumbo violento que da una embarcación o vehículo.

bandeja. Pieza plana para servir.

bandera. Insignia. Lienzo de adorno.

bandería. Bando o parcialidad.

banderilla. Palo armado de una lengüeta de hierro usado en el toreo.

banderizar (1g). Dividir en banderías.

bandidaje. Desafueros propios de los bandoleros.

bandido, a. Perverso y desenfrenado.

bando. Edicto solemne. Facción, partido.

bandolera. Correa que cruza el pecho y la espalda.

bandolero. Ladrón, salteador de caminos.

bandurria. Instrumento musical.

banquero. Persona dedicada al negocio bancario.

banqueta. Asiento sin respaldo.

banquete. Comida concurrida para alguna celebración.

banquillo. Asiento en que se coloca el procesado. Asiento de los jugadores de reserva.

bantú. Nombre dado a una lengua africana y al individuo que la habla.

bañar (1). Meter en un líquido.

baptisterio. Sitio donde está la pila bautismal.

baqueta. Varilla, 4.11.3.

baquiar (1t). Adiestrar.

barahúnda. Ruido y confusión grandes.

baraja. Conjunto de naipes.

barajar (1). Mezclar naipes, 3.5.7.

baranda. Borde, antepecho.

barandilla. Baranda.

barangay. Embarcación de remos usada en Filipinas.

baratillo. Conjunto de cosas de poco precio.

barato, a. De poco precio.

baraúnda. Barahúnda.

baraustar (1w). Asestar un arma.

barba. Parte de la cara debajo de la boca. Pelo que nace en esta parte de la cara.

barbacana. Obra de defensa avanzada y aislada.

barbarie. Rusticidad, falta de cultura. Fiereza, crueldad. 5.5.5.

barbarismo. Empleo indebido de palabras. Pronunciación incorrecta.

barbarizar (1g). Hacer bárbaro.

barbecho. Tierra labrantía que no se siembra durante uno o más años.

barbilampiño. Que tiene poca o ninguna barba.

barbiluengo. Que tiene larga barba.

barbo. Pez comestible.

barbotar (1). Mascullar.

barbotear (1). Barbotar.

barbulla. Voces y gritería de los que hablan a un tiempo atropelladamente.

barca. Embarcación pequeña.

barco. Embarcación.

bario. Metal, 4.11.3.

barniz. Disolución de una o más resinas en un líquido, 5.5.12.

barómetro. Instrumento para determinar la presión atmosférica.

barón. Título nobiliario, 4.11.3.

baronía. Dignidad de barón.

barquero, a. El que conduce una barca.

barquillo. Hoja delgada de pasta de harina.

barra. Pieza cilíndrica o prismática mucho más larga que gruesa.

barraca. Albergue construido toscamente. Vivienda rústica del levante español. 3.10.2.

barranco. Despeñadero, precipicio.

barrena. Instrumento para taladrar o agujerear.

barreño. Vasija de barro tosco.

barrera. Valla para cerrar un camino.

barrica. Tonel mediano.

barriga. Vientre.

barril. Vasija de madera para contener líquidos.

barrio. Cada una de las partes en que se dividen los pueblos grandes.

barriscar (1a). Dar a bulto cosas vendibles.

barrizal. Sitio lleno de barro.

barro. Masa resultante de la unión de tierra y agua.

barroco. Cierto estilo artístico.

barrocho. Birlocho.

barrote. Barra gruesa.

barruntar (1). Conjeturar o presentir.

bártulos. Enseres que se manejan.

basca. Desazón en el estómago.

báscula. Aparato para pesar.

base. Fundamento, asentamiento, apoyo, 5.5.5.

bastante. Ni poco ni mucho. No poco.

bastardo, a. Que degenera de su origen o naturaleza.

bastidor. Armazón de palos o listones para fijar lienzos.

bastión. Baluarte, 5.5.9.

basto, a. Tosco o grosero.

bastón. Vara que sirve para apoyarse.

basura. Desecho, desperdicios, inmundicia, suciedad.

bata. Cierta ropa talar.

batacazo. Golpe fuerte y con estruendo.

batahola. Bulla, ruido grande.

batalla. Combate.

batallola. Barandilla de los bordes del buque.

batallón. Unidad de infantería.

batán. Máquina para golpear paños.

bataola. Batahola.

batata. Planta parecida a la patata, de fruto comestible.

batayola. Batallola.

batería. Conjunto de piezas de artillería. Acumulador de electricidad. Modo de estacionar vehículos.

batiborrillo. Batiburrillo.

batiburrillo. Mezcla de cosas de especies inconexas.

batidor, ra. Que bate o sirve para batir.

batihoja. Batidor de oro o plata.

batir (3). Golpear, mover con ímpetu.

batista. Lienzo fino muy delgado.

batojar (1). Varear los frutos de algunos árboles.

batueco, a. De las Batuecas.

batuta. Bastón corto usado por los directores de orquesta.

baúl. Cofre, 4.3.1.

bautismo. Sacramento de la Iglesia.

bautizar (1g). Administrar el sacramento del bautismo.

baya. Planta de fruto jugoso, 4.11.3.

bayadera. Bailarina y cantadora india.

bayeta. Tela de lana poco tupida, 3.7.1, 3.7.2.

bayo, a. De color blanco amarillento.

bayoneta. Arma blanca complementaria del fusil.

baza. Número de cartas que, en ciertos juegos de naipes, recoge el que gana la mano.

bazar. Tienda en que se venden objetos varios.

bazofia. Mezcla de desechos de comidas.

bazucar (1a). Menear un líquido y su vasija.

BBC. Abreviatura de *British Broadcasting Corporation,* 4.10.8.

beatificar (1a). Declarar el Sumo Pontífice que algún siervo de Dios goza de la eterna bienaventuranza.

beato, a. Feliz o bienaventurado. Que afecta virtud.

beber (2). Hacer que un líquido pase de la boca al estómago.

beca. Insignia del colegial. Prebenda.

becerro. Toro desde que deja de mamar hasta cumplir un año.

becuadro. Signo musical.

bedel. Empleado subalterno en centros de enseñanza.

befa. Expresión de desprecio grosera e insultante.

begonia. Planta apreciada por sus flores.

behetría. Población cuyos vecinos podían recibir por señor a quien quisiesen. Desorden, confusión.

béisbol. Juego de pelota, 4.3.1.

beldad. Belleza o hermosura en la mujer, 3.4.3.

beldar (1j). Aventar con bieldo.

belén. Representación del nacimiento de Jesús.

bélico, a. Relativo a la guerra.

belitre. Pícaro, ruin y de viles costumbres.

bellaco, a. Malo, pícaro, ruin.

bello, a. Hermoso, 4.11.3.

bemol. Signo musical.

bencina. Sustancia líquida usada para quitar manchas.

bendecir (19a). Alabar. Invocar. 3.5.13.

bendición. Acción y efecto de bendecir.

beneficio. Bien que se hace o se recibe.

beneplácito. Aprobación, permiso.

benevolencia. Simpatía, buena voluntad.

benignidad. Calidad de benigno, 3.12.6.

benigno, a. Afable, benévolo.

benjuí. Bálsamo aromático que se obtiene de un árbol de las Indias orientales, 4.3.1.

beodo, a. Embriagado, borracho.

berbiquí. Manubrio aplicado a herramientas de taladrar.

bereber. Relativo a Berbería.

beréber. Bereber.

berenjena. Planta de fruto comestible, 3.5.7.

bergantín. Buque de dos palos.

berlina. Coche cerrado de dos asientos.

berlingar (1b). Remover con la berlinga el metal incandescente.

bermejo, a. Rubio cobrizo.

berrear (1). Dar berridos. Gritar o cantar desentonadamente.

berrendo. Manchado de dos colores.

berro. Planta de hojas comestibles.

berroqueño, a. Granítico.

besalamano. Esquela sin firma y redactada en tercera persona.

besana. Labor de surcos paralelos. Medida agraria de Cataluña.

besar (1). Tocar con un movimiento de labios en señal de afecto.

beso. Acción de besar o besarse.

bestia. Animal cuadrúpedo.

bestiaje. Conjunto de bestias de carga.

bestializar (1g). Hacer bestial. Vivir como las bestias.

besucar (1a). Besuquear.

besugo. Pez de carne apreciada.

besuquear (1). Besar repetidamente.

beta. Letra griega, 4.11.3.

betlemita. De Belén.

betún. Sustancia que se emplea para lustrar los zapatos.

biberón. Utensilio para la lactancia artificial.

Biblia. La Sagrada Escritura.

biblioteca. Conjunto de libros y lugar donde se guardan.

bíceps. Músculos de las extremidades, 1.11, 3.3.2, 3.9.3, 4.2.3.

bicicleta. Velocípedo de dos ruedas.

bicóncavo, a. Que tiene dos superficies cóncavas opuestas.

biconvexo, a. Quie tiene dos superficies convexas opuestas.

bicornio. Sombrero de dos picos.

bicho. Sabandija o animal pequeño.

bidente. Que tiene dos dientes, 4.11.3.

biela. Barra para la transformación de movimientos mecánicos.

bieldo. Instrumento para aventar las mieses y recoger paja.

bien. Utilidad, beneficio. Según conviene o se apetece.

bien. Conjunción distributiva, 7.1.3.

bien que. Locución conjuntiva, 7.1.3.

bienquerer (7). Querer bien.

bienal. Que dura dos años. Que sucede cada dos años.

bienaventurado, a. Que goza de Dios. Persona sencilla.

bienestar. Comodidad. Vida tranquila y bien abastecida.

bienhablado, a. Que habla cortésmente y sin murmurar.

bienhadado, a. Que tiene buena suerte.

bienhechor, a. Que hace bien a otro.

bienintencionado, a. Que tiene buena intención.

bienoliente. Fragante.

bienquerencia. Buena voluntad, cariño.

bienquisto, a. De buena fama y generalmente estimado.

bienvenida. Llegada feliz. Saludo de llegada.

bifurcar (1a). Dividir en dos ramales.

biga. Carro de dos caballos.

bigamia. Estado de un hombre casado con dos mujeres o de una mujer casada con dos hombres.

bigardo, a. Vago, vicioso.

bigornia. Yunque con dos puntas opuestas.

bigote. Pelo que nace sobre el labio superior.

bigudí. Tubo para rizar el cabello, 5.6.7.

bilabial. Relativo a los dos labios. ‖ (Sonido), 1.5, 3.1.1.

bilateral. Contrato que obliga a ambos contrayentes.

bilbaíno, a. De Bilbao.

bilbilitano, a. De Calatayud.

bilingüe. Que habla dos lenguas. Escrito en dos lenguas.

bilis. Humor que segrega el hígado, 5.5.11.

bilobulado. Que tiene dos lóbulos.

bilocarse (1a). Hallarse a un tiempo en dos lugares distintos.

billa. Jugada de billar, 3.1.10.

billalda. Juego, 3.1.10.

billar. Juego con tacos y bolas, 3.1.10.

billarda. Billalda.

billete. Carta breve, tarjeta o cédula.

billón. Un millón de millones.

bimba. Chistera, sombrero.

bimestral. Que se repite cada dos meses. Que dura dos meses.

bimetalismo. Sistema monetario que admite como patrones el oro y la plata.

binar. Dar segunda labor a la tierra. Decir el sacerdote dos misas.

binóculo. Anteojo con lunas para ambos ojos.

binomio. Expresión algebraica formada por la suma o diferencia de dos términos.

biografía. Historia de la vida de una persona.

biografiar (1t). Escribir biografías.

biología. Ciencia de las leyes de la vida.

bípedo, a. De dos pies.

birlibirloque (por arte de). Haberse hecho una cosa por medios ocultos o extraordinarios.

birloche. Ladrón y rufián.

birlocho. Carruaje de cuatro ruedas.

birrete. Gorro, bonete.

bisagra. Articulación mecánica que facilita el movimiento giratorio de lo que se ha de abrir y cerrar.

bisar (1). Repetir la ejecución de una pieza musical.

bisbisar (1). Musitar.

bisecar (1a). Dividir en dos partes iguales.

bisector, triz. Que divide en dos partes iguales.

bisemanal. Que ocurre dos veces por semana.

bisiesto. Año de trescientos sesenta y seis días.

bisílabo, a. De dos sílabas.

bisnieta. Hija del nieto o nieta.

bisnieto. Hijo del nieto o nieta.

bisojo, a. Que tuerce la vista.

bisoñé. Peluca que cubre sólo la parte anterior de la cabeza.

bisoño, a. Nuevo e inexperto.

bisté. Bistec, 3.12.1.

bistec. Lonja de carne, 3.12.1, 4.2.3.

bistraer (10). Anticipar. Sonsacar.

bisturí. Cuchillo pequeño para hacer incisiones, 3.7.1, 5.6.3, 5.6.7.

bituminizar (1g). Convertir en betún.

bizarro, a. Valiente, esforzado.

bizcar (1a). Bizquear.

bizco, a. Bisojo.

bizcocho. Pan sin levadura y recocido. Pasta muy esponjosa hecha con harina.

biznieta. Bisnieta.

biznieto. Bisnieto.

blanco, a. De color de nieve o de leche.

blancuzco, a. Que tira a blanco.

blandengue. Blando, suave.

blandense. De Blanes.

blandir (3). Mover con movimiento vibratorio.

blando, a. Tierno, suave al tacto.

blanquear (1). Poner blanca una cosa.

blanquecer (2m). Limpiar metales.

blasfemia. Palabra o expresión injuriosa contra Dios o contra otra persona.

blasfemo, a. Que dice o contiene blasfemia.

blindado, a. Protegido con planchas metálicas u otros materiales, 3.1.2.

blocao. Fortín, 3.12.2.

bloqueo. Acción de bloquear o asediar.

blusa. Vestidura exterior a manera de túnica holgada, 3.1.2.

boa. La mayor de las serpientes conocidas.

boalaje. Dehesa boyal.

bobático, a. Con bobería.

bobo, a. De muy corto entendimiento.

boca. Abertura en la cara. Entrada, salida, hendidura.

bocacalle. Entrada de una calle, 5.6.7.

bocací. Tela de hilo.

bocadillo. Panecillo relleno.

bocado. Porción de comida que cabe de una vez en la boca, 3.12.2.

bocal. Jarra de cuello corto y boca ancha.

bocamanga. Parte de la manga cercana a la muñeca, 12.11.3.

bocear (1). Bocezar.

boceto. Borroncillo coloreado previo a la pintura de un cuadro.

bocezar (1g). Mover los labios el caballo.

bocina. Instrumento músico.

bocoy. Barril grande para envase.

boche. Hoyo pequeño para jugar.

bochorno. Aire caliente y molesto.

boda. Casamiento y fiesta con que se solemniza.

bodega. Lugar donde se guarda y cría el vino.

bodegón. Cuadro en el que se representan cosas comestibles.

bofetada. Golpe que se da en el carrillo con la mano abierta.

bogar (1b). Remar.

bogavante. Primer remero de cada bando de la galera. Crustáceo marino.

bohemio, a. De vida irregular y desordenada.

bohío. Cabaña americana.

boicotear (1). Privar a alguien de toda relación para obligar a ceder en lo que se pretende.

boina. Gorra sin visera.

boj. Planta arbórea, 3.5.5, 5.5.7.

bol. Taza grande y sin asa. Tipo de arcilla procedente de Armenia.

bolar. Dícese de la tierra de bol.

bolear (1). En el billar, jugar por puro entretenimiento.

boleo. Acción de bolear.

boleto. Billete, 4.2.3.

bolillo. Palito torneado que sirve para hacer encajes y pasamanería.

bolívar. Moneda de Venezuela.

bolsa. Especie de saco.

bolsillo. Saquillo cosido a los vestidos. Bolso donde se guarda el dinero.

bolla. Derecho que se pagaba para fabricar naipes o tejidos, 3.7.3.

bollar. Abollar. Poner un sello de plomo en los tejidos para identificar su fábrica.

bollo. Panecillo.

bomba. Máquina para elevar agua. Proyectil explosivo.

bombilla. Globo de cristal en que se produce luz por candencia.

bonancible. Tranquilo, sereno, suave.

bonaerense. De Buenos Aires.

bondad. Calidad de bueno, 3.4.2.

bonete. Especie de gorra.

boniato. Planta de raíz tuberculosa de fécula azucarada.

bonificar (1a). Hacer descuento.

bonísimo, a. Muy bueno, 4.6.4.

bonito, a. Lindo, agraciado.

boquear (1). Abrir la boca. Estar expirando.

boquete. Abertura. Entrada angosta.

boquiabierto, a. Que tiene la boca abierta. Embobado. 4.6.3.

borbollón. Erupción que hace el agua de abajo para arriba.

borborigmo. Ruido de tripas.

borceguí. Calzado que llega hasta más arriba del tobillo.

borda. Choza.

bordar (1). Adornar una tela con labor de relieve.

borde. Extremo u orilla. Dícese de plantas no injertas ni cultivadas.

bordón. Bastón más alto que la estatura de una persona.

boreal. Relativo al polo o hemisferio norte.

borla. Conjunto de hebras sujetas y reunidas.

borona. Mijo. Maíz.

borra. Pelo, pelusa.

borrar (1). Desfigurar lo escrito hasta hacerlo ininteligible.

borrasca. Tempestad, tormenta.

borrega. Cordera de uno a dos años.

borrego. Cordero de uno a dos años.

borrico, a. Que tiene cualidades de asno.

borrón. Mancha de tinta.

boscaje. Bosque pequeño.

bosquejo. Primera traza de una obra pictórica.

bostezar (1g). Hacer bostezos.

bostezo. Inspiración y espiración por la boca, lentas y profundas, indicio de cansancio, sueño o aburrimiento.

bota. Cuero para el vino. Cuba. Cierto tipo de calzado.

botadura. Acto de botar o echar al agua un buque.

botar (1). Saltar. Echar al agua un buque. Arrojar, echar fuera. 4.11.2.

botavara. Palo horizontal de la arboladura de un barco.

bote. Barco pequeño sin cubierta. Salto.

botella. Vasija de cuello angosto.

botica. Oficina en que se hacen y despachan medicinas.

botijo. Vasija de barro con pitón.

botín. Despojo de guerra. Especie de calzado.

boto. Bota alta para montar.

boto, a. Romo, rudo, 4.11.2.

botón. Pieza para abrochar.

bou. Pesca que se hace en dos barcas y cada una de las barcas, 1.10.

bóveda. Obra de fábrica para cubrir.

boya. Cuerpo flotante sujeto al fondo del mar, 3.7.2, 3.7.3.

boyante. Que tiene fortuna o felicidad creciente.

boyar (1). Volver a flotar una embarcación que ha estado en seco.

bozal. Aparato que se aplica a la boca de ciertos animales para evitar que muerdan.

bracear (1). Mover repetidamente los brazos.

braguero. Aparato o vendaje para contener las hernias.

bragueta. Abertura delantera de los pantalones.

brahmán. Individuo de la primera de las cuatro castas en que se encuentra dividida la población de la India.

bramante. Hilo gordo o cordel delgado hecho de cáñamo.

bramar. Dar bramidos.

bramido. Voz del toro y de otros animales salvajes.

braquicéfalo, a. De cráneo casi redondo.

brascar (1a). Cubrir de una mezcla de polvo de carbón y arcilla.

brasero. Recipiente en el que se quema algo para calentar, 3.3.2.

bravata. Amenaza proferida con arrogancia.

bravío, a. Feroz, indómito, salvaje.

bravo, a. Valiente, esforzado, 3.1.8.

bravura. Fiereza o valentía.

brazalete. Adorno en forma de aro que rodea el brazo.

brazo. Extremidad superior del cuerpo, 3.1.2, 3.10.2.

brebaje. Bebida compuesta de ingredientes desagradables.

bregar (1). Luchar, trabajar afanosamente.

breña. Tierra quebrada entre peñas y cubierta de maleza.

brescar (1a). Castrar las colmenas.

brete. Aprieto sin evasiva.

breva. Primer fruto. Ventaja.

breve. De corta extensión o duración.

brezar (1g). Acunar.

briba. Holgazanería picaresca.

bribón, na. Haragán, pícaro, bellaco.

brida. Freno del caballo.

brigada. Unidad del ejército. Categoría de suboficial.

brillar (1). Resplandecer, lucir.

brincar (1a). Dar saltos.

brindis. Manifestación de buen deseo formulada antes de beber.

brío. Pujanza, garbo, resolución.

brisa. Airecillo entre la tierra y el mar.

brisca. Juego de naipes.

briscar (1a). Hacer labores con hilo rizado de oro o plata.

brizar (1g). Mecer la cuna.

brizna. Hebra, filamento delgado.

brocal. Antepecho alrededor de la boca de un pozo.

brocha. Escobilla para pintar y otros usos.

broma. Bulla, chanza, diversión, 3.1.2.

bronce. Aleación de cobre y estaño.

bronco, a. Tosco, sin desbastar.

bronquio. Cada uno de los conductos en que se bifurca la tráquea.

bronquiolo. Cada uno de los pequeños conductos de los bronquios.

bronquíolo. Bronquiolo.

brotar (1). Manar un líquido. Nacer o salir la planta de la tierra. Salir renuevos.

broza. Conjunto de hojas, ramas y otros despojos de las plantas.

brozar (1g). Bruzar.

brujería. Superstición y engaños en que cree el vulgo que se ejercitan las brujas, 3.5.14.

brújula. Instrumento indicador del norte magnético.

bruñir (3h). Sacar lustre o brillo.

brusquedad. Calidad de brusco, áspero o repentino.

brutalizar (1g). Proceder como un bruto. Embrutecer.

bruzar (1g). Limpiar las caballerías con cepillo.

bucal. Relativo a la boca.

bucear (1). Mantenerse debajo del agua. Trabajo del buzo.

buen. Apócope de *bueno*, 5.9.5.

buenísimo, a. Muy bueno, 4.6.4.

bueno, a. Que tiene bondad, 4.6.4, 5.6.7. ‖ De calidad (antepuesto). Bondadoso (pospuesto). 5.9.4. ‖ (Con *estar* y *ser*) 10.6.9.

buey. Macho vacuno castrado, 3.7.1.

búfalo. Rumiante de cuernos vueltos hacia atrás.

bufete. Mesa de escribir. Despacho de abogado.

bufón. Chocarrero. Truhán que se ocupa de hacer reír.

bufonizar (1g). Actuar como bufón.

bugir (3b). Rellenar de estopa los agujeros.

buhardilla. Desván. Ventana para dar luz al desván.

buhedera. Tronera, agujero.

búho. Ave nocturna.

buhonería. Chucherías y baratijas.

buitre. Ave rapaz que se alimenta de carroña.

bujía. Vela. Pieza del motor de combustión. 3.5.8.

bula. Documento pontificio.

bulbo. Parte redondeada del tallo de algunas plantas.

bulevar. Paseo público o calle ancha con árboles.

bulto. Volumen o tamaño.

bulla. Gritería o ruido.

bullir (3h). Hervir, agitarse.

buniato. Boniato.

buñuelo. Fruta de sartén.

buque. Barco con cubierta.

burbuja. Glóbulo lleno de aire u otro gas que sube a la superficie de los líquidos.

burdel. Lujurioso. Casa de vicio.

burgalés, sa. De Burgos.

burgués, sa. De clase media.

buril. Instrumento de acero para grabar.

burlar (1). Chasquear, zumbar.

burocracia. Administración pública. Influencia de los empleados públicos en los negocios del Estado. Clase social de los empleados públicos.

burocrático, a. Relativo a la burocracia.

burocratizar (1g). Aumentar la burocracia o convertir en burocrático.

burro. Asno.

bursátil. Concerniente a la bolsa de valores.

buscapié. Especie que se suelta en conversación o por escrito para rastrear y poner en claro alguna cosa, 4.3.1.

buscar (1a). Hacer diligencia para encontrar.

busilis. Punto en que estriba la dificultad de algo.

butiendo, a. Hediondo, lujurioso.

butifarra. Cierto embutido.

buzar (1g). Inclinarse hacia abajo un terreno. Bucear.

buzo. El que tiene por oficio trabajar debajo del agua.

buzón. Abertura por la que se echan las cartas para el correo.

C

c. Letra. Consonante. 1.4, 1.6, 1.11, 2.6, 3.2, 3.3, 3.11, 5.6.2, 11.1.1.

ca. Interjección, 12.8.2.

cabal. Ajustado a peso y medida.

cábala. Cálculo supersticioso o artificioso.

cabalgadura. Bestia en que se puede cabalgar o montar.

cabalgar (1b). Montar a caballo.

cabalgata. Reunión de muchas personas que van cabalgando. Desfile festivo.

cabalhuste. Caballete.

cabalístico, a. Relativo a la cábala.

cabalizar (1g). Ejercer el arte de la cábala.

caballar. Relativo al caballo.

caballería. Cualquier animal que sirve para cabalgar en él. Cuerpo militar de soldados montados.

caballero. Que cabalga. Hidalgo de calificada nobleza.

caballeroso, a. Propio de caballeros.

caballete. Línea donde arrancan las dos vertientes del tejado. Armazón de madera.

cabaña. Casilla tosca.

cabe. Preposición, 7.2.6.

cabecear (1). Mover la cabeza. Moverse la embarcación subiendo y bajando la proa.

cabecera. Principio o parte principal de una cosa.

cabecilla. Jefe de rebeldes.

cabellera. El pelo de la cabeza.

cabello. Cada uno y el conjunto de los pelos de la cabeza.

caber (13). Tener lugar suficiente.

cabestraje. Conjunto de cabestros.

cabestrillo. Aparato para sostener la mano o el brazo lastimados.

cabestro. Buey manso que sirve de guía en las toradas.

cabeza. Principio, parte más importante. Parte superior del cuerpo humano y superior o anterior de muchos animales. 3.12.4.

cabezón, na. De cabeza grande. Terco.

cabida. Espacio o capacidad para contener algo.

cabildo. Comunidad de eclesiásticos capitulares de una iglesia.

cábila. Tribu de beduinos o de bereberes.

cabileño. Relativo a la cábila.

cabizbajo. Que tiene la cabeza inclinada hacia abajo por abatimiento, tristeza u otras causas.

cable. Maroma gruesa.

cablegrafiar (1t). Transmitir noticias por cable submarino.

cablegrama. Telegrama transmitido por cable submarino.

cabo. Extremo, punta. Saliente. Grado militar inmediatamente superior al de soldado. 4.11.3.

cabotaje. Navegación sin perder de vista la costa.

cabra. Mamífero rumiante doméstico.

cabrahigar (1z). Colgar higos.

cabrahígo. Higuera silvestre.

cabrestante. Torno colocado verticalmente para mover grandes pesos.

cabrío, a. Relativo a las cabras.

cabriola. Brinco, voltereta.

cabriolé. Especie de silla volante.

cabritilla. Piel curtida de cualquier animal pequeño.

cabrón. Macho de la cabra. El que consiente el adulterio de su mujer.

cabuyera. Conjunto de las cuerdas que a cada extremo lleva la hamaca.

cacahuete. Planta de fruto comestible y también el fruto, 3.6.2.

cacao. Árbol cuya semilla se emplea como principal ingrediente en la fabricación del chocolate, 3.12.2.

cacarear (1). Dar voces repetidas el gallo o la gallina.

cacique. Persona que ejerce excesiva influencia política.

cacto. Planta espinosa.

cachear (1). Registrar a una persona para verificar si está armada.

cachifollar (1r). Dejar a uno humillado.

cachivache. Utensilio roto, inservible o inútil.

cachua. Baile de los indios del alto Amazonas.

cachuar (1s). Bailar la cachua.

cadahalso. Cobertizo o barraca de tablas.

cadalso. Tablado que se levanta para la ejecución de la pena de muerte.

cadáver. Cuerpo muerto, 3.10.2.

cadena. Serie de eslabones enlazados entre sí, 3.12.4.

cadencia. Serie de sonidos que se suceden de forma regular. ‖ Inflexión final descendente en el tono de la frase, 12.7.1.

caducar (1a). Prescribir. Chochear.

caer (16). Venir un cuerpo de arriba abajo por su propio peso.

café. Semilla del cafeto. Infusión. 4.2.3, 5.6.3, 5.6.7.

cagar (1b). Evacuar el vientre. Estropear.

cahíz. Medida de capacidad para áridos.

caimán. Reptil parecido al cocodrilo.

cajero, a. Encargado de la caja.

cajetilla. Paquete de tabaco.

cajetín. Sello de mano. Compartimiento de la caja de imprenta.

cajista. Oficial de imprenta que compone a mano.

cal. Sustancia que se obtiene por calcinación de la piedra caliza, 5.5.8.

calabacera. Planta cucurbitácea.

calabacín. Calabacita cilíndrica.

calabaza. Fruto de la calabacera.

calabozo. Aposento en la cárcel.

calabrote. Cabo grueso.

calahorra. Casa pública donde se daba pan en tiempo de escasez.

calatraveño, a. De Calatrava.

calavera. Conjunto de los huesos de la cabeza. Hombre de poco juicio.

calcañal. Calcañar.

calcañar. Parte posterior de la planta del pie.

calcar (1a). Copiar un dibujo por calco. Imitar.

calcetín. Media que sólo llega a la pantorrilla.

calcificar (1a). Producir carbonato de cal.

calcinar (1). Reducir a cal viva.

calcio. Metal blanco que produce la cal.

calco. Copia, imitación, plagio.

calcografiar (1t). Estampar por medio de láminas metálicas grabadas.

cálculo. Cómputo, cuenta. Concreción anormal que se forma en algunas partes del cuerpo humano.

calefacción. Acción y efecto de calentar y calentarse.

calentar (1j). Hacer subir la temperatura. Animar. Azotar.

calibrar (1). Medir el calibre.

calibre. Diámetro interior de las armas de fuego y otros objetos tubulares o huecos.

calificar (1a). Determinar cualidades. Ennoblecer. Poner notas en los exámenes.

caliginoso, a. Denso, oscuro, nebuloso.

caligrafiar (1t). Hacer un escrito con letra clara y correcta.

cáliz. Vaso sagrado.

calobiótica. Arte de vivir bien.

calocéfalo, a. Que tiene hermosa cabeza.

calofriar (1t). Sentir calofríos.

calofrío. Escalofrío.

calorizar (1g). Cementar un metal férrico con aluminio.

calumnia. Acusación falsa.

calva. Parte de la cabeza de la que ha caído el pelo.

calvario. Vía crucis. Serie de adversidades y pesadumbres.

calverizo. Terreno de muchos calveros.

calvero. Paraje sin árboles en el interior del bosque.

calvicie. Falta de pelo en la cabeza.

calvinismo. Doctrina de Calvino.

calzar (1g). Poner el calzado. Poner calzas o cuñas.

calzoncillos. Prenda interior maculina, 5.6.6.

callar (1). Guardar silencio.

callejear. Andar mucho por la calle.

callejero, a. Que gusta de callejear.

callo. Engrosamiento de la epidermis. Persona fea. 3.7.3.

camagüeyano, a. De camagüey.

camahuas. Antigua tribu salvaje del Perú.

cámara. Habitación, órgano colectivo. Aparato para la captación de imágenes. Hueco. Tubo. Recinto. 5.5.4.

camarada. Compañero, 3.12.5.

cambalache. Trueque de objetos de poco valor.

cambiar (1). Dar, tomar o poner una cosa por otra.

cambio. Acción y efecto de cambiar, 3.8.2, (de significado) 12.2.3, 12.2.5.

cambizar (1g). Amontonar la parva trillada y hacer la limpia del grano.

cambuj. Mascarilla o antifaz.

camión. Vehículo automóvil para el transporte de cargas, 5.5.9.

camionaje. Servicio de transporte hecho por camión.

camisón. Camisa larga para dormir, 3.3.2.

canal (el y la). Cauce artificial por donde corre el agua. Porción de mar. Banda de frecuencias. 4.11.2, 5.5.8, 5.5.13.

canal (la). Res muerta, 5.5.13.

canapé. Escaño para sentarse o acostarse, 4.2.3.

cancel. Contrapuerta.

cancela. Verjilla.

cancelar (1). Anular, hacer ineficaz.

cáncer. Tumor maligno, 4.2.3.

canción. Composición musical para ser cantada.

candelabro. Candelero.

candidez. Calidad de cándido.

cándido, a. Sencillo, sin malicia ni doblez.

candiel. Manjar que se hace con vino blanco, huevo y azúcar.

candil. Utensilio para alumbrar.

candongo, a. Zalamero y astuto.

candray. Embarcación pequeña de dos personas.

canesú. Pieza superior del cuerpo de algunas prendas de vestir, 5.6.7.

cangar (1b). Estorbar, entorpecer.

cangilón. Vaso grande para líquidos, especialmente en las norias.

cangrejero, a. Relativo a los cangrejos.

cangüeso. Pez de mar.

caníbal. Salvaje. Persona cruel y feroz.

canibalismo. Antropofagia. Ferocidad.

canicie. Color cano del pelo.

caninez. Ansia extrema de comer.

canje. Cambio, trueque o sustitución.

canjeable. Que se puede canjear o cambiar.

canjear (1). Hacer canje, 3.5.11.

canjilón, na. De Canjáyar.

canoa. Embarcación ligera.

canónigo. El que desempeña canonjía.

canonizar (1g). Declarar solemnemente santo.

canonjía. Prebenda eclesiástica, 3.5.8.

cantar (1). Emitir sonidos modulados, 4.2.3.

cántara. Medida de capacidad. Cántaro. 4.2.1.

cántaro. Vasija para líquidos, 4.2.3.

cante hondo. Cante flamenco, 2.3.

cantidad. Propiedad de lo que puede medirse o numerarse. Porción de algo. 3.4.3, 3.12.1.

cantiga. Antigua composición lírica destinada al canto.

cántiga. Cantiga.

cantizal. Terreno donde hay muchos cantos y guijarros.

cañaheja. Planta que produce gomorresina.

cañahuate. Árbol que crece en Colombia.

cañahueca. Persona habladora que no guarda secreto.

cañaveral. Sitio poblado de cañas.

cañí. Gitano, 4.2.3.

cañonazo. Tiro de cañón.

cañutazo. Soplo o chisme.

caoba. Árbol de apreciada madera.

caos. Confusión, desorden.

caótico, a. Relativo al caos.

capa. Prenda de vestir. Sustancia extendida sobre una cosa. 7.2.24.

capacidad. Aptitud o suficiencia.

capacitar (1). Convertir en apto.

capacho. Espuerta.

caparazón. Cubierta. Protección.

capataz. Encargado de vigilar a los trabajadores, 3.4.3.

capazo. Espuerta grande.

capcioso, a. Falaz, artificioso, engañoso, 3.9.1.

caperuza. Bonete rematado en punta.

capialzar (1g). Levantar un arco o dintel sobre una puerta o ventana.

capidengue. Especie de pañuelo o manto pequeño.

capital (el). Conjunto de bienes. Factor económico constituido por el dinero. 5.5.8.

capital (la). Ciudad donde reside el gobierno de un estado, 5.5.8.

capitalizar (1g). Aumentar el capital. Determinar el capital correspondiente a un rendimiento.

capitulación. Concierto o pacto hecho entre dos o más personas.

capítulo. Junta religiosa o militar. División que se hace en los libros. 4.2.1.

capizana. Pieza de la armadura del caballo.

cápsula. Casquillo que se ajusta al gollete de las botellas. Medicamento. Envoltura soluble que contiene medicamento. 3.12.6.

capuzar (1g). Chapuzar.

captar (1). Atraer, conseguir, lograr. Recoger las aguas de un manantial.

capturar (1). Detener a persona que es o se reputa delincuente.

capuz. Capucha, 5.5.12.

caquéctico, a. Relativo a la caquexia.

caquexia. Decoloración de las plantas. Degeneración del estado normal nutritivo.

caraba. Conversación, broma. Expresión de sentido ponderativo.

cáraba. Cierta embarcación.

carabao. Rumiante parecido al búfalo.

carabela. Antigua embarcación.

carabina. Arma de fuego.

carabinero. Guardia destinado a la persecución del contrabando.

caracoa. Cierta embarcación de remo.

carácter. Signo, señal. Estilo, forma. Genio. 4.2.3, 5.6.7.

característico, a. Relativo al carácter.

caracterizar (1g). Determinar por cualidades peculiares. Representar un actor su papel.

carámbano. Pedazo de hielo.

carambola. Lance del juego de billar.

caramelizar (1g). Acaramelar. Bañar de azúcar.

caravana. Grupo de gentes que se reúnen para viajar.

carbógeno. Polvo que sirve para preparar agua de Seltz.

carbón. Materia muy combustible.

carbonar (1). Hacer carbón.

carbonato. Sal de ácido carbónico.

carbonero, a. Relativo al carbón. El que lo hace o lo vende.

carbónico, a. Relativo al carbono.

carbonizar (1g). Reducir a carbón un cuerpo orgánico.

carbono. Metaloide simple.

carbunclo. Carbunco. Carbúnculo.

carbunco. Cierta enfermedad.

carbúnculo. Rubí.

carburante. Que contiene hidrocarburo.

carburo. Combinación de carbono con un radical simple.

carcaj. Aljaba. Funda. 3.5.5, 5.5.7.

carcañal. Calcañar.

cárcava. Hoya, zanja, foso.

carcavuezo. Hoyo profundo en la tierra.

carcax. Carcaj.

cárcel. Local destinado a la custodia de los presos, 4.2.3, 5.5.8.

cardialgia. Dolor agudo que oprime el corazón.

cardinal. Numeral, 4.8.1.

cardizal. Sitio donde abundan los cardos y otras hierbas inútiles.

carduzar (1g). Cardar, preparar la materia textil para el hilado.

carecer (2m). Tener falta de algo.

carente. Que carece.

carey. Tortuga de mar.

cargar (1b). Poner peso sobre algo para su transporte. Tomar sobre sí algún peso u obligación.

carguío. Cantidad de géneros que componen la carga.

cariacedo, a. Desapacible, desagradable.

cariacontecido, a. Que muestra en el semblante pena, turbación o sobresalto.

cariaguileño, a. Que tiene larga la cara, enjutos los carrillos y algo corva la nariz.

cariancho, a. Que tiene ancha la cara, 4.6.3.

cariátide. Estatua de mujer que sirve de columna, 5.5.5.

caricaturizar (1g). Representar por medio de rasgos exagerados una persona o cosa.

caricia. Demostración cariñosa. Roce suave.

caries. Lesión en la dentadura, 5.5.11.

caridad. Amor. Una de las tres virtudes teologales.

cariharto, a. Redondo de cara.

carisias. Fiestas griegas nocturnas en honor de las Gracias.

caritativo, a. Que ejercita la caridad.

cariz. Aspecto.

carmesí. Color de grana, 4.2.3.

carnaje. Tasajo.

carnaval. Los tres días que preceden al miércoles de ceniza. Fiestas que se celebran durante estos días.

carne. Parte muscular del cuerpo de los animales. Alimento. 4.2.3.

carné. Tarjeta de identificación, 3.12.1.

carneraje. Derecho que se paga por los carneros.

carnicería. Sitio donde se vende carne. Destrozo o mortandad de gente.

carnífice. Nombre del fuego entre los alquimistas.

carnívoro, a. Que come o puede comer carne.

carniza. Desperdicio de la carne que se mata.

caroba. Planta cuyas hojas se emplean en medicina.

carolingio, a. Relativo a Carlomagno y a su tiempo.

carquesa. Horno para templar objetos de vidrio.

carquesia. Mata leñosa de uso medicinal.

carretaje. Trato y trajín que se hace con carretas y carros.

carretonaje. Transporte en carretón.

carric. Gabán o levitón muy holgado.

carricuba. Carro con depósito de agua para regar.

carro. Carruaje, 1.6, 3.10.2.

carrocería. Parte exterior y no mecánica de los automóviles.

carrozar (1g). Poner carrocería a un vehículo.

carruaje. Vehículo montado sobre ruedas.

carruajero. El que guía o conduce cualquier clase de carruaje.

carrucar (1a). Correr la peonza.

cartero. El que reparte las cartas del correo, 3.10.2.

cartografiar (1t). Hacer mapas o cartas geográficas.

cartonaje. Obras de cartón.

cartuja. Orden religiosa muy austera.

casa. Edificio para habitar. Vivienda. Linaje. Establecimiento. 5.6.2, 5.6.7.

cascabel. Bola hueca de metal que suena al moverse.

cascabelar (1). Alborotar. Portarse con ligereza.

cascajera. Lugar donde hay mucho cascajo o quijo.

cascar (1a). Romper cosas quebradizas. Quebrantar la salud. Pegar.

cáscara. Corteza, 2.3, 2.5.

cascarrabias. Persona que se enoja fácilmente.

caseificar (1a). Transformar en caseína.

caso. Casualidad. Problema. ‖ Forma de flexión nominal que expresa relaciones sintácticas, 6.2, 6.4.3, (acusativo) 6.2, (dativo) 6.2, (nominativo) 6.2.

cáspita. Interjección, 12.8.2.

casquivano, a. Alegre de cascos.

castellanizar (1g). Dar forma castellana a un vocablo de otro idioma.

castellano, a. Relativo al castillo. Relativo a Castilla. ‖ (Regional) 6.4.1.

casticismo. Amor a lo castizo.

castigar (1b). Imponer un castigo. Enamorar por jactancia.

castizo, a. De casta. Puro, sin mezcla.

casual. Relativo a la casualidad. ‖ Relativo al caso, 6.4.3.

casus belli. Expresión latina: caso o motivo de guerra.

catalanizar (1g). Difundir la lengua o la cultura catalanas.

catalejo. Anteojo de larga vista.

catalepsia. Accidente nervioso que suspende las sensaciones.

cataléptico, a. Relativo a la catalepsia.

catálisis. Transformación química motivada por cuerpos que, finalizada la operación, aparecen inalterados.

catalizar (1g). Hacer catálisis.

catálogo. Lista ordenada, 4.2.1.

catar (1). Probar. Ver, mirar. Tocar.

catástrofe. Suceso desgraciado, 5.5.5.

catavino. Jarrillo o taza para probar el vino.

catecismo. Libro que contiene la explicación de la doctrina cristiana.

catecúmeno, a. Persona que se instruye en la doctrina católica para recibir el bautismo.

cátedra. Asiento del maestro. Título académico superior para el ejercicio de la enseñanza.

catedral. Iglesia principal de la diócesis.

catedrático, a. Titular de una cátedra.

catequesis. Catecismo.

catequizar (1g). Instruir en la doctrina católica.

caterva. Multitud de personas o cosas consideradas en grupo.

catervarios. Gladiadores romanos que luchaban en grupo.

catolicidad. Universalidad de la doctrina católica.

catolizar (1g). Convertir a la fe católica.

catonizar (1g). Censurar con rigor y aspereza.

catóptrica. Parte de la óptica que trata de las propiedades de la luz refleja.

catorce. Numeral cardinal, 4.8.2.

catorceavo, a. Catorzavo, 4.8.4.

catorceno, a. Decimocuarto.

catorzavo, a. Partitivo de *catorce*, 4.8.4.

cauba. Arbolito espinoso usado en ebanistería.

cauce. Lecho de los ríos y arroyos.

caucense. De Coca.

caución. Prevención, cautela.

caudillaje. Mando o gobierno de un caudillo.

cauriense. De Coria.

causahabiente. El que ha sucedido en el derecho a otro.

causalidad. Causa, origen, principio.

causativo, a. Que es origen o causa.

causticidad. Calidad de cáustico. Malignidad.

cáustico, a. Que quema. Mordaz, agresivo.

caustificar (1a). Volver cáustico.

cauterizar (1g). Curar una herida.

cautivar (1). Aprisionar. Atraer, ganar.

cautiverio. Estado de cautivo.

cautivo, a. Prisionero.

cava. Acción de cavar. Lugar donde se cuida el vino.

cavadiza. Tierra que se separa cavando.

cavador, ra. Que cava.

cavar (1). Mover la tierra con instrumento adecuado.

caverna. Concavidad profunda.

cavernícola. Que vive en las cavernas.

cavernoso, a. Relativo a las cavernas.

cavia. Especie de alcorque o excavación.

caviar. Huevas frescas de esturión, 1.10.

cavidad. Espacio hueco dentro de un cuerpo.

cavilación. Acción y efecto de cavilar.

cavilar (1). Pensar, reflexionar. Fijar tenazmente la consideración de algo.

cavo, a. Cóncavo, 4.11.3.

cayado. Garrote, bastón, 3.7.3, 4.11.3.

caza. Acción de cazar, 3.3.3.

cazar (1g). Buscar animales para cogerlos o matarlos.

cazcorvo, a. Caballería de patas corvas.

cazo. Vasija metálica con mango largo.

cazoleta. Vasija más ancha que honda.

cazumbre. Cordel de estopa.

cazurro, a. Malicioso, reservado, tosco, 3.3.3.

CCCC. Abreviatura de *Comisiones Campesinas*, 4.10.8.

ceba. Alimentación abundante y esmerada que se da al ganado.

cebada. Planta gramínea. Grano de esta planta, que sirve de alimento a ciertos animales y otros usos. 1.6.

cebar (1). Echar cebo a los animales. Alimentar. Fomentar.

cebo. Comida que se da a los animales para engordarlos o atraerlos, 3.1.9, 4.11.3.

cebolla. Planta hortense de bulbo comestible.

cebra. Animal solípedo.

cebú. Animal rumiante.

cecear (1). Pronunciar la *s* como *z*, 2.6, 3.3.1.

ceceo. Acción y efecto de cecear, 2.6, 3.3.1, 4.11.3.

cecial. Pescado seco y curado al aire.

cecina. Carne salada, enjuta y secada al aire, al sol o al humo.

cecografía. Escritura y modo de escribir de los ciegos.

cécubo. Vino famoso de la Roma antigua.

cechero, a. Que acecha la caza.

cedazo. Instrumento para separar las partes sutiles de las gruesas.

ceder (2). Dar, traspasar. Rendirse.

cedizo, a. Dícese de la carne tan pronto empieza a corromperse.

cedria. Goma o resina del cedro.

cédride. Fruto del cedro.

cedrito. Bebida preparada con vino dulce y resina de cedro.

cedro. Árbol conífero de apreciada madera.

cédula. Papel o documento.

CEE. Abreviatura de *Comunidad Económica Europea*, 4.10.7.

CEE. Abreviatura de *Confederación de Estados Europeos*, 13.4.4.

cefalalgia. Dolor de cabeza.

cefalea. Cefalalgia violenta y tenaz.

cefálico, a. Relativo a la cabeza.

cefalitis. Inflamación de la cabeza.

cefalópodo. Molusco que tiene la cabeza rodeada de tentáculos.

céfiro. Poniente. Viento suave y apacible. Tela casi transparente.

cegajo. Macho cabrío durante el segundo año de su vida.

cegajoso, a. Que habitualmente tiene cargados y llorosos los ojos.

cegar (1d). Perder la vista. Ofuscar el entendimiento. Obstruir.

cegato, a. Muy corto de vista.

cegesimal. Sistema de medidas que tiene por unidades fundamentales el centímetro, el gramo y el segundo.

cegrí. Individuo de una familia del reino musulmán de Granada.

ceguecillo, a. Diminutivo de ciego.

ceguera. Especie de oftalmia que suele dejar ciego al enfermo.

ceja. Parte cubierta de pelo sobre la cuenca del ojo.

cejar (1). Retroceder, andar hacia atrás. Ceder.

cejijunto, a. Que tiene las cejas casi juntas.

cejilla. Abrazadera de la guitarra.

cejo. Niebla sobre los ríos.

cejudo, a. Que tiene las cejas muy pobladas y largas.

celada. Pieza de la armadura para cubrir la cabeza. Emboscada de gente armada. Engaño.

celador, ra. Que cela o vigila.

celaje. Aspecto del cielo cuando hay nubes tenues y de varios matices.

celán. Especie de arenque.

celar (1). Cuidar, vigilar, atender con esmero.

celda. Aposento en la cárcel y en los conventos.

celdilla. Cada una de las casillas de que se componen los panales.

celebérrimo, a. Muy célebre.

celebrante. Que celebra. Sacerdote que oficia la misa.

célebre. Famoso. Chistoso o excéntrico.

celebridad. Fama o renombre.

celemín. Medida de capacidad para áridos.

célere. Pronto, rápido.

celeridad. Prontitud, rapidez, velocidad.

celescopio. Aparato que sirve para iluminar las cavidades de un cuerpo orgánico.

celeste. Relativo al cielo.

celestial. Relativo al cielo, considerado como mansión eterna de los bienaventurados.

celestina. Alcahueta.

celestino, a. Religioso de la orden fundada por el papa Celestino V.

celibato. Soltería.

célibe. Persona que no ha tomado estado de matrimonio.

celo. Impulso íntimo que promueve las buenas obras. Apetito de la generación en los irracionales.

celosía. Enrejado de listoncillos.

celoso, a. Que tiene celo o celos.

celsitud. Elevación, grandeza, sublimidad.

celtibérico, a. Celtíbero.

celtíbero, a. Relativo a un pueblo hispano prerromano.

céltico, a. Relativo a un grupo de pueblos indoeuropeos.

celtohispánico, a. Relativo a los celtas de España.

célula. Unidad fisiológica y genética de los seres vivos. Unidad de agrupación social o política. 4.2.3.

celular. Relativo a la célula. Dícese de ciertos establecimientos y vehículos carcelarios.

celuloide. Sustancia fabricada con pólvora de algodón y alcanfor.

celulosa. Cuerpo que forma la envoltura de las células de los vegetales.

cellisca. Temporal de agua y nieve impelidas por el viento.

cello. Aro con que se sujetan las duelas de las cubas.

cm. Abreviatura de *centímetro*, 4.10.4.

cementación. Acción y efecto de cementar.

cementar (1). Calentar una pieza de metal en contacto con otra materia en polvo o en pasta.

cementerio. Terreno destinado a enterrar cadáveres.

cemento. Cal muy hidráulica. Hormigón.

cena. Comida que se toma por la noche, 3.3.4.

cenaaoscuras. Persona huraña o tacaña.

cenáculo. Sala en que Cristo celebró su última cena.

cenacho. Espuerta de esparto.

cenegal. Lugar lleno de cieno.

cenagoso, a. Lleno de cieno.

cenar (1). Tomar la cena.

cenceño, a. Delgado o enjuto.

cencerrada. Ruido desapacible que se hace con cencerros.

cencerro. Campana pequeña y tosca.

cencido, a. Dícese de la dehesa, hierba o tierra antes de ser hollada.

cencha. Traviesa en que se fijan los pies de los muebles.

cendal. Tela de seda o lino muy delgada y transparente.

cendalí. Relativo al cendal.

cendolilla. Mozuela de poco juicio.

cendra. Pasta de ceniza de huesos.

cenefa. Lisa o tira de adorno.

cenetista. Afiliado a la CNT, 12.4.4.

cenia. Máquina simple para elevar agua.

cenicense. De La Cenia.

cenicero. Sitio donde se recoge o echa la ceniza.

cenicienta. Persona o cosa injustamente postergada o despreciada.

ceniciento, a. De color de ceniza.

cenismo. Mezcla de dialectos.

cenit. Punto del hemisferio celeste superior al horizonte, que corresponde verticalmente a un lugar de la tierra, 3.4.1, 4.2.3.

cenital. Relativo al cenit.

ceniza. Polvo que queda después de la combustión.

cenobial. Relativo al cenobio.

cenobio. Monasterio.

cenobita. Persona que profesa la vida monástica.

cenobítico, a. Relativo al cenobio o al cenobita.

cenotafio. Monumento funerario.

censatario, a. El obligado a pagar los réditos de un censo.

censo. Contribución. Padrón, lista.

censor. El que censura.

censorio, a. Relativo al censor o a la censura.

censura. Intervención. Reprobación. Dictamen o juicio.

censurar (1). Formar juicio de una obra. Corregir, reprobar.

centauro. Monstruo fingido, mitad hombre mitad caballo.

centavo, a. Cada una de las cien partes en que se divide o se puede dividir una cosa.

centella. Rayo, chispa eléctrica. Chispa o partícula de fuego.

centelleante. Que centellea.

centellear (1). Despedir rayos de luz indecisos o trémulos.

centelleo. Acción y efecto de centellear.

centena. Conjunto de cien unidades.

centenal. Lugar sembrado de centeno.

centenar. Centena.

centenario, a. Relativo a la centena.

centeno. Planta cuya semilla se emplea en la alimentación.

centesimal. Dícese de los números del uno al noventa y nueve.

centésimo, a. Ordinal y partitivo de ciento, 4.8.2, 4.8.4.

centiárea. Medida de superficie igual a la centésima parte de un área.

centígrado, a. Que tiene la escala dividida en cien grados.

centilitro. Medida de capacidad igual a la centésima parte de un litro.

centiloquio. Obra que tiene cien partes, tratados o documentos.

centímetro. Medida de longitud que tiene la centésima parte de un metro.

céntimo. Moneda real o imaginaria que vale la centésima parte de la unidad monetaria.

centinela. Soldado que vela guardando un puesto, 5.5.4.

centón. Obra literaria compuesta de sentencias y expresiones ajenas.

centonar (1). Amontonar cosas sin orden.

centrado, a. Aquello cuyo centro se halla en la posición que debe ocupar.

central. Relativo al centro.

centralismo. Doctrina de los centralistas.

centralista. Partidario de la centralización política o administrativa.

centralización. Acción y efecto de centralizar.

centralizar (1g). Reunir varias cosas en un centro común.

centrar (1). Determinar el punto central. Colocar en el centro.

centrifugar (1b). Someter a la acción de una fuerza centrífuga.

centrífugo, a. Que aleja del centro.

centrípeto, a. Que lleva o impele hacia el centro.

centuplicar (1a). Multiplicar por ciento.

céntuplo, a. Resultado de multiplicar por ciento, 4.8.5.

centuria. Siglo, cien años. Compañía de cien hombres.

centurión. Jefe de una centuria, 5.5.9.

cenzalino, a. Relativo al cénzalo.

cénzalo. Mosquito común.

ceñido, a. Ajustado. Moderado en los gastos.

ceñidor. Faja, cinta o correa que ciñe.

ceñir (24). Rodear, apretar, ajustar. Abreviar, reducir.

ceño. Demostración de enfado o enojo.

ceñudo, a. Que tiene ceño.

cepa. Parte del tronco que está dentro de la tierra. Vid. Raíz o principio.

cepillar (1). Usar el cepillo.

cepillo. Caja para recoger donativos. Instrumento para pulir o limpiar.

cepo. Trampa. Instrumento de madera para sujetar, fijar o afianzar.

ceporro. Cepa vieja que se arranca para la lumbre.

cera. Sustancia que segregan las abejas.

cerámica. Arte de fabricar vasijas.

ceramista. Que fabrica objetos de cerámica.

cerbatana. Cañuto para disparar pequeños proyectiles soplando.

cerca. Vallado, tapia o muro. Próxima o inmediatamente.

cerca de. Locución preposicional, 7.2.6.

cercado. Lugar rodeado de valla o tapia.

cercanía. Contorno, inmediaciones.

cercar (1a). Rodear o circunvalar.

cercenar (1). Cortar las extremidades de alguna cosa.

cerciorar (1). Asegurar la verdad de algo.

cerco. Lo que ciñe o rodea. Movimiento circular.

cerda. Pelo largo y grueso de ciertos animales.

cerdo. Puerco.

cereal. Planta o fruto farináceo.

cerebelo. Parte del encéfalo.

cerebral. Relativo al cerebro.

cerebro. Masa nerviosa situada en el interior del cráneo. Inteligencia. 5.6.2.

ceremonia. Acto exterior de culto o reverencia.

ceremonioso, a. Que celebra las ceremonias. Que gusta de ellas.

cereño, a. De color de cera.

céreo, a. De cera.

cereza. Fruto del cerezo.

cerezal. Sitio poblado de cerezos.

cerezo. Árbol frutal.

cerífero, a. Que produce cera.

cerilla. Fósforo. Vela muy delgada.

cerina. Especie de cera que se extrae del alcornoque.

cerner (2d). Separar el grano del polvo. Depurar, afinar. Amenazar.

cernícalo. Ave de rapiña. Hombre ignorante.

cernidillo. Lluvia muy menuda.

cernir (3e). Cerner.

cero. Signo numérico, 3.10.1.

ceromancia. Arte vano de adivinar.

ceromancía. Ceromancia.

ceroplástica. Arte de modelar la cera.

cerorrinco. Ave de rapiña parecida al halcón.

cerote. Mezcla usada por los zapateros.

cerquillo. Corona formada de cabellos en la cabeza de ciertos religiosos.

cerradizo, a. Que se puede cerrar.

cerradura. Mecanismo para cerrar.

cerraja. Artefacto para cerrar.

cerrajería. Oficio de cerrajero y lugar donde se ejerce.

cerrajero, a. El que hace cerrojos, cerraduras, llaves u otros objetos de hierro.

cerrar (1j). Encajar la hoja de la puerta con su marco. Obstruir. Impedir.

cerrazón. Oscuridad grande que precede a la tempestad. Incapacidad de comprender. Obstinación.

cerril. Áspero, escabroso. Grosero, tosco, rústico. Obstinado.

cerro. Espinazo o lomo. Elevación del terreno, aislada y de pequeña altura. 3.10.1.

cerrojazo. Acción de echar el cerrojo. Clausurar inesperada o definitivamente.

cerrojo. Barrita de hierro para cerrar.

cerrón. Lienzo basto.

certamen. Desafío, duelo. Concurso.

certero, a. Diestro, seguro, hábil.

certeza. Conocimiento seguro y claro.

certidumbre. Certeza, 5.5.5.

certificado, a. Que se certifica.

certificar (1a). Afirmar, asegurar, acreditar.

certísimo, a. Muy cierto.

cerúleo, a. Del color azul del cielo despejado.

cerumen. Cera de los oídos.

cerval. Propio del ciervo o semejante a él.

cervantino, a. Relativo a Cervantes.

cervato. Ciervo menor de seis meses.

cervecería. Fábrica o tienda de cerveza.

cerveza. Bebida, 3.10.2.

cervical. Relativo a la cerviz.

cervigudo, a. De cerviz abultada. Testarudo.

cerviz. Parte posterior del cuello.

cervuno, a. Relativo al ciervo.

cesación. Acción y efecto de cesar.

cesante. Que cesa o ha cesado.

cesantía. Estado de cesante.

césar. Emperador.

cesar (1). Suspender una actividad. Dejar de desempeñar algún empleo.

cesáreo, a. Relativo al imperio, a la dignidad imperial o a las costumbres de los césares.

cese. Orden de cesar.

cesión. Renuncia, dejación.

cesolfaút. Indicación del tono musical, 3.4.1.

césped. Hierba menuda y tupida, 5.5.6.

cesta. Recipiente de mimbre u otro material flexible. Pala para el juego de pelota.

cesto. Cesta grande.

cesura. Pausa que se hace en el verso.

cetáceo. Mamífero pisciforme.

cetaria. Estanque para la cría de peces.

cetrería. Arte de la caza.

cetrino, a. De color amarillo verdoso.

cetro. Vara indicadora de dignidad.

ceutí. De Ceuta.

cía o Cía. Abreviatura de *compañía*, 4.10.3.

cianhídrico. Ácido extraído de las almendras amargas.

ciar (1t). Retroceder. Remar hacia atrás.

ciática. Neuralgia del nervio ciático.

ciático, a. Relativo a la cadera.

cibal. Relativo a la alimentación.

cibica. Barra de refuerzo en el eje de los carruajes.

cicatear (1). Hacer cicaterías.

cicatería. Calidad de cicatero.

cicatero, a. Ruin, miserable, que escatima lo que debe dar.

cicatriz. Señal que queda después de curada una herida.

cicatrizar (1g). Completar la curación de una llaga o herida.

cícero. Unidad de medida usada en tipografía.

cicerón. Persona muy elocuente.

cicerone. Persona que enseña y explica las curiosidades de una localidad o edificio.

ciceroniano, a. Propio y característico del estilo de Cicerón.

ciclar (1). Bruñir y abrillantar piedras preciosas.

cíclico, a. Relativo al ciclo.

ciclismo. Deporte de la bicicleta.

ciclista. Que practica el ciclismo.

ciclo. Período, serie, conjunto, 3.2.5.

ciclón. Huracán.

ciclope. Cíclope.

cíclope. Gigante mítico.

ciclópeo, a. Relativo a los cíclopes. De grandes proporciones.

ciclostilo. Aparato que permite copiar muchas veces un escrito.

cicuta. Hierba venenosa usada en medicina.

cidra. Fruto del cidro, 4.11.3.

cidral. Sitio poblado de cidros.

cidro. Árbol frutal.

ciego, a. Que está privado de la vista.

cielo. Esfera aparente que rodea la Tierra. Lugar de la bienaventuranza. 2.6.

ciempiés. Animal de muchas patas. Obra desatinada.

cien. Apócope de ciento, 4.8.2.

ciénaga. Lugar pantanoso, 4.3.1.

ciencia. Conocimiento de las cosas por sus principios y causas, 2.6.

cienmilésimo, a. Partitivo de cien mil.

cienmilímetro. Cienmilésima parte de un metro.

cienmillonésimo, a. Partitivo de cien millones.

cieno. Lodo blando.

científico, a. Relativo a la ciencia.

ciento. Numeral cardinal, 4.8.2.

cientodoceavo, a. Partitivo de ciento doce, 4.8.4.

cientodozavo, a. Cientodoceavo, 4.8.4.

cientoveinteavo, a. Partitivo de ciento veinte, 4.8.4.

ciernes (en). Locución indicativa de que algo está en sus principios, faltando mucho para su perfección.

cierre. Acción de cerrar.

cierto, a. Indeterminado (antepuesto). Conocido como verdadero (pospuesto). 5.9.4.

ciervo. Animal mamífero, 4.11.3.

cierzo. Viento del norte.

cifra. Número. Signo con que se representa. Clave. Abreviatura. ‖ (Arábiga), 4.8.1, (romana) 4.8.2.

cifrar (1). Escribir en cifra. Compendiar, reducir.

cigarra. Animal que produce un ruido estridente y monótono.

cigarrillo. Cigarro pequeño de hebra o picadura envueltas en papel.

cigarro. Rollo de hojas de tabaco.

cigomático, a. Relativo al pómulo o mejilla.

cigoñal. Pértiga para sacar agua de pozos someros.

cigüeña. Ave zancuda.

cija. Cuadra de ganado lanar.

cilicio. Instrumento de penitencia.

cilíndrico, a. Relativo al cilindro.

cilindro. Rollo. Tubo. Cuerpo geométrico.

cilla. Cámara donde se recogían los granos.

cima. Lo más alto, 3.3.4.

cimborio. Cimborrio.

cimborrio. Cúpula y cuerpo cilíndrico que le sirve de base.

cimbrar (1). Vibrar o hacer vibrar.

cimbreño, a. Que se cimbra.

cimbreo. Acción y efecto de cimbrar o cimbrarse.

cimentar (1/1j). Poner cimientos.

cimero, a. En la parte superior.

cimiento. Parte subterránea de un edificio, al que sirve de base.

cimitarra. Sable usado por turcos y persas.

cinabrio. Mineral compuesto de azufre y mercurio.

cinc. Metal, 3.2.4, 3.3.4.

cincel. Instrumento para labrar piedras y metales.

cincelar (1). Grabar, labrar con cincel.

cinco. Numeral cardinal, 4.8.2.

cincografía. Arte de grabar en una plancha de cinc.

cincuenta. Numeral cardinal, 4.8.2.

cincuentavo, a. Partitivo de cincuenta, 4.8.4.

cincuentena. Conjunto de cincuenta unidades homogéneas.

cincuentón, a. Persona que tiene cincuenta años cumplidos.

cincha. Faja que asegura la silla o albarda en las caballerías.

cinchar (1). Asegurar con cinchas.

cincho. Faja para ceñir o abrigar el estómago.

cine. Cinematografía. Local destinado a la proyección de películas. 4.10.1.

cinegética. Arte de la caza.

cinegético, a. Relativo al arte de la caza.

cinemática. Parte de la mecánica.

cinematografía. Arte de representar el movimiento por medio de la fotografía.

cinematográfico, a. Relativo a la cinematografía.

cíngulo. Cordón para ceñir el alba del sacerdote.

cínico, a. Relativo al cinismo.

cinismo. Doctrina filosófica. Desvergüenza.

cinta. Tejido, listín, tira o hilera largos y angostos.

cintajo. Despectivo de cinta.

cinto. Cintura. Faja para ceñir la cintura.

cintura. Parte más estrecha del tronco humano por encima de las caderas.

cinturón. Faja para ceñir la cintura.

cipayo. Soldado indio al servicio de una potencia extranjera.

ciprés. Árbol conífero.

cipresal. Lugar poblado de cipreses.

circar (1a). Abrir un descalce en un filón.

circe. Mujer astuta y engañosa.

circense. Relativo al circo.

circo. Lugar destinado a ejercicios ecuestres, gimnásticos y otros.

circuir (29). Cercar, rodear.

circuito. Terreno comprendido dentro de un perímetro. Pista para carreras de vehículos.

circulación. Ordenación del tránsito.

circular. Relativo al círculo.

circular (1). Moverse en derredor.

círculo. Superficie contenida dentro de una circunferencia.

circumpolar. Alrededor del polo.

circuncidar (1). Cortar circularmente una porción de prepucio.

circuncisión. Acción y efecto de circuncidar.

circundante. Que circunda.

circundar (1). Cercar, rodear.

circunferencia. Figura geométrica.

circunferir (22). Limitar, circunscribir.

circunloquio. Rodeo de palabras.

circunnavegar (1b). Navegar alrededor.

circunscribir (3n). Reducir a ciertos límites.

circunspección. Atención, cordura, seriedad, prudencia.

circunstancia. Accidente de tiempo, lugar o modo.

circunstancial. Relativo a la circunstancia. ‖ (Complemento), 5.9.1.

circunvalar (1). Ceñir o rodear una ciudad o fortaleza.

circunvolar (1r). Volar alrededor.

cirenaico, a. De Cirene.

cireneo, a. Cirenaico.

cirial. Candeleros altos.

cirigallo, a. Persona que pasa el tiempo yendo y viniendo, sin hacer cosa de provecho.

cirineo. Persona que ayuda a otra en algún trabajo.

cirio. Vela larga.

cirro. Nube blanca y ligera.

cirrosis. Enfermedad del hígado.

ciruela. Fruto del ciruelo.

cirugía. Parte de la medicina, 3.5.8.

cirujano, a. Que profesa la cirugía.

cisalpino, a. Situado entre los Alpes y Roma.

ciscar (1a). Ensuciar.

cisco. Reyerta, alboroto. Trizas.

cisípedo, a. Que tiene el pie separado en dedos.

cisma. Separación entre los individuos de un cuerpo o corporación.

cismático, a. Relativo al cisma.

cismontano, a. Del lado de acá de los montes.

cisne. Ave palmípeda de cuello muy largo.

cisoria (arte). Habilidad para trinchar.

císter. Orden religiosa.

cisterciense. Relativo al císter.

cisterna. Depósito para recoger agua llovediza.

cistitis. Inflamación de la vejiga.

cisura. Rotura o abertura sutil.

cita. Señalamiento de tiempo y lugar para un encuentro. Nota que se alega como prueba. Texto citado. 12.5.2.

citación. Acción de citar.

citar (1). Avisar señalando tiempo y lugar. Referir.

citara. Pared con sólo el grueso del ancho del ladrillo común.

cítara. Instrumento músico, 4.2.1.

citerior. En la parte de acá.

ciudad. Población.

ciudadela. Recinto fortificado.

ciudadrealeño, a. De Ciudad Real.

cívico, a. Civil.

civil. Relativo a la ciudad y a la civilidad. No militar. No eclesiástico.

civilidad. Urbanidad, sociabilidad, 3.1.3.

civilista. Que profesa el derecho civil.

civilización. Acción y efecto de civilizar o civilizarse.

civilizar (1g). Sacar del estado salvaje a personas y pueblos. Educar.

civismo. Celo por las instituciones de la patria y por las relaciones de convivencia.

cizalla. Instrumento para cortar.

cizaña. Planta gramínea. Cualquier cosa que hace daño a otra.

clámide. Capa, 5.5.5.

claraboya. Ventana abierta en el techo.

clarificar (1a). Poner en claro.

clarificativo. Que clarifica.

clarividencia. Facultad de comprender y discernir claramente las cosas.

claro, a. Que recibe luz. Transparente. Dícese del color poco subido y de los líquidos poco viscosos. 3.2.5.

clase. Conjunto homogéneo. Aula. Lección. Categoría. 5.5.5.

clasificar (1a). Ordenar. Disponer por clases.

claudicar (1a). Ceder. Rendirse.

clavar (1). Introducir un clavo u otra cosa a fuerza de golpes.

clavazón. Conjunto de clavos, 5.5.9.

clave (la). Explicación de signos convencionales. Piedra que cierra el arco. 4.11.2, 5.5.13.

clave (el). Instrumento musical, 4.11.2, 5.5.13.

clavel. Planta de flores del mismo nombre, 5.5.8.

clavetear (1). Guarnecer o adornar con clavos.

clavicordio. Instrumento musical.

clavícula. Cada uno de los huesos situados en la parte superior del pecho.

clavija. Barra o pieza que se encaja.

clavo. Pieza de hierro, larga y delgada, con cabeza y punta, 3.1.9.

cleptomanía. Propensión morbosa al hurto.

cleptómano, a. Que padece cleptomanía.

clericalizar (1g). Intensificar la intervención del clero en los asuntos políticos.

clero. Clase sacerdotal en la iglesia católica, 3.2.5.

clerofobia. Odio manifiesto al clero.

clerófobo, a. Que manifiesta clerofobia.

cliché. Imagen fotográfica negativa. Lugar común. 5.6.3.

clima. Condiciones atmosféricas de un lugar. Ambiente. 5.5.4.

climático, a. Relativo al clima.

climatizar (1g). Crear en un local determinadas condiciones de temperatura.

climatología. Tratado de los climas.

climatológico, a. Relativo a la climatología.

clímax. Momento culminante, 3.11.3.

clin. Crin, 5.5.9.

clister. Lavativa.

clisterizar (1g). Administrar el clister.

cloaca. Conducto por donde van las aguas residuales.

clocar (1f). Cloquear.

clorhidrato. Sal formada por la combinación del ácido clorhídrico con una base, 4.1.2.

clorhídrico, a. Relativo a las combinaciones del cloro y el hidrógeno, 3.6.3.

cloro. Elemento químico, 3.2.5.

cloroformizar (1g). Aplicar cloroformo para producir anestesia.

cloroformo. Poderoso anestésico.

club. Sociedad de recreo, 3.9.2, 5.6.7.

cluniacense. Relativo al monasterio o a la congregación de Cluny.

CNT. Abreviatura de *Confederación Nacional del Trabajo,* 13.4.4.

coacción. Fuerza o violencia que se hace a una persona para obligarla a que haga algo que no desea.

coacervación. Acción y efecto de coacervar.

coacervar (1). Juntar o amontonar.

coactivo, a. Que tiene fuerza de apremiar u obligar.

coadjutor, a. Que ayuda o acompaña.

coadyuvante. Que coadyuva.

coadyuvar (1). Contribuir, asistir, ayudar.

coagente. El que coopera.

coagulación. Acción y efecto de coagular o coagularse.

coagular (1). Cuajar, solidificar lo líquido.

coalición. Confederación, liga, unión.

coaligar (1b). Coligar.

coartar (1). Restringir, limitar.

coautor. Autor juntamente con otro.

coba. Halago o adulación fingidos.

cobarde. Pusilánime, sin valor ni espíritu.

cobardía. Falta de ánimo y valor.

cobaya. Roedor utilizado para la experimentación, 3.7.2.

cobertizo. Tejado para resguardar de la intemperie.

cobijar (1). Cubrir o tapar. Albergar. 3.5.7.

cobra. Serpiente venenosa.

cobranza. Acción y efecto de cobrar.

cobrar (1). Percibir.

cobre. Metal de color rojo pardo.

cobrizo, a. Que contiene cobre o tiene su color.

cocar (1a). Halagar a uno para persuadirle de algo.

cocear (1). Dar o tirar coces.

cocer (2f). Someter a la acción del fuego.

cocina. Parte de la casa donde se guisa.

cocinar (1). Guisar.

coctel. Cóctel.

cóctel. Bebida compuesta de varios licores.

cochambre. Suciedad.

cochambroso, a. Lleno de porquería o cochambre.

cochevira. Manteca de puerco.

cochitril. Pocilga. Habitación estrecha y desaseada.

códice. Libro manuscrito de cierta antigüedad e importancia.

codicia. Apetito desordenado de riquezas.

codiciar (1). Desear con ansia las riquezas.

codificar (1a). Reunir leyes en un código. Transformar un mensaje según un código.

código. Conjunto de reglas, 2.7, 5.2, (ortográfico) 2.7.

coercer (2a). Contener, refrenar, sujetar.

coercitivo, a. Que coerce.

coetáneo, a. Que coincide en una misma edad o tiempo.

coexistir (3). Existir al mismo tiempo.

coextenderse (2d). Extenderse a la vez que otros.

coger (2b). Asir, agarrar, tomar, alcanzar, 3.5.9, 3.5.14.

cogida. Acto de coger un toro al torero.

cogitabundo. Muy pensativo.

cogitativo, a. Que tiene facultad de pensar.

cognación. Parentesco de consanguinidad por línea femenina.

cognaticio, a. Relativo al parentesco de cognación.

cognoscitivo, a. Que es capaz de conocer.

cohabitar (1). Habitar juntamente con otro. Hacer vida marital el hombre con la mujer.

cohechar (1). Sobornar, corromper.

cohecho. Acción y efecto de cohechar o dejarse cohechar.

coheredar (1). Heredar juntamente con otro.

coherencia. Conexión, relación, congruencia.

cohesión. Coherencia, conexión.

cohesivo, a. Que produce cohesión.

cohete. Explosivo lanzado al aire.

cohibir (3q). Refrenar, reprimir, contener.

cohombro. Planta hortense.

cohonestar (1). Armonizar, compatibilizar.

cohorte. Unidad táctica del antiguo ejército romano, 5.5.5.

coincidencia. Acción y efecto de coincidir.

coincidir (3). Convenir. Concurrir u ocurrir simultáneamente.

coito. Ayuntamiento carnal del hombre con la mujer.

cojear (1). Andar con irregularidad.

cojera. Accidente que impide andar con regularidad.

cojín. Almohadón que sirve para sentarse.

cojinete. Almohadilla. Pieza que sujeta a otras o en la que otras descansan.

cojitranco. Despectivo de cojo.

cojo, a. Que cojea.

cok. Coque, 3.2.2.

col. Planta hortense, 5.5.8.

colaborar (1). Trabajar juntamente con otro.

colación. Acto de conferir. Cotejo. Mención. Refacción.

colapso. Extrema postración. Paralización.

colar (1r). Filtrar un líquido. Hacer creer algo que no es verdad.

colección. Conjunto ordenado de cosas.

colecta. Recaudación.

colectividad. Conjunto de personas reunidas para un fin.

colectivizar (1a). Transformar lo individual en colectivo.

colectivo, a. Relativo a la colectividad.

colector, ra. Que recoge.

colegial. Relativo al colegio.

colegiarse (1). Reunirse en colegio.

colegio. Establecimiento y edificio para la enseñanza. Corporación profesional.

colegir (30b). Deducir. Juntar cosas sueltas y esparcidas.

colerizar (1g). Irritar, poner colérico.

colgar (1m). Pender. Ahorcar. Cortar una comunicación telefónica.

colicuar (1s). Derretir, desleír.

colicuecer (2m). Colicuar.

coligar (1b). Unir. Aliar.

colisión. Choque, rozadura. Oposición.

colmo. Porción sobresaliente. Extremosidad. 7.2.19.

colocar (1a). Poner en su debido lugar. Proporcionar empleo.

coloniaje. Sumisión a la metrópoli.

colonizar (1g). Convertir un territorio en colonia. Poblar de colonos.

coloquial. Relativo al coloquio, (lengua) 5.2, 5.3.

color. Cierta impresión de los rayos de luz en la retina del ojo, 5.5.10, 7.2.24.

colorativo, a. Que da color.

coma. Signo de puntuación, 12.1.1, 12.3.1, 12.3.2, (uso) 12.2.

comarcar (1a). Confinar territorios. Plantar árboles formando calles.

combar (1). Torcer, encorvar.

combate. Lucha, 3.8.1, 3.8.2.

combatir (3). Pelear. Impugnar.

combatividad. Inclinación natural a la lucha.

combinación. Acción y efecto de combinar.

combinar (1). Unir cosas que formen un conjunto armónico.

comburente. Que activa la combustión.

combustible. Que puede arder.

combustión. Acción y efecto de arder o quemar.

comedir (30). Moderar, suavizar. Contener.

comején. Insecto, 3.5.7.

comenzar (1e). Empezar.

comercializar (1g). Convertir un producto en objeto de comercio.

comercio. Trato, negociación. Comunicación.

comezón. Picazón. Desazón. 5.5.9.

comillas. Signo de puntuación, 12.1.1, 13.5.2, (altas) 12.1.1, (bajas) 12.1.1, (simples) 12.1.1, 12.9.1, (uso) 12.1.1, 12.9.

comiscar (1a). Comer a menudo.

comisión. Acción de cometer. Encargo, mandato. Junta o grupo.

como. Partícula de relación, 6.6.4, 7.1.1, 7.1.3.

cómo. Partícula interrogativa y pronominal, 6.6.4, 7.1.1.

como muy. Construcción incorrecta, 5.4.2.

como que. Locución conjuntiva, 7.1.3.

Comp.ª Abreviatura de *compañía*, 13.4.4.

compacto, a. De textura apretada y poco porosa.

compadecer (2m). Sentir y compartir la desgracia ajena.

compadraje. Unión de varias personas para alabarse o ayudarse mutuamente.

compadrazgo. Relación que establece el padrino de una criatura con los padres de ésta. Compadraje.

compage. Enlace, 3.5.14.

compaginación. Acción y efecto de compaginar.

compaginador, ra. El que compagina.

compaginar (1). Ajustar las planas impresas. Poner en buen orden. Hacer compatible.

companaje. Comida fiambre que se toma con pan, 3.5.14.

comparación. Acción y efecto de comparar.

comparanza. Comparación.

comparar (1). Atender a dos o más objetos para descubrir sus relaciones o estimar sus diferencias.

comparativo, a. Que compara o se compara.

comparecencia. Acto de comparecer.

comparecer (2m). Presentarse personalmente o por poder.

compendiar (1). Reducir. Someter a concisión y brevedad.

compendizar (1g). Compendiar.

compensación. Acción y efecto de compensar.

compensar (1). Resarcir, corresponder, igualar.

competir (30). Contender, disputar.

complacer (2m). Acceder uno a lo que otro desea.

complaciente. Que complace.

complejidad. Dificultad. Complicación.

complemento circunstancial. Uno de los elementos nominales integrantes del predicado, (posición) 5.9.1.

complemento directo. Uno de los elementos nominales integrantes del predicado, 6.2, 6.5.1, 6.5.2, 7.2.2, (posición) 5.9.1, 5.9.2.

complemento indirecto. Uno de los elementos nominales integrantes del predicado, 6.2, 6.4.1, 6.5.1, 7.2.2, (posición) 5.9.1, 5.9.2.

complemento nominal. Sustantivo en función adjetiva, 12.2.4.

completivo, a. Que completa y llena.

complexión. Constitución, estructura.

complicar (1a). Enredar, mezclar, dificultar.

cómplice. Participante o asociado en crimen o culpa imputable a dos o más personas.

complot. Confabulación, conspiración, conjuración contra algo o alguien.

componer (5). Formar un todo uniendo cosas diversas. Formar parte de ese todo. Reparar. Producir obras de arte.

composición. Acción y efecto de componer.

comprender (2). Entender. Incluir, contener.

comprensivo, a. Que comprende.

compresión. Acción y efecto de comprimir.

compresivo, a. Que comprime.

comprimir (1). Oprimir. Reducir a menor volumen.

comprobar (1r). Verificar, confirmar.

compuesto, a. Resultado de componer. ‖ (Condicional) 8.3.4, (gerundio) 9.3.2, (infinitivo) 9.2.1, (palabra) 4.6.4, 12.11.3.

compungido, a. Atribulado, dolorido.

compungir (3b). Contristar. Remorder. Mover a dolor.

compurgar (1b). Refutar los indicios de culpabilidad.

comulgar (1b). Dar o recibir la comunión. Coincidir en ideas o sentimientos.

común. Ordinario, regular, compartido. ‖ (Lengua) 5.1, 5.2, 5.3.

comunicación. Acción y efecto de comunicar o comunicarse, (oral) 1.1.

comunicar (1a). Poner en contacto. Transmitir. Manifestar.

comunicativo, a. Que comunica.

con. Preposición, 7.2.7, 7.2.8.

con sólo que. Locución conjuntiva, 7.1.3.

con tal que. Locución conjuntiva, 7.1.2, 7.1.3.

conato. Intento. ‖ (Pretérito imperfecto) 8.5.5.

concavidad. Calidad de cóncavo.

cóncavo, a. Que tiene la superficie más deprimida por el centro que por las orillas.

concebible. Que puede concebirse o comprenderse.

concebir (30). Formar idea, comprender. Quedar preñada la hembra.

conceder (2). Dar, otorgar.

concejal. Edil. Individuo de un concejo.

concejala. Mujer con cargo de edil, 5.5.3.

concejil. Relativo al concejo.

concejo. Corporación municipal. Reunión de vecinos.

concentrar (1). Reunir en un centro. Agrupar en poco espacio o tiempo.

concepción. Acción y efecto de concebir.

concepto. Pensamiento, idea, sentencia, 1.2, 3.12.6.

conceptuar (1s). Formar concepto.

concernir (3e). Atañer, tocar, pertenecer.

concertar (1j). Concordar. Pactar, poner de acuerdo.

concesión. Acción y efecto de conceder.

conciencia. Conocimiento. Discernimiento.

concienzudo, a. Recto de conciencia. Meticuloso.

concierto. Buen orden y disposición. Ajuste o convenio. Función de música.

conciliábulo. Concilio no convocado por autoridad legítima o que quiere mantenerse oculto.

conciliación. Acción y efecto de conciliar. ‖

conciliar. Relativo al concilio o a los concilios.

conciliar (1). Componer y ajustar los ánimos. Hacer compatibles, poner de acuerdo.

concilio. Reunión o congreso, especialmente eclesiástico.

concitar (1). Excitar contra algo o alguien.

conclave. Cónclave.

cónclave. Junta o congreso, especialmente de cardenales.

concluir (29). Acabar o finalizar algo.

concordancia. Acuerdo de las categorías gramaticales de una expresión compleja, (nominal) 5.7, 5.8.3.1, 5.8.5, (oración pasiva) 10.6.2, (pasiva refleja) 10.6.4, (sujeto y verbo) 9.2.3.

concordar (1r). Poner de acuerdo. Conciliar.

conculcar (1a). Quebrantar.

concupiscencia. Apetito de bienes.

conchabanza. Acomodación conveniente.

conchabar (1). Unir, juntar, asociar.

condescender (2d). Tolerar. Acomodarse por bondad.

condición. Índole, naturaleza. Circunstancia imprescindible o convenida. 3.11.2.

condicional compuesto. Tiempo verbal, 8.3.4.

condicional simple. Tiempo verbal, 8.3.4, 8.7.5, (irregularidad) 11.1.2.

condigno, a. Que corresponde o se sigue.

condolecer (2m). Condolerse.

condoler (2e). Compadecer.

conducción. Acción y efecto de conducir.

conducir (20). Llevar, trasladar. Dirigir. Manejar un vehículo.

conducta. Manera de actuar o conducirse, 3.8.5.

conducto. Canal o tubo, 3.12.6.

conectar (1). Poner en conexión.

conejera. Madriguera de conejos.

conejillo. Diminutivo de conejo.

conexión. Enlace, trabazón, concatenación.

conexivo, a. Que puede conectar o conectarse.

confabular (1). Reunirse o ponerse de acuerdo para una acción contra alguien.

confección. Acción y efecto de confeccionar, 3.8.3.

confeccionar (1). Hacer, componer, preparar.

confederación. Alianza, liga o pacto.

conferencia. Reunión. Disertación.

conferir (22). Conceder una facultad, dignidad o empleo. Dar, atribuir.

confesar (1j). Manifestar algo oculto. Declarar los pecados.

confesión. Acción y efecto de confesar, 3.8.3.

confianza. Esperanza firme en una persona o cosa.

confiar (1t). Tener confianza. Dejar al cuidado de alguien.

confingir (3b). Mezclar cosas con un líquido.

confiscar (1a). Atribuir al fisco bienes privados.

conflicto. Apuro, dificultad. Guerra.

confluencia. Acción y efecto de confluir.

confluir (29). Juntarse dos o más corrientes o cauces. Concurrir, coincidir.

confraternizar (1g). Tratarse con amistad y camaradería.

confricar (1). Estregar.

congelar (1). Helar.

congénere. Del mismo género u origen.

congeniar (1). Tener el mismo carácter. Llevarse bien.

congénito, a. Connatural.

congestión. Acumulación excesiva.

conglobar (1). Juntar cosas de modo que formen un montón.

conglomerar (1). Aglomerar, agrupar fragmentos.

conglutinar (1). Unir, pegar una cosa con otra.

congoja. Angustia, desmayo, fatiga.

congoleño, a. Del Congo.

congregar (1b). Juntar, reunir.

congruir (29). Convenir, coincidir.

conjetura. Juicio probable que se forma de las cosas.

conjugación. Conjunto de formas de la flexión verbal, (modelos) 11, (pronominal) 7.1.7.

conjugar (1b). Unir, combinar, coordinar. Enumerar las formas verbales.

conjunción. Partícula de relación, 7.1.1, 7.1.2, 7.1.3, (coordinante) 7.1.3, (copulativa) 12.2.1, (distributiva) 7.1.3, (disyuntiva) 7.1.3, (ortografía) 4.7.1, (subordinante) 7.1.3.

conjuntivo, a. Relativo a la conjunción, (locución) 7.1.2, 7.1.3.

conmigo. Pronombre personal, 3.8.5, 4.5.1.

conmover (2e). Inquietar, perturbar. Mover a compasión.

connatural. Propio y conforme a la naturaleza.

connaturalizar (1g). Hacer connatural.

connivencia. Acuerdo entre personas para llevar a cabo una treta o un fraude, 3.8.4.

connotar (1). Relacionar. Significar algo accesorio junto con lo principal. 3.8.4.

conocer (2m). Saber. Percibir. Averiguar. Tener trato.

conque. Conjunción, 4.7.3, 7.1.2, 7.1.3.

consciencia. Conciencia.

consciente. Que tiene conciencia.

conseguir (30a). Lograr, obtener, alcanzar, 3.8.5.

consejero, a. Que aconseja.

consejo. Parecer o dictamen. Tribunal. Corporación.

consenso. Acuerdo, consentimiento.

consentir (22). Permitir, condescender.

conserje. El que custodia y cuida un establecimiento, 3.5.14.

conserjería. Oficio y habitación del conserje.

conserva. Fruta preparada para que se conserve.

conservación. Acción y efecto de conservar o conservarse.

conservar (1). Mantener, cuidar, guardar.

consigna. Órdenes o instrucciones del que manda. Lugar en las estaciones para el equipaje.

consignar (1). Señalar, designar, destinar.

consigo. Pronombre personal, 4.5.1.

consiguiente. Que depende o se deduce de otra cosa.

consiliario. Consejero.

consistorio. Junta o consejo.

consocio. Cada socio respecto a cualquier otro.

consola. Mesa hecha para estar arrimada a la pared.

consolar (1r). Aliviar la pena.

consonante. Sonido articulado. ‖ Letra, 1.5, 1.7, 1.11, (explosiva) 1.11, (implosiva) 1.11, (omisión) 3.12.

consonántico, a. Relativo a las consonantes, (combinación) 1.8, 1.11, 3.1.2, 3.2.1, 3.2.5, 3.5.4, 4.1.2, (fonema) 1.5, 1.6, (relajación) 3.4.4.

consonantización. Acción y efecto de consonantizar, 11.1.1.

consonantizar (1g). Transformar una vocal en consonante.

consorcio. Participación. Unión o compañía.

conspirar (1). Unirse algunos contra algo o contra alguien.

constancia. Firmeza y perseverancia, 1.11.

constelación. Conjunto de estrellas.

consternar (1). Conturbar mucho y abatir el ánimo.

constiparse (1). Acatarrarse, resfriarse.

constituir (29). Formar, fundar. Adquirir determinada calidad, condición o situación.

constituyente. Que constituye o establece.

constreñir (24). Obligar, compeler con fuerza.

constrictivo, a. Que constriñe.

construcción. Acción y efecto de construir, 1.9.

constructor, ra. Que construye, 1.7, 1.8, 1.9, 1.11.

construir (29). Hacer una obra.

consuetudinario, a. Habitual, que es costumbre.

consumación. Acción y efecto de consumar.

consumar (1). Dar cumplimiento, llevar a cabo.

consumición. Acción y efecto de consumir.

consumir (3). Agotar, extinguir. Tomar como alimento o bebida.

consustancial. De la misma sustancia.

contabilizar (1g). Anotar las operaciones en los libros de cuentas.

contagiar (1). Comunicar una enfermedad.

contagio. Transmisión de una enfermedad.

contar (1r). Hacer cuentas. Enumerar. Narrar. Incluir. Tener importancia.

contemporizar (1g). Acomodarse al gusto ajeno.

contender (2d). Pelear.

contener (8). Llevar una cosa algo distinto dentro de sí. Moderar. 3.1.6.

contenido léxico. Significado. ‖ (Pronombre) 6.6.1.

contexto. Entorno lingüístico o ambiental de una expresión. ‖ (Pronombre) 6.6.1.

contextuar (1s). Acreditar con textos.

contigo. Pronombre personal, 4.5.1.

contigüidad. Inmediación, vecindad inmediata.

contingente. Cuota. Fuerzas militares.

contingente. Que puede suceder o no suceder.

continuar (1s). Proseguir, persistir.

continuativo, a. Que continúa o indica continuidad. ‖ (Perífrasis verbal) 10.1.4.

contorcer (2f). Sufrir contorsiones.

contorsión. Actitud forzada. Ademán grotesco.

contra. Preposición, 7.2.9.

contraatacar (1a). Responder atacando.

contrabajo. Instrumento musical de cuerda.

contrabalancear (1). Operar con la balanza hasta lograr el equilibrio de los dos platillos.

contrabando. Producción o comercio de productos prohibidos.

contrabarrera. Segunda fila de asientos en los tendidos de las plazas de toros.

contracción. Acción y efecto de contraer, 3.11.2.

contráctil. Capaz de contraerse, 3.12.6.

contracto, a. Que se contrae.

contractual. Relativo al contrato.

contradecir (19). Decir lo contrario de lo que otro afirma.

contradicción. Acción y efecto de contradecir.

contraer (10). Encoger. Adquirir una enfermedad, 3.5.12.

contrahacer (11). Imitar, remedar.

contrahecho, a. Que tiene el cuerpo corcovado.

contrahílo. En dirección opuesta al hilo.

contrahuella. Plano vertical del escalón o peldaño.

contramarcar (1a). Poner una segunda marca.

contraponer (5). Poner una cosa contra otra. Comparar, cotejar.

contraprobar (1r). Obtener una segunda prueba.

contrapunzar (1g). Remachar con contrapunzón.

contrapunzón. Botador para remachar donde no puede golpear el martillo.

contrarrevolución. Revolución de sentido contrario a la inmediata anterior.

contraveneno. Medicamento para contrarrestar los efectos de un veneno.

contravenir (2l). Obrar en contra de lo que está mandado.

contrayente. Que contrae.

contribución. Acción y efecto de contribuir.

contribuir (29). Ayudar al logro de algún fin.

contrición. Pesar de haber ofendido a Dios, por amor a Él.

controversia. Discusión larga y reiterada.

controvertir (22). Mantener una controversia.

contubernio. Cohabitación ilícita. Alianza vituperable.

contumaz. Rebelde y porfiado en mantener un error, 3.8.5.

convalecencia. Acción y efecto de convalecer.

convalecer (2m). Recobrar las fuerzas perdidas por enfermedad.

convalidar (1). Revalidar, confirmar.

convencer (2a). Persuadir con razones.

convención. Reunión, ajuste y concierto entre personas.

convencional. Habitual, según la costumbre.

conveniencia. Calidad de conveniente, (perífrasis verbal) 10.6.3.

conveniente. Que conviene.

convenir (21). Ser a propósito. Ser de un mismo parecer.

convento. Comunidad religiosa y casa en que habita, 1.8.

converger (2b). Dirigirse a un mismo punto. Juntarse.

convergir (3b). Converger.

conversar (1). Hablar entre sí dos o más personas.

conversión. Acción y efecto de convertir o convertirse.

convertir (22). Mudar una cosa en otra. Cambiar de ideología o religión.

convexidad. Calidad de convexo.

convexo, a. Que tiene la superficie más prominente en el medio que en los extremos.

convicción. Convencimiento, seguridad, 3.11.2.

convicto, a. Reo a quien se ha probado su delito.

convidar (1). Rogar una persona que otra la acompañe a comer o a otro acto, como obsequio.

convincente. Que convence.

convite. Acción y efecto de convidar, 3.8.1.

convivencia. Acción de convivir.

convivir (3). Vivir en compañía, 3.1.4.

convocar (1a). Citar o llamar para que concurran.

convoy. Escolta o guardia. Conjunto de vehículos o pertrechos escoltados. 3.7.1, 3.8.3, 4.2.3.

convoyar (1). Escoltar, conducir.

convulsión. Movimiento agitado.

convulsivo, a. Relativo a la convulsión.

convulso, a. Afectado de convulsiones.

conyugal. Relativo a los cónyuges.

cónyuge. Consorte. Marido y mujer respectivamente. 3.5.14, 5.5.5.

coña. Guasa, burla disimulada.

coñá. Coñac.

coñac. Aguardiente de graduación muy elevada.

cooperación. Acción y efecto de cooperar.

cooperar (1). Obrar conjuntamente para un mismo fin.

cooperativo, a. Relativo a la cooperación.

coordinante. Que coordina. ‖ (Conjunción) 7.1.3.

coordinar (1). Disponer cosas metódicamente.

copartícipe. Que participa juntamente con otro.

copulativo, a. Que une. ‖ (Conjunción) 12.2.1, (función) 10.1.5, (oración) 10.6.3, 10.6.5, 10.6.7, 10.6.8.

coque. Cierto carbón, 3.2.2.

coraje. Valor, decisión.

corazón. Órgano central del aparato circulatorio de los animales, 2.6.

corbeta. Embarcación de guerra con tres palos.

corcar (1a). Carcomer.

corcel. Caballo ligero.

corcova. Curvadura anómala del pecho o de la columna vertebral.

corchete. Signo de puntuación, 12.1.1, 12.10.2.

cordobán. Piel curtida de macho cabrío o de cabra.

cordobés, sa. De Córdoba.

corniveleto, a. Toro o vaca de cuernos altos y derechos.

corporeizar (1x). Hacer corpóreo.

corpóreo, a. Que tiene cuerpo o consistencia.

corporificar (1a). Dar cuerpo.

correctivo, a. Que corrige.

corregir (30b). Enmendar lo errado. Amonestar, reprender.

correntiar (1t). Hacer inundaciones artificiales.

correo. Correspondencia. Servicio público que la transporta. 3.12.3.

corretaje. Estipendio que logra el corredor de comercio por su servicio.

correveidile. Persona que lleva y trae cuentos y chismes, 4.1.1.

corroborar (1). Confirmar. Dar nueva fuerza a la razón o al argumento.

corrocar (1a). Trazar paralelas con el gramil.

corroer (2i). Desgastar lentamente. Perturbar el ánimo.

corruptela. Abuso, especialmente contra la ley.

corte (el). Acción y efecto de cortar. Filo de un instrumento cortante. Cantidad de tela necesaria para un vestido. 4.11.2, 5.5.13.

corte (la). Población donde reside el monarca. Conjunto de la familia y la comitiva real, 4.11.2, 5.5.13.

cortesía. Calidad de cortés. ‖ (Pretérito imperfecto) 8.5.6.

cortijero, a. El que vive en un cortijo y cuida de él.

cortijo. Casa de labor en el campo.

coruscar (1a). Brillar.

corva. Parte de la pierna opuesta a la rodilla.

corvadura. Lugar por donde se dobla o tuerce algo.

corveta. Movimiento que se enseña al caballo, consistente en caminar sobre las piernas con los brazos al aire.

corvetear (1). Hacer corvetas.

corvo, a. Arqueado o combado.

coscarse (1a). Concomerse.

cosmorama. Artificio óptico para ver aumentado el tamaño de los objetos, 5.5.4.

costar (1r). Pagarse a determinado precio. Causar gastos, molestias o disgustos.

costillaje. Costillar, conjunto de costillas.

costreñir (24). Constreñir.

costumbre. Hábito adquirido por repetición de actos, 5.5.5.

cotizar (1g). Pagar una cuota. Asignar el precio de un valor en la bolsa.

covacha. Cueva pequeña.

covachuela. Tiendecilla. Oficina pública.

coxalgia. Artritis en la cadera.

coyote. Especie de lobo.

coyunda. Correa con que se uncen los bueyes al yugo. Unión conyugal.

coyuntura. Articulación. Oportunidad para alguna cosa.

coz. Patada, 3.4.3, 5.6.2.

cráter. Boca del volcán, 3.2.5, 4.2.3, 5.6.2.

crecer (2m). Tomar, recibir o adquirir aumento.

creces. Aumento, ventaja, exceso, 5.6.6, 5.6.7.

creciente. Que crece, 5.5.5.

credencial. Que acredita, 5.5.8.

creer (2i). Tener fe en algo o en alguien. Estar seguro de algo.

crema. Sustancia grasa de la leche. Natillas. 3.2.5. ‖ Diéresis, 3.5.3, 4.4.7, 12.1.1.

crepúsculo. Claridad anterior a la salida del sol y posterior a su ocaso.

creyente. Que cree.

criada. Mujer asalariada que trabaja en el servicio doméstico, 3.12.5.

criado. Hombre asalariado que trabaja en el servicio doméstico, 3.12.5.

criar (1t). Amamantar. Nutrir, alimentar, cuidar.

criba. Mecanismo para cribar, 3.1.9.

cribar (1). Limpiar de cualquier impureza el trigo u otra semilla.

crimen. Delito grave, 3.10.1.

crin. Conjunto de cerdas del cuello de algunos animales, 5.5.9.

cripta. Lugar subterráneo, en la iglesia o en el cementerio.

críptico, a. Oscuro, escondido, 3.9.1.

criptografía. Arte de escribir con clave o de modo enigmático.

criptografiar (1t). Transformar un texto según reglas de criptografía.

crisis. Situación difícil. Manifestación aguda de un trastorno. 4.2.3, 5.5.11, 5.6.7.

cristalizar (1g). Tomar forma cristalina.

cristianizar (1g). Conformar con las leyes y costumbres cristianas.

crítica. Juicio, opinión o censura sobre obras, acciones o conductas.

criticar (1a). Examinar con espíritu crítico. Censurar.

crítico, a. Relativo a la crisis o a la crítica, 4.2.1.

critiquizar (1g). Abusar de la crítica.

cromo. Metal. Estampa. 3.2.5.

cromolitografiar (1t). Reproducir en colores por impresiones sucesivas.

crónlech. Monumento megalítico.

croquis. Diseño a ojo.

cruce. Acción de cruzar. Punto donde se cruzan líneas, calles o caminos.

crucificar (1a). Clavar o fijar en una cruz.

crucifijo. Imagen de Cristo crucificado.

crujía. Espacio comprendido entre dos muros de carga. Tránsito largo de algunos edificios. 3.5.8.

crujir (3). Hacer cierto ruido algunos cuerpos al tocarlos o romperlos, 3.5.10.

cruzar (1g). Atravesar. Ir de un lado a otro. Juntar animales para que procreen.

cuacar (1a). Gustar, cuadrar algo.

cuadragésimo, a. Ordinal de cuarenta, 4.8.2.

cuadringentésimo, a. Ordinal de cuatrocientos, 4.8.2.

cuadriplicar (1a). Cuadruplicar.

cuadríyugo. Carro de cuatro caballos.

cuádruple. Resultado de multiplicar por cuatro, 4.8.5.

cuádruplo, a. Cuádruple, 4.8.5.

cuákero, a. Cuáquero.

cual. Pronombre relativo, 4.4.6, 6.6.6., 6.6.8. ‖ Partícula de relación, 7.1.3.

cuál. Partícula interrogativa y pronominal, 4.4.6, 6.6.3.

cualificar (1a). Calificar.

cualquiera. Indefinido, 5.6.7, 6.6.1.

cuan. Apócope de *cuanto,* 4.4.6.

cuán. Apócope de *cuánto,* 4.4.6.

cuando. Partícula de relación, 4.4.6, 6.6.4, 7.1.1, 7.1.3.

cuándo. Partícula interrogativa y pronominal, 4.4.5, 4.4.6, 6.6.4, 7.1.1.

cuantiar (1t). Tasar, apreciar la cuantía.

cuantificar (1a). Convertir en cifras.

cuanto. Pronombre correlativo con *tanto,* 4.4.6. ‖ Partícula de relación, 6.6.4, 7.1.1.

cuánto. Pronombre interrogativo y pronominal, 4.4.6, 6.6.4, 7.1.1.

cuáquero, a. Relativo a cierta secta religiosa.

cuarenta. Numeral cardinal, 4.8.2.

cuarentavo, a. Partitivo de cuarenta, 4.8.4.

cuarto, a. Ordinal y partitivo de cuatro, 4.8.4.

cuatro. Numeral cardinal, 4.8.2.

cuatrocientos. Numeral cardinal, 4.8.2.

cuatrocientosavo, a. Partitivo de cuatrocientos, 4.8.4.

cuba. Recipiente para contener líquidos.

cubicar (1a). Determinar la capacidad o volumen de algo.

cubierta. Lo que está o se pone encima.

cubierto, a. Efecto de cubrir.

cubil. Sitio donde los animales se recogen para dormir.

cubilete. Vaso utilizado como molde o para el juego.

cubo. Vaso grande con asa.

cubrir (3m). Tapar, ocultar, disimular.

cucar (1a). Guiñar el ojo.

cucú. Canto del cuclillo. Tipo de reloj. 3.12.1.

cucurbitáceo, a. Relativo a la familia de plantas a la que pertenece la calabaza.

cucurucho. Papel o cartón arrollado en forma cónica.

cuchichiar (1t). Cantar la perdiz.

cuchillo. Hoja de hierro acerado, de un solo corte, con mango.

cuchipanda. Comida que toman juntas y regocijadamente varias personas.

cuchufleta. Palabra o dicho de zumba o chanza.

cuentahílos. Especie de lupa que sirve para contar los hilos de un tejido.

cuerdas vocales. Ligamentos de la laringe, 1.5.

cuervo. Pájaro carnívoro.

cueva. Cavidad subterránea. Sótano.

cuévano. Cesto grande.

culebra. Cierta especie de reptil.

culebrear (1). Andar formando eses.

cultivar (1). Cuidar, fomentar, ejercitar.

cultivo. Acción y efecto de cultivar, 3.1.9.

cumbre. Cima o parte superior, 5.5.5.

curare. Sustancia muy tóxica usada en medicina.

curarizar (1g). Aplicar el curare.

curiosidad. Deseo de saber algo, 5.6.4.

curiosidades. Objetos curiosos o extraños, 5.6.4.

cursivo, a. Relativo a un tipo de letra, 3.1.8.

curvatura. Calidad de curvo.

curvilíneo, a. De líneas curvas.

curvo, a. Que se va apartando de la dirección recta sin formar ángulo.

cuyo, a. Partícula de relación, 3.7.2, 4.4.6, (pronombre relativo) 6.6.8.

CH

ch. Letra. Consonante. 1.4, 1.5, 1.6, (mayúscula) 4.9.3.

chabacanería. Falta de arte, gusto y mérito estimable.

chabola. Barraca, 3.12.4.

chacina. Cecina, carne salada.

chacolí. Vino ligero, 5.6.7.

chacarruscar (1a). Mezclar, revolver unos metales con otros.

cháchara. Abundancia de palabras inútiles.

chaflán. Cara que resulta de cortar por un plano una esquina o un ángulo diedro.

chalé. Casa de recreo de no grandes dimensiones.

chalet. Chalé.

chambelán. Gentilhombre de cámara. Camarlengo.

chambergo, a. Dícese de cierto regimiento militar y de su uniforme.

chamba. Chiripa.

chambón, na. Poco hábil. Que consigue algo por chiripa.

chamizo. Árbol o leño medio quemado. Tugurio sórdido.

champán. Embarcación grande de fondo plano. Champaña.

champaña. Vino blanco espumoso.

champú. Jabón para el cabello, 5.6.7.

chamuscar (1a). Quemar algo por la parte exterior.

chancar (1a). Triturar. Apalear.

chancear (1). Bromear, burlarse.

chancero, a. Que suele chancearse.

chanchullo. Manejo ilícito para conseguir algo.

chanflón, na. Tosco, grosero.

changar (1b). Romper, destrozar.

changüí. Chasco, engaño, vaya.

chantaje. Amenaza de pública difamación a fin de obtener algún provecho.

chantajista. El que ejercita el chantaje.

chaola. Chabola, 3.12.4.

chapecar (1a). Trenzar.

chapescar (1a). Huir.

chapucería. Tosquedad, imperfección.

chapucero, a. Relativo a la chapucería.

chaqué. Cierta prenda de vestir masculina, 5.6.3.

charanguero, a. Chapucero. Alborotador.

charco. Agua detenida en un hoyo o cavidad.

chascar (1a). Dar chasquidos.

chasquido. Estallido del látigo o la honda. Ruido seco y súbito.

chaval, la. Joven.

chaveta. Clavo remachado, clavija o pasador.

chaveta (perder la). Perder el juicio, volverse loco.

chazar (1g). Detener la pelota.

checoslovaco, a. De Checoslovaquia, 12.11.3.

cheque. Documento en forma de mandato de pago.

chiar (1t). Piar.

chicle. Gomorresina masticatoria, 1.11.

chicoleo. Donaire que se usa con las mujeres por galantería.

chichisbeo. Obsequio continuado de un hombre a una mujer.

chilaba. Pieza de vestir con capucha que usan los moros.

chillar (1). Gritar inarticuladamente. Alborotar.

chimpancé. Cierto mono.

chinche. Cierto insecto. Chincheta. 5.5.5.

chincheta. Clavito metálico.

chingar (1b). Beber con frecuencia vinos o licores.

chiquillo, a. Chico, pequeño, niño.

chiribitil. Desván, rincón. Cuarto muy pequeño.

chirigota. Cuchufleta.

chiripa. Suerte, casualidad favorable.

chiripá. Prenda de vestir usada en tierras de América.

chirivía. Planta de raíz carnosa y comestible.

chivato. Chivo desde los seis meses al año.

chivato, a. Soplón.

chivo, a. Cría de cabra desde que no mama hasta la edad de procrear.

chocar (1a). Encontrarse violentamente. Pelear, discutir. Sorprender.

chochez. Debilitación de las facultades mentales por efecto de la edad.

chofer. Chófer.

chófer. Mecánico conductor de automóvil.

choricero, a. Que hace o vende chorizos.

chorizar (1g). Hurtar.

chorizo. Cierto embutido. Ratero, ladronzuelo, descuidero.

chotis. Cierto baile.

chova. Especie de cuervo.

choza. Cabaña, casa tosca y pobre.

chozpar (1). Saltar o brincar con alegría algunos animales.

chubasco. Chaparrón o aguacero con mucho viento.

chuchería. Cosa de poca importancia, pero pulida y delicada.

chumbera. Higuera chumba.

chumbo, a. Dícese de cierta higuera y de su fruto.

chunga. Burla festiva.

chungarse (1b). Chunguearse.

chunguearse (1). Burlarse festivamente.

churrigueresco, a. Dícese del estilo arquitectónico introducido por Churriguera. Recargado.

churruscar (1a). Asar demasiado.

churumbel. Niño.

chuzar (1g). Punzar. Herir.

chuzo. Palo armado con un pincho de hierro.

chuzón, na. Astuto, difícil de engañar.

D

d. Letra. Consonante. 1.4, 1.5, 1.6, 1.11, 2.4, 3.4.

Dª. Abreviatura de *doña*, 13.4.4.

dable. Hacedero, posible.

dactilar. Digital, 3.12.6.

dactilografía. Mecanografía.

dactilografiar (1t). Mecanografiar, escribir a máquina.

dádiva. Cosa que se da graciosamente.

dadivoso, a. Relativo a la dádiva.

dado. Pieza cúbica usada en juegos de azar, 3.12.2.

damaceno, a. Damasceno.

damasceno, a. De Damasco.

damnificar (1a). Causar daño.

danubiano, a. Relativo al Danubio.

danzar (1g). Bailar. Hacer movimientos a compás.

dar (1p). Ceder gratuitamente. Entregar. Conceder. Producir fruto.

darvinismo. Teoría de Darwin y sus seguidores.

dátil. Fruto comestible de la palmera.

dativo. Uno de los casos de la declinación, 6.4, 6.5.1, 6.5.2.

DDR. Abreviatura de *Deutsche Demokratische Republik,* 4.10.8.

DDT. Abreviatura de *Dicloro-Difenil-Tricloroetano,* 4.10.8.

de. Nombre de consonante, 4.4.4. ‖ Preposición, 7.1.6, 7.1.7, 7.1.8, 7.2.10, 7.2.11.

de acuerdo a. Construcción incorrecta, 5.4.2.

de acuerdo con. Locución preposicional, 5.4.2.

de arriba a abajo. Expresión incorrecta, 4.4.4.

de forma que. Locución conjuntiva, 7.1.3.

de grado que. Locución conjuntiva, 7.1.3.

de manera que. Locución conjuntiva, 7.1.3.

de modo que. Locución conjuntiva, 7.1.3.

deán. Cabeza del cabildo después del prelado.

debajo. En lugar o puesto inferior. ‖ Adverbio, 7.2.5.

debajo de. Locución preposicional, 7.2.24.

debate. Controversia, discusión.

debe. Columna de cargo en las cuentas corrientes.

debelar (1). Vencer y sojuzgar al enemigo.

deber (2). Estar obligado por algo. ‖ (Auxiliar) 10.1.4, 10.4.

débil. De poco vigor o fuerza, 3.1.3.

debilidad. Cualidad de débil. Preferencia. 3.1.3.

debilitación. Acción y afecto de debilitar. ‖ (Vocálica), 11.1.1.

debilitar (1). Disminuir la fuerza.

débito. Deuda.

década. Período de diez días o de diez años.

decadencia. Declinación, menoscabo, principio de ruina.

decaer (16). Ir a menos.

decalvar (1). Rasurar a una persona todo el cabello.

decena. Conjunto de diez unidades.

decencia. Aseo, compostura. Recato, honestidad.

decenio. Período de diez años.

decentar (1j). Empezar a cortar o gastar.

decente. Relativo a la decencia.

decepción. Pesar causado por un desengaño.

deciárea. Décima parte de un área.

decible. Que se puede decir o explicar.

decigramo. Décima parte del gramo.

decilitro. Décima parte del litro.

décima. Cada una de las diez partes en que se divide un todo. Composición métrica de diez versos.

decimal. Sistema de pesas y medidas cuyas unidades son múltiplos o divisores de diez, respecto de la unidad principal de cada clase. Fraccionario.

décimo, a. Ordinal y partitivo de diez, 4.8.4.

decimocuarto, a. Ordinal de catorce, 4.8.2.

decimonoveno, a. Ordinal de diecinueve, 4.8.2.

decimoctavo, a. Ordinal de dieciocho, 4.8.2.

decimoquinto, a. Ordinal de quince, 4.8.2.

decimosétimo, a. Ordinal de diecisiete, 4.8.2.

decimoséptimo, a. Decimosétimo.

decimosexto, a. Ordinal de dieciséis, 4.8.2.

decimotercero, a. Ordinal de trece, 4.8.2.

decir (19). Manifestar con palabras. Nombrar. 3.5.13.

decisión. Determinación, resolución.

decisivo, a. Relativo a la decisión.

declarable. Que puede ser declarado.

declinación. Acción y efecto de declinar. ‖ Conjunto de formas de la flexión nominal, 6.2.

declinar (1). Inclinarse. Decaer, menguar. Rehusar. Enunciar las formas nominales de cada caso.

declive. Pendiente, cuesta, inclinación.

decocción. Acción y efecto de cocer.

decrecer (2m). Disminuir.

decreto. Disposicion oficial, 3.2.5.

decuplicar (1a). Multiplicar por diez.

décuplo, a. Resultado de multiplicar por diez, 4.8.5.

dedicar (1a). Consagrar, destinar. Emplear. Aplicar.

dedignar (1). Despreciar, desdeñar.

dedolar (1r). Cortar oblicuamente.

deducción. Acción y efecto de deducir.

deductivo, a. Relativo a la deducción.

deducir (20). Sacar consecuencias de un principio.

defalcar (1a). Desfalcar.

defecar (1a). Expeler los excrementos.

defección. Acción de separarse por deslealtad.

defectible. Que puede faltar.

defender (2d). Amparar. Abogar en favor de alguien.

defendible. Que puede ser defendido.

defenecer (2m). Dar el finiquito a una cuenta.

deferencia. Adhesión. Muestra de respeto y cortesía.

deferir (22). Ceder por respeto o cortesía.

deficiencia. Defecto o imperfección.

déficit. Descubierto, parte que falta, 3.4.1, 5.6.7.

definición. Acción y efecto de definir.

definir (3). Fijar con claridad y precisión el significado de una palabra.

definitivo, a. Que decide, resuelve o concluye.

deflación. Reducción de la circulación fiduciaria, 3.11.2.

degeneración. Acción y efecto de degenerar.

degenerar (1). Decaer, declinar. Perder virtud o calidad.

degollar (1r). Cortar la garganta o el cuello.

degüello. Acción de degollar.

dehesa. Tierra acotada destinada a pastos.

dehiscencia. Acción de abrirse naturalmente las anteras de una flor.

deicida. El que da muerte a un dios.

deíctico, a. Mostrativo, 3.2.4.

deificar (1a). Divinizar.

dejar (1). Omitir. Apartarse. Colocar. ‖ (Auxiliar) 10.1.4.

deje. Tonillo, gustillo.

del. Contracción de *de* y *el,* 5.8.2.

delante de. Locución preposicional, 7.2.4.

deleble. Que puede borrarse.

deleznable. Inconsistente. Que se rompe o disgrega fácilmente.

delgadez. Calidad de delgado.

delgado, a. Flaco, tenue, delicado, fino, 3.12.2.

deliberar (1). Considerar atenta y detenidamente las ventajas y los inconvenientes de una decisión.

delicadez. Flaqueza, debilidad. Indolencia.

delicadeza. Exquisito miramiento. Ternura, suavidad.

delicia. Placer muy intenso.

delicioso, a. Relativo a la delicia.

delictivo, a. Relativo al delito.

delicuescente. Que tiene la propiedad de atraer la humedad del aire y liquidarse lentamente. Inconsistente.

delincuencia. Calidad de delincuente.

delinquir (3c). Quebrantar una ley o mandato.

delta (la). Letra griega, 4.11.2, 5.5.13.

delta (el). Zona de acumulación aluvial en la desembocadura de un río, 4.11.2, 5.5.13.

demagogia. Halago de la plebe para hacerla instrumento de la propia ambición política.

demarcar (1a). Marcar límites.

demasiado, a. Indefinido, 6.6.1.

demasiar (1t). Exceder.

democratizar (1g). Intensificar la participación del pueblo en las decisiones del gobierno.

demoler (2e). Derribar, arruinar, deshacer.

demostración. Acción y efecto de demostrar, 3.11.2.

demostrar (1r). Probar de forma inequívoca.

demostrativo. Pronombre indicador de relación personal locativa, 5.9.7, 9.2.2, (concordancia) 5.7.4, 5.8.5.

denegar (1d). No conceder lo solicitado.

denegrecer (2m). Ennegrecer.

dengue. Melindre. Enfermedad. Planta herbácea.

denostar (1r). Injuriar gravemente.

densificar (1a). Hacer denso o más denso.

dental. Relativo a los dientes. ‖ (Sonido) 1.5.

dentalizar (1g). Articular un sonido en la región dental.

dentar (1j). Endentecer.

denunciar (1). Delatar. Anunciar, noticiar.

Deo volente. Expresión latina: Dios mediante.

deponer (5). Privar a alguien de su empleo. Atestiguar, aseverar.

depósito. Acción y efecto de depositar, 4.2.1.

depravar (1). Viciar, adulterar, corromper.

deprecar (1a). Rogar, rezar.

depreciar (1). Rebajar el valor o precio de una cosa.

depredación. Pillaje, robo con violencia, devastación. Malversación.

depurativo, a. Que purifica los humores, especialmente la sangre.

dequeísmo. Uso indebido de la preposición *de* ante *que*, 7.1.6, 7.1.7.

derelinquir (3c). Derrelinquir.

derivado, a. Resultado de derivar. ‖ (Palabra) 3.1.3, 3.1.12, 3.2.2.

derivar (1). Traer su origen de alguna cosa. Encaminar.

dermalgia. Dolor nervioso de la piel.

derogar (1b). Anular disposiciones o leyes.

derrabar (1). Cortar, arrancar o quitar la cola a un animal.

derrelinquir (3c). Abandonar, desamparar.

derrenegar (1d). Aborrecer.

derrengar (1d). Lastimar el espinazo. Cansar.

derretir (30). Disolver algo mediante el calor.

derribar (1). Demoler, abatir, arruinar.

derrocar (1a). Derribar a alguien de su empleo, poder o dignidad.

derrubiar (1). Robar lentamente el río, arroyo o humedad la tierra de las riberas.

derrumbar (1). Precipitar, despeñar.

derviche. Especie de monje entre los mahometanos.

desabarrancar (1a). Sacar de un barranco.

desabastecer (2m). Desproveer.

desabejar (1). Quitar las abejas de la colmena.

desabollar (1). Quitar las abolladuras.

desabonarse (1). Retirar el abono.

desabor. Insipidez, desabrimiento.

desaborido, a. Soso, sin sabor.

desabotonar (1). Desabrochar. Sacar los botones de los ojales.

desabrido, a. Que carece de gusto o lo tiene malo. Áspero.

desabrigar (1b). Descubrir, desarropar.

desabrochar (1). Desasir los broches o botones.

desaceitar (1). Quitar el aceite.

desacerar (1). Quitar o gastar la parte de acero que tiene una herramienta.

desacertar (1j). Errar, no tener acierto.

desacierto. Dicho o hecho desacertado.

desadherir (22). Despegar, 3.4.5.

desadormecer (2m). Despertar.

desadvertir (22). No reparar o advertir una cosa.

desafiar (1t). Retar. Contender.

desaforar (1r). Quebrantar los fueros. Osar, atreverse.

desagradecer (2m). No corresponder debidamente al beneficio recibido.

desagraviar (1). Reparar el agravio.

desaguar (1c). Salir un líquido de donde está. Vaciarse un recipiente.

desaguazar (1g). Quitar agua.

desagüe. Acción y efecto de desaguar o desaguarse. Conducto para desaguar.

desahijar (1u). Apartar las crías de las madres.

desahitarse (1u). Quitarse una indigestión o embarazo de estómago.

desahogado, a. Que vive con desahogo. Descarado, descocado.

desahogar (1b). Aliviar el ánimo.

desahogo. Alivio de la pena o aflicción.

desahuciar (1). Quitar toda esperanza de conseguir lo deseado.

desahucio. Acción y efecto de desahuciar al inquilino o arrendatario.

desahumar (1w). Quitar el humo.

desalabar. Vituperar, poner faltas o tachas.

desalagar (1b). Desecar, desencharcar.

desalentar (1j). Quitar el ánimo, desanimar.

desalhajar (1). Quitar alhajas, muebles o adornos.

desalivar (1). Arrojar saliva con abundancia.

desalmado, a. Cruel, inhumano, 4.11.3.

desamoblar (1r). Quitar muebles.

desamortizar (1g). Poner en venta los bienes de manos muertas.

desandar (1h). Retroceder, 3.1.5.

desánimo. Desaliento, decaimiento, 4.2.1.

desaojar (1). Curar el aojo.

desapacible. Que causa disgusto o enfado.

desaparecer (2m). Ocultar, quitarse de la vista.

desapercibido, a. Desprevenido, desprovisto de lo necesario.

desapiolar (1r). Quitar el lazo o atadura de los animales cazados.

desaplicar (1a). No prestar atención al estudio.

desaporcar (1f). Quitar la tierra que cubre las plantas.

desapoyar (1). Quitar el apoyo con que se sostiene algo.

desapreciar (1). Desestimar.

desaprensivo, a. Carente de miramientos.

desaprobar (1r). Reprobar, no asentir.

desaprovechar (1). Desperdiciar o emplear mal una cosa o una ocasión.

desarbolar (1). Destruir o derribar los palos de la embarcación.

desarrebozar (1g). Descubrir, quitar el rebozo.

desarrebujar (1). Desenvolver, desenmarañar. Desarropar.

desarrendar (1j). Dejar o hacer dejar lo que se tiene en arriendo.

desarrevolver (2n). Desenvolver, desembarazar.

desarrugar (1b). Hacer desaparecer las arrugas.

desasentar (1j). Quitar algo de su lugar, desarraigar.

desasir (3d). Soltar.

desasosegar (1j). Quitar el sosiego.

desatacar (1a). Desatar los botones o corchetes prendidos en el vestido.

desatancar (1a). Desatascar.

desatascar (1a). Dejar expedito un conducto que estaba obstruido.

desataviar (1t). Quitar los atavíos.

desatavío. Desaliño, descompostura.

desatender (2d). Omitir, no hacer caso.

desatentar (1j). Turbar el sentido.

desaterrar (1j). Escombrar, desembarazar de escombros.

desatracar (1a). Apartar una embarcación de otra o de la costa.

desatraer (10). Apartar, separar.

desatraillar (1u). Quitar la traílla o cuerda con que se ata el perro.

desatrancar (1a). Quitar a la puerta la tranca o refuerzo. Desatascar.

desautorizar (1g). Quitar autoridad, poder, crédito o estimación.

desavahar (1). Desarropar para que exhale el vaho. Dejar enfriar.

desavecindarse (1). Ausentarse de un lugar, mudando a otro el domicilio.

desavenencia. Oposición, discordia, contrariedad.

desavenir (2). Discordar, desconcertar.

desaviar (1t). Apartar a uno del camino que debe seguir. Quitar el avío.

desavisar (1). Dar el aviso contrario al que se había dado.

desayudar (1). Embarazar lo que puede servir de ayuda.

desayunar (1). Tomar la primera comida del día.

desayuno. Alimento ligero que se toma por la mañana.

desazogar (1b). Quitar el azogue.

desazón. Falta de sabor y gusto. Disgusto, molestia, inquietud. 5.5.9.

desbabar (1). Expeler las babas.

desbagar (1b). Sacar la linaza de la baga.

desbalagar (1b). Dispersar.

desbancar (1a). Ganar a la banca en el juego. Desembarazar.

desbandarse (1). Desparramarse, huir en desorden.

desbarajuste. Desorden.

desbaratar (1). Deshacer, arruinar. Estorbar, impedir.

desbarbar (1). Quitar las hilachas o pelos.

desbarrar (1). Errar en lo que se dice. Discurrir fuera de razón.

desbarrigar (1b). Herir el vientre.

desbastar (1). Quitar las partes más bastas. Pulir.

desbautizarse (1g). Impacientarse, irritarse.

desbinzar (1g). Quitar la binza o película exterior al pimiento seco.

desbocar (1a). Quitar o romper la boca. Prorrumpir en denuestos.

desbordar (1). Salir de los bordes. Derramarse.

desbornizar (1g). Arrancar el bornizo.

desborrar (1). Quitar la borra a los paños.

desboscar (1a). Limpiar de matas y maleza.

desbragar (1b). Cavar una pileta alrededor de la cepa.

desbravar (1). Amansar el ganado. Perder su fuerza. Desahogarse.

desbravecer (2m). Desbravar.

desbrazarse (1g). Extender mucho y violentamente los brazos.

desbriznar (1). Desmenuzar. Quitar la brizna.

desbrozar (1g). Limpiar, quitar la broza.

desbruar (1s). Quitar la grasa al tejido.

desbullar (1). Sacar la ostra de su concha.

descabalgar (1b). Desmontar, bajar de la caballería.

descabellar (1). Despeinar. Matar al toro instantáneamente, hiriéndole en la cerviz con la punta de la espada.

descabezar (1g). Quitar o cortar la cabeza. Comenzar a vencer un obstáculo.

descabritar (1). Destetar cabritos.

descabullirse (3h). Escabullirse.

descachazar (1g). Quitar la cachaza al guarapo.

descaecer (2m). Ir a menos.

descaer (16). Decaer.

descafeinar (1u). Extraer la cafeína del café.

descalabazarse (1g). Calentarse la cabeza en averiguar algo, sin lograrlo.

descalabrar (1). Herir a uno en la cabeza.

descalcar (1a). Sacar las estopas de un buque.

descalcez. Calidad de descalzo.

descalificar (1a). Desacreditar. Excluir de una prueba por infracción del reglamento.

descalzar (1g). Quitar el calzado.

descaperuzar (1g). Quitar la caperuza de la cabeza.

descargar (1b). Quitar o aliviar la carga. Disparar. Golpear violentamente.

descarozar (1g). Quitar el carozo a las frutas.

descarriar (1t). Apartar del camino.

descascar (1a). Romperse en cascos. Hablar mucho, fanfarronear.

descatolizar (1g). Apartar de la religión católica.

descebar (1). Quitar el cebo.

descender (2d). Bajar. Derivarse. Proceder de un antepasado.

descentralizar (1g). Apartar de la administración central ciertas funciones.

descentrar (1). Sacar algo de su centro.

desceñir (24). Desatar.

descercar (1a). Quitar el cerco o muralla.

descerezar (1g). Quitar la cereza a la semilla del café.

descerrajar (1). Arrancar o violentar la cerradura.

descerrar (1j). Abrir.

descervigar (1b). Torcer la cerviz.

descifrar (1). Declarar lo cifrado o lo que es difícil o intrincado.

descimentar (1/1j). Deshacer los cimientos.

desclavar (1). Arrancar o quitar los clavos.

descoagular (1). Liquidar lo coagulado.

descobijar (1). Descubrir, destapar.

descocar (1a). Hablar o actuar con descoco. Quitar los cocos de los árboles.

descocer (2f). Digerir la comida. Desazonarse.

descoger (2b). Desplegar lo que está plegado o extender lo que está recogido.

descolgar (1m). Bajar o quitar lo que está colgado.

descollar (1r). Sobresalir.

descombrar (1). Despejar. Desembarazar de cosas que estorban.

descomedir (30). Faltar al respeto.

descomponer (5). Desordenar. Separar las partes de lo compuesto. Corromperse. Enfadar.

descomulgar (1b). Excomulgar.

desconceptuar (1s). Desacreditar.

desconcertar (1j). Turbar, sorprender. Descomponer el orden.

desconectar (1). Interrumpir la conexión.

desconfiar (1t). Tener o sentir desconfianza.

desconocer (2m). No conocer. No recordar.

desconsentir (22). Dejar de consentir.

desconsolar (1r). Privar de consuelo.

descontar (1r). Perder la cuenta. Hacer una operación de descuento.

descontentadizo, a. Difícil de contentar.

descontinuar (1s). Discontinuar.

desconvenir (2l). No convenir.

desconvidar (1). Anular un convite.

descorazonar (1). Desanimar, desalentar.

descordar (1r). Discordar.

descornar (1r). Quitar los cuernos a un animal.

descortezar (1g). Quitar la corteza.

descostar (1r). Apartar, separar.

descoyuntar (1). Desencajar los huesos.

descrecencia. Acción y efecto de descrecer o decrecer.

descrecer (2m). Decrecer.

descreencia. Falta, abandono de fe.

descreer (2i). Faltar a la fe. Dejar de creer.

descriar (1t). Desmejorar.

describir (3n). Representar, figurar, definir, explicar.

descripción. Acción y efecto de describir, 8.5.7.

descriptivo, a. Que describe.

descrudecer (2m). Eliminar la goma de la seda cruda.

descruzar (1g). Deshacer la forma de cruz.

descuajaringar (1b). Desvencijar. Desconcertar.

descuajeringar (1b). Desordenar. Desternillar de risa.

descuartizar (1g). Dividir un cuerpo en pedazos.

descubrir (3m). Manifestar. Destapar. Inventar.

desdar (1p). Dar vueltas en sentido inverso a que se habían dado.

desde. Preposición, 7.2.12.

desde ya. Construcción incorrecta, 5.4.1.

desdevanar (1). Deshacer el ovillo que se había devanado.

desdecir (19). Retractar. No corresponder una cosa con otra.

desdentar (1j). Sacar los dientes.

desdibujado, a. Defectuoso, impreciso o mal conformado.

deseable. Digno de ser deseado.

desecar (1a). Secar. Deshidratar.

desedificar (1a). Dar mal ejemplo.

deselectrizar (1g). Descargar de electricidad.

desembalar (1). Desenfardar.

desembarazar (1g). Quitar o eliminar el impedimento.

desembarcar (1a). Salir o sacar de una embarcación.

desembargar (1b). Quitar impedimentos. Alzar el embargo.

desembarrancar (1a). Sacar a flote la nave varada.

desembaular (1w). Sacar lo que está en un baúl.

desembebecer (2m). Recobrar el sentido que estaba perturbado.

desembocar (1a). Salir por una boca o estrecho. Desaguar, tener salida.

desembolsar (1). Sacar lo que está en la bolsa. Pagar.

desembotar (1). Hacer que lo que está embotado deje de estarlo.

desembozar (1g). Quitar el embozo.

desembragar (1b). Desacoplar del eje motor un mecanismo.

desembravecer (2m). Amansar.

desembrazar (1g). Quitar algo del brazo.

desembriagar (1b). Quitar de embriaguez.

desembrollar (1). Desenredar.

desembrozar (1g). Desbrozar.

desemejanza. Diferencia, diversidad.

desempacar (1a). Sacar la mercancía de la paca o fardo.

desempalagar (1b). Quitar el empalago.

desempañar (1). Quitar el vaho. Limpiar lo empañado.

desempaquetar (1). Desenvolver lo que está en paquetes.

desempatar (1). Deshacer el empate.

desempedrar (1j). Arrancar las piedras de un empedrado.

desempeñar (1). Sacar lo que estaba en prenda. Ejercer, ejecutar, cumplir.

desempegar (1b). Quitar el baño de pez a las tinajas.

desemperezar (1g). Desechar la pereza.

desempolvar (1). Quitar el polvo.

desempozar (1g). Sacar lo que está en un pozo.

desempulgar (1b). Soltar el ave de presa para lanzarla sobre la pieza que ha de cobrar.

desencabalgar (1b). Desmontar una pieza de artillería.

desencalcar (1a). Aflojar.

desencadenar (1). Quitar la cadena. Romper o desunir. Iniciar con ímpetu o violencia.

desencajar (1). Sacar de un lugar. Desunir del encaje o trabazón. Descomponerse el semblante por enfermedad o pasión de ánimo.

desencarecer (2m). Abaratar.

desencargar (1b). Revocar un encargo.

desencerrar (1j). Sacar del encierro. Abrir lo que estaba cerrado.

desenclavar (1). Desclavar.

desencoger (2b). Estirar o dilatar lo que está encogido.

desencolerizar (1g). Apaciguar.

desencordar (1r). Quitar las cuerdas de un instrumento.

desencovar (1r). Sacar o hacer salir de una cueva.

desencrudecer (2m). Descrudecer.

desenfocar (1a). Hacer perder el enfoque.

desenfurecer (2m). Apaciguar, hacer deponer el furor.

desengarzar (1g). Deshacer el engarce.

desengrosar (1r). Adelgazar.

desenhebrar (1). Sacar la hebra de la aguja.

desenhornar (1). Sacar del horno.

desenjaezar (1g). Quitar los jaeces.

desenlazar (1g). Desatar los lazos. Dar solución a un asunto.

desenmohecer (2m). Limpiar, quitar el moho.

desenmudecer (2m). Librarse del impedimento que tenía para hablar. Romper el silencio.

desenrizar (1g). Desrizar.

desenroscar (1a). Extender lo enroscado. Sacar lo que se introdujo a vuelta de rosca.

desenrudecer (2m). Quitar la rudeza.

desentablar (1). Arrancar las tablas.

desentalingar (1b). Zafar el cable del ancla.

desentenderse (2d). Afectar ignorancia. No tomar parte en un asunto.

desenterrar (1j). Sacar lo que está enterrado. Traer a la memoria lo olvidado.

desentorpecer (2m). Sacudir la torpeza.

desentronizar (1g). Deponer a uno de su autoridad.

desentumecer (2m). Hacer que un miembro del cuerpo entumecido recobre su agilidad.

desenvainar (1). Sacar de la vaina el arma blanca.

desenvergar (1b). Desatar las velas envergadas.

desenvolver (2n). Desarrollar. Obrar con maña y habilidad. Explicar un tema.

desenzarzar (1g). Sacar de las zarzas.

deserrado, a. Libre de errores.

deservir (30). Faltar a la obligación de servir que uno tiene.

desespañolizar (1g). Quitar la condición de español.

desesperanzar (1g). Quitar la esperanza.

desestancar (1a). Dejar libre lo que está estancado.

desetanizar (1g). Separar el etano del propano o del petróleo.

desfachatez. Descaro, desvergüenza.

desfalcar (1a). Tomar para sí un caudal que se tenía bajo obligación de custodia.

desfallecer (2m). Decaer, debilitarse.

desfavorecer (2m). Dejar de favorecer. Contradecir.

desflecar (1a). Sacar flecos.

desflocar (1a). Desflecar.

desflorecer (2m). Perder la flor.

desfogar (1b). Dar salida al fuego. Manifestar con vehemencia una pasión.

desfortalecer (2m). Demoler una fortaleza. Privarla de guarnición.

desfruncir (3a). Desplegar lo que está fruncido.

desgalgar (1b). Despeñar.

desgasificar (1a). Extraer el gas.

desgobernar (1j). Gobernar mal.

desgobierno. Desorden, falta de gobierno.

desgonzar (1g). Desgoznar.

desgracia. Suerte adversa.

desgranzar (1g). Quitar las granzas.

desguarnecer (2m). Quitar la guarnición.

desguazar (1g). Desbastar con el hacha un madero.

desguinzar (1g). Cortar el trapo con el desguince.

deshabitar (1). Dejar o abandonar la habitación. Dejar sin habitantes.

deshacer (11). Descomponer, gastar, romper, desleír.

desharrapado, a. Andrajoso, roto.

deshebrar (1). Sacar las hebras.

deshechizar (1g). Deshacer el hechizo.

deshelar (1j). Liquidar lo que está helado.

desherbar (1j). Quitar hierbas perjudiciales.

desheredar (1). Excluir de la herencia.

deshermanar (1). Eliminar la igualdad o semejanza.

desherrar (1j). Quitar los hierros o herraduras.

deshidratar (1). Privar a un cuerpo hidratado del agua que contiene, 4.1.2.

deshilar (1). Sacar los hilos de un tejido. Destejer.

deshilvanado, a. Sin enlace ni trabazón.

deshincar (1a). Sacar lo que está hincado.

deshinchar (1). Quitar la hinchazón. Deponer la presunción.

deshipotecar (1a). Cancelar la hipoteca, 3.6.3.

deshojar (1). Quitar o perder las hojas, 4.11.3.

deshollinar (1). Limpiar las chimeneas.

deshonesto, a. Impúdico, indecoroso.

deshonrar (1). Quitar la honra.

deshora. Tiempo inoportuno. Fuera de tiempo.

deshuesar (1). Quitar huesos a un animal o fruta.

deshumanizar (1g). Privar de caracteres humanos.

deshumedecer (2m). Desecar, quitar la humedad.

desiderátum. Objeto y fin de un vivo y constante deseo. Lo más digno de ser apetecido en su línea.

designio. Pensamiento o propósito del entendimiento, aceptado por la voluntad.

desimaginar (1). Borrar una cosa de la imaginación.

desimponer (5). En imprenta, quitar la imposición de una forma.

desinfectar (1). Quitar la infección o la capacidad de causarla.

desinflar (1). Sacar el aire u otro gas al cuerpo flexible que lo contenía.

desintoxicar (1a). Eliminar los elementos tóxicos.

desinvernar (1j). Salir las tropas de los cuarteles de invierno.

desjugar (1b). Sacar el jugo.

deslabonar (1). Soltar o desunir un eslabón de otro.

deslavar (1). Lavar muy por encima. Desustanciar. Quitar fuerza, color o vigor.

deslavazar (1g). Deslavar.

deslazar (1g). Desenlazar.

deslechugar (1b). Limpiar la viña de lechuguillas.

desleír (25). Disolver cuerpos por medio de líquidos.

deslendrar (1j). Quitar las liendres.

deslenguar (1c). Cortar la lengua. Desvergonzar.

desliar (1t). Desatar lo liado.

desligar (1b). Soltar las ligaduras. Dispensar de la obligación contraída.

deslizar (1g). Resbalar suavemente.

deslucir (3g). Quitar el lustre, gracia o atractivo.

deslumbrar (1). Ofuscar la vista con demasiada luz. Producir fuerte impresión.

desmagnetizar (1g). Suprimir la imantación.

desmajolar (1r). Arrancar los majuelos.

desmangar (1b). Quitar el mango a una herramienta.

desmantecar (1a). Quitar la manteca.

desmarcar (1a). En deporte, librar o librarse de la vigilancia de un adversario.

desmayar (1). Desfallecer de ánimo. Perder el sentido.

desmayo. Síncope. Desaliento. 3.7.1, 3.7.2.

desmelancolizar (1g). Quitar la melancolía.

desmelar (1j). Quitar la miel a la colmena.

desmembrar (1j). Separar, dividir, apartar los miembros.

desmenguar (1c). Disminuir.

desmentir (22). Decir que algo es falso. Demostrar la falsedad de algo.

desmenuzar (1g). Deshacer una cosa en partes menudas.

desmerecer (2m). Hacerse indigno de premio o alabanza.

desmicar (1a). Fijar la vista y la atención.

desmocar (1a). Sonarse o quitarse los mocos.

desmogar (1b). Mudar los cuernos.

desmoler (2e). Desgastar. Digerir.

desmonetizar (1g). Abolir el empleo de un metal para la acuñación de moneda.

desmoralizar (1g). Desanimar, corromper con malos ejemplos.

desmorecer (2m). Sentir con violencia una pasión. Perturbar la respiración por el llanto o la risa.

desmullir (3h). Descomponer lo mullido.

desnarigar (1b). Quitar a uno las narices.

desnaturalizar (1g). Privar del derecho de naturaleza. Expatriar. Variar las propiedades de algo.

desnegar (1d). Contradecir.

desnevar (1j). Derretirse la nieve.

desnicotinizar (1g). Eliminar nicotina.

desnitrificar (1a). Extraer el nitrógeno.

desnivel. Diferencia de altura entre dos puntos.

desnucar (1a). Dislocar o fracturar los huesos de la nuca.

desobedecer (2m). No obedecer.

desobligar (1b). Librar de una obligación.

desobstruir (29). Quitar los impedimentos, desembarazar.

desoír (26). Desatender.

desojar (1). Mirar con mucho ahínco. Romper el ojo de un instrumento.

desolar (1). Destruir. Afligir.

desoldar (1r). Quitar la soldadura.

desollar (1r). Quitar la piel de un animal. Murmurar de alguien.

desonzar (1g). Injuriar, infamar.

desorganizar (1g). Desordenar la organización de algo.

desosar (1i). Deshuesar.

desovar (1). Soltar las hembras de los peces y de los anfibios sus huevos o huevas.

desovillar (1). Deshacer los ovillos.

desoxigenar (1). Desoxidar, quitar el oxígeno.

despabilar (1). Quitar la parte quemada del pabilo. Avivar.

despacio. Poco a poco.

despancar (1a). Separar la panca de la mazorca del maíz.

despanzurrar (1). Despachurrar.

desparecer (2m). Hacer que desaparezca algo.

desparrancar (1a). Esparrancar.

despavesar (1). Despabilar una luz.

despavorir (3ñ). Llenar de pavor.

despectivo, a. Despreciativo.

despechugar (1b). Quitar la pechuga a una ave. Mostrar el pecho.

despedazar (1g). Hacer pedazos.

despedir (30). Arrojar, difundir. Atender con cortesía al que se va.

despedrar (1j). Desempedrar. Despedregar.

despedregar (1b). Limpiar de piedras.

despegar (1b). Apartar, separar, desunir. Alzar el vuelo una aeronave.

despelucar (1a). Despeluzar.

despeluzar (1g). Descomponer el pelo. Erizar el cabello.

despentanizar (1g). Separar el pentano del producto petrolífero.

desperdiciar (1). Malbaratar, emplear mal una cosa.

desperdigar (1b). Separar, esparcir.

desperecer (2m). Perecer.

desperezar (1g). Estirar los miembros para librarse de la pereza.

despernancarse (1a). Despatarrarse, abrir excesivamente las piernas.

despernar (1j). Cortar o estropear las piernas.

despertar (1j). Interrumpir el sueño. Estimular.

despezar (1e). Adelgazar un tubo para enchufarlo en otro.

despicar (1a). Desahogar, satisfacer.

despicarazar (1g). Picar los pájaros los higos.

despiezar (1g). Dividir los arcos, muros o bóvedas de un edificio.

despinzar (1g). Quitar algo con pinzas.

despizcar (1a). Hacer pizcas una cosa.

desplacer (2m). Disgustar, desagradar.

desplazar (1g). Trasladar. Sacar algo o alguien del puesto que ocupa.

desplegar (1j). Desdoblar. Abrir una columna militar.

despliegue. Acción y efecto de desplegar.

despoblación. Falta parcial o total de la gente que poblaba un lugar.

despoblar (1r). Reducir a yermo y desierto. Abandonar un lugar gran parte del vecindario.

despoetizar (1g). Quitar a algo el carácter poético.

despojar (1). Privar con violencia de lo que se tiene, 3.5.7.

despolarizar (1g). Interrumpir el estado de polarización.

despolitizar (1g). Quitar el carácter político.

despolvorear (1). Sacudir el polvo.

despopularizar (1g). Privar de popularidad.

desporrodingar (1b). Despilfarrar.

desposeer (2i). Privar a uno de lo que posee.

despotizar (1g). Gobernar despóticamente.

despotricar (1a). Decir sin reparo todo cuanto a uno se le ocurre.

despreciar (1). Desestimar y tener en poco.

desprestigiar (1). Quitar el prestigio.

desprevenido, a. Desapercibido, falto de lo necesario.

desprivar (1). Hacer caer de la privanza.

despropanizar (1g). Separar el propano del producto petrolífero.

desproveer (2ñ). Despojar a uno de sus provisiones.

después. Indica posterioridad, 4.3.1.

desquerer (7). Dejar de querer.

desquiciar (1). Desencajar o sacar de quicio.

desrabar (1). Derrabar, quitar el rabo.

desratizar (1g). Exterminar las ratas.

desrelingar (1b). Quitar las relingas a las velas.

desriscar (1a). Precipitar algo desde un risco.

desrizar (1g). Deshacer los rizos.

desrodrigar (1b). Quitar los rodrigones a las plantas.

destacar (1a). Realzar, poner de relieve. Separar del grupo.

destazar (1g). Hacer pedazos.

destejer (2). Deshacer lo tejido, 3.5.7, 3.5.10.

destentar (1j). Quitar la tentación.

desteñir (24). Quitar el tinte.

desterrar (1j). Expulsar de un territorio. Apartar de sí.

destituir (29). Deponer, separar de un empleo.

destocar (1a). Quitar o deshacer el tocado. Descubrirse la cabeza.

destorcer (2f). Deshacer lo retorcido.

destorgar (1b). Romper o arrancar el torgo de una planta.

destrabar (1). Quitar las trabas.

destrenzar (1g). Deshacer la trenza.

destrincar (1a). Desamarrar. Deshacer la trinca.

destrizar (1g). Hacer trizar.

destrocar (1f). Deshacer el trueque.

destroncar (1a). Cortar por el tronco. Arruinar.

destrozar (1g). Despedazar, hacer trozos. Estropear. Causar daño moral.

destructivo, a. Que destruye.

destruir (29). Arruinar, deshacer, asolar.

desucar (1a). Desjugar, sacar el jugo.

desuncir (3a). Quitar del yugo las bestias sujetas a él.

desuñir (3h). Desuncir.

desurcar (1a). Deshacer los surcos.

desvahar (1). Quitar lo marchito y seco de una planta.

desvainar (1). Sacar los granos o semillas de las vainas.

desvaír (3i). Vaciar, desocupar.

desvalijar (1). Robar. Quitar mediante engaño, juego o robo.

desvalimiento. Desamparo.

desvalorizar (1g). Disminuir el valor de algo.

desván. Parte de la casa inmediata al tejado.

desvanecer (2m). Disgregar, deshacer, evaporar.

desvariar (1t). Delirar.

desvastigar (1b). Cortar las ramas de los árboles, aclarándolos.

desvelar (1). Quitar el sueño. Descubrir, poner de manifiesto.

desvencijar (1). Desconcertar las partes de una cosa que debían estar unidas.

desventaja. Mengua o perjuicio que se nota por comparación.

desventura. Desgracia. Suerte adversa.

desvergonzar (1y). Faltar al respeto. Hablar con descortesía.

desvergüenza. Insolencia. Falta de vergüenza.

desvestir (30). Desnudar.

desvezar (1g). Desavezar. Cortar los mugrones de las viñas. Destetar.

desviar (1t). Separar o alejar de su lugar o camino.

desvirar (1). Recortar lo superfluo.

desvirgar (1b). Quitar la virginidad a la mujer.

desvirtuar (1s). Quitar la virtud, sustancia o vigor.

desvitrificar (1a). Hacer que el vidrio pierda su transparencia.

desvivirse (3). Mostrar solicitud o vivo interés por uno o alguien.

desvolver (2n). Alterar una cosa, darle otra figura. Arar la tierra.

desyerbar (1). Desherbar, quitar las malas hierbas.

desyugar (1b). Desuncir.

deszocar (1a). Quitar el zócalo. Maltratar el pie de algo de modo que quede impedido su uso.

deszulacar (1a). Quitar el betún o zulaque.

detector. Aparato que revela la presencia de algo.

detener (8). Suspender. Parar. Arrestar. 3.1.6.

detergente. Que limpia.

deterger (2b). Limpiar.

determinación. Acción y efecto de determinar, 12.2.4.

determinativo. Complemento gramatical del sustantivo, (concordancia) 5.7.4.

detestable. Abominable, aborrecible.

detractor, ra. Maldiciente o difamador.

detraer (10). Restar. Infamar.

devalar (1). Separarse del rumbo una embarcación.

devaluar (1s). Quitar o perder valor.

devanar (1). Arrollar hilo, cuerda o alambre en ovillo o carrete.

devaneo. Delirio, desatino. Pasatiempo vano o reprensible. Amorío.

devastar (1). Destruir un territorio.

devengar (1b). Adquirir derecho a retribución.

devenir (21). Suceder, acaecer, sobrevenir.

devoción. Amor, veneración. Fervor religioso.

devolver (2n). Volver una cosa al estado o situación que tenía. Restituir.

devorar (1). Tragar con ansia y apresuradamente.

devoto, a. Dedicado con fervor a obras de piedad y devoción.

dextrina. Sustancia de composición análoga a la del almidón.

deyección. Conjunto de materiales arrojados por un volcán. Defecación. Excrementos.

dezmar (1j). Diezmar.

día. Tiempo empleado por la Tierra en rodear al Sol. Tiempo que dura la claridad del sol. 4.3.1, 5.5.4.

diábolo. Especie de carrete usado como juguete.

diaconizar (1g). Ordenar de diácono.

diafanizar (1g). Hacer claro, limpio, transparente.

diafragma. Membrana muscular. Dispositivo regulador, 5.5.4.

diagnosis. Conocimiento de los signos de las enfermedades.

diagnosticar (1a). Determinar el carácter de una enfermedad mediante el examen de sus signos.

diagnóstico, a. Relativo a la diagnosis. Conjunto de signos que permiten fijar el carácter de una enfermedad. 4.2.1.

dialéctica. Disciplina que trata del raciocinio y de sus leyes.

dialecto. Variedad de un idioma.

dializar (1g). Analizar por medio de la separación de coloides y cristaloides.

dialogar (1b). Sostener un diálogo, conversar.

dialogizar (1g). Dialogar.

diálogo. Coloquio, 4.2.1. ‖ (Puntuación) 12.11.1.

dibujar (1). Delinear y sombrear imitando la figura de un objeto, 3.5.7, 3.5.10.

dicción. Manera de hablar o escribir.

diccionario. Libro que contiene y explica las palabras de uno o más idiomas, o las relativas a una materia determinada, 2.2, 13.

diciembre. Último mes del año.

dictado, a. Acción y efecto de dictar.

dictador. Magistrado supremo con facultades extraordinarias.

dictamen. Opinión y juicio sobre una cosa.

didáctica, a. Relativo a la enseñanza.

diecinueve. Numeral cardinal, 4.8.2.

diecinueveavo, a. Partitivo de diecinueve, 4.8.4.

dieciochavo, a. Partitivo de dieciocho, 4.8.4.

dieciocho. Numeral cardinal, 4.8.2.

dieciséis. Numeral cardinal, 4.8.2.

dieciseisavo. Partitivo de dieciséis, 4.8.4.

diecisiete. Numeral cardinal, 4.8.2.

diecisieteavo, a. Partitivo de diecisiete, 4.8.4

diente. Cuerpo duro engastado en las mandíbulas. Resalto en instrumentos o herramientas. 1.5.

diéresis. Signo de puntuación, 3.5.3, 4.4.7, 12.1.1.

diésel. Tipo de motor, 4.3.1.

diez. Numeral cardinal, 4.8.2.

diez y nueve. Diecinueve, 4.8.2.

diez y ocho. Dieciocho, 4.8.2.

diez y seis. Dieciséis, 4.8.2.

diez y siete. Diecisiete, 4.8.2.

diezmar (1). Sacar uno de cada diez. Pagar el diez por ciento. Causar gran mortandad.

diezmilímetro. Décima parte de un milímetro.

diferencia. Cualidad o accidente por el que una cosa se distingue de otra.

diferenciar (1). Hacer distinción. Variar.

diferir (22). Aplazar o suspender una actividad. Haber diferencia entre lo que se compara.

difícil. Que no se logra sin mucho trabajo, habilidad o tesón.

difluir (29). Difundir, derramar por todas partes.

difracción. Inflexión de los rayos luminosos cuando pasan por los bordes de un cuerpo opaco.

difteria. Enfermedad infecciosa.

digerir (22). Convertir los alimentos en sustancia propia para la nutrición, 3.5.14.

digital. Relativo a los dedos. Dícese del instrumento o aparato de medida que la representa con números dígitos.

dígito. Número que puede expresarse con un solo guarismo.

dignidad. Cualidad de digno, 3.4.1.

dignificar (1a). Hacer digno o presentar como tal.

digno, a. Que merece algo, en sentido favorable o adverso.

dije. Joya para adorno.

dilacerar (1). Desgarrar, despedazar las carnes.

dilema. Situación o planteamiento en que se debe elegir entre dos, 5.5.4.

diligencia. Actividad y cuidado en ejecutar algo. Antiguo coche destinado al transporte de viajeros. 3.5.6.

diligente. Cuidadoso, activo, efectivo.

dilogía. Ambigüedad, doble sentido.

dilucidar (1). Declarar y explicar un asunto.

diluir (29). Desleír, disolver.

diluvio. Inundación de la Tierra. Lluvia intensa y prolongada.

dimensión. Medida, extensión de algo.

diminutivo, a. Que tiene capacidad de disminuir o expresar disminución.

dimisión. Renuncia a un cargo o empleo.

dinamizar (1g). Aumentar el ritmo de alguna acción.

dinamo. Máquina transformadora de energía mecánica en eléctrica, 5.5.3.

diocesano, a. Relativo a la diócesis.

diócesis. Circunscripción episcopal, 4.3.1.

dioptría. Unidad empleada para medir la refracción del ojo y el poder refringente de las lentes.

diorama. Efecto óptico que permite ver dos imágenes distintas de un mismo objeto, dependientes de la iluminación, 5.5.4.

diploma. Título acreditativo, 5.5.4.

diplomacia. Habilidad en el trato. Relación entre las naciones.

dipsomanía. Tendencia irresistible al abuso de la bebida.

díptero, a. Que tiene dos alas.

díptico. Cuadro o bajo relieve formado por dos tableros que se cierran como las tapas de un libro.

diptongación. Acción y efecto de diptongar, 11.1.1.

diptongar (1b). Convertirse una vocal en diptongo.

diptongo. Concurrencia de dos vocales en una sola sílaba, 1.10, 3.6.2, 4.3.1, (acento) 4.3.1.

diputación. Representación. Gobierno de una provincia.

dirección. Acción y efecto de dirigir.

directivo, a. Relativo a la dirección.

directo, a. Inmediato, sin intermediarios, ‖ (Complemento) 5.9.1, 5.9.2, 6.2, 6.5.1, 6.5.2, 7.2.2, (estilo) 13.5.3.

dirigir (3b). Gobernar. Encaminar. Llevar algo hacia un lugar señalado. 3.5.9, 3.5.14.

discernir (3e). Distinguir una cosa de otra.

disciplina. Doctrina, instrucción. Observancia de leyes y ordenanzas.

discontinuar (1s). Interrumpir la continuidad de algo.

disconvenir (21). Desconvenir.

discordar (1r). Discrepar.

discreción. Sensatez para formar juicio y tacto para obrar.

discrepancia. Diferencia que surge de la comparación.

disecar (1a). Dividir en partes un organismo para su examen.

disentir (22). No ajustarse al sentir o parecer de otro.

disfraz. Artificio para desfigurar.

disfrazar (1g). Cambiar el aspecto de algo o alguien para que no sea reconocido. Vestir traje de máscara.

disgregar (1b). Dispersar, separar las partes de algo.

dislocar (1a). Sacar una cosa de su lugar.

disminución. Merma o menoscabo de una cosa.

disminuir (29). Hacer menor la extensión, intensidad o número.

disolver (2n). Separar las partículas de un cuerpo sólido por medio de un líquido.

disonar (1r). Sonar desapaciblemente. Discrepar.

displicencia. Desagrado e indiferencia en el trato.

dispepsia. Enfermedad digestiva.

disponer (5). Colocar. Preparar. Mandar lo que ha de hacerse. Valerse de algo o alguien.

disquisición. Examen riguroso. Explicación minuciosa.

distender (2d). Aflojar, relajar.

distinguir (3p). Notar las diferencias o establecerlas. Otorgar una dignidad.

distraer (10). Entretener. Apartar la atención. 3.5.12.

distribución. Acción y efecto de distribuir.

distribuir (29). Dividir algo entre varios. Dar a cada cosa el destino conveniente.

distributivo, a. Relativo a la distribución. ‖ (Conjunción) 7.1.3.

disyuntiva. Alternancia entre dos cosas, por una de las cuales hay que optar.

disyuntivo, a. Que expresa incompatibilidad. ‖ (Conjunción) 7.1.3.

ditirambo. Alabanza exagerada.

diurno, a. Relativo al día, 1.10.

divagar (1b). Andar a la ventura. Apartarse del asunto de que se trata.

diván. Banco o asiento.

divergir (3b). Irse apartando progresivamente.

diversificar (1a). Hacer diversa una cosa de otra.

diversión. Recreo, pasatiempo, solaz.

divertir (22). Entretener, recrear.

dividir (3). Partir, separar en partes.

divinidad. Naturaleza y esencia de Dios.

divinizar (1g). Santificar, hacer sagrada una cosa. Ensalzar desmedidamente.

divisa. Señal exterior. Moneda extranjera.

divisibilidad. Calidad de divisible.

divisible. Que se puede dividir.

divo, a. Cantante de ópera o zarzuela de sobresaliente mérito.

divorciar (1). Separar por sentencia legal a dos casados.

divulgar (1b). Publicar, poner al alcance del público.

Dm. Abreviatura de *decámetro*, 4.10.4, 12.4.4.

DNI. Abreviatura de *Documento Nacional de Identidad*, 4.10.8.

doblar (1). Multiplicar por dos. Aplicar una sobre otra dos partes de una cosa. Pasar a otro lado de una esquina.

doble. Multiplicado por dos, 4.8.5.

doblegar (1b). Doblar o torcer encorvando. Domeñar.

doblez. Parte que se dobla. Astucia, engaño. 4.11.2, 5.5.12.

doce. Numeral cardinal, 4.8.2.

doceavo, a. Partitivo de doce, 4.8.4.

docente. Que enseña.

dócil. Obediente, suave.

docto, a. Que posee muchos conocimientos.

doctor. Persona que ha obtenido el último grado que confiere la Universidad.

doctrina. Conjunto de conocimientos sobre algo. Enseñanza. Opinión. 3.12.6.

dogma. Proposición que se tiene por firme e innegable.

dogmatizar (1g). Presentar como dogmas principios sujetos a examen.

doler (2e). Sentir sensación de dolor, de disgusto o de arrepentimiento.

dolmen. Monumento megalítico.

dolor. Sensación de padecimiento físico o anímico, 4.2.3.

domesticar (1a). Reducir y domeñar a un animal salvaje.

domicilio. Morada fija y permanente.

dominó. Cierto juego, 4.2.3, 5.6.7.

donativo. Dádiva, regalo.

donde. Partícula de relación, 4.4.6, 6.6.4, 7.1.1, 7.1.3.

dónde. Partícula interrogativa y pronominal, 4.4.6, 6.6.4, 7.1.1.

dormir (27). Estar en estado de sueño. Pernoctar.

dos. Numeral cardinal, 4.8.2.

dos puntos. Signo de puntuación, 4.9.2, 12.1.1, (uso) 12.5.

doscientos, as. Numeral cardinal, 4.8.2.

doscientosavo, a. Partitivo de doscientos, 4.8.4.

dosificar (1a). Establecer una dosis. Realizar algo a pequeñas dosis.

dosis. Cantidad o porción, 4.2.3.

dosmilésimo, a. Ordinal y partitivo de dos mil, 4.8.4.

dosmillonésimo, a. Ordinal y partitivo de dos millones, 4.8.4.

dote (el). Número de tantos en un juego de naipes, 4.11.2. ‖ (Género) 5.5.5.

dote (el o la). Caudal que aporta una mujer al matrimonio. ‖ (Género) 5.5.5, (número) 5.5.13.

dote (la). Calidad apreciable. 4.11.2. ‖ (Género) 5.5.5, (número) 5.5.13.

dozavo, a. Partitivo de doce, 4.8.4.

Dr. Abreviatura de *doctor,* 4.9.3.

dragar (1b). Ahondar y limpiar con draga los puertos.

drama. Género y composición literarios. Suceso conmovedor. 5.5.4.

dramatizar (1g). Dar forma de drama. Exagerar con afectación.

drizar (1g). Arriar o izar las vergas.

drogar (1b). Administrar o tomar drogas.

dubitativo, a. Que implica o denota duda.

ducado. Título nobiliario y territorio correspondiente. Cierta moneda. 3.12.2.

ducentésimo, a. Ordinal de doscientos, 4.8.2.

dúctil. Dícese de los metales que mecánicamente pueden extenderse en alambres o hilos.

dudar (1). Desconfiar. Estar perplejo y suspenso ante algo. 7.1.7.

dulce. Que causa cierta sensación agradable al paladar.

dulcedumbre. Dulzura, 5.5.5.

dulcificar (1a). Mitigar, suavizar. Hacer dulce algo.

dulzura. Calidad de dulce.

duodécimo, a. Ordinal de doce, 4.8.2.

duodéculo, a. Resultado de multiplicar por doce, 4.8.5.

duodeno. Primera porción del intestino delgado, 1.10.

duplicar (1a). Doblar o multiplicar por dos.

duplicidad. Calidad de doble. Doblez, falsedad.

durativo, a. Que dura. ‖ (Futuro imperfecto) 8.7.1, (pretérito imperfecto) 8.5.2.

E

e. Letra. Vocal. 1.4, 1.6, 11.1.1, (conjunción copulativa) 3.6.5, 3.7.1, 7.1.3, (diptongación) 11.1.1, (debilitación) 11.1.1.

ea. Interjección, 12.8.2.

ebanista. El que tiene por oficio trabajar en ébano y otras maderas finas.

ebrio, a. Embriagado, borracho.

ebullición. Hervor.

ebúrneo, a. De marfil o parecido a él.

ecarté. Cierto juego de naipes.

Eccehomo. Imagen de Jesucristo tal como lo presentó Pilatos al pueblo, 3.11.2.

eccema. Enfermedad cutánea, 3.11.2.

eclampsia. Enfermedad de carácter convulsivo.

ecléctico, a. Que procura conciliar las doctrinas que parecen mejores de varios sistemas, 3.2.4.

eclesiástico, a. Relativo a la Iglesia.

eclesiastizar (1g). Dar carácter eclesiástico.

eclipse. Ocultación transitoria de un astro por la interposición de otro.

eco. Repetición de un sonido reflejado por un cuerpo duro.

economía. Administración prudente de bienes. Disciplina que trata de la producción y distribución de riqueza.

economizar (1g). Ahorrar.

ecuador. Círculo máximo perpendicular al eje de la Tierra.

ecuatorial. Relativo al ecuador.

ecuestre. Relativo al caballo o al caballero.

ecuménico, a. Universal.

eczema. Eccema.

echar (1). Lanzar, alejar, despedir. ‖ (Auxiliar) 6.1.3, 10.1.4, 10.1.5.

edad. Tiempo vivido. Época. 4.2.3.

edema. Hinchazón blanda, 5.5.4.

edición. Impresión de una obra para su publicación, 4.3.1.

edicto. Decreto público.

edificar (1a). Construir un edificio.

edil. Concejal.

editar (1). Publicar por medio de la imprenta.

edredón. Almohadón que se emplea como cobertor.

educación. Crianza, enseñanza y doctrina que se da o se recibe.

educar (1a). Enseñar, instruir, perfeccionar.

educativo, a. Relativo a la educación.

educir (20). Sacar una cosa de otra.

EEUU. Abreviatura de *Estados Unidos,* 4.10.8.

efectivo, a. Real y verdadero. Eficaz.

efecto. Resultado de una acción. Impresión viva. 3.12.6.

efectuar (1s). Ejecutar, poner por obra.

efeméride. Acontecimiento notable que se recuerda en cualquier aniversario y su conmemoración.

efervescencia. Desprendimiento de burbujas gaseosas a través de un líquido.

eficaz. Activo, efectivo, poderoso.

eficiencia. Virtud y facultad para obtener un resultado determinado.

efigie. Imagen, representación de una persona real, 5.5.5.

efímero, a. Pasajero, de corta duración.

eflorecer (2m). Convertirse en polvo ciertas sustancias al perder espontáneamente el agua de cristalización.

efluvio. Emisión de partículas sutilísimas.

egarense. De Tarrasa.

egiptología. Estudio de las antigüedades de Egipto.

egoísmo. Inmoderado amor a sí mismo.

eh. Interjección, 3.6.5, 12.8.2.

egotismo. Afán de hablar de uno mismo.

eje. Barra, varilla o mera línea alrededor de la cual gira algo.

ejecutar (1). Poner por obra. Desempeñar. Ajusticiar.

ejemplarizar (1g). Dar ejemplo.

ejemplificar (1a). Mostrar o ilustrar con ejemplos.

ejemplo. Modelo. Caso práctico.

ejercer (2a). Practicar ejercicio.

ejercicio. Acción de ocuparse de algo.

ejército. Fuerzas militares, 4.2.1.

ejido. Campo común del pueblo lindante.

el. Artículo, 4.4.4, 5.8.1.

él. Pronombre personal, 4.4.4, 4.5.1.

elaborar (1). Preparar un producto.

elección. Acción y efecto de elegir, 3.11.2.

electrificar (1a). Aplicar energía eléctrica.

electrizar (1g). Comunicar electricidad. Entusiasmar.

electrocutar (1). Matar mediante una descarga eléctrica.

electroimán. Pieza imantada por acción de una corriente eléctrica.

electrolizar (1g). Descomponer un cuerpo haciendo pasar por su masa una corriente eléctrica.

elegantizar (1g). Dotar de elegancia.

elegía. Lamentación.

elegir (30b). Escoger, preferir, 3.5.9.

elevación. Altura, encumbramiento, exaltación.

elidir (3). Suprimir, desvanecer. Frustrar.

eliminar (1). Quitar. Prescindir de algo.

elipse. Curva plana cerrada, 3.3.2.

elipsis. Omisión de palabras, 3.9.1, 5.5.11.

elíptico, a. Relativo a la elipsis.

elocuencia. Facultad de hablar o escribir de modo eficaz para deleitar y persuadir.

elogio. Alabanza, 3.5.8.

elucidar (1). Poner en claro.

eludir (3). Evitar o huir de una dificultad o molestia.

ella. Pronombre personal, 4.4.4, 4.5.1.

ello. Pronombre personal, 4.4.4, 4.5.1.

emanar (1). Proceder, provenir.

emancipar (1). Libertar.

embabucar (1a). Embaucar.

embadurnar (1). Manchar, pintarrajear.

embaír (3i). Embaucar, ofuscar.

embalaje. Acción y efecto de embalar, 3.5.14.

embalar (1). Colocar convenientemente los objetos que han de ser transportados.

embaldosar (1). Solar con baldosas.

embalsamar (1). Preparar el cadáver con sustancias balsámicas.

embancar (1a). Pegarse a las paredes del horno el material escoriado. Cegarse un río. Varar la embarcación en un banco.

embarazar (1g). Impedir, estorbar. Poner encinta.

embarbascar (1a). Enredarse el arado en las raíces de las plantas.

embarbecer (2m). Salir la barba.

embarcación. Barco. Embarco.

embarcar (1a). Dar ingreso en una embarcación.

embargar (1b). Impedir, retener, suspender, detener.

embarnecer (2m). Engrosar, engordar.

embarnizar (1g). Barnizar.

embarrancar (1a). Encallar un buque en el fondo.

embarrar (1). Manchar con barro. Embadurnar.

embastecer (2m). Engrosar, engordar.

embate. Acometida impetuosa.

embaucar (1a). Engañar, alucinar.

embaular (1w). Meter dentro de un baúl. Comer con ansia.

embazar (1g). Detener o paralizar el fango. Atascar.

embebecer (2m). Entretener, embelesar.

embeber (2). Absorber, empapar.

embelecar (1a). Engañar con halagos.

embeleco. Embuste, engaño.

embelesar (1). Cautivar los sentidos.

embellaquecer (2m). Hacer o hacerse bellaco.

embellecer (2m). Hacer o poner bello.

embermejecer (2m). Teñir de color bermejo. Avergonzar.

embestir (30). Acometer, arremeter.
embicar (1a). Embocar.
embizcar (1a). Quedar bizco.
emblandecer (2m). Ablandar. Enternecerse.
emblanquecer (2m). Blanquear.
emblema. Símbolo, representación.
embobar (1). Tener suspenso y admirado.
embobecer (2m). Volver o volverse bobo.
embocadura. Boca o entrada. Gusto.
embocar (1a). Entrar por una boca o sitio estrecho.
embodegar (1b). Meter en la bodega.
embolia. Enfermedad causada por un coágulo que obstruye un vaso sanguíneo, 3.8.2.
embolicar (1a). Embrollar.
émbolo. Disco que se ajusta al cilindro de una máquina.
emboñigar (1b). Untar con boñiga.
emboquillar (1). Poner boquillas. Preparar la entrada a una mina o galería.
emborrachar (1). Causar embriaguez.
emborrascar (1a). Poner borrascoso, irritar.
emborrazar (1g). Poner albardilla al ave para asarla.
emborricar (1a). Quedarse aturdido. Enamorarse perdidamente.
emborrizar (1g). Dar la primera carda a la lana. Almibarar los dulces.
emboscar (1a). Apostar gente para atacar por sorpresa.
emboscada. Asechanza.
embosquecer (2m). Poblar o poblarse de bosque.
embotar (1). Engrosar los filos de elementos cortantes. Enervar.
embotellar (1). Echar el líquido en botellas.
embotijar (1). Guardar algo en botijos o botijas.
embozar (1g). Cubrir la parte inferior del rostro.
embragar (1b). Conectar un mecanismo al eje motor.
embravecer (2m). Irritar, enfurecer.
embrazar (1g). Tomar adecuadamente el escudo, rodela o adarga.
embregar (1b). Meterse en bregas.
embriagar (1b). Emborrachar.
embrollar (1). Enredar, confundir.
embromar (1). Meter broma y gresca.
embrutecer (2m). Entorpecer, casi privar a uno del uso de razón.
embuñegar (1b). Enmarañar.

emburriar (1t). Empujar.
embutir (3). Llenar, meter una cosa dentro de otra.
emerger (2b). Brotar, salir de un líquido, 3.5.9.
emigrar (1). Dejar el propio país con ánimo de establecerse en otro.
eminencia. Altura o elevación. Excelencia o sublimidad.
emisario. Mensajero.
emitir (3). Exhalar, echar hacia fuera. Poner en circulación.
emoción. Agitación de ánimo.
emolir (3ñ). Ablandar.
emolumento. Gaje que corresponde a un cargo o empleo.
empacar (1a). Hacer pacas. Embalar.
empachar (1). Embarazar, ahitar.
empadronar (1). Asentar en el padrón de vecinos.
empajolar (1r). Sahumar con una pajuela las tinajas de vino.
empalagar (1b). Causar hastío.
empalidecer (2m). Ponerse pálido.
empalizada. Estacada.
empalizar (1g). Rodear de empalizada.
empalmar (1). Juntar dos cosas de modo que queden en comunicación.
empañar (1). Envolver en pañales. Quitar el brillo o diafanidad.
empapar (1). Humedecer en grado máximo.
empapelar (1). Forrar de papel. Envolver en papel.
empapuzar (1g). Hacer comer demasiado.
empaquetar (1). Formar paquetes.
emparedado. Porción de vianda entre dos trozos de pan.
emparejar (1). Formar una pareja.
emparentar (1j). Contraer parentesco.
empastar (1). Cubrir de pasta. Rellenar de pasta.
empatar (1). Quedar indecisa la victoria.
empavorecer (2m). Causar o sentir pavor.
empecer (2m). Dañar. Causar perjuicio. Impedir, obstar.
empedernir (3ñ). Endurecer mucho. Hacerse insensible.
empedrar (1j). Cubrir el suelo con piedras ajustadas.
empegar (1b). Bañar de pez. Marcar con pez.
empeine. Parte inferior del vientre. Parte superior del pie.
empelazgar (1b). Meter en pendencia.

empellar (1). Empujar, dar empujones.

empeller (2k). Empellar.

empellón. Empujón recio.

empeñar (1). Dejar una cosa en prenda. Endeudarse.

empeorar (1). Poner o ponerse peor.

empequeñecer (2m). Minorar, amenguar.

emperdigar (1b). Perdigar.

emperendengar (1b). Ponerse adornos de poco valor.

emperezar (1g). Dejarse dominar de la pereza. Demorar.

empergar (1b). Prensar la aceituna con una barra o palanca que hace presión.

empericar (1a). Encaramarse. Emborracharse.

empero. Conjunción adversativa, 7.1.3.

empertigar (1b). Atar al yugo el pértigo de un carro.

empezar (1e). Comenzar, dar principio. ‖ (Auxiliar) 10.1.4.

empicar (1a). Ahorcar.

empinar (1). Enderezar o levantar en alto.

empírico, a. Según rutina o experiencia.

emplastecer (2m). Igualar las desigualdades de una superficie para pintarla.

emplazar (1g). Citar a una persona en determinado tiempo y lugar. Colocar.

emplear (1). Ocupar a uno encargándole algo. Destinar, gastar.

emplumecer (2m). Echar plumas las aves.

empobrecer (2m). Llevar o ser llevado al estado de pobreza.

empoltronecer (2m). Apoltronar.

empolvorizar (1g). Empolvar.

empollar (1). Calentar el ave los huevos. Estudiar o meditar excesivamente.

emporcar (1f). Ensuciar.

empozar (1g). Meter en un pozo. Formarse un charco.

empradizar (1g). Convertir en prado un terreno.

emprender (2). Comenzar, acometer algo. Acometer a alguien.

empresa. Acción y efecto de emprender. Sociedad mercantil o industrial. 3.8.2.

empringar (1b). Pringar.

empujar (1). Hacer fuerza contra una cosa para moverla.

empulgar (1b). Armar la ballesta.

empuñar (1). Asir algo por el puño. Asirlo cerrando fuertemente la mano.

emputecer (2m). Prostituir.

émulo, a. Competidor, 4.2.1.

emulsificar (1a). Emulsionar.

en. Preposición, 7.2.13, 7.2.14.

enaguar (1c). Impregnar excesivamente de agua.

enaguazar (1g). Encharcar.

enajenación. Locura, desvarío. Distracción, embelesamiento.

enajenar (1). Transmitir a otro el dominio de una cosa. Sacar a uno fuera de sí. 3.5.7.

enaltecer (2m). Ensalzar.

enamarillecer (2m). Amarillecer.

enamorar (1). Excitar en uno la pasión de amor.

enano, a. Que es diminuto en su especie.

enancarse (1a). Meterse uno donde no le llaman.

enanizar (1g). Hacer o mantener enano.

enanzar (1g). Adelantar, avanzar.

enarbolar (1). Levantar en alto.

enarcar (1a). Arquear, poner en arco.

enardecer (2m). Excitar o avivar.

enarenar (1). Echar arena o cubrir con ella.

enastilar (1). Poner astil a una herramienta.

en base a. Construcción abusiva, 5.4.1.

encabalgar (1b). Descansar. Apoyarse una cosa sobre otra.

encabellecer (2m). Criar cabello.

encabezar (1g). Iniciar. Acaudillar. Registrar.

encadenar (1). Atar con cadenas.

encajar (1). Meter una cosa dentro de otra ajustadamente.

encajonar (1). Guardar en un cajón. Meter algo en un sitio angosto.

encalabozar (1g). Meter en calabozo.

encalabrinar (1). Irritar, excitar.

encalamocar (1a). Alelar.

encalar (1). Dar de cal o blanquear.

encalcar (1a). Recalcar, apretar.

encalvecer (2m). Perder el pelo, quedar calvo.

encallar (1). Dar la embarcación en arena o piedras, quedando sin movimiento.

encallecer (2m). Endurecerse la carne, formando callos.

encanalizar (1g). Encanalar.

encandecer (2m). Hacer ascua.

encandilar (1). Deslumbrar.

encanecer (2m). Ponerse cano.

encanijar (1). Poner flaco y enfermizo.

encantar (1). Obrar maravillas. Cautivar.

encañizar (1g). Poner cañizos.

encañonar (1). Encaminar, encauzar. Fijar, precisar la puntería.

encapazar (1g). Encapachar, meter algo en un capacho.

encaperuzar (1g). Poner la caperuza.

encapuzar (1g). Cubrir con el capuz.

encarcelar (1). Poner preso en la cárcel.

encargar (1b). Encomendar, poner al cuidado.

encargo. Acción y efecto de encargar. ǁ (Bajo) expresión incorrecta, 5.4.4.

encarnación. Acto misterioso de haber tomado carne el Verbo divino.

encarnecer (2m). Hacerse más corpulento y grueso.

encarnizado, a. Encendido, ensangrentado.

encarnizar (1g). Cebarse los animales en su víctima.

encarrilar (1). Colocar sobre carriles. Encaminar, dirigir.

encascar (1a). Teñir o dar casca a los aparejos de pesca.

encasillar (1). Poner en casillas. Clasificar.

encausticar (1a). Pintar por medio del fuego.

encauzar (1g). Abrir cauce. Encaminar, dirigir por buen camino.

encavarse (1). Ocultarse en una cueva o agujero.

encéfalo. Gran centro nervioso contenido en el cráneo.

encenagarse (1b). Meterse en el cieno. Ensuciarse.

encender (2d). Hacer que una cosa arda. Pegar fuego, incendiar. Suscitar, ocasionar.

encenizar (1g). Echar ceniza.

encentar (1j). Comenzar, iniciar. Ulcerar, enconar.

encerar (1). Aderezar con cera.

encerrar (1j). Meter algo o alguien de modo que no pueda salir.

encerrizar (1g). Azuzar. Empeñarse tenazmente.

encestar (1). Meter en un cesto o cesta.

encíclica. Carta que dirige el sumo pontífice a todos los obispos.

enciclopedia. Conjunto de todas las ciencias. Libro en que se trata de muchas ciencias.

encierro. Prisión. Acto de traer los toros de lidia al toril. 3.8.5.

encima. En lugar o puesto superior, 3.3.4, 12.2.9.

encina. Árbol de madera muy estimada.

encinta. Embarazada.

enclaustrar (1). Encerrar en un claustro. Esconder en paraje oculto.

enclavar (1). Asegurar con clavos.

enclenque. Falto de salud, enfermizo.

enclocar (1f). Ponerse clueca una ave.

encloquecer (2m). Enclocar.

encocar (1r). Enclocar.

encocrar (1r). Enclocar.

encoger (2b). Retirar contrayendo. Disminuir el tamaño de algo.

encohetar (1). Hostigar con cohetes.

encojar (1). Poner cojo a uno. Enfermar.

encolar (1). Pegar con cola.

encolerizar (1g). Enfurecer.

encomendar (1j). Encargar a alguien que haga algo o lo cuide.

encontrar (1r). Hallar. Topar.

encorar (1r). Cubrir con cuero. Criar cuero las llagas.

encordar (1r). Poner cuerda a los instrumentos musicales. Apretar con una cuerda.

encorecer (2m). Criar cuero las llagas o hacer que lo críen.

encornar (1r). Coger el toro algo con los cuernos.

encorozar (1g). Poner a alguien la coroza o capirote como afrenta.

encorvar (1). Doblar una cosa poniéndola curva.

encostar (1r). Acercarse un buque en su derrota a la costa.

encovar (1r). Meter en una cueva o hueco.

encrucijada. Paraje donde se cruzan calles o caminos.

encrudecer (2m). Irritar, exasperar.

encruelecer (2m). Instigar a que alguien obre o piense cruelmente.

encruzar (1g). Separar hilos en la parte urdida.

encuadrar (1). Encerrar en un marco. Incluir.

en cualquier caso. Locución adverbial, 12.2.9.

en cuanto. Locución conjuntiva, 7.1.3.

encubar (1). Echar un líquido en las cubas.

encubertar (1j). Cubrir con paños o sedas.

encubrir (3m). Ocultar una cosa o no manifestarla.

encucar (1a). Recoger y guardar frutos tales como nueces, avellanas, etc.

encumbrar (1). Levantar en alto, ensalzar.

encharcar (1a). Cubrir de agua una parte de terreno.

enchicar (1a). Achicar, humillar.

enchinar (1). Empedrar con chinas o guijarros.

enchiquerar (1). Meter el toro en el chiquero. Meter a alguien en la cárcel.

enchuecar (1a). Torcer, encorvar.

enchufar (1). Ajustar, acoplar, conectar.

enchurucar (1a). Encerrar.

endecasílabo. De once sílabas.

endecha. Canción o composición poética triste.

endémico, a. Que se repite muy frecuentemente en un país.

endentar (1j). Encajar. Poner dientes a una rueda.

endentecer (2m). Echar los dientes los niños.

enderezar (1g). Poner derecho lo que está torcido. Enmendar, corregir.

endeudarse (1). Llenarse de deudas.

endiablar (1). Endemoniar.

endilgar (1b). Encaminar, dirigir. Endosar.

endomingarse (1b). Vestirse con la ropa de fiesta.

endosar (1). Ceder a favor de otro un documento de crédito. Trasladar a alguien una carga.

endrino, a. De color negro azulado.

endulzar (1g). Poner dulce una cosa.

endurecer (2m). Poner dura una cosa. Encrudecerse.

eneágono. Polígono de nueve lados y nueve ángulos.

enebro. Arbusto conífero.

en efecto. Locución adverbial, 12.2.9.

en general. Locución adverbial, 12.2.9.

enemigo, a. Contrario, opuesto.

enemistar (1). Perder o provocar que se pierda la amistad.

energía. Eficacia, poder, virtud para obrar. Fuerza de voluntad. 3.5.8.

energizar (1g). Estimular, dar energía.

energúmeno, a. Persona poseída del demonio. Furioso, alborotado.

enerizar (1g). Erizar.

enervante. Que enerva.

enervar (1). Debilitar, quitar las fuerzas.

enfangar (1b). Cubrir de fango.

enfardar (1). Hacer o arreglar fardos. Empaquetar.

enfascar (1a). Causar hastío.

énfasis. Fuerza de expresión o de entonación con que se quiere realzar la importancia de lo que se dice o lee, 12.2.6, 12.2.7, 12.3.3, 12.3.4, 12.6.3.

enfastiar (1t). Causar hastío.

enfatizar (1g). Dar o poner énfasis.

enfermedad. Alteración de la salud.

enfermo, a. Que padece enfermedad, 3.8.3.

enfervorizar (1g). Infundir buen ánimo y fervor.

enfierecer (2m). Poner o ponerse hecho una fiera.

enfilar (1). Poner en fila. Ensartar. Venir dirigida una cosa en la misma dirección de otra.

enfiteusis. Cesión del dominio útil de un inmueble mediante el pago anual de un canon.

enflacar (1a). Enflaquecer.

enflaquecer (2m). Poner flaco.

enflorecer (2m). Florecer.

enfocar (1a). Dirigir o graduar el foco.

enfoscar (1a). Guarnecer un muro con mortero.

enfranquecer (2m). Hacer franco o libre.

enfrascarse (1a). Enzarzarse. Aplicarse con mucha intensidad.

enfroscarse (1a). Enfrascarse.

enfrenar (1). Poner el freno al caballo. Refrenar, reprimir.

enfrente. A la parte opuesta.

enfriar (1t). Poner o hacer que se ponga fría una cosa.

enfundar (1). Poner algo dentro de su funda.

enfurecer (2m). Irritar. Poner furioso.

enfurruñarse (1). Enfadarse. Enfoscarse, encapotarse el cielo.

engace. Engarce.

engaitar (1). Engañar con halagos.

engalanar (1). Poner galana una cosa.

engalgar (1b). Poner el galgo tras la liebre. Calzar las ruedas para impedir que giren.

engallarse (1). Ponerse erguido y arrogante.

enganchar (1). Agarrar con un gancho. Atraer.

engañabobos. Persona o cosa engaitadora y embelesadora.

engañar (1). Dar a la mentira apariencia de verdad.

engarabitar (1). Trepar, subir a lo alto.

engarce. Acción y efecto de engarzar.

engarzar (1g). Trabar una cosa con otra formando cadena. Engastar.

engasgar (1b). Atragantar.

engastar (1). Encajar una cosa en otra.

engazar (1g). Engarzar. Teñir.

engazgar (1b). Enzarzar.

engendrar (1). Procrear. Causar, ocasionar.

engerir (22). Ingerir.

engibar (1). Hacer corcovado a uno.

englobar (1). Reunir varias cosas en una.

engolfar (1). Entrar una embarcación muy adentro del mar. Meter mucho en un negocio.

engomar (1). Impregnar o untar de goma.

engonzar (1g). Unir con goznes.

engorar (1r). Ahuecar.

engordar (1). Cebar. Ponerse gordo.

engranaje. Enlace, trabazón.

engrandecer (2m). Aumentar, hacer grande.

engrapar (1). Asegurar con grapas.

engravecer (2m). Hacer grave o pesada una cosa.

engreír (25). Envanecer.

engrescar (1a). Incitar.

engringar (1b). Tomar las costumbres de los gringos.

engrosar (1/1r). Hacer gruesa una cosa.

engrumecerse (2m). Hacerse grumos.

enguacar (1a). Guardar las frutas verdosas para que maduren.

enguijarrar (1). Empedrar con guijarros.

enguizgar (1b). Incitar, estimular.

engullir (3h). Tragar la comida atropelladamente.

engurruñar (1). Encoger, arrugar.

engurruñir (3h). Arrugar.

enharinar (1). Cubrir o manchar con harina.

enhastiar (1t). Causar hastío.

enhastillar (1). Colocar las saetas en el carcaj.

enhatijar (1). Cubrir las bocas de las colmenas con unos harneros de esparto.

enhebillar (1). Sujetar las correas a las hebillas.

enhebrar (1). Pasar la hebra por el ojo de la aguja.

enhechizar (1g). Hechizar.

enhenar (1). Cubrir de heno.

enherbolar (1). Inficionar, poner veneno.

enhestar (1j). Levantar en alto. Poner derecha y erecta una cosa.

enhiesto, a. Levantado, derecho.

enhorabuena. Felicitación.

enhoramala. Expresión de disgusto, enfado o desaprobación.

enhorcar (1a). Formar horcos de ajos o cebollas.

enhornar (1). Meter en el horno.

enhuecar (1a). Ahuecar.

enhuerar (1). Volver o volverse huero.

enigma. Conjunto de palabras de sentido encubierto. Dicho o cosa que difícilmente puede entenderse. 5.5.4.

enjabegar (1b). Enredarse un cabo en el fondo del mar.

enjabonar (1). Dar jabón. Adular.

enjaezar (1g). Poner los jaeces a las caballerías.

enjagüe. Adjudicación hecha a los interesados en una nave, en satisfacción de los créditos respectivos.

enjalbegar (1d). Blanquear las paredes.

enjambre. Muchedumbre de abejas. Muchedumbre.

enjarciar (1). Poner la jarcia a una embarcación.

enjebar (1). Meter los paños en azumbre antes de teñirlos.

enjergar (1b). Principiar o dirigir un negocio o asunto.

enjertar (1). Injertar.

enjicar (1a). Poner las cuerdas en que se suspenden las hamacas.

enjimelgar (1b). Asegurar con jimelgas.

enjoyar (1). Adornar con joyas.

enjuagar (1b). Lavar, limpiar, aclarar con agua.

enjuague. Acción de enjuagar. Negociación oculta y artificiosa para conseguir lo que no se espera conseguir por los medios regulares.

enjugar (1b). Limpiar la humedad, secar.

enjuiciar (1). Someter una cuestión a examen o juicio.

enjuncar (1a). Atar con juncos una vela.

enjundia. Gordura. Lo más sustancioso o importante de algo.

enjuto, a. Delgado. Seco.

enladrillar (1). Formar el pavimento de ladrillos.

enlatar (1). Meter en cajas de hoja de lata.

enlazar (1g). Coger, juntar, poner en relación.

enlentecer (2m). Disminuir el ritmo o la frecuencia de un fenómeno.

enlenzar (1e). Poner lienzos en las obras de madera.

enligar (1b). Enviscar. Enredarse el pájaro en la liga.

enlizar (1g). Añadir lizos al telar.

enlobreguecer (2m). Oscurecer, poner lóbrego.

enloquecer (2m). Perder o hacer perder el juicio.

enlozar (1g). Cubrir con un baño de loza.

enlucir (3g). Recubrir muros y techos para tapar la obra.

enlustrecer (2m). Poner lustroso.

enlutar (1). Cubrir o vestir de luto.

enlutecer (2m). Enlutar.

enllentecer (2m). Reblandecer.

enllocar (1f). Enclocar.

enmagrecer (2m). Enflaquecer.

enmalecer (2m). Poner malo. Cubrirse de maleza un campo.

enmangar (1b). Poner mango a un instrumento.

enmaniguar (1c). Convertirse un terreno en manigua.

enmantar (1). Cubrir con manta.

enmarañar (1). Enredar, revolver, confundir.

enmarcar (1a). Encerrar en un marco.

enmarillecer (2m). Ponerse descolorido y amarillo.

enmascarar (1). Cubrir el rostro con máscara. Encubrir, disfrazar.

enmelar (1j). Untar con miel. Hacer miel las abejas.

enmendar (1j). Corregir, quitar defectos.

enmohecer (2m). Cubrir de moho.

enmollecer (2m). Ablandar.

enmordazar (1g). Poner mordaza.

enmudecer (2m). Callar, hacer callar.

enmugrecer (2m). Cubrir de mugre.

ennegrecer (2m). Poner negro, teñir de negro, 3.8.4.

ennoblecer (2m). Hacer noble, 3.8.4.

ennudecer (2m). Dejar de crecer.

enojar (1). Enfadar, causar enojo.

enología. Conjunto de conocimientos relativos a los vinos.

enorgullecer (2m). Llenar de orgullo.

en presencia de. Locución preposicional, 7.2.4.

enquistar (1). Formarse un quiste.

enrabiscar (1a). Ponerse rabioso.

enraizar (1x). Echar raíces.

enralecer (2m). Ponerse ralo, escaso.

enramar (1). Enlazar y entretejer varios ramos.

enrarecer (2m). Dilatar un cuerpo gaseoso, haciéndolo menos denso. Hacer que una cosa escasee.

enrasar (1). Igualar, alisar.

enrayar (1). Fijar los rayos en las ruedas de los carruajes.

enredar (1). Prender con red. Entretejer. Enmarañar.

enredo. Maraña, lío, 3.10.1.

enrejar (1). Poner rejas o cercar con ellas.

en relación a. Construcción incorrecta, 5.4.2.

en relación con. Locución preposicional, 5.4.2.

enriar (1t). Macerar en agua el lino, cáñamo o esparto.

enrigidecer (2m). Poner rígido.

enriquecer (2m). Hacer rico. Adornar.

enriscar (1a). Levantar. Guarecerse entre riscos.

enrizar (1g). Rizar.

enrocar (1a). En el ajedrez, efectuar enroque. Trabarse en las rocas.

enrocar (1f). Girar en la rueca.

enrodar (1r). Despedazar al reo sujetándolo a una rueda en movimiento.

enrodrigar (1b). Rodrigar.

enrojecer (2m). Poner rojo con el calor o el fuego. Encenderse el rostro.

enrollar (1). Poner en forma de rollo.

enronquecer (2m). Poner o quedarse ronco.

enroscar (1a). Poner en forma de rosca. Introducir a vuelta de rosca.

enrudecer (2m). Hacer o convertir en rudo.

enruinecer (2m). Hacer o hacerse ruin.

ensacar (1a). Llenar sacas.

ensalivar (1). Llenar o empapar de saliva.

ensalzar (1g). Alabar.

ensamblaje. Acción y efecto de ensamblar.

ensamblar (1). Unir, encajar, machihembrar.

ensanche. Dilatación, extensión.

ensangrentar (1j). Manchar con sangre.

ensarmentar (1j). Amugronar.

ensarnecer (2m). Llenar de sarna.

ensayar (1). Probar, reconocer.

ensayo. Acción y efecto de ensayar. Género literario. 3.7.2.

enseñanza. Acción y efecto de enseñar.

enseñar (1). Hacer que alguien aprenda algo. Indicar. Mostrar. 3.3.2.

ensilvecer (2m). Convertir o convertirse un campo en selva.

ensoberbecer (2m). Excitar la soberbia.

ensolver (2n). Incluir una cosa en otra.

ensogar (1b). Atar o forrar con soga.

ensombrecer (2m). Oscurecer, cubrir de sombras.

ensoñar (1r). Forjar sueños.

ensordecer (2m). Causar sordera o sordez.

ensordecimiento. Acción y efecto de ensordecer, 2.4, 3.4.1.

ensuciar (1). Poner sucio algo.

entabacar (1a). Abusar del tabaco.

entabicar (1a). Tabicar.

entablar (1). Cubrir, asegurar o cercar con tablas. Emprender, disponer.

entablillar (1). Sujetar con tablillas y vendaje.

en tal caso. Locución adverbial, 12.2.9.

entalegar (1b). Meter en talegos.

entalingar (1b). Asegurar el chicote al ancla.

entallecer (2m). Echar tallos las plantas.

entapizar (1g). Tapizar.

entarascar (1a). Cargar de adornos.

entarugar (1b). Pavimentar con tarugos de madera.

entecar (1a). Enfermar, debilitarse. Obstinarse.

entelequia. Cosa real que lleva en sí el principio de su acción.

entender (2d). Percibir la inteligencia. Conocer. Avenirse.

entenebrecer (2m). Llenar de tinieblas.

enterar (1). Informar a uno de algo, 7.1.6.

entercarse (1a). Obstinarse, emperrarse.

enternecer (2m).-Ablandar, poner tierno.

enterrar (1j). Poner debajo de tierra. Dar sepultura.

entesar (1j). Poner tirante. Dar mayor fuerza.

entestecer (2m). Apretar o endurecer.

entibar (1). Apuntalar con maderas. Represar las aguas.

entibiar (1). Poner tibio, templar.

entidad. Ente o ser. Colectividad considerada como unidad.

entigrecer (2m). Enfadar, enfurecer.

entimema. Silogismo abreviado, 5.5.4.

entizar (1g). Dar tiza al taco de billar.

entomizar (1g). Cubrir techos y paredes con cuerda o soguilla de esparto.

entonces. En aquel tiempo u ocasión, 12.2.9.

entongar (1b). Apilar.

entontecer (2m). Poner o volverse tonto.

entorcar (1a). Caerse el ganado en una sima.

entorpecer (2m). Poner o ponerse torpe. Dificultar.

entortar (1r). Torcer. Dejar tuerto a alguien.

entosigar (1b). Atosigar.

entrambos, as. Ambos.

entrapazar (1). Trapazar, engañar.

entre. Preposición, 7.2.15.

entreabrir (3m). Abrir un poco o a medias.

entreacto. Intermedio en una representación dramática.

entrecerrar (1j). Entornar.

entrecoger (2b). Coger de modo que no se pueda escapar. Estrechar, apremiar.

entrecruzar (1g). Cruzar cosas entre sí.

entrechazar (1g). Poner forro de tablones en los costados de un buque.

entrechocar (1a). Chocar las cosas unas contra otras.

entredecir (19). Prohibir la comunicación y el comercio. Poner en entredicho.

entredós. Tira que se cose entre dos telas.

entregar (1b). Dar, poner en poder de otro. Dejar dirigir o dominar.

entrelazar (1g). Enlazar. Entretejer.

entrelubricán. Crepúsculo vespertino.

entrelucir (3g). Verse una cosa entre otras.

entremorir (27a). Apagarse, extinguirse.

entrencar (1a). Poner las trencas en las colmenas.

entrenzar (1g). Hacer trenzas, trenzar.

entreoír (26). Oír una cosa sin percibirla bien.

entreparecer (2m). Traslucirse.

entrepernar (1j). Meter alguien sus piernas entre las de otro.

entrepunzar (1g). Punzar con poca fuerza.

entresacar (1g). Sacar unas cosas de entre otras.

entretejer (2). Meter hilos diferentes en una tela que se teje. Trabar o enlazar. 3.5.7.

entretejimiento. Acción y efecto de entretejer.

entretener (8). Tomar mucho tiempo en algo. Distraer. Divertir. 3.1.6.

entreuntar (1w). Untar ligeramente.

entrever (2j). Ver confusamente una cosa.

entreverar (1). Mezclar, introducir una cosa en otra.

entrevigar (1b). Rellenar los espacios entre las vigas de un piso.

entristecer (2m). Causar tristeza.

entrizar (1g). Apretar, estrechar.

entroncar (1a). Contraer parentesco. Empalmar dos medios de comunicación.

entronizar (1g). Colocar en el trono.

entubar (1). Poner tubos.

entullecer (2m). Suspender la acción o movimiento.

entumecer (2m). Entorpecer.

entunicar (1a). Vestir con túnica.

enturbiar (1). Hacer o poner turbio.

enunciar (1). Expresar breve y sencillamente.

envacar (1a). Traer la res a la vacada.

envainar (1). Meter en la vaina.

envalentonar (1). Infundir valentía o arrogancia.

envalijar (1). Meter en la valija.

envanecer (2m). Infundir soberbia o vanagloria.

envarar (1). Entorpecer, impedir el movimiento.

envarbascar (1a). Inficionar el agua con la planta llamada verbasco para atontar a los peces.

envarengar (1b). Armar las varengas de las cuadernas del barco.

envaronar (1). Crecer con robustez.

envasar (1). Echar en una vasija.

envegar (1b). Empantanar.

envejecer (2m). Hacer viejo.

envenenar (1). Inficionar con veneno, emponzoñar, 3.8.3.

enverdugar (1b). Colocar una hilada de ladrillo en una obra de otro material.

envergadura. Ancho de una vela. Distancia entre las puntas de las alas desplegadas. Anchura.

envés. Revés.

envestir (30). Revestir, cubrir.

enviar (1t). Hacer que algo o alguien vaya de una parte a otra.

enviciar (1). Corromper con un vicio.

envidia. Tristeza o pesar del bien ajeno.

envigar (1b). Asentar las vigas.

envilecer (2m). Hacer vil y despreciable.

enviudar (1). Quedar viudo.

enviscar (1a). Untar con liga para atrapar pájaros.

enunciar (1). Expresar breve y sencillamente.

envío. Acción y efecto de enviar, 3.12.3, 4.3.1.

envoltorio. Lío, atadijo. Paquete.

envolver (2n). Cubrir total o parcialmente una cosa, rodeándola o ciñéndola con algo.

enyesar (1). Tapar o rellenar con yeso.

enyugar (1b). Uncir y poner el yugo a los animales de labranza.

enzainar (1). Hacer traidor o falso.

enzarzar (1g). Poner zarzas. Enredar.

enzulacar (1a). Cubrir con zulaque, una especie de betún.

enzurdecer (2m). Hacer o volverse zurdo.

enzurizar (1g). Azuzar.

enzurronar (1). Meter en zurrón.

epéntesis. Figura de dicción, 11.1.1.

epiceno. Dícese del género de los nombres de animales cuando una misma terminación y un mismo artículo designan el macho y la hembra.

epigrama. Inscripción. Composición poética, 5.5.4.

epilogar (1b). Resumir, recapitular.

episcopal. Relativo al obispo.

epistolar. Relativo a la carta o epístola.

epopeya. Conjunto de hechos gloriosos.

equidad. Igualdad. Justicia natural.

equidistancia. Igualdad de distancia.

equilibrio. Estado de compensación de fuerzas. Ecuanimidad, mesura.

equino, a. Relativo al caballo.

equipaje. Conjunto de cosas que se llevan en los viajes.

equitativo, a. Relativo a la equidad.

equivaler (9). Ser igual una cosa a otra en el valor, potencia o eficacia.

equivocar (1a). Tener o tomar una cosa por otra. Juzgar u obrar desacertadamente.

equívoco. Malentendido, 4.2.1.

erección. Acción o efecto de levantar, enderezar o ponerse rígido.

ergotizar (1g). Abusar de la argumentación silogística.

erguir (23). Levantar, poner derecho.

erigir (3b). Fundar, instituir, levantar.

eringe. Cardo corredor, 3.5.14.

erizar (1g). Poner rígido y tieso.

ermitaño, a. Relativo a la ermita. El que vive en soledad.

erogar (1b). Distribuir bienes o caudales.

erradicar (1a). Arrancar de raíz.

erraj. Cisco hecho con el hueso de la aceituna.

errar (1k). Equivocar. Andar vagabundo. 4.11.3.

errata. Equivocación material cometida en lo escrito.

error. Concepto equivocado. Juicio falso.

eructar (1). Expeler con ruido por la boca los gases del estómago.

erupción. Aparición de granos o manchas en la piel. Emisión repentina y violenta de alguna materia.

eruptivo, a. Relativo a la erupción.

esbarizar (1g). Resbalar.

esbeltez. Estatura descollada y airosa en los cuerpos o figuras.

esblencar (1a). Esbrencar.

esborregar (1b). Caer de un resbalón. Desmoronarse un terreno.

esbozar (1g). Bosquejar.

esbrencar (1a). Quitar la brenca del azafrán.

escabechar (1). Cierto modo de conservar y hacer sabrosos los pescados y otros manjares. Matar a mano airada.

escabullir (3h). Escapar, salir de un peligro.

escacharrar (1). Romper un cacharro. Malograr, estropear.

escaecer (2m). Desfallecer.

escafandra. Casco de buzo.

escalecer (2m). Calentar.

escalfecer (2m). Enmohecer las sustancias alimenticias.

escampavía. Barco ligero de acompañamiento o vigilancia.

escalera. Conjunto de escalones para subir y bajar, 3.10.2, 3.11.3.

escanciar (1). Echar el vino.

escandalizar (1g). Causar escándalo.

escándalo. Alboroto. Acción que provoca indignación. Acción pública inmoral. 4.2.3.

escaque. Cada una de las casillas de los tableros de ajedrez y de damas.

escaramuzar (1g). Sostener una escaramuza.

escarbar (1). Remover. Inquirir.

escarceo. Movimiento del mar. Rodeo, divagación.

escardar (1). Entresacar y arrancar las hierbas malas de los sembrados. Apartar lo malo de lo bueno.

escarificar (1a). Hacer incisiones poco profundas. Quitar la costra que se forma alrededor de las llagas.

escarizar (1g). Escarificar, quitar la escara.

escarmentar (1j). Corregir con rigor. Tomar enseñanza por medio de la experiencia.

escarnecer (2m). Hacer mofa zahiriendo.

escarzar (1g). Doblar un palo en forma de arco. Sacar una cosa de entre otras.

escasez. Cortedad, mezquindad. Poquedad, pobreza.

escatológico, a. Relativo a las postrimerías de ultratumba. Relativo a los excrementos y suciedades.

escavanar (1). Entrecavar los sembrados.

escayola. Yeso espejuelo calcinado, 3.7.2.

escenificar (1a). Poner en escena.

escepticismo. Doctrina que consiste en afirmar que el hombre es incapaz de conocer la verdad.

escéptico, a. Que duda por sistema, 3.11.1.

escisión. Cortadura, rompimiento, desavenencia.

esclarecer (2m). Iluminar, poner en claro.

esclavizar (1g). Reducir a esclavitud.

esclavo, a. Que carece de libertad.

escobazar (1g). Rociar con escoba.

escocar (1a). Desterronar, desmenuzar los terrones.

escocer (2f). Producir una sensación parecida a la quemadura.

escocés, sa. De Escocia.

escoger (2b). Elegir, tomar una o varias cosas entre otras.

escolar (1r). Pasar por un sitio estrecho.

escollar (1r). Descollar.

escollo. Peñasco a flor de agua. Dificultad. 3.11.3.

escombrar (1). Desembarazar de escombros o estorbos.

esconzar (1g). Esquinar.

escoriar (1). Excoriar.

escorzar (1g). Representar en perspectiva.

escoscar (1a). Quitar la caspa. Quitar la cáscara de algunos frutos.

escozar (1g). Restregarse los animales contra algún objeto duro.

escozor. Sensación parecida a la de la quemadura.

escribir (3n). Representar las palabras con letras u otros signos, 3.1.4, 3.2.5.

escrito, a. Que es resultado de escribir. ‖ (Lengua) 2.1, 5.3, 12.1.1, (lenguaje) 1.1, (palabra) 4.1.1.

escritura. Acción y efecto de escribir. Sistema de signos usados para escribir, 1.1, 1.3, 1.4, 1.6, 2.1. ‖ (Cuneiforme) 1.3, (ideográfica) 1.2, 1.3, (jeroglífica) 1.3.

escrupulizar (1g). Tener o poner escrúpulos.

escualidez. Calidad de escuálido.

escuálido, a. Flaco, macilento. Sucio, asqueroso.

escudilla. Vasija ancha y semiesférica, 3.11.3.

esculcar (1a). Espiar, inquirir, registrar.

escullir (3h). Resbalar, caer. Escabullir.

escusa. Acción y efecto de esconder y ocultar. Ciertas ventajas que por pacto disfrutan ciertas personas.

esdrújula. Dícese de la voz que lleva el acento en la antepenúltima sílaba, 1.9, 4.2.3, 4.3.1, (palabra) 4.2.3, 4.3.1, 4.6.4.

ese, esa. Demostrativo, 4.4.2.

ése, ésa. Demostrativo, 4.4.2.

eso. Demostrativo, 4.4.2, 4.5.1.

esencia. Naturaleza de las cosas. Lo permanente e invariable de ellas.

esfinge. Animal fabuloso, con cabeza y pecho humanos, y cuerpo y pies de león, 3.5.14.

esfínter. Músculo con que se abre y cierra un orificio del cuerpo.

esfogar (1b). Desfogar, dar salida al fuego.

esforzar (1n). Dar fuerza o vigor. Hacer esfuerzos.

esfuerzo. Empleo enérgico de la fuerza física o mental.

esgonzar (1g). Desgonzar.

esgrafiar (1t). Dibujar o hacer labores con punzón.

esguazar (1g). Vadear un río o brazo de mar.

esguince. Distensión violenta de una coyuntura.

esmalgar (1b). Machacar.

esotérico, a. Oculto, reservado.

espabilar (1). Despabilar.

espacial. Relativo al espacio.

espaciar (1). Poner espacio entre las cosas.

espantada. Huida repentina, desistimiento súbito, 3.12.5.

españolizar (1g). Difundir la lengua y las costumbres españolas.

esparcir (3a). Separar. Extender lo que está junto.

esparragar (1b). Cuidar o coger espárragos.

esparrancar (1a). Abrirse de piernas, separarlas.

espasmo. Contracción involuntaria de las fibras musculares, 3.11.3.

esparvorizar (1g). Despejar o esparcir.

especia. Cualquiera de las drogas con que se sazonan los manjares.

especial. Singular o particular. Muy adecuado. 3.11.3.

especializar (1g). Limitar algo a un uso o fin determinado. Cultivar de modo particular un ramo determinado de una ciencia o arte.

especie. Conjunto de cosas muy semejantes entre sí por tener uno o varios caracteres comunes, 5.5.5.

especificación. Limitación del significado de un término por parte de otro, 12.2.4, 12.2.5.

especificar (1a). Declarar con individualidad una cosa, explicarla.

especificativo, a. Que limita o precisa. ‖ (Oración de relativo) 6.6.5, 6.6.7, 12.2.5.

específico, a. Que es propio de una cosa, con exclusión de otra, 4.2.1.

espécimen. Muestra, modelo, señal.

espectáculo. Función o diversión pública. Lo que se ofrece a la vista. 3.11.3.

espectro. Resultado de la dispersión de un conjunto de radiaciones. Imagen, fantasma.

especular (1). Registrar, mirar con atención. Meditar, reflexionar.

especulativo, a. Relativo a la especulación.

espéculo. Instrumento que se emplea para examinar por la reflexión luminosa ciertas cavidades del cuerpo, 4.2.1.

espejismo. Ilusión óptica. Ilusión engañosa.

espelucar (1a). Despeluzar.

espeluzar (1g). Despeluzar.

esperanza. Virtud teologal. Estado de ánimo por el que se nos presenta como posible lo que deseamos.

esperanzar (1g). Dar esperanza.

esperar (1). Tener esperanza. Aguardar. 8.3.2.

espía. Persona que con disimulo observa lo que pasa.

espiar (1t). Acechar.

espiciforme. Que tiene forma de espiga.

espigar (1b). Coger las espigas que han quedado en el rastrojo. Rebuscar datos en una y otra fuente de información.

espinzar (1g). Quitar de la flor del azafrán los estigmas que constituyen la especia.

espirar (1). Exhalar, 4.11.3.

espíritu. Ser inmaterial dotado de razón. Alma racional.

espiritual. Relativo al espíritu.

espiritualizar (1g). Hacer espiritual.

espliego. Mata aromática.

esplique. Armadijo para cazar pájaros con liga.

espoliar (1). Expoliar.

espolique. Mozo que camina a pie delante de la caballería de su amo.

espolvorizar (1g). Esparcir polvo.

esponjar (1). Hacer más esponjoso, 3.5.7.

esponjoso, a. Relativo a la esponja. Poroso, hueco, ligero.

esponsalicio, a. Relativo a los esponsales.

esporádico, a. Ocasional.

esporgar (1b). Perder los árboles o las vides su fruto naciente.

espulgar (1b). Quitar pulgas o piojos.

espumajear (1). Arrojar o echar espuma.

espurrear (1). Espurriar.

espurriar (1t). Rociar algo con líquido expelido por la boca.

esqueje. Tallo o cogollo que se introduce en la tierra para multiplicar la planta.

esquematizar (1g). Presentar algo en sus líneas esenciales.

esquí. Patín para deslizarse sobre la nieve, 5.6.3, 5.6.7.

esquiar (1t). Practicar el deslizamiento mediante esquí.

esquiciar (1). Empezar a dibujar o delinear.

esquicio. Apunte, esbozo.

esquife. Barco pequeño que se lleva en el grande para saltar a tierra.

esquila. Cencerro en forma de campana.

esquilmar (1). Coger el fruto. Empobrecer, menoscabar.

esquina. Arista. Cruce de calles.

esquinzar (1g). Romper, esguinzar.

esquirla. Astilla desprendida de un hueso, de una piedra o un cristal.

esquivar (1). Evitar, rehusar.

esquivez. Despego, aspereza, desagrado.

esquivo, a. Áspero, huraño.

esquizado, a. Dícese del mármol salpicado de pintas.

estabilidad. Permanencia, duración, firmeza.

estabilizar (1g). Dar estabilidad.

establecer (2m). Fundar, instituir. Ordenar, decretar.

estacar (1a). Atar a una estaca.

estacionario, a. Que permanece en el mismo estado o situación.

estadizo, a. Que está mucho tiempo sin moverse o renovarse.

estalación. Cada una de las categorías en que se dividen los individuos de una comunidad o cuerpo.

estalactita. Concreción calcárea pendiente del techo.

estalagmita. Concreción calcárea que se forma en el suelo.

estambrar (1). Torcer la lana y hacerla estambre.

estancar (1a). Detener el curso de algo para su acumulación.

estancia. Mansión, aposento.

estandarizar (1g). Ajustar a un tipo, modelo o forma.

estantigua. Procesión de fantasmas. Persona alta, muy seca y mal vestida.

estar (4). Permanecer, 3.1.5, 7.2.19, (voz) 10.6.6.

estarcir (3a). Estampar dibujos pasando la brocha por la chapa en que están previamente recortados.

estático, a. Que permanece en un mismo estado, sin mudanza, 4.11.3.

estatificar (1a). Poner bajo la administración o intervención del Estado.

estatuir (29). Establecer, ordenar.

estay. Cabo que sujeta la cabeza de un mástil al pie del más inmediato.

este, esta. Demostrativo, 4.4.2.

éste, ésta. Demostrativo, 4.4.2.

esteba. Hierba gramínea, 4.11.2.

estebar (1). Acomodar y apretar en la caldera el paño para teñirlo.

estenografiar (1t). Taquigrafiar.

estenosis. Estrechez, estrechamiento.

estentóreo, a. Muy fuerte, ruidoso, retumbante.

estéril. Que no da fruto, que no produce nada.

esterilizar (1g). Hacer infecundo o estéril.

esteva. Pieza del arado, 4.11.2.

estezar (1g). Curtir las pieles en seco.

estiaje. Nivel más bajo que tienen las aguas de un río en la época de la sequía.

estibar (1). Apretar materiales para que ocupen el menor espacio posible.

estiércol. Excremento. Abono.

estigma. Marca o señal en el cuerpo.

estigmatizar (1g). Marcar con hierro candente.

estilicidio. Destilación.

estilizar (1g). Destacar los rasgos característicos de algo, especialmente la delgadez.

estilóbato. Macizo corrido sobre el cual se apoya una columnata.

estilo directo. Técnica de poner en boca de los personajes sus propias expresiones, 12.5.3.

estilo indirecto. Técnica de subordinar gramaticalmente las expresiones correspondientes a los personajes, 12.5.3.

estímulo. Vara con punta de hierro de los boyeros. Incitación para obrar o funcionar. 3.3.2, 4.2.1.

estío. Verano.

estipticar (1a). Astringir.

estíptico, a. Que tiene sabor astringente.

estirazar (1g). Estirar.

estirpe. Raíz y tronco de una familia o linaje, 5.5.5.

estivada. Terreno cuya broza se cava y quema para ponerlo en cultivo.

estival. Relativo al estío.

esto. Demostrativo, 4.4.2, 4.5.1.

estolidez. Falta de razón y discurso.

estomagar (1b). Causar indigestión. Causar fastidio.

estoque. Espada estrecha que sólo puede herir de punta, 3.2.3.

estorbar (1). Poner obstáculo. Molestar, incomodar.

estovar (1). Rehogar.

estrado. Tarima con alfombra para colocar la presidencia, 3.12.2.

estragar (1b). Arruinar, dañar, asolar.

estrambótico, a. Extravagante, irregular y sin orden.

estratagema. Ardid, astucia, engaño.

estrategia. Arte de dirigir las operaciones militares. Arte, traza para dirigir un asunto. 3.5.8.

estratégico, a. Relativo a la estrategia, 3.11.3.

estratificar (1a). Formar estratos.

estrato. Capa, nivel diferenciado.

estrechez. Escaso de anchura. Escasez.

estregar (1b). Restregar.

estremecer (2m). Conmover. Ocasionar conmoción o sobresalto.

estrenar (1). Hacer algo por primera vez.

estreno. Acción y efecto de estrenar, 3.11.3.

estriar (1t). Formar estrías, acanalar.

estribar (1). Descansar el peso de una cosa en otra sólida y firme.

estribo. Pieza en que el jinete apoya los pies cuando va montado, 3.1.9.

estribor. Costado derecho del navío, mirando de popa a proa.

estricar (1a). Estirar los paños y otros géneros para que no se deformen al secarse.

estridente. Dícese del sonido agudo, desapacible y chirriante, 3.11.3.

estropajear (1). Limpiar en seco las paredes enlucidas.

estropicio. Destrozo, rotura estrepitosa.

estructura. Distribución y orden de las partes de alguna cosa.

estucar (1a). Dar una capa de masa de yeso blanco y agua de cola.

esturdecer (2m). Aturdir.

esturgar (1b). Alisar y perfeccionar el alfarero las piezas de barro.

esviaje. Oblicuidad de la superficie de un muro o del eje de una bóveda.

etalaje. Parte de la cavidad de la cuba de los altos hornos.

etc. Abreviatura de *etcétera,* 4.9.3, 4.10.5.

etcétera. Voz que sustituye la parte final de una exposición o enumeración, 3.4.5, (abreviatura) 4.9.3.

eterificar (1a). Convertir en éter.

eterizar (1g). Anestesiar por medio de éter. Combinar con éter.

eternizar (1g). Prolongar algo excesivamente. Perpetuar la duración de algo.

ético, a. Moral, 4.11.3.

ético, a. Hético. Tuberculoso. Flaco, consumido.

etimología. Estudio del origen de las palabras.

etiología. Estudio sobre las causas de las cosas.

etiópico, a. De Etiopía.

etmoides. Hueso del cráneo, 3.4.5.

étnico, a. Relativo a la raza o nación, 3.4.5.

etnografía. Estudio descriptivo de las razas o pueblos, 3.4.5.

etnográfico, a. Relativo a la etnografía, 3.4.5.

etnógrafo, a. El que se dedica a la etnografía, 3.4.5.

etnología. Estudio general de las razas y los pueblos.

etnológico, a. Relativo a la etnología, 3.4.5.

etnólogo, a. El que se dedica a la etnología.

eubolia. Virtud que ayuda a hablar con prudencia.

eucologio. Devocionario que contiene los oficios de los días festivos.

eufemismo. Expresión disimulada de conceptos inoportunos, malsonantes o de mal gusto, 12.6.3.

eufonía. Calidad de sonar bien una palabra.

eunuco. Hombre castrado.

euritmia. Buena disposición y correspondencia de las diversas partes de una obra de arte.

europeizar (1x). Adaptar a la cultura o a las costumbres europeas.

evacuar (1/1s). Desocupar, expeler. Cumplir un trámite.

evadir (3). Evitar un daño o peligro inminente. Eludir. Fugarse.

evaluar (1s). Valorar, apreciar el valor.

evangélico, a. Relativo al Evangelio.

evangelizar (1g). Predicar el Evangelio.

evaporar (1). Convertir en vapor. Disipar, desvanecer.

evaporizar (1g). Vaporizar.

evasiva. Salida para eludir una dificultad.

evento. Acontecimiento, suceso imprevisto.

eventual. Sujeto a evento o contingencia.

eversión. Destrucción, ruina, desolación.

evicción. Despojo que sufre el poseedor.

evidencia. Certeza manifiesta.

evitar (1). Apartar algún daño. Impedir. Excusar.

eviterno, a. Que, habiendo comenzado en tiempo, no tendrá fin.

evocación. Acción y efecto de evocar.

evocar (1a). Llamar. Traer alguna cosa a la memoria.

evolucionar (1). Desenvolverse, pasando de un estado a otro.

exabrupto. Salida de tono. Ademán desmesurado e inesperado.

ex abrupto. Expresión latina: exabrupto.

exacción. Acción y efecto de exigir el pago de impuestos, multas o deudas. Cobro injusto y violento.

exacervar (1). Irritar, causar muy grave enfado. Agravar.

exactitud. Puntualidad y fidelidad en la ejecución.

exacto, a. Relativo a la exactitud, 3.12.6.

exageración. Acción y efecto de exagerar.

exagerar (1). Encarecer, dar proporciones excesivas, 3.5.14, 3.11.3.

exaltar (1). Elevar, realzar el mérito. Dejarse arrebatar.

examen. Indagación, prueba, 3.3.2, 3.11.3.

examinar (1). Inquirir, investigar. Probar, tantear.

exangüe. Desangrado, falto de sangre. Aniquilado, sin fuerzas.

exánime. Sin señales de vida.

exasperar (1). Irritar, enfurecer.

excandecer (2m). Irritar, encender en cólera.

excarcelar (1). Poner en libertad por mandamiento judicial.

ex cáthedra. Expresión latina: Desde la cátedra de san Pedro. En tono magistral y decisivo.

excavar (1). Hacer hoyo o cavidad.

excedente. Que excede. Empleado público que temporalmente deja de ejercer el cargo.

exceder (2). Ser más grande o aventajado.

excelencia. Superior calidad. Cierto tratamiento.

excelentísimo, a. Tratamiento.

excelso, a. Muy elevado, alto, eminente.

excéntrico, a. Que está fuera del centro. De carácter raro, extravagante.

excepción. Que se aparta de la regla o condición general, 3.11.1.

exceptuar (1s). Excluir.

exceso. Lo que sale de los límites de lo ordinario o permitido.

excipiente. Sustancia que se mezcla con los medicamentos para darles consistencia, forma, sabor u otras propiedades.

excitar (1). Mover, estimular, animar, 3.11.3.

exclamación. Acción y efecto de exclamar, 12.8.1, 12.8.4.

exclamar (1). Emitir palabras con fuerza o vehemencia, 3.11.3.

exclamativo, a. Relativo a la exclamación. ‖ (Oración) 6.6.3, 7.1.5, 12.2.6, 12.8.1, 12.8.2.

exclaustrar (1). Permitir u ordenar a un religioso que abandone el claustro.

excluir (29). Echar a una persona o cosa fuera del lugar que ocupaba. Descartar, rechazar.

exclusivo, a. Que excluye.

excogitar (1). Hallar o encontrar una cosa en el discurso o la meditación.

excomulgar (1b). Apartar de la comunión de los fieles.

excoriar (1). Gastar, arrancar o destruir el epitelio.

excrecencia. Superfluidad que se cría en animales y plantas.

excremento. Residuos de la digestión del alimento.

excretar (1). Expeler los excrementos.

exculpar (1). Descargar de culpa.

excursión. Correría. Ida a algún paraje para estudio, ejercicio o recreo.

excusa. Pretexto, descargo, 3.11.3.

excusar (1). Alegar razones para sacar libre a alguien de su culpa. Eximir.

execrar (1). Condenar y maldecir.

exégesis. Explicación, interpretación, 3.11.3.

exención. Efecto de eximir.

exento, a. Libre, desembarazado, 3.11.3.

exequias. Honras fúnebres, 5.6.6.

exfoliar (1). Dividir en láminas o escamas.

exhalación. Acción y efecto de exhalar.

exhalar (1). Despedir gases, vapores, olores. Lanzar, despedir.

exhausto, a. Enteramente apurado y agotado.

exheredar (1). Desheredar.

exhibición. Acción y efecto de exhibir.

exhibir (3). Manifestar, mostrar en público, 3.1.4.

exhortación. Acción de exhortar.

exhortar (1). Inducir con palabras a hacer algo.

exhumar (1). Desenterrar restos humanos. Sacar a la luz lo perdido u olvidado.

exigencia. Acción y efecto de exigir, 3.11.3.

exigir (3b). Sacar u obtener por autoridad. Demandar imperiosamente.

exigüidad. Calidad de exiguo.

exiguo, a. Insuficiente, escaso.

eximio, a. Muy excelente.

eximir (3). Librar de cargas, cuidados o culpas.

existir (3). Tener una cosa ser real y verdadero, 3.11.3.

éxito. Fin o culminación. Resultado feliz. 3.11.3.

exonerar (1). Aliviar, descargar de peso u obligación.

exorbitante. Excesivo.

exorcismo. Conjuro contra el espíritu maligno.

exorcizar (1g). Usar de exorcismos.

exordio. Introducción, preámbulo.

exornar (1). Adornar, hermosear.

exotérico, a. Común, accesible al público: lo contrario de *esotérico*.

exótico, a. Extranjero, peregrino.

expansión. Acción y efecto de extenderse o dilatarse. Acción y efecto de desahogar de modo efusivo cualquier pensamiento o afecto. 3.11.3.

expansivo, a. Que tiende a dilatarse o extenderse. Franco, comunicativo.

expatriarse (1/1t). Abandonar uno su patria.

expectación. Intensidad con que se espera una cosa.

expectativa. Esperanza de obtener una cosa.

expectorar (1). Arrojar por la boca las secreciones de los órganos respiratorios.

expedición. Acción y efecto de expedir. Excursión y conjunto de personas que participan en ella.

expediente. Conjunto de papeles correspondientes a un asunto o negocio.

expedir (30). Dar curso. Despachar. Enviar.

expedito, a. Desembarazado, pronto a obrar.

expeler (2). Arrojar, echar.

expender (2). Gastar. Vender efectos de propiedad ajena. Despachar billetes.

experiencia. Enseñanza que se adquiere con el uso o la práctica, 3.11.3.

experimentar (1). Probar y ensayar prácticamente la virtud y propiedades de una cosa.

expiación. Acción y efecto de expiar, 3.11.3.

expiar (1t). Borrar las culpas mediante sacrificios. Padecer las consecuencias de desaciertos. 4.11.3.

expilar (1). Robar, despojar.

expirar (1). Morir. Acabar, fenecer. 4.11.3.

explanar (1). Allanar. Explicar.

explayar (1). Ensanchar, extender. Difundirse. Confiarse.

explicación. Aportación complementaria de información, 12.2.4, 12.2.5, 12.2.8.

explicar (1a). Dar a conocer a otro lo que uno piensa, 3.11.3.

explicativo, a. Que explica. ‖ (Oración de relativo) 6.6.5, 6.6.6, 6.6.7, 12.2.5, 12.2.8.

explícito, a. Que expresa clara y determinadamente.

explorar (1). Reconocer o registrar con diligencia un asunto, objeto o lugar.

explosión. Acción de reventar con estruendo. Dilatación súbita. Manifestación violenta. 3.11.3.

explosionar (1). Hacer explosión o provocarla.

explosivo, a. Que hace o puede hacer explosión.

explotación. Acción y efecto de explotar. Conjunto de elementos dedicados a una industria o granjería.

explotar (1). Extraer de las minas las riquezas que contiene. Sacar utilidad a una actividad o negocio.

expoliar (1). Despojar con violencia o con iniquidad.

exponer (5). Poner de manifiesto. Declarar, interpretar. Arriesgar. 3.3.2.

exportar (1). Enviar géneros del propio país a otro.

expósito, a. El que fue abandonado recién nacido.

expresar (1). Manifestar con palabras, 3.11.3.

expresión. Manifestación de una cosa para darla a entender. ‖ (Gráfica) 1.6, (oral) 1.6.

expresivo, a. Que expresa con viveza o eficacia, 3.1.8.

exprimir (3). Extraer el zumo. Estrujar. 3.11.3.

ex profeso. Expresión latina: De propósito, con particular intención.

expropiar (1). Desposeer de algo a su propietario, dándole una indemnización.

expugnar (1). Tomar por la fuerza de las armas.

expulsar (1). Expeler, echar fuera.

expuntuar (1s). Colocar un punto debajo de una letra para indicar que se ha de suprimir.

expurgar (1b). Limpiar, purificar.

exquisito, a. De singular y extraordinaria calidad, primor o gusto.

extasiar (1t). Arrobar, enajenar.

éxtasis. Estado anímico dominado por intenso sentimiento de admiración. Cierta unión mística con Dios.

extático, a. Relativo al éxtasis, 4.11.3.

extender (2d). Hacer que una cosa ocupe más espacio que antes. Desenvolver. Dilatar.

extensión. Acción y efecto de extender o extenderse.

extenso, a. Que tiene mucha extensión, 3.3.2.

extenuar (1t). Debilitar, enflaquecer.

exterior. Que está de la parte de afuera.

exteriorizar (1g). Mostrar algo al exterior, hacer patente.

exterminar (1). Acabar del todo con una cosa.

externo, a. Dícese de lo que se manifiesta al exterior, 3.11.3, 4.6.4.

extinción. Acción y efecto de extinguir.

extinguir (3p). Hacer que cesen o se acaben del todo ciertas cosas.

extirpar (1). Arrancar de cuajo o de raíz, 3.11.3.

extorsión. Acción y efecto de usurpar y arrebatar por fuerza.

extracción. Acción y efecto de extraer.

extractar (1). Reducir a extracto.

extracto. Resumen.

extradición. Entrega del reo refugiado en un país a las autoridades de otro que lo reclama.

extraer (10). Sacar, 3.5.12.

extrajudicial. Que se hace o trata fuera de la vía judicial.

extralimitarse (1). Excederse en el uso de las facultades o atribuciones.

extramuros. Fuera del recinto de la población.

extranjería. Calidad y condición de extranjero residente en un país, 3.5.14.

extranjerizar (1g). Introducir costumbres extranjeras en el país propio.

extranjero, a. Natural de una nación con respecto a los naturales de cualquier otra, 3.11.3. ‖ (Nombre) 3.2.2, (palabra) 3.1.12.

extrañar (1). Desterrar a un país extranjero. Apartar. Sorprenderse, sentir la novedad de algo.

extraño, a. De familia, profesión o nación distinta. Raro, singular, extravagante.

extraoficial. No oficial.

extraordinario, a. Fuera de lo común.

extrarradio. Circunscripción administrativa que se extiende fuera del casco de una población.

extraterritorialidad. Privilegio por el cual el domicilio de los diplomáticos, los buques de guerra y otros se considera como si estuvieran fuera del territorio donde se encuentran.

extravagancia. Desarreglo en el pensar y obrar.

extravasarse (1). Salirse un líquido de su vaso.

extravenar (1). Hacer salir la sangre de las venas.

extraversión. Movimiento del ánimo que, cesando en su propia contemplación, sale fuera de sí por medio de los sentidos.

extraviar (1t). Perder o hacer perder el camino. No encontrar algo en su sitio e ignorar su paradero.

extremar (1). Llevar al extremo.

extremaunción. Sacramento de la Iglesia.

extremeño, a. De Extremadura.

extremidad. Parte última o extrema. Brazos, piernas o patas.

extremista. Partidario de ideas extremas.

extremo, a. Último. Lo intenso, elevado o activo. 4.6.4.

extrínseco, a. Externo, no esencial.

exuberancia. Abundancia suma.

exudación. Acción y efecto de exudar.

exudar (1). Salir un líquido fuera de sus continentes propios, 3.11.3.

exulceración. Acción y efecto de exulcerar.

exulcerar (1). Corroer el cutis de modo que empiece a formarse llaga o úlcera.

exultación. Demostración de gran gozo o alegría, 3.11.3.

exvoto. Don u ofrenda religiosa en recuerdo de un beneficio recibido.

eyacular (1). Expeler, evacuar.

ezquerdear (1). Torcerse algo a la izquierda.

F

f. Letra. Consonante. 1.4, 1.5, 1.6, 1.11.

fabada. Potaje de alubias con tocino y morcilla.

fabla. Imitación convencional del español antiguo.

fábrica. Construcción, edificio. Lugar donde se fabrica.

fabricar (1a). Hacer una cosa por medios mecánicos. Elaborar.

fabril. Relativo a las fábricas o a sus operarios.

fábula. Rumor. Relación falsa. Ficción.

fabuloso, a. Relativo a la fábula. Falso. Extraordinario.

fraccionario, a. Relativo a la fracción de un todo. ‖ (Número), 4.8.4.

facción. Parcialidad de gente amotinada.

faccioso, a. Relativo a una facción, 3.11.2.

facer (11). Hacer.

facera. Acera.

faceta. Cara o lado. Aspecto.

facial. Relativo al rostro.

fácil. Que se puede hacer sin mucho trabajo ni complicación.

facilitar (1). Hacer fácil. Proporcionar.

facineroso, a. Delincuente habitual. Persona malvada.

facistol. Atril grande, 5.5.8.

facsímil. Perfecta imitación, 3.11.3.

facsímile. Facsímil.

factible. Que puede hacerse.

factor. El que hace. Cierto empleado del ferrocarril. Cada uno de los elementos iniciales de una multiplicación.

factoraje. Empleo y oficina del factor ferroviario.

factótum. Persona entrometida o que desempeña todos los menesteres.

facturar (1). Extender facturas. Expedir equipajes o mercancías.

facultad. Aptitud, potencia. Entidad universitaria.

facundia. Afluencia, facilidad de palabra.

fadigar (1b). Tantear el precio, calidad o valor de algo.

faena. Trabajo.

fajeado, a. Que tiene fajas o listas.

fajín. Ceñidor que usan ciertos militares y funcionarios.

fajina. Conjunto de haces de mies. Toque militar.

falacia. Engaño, fraude, mentira.

falange. Cuerpo de tropas. Conjunto de personas unidas para un mismo fin. Cada uno de los huesos de los dedos. 3.5.14, 5.5.5.

falangeta. Falange tercera de los dedos.

falangina. Falange segunda de los dedos.

falaz. El que tiene el vicio de la falacia.

falcar (1a). Asegurar con cuñas.

falibilidad. Calidad de falible.

falible. Que puede engañarse o engañar.

falsificar (1a). Falsear, adulterar, contrahacer.

falso, a. Que no es real, verdadero o auténtico, 3.3.2.

falúa. Embarcación menor con carroza.

falla. Fractura de la corteza terrestre. Tablado con figuras de madera y cartón. 3.7.3.

fallecer (2m). Morir.

familiarizar (1g). Hacer familiar. Acostumbrar.

fanatismo. Tenaz preocupación, apasionamiento desmedido.

fanatizar (1g). Provocar fanatismo.

FAO. Abreviatura de *Food and Agriculture Organization,* 4.10.7.

faradizar (1g). Aplicar cierto tratamiento médico de carácter eléctrico.

faralá. Volante, 5.6.7.

farfullar (1). Hablar muy deprisa y atropelladamente.

faringe. Conducto que une la boca y el esófago, 3.5.14.

faringitis. Inflamación de la faringe.

farol. Caja de cristal que contiene una luz. Envite falso en el juego. 4.2.3.

farsa. Obra cómica de teatro. Enredo o tramoya para enredar o engañar. 3.3.2.

FAS. Abreviatura de *Fuerzas Armadas,* 4.10.8.

fascinar (1). Hacer mal de ojo. Engañar, alucinar, ofuscar.

fase. Cada uno de los estados sucesivos de un fenómeno, 5.5.5.

fatigar (1b). Causar fatiga o cansancio. Vejar.

fatuo, a. Presuntuoso, 1.10.

fauces. Parte posterior de la boca, 5.6.6.

favor. Ayuda, socorro. Honra, beneficio.

favorecer (2m). Ayudar, amparar.

faya. Cierto tejido de seda, 3.7.3.

fayado. Desván no habitable.

faz. Rostro o cara.

f.c. Abreviatura de *ferrocarril*, 4.10.3.

F.C. Abreviatura de *ferrocarril*, 4.10.3.

feblaje. Merma en la acuñación de moneda.

feble. Débil, flaco.

febrífugo. Que quita las calenturas.

febril. Relativo a la fiebre.

fecundizar (1g). Hacer capaz de producir.

fedegar (1b). Bregar. Amasar.

fefaút. Indicación de tono musical, 3.4.1.

fehaciente. Que hace fe en juicio.

felibre. Poeta provenzal moderno.

feliz. Dichoso, venturoso, afortunado, 3.3.3

femar (1j). Abonar con estiércol.

femenino. Categoría gramatical de género, 5.7.1, 5.7.2, 5.7.4.

feminizar (1g). Hacer que en un macho se desarrollen características femeninas.

fenecer (2m). Poner fin, acabarse. Morir.

fénix. Ave fabulosa.

feo, a. Carente de belleza, 3.12.3.

feraz. Fértil, copioso de frutos.

feroz. Que obra con ferocidad.

ferrar (1j). Cubrir con hierro. Herrar. Marcar con hierro.

ferrificar (1a). Reunirse las partes ferruginosas de una sustancia, formando hierro o adquiriendo la consistencia de tal.

ferroviario, a. Relativo al ferrocarril.

ferrugiento, a. De hierro o con algunas de sus propiedades.

ferruginoso, a. Que contiene hierro.

fertilizar (1g). Fecundizar, hacer fértil la tierra.

férvido, a. Ardiente fervor. Calor intenso. Celo ardiente. Eficacia suma.

fervorizar (1g). Infundir fervor.

fervoroso, a. Que tiene fervor.

festival. Fiesta.

festividad. Fiesta o solemnidad.

fez. Gorro usado por moros y turcos.

fiambre. Que se ha dejado enfriar después de asado o cocido.

fiar (1t). Vender a crédito. Confiar.

fibra. Filamento.

fibroma. Cierto tumor.

ficar (1a). Quedar. Jugar.

ficción. Acción y efecto de fingir.

ficticio, a. Fingido o fabuloso.

fiduciario, a. Que depende del crédito y confianza que merezca. Relativo a los billetes de banco.

fiebre. Elevación de la temperatura del cuerpo por encima de la normal. Agitación. 5.5.5.

fijeza. Firmeza, seguridad, persistencia.

filiación. Procedencia, dependencia. Señas personales.

filibustero. Pirata.

filicida. Que mata a su hijo.

filología. Estudio científico de una lengua y sus manifestaciones.

filósofo, a. Que se dedica a la filosofía, 4.2.1.

filoxera. Insecto que ataca las vides.

finalizar (1g). Acabar, terminar.

fincabilidad. Caudal inmueble.

fincar (1a). Hincar. Quedar. Adquirir fincas.

fiscalizar (1g). Someter a inspección fiscal. Averiguar y enjuiciar las acciones de alguien.

física. Ciencia que estudia las propiedades generales de los cuerpos y sus leyes, 5.6.4.

fingimiento. Simulación.

fingir (3b). Dar a entender lo que no es cierto, 3.5.9.

fisgar (1b). Pescar con arpón. Husmear indagando.

fisiología. Ciencia que estudia las funciones orgánicas.

fizar (1g). Picar, producir una picadura o mordedura, especialmente los insectos o reptiles.

fláccido, a. Flaco, flojo.

flagelar (1). Azotar. Fustigar, vituperar.

flagelo. Instrumento para azotar.

flagrante. Que se está ejecutando.

flamígero, a. Que despide llamas o imita su figura, 3.5.14.

flaqueza. Mengua de carnes. Debilidad, fragilidad.

flébil. Digno de ser llorado.

flebitis. Inflamación de las venas.

fleje. Tira de chapa de hierro.

flexibilidad. Calidad de flexible.

flexibilizar (1g). Hacer flexible.

flexible. Que tiene disposición para doblarse fácilmente. Que cede o se acomoda fácilmente.

flexión. Acción y efecto de doblar.

flexión gramatical. Cambio morfológico, 6.2,

(adjetiva), 5.5.1, 5.5.2, (casual) 6.4.3, (de género) 9.4.2, (de número) 5.5.1, 5.6.1, 5.6.3, 5.6.4, 5.6.5, 5.6.6, 5.6.7, 5.7, 8.1, 9.1.1, 9.4.2, (participio) 9.4.2, (personal) 9.1.1, (sustantiva) 5.6.1.

flojear (1). Obrar con pereza y descuido. Flaquear. 3.5.11.

flor. Conjunto de órganos reproductores de algunas plantas, 5.5.10.

florecer (2m). Dar flores las plantas. Prosperar.

fluctuar (1s). Vacilar, oscilar.

fluir (29). Brotar o correr un fluido. Surgir fácilmente.

fluorescencia. Propiedad que tienen algunos cuerpos de mostrarse pasajeramente luminosos.

fluorhídrico. Cierto ácido.

fluvial. Relativo a los ríos.

fluxión. Acumulación de humores.

fobia. Aversión por algo.

focalizar (1g). Hacer converger en un punto un haz luminoso.

fogaje. Tributo antiguo.

fogarizar (1g). Hacer fuego con hogueras.

folclor. Folclore.

folclore. Conjunto de creencias, costumbres, artesanía, etc., tradicionales de un pueblo.

follaje. Conjunto de hojas de una planta.

fonema. Unidad fonológica mínima en un sistema lingüístico, 1.5, 3.1.1, (consonántico) 1.6, (vocálico) 1.5, 1.6.

fonje. Blando, mollar y espinoso.

fonograma. Sonido representado por una o más letras. Cada una de las letras del alfabeto, 1.3, 1.6.

fonología. Parte de la lingüística que estudia el sistema de fonemas de una lengua, 2.1.

forajido. Facineroso que anda fuera de poblado.

foráneo. Forastero, extranjero.

forcejar (1). Forcejear, 3.5.11.

forcejear (1). Hacer fuerza. Pugnar. Resistir. 3.5.11.

fórceps. Instrumento quirúrgico, 4.2.3.

formalizar (1g). Revestir algo de requisitos legales o formales.

formas no personales del verbo. 9, (perífrasis) 10.1.2, 10.2.1, 10.2.2, 10.5.1, 10.5.3, 10.6.3.

fornecer (2m). Proveer de todo lo necesario para un fin.

fornicar (1a). Practicar el coito fuera del matrimonio.

forraje. Alimento que se da al ganado.

forrajear (1). Segar y recoger el forraje para el ganado.

fortalecer (2m). Hacer más fuerte o vigoroso.

fortificar (1a). Dar fuerza y vigor. Proteger con obras de defensa.

fortuito, a. Que sucede casualmente.

forzar (1n). Hacer que algo ceda por la fuerza o la violencia. Violar a una mujer.

fosas nasales. Cavidad nasal, 1.5.

fosforecer (2m). Fosforescer.

fosforescencia. Luminiscencia, especialmente la del fósforo.

fosforescer (2m). Manifestar fosforescencia o luminiscencia.

fosilización. Acción y efecto de fosilizar.

fosilizar (1g). Transformar la materia orgánica en fósil.

foto. Apócope de fotografía, 4.10.1.

fotofobia. Repugnancia y horror a la luz.

fotograbar (1). Grabar por medio de la fotografía.

fotografía. Técnica de fijar las imágenes obtenidas en el fondo de una cámara oscura. Reproducción de tales imágenes.

fotografiar (1t). Obtener imágenes por medio de la fotografía.

fotolitografiar (1t). Obtener reproducciones de dibujos mediante cierta técnica.

frac. Traje de ceremonia masculino, 5.6.7.

fracción. División de una cosa en partes y cada una de estas partes.

fraccionar (1). Dividir en partes.

fracturar (1). Romper o quebrantar con esfuerzo.

frágil. Quebradizo.

fragmentar (1). Reducir a fragmentos.

fragmento. Parte de una cosa quebrada o dividida, 3.12.6.

fraguar (1c). Forjar metales. Idear.

francés, sa. Relativo a Francia, 4.2.3, 5.6.7.

francmasón, na. Relativo a la francmasonería.

francmasonería. Sociedad secreta.

frange. División del escudo de armas, 3.5.14.

frangir (3b). Partir o dividir una cosa en pedazos.

franqueza. Libertad, exención. Sinceridad.

fraseología. Modo de ordenar la frase. Verbosidad.

fraternizar (1g). Unirse y tratarse como hermanos.

fratricida. Que mata a su hermano.

fray. Apócope de fraile que se antepone al nombre propio.

frazada. Manta peluda.

frecuencia. Repetición a menudo.

fregar (1d). Restregar. Limpiar.

freír (25a). Cocer los alimentos en aceite o grasa.

frente (el). Parte delantera de algo, 4.11.2, 5.5.13.

frente (la). Parte superior de la cara, 4.11.2, 5.5.13.

frente a. Locución preposicional, 7.2.4.

fresco, a. Moderadamente frío. Reciente. Desvergonzado. ‖ (Con el verbo *ser*) 10.6.9, (con el verbo *estar*) 10.6.9.

frey. Tratamiento que se usa entre los miembros de las órdenes militares.

frezar (1g). Desovar.

fricación. Modo de articulación fonética, 1.5.

fricativo, a. Relativo a la fricación. ‖ (Sonido), 1.5, 2.6, 3.3.1, 3.3.3, 3.5.6.

fricción. Acción y efecto de friccionar. Roce de dos cuerpos. Desavenencia entre personas. 3.3.5.

friccionar (1). Dar fricciones o friegas.

frígido, a. Frío.

frigorífico, a. Que produce artificialmente descenso de temperatura.

frontispicio. Fachada o delantera.

fructífero, a. Que produce fruto.

fructificar (1a). Convertirse la flor en fruto. Producir utilidad.

frugívoro, a. Que se alimenta de frutos.

fruición. Goce, complacencia.

fruncir (3a). Arrugar la frente. Estrechar, recoger.

frutaje. Pintura de frutas y flores.

frutecer (2m). Empezar a echar fruto las plantas.

fucilazo. Relámpago sin ruido.

fucsia. Cierto arbusto.

fuente. Manantial. Adorno de jardinería mediante agua en movimiento. Plato grande. Principio y fundamento. 5.5.5.

fugar (1b). Escapar.

fugitivo, a. Que anda huyendo. Breve, perecedero.

fulgente. Brillante, resplandeciente.

fúlgido, a. Fulgente.

fulgir (3b). Resplandecer, brillar.

función. Relación gramatical entre elementos de la oración, (adjetiva) 6.6.2, 6.6.3, 9.1.2, 9.4.3, (adverbial) 6.6.2, 9.1.2, 9.3.1, 9.4.3, (copulativa) 10.1.5, (pronominal) 6.6.2, (sustantiva) 6.6.2, 6.6.3, 9.1.2, 9.2.2, 9.4.3.

fungar (1b). Gruñir.

fungible. Que se consume con el uso.

fungir (3b). Desempeñar un empleo o cargo. Presumir, echárselas de algo.

fuñicar (1a). Hacer algo con torpeza o ñoñería.

furibundo, a. Airado, muy propenso a enfurecerse.

furtivo, a. Que se hace o actúa a escondidas.

fusil. Arma larga de fuego.

fúsil. Que puede fundirse.

fustigar (1b). Azotar. Censurar con dureza.

futbol. Fútbol.

fútbol. Cierto juego de balón.

futbolista. Jugador de fútbol, 5.5.4.

fútil. De poco aprecio o importancia.

futuro imperfecto. Tiempo verbal, 8.4.2, 8.4.3, 8.4.6, 8.7.1, (irregularidad) 11.1.2, (subjuntivo) 11.1.2, (valor de continuidad) 8.7.1, (valor de cortesía) 8.7.4, (valor de estimación) 8.7.5, (valor habitual) 8.7.1, (valor imperativo) 8.7.3, (valor de probabilidad) 8.7.5, (valor puntual) 8.7.2.

futuro perfecto. Tiempo verbal, 8.4.2, 8.4.3, 8.4.6, 8.6.1, 8.7.6, (valor de probabilidad) 8.7.7.

G

g. Letra. Consonante. 1.4, 1.5, 1.6, 1.11, 3.5, 4.4.7, 4.9.3, 11.1.1.

gabán. Abrigo, sobretodo.

gabardina. Tela de tejido diagonal. Sobretodo impermeable.

gabarra. Embarcación mayor.

gábata. Cierta escudilla.

gabato. Cría menor de los ciervos y las liebres.

gabejo. Haz pequeño de paja o de leña.

gabela. Tributo, gravamen.

gabinete. Aposento. Cuerpo de ministros del Estado.

gacel. Animal antílope.

gacela. Hembra de gacel.

gacetilla. Noticia corta.

gachí. Mujer, muchacha, 5.6.7.

galactita. Arcilla que se deshace en el agua.

galayo. Prominencia de roca pelada.

galbana. Pereza, desidia.

gálbano. Gomorresina.

gálbula. Fruto del ciprés.

gálibo. Arco para comprobar la altura de los vehículos.

galicismo. Vocablo o giro de la lengua francesa usados en otra.

galvanizar (1g). Excitar un organismo por medio de corrientes eléctricas. Dar un baño de cinc a un objeto metálico para que no se oxide.

gallina. Hembra del gallo, 2.2.

gallipava. Variedad de gallina.

gallo. Ave doméstica, 3.7.3.

gamberro, a. Libertino, disoluto. Grosero e incivil.

gambito. Lance del juego de ajedrez.

ganapán. Recadero. Hombre rudo y tosco. 4.6.2.

gangrena. Desorganización y privación de vida en cualquier tejido orgánico.

ganzúa. Alambre doblado con que pueden correrse los pestillos de las cerraduras.

gañir (3h). Aullar el perro agudamente.

garabato. Punta de hierro doblada en semicírculo. Escritura mal trazada.

garaje. Local para guardar automóviles, 3.5.14.

garantizar (1g). Dar u ofrecer garantías.

garbanzo. Planta leguminosa y su semilla.

garbar (1). Formar o recoger gavillas de mieses.

garbear (1). Afectar garbo o bizarría. Garbar.

garbillar (1). Ahechar grano.

garboso, a. Airoso, gallardo.

garbullo. Inquietud y confusión de muchas personas revueltas.

gárgara. Acción de mantener el líquido en la garganta, sin tragarlo y arrojando el aliento.

gargarizar (1g). Hacer gárgaras.

garra. Extremidad del animal armada de uñas corvas, fuertes y agudas. Poder de atracción, convicción o persuasión.

garrobal. Sitio poblado de algarrobos.

garrote. Palo grueso y fuerte. Instrumento para ejecutar la pena de muerte. 3.5.2.

garuar (1s). Lloviznar.

gastador, a. Derrochador, 3.12.4.

garza. Ave zancuda.

gasificar (1a). Hacer que pase un líquido al estado de gas. Administrar gas.

gasógeno. Aparato destinado a obtener gas.

gaveta. Cajón corredizo.

gavia. Cierto tipo de vela. Jaula.

gavilán. Cierta ave. Cada uno de los lados de la pluma de escribir.

gavilla. Conjunto mayor que el manojo y menor que el haz.

gaviota. Ave palmípeda.

gayadura. Guarnición y adorno.

gayo, a. Alegre, vistoso, 3.7.3.

géiser. Fuente termal intermitente en forma de surtidor, 4.3.1.

gelatina. Sustancia alimenticia.

gélido, a. Helado o muy frío.

gema. Piedra preciosa.

gemación. Reproducción por yemas o tubérculos.

gemir (30). Expresar pena y dolor con voz lastimera.

gendarme. Miembro de las fuerzas de orden público en algunos países, 3.5.6.

genealogía. Serie de ascendientes, 3.5.6.

general. Común, usual. Grado militar.

generalidad. Mayoría de los que componen una clase o todo. Vaguedad, falta de precisión.

generalizar (1g). Aplicar a la generalidad.

género. Conjunto de seres de caracteres comunes. Mercancía. 3.5.6., 4.2.1. ‖ Categoría gramatical de flexión, 4.11.2, 5.5, 5.7, 6.4.3, 9.4.2.

generosidad. Nobleza. Largueza, liberalidad.

génesis. Origen o principio, 4.11.2, 5.5.13.

genialidad. Singularidad propia del carácter de una persona.

genio. Índole o inclinación. Gran ingenio o facultad.

genital. Relativo al aparato reproductor, 3.5.6.

genitivo. Uno de los casos de la declinación, 6.6.8.

genízaro, a. Jenízaro.

genovés, sa. De Génova.

gente. Pluralidad de personas, 3.5.6.

gentil. Idólatra o pagano. Brioso, galán. 3.5.6.

gentilhombre. Buen mozo.

gentilicio, a. Relativo a las gentes o naciones, al linaje o familia.

gentilizar (1g). Practicar los ritos de los gentiles.

genuflexión. Acción y efecto de doblar la rodilla, bajándola hacia el suelo, 3.5.6.

genuino, a. Puro, propio, natural, legítimo, 3.5.6.

geocéntrico, a. Relativo al centro de la Tierra.

geografía. Ciencia que estudia la Tierra.

geometría. Ciencia que estudia las propiedades de la extensión.

geranio. Planta de jardín.

gerente. El que dirige los negocios de una sociedad o empresa, 1.6.

germanía. Jerga o modo de hablar de ladrones y rufianes.

germánico, a. Relativo a Germania o a Alemania.

germanizar (1g). Tomar o hacer que algo tome carácter germánico.

germen. Principio rudimental de un nuevo ser, de una idea o de una acción.

germinar (1). Brotar o empezar a crecer las plantas.

gerundense. De Gerona.

gerundio. Forma no personal del verbo, 4.5.3, 5.8, 9.1.1, 9.1.2, 9.3, 9.4.3, (compuesto) 9.3.2, (perífrasis verbal) 10.1.2, 10.1.4, (simple) 9.3.1, (uso incorrecto) 9.3.3.

gesta. Conjunto de hechos memorables.

gesticular (1). Hacer gestos.

gestionar (1). Hacer diligencias.

gestor, ra. Que gestiona.

geta. Relativo a un pueblo situado al este de la Dacia.

giba. Corcova. Molestia, incomodidad.

giboso, a. Que tiene giba.

gibraltareño, a. De Gibraltar.

giennense. Jiennense, de Jaén.

gigante. Que excede o sobresale.

gijonés, sa. De Gijón.

gimnasia. Técnica de desarrollar y dar flexibilidad al cuerpo mediante ciertos ejercicios.

gimnasta. El que realiza ejercicios gimnásticos.

gimotear (1). Despectivo de gemir.

ginebra. Alcohol de semillas.

ginecología. Ciencia que trata de las enfermedades de la mujer.

gingival. Relativo a las encías.

gira. Serie de actuaciones de un artista o compañía artística, 4.11.3.

giralda. Veleta de torre cuando tiene figura humana o de animal.

girar (1). Moverse alrededor. Desviarse o torcer la dirección.

giro. Movimiento circular. Movimiento o traslación de caudales.

giróvago, a. Vagabundo.

gitanear (1). Halagar con gitanería.

gitanería. Conjunto de gitanos. Halago hecho con zalamería y gracia.

gitano, a. Cierta raza de gente errante.

glacial. Helado.

glaciar. Masa considerable de hielo en las montañas.

glacis. Explanada.

gladiador. El que combatía en el circo romano, 3.5.4.

glicerina. Cierto líquido espeso, 3.5.4.

global. Total, en conjunto. ‖ (Aspecto) 8.4.4, 8.4.5, 8.4.6, 8.5.7, 8.7.1, 8.7.6, 9.1.1, 10.1.4.

globo. Cuerpo esférico. Tierra, planeta. Esfera llena de gas. 3.5.4.

glóbulo. Pequeño cuerpo esférico.

gloriar (1/1t). Preciar o alabar demasiado.

glorificar (1a). Conferir la gloria a alguien. Reconocer y alabar al que es glorioso.

gneis. Roca de estructura pizarrosa. Neis.

gnomo. Ser fantástico de figura de enano. Nomo.

gnosticismo. Doctrina que pretende que el hombre tiene un conocimiento intuitivo y misterioso de las cosas divinas.

gnóstico, a. Relativo al gnosticismo. Nóstico.

gobernador, ra. Que gobierna.

gobernar (1j). Mandar con autoridad. Dirigir.

gobierno. Acción y efecto de gobernar. Conjunto de ministros.

goce. Acción y efecto de gozar.

gongorizar (1g). Hablar o escribir en estilo parecido al de Góngora.

gordo, a. Abultado, corpulento. Pingüe, mantecoso.

gordura. Cualidad de gordo, 3.5.2.

gorjear (1). Hacer quiebros con la voz en la garganta.

gorjeo. Quiebro de la voz en la garganta.

gorrión. Cierto pájaro, 5.5.9.

gota. Pequeña porción de un líquido. Enfermedad crónica. 3.5.2.

goyesco, a. Característico de Goya o semejante a su estilo.

gozar (1g). Experimentar gozo o placer. Poseer algo útil o ventajoso.

gozne. Herraje articulado que se aplica a puertas y ventanas.

grabado. Arte de grabar. Estampa producida por este procedimiento.

grabar (1). Señalar con incisión. Labrar en hueco o en relieve. Fijar los sonidos para ser reproducidos. 4.11.3.

gracejo. Gracia, donaire festivo.

gracia. Don de Dios. Cierto donaire y atractivo. Chiste. Perdón, indulto.

grado. Estado, valor o calidad. Cargo, jerarquía. Unidad de medida. 3.12.2.

graduar (1s). Dar a algo el grado que le corresponde. Señalar los grados en que se divide algo. Dar u obtener un título.

grafía. Signo o conjunto de signos que representan un sonido o palabra, 1.3, 1.4.

gráfico, a. Relativo a la escritura. ǁ (Expresión) 1.6.

gramática. Conjunto de reglas que rigen el uso de una lengua, 2.1.

gramaticalizar (1g). Perder una palabra su contenido originario para transformarse en instrumento gramatical.

gramo. Unidad de peso, 3.5.4.

gran. Apócope de grande, 5.9.5.

grande. De tamaño mayor que otros de su especie. Mucho. Intenso. 4.6.4.

granizar (1g). Caer granizo.

granjear (1). Adquirir caudal traficando. Adquirir, conseguir, captar.

granjería. Beneficio, ganancia.

grano. Porción de algo, pequeña y redondeada. Semilla. Lesión cutánea. 3.10.2.

granujería. Conjunto de granujas o de pillos. Acción propia de un granuja.

granujiento, a. Que tiene muchos granos.

gratificación. Remuneración, recompensa pecuniaria.

gratificar (1a). Recompensar por un servicio prestado. Dar gusto, complacer.

grava. Conjunto de guijas. Piedra machacada.

gravar (1). Cargar, imponer, 4.11.3.

grave. Importante, peligroso. Dícese de las palabras llanas, 3.1.8.

gravedad. Tendencia de los cuerpos a dirigirse al centro de la Tierra. Circunspección. Magnitud, importancia.

gravidez. Preñez.

grávido, a. Cargado, lleno, abundante.

gravitar (1). Propensión a caer por razón del peso. Hacer fuerza un cuerpo sobre otro.

gravoso, a. Molesto, pesado, caro.

graznar (1). Dar graznidos.

graznido. Voz de algunas aves.

grecizar (1g). Dar forma griega a voces de otro idioma. Usar voces y locuciones griegas.

grey. Rebaño. Conjunto de personas.

grito. Voz elevada y esforzada, 3.5.4.

grúa. Máquina que sirve para levantar pesos, 4.3.1.

gruir (29). Gritar las grullas.

grujir (3). Igualar los bordes de los vidrios.

gruñido. Voz del cerdo. Sonido inarticulado y ronco que suele emitirse como señal de malhumor.

gruñir (3h). Dar gruñidos.

gruta. Cavidad en riscos o peñas, 3.5.4.

guaira. Hornillo de barro. Flauta de varios tubos. 1.10.

guajiro, a. Campesino blanco de la isla de Cuba.

guanche. Raza que poblaba las islas Canarias al tiempo de su conquista por los españoles.

guañir (3h). Gruñir los cochinillos pequeños o lechales.

guardabarrera. Persona que custodia un paso a nivel.

guardabarros. Alero del coche.

guardabosque. Persona que guarda los bosques.

guardabrisa. Fanal de cristal.

guardacabras. Cabrero.

guardagujas. Empleado del ferrocarril que tiene a su cuidado las agujas de cambio de vía.

guardahúmo. Vela del buque para proteger del humo, 4.6.2.

guardapolvo. Resguardo para preservar del polvo.

guarecer (2m). Acoger. Preservar.

guarnecer (2m). Poner guarnición. Dotar, proveer.

guarnición. Adorno. Conjunto de correajes. Tropa.

guau. Onomatopeya con que se representa la voz del perro, 1.10.

guay. Interjección, 12.8.2.

guayabera. Chaquetilla corta de tela ligera.

gubernamental. Relativo al gobierno del Estado.

gubernativo, a. Relativo al gobierno.

gubia. Formón o aguja de media caña.

guedeja. Cabellera larga.

güeldo. Cebo.

guerra. Desavenencia o rompimiento de paz. Pugna. 3.5.2, 3.10.2.

guerrera. Chaqueta de uniforme.

guerrero, a. Relativo a la guerra.

guerrilla. Grupo poco numeroso de tiradores.

guerrillero, a. Paisano que sirve en una guerrilla.

guía. Que conduce o encamina.

guiar (1t). Mostrar el camino. Conducir un vehículo. Dirigir.

guija. Piedra redondeada y chica que se encuentra en las orillas de ríos y arroyos.

guijarro. Canto rodado.

guijo. Conjunto de guijas. Pequeño canto rodado.

guillame. Cepillo estrecho de carpintero.

guillotina. Máquina para cortar papel. Máquina usada en Francia para decapitar a los reos de muerte.

guimbarda. Cepillo de carpintero.

guinchar (1). Picar o herir con la punta de un palo.

guinda. Fruto comestible. Altura total de la arboladura de un buque.

guindar (1). Subir una cosa que ha de colocarse en alto.

guindilla. Pimiento pequeño que pica mucho. Despectivamente, agente de policía.

guiñapo. Andrajo, persona andrajosa.

guiñar (1). Cerrar un ojo momentáneamente, como señal o advertencia.

guión. Pendón o estandarte. Texto fundamental de un filme o programa de radio o de televisión. ‖ Signo de puntuación 12.1.1, (corto) 12.1.1, 12.11.2, 12.11.3, (pequeño) 12.11.1, (uso) 12.11.

guión corto. Signo de puntuación, 4.6.3.

guión largo. Signo de puntuación, 12.1.1, 12.10.1, 12.11.1.

guionaje. Oficio de guía o conductor.

guionista. El que escribe guiones para el cine, la radio o la televisión.

güira. Árbol tropical.

guirigay. Lenguaje confuso. Gritería, algarabía.

guisa. Modo, manera.

guisar (1). Preparar los manjares.

guita. Cuerda delgada de cáñamo.

güisqui. Licor alcohólico, 3.1.12.

guitarra. Instrumento músico de cuerda, 1.6, 3.5.2.

guizar (1b). Azuzar.

gurbia. Instrumento de metal que tiene alguna curvatura.

gurbio. Gurbia.

gusano. Animal invertebrado. Lombriz. Oruga. 3.5.2.

H

h. Letra. Consonante. 1.4, 1.6, 2.3, 3.6.

haba. Planta herbácea y su fruto comestible.

habanera. Danza propia de La Habana.

habano, a. Relativo a La Habana, 4.11.3.

habeas corpus. Expresión latina relativa al derecho del detenido a comparecer ante un juez o tribunal inmediata y públicamente.

haber. Hacienda, caudal. Una de las dos partes de las cuentas corrientes.

haber (14). 3.1.7, 3.6.5, (auxiliar) 8.4.2, 10.1.1, 10.1.5, 10.2.1, 10.2.2, 10.5.1, 10.6.1, (impersonal) 10.3, 10.5.1, (perífrasis verbal) 10.4.1, 10.4.3, (uso) 10.3.3.

habichuela. Judía, planta.

habiente. Que tiene.

hábil. Inteligente, dispuesto, mañoso, 3.1.3.

habilidad. Capacidad y disposición, 3.1.3.

habilitar (1). Hacer hábil. Proveer.

habitable. Que puede habitarse.

habitación. Edificio o aposento dispuesto para habitar en él.

habitante. Que habita.

habitar (1). Vivir, morar, 4.11.3.

hábito. Vestido o traje. Costumbre. 4.2.1.

habitual. Que se hace ordinariamente. ‖ (Presente) 8.6.2, (pretérito imperfecto) 8.5.3.

habituar (1s). Acostumbrar.

habla. Facultad de hablar, 1.5, (vulgar) 2.5.

hablador, ra. Que habla o habla demasiado.

habladuría. Expresión inoportuna. Murmuración.

hablar (1). Proferir palabras para darse a entender, 3.1.2.

hablilla. Rumor, mentira.

hablista. Persona que se distingue por la pureza, propiedad y elegancia del lenguaje.

haca. Jaca, 2.3.

hacecillo. Diminutivo de haz.

hacedero, a. Que puede hacerse.

hacedor, ra. Que hace.

hacendado, a. Que tiene hacienda en bienes raíces.

hacendar (1j). Dar el dominio de haciendas. Adquirir una hacienda.

hacendoso, a. Solícito y diligente.

hacer (1l). Producir, fabricar, componer, formar, 3.6.1.

hacera. Acera.

hacia. Preposición, 7.2.16, 7.2.18.

hacienda. Finca agrícola. Cúmulo de bienes. Economía de Estado.

hacha. Vela grande. Herramienta cortante.

hachazo. Golpe de hacha.

hache. Nombre de la letra *h*.

hada. Ser fantástico de figura de mujer.

hado. Destino, fuerza desconocida.

hagiografía. Estudio de las vidas de los santos.

haitiano, a. De Haití.

hala. Exclamación para infundir aliento.

halacabuyas. Marinero principiante.

halagador, ra. Que halaga.

halagar (1b). Dar muestras de afecto. Dar motivo de satisfacción.

halago. Acción y efecto de halagar.

halagüeño, a. Que halaga, lisonjea o adula, 3.5.3.

halcón. Ave rapaz.

halconear (1). Dar muestra la mujer desenvuelta de andar a la caza de hombres.

halda. Falda. Harpillera.

hale. Expresión usada para dar prisa o animar.

hálito. Aliento, vapor, soplo.

halo. Corona, cerco.

halógeno, a. Dícese de cada uno de los elementos de determinado grupo de la clasificación periódica.

haloque. Cierta pequeña embarcación, 4.11.3.

hallar (1). Dar con algo. Encontrar. Averiguar.

hallazgo. Acción y efecto de hallar.

hamaca. Red gruesa que sirve de cama y columpio.

hambre. Gana y necesidad de comer, 3.6.1, 5.5.5.

hambriento, a. Que tiene hambre.

hamburgués, sa. De Hamburgo.

hampa. Vida de holgazanería picaresca y maleante.

haragán, na. Que rehúye el trabajo.

harambel. Arambel.

harapiento. Andrajoso, roto, lleno de andrajos.

harapo. Andrajo.

harca. Partida de rebeldes marroquíes.

harem. Harén.

harén. Departamento de las casas de los musulmanes en que viven las mujeres.

harija. Polvillo que el aire levanta del grano cuando se muele.

harina. Polvo que resulta de la molienda del trigo y de otras semillas, 3.6.1.

harinero, a. Relativo a la harina.

harinoso, a. Que tiene mucha harina. Farináceo.

harma. Especie de ruda o alharma, planta.

harmonía. Armonía.

harmonio. Armonio.

harmonizar (1g). Armonizar.

harnero. Criba.

haronía. Flojedad, pereza, poltronería.

harpa. Arpa.

harpía. Arpía.

harrear. Arrear.

harriero. Arriero.

hartar (1). Saciar el apetito. Satisfacer. 2.3.

hartazgo. Resultado de comer o beber con exceso.

hartera. Hartazgo.

harto, a. Satisfecho, ahíto, 4.11.3.

hasta. Preposición, 3.6.4, 4.11.3, (uso) 7.2.17.

hastial. Fachada de un edificio determinada por dos vertientes del tejado.

hastío. Repugnancia, disgusto, tedio.

hatajar (1). Dividir el ganado en hatajos, 4.11.3.

hatajo. Hato pequeño. Conjunto, copia.

hato. Manada, 4.11.3.

haya. Cierto árbol, 3.7.3, 4.11.3.

hayal. Hayedo.

hayedo. Sitio poblado de hayas.

haz. Porción atada de mieses, leña o cosas semejantes. Cara o rostro. 3.4.3, 5.5.12.

haza. Porción de tierra labrantía o sembradura.

hazaña. Hecho ilustre y heroico.

hazmerreír. Persona que por su figura ridícula y porte extravagante sirve de diversión a los demás, 4.6.2.

he ahí. Locución interjectiva, 3.6.5.

he aquí. Locución interjectiva, 3.6.5.

hebijón. Clavo de púa de la hebilla.
hebilla. Pieza que sirve para unir o ajustar.
hebra. Hilo, filamento, vena.
hebraico, a. Hebreo.
hebreo, a. Relativo al pueblo israelita o judío.
hecatombe. Catástrofe, matanza de personas.
hect. Abreviatura de *hectárea,* 4.10.4.
hectárea. Medida de superficie.
hectogramo. Medida de peso.
hectolitro. Medida de capacidad.
hectómetro. Medida de longitud.
hechicería. Arte supersticioso de hechizar.
hechicero, a. Que practica la hechicería.
hechizar (1g). Causar daño mediante ciertas prácticas supersticiosas.
hecho, a. Resultado de hacer, 3.6.4.
hechura. Acción y efecto de hacer.
heder (1j). Arrojar olor malo y penetrante.
hediondo, a. Que hiede. Sucio, repugnante.
hegemonía. Supremacía.
hégira. Era de los mahometanos.
heguemonía. Hegemonía.
héjira. Hégira.
helada. Congelación de los líquidos.
helado, a. Efecto de helar. Muy frío. Suspenso, atónito.
helar (1j). Congelar. Cuajar un líquido la acción del frío.
helecho. Cierta planta.
helénico, a. Relativo a Grecia.
helgado, a. Que tiene los dientes ralos y desiguales.
hélice. Parte del pabellón de la oreja. Conjunto de aletas para la propulsión de barcos y aeronaves.
helio. Cierto cuerpo simple.
heliograbado. Procedimiento para grabar aprovechando la luz solar.
heliógrafo. Instrumento destinado a hacer señales telegráficas por medio de la reflexión de un rayo de sol en un espejo plano.
helioscopio. Telescopio preparado para mirar el sol sin que su resplandor ofenda la vista.
helioterapia. Método curativo por la acción de los rayos solares.
helo. Locución adverbial, 3.6.5.
helvético, a. Relativo a Suiza.
hematites. Mineral de hierro, 5.5.11.
hembra. Del sexo femenino, 2.3.
hemiciclo. Semicírculo.
hemiplejia. Parálisis de todo un lado del cuerpo, 3.5.8.

hemiplejía. Hemiplejia, 3.5.8.
hemisferio. Cada una de las dos mitades de una esfera.
hemoglobina. Materia colorante de los glóbulos rojos de la sangre.
hemoptisis. Hemorragia de la membrana mucosa pulmonar.
hamorragia. Flujo de sangre.
hemorroidal. Relativo a la hemorroide.
hemorroide. Tumorcillo sanguíneo del ano.
hemorroisa. Mujer que padece flujo de sangre.
hemostático, a. Que contiene la hemorragia.
henchir (30). Llenar, colmar.
hender (2d). Abrir o rajar un cuerpo sin dividirlo del todo.
hendidura. Acción y efecto de hender.
hendir (3e). Hender.
heno. Planta gramínea empleada como alimento del ganado.
heñir (24). Amasar.
hepático, a. Relativo al hígado.
herbaje. Conjunto de hierbas.
herbar (1j). Adobar con hierbas las pieles.
herbazal. Sitio poblado de hierbas.
herbecer (2m). Empezar a nacer la hierba.
herbívoro, a. Que se alimenta de vegetales.
herbolario, a. Que se dedica a recoger hierbas y plantas medicinales para venderlas.
herborizar (1g). Recoger plantas para estudiarlas.
hercúleo, a. Relativo a Hércules o a sus cualidades.
hércules. Hombre de mucha fuerza.
heredad. Porción de terreno cultivable perteneciente a un mismo dueño.
heredar (1). Suceder por disposición testamentaria.
heredero, a. Que hereda.
hereje. Cristiano discrepante de la Iglesia Católica.
herejía. Discrepancia doctrinal sostenida con pertinacia, 3.5.8.
herencia. Derecho a heredar. Bienes que se heredan.
herida. Efecto de herir. Ofensa, agravio.
herir (22). Romper o abrir las carnes. Dañar. 3.6.1.
hermafrodita. Que tiene los dos sexos.
hermanar (1). Unir, uniformar.
hermandad. Relación de parentesco entre hermanos. Congregación. Amistad íntima.

hermano, a. El que tiene respecto a otro los mismos padres, el mismo padre o la misma madre.

hermético, a. Cerrado, impenetrable.

hermosear (1). Hacer o poner hermoso.

hermoso, a. Dotado de hermosura.

hermosura. Belleza.

hernia. Salida de una víscera de su cavidad natural.

héroe. El que lleva a cabo una acción heroica, 1.6.

heroico, a. Famoso por sus hazañas o virtudes.

herradura. Hierro que se clava en el casco de las caballerías.

herraj. Erraj.

herraje. Conjunto de herraduras y clavos. Conjunto de piezas metálicas de una guarnición.

herramienta. Instrumento de trabajo.

herrar (1j). Ajustar y clavar las herraduras, 3.6.4, 4.11.3.

herrería. Oficio de herrero y lugar donde se ejerce.

herrero. El que tiene por oficio trabajar el hierro.

herrumbre. Orín de hierro.

herventar (1j). Tener en el agua hasta que dé un hervor.

hervir (22). Moverse agitadamente a causa de la alta temperatura. Agitarse. 3.1.4.

hervor. Acción y efecto de hervir.

hesitar (1). Dudar, vacilar.

hete. Locución adverbial, 3.6.5.

heteróclito, a. Irregular, extraño.

heterodoxia. Disconformidad con el dogma católico.

heterodoxo, a. Afectado de heterodoxia.

heterogeneidad. Calidad de heterogéneo.

heterogéneo, a. Compuesto de partes de diversa naturaleza.

hético, a. Tísico, 4.11.3.

hexaedro. Sólido de seis caras.

hexágono. Polígono de seis lados y seis ángulos.

hez. Parte de desperdicio. Excremento. 3.4.3.

hiato. Pronunciación de dos vocales contiguas en sílabas distintas, 4.3.1.

híbrido, a. Animal o vegetal procreado por individuos de distinta especie.

hidalgo, a. Persona de clase noble.

hidalguía. Calidad de hidalgo.

hidra. Culebra acuática.

hidroácido. Ácido compuesto de hidrógeno y otro cuerpo simple.

hidrato. Combinación de un cuerpo con el agua.

hidráulico, a. Relativo al estudio de los fluidos. Que se mueve mediante agua. 3.6.3.

hidroavión. Aeroplano que se posa sobre el agua, 3.6.3.

hidrofobia. Horror al agua.

hidrógeno. Gas inflamable que se combina con el oxígeno para formar agua, 3.6.3.

hidrografía. Parte de la geografía que estudia los mares y las corrientes de agua.

hidrólisis. Desdoblamiento de la molécula de ciertos compuestos orgánicos.

hidrolizar (1g). Someter a hidrólisis.

hidrómetro. Instrumento que sirve para medir el caudal y la velocidad de un líquido en movimiento.

hidropesía. Derrame o acumulación anormal de humor seroso.

hidropicar (1a). Padecer hidropesía.

hiedra. Planta trepadora.

hiel. Bilis. Amargura. 3.6.2, 5.5.8.

hielo. Agua convertida en cuerpo sólido por efecto de bajas temperaturas, 1.6.

hiena. Mamífero carnicero.

hierático, a. Relativo a los sacerdotes o cosas sagradas. Dícese de lo que afecta solemnidad extrema. 3.6.2.

hierba. Planta pequeña anual.

hierbabuena. Planta empleada en condimentos.

hierbajo. Despectivo de hierba.

hierro. Cierto metal muy empleado en la industria, 3.6.1, 3.6.2, 3.6.4, 4.11.3.

hígado. Víscera que segrega la bilis.

higiene. Parte de la medicina dedicada a la conservación de la salud y a la prevención de enfermedades. Limpieza, aseo. 5.5.5.

higiénico, a. Relativo a la higiene.

higienizar (1g). Dotar de condiciones higiénicas.

higo. Fruto de la higuera, 3.6.1.

higrometría. Estudio de la humedad atmosférica.

higrómetro. Instrumento para determinar la humedad del aire.

higroscopio. Higrómetro.

higuera. Arbol productor del higo.

hijo, a. Persona o animal respecto de su padre o de su madre, 2.3, 3.6.1.

hijuela. Cosa aneja o subordinada.

hila. Hebra, hilaza.

hilacha. Pedazo de hila.

hilada. Hilera.

hilado, a. Acción y efecto de hilar.

hilaza. Hilo gordo y desigual.

hilera. Orden o formación en línea.

hilo. Hebra larga y delgada.

hilván. Costura de puntadas largas.

hilvanar (1). Unir con hilvanes. Proyectar. Hacer algo con precipitación.

himeneo. Boda o casamiento.

himnario. Colección de himnos, 3.8.4.

himno. Composición poética o musical en honor de algo o de alguien, 3.8.4.

hincapié. Acción de afirmar el pie para sostenerse o hacer fuerza.

hincar (1a). Introducir, clavar, apoyar.

hinchar (1). Hacer que algo aumente de volumen.

hinchazón. Efecto de hincharse.

hinojo. Planta aromática. Rodilla.

hiñir (3h). Heñir.

hioides. Hueso situado encima de la laringe.

hipar (1). Sufrir reiteradamente de hipo.

hipérbaton. Alteración del orden normal de las palabras, 5.9.1.

hipérbola. Cierta curva.

hipérbole. Aumento o disminución excesiva de la verdad. Exageración.

hiperbólico, a. Relativo a la hipérbole y a la hipérbola.

hiperbolizar (1g). Usar de hipérboles.

hiperbóreo, a. Relativo a regiones muy septentrionales.

hípico, a. Relativo al caballo, 3.6.3.

hipnosis. Sueño producido por el hipnotismo.

hipnotismo. Procedimiento empleado para producir el llamado sueño hipnótico.

hipnotizar (1g). Producir la hipnosis.

hipo. Movimiento convulsivo del diafragma, 3.6.3.

hipocondría. Afección caracterizada por una gran sensibilidad del sistema nervioso, con tristeza habitual.

hipocondriaco, a. Hipocondríaco.

hipocondríaco, a. Afectado de hipocondría.

hipocondrio. Región situada debajo de las costillas falsas.

hipocresía. Cualidad de hipócrita, 3.6.3.

hipócrita. Que finge o aparenta lo que no es o no siente.

hipódromo. Lugar donde se celebran competiciones hípicas, 3.6.3.

hipopótamo. Mamífero paquidermo.

hipoteca. Acción y efecto de hipotecar, 3.6.3.

hipotecar (1a). Gravar bienes inmuebles sujetándolos al cumplimiento de alguna obligación, 3.6.3.

hipotenusa. Lado opuesto al ángulo recto en un triángulo rectángulo.

hipótesis. Suposición de una cosa para sacar de ella una consecuencia, 5.5.11.

hiriente. Que hiere.

hirsuto, a. Dícese del pelo disperso y duro y de lo que está cubierto de este pelo o de púas o espinas.

hirviente. Que hierve.

hisopo. Mata olorosa. Instrumento para dar o esparcir agua bendita.

hispánico, a. Relativo a España y a los pueblos de lengua y cultura españolas.

hispanizar (1g). Españolizar.

hispanoamericano, a. Relativo a las naciones de América colonizadas por España, 12.11.3.

hispanófilo, a. Extranjero aficionado a la cultura, la historia y las costumbres españolas.

histología. Estudio de los tejidos orgánicos.

historia. Narración verídica de los hechos del pasado, 1.6.

histórico, a. Relativo a la historia.

hita. Clavo sin cabeza.

hito. Mojón, poste de piedra.

hobachonería. Pereza, desidia, holgazanería.

hocicar (1a). Tropezar, caer.

hocico. Parte de la cabeza donde están la boca y las narices.

hogaño. En este año.

hogar. Sitio donde se coloca la lumbre. Casa, domicilio. Vida familiar.

hogaza. Pan grande.

hoja. Lámina delgada. Parte extrema de las plantas. 3.6.1.

hojalata. Lámina de hierro o acero por las dos caras.

hojalatero, a. El que hace o vende piezas de hojalata.

hojaldre. Masa cocida al horno de modo que queden muchas hojas delgadas superpuestas.

hojarasca. Conjunto de hojas que han caído de los árboles. Cosa inútil o de poca sustancia.

hojear (1). Mover o pasar ligeramente las hojas de un libro o cuaderno, 4.11.3.

hola. Interjección, 3.6.4, 12.8.2.

holanda. Lienzo muy fino.

holandés, sa. De Holanda.

holgachón, na. Acostumbrado a pasarlo bien trabajando poco.

holgado, a. Desocupado. Ancho y sobrado.

holganza. Descanso, quietud, reposo.

holgar (1m). Descansar, estar ocioso, divertirse.

holgazán, na. Persona vagabunda y ociosa.

holgazanería. Haraganería, aversión al trabajo.

holgorio. Jolgorio. Regocijo, fiesta, diversión. 2.3.

holocausto. Sacrificio, acto de abnegación.

hológrafo, a. Ológrafo.

hollar (1r). Pisar con los pies. Abatir, humillar.

hollín. Sustancia depositada por el humo.

hombrada. Acción propia de un hombre generoso y esforzado.

hombre. Animal racional. Varón. 3.1.2.

hombro. Parte superior y lateral del tronco.

homenaje. Juramento de fidelidad.

homicidio. Muerte causada a una persona por otra.

homilía. Plática para explicar al pueblo materias de religión.

hominicaco. Hombre pusilánime y de mala traza.

homófono, a. Dícese de las palabras con igual pronunciación y diferente ortografía, 4.11.2.

homogeneizar (1x). Hacer homogéneo.

homogéneo, a. Perteneciente a un mismo género.

homologar (1b). Registrar y confirmar un organismo autorizado el resultado de una prueba deportiva. Dar firmeza las partes al fallo de los árbitros.

homónimo, a. Del mismo nombre.

honda. Tira o trenza para arrojar piedras con violencia, 3.6.4.

hondear (1). Reconocer el fondo con la sonda. Sacar carga de una embarcación. 4.11.3.

hondo, a. Profundo, 4.11.3.

hondonada. Espacio de terreno hondo.

hondura. Profundidad.

honestidad. Decencia y moderación. Recato, pudor.

honesto, a. Recatado, pudoroso, decente.

hongo. Planta sin clorofila.

honor. Calidad moral que lleva al cumplimiento de los deberes.

honorífico, a. Que da honor.

honra. Estima y respeto de la dignidad propia, 3.10.1.

honradez. Calidad de probo. Proceder recto. 3.10.2.

honrado, a. Que procede con honradez, 1.6.

hontanar. Sitio donde nacen fuentes y manantiales.

hopalanda. Falda grande y pomposa.

hora. Cada una de las veinticuatro partes en que se divide el día, 3.6.4, 4.11.3.

horadar (1). Agujerear atravesando de una parte a otra.

horario, a. Relativo a las horas.

horca. Instrumento donde morían colgados los condenados.

horcajadura. Ángulo que forman los dos muslos o piernas en su nacimiento.

horchata. Cierta bebida refrescante.

horda. Reunión de salvajes que forman comunidad y no tienen domicilio.

horizontal. Que está en el horizonte o paralelo a él.

horizonte. Línea que limita la superficie terrestre a que alcanza la vista del observador.

horma. Molde con que se fabrica alguna cosa o le da forma.

hormiga. Insecto que vive en sociedad.

hormigón. Mezcla de piedras y mortero de cal y arena.

hornacina. Hueco para colocar una estatua o jarrón.

hornada. Cantidad que se cuece de una vez en el horno.

hornillo. Horno manual.

horno. Fábrica para caldear.

horóscopo. Observación de los astrólogos para adivinar los sucesos de la vida.

horquilla. Pieza para sujetar el pelo. Vara larga para sostener, o para colgar y descolgar.

horrendo, a. Que causa horror.

hórreo. Granero.

horrible. Horrendo.

horripilar (1). Causar horror. Hacer que se ericen los cabellos.

horro, a. Libre, desembarazado.

horror. Sentimiento muy intenso causado por algo terrible y espantoso, 5.6.4.

horrores. Atrocidad, monstruosidad, 5.6.4.

horroroso, a. Que causa horror.

hortaliza. Verduras y demás plantas comestibles que se cultivan en los huertos.

hortelano, a. Relativo a la huerta.

hortensia. Arbusto de hermosas flores del mismo nombre.

hosanna. Exclamación de júbilo.

hosco, a. De color moreno oscuro. Ceñudo, áspero, intratable.

hospedaje. Alojamiento y asistencia.

hospedar (1). Recibir huéspedes, darles alojamiento.

hospicio. Asilo para niños pobres, expósitos o huérfanos.

hospital. Establecimiento para asistir y curar a los enfermos.

hospitalidad. Virtud que se ejercita prestando asistencia a visitantes, peregrinos o menesterosos.

hospitalizar (1g). Internar a un enfermo en un hospital o clínica.

hosquedad. Calidad de hosco.

hostería. Casa donde se da alojamiento y de comer.

hostia. Lo que se ofrece en sacrificio.

hostiario. Caja en que se guardan las hostias consagradas.

hostigar (1b). Castigar, azotar. Perseguir, molestar.

hostil. Contrario o enemigo.

hostilizar (1g). Hacer daño al enemigo. Agredir, atacar, molestar.

hotel. Establecimiento de hostería cómodo o lujoso.

hoy. En el día presente.

hoya. Concavidad formada en la tierra.

hoyada. Terreno bajo que no se ve desde lejos.

hoyo. Hoya, 3.7.2.

hoz. Instrumento para segar.

hozar (1g). Mover y levantar la tierra con el hocico.

hucha. Arca para guardar cosas. Alcancía.

hueco, a. Cóncavo o vacío.

huelga. Paro en el trabajo, hecho de común acuerdo, a fin de imponer unas condiciones o manifestar una protesta, 2.3, 3.6.2.

huelgo. Aliento, respiración, resuello.

huella. Señal que se deja al pisar o tocar.

huerco, a. El que está siempre llorando, triste y retirado en la oscuridad.

huérfano, a. Persona menor de edad a quien han faltado el padre, la madre o ambos.

huero, a. Vano, vacío y sin sustancia.

huerta. Tierra destinada al cultivo de legumbres y frutales.

huerto. Huerta de poca extensión, 3.6.2.

hueso. Cada una de las partes del esqueleto, 3.6.2.

huésped. Persona alojada en casa ajena. Persona que hospeda a alguien en su casa. 3.6.2.

hueste. Ejército en campaña. Conjunto de secuaces. 5.5.5.

huevo. Cuerpo engendrado por las hembras de ciertos animales para la reproducción de la especie, 3.1.9.

hugonote, a. Dícese de los que en Francia seguían la reforma de Calvino.

huida. Acción de huir.

huidizo, a. Que huye o es inclinado a huir.

huir (29). Apartarse con velocidad. Alejarse.

hujier. Ujier.

hule. Caucho o goma elástica.

hulla. Carbón de piedra, 3.7.3.

humanidad. Naturaleza humana. Género humano.

humanitario, a. Que mira o se refiere al bien del género humano.

humanizar (1g). Hacer más humano, menos cruel.

humano, a. Relativo al hombre o a la humanidad, 1.6.

humareda. Abundancia de humo.

humear (1). Echar humo.

humedad. Calidad de húmedo.

humedecer (2m). Mojar ligeramente. Producir o causar humedad.

húmedo, a. Ácueo o que participa de la naturaleza del agua. Ligeramente impregnado de un líquido.

humero. Cañón de chimenea por donde sale el humo.

húmero. Hueso del brazo, entre el hombro y el codo.

humildad. Virtud que consiste en el conocimiento de nuestras limitaciones y obrar de acuerdo con ese conocimiento.

humilde. Que tiene humildad. Que no pertenece a la nobleza ni a la aristocracia.

humillación. Acción y efecto de humillar.

humillar (1). Abatir el orgullo. Inclinar la cabeza o el cuerpo en señal de acatamiento.

humo. Producto gaseoso que se desprende de la combustión incompleta.

humor. Cualquier líquido del cuerpo animal. Jovialidad, agudeza.

humorismo. Estilo en que se hermanan la gracia con la ironía, lo alegre con lo triste.

humus. Capa superior del suelo. Tierra vegetal, mantillo.

hundir (3). Sumir, meter en lo hondo. Destruir, arruinar.

húngaro, a. De Hungría.

huno, a. Relativo a uno de los pueblos bárbaros.

huracán. Viento sumamente impetuoso.

huraño, a. Poco sociable. Que huye y se esconde de las gentes.

hurgar (1b). Menear, remover.

hurgón. Instrumento para remover y atizar la lumbre.

hurí. Mujer bellísima, 5.5.6.

hurón. Mamífero carnicero.

hurra. Exclamación expresiva de alegría o entusiasmo.

hurraca. Urraca.

hurtar (1). Tomar o retener bienes ajenos, sin intimidación ni fuerza.

húsar. Soldado de caballería vestido a la húngara.

husmear (1). Rastrear con el olfato.

huso. Instrumento para hilar, 4.11.2, 4.11.3.

huta. Choza.

huy. Interjección, 12.8.2.

I

i. Letra. Vocal. 1.4, 1.6, 3.7.

ibérico, a. Relativo a Iberia.

ibis. Ave zancuda.

icástico, a. Natural, sin disfraz ni adorno.

iceberg. Témpano o gran masa flotante de hielo.

iconoclasta. Que niega el culto a las sagradas imágenes, las destruye o persigue a los que las veneran. El que rechaza maestros, normas y modelos.

iconografía. Descripción de imágenes, cuadros, estatuas o monumentos.

iconográfico, a. Relativo a la iconografía.

icosaedro. Sólido limitado por veinte caras.

ictericia. Enfermedad caracterizada por la amarillez de la piel, 3.2.4.

ictíneo. Buque submarino.

ictiología. Estudio de los peces.

ida. Acción de ir.

idea. Representación mental de algo. Acto de conocimiento.

ideal. Excelente, perfecto. Relativo a la idea.

idealizar (1g). Considerar algo o a alguien perfecto o mejor de lo que es.

ideario. Repertorio de las principales ideas de un autor o de una escuela.

ídem. El mismo o lo mismo.

idéntico, a. Igual en sustancia y accidentes.

identidad. Calidad de idéntico.

identificar (1a). Hacer que dos cosas distintas se consideren como una misma. Reconocer.

ideografía. Representación mediante ideogramas, 1.2, 1.3.

ideograma. Símbolo que significa un ser o una idea. Símbolo que en escritura constituye una unidad que no representa un fonema ni una sílaba, 1.2, 1.3.

ideología. Conjunto de ideas.

idioma. Lengua de una nación o comarca, 5.5.4.

idiota. Que padece de idiotez. Ayuno de toda instrucción.

idiotez. Enfermedad caracterizada por la falta de facultades mentales.

idiotizar (1g). Volver idiota.

idólatra. Que adora ídolos o deidades consideradas falsas.

ídolo. Figura a la que se adora. Persona o cosa excesivamente amada.

idóneo, a. Que tiene buena disposición o suficiencia para algo.

idus. Fechas de referencia de los cómputos romano y eclesiástico, 5.6.6.

iglesia. Sociedad religiosa. Comunidad cristiana. Templo. 2.6.

ignaro, a. Ignorante.

ígneo, a. De fuego o que tiene alguna de sus cualidades.

ignición. Acción y efecto de estar un cuerpo encendido o enrojecido por el calor.

ignifugar (1b). Proteger contra el incendio.

ignominia. Abyección, afrenta, bajeza, 3.5.5, 3.12.6.

ignorancia. Falta de ciencia, desconocimiento, 3.12.6.

ignorante. Que ignora, 3.5.5.

ignorar (1). No saber.

ignoto, a. No conocido ni descubierto.

igual. De la misma naturaleza, cantidad o calidad.

igualdad. Calidad de igual.

ilación. Trabazón razonable y ordenada. Enlace o nexo.

ilativo, a. Relativo a la ilación.

ilegal. Contrario a la ley.

ilegible. Que no puede o no debe leerse.

ilegítimo, a. No legítimo.

ilerdense. De Lérida.

iletrado, a. Falto de cultura.

ilícito, a. No permitido legal ni moralmente.

ilimitado, a. Que no tiene límites.

Ilmo. Abreviatura de *Ilustrísimo,* 4.9.3.

ilógico, a. Que carece de lógica.

iluminar (1). Alumbrar, dar luz. Ilustrar.

ilusión. Concepto o representación sin verdadera realidad.

iluso, a. Engañado, seducido. Propenso a ilusionarse.

ilustrar (1). Dar luz al entendimiento. Completar un impreso con láminas o grabados alusivos al texto.

ilustrísimo, a. Muy ilustre. Tratamiento.

imagen. Figura, representación, apariencia, 3.5.6, 5.5.9.

imaginación. Facultad de inventar seres o acontecimientos no reales. Ilusión o imagen formada por la fantasía. 4.1.2.

imaginaria. Guardia militar.

imaginario, a. Relativo a la imaginación.

imaginero, a. Estatuario o pintor de imágenes.

imán. Pieza que atrae al hierro y al acero.

imbécil. Alelado, escaso de razón, 3.8.2.

imbornal. Agujero por donde se vacía el agua de lluvia de los terrados.

imbuir (29). Infundir, persuadir.

imbricar (1a). Superponer parcialmente, encajando.

imitar (1). Ejecutar una cosa a ejemplo o semejanza de otra .

impacientar (1). Hacer que uno pierda la paciencia.

impacto. Choque con penetración.

impalpable. Que no produce sensación al tacto.

impar. Que no tiene par o igual. Que no es múltiplo de dos.

imparcial. Que juzga o procede con imparcialidad.

imparcialidad. Falta de designio anticipado o de prevención en favor o en contra.

impasible. Incapaz de padecer. Indiferente, imperturbable.

impávido, a. Libre de pavor, sereno ante el peligro.

impecable. Incapaz de pecar. Exento de tacha.

impediente. Que impide.

impedimenta. Bagaje.

impedir (30). Estorbar, imposibilitar.

impeler (2). Dar empuje para producir movimiento.

impenetrable. Que no se puede penetrar.

impenitencia. Obstinación en el pecado.

imperativo. Tiempo verbal, 4.5.3, (modo) 8.2.1, 8.2.2, 8.2.5, 12.2.7, (significado) 8.2.4.

imperativo, a. Que impera o manda, 12.2.7, (valor en el presente) 8.6.4, (valor en el futuro imperfecto) 8.7.3.

imperceptible. Que no se puede percibir.

imperdible. Que no se puede perder.

imperecedero, a. Que no perece.

imperfección. Falta de perfección.

imperfectivo. Aspecto verbal, 8.4.3, 8.4.4, 8.4.5, 8.4.6, 8.5.2, 8.5.3, 8.5.4, 8.5.7, 8.7.1, 8.7.7, 9.1.1, 9.2.1.

imperfecto, a. No perfecto. ‖ Tiempo verbal (futuro) 8.4.2, 8.4.3, 8.4.6, 8.7.1, 8.7.2, 8.7.3, 8.7.4, 8.7.5, (pretérito) 3.1.5, 8.4.2, 8.4.3, 8.4.6, 8.5, 8.6.1, 11.1.2.

imperial. Relativo al imperio o al emperador.

imperio. Acción de mandar con autoridad. Conjunto de estados sujetos a un emperador, 3.8.2.

imperioso, a. Que manda con imperio.

impermeabilizar (1g). Hacer impermeable.

impermeable. Impenetrable al agua u otro fluido.

impersonal. Carente de flexión gramatical de persona (haber) 10.3, (oración) 10.6.3, 10.6.5, 10.6.7, 10.6.8, (perífrasis verbal) 10.2.2, 10.4.1.

impersonalizar (1g). Conjugar un verbo como impersonal.

impertinencia. Dicho o hecho fuera de propósito.

imperturbable. Que no se perturba.

impetrar (1). Conseguir una gracia que se ha solicitado.

ímpetu. Movimiento acelerado y violento.

impiedad. Falta de piedad.

impío, a. Falto de piedad o de fe religiosa, 1.10.

implacable. Que no se puede aplacar o templar.

implantar (1). Establecer y poner en ejecución.

implicar (1a). Envolver, enredar. Llevar en sí mismo.

implícito, a. Que se entiende incluido en otro sin expresarlo.

implorar (1). Pedir con ruegos o lágrimas.

implosivo, a. Dícese del sonido oclusivo en final de sílaba, 2.3, 2.5.

implume. Sin plumas.

impoluto, a. Limpio, sin mancha.

imponderable. Que no se puede pesar. Que excede a toda ponderación.

imponente. Que impone.

imponer (5). Poner carga u obligación. Infundir respeto o miedo.

importante. Que importa, que es de importancia.

importar (1). Convenir, hacer al caso. Introducir en un país algo procedente del extranjero.

importe. Cuantía.

importunar (1). Incomodar.

imposible. No posible.

impracticable. Que no se puede practicar.

imprecar (1a). Manifestar vivo deseo de que alguien reciba mal o daño.

impregnar (1). Introducir entre las moléculas de un cuerpo las de otro, sin combinación y en cantidad perceptible, 3.5.5.

imprenta. Arte de imprimir libros y lugar donde se imprimen.

imprevisto, a. No previsto.

imprimátur. Licencia que da la autoridad eclesiástica para publicar un escrito.

imprimir (en el ánimo) **(3).** Inculcar, fijar una idea o sentimiento.

imprimir (materialmente) **(3k).** Dejar huella mediante presión. Reproducir mediante prensa u otros medios de imprenta.

improbar (1r). Desaprobar.

ímprobo, a. Dícese del trabajo excesivo y continuado.

improperio. Injuria grave de palabra.

impropio, a. Falto de las cualidades convenientes. Término gramatical (interjección) 12.8.2.

improvisar (1). Hacer una cosa de pronto, sin preparación alguna.

imprudente. Sin prudencia.

impúdico, a. Deshonesto, sin pudor.

impugnar (1). Combatir, refutar.

impune. Que queda sin castigo.

impureza. Mezcla de partículas extrañas. Falta de pureza o castidad.

impurificar (1a). Causar impureza.

imputable. Que puede atribuirse.

in albis. Expresión latina: en blanco, sin comprender o lograr.

in artículo mortis. Expresión latina: en trance de muerte.

in extremis. Expresión latina: en última instancia.

inacabable. Que no se puede acabar.

inaccesible. No accesible.

inacción. Falta de acción.

inactivo, a. Relativo a la inacción.

inadvertencia. Descuido, distracción o ignorancia.

inadvertido, a. No advertido o notado, 3.4.5.

inalterable. Que no se puede alterar.

inamovible. Que no puede ser movido.

inapreciable. Que no se puede apreciar.

inaprensivo, a. Que no tiene aprensión.

inaudito, a. Nunca oído.

inaugurar (1). Dar principio. Abrir solemnemente.

inaveriguado, a. No averiguado.

incapaz. Que no tiene capacidad.

incauto, a. Que no tiene cautela.

incendiario, a. Que incendia maliciosamente.

incensar (1j). Dirigir el humo del incienso hacia algo o alguien.

incinerar (1). Reducir a cenizas.

incisión. Hendedura.

incisivo, a. Apto para abrir o cortar. Mordaz.

incivil. Falto de civilidad o cultura.

incivilidad. Cualidad de incivil, 3.1.3.

incluir (29). Poner una cosa dentro de otra.

inclusión. Acción y efecto de incluir.

inclusive. Con inclusión.

inclusivo, a. Que incluye.

incluyente. Que incluye.

incoactivo, a. Relativo al principio o comienzo. ‖ (Aspecto) 10.1.4, (perífrasis verbal) 10.1.4.

incobrable. Que no se puede cobrar.

incoercible. Incontenible.

incógnito, a. No conocido.

incoherente. Inconexo, incongruente.

incólume. Sano, ileso, sin mengua.

incombustible. Que no se puede quemar.

incompasivo, a. Que carece de compasión.

incomplejo, a. Desunido, sin trabazón ni coherencia.

incomplexo, a. Incomplejo.

incomprehensible. Incomprensible.

incomprensible. Que no se puede comprender.

incomprensivo, a. Falto de comprensión.

incompresible. Que no se puede comprimir o reducir a menor volumen.

incomunicar (1a). Privar de comunicación.

inconcebible. Que no puede concebirse o comprenderse.

inconexo, a. Que no tiene conexión.

inconmovible. Que no puede conmoverse o alterarse.

inconsciencia. Estado en que el individuo no se da cuenta exacta del alcance de sus palabras y acciones. Falta de conciencia.

inconsútil. Sin costura.

incontrovertible. Que no admite duda ni disputa.

incorrección. Falta de corrección, 2.1.

incorregible. No corregible.

incorrupto, a. Que permanece sin corromperse.

increpación. Represión fuerte y severa.

incubar (1). Empollar el ave los huevos.

inculcar (1a). Fijar en la mente una idea mediante repetición.

incultivable. Que no puede cultivarse.

incumbencia. Obligación de hacer una cosa.

indagar (1b). Tratar de averiguar.

indebido, a. Que no es obligatorio ni exigible. Ilícito, falto de equidad.

indecente. No decente, 3.8.5.

indefectible. Que no puede faltar o dejar de ser.

indefinido, a. No definido. ‖ Tiempo verbal (pretérito) 5.7.4, 8.4.2, 8.4.3, 8.4.6, 8.5.1, 8.5.7, 8.6.1, 11.1.2, (pronombre) 6.6.1.

indeleble. Que no se puede borrar o quitar.

indemne. Libre o exento de daño.

indemnizar (1g). Resarcir de un daño o perjuicio.

independizar (1g). Hacer independiente.

indescifrable. Que no se puede descifrar.

indescriptible. Que no se puede describir.

indesignable. Imposible y muy difícil de señalar.

indestructible. Que no se puede destruir.

indicar (1a). Dar a entender algo con señales o palabras.

indicativo. Modo verbal, 3.1.5, 8.2.1, (tiempos) 8.3.2, 8.4, 8.5, 8.6.

indígena. Originario del país de que se trata.

indigente. Muy pobre. Falto de medios para vivir.

indigesto, a. Que no se digiere o se digiere con dificultad.

indigno, a. Inmerecido. Falto de mérito o disposición. Humillante. 3.12.6.

indirecto, a. Que no va rectamente a un fin, aunque se encamine a él. ‖ Término gramatical (complemento) 5.9.1, 5.9.2, 6.2, 6.4.1, 6.5.1, 7.2.2, (estilo) 12.5.3.

indisciplinado, a. Falto de disciplina.

indisponer (5). Enemistar, malquistar. Causar desazón o quebranto leve de salud.

individualizar (1g). Individuar.

individuar (1s). Especificar. Determinar cada individuo comprendido en la especie.

indivisible. Que no puede ser dividido.

indocto, a. Inculto, falto de instrucción.

índole. Naturaleza y condición, 5.5.5.

inducción. Acción y efecto de inducir.

inducir (20). Mover, instigar, hacer que alguien realice algo, 3.8.5.

indulgente. Que perdona fácilmente.

industrializar (1g). Dar o tomar carácter industrial.

inefable. Que no se puede explicar con palabras.

ineficaz. No eficaz.

inepcia. Ineptitud. Calidad de necio.

ineptitud. Cualidad de inepto.

inepto, a. Incapaz, inútil, 3.9.1.

inerte. Inactivo, ineficaz, falto de vida.

inevitable. Que no se puede evitar.

inexacto, a. Que carece de exactitud.

inexcusable. Que no se puede excusar.

inexhausto, a. Que no se agota ni se acaba.

inexistente. Que carece de existencia.

inexorable. Implacable, duro, que no se deja vencer de ruegos, 3.11.3.

inexperto, a. Falto de experiencia, 3.11.3.

inexplicable. Que no se puede explicar, que no tiene explicación.

inexplorado, a. No explorado.

inexpresivo, a. Que carece de expresión.

inexpugnable. Que no se puede expugnar. Que no se deja vencer ni persuadir.

inextensible. Que no se puede extender.

inextenso, a. Carente de extensión.

inextinguible. Que no se puede extinguir. De perpetua o larga duración.

inextricable. Muy intrincado y confuso. Difícil de desenredar.

infalible. Que no puede fallar. Que no puede engañar ni engañarse.

infamia. Maldad, descrédito, deshonra, 3.8.3.

infanticida. El que mata a un niño.

infatuar (1s). Volver fatuo.

infausto, a. Desgraciado, infeliz.

infebril. Sin fiebre.

infeccioso, a. Que es causa de infección.

infecto, a. Inficionado, contagioso, corrompido.

infeliz. Desgraciado. Bondadoso y apocado.

inferir (22). Sacar consecuencia de algo, deducir. En el caso de heridas o agravios, causar.

infernar (1j). Condenar al infierno. Inquietar, perturbar, irritar.

infestar (1). Inficionar.

inficionar (1). Corromper. Contagiar.

ínfimo, a. Que está muy bajo. El más bajo de todos. 4.6.4.

infinitivo. Forma no personal del verbo, 4.5.3, 9.1.1, 9.1.2, 9.2, 9.4.3, (simple) 9.2.1, (compuesto) 9.2.1, (perífrasis verbal) 10.1.2, 10.1.4, 10.1.5, 10.2.1, 10.2.2, 10.4.1, 10.4.3, 10.5.1, 10.5.3, 10.6.3.

inflación. Acción y efecto de inflar. Excesiva emisión de billetes, exceso de moneda circulante. 3.11.2.

inflexión. Torcimiento de una cosa que estaba recta o plana.

infligir (3b). Hablando de castigos, penas o derrotas, imponer, condenar o aplicar.

influencia. Acción y efecto de influir.

influir (29). Ejercer predominio o fuerza moral. Usar alguien de su valimiento o autoridad.

influyente. Que influye, que tiene influencia.

infracción. Quebrantamiento de una ley o norma, 3.11.2.

infractor, ra. Transgresor.

infraoctava. Tiempo comprendido entre el primer y el último días de la octava de una festividad eclesiástica.

infrascripto, a. Infrascrito.

infrascrito, a. El que firma al fin de un escrito. Escrito después o debajo.

infringir (3b). Quebrantar leyes, normas u órdenes.

infructífero, a. Que no produce fruto.

infructuoso, a. Sin resultado apreciable. Ineficaz, inútil.

infusión. Acción y efecto de infundir. Preparado en forma líquida, resultante de la inmersión de ciertas plantas en agua hirviendo, 3.8.3.

ingeniar (1). Trazar o inventar ingeniosamente.

ingeniería. Arte de aplicar los conocimientos científicos a la técnica industrial, 5.6.4.

ingénito, a. No engendrado. Connatural o como nacido de uno.

ingenio. Talento y la persona que lo tiene. Máquina o artificio. 3.5.6.

ingenuo, a. Sincero, candoroso, sin doblez, 3.5.6.

ingerir (22). Introducir por la boca alimento o medicación.

ingestión. Acción de ingerir.

ingle. Parte del cuerpo que une el muslo con el vientre, 5.5.5.

inglés, sa. De Inglaterra, 3.5.4.

ingrávido, a. Ligero y tenue.

inhábil. Falto de habilidad.

inhabilitar (1). Declarar inhábil. Incapacitar, imposibilitar.

inhabitable. No habitable.

inhacedero, a. Imposible, no hacedero.

inhalar (1). Aspirar gases o líquidos pulverizados.

inherente. Que por su naturaleza está de tal modo unido a otra cosa, que no se puede separar.

inhestar (1j). Enhestar.

inhibir (3). Echar o echarse fuera de un asunto, no entrar en él, 3.1.4.

inhospitalario, a. Falto de hospitalidad.

inhumación. Acción y efecto de inhumar, 4.1.2.

inhumanidad. Falta de humanidad, crueldad.

inhumano, a. Falto de humanidad.

inhumar (1). Enterrar un cadáver.

iniciar (1). Comenzar. Instruir en cosas abstractas. Introducir.

iniciativa. Acción de adelantarse a los demás en algo. Cualidad personal que inclina a esta acción.

inicuo, a. Contrario a la equidad. Injusto. Malvado. 1.10.

inimaginable. No imaginable.

ininteligible. No inteligible, que no se entiende.

iniquidad. Maldad, gran injusticia.

injerencia. Acción y efecto de injerir o injerirse.

injerir (22). Introducir una cosa en otra. Entremeter.

injerto. Parte de una planta que, aplicada al patrón, se suelda con él.

injuria. Ultraje de obra o palabra.

injusto, a. No justo.

inllevable. Que no se puede soportar o tolerar.

inmanente. Dícese de lo inherente a un ser o unido a su esencia de modo inseparable.

inmaduro, a. No maduro, que no está en sazón.

inmaturo, a. Inmaduro.

inmediato, a. Contiguo o muy cercano.

inmejorable. Que no se puede mejorar.

inmemorial. Tan antiguo que ya no hay memoria de cuándo comenzó.

inmenso, a. Muy grande, que no tiene medida, 3.8.5.

inmersión. Acción de introducir o introducirse en un líquido.

inmigrar (1). Llegar a un país para instalarse en él.

inminente. Que amenaza o está para suceder prontamente.

inmiscuir (29). Entremeter. Intervenir en un asunto ajeno sin invitación.

inmoderado, a. Que no tiene moderación.

inmodesto, a. No modesto.

inmolar (1). Sacrificar.

inmoral. Opuesto a la moral.

inmortal. Que no puede morir. Que dura tiempo indefinido.

inmortalizar (1g). Hacer perpetua una cosa en la memoria de los hombres.

inmotivado, a. Sin motivo.

inmóvil. Que no se mueve. Firme, invariable.

inmovilidad. Cualidad y estado de inmóvil, 3.1.3.

inmovilizar (1g). Hacer que una cosa quede inmóvil.

inmundicia. Suciedad, basura. Deshonestidad.

inmundo, a. Sucio y asqueroso, 3.8.5.

inmune. Exento. No atacable.

inmunizar (1g). Hacer inmune.

inmutable. No mudable, que no cambia.

innato, a. Connatural, 3.8.4.

innavegable. No navegable.

innecesario, a. No necesario, 3.8.4.

innegable. Que no se puede negar.

innoble. Que no es noble. Vil, abyecto. 3.8.4.

innocuo, a. Inocuo.

innovar (1). Alterar las cosas, introduciendo novedades, 3.8.4.

innumerable. Incontable, que no se puede reducir a número.

inobservable. Que no se puede observar.

inocencia. Exención de culpa en delito o mala acción. Ingenuidad.

inocuo, a. Que no hace daño.

inolvidable. Que no se puede olvidar.

inoxidable. Que no se puede oxidar.

inquirir (3f). Indagar, preguntar.

inquisición. Acto de inquirir. Cierto tribunal eclesiástico.

inri. Nota de burla, 4.10.5.

I.N.R.I. Abreviatura de *Iesus Nazarenus Rex Iudeorum,* 4.10.5.

insalivar (1). Mezclar los alimentos con saliva en la cavidad bucal.

insalubre. Malsano.

insanable. Incurable.

inscribir (3n). Labrar letreros. Apuntar el nombre entre otros.

inscripción. Acción y efecto de inscribir o inscribirse.

insecticida. Que sirve para matar insectos.

insensato, a. Falto de sensatez, 3.8.5.

insensibilizar (1g). Privar de sensibilidad.

inserir (22). Ingerir. Insertar.

insertar (1). Incluir, dar cabida, introducir.

inservible. Que no está en condiciones de ser utilizado.

insigne. Célebre, famoso, destacado.

insignia. Señal, divisa, 3.12.6.

insignificancia. Pequeñez, insuficiencia.

insinuar (1s). Dar a entender algo mediante leve indicación. Comenzar algo de modo casi imperceptible.

insolvente. Que no tiene con qué pagar.

insomnio. Vigilia, desvelo.

insonorizar (1g). Aislar un local de todo sonido o ruido.

inspección. Acción y efecto de inspeccionar. Oficina del que inspecciona, 1.11.

inspeccionar (1). Examinar, reconocer detenidamente una cosa.

instante. Porción brevísima de tiempo, 3.3.2.

instigar (1b). Incitar, provocar, inducir.

instituir (29). Fundar, establecer, dar principio.

instructivo, a. Que instruye.

insubordinar (1). Quebrantar la subordinación, sublevar.

insubstancial. Insustancial.

insustancial. De poca o ninguna sustancia.

intangible. Que no debe o no puede tocarse.

integérrimo, a. Superlativo de íntegro, 4.6.4.

íntegro, a. Entero, completo. Recto, probo, intachable. 4.6.4.

intelectivo, a. Que tiene virtud de entender.

inteligencia. Facultad intelectiva.

inteligible. Que puede ser entendido.

intemperie. Sin techo ni protección, a cielo descubierto. Destemplanza del tiempo. 5.5.5.

intemporal. Independiente del curso del tiempo. ‖ (Presente) 8.6.5.

intensidad. Grado de energía, 1.9. ‖ (Tonal) 4.2.1.

intensificar (1a). Aumentar la intensidad.

interceder (2). Rogar o pedir en favor de otro.

interceptar (1). Apoderarse de algo antes de que llegue a su destino.

interdecir (19a). Vedar o prohibir.

interdental. Relativo al espacio entre los dientes. ‖ (Sonido) 1.5, 2.6, 3.3.1.

interdigital. Que se encuentra entre los dedos.

interferir (22). Interponerse.

interjección. Voz exclamativa, 12.8.2, (impropia) 12.8.2.

internacionalizar (1g). Dar carácter internacional.

interno, a. Interior, 4.6.4.

interponer (5). Poner entre otros. Formalizar un recurso legal.

interregno. Tiempo en que un Estado no tiene soberano.

interrogar (1b). Preguntar.

interrogativo, a. Que interroga. ‖ (Oración) 7.1.5, 12.2.6, 12.7.1, 12.7.3.

interrumpir (3). Impedir la continuación, cortar la continuidad. 3.8.2.

interruptor, ra. Que interrumpe.

intersecar (1a). Cortar o cruzar dos líneas o superficies.

intersección. Lugar de encuentro de dos líneas, dos planos o dos cuerpos.

intersticio. Espacio pequeño entre dos cuerpos.

intervalo. Espacio o distancia entre tiempos o lugares.

intervenir (21). Tomar parte en un asunto.

interyacente. Que yace en medio o está entre cosas yacentes.

íntimo, a. Interior, personal, reservado, 3.8.5, 4.6.4.

intoxicar (1a). Envenenar.

intranquilizar (1g). Inquietar, desasosegar, quitar la tranquilidad.

intransferible. Que no se puede transferir.

intransigente. Que no transige.

intransmisible. Que no puede ser transmitido.

intricar (1a). Intrincar.

intrincar (1a). Enredar, enmarañar.

introducir (20). Dar entrada, meter.

intuir (29). Percibir clara e instantáneamente una idea o un fenómeno.

inurbano, a. Falto de urbanidad.

inutilizar (1g). Eliminar la utilidad de algo.

invadir (3). Acometer, entrar por fuerza.

invalidar (1). Anular, dejar sin valor ni efecto.

inválido, a. Que no tiene fuerza o valor.

invariable. Que no admite variación.

invectiva. Escrito o discurso acre y violento.

invención. Acción y efecto de inventar.

inventar (1). Hallar, descubrir o crear una cosa nueva o desconocida.

inventariar (1t). Registrar los bienes de una persona o comunidad.

invento. Acción y efecto de inventar. Cosa inventada. 3.8.3.

inverecundo, a. Que no tiene vergüenza.

invernáculo. Lugar abrigado artificialmente para proteger las plantas de la acción del frío.

invernadero. Sitio a propósito para pasar el invierno. Invernáculo.

invernar (1t). Pasar el invierno.

inverosímil. Que no tiene apariencia de verdad.

invertebrado, a. Relativo a los animales que no tienen columna vertebral.

invertir (22). Alterar el orden de las cosas. Emplear los caudales en operaciones productivas.

investigar (1b). Hacer diligencias para descubrir.

investir (30). Conferir cargo o dignidad.

inveterado, a. Antiguo, arraigado.

invicto, a. No vencido, 3.2.4.

invierno. Una de las estaciones del año, 1.6.

inviolable. Que no se debe o no se puede violar o profanar.

invisible. Que no puede ser visto.

invitar (1). Convidar, incitar.

invocar (1a). Llamar en auxilio. Acogerse a ley, costumbre o razón.
involucrar (1). Complicar a alguien en un asunto. Injerir una cuestión en otra.
inyectar (1). Introducir un fluido en un cuerpo mediante instrumento adecuado.
ionizar (1g). Disociar una molécula en iones.
ir (18). Dirigirse, trasladarse. Funcionar. 3.1.5, 5.8, 6.1.4, (auxiliar) 10.1.4.
iris. Arco de colores que se forma en el cielo. Membrana del ojo, 5.5.11.
ironizar (1g). Hablar o escribir con ironía.
irreductible. Que no se puede reducir o dominar.
irreemplazable. Irremplazable.
irreflexivo, a. Que no reflexiona.
irregularidad verbal. 11.1, (consonantización) 11.1.1, (debilitación), 11.1.1, (diptongación) 11.1.1, (epéntesis) 11.1.1, (ortografía) 11.1.1, (síncopa) 11.1.1.
irreligión. Falta de religión.
irremisible. Que no se puede redimir o perdonar.
irremplazable. Que no se puede sustituir o remplazar.
irrescindible. Que no se puede rescindir.
irreverente. Contrario a la reverencia o respeto debido.
irrevocable. Que no se puede revocar.
irrigar (1b). Regar.
irrisible. Digno de risa y desprecio.
irrogar (1b). Aplicado a daños o perjuicios, causarlos u ocasionarlos.
irruir (29). Acometer con ímpetu, invadir un lugar.
irrumpir (3). Entrar violentamente en un lugar, 3.10.2.
irrupción. Acción y efecto de irrumpir.
isagoge. Introducción, preámbulo, 3.5.14.
isla. Porción de tierra rodeada enteramente de agua.
islam. Conjunto de dogmas y preceptos de la religión de Mahoma. Conjunto de hombres y pueblos que la profesan.
islamizar (1g). Difundir la religión y costumbres islámicas.
islán. Especie de velo antiguamente usado por las mujeres.
isleño, a. Relativo a la isla.
isobárico, a. Aplícase a los lugares de igual presión atmosférica.
isócrono, a. Aplícase a los tiempos de igual duración.

isomerización. Proceso de reordenación interna de los átomos de una molécula para obtener un isómero.
isomerizar (1g). Transformar por isomerización.
isómero, a. Aplícase a los cuerpos que con igual composición química tiene distintas propiedades físicas.
israelí. Relativo al estado de Israel.
israelita. Hebreo, judío. Relativo a la ley de Moisés y al pueblo que la profesa. 3.10.2.
ístmico, a. Relativo al istmo, 1.11.
istmo. Lengua de tierra que une dos continentes o una península con un continente, 1.11.
istriar (1t). Estriar.
ita. Indígena de las montañas de Filipinas.
italianizar (1g). Dar carácter italiano o inclinar hacia los modos y costumbres de Italia.
iterar (1). Repetir.
iterativo, a. Que se repite. ǁ (Perífrasis verbal) 10.1.4, (pretérito imperfecto) 8.5.4.
itinerario, a. Relativo a los caminos.
izar (1g). Hacer subir alguna cosa tirando de la cuerda de que está colgada.
izquierdo, a. Relativo al lado del corazón, 3.2.3.

J

j. Letra. Consonante. 1.4, 1.5, 1.6, 2.3, 3.5.
jabalí. Animal macho, 5.6.3.
jabalina. Animal hembra. Arma arrojadiza.
jabardillo. Bandada grande.
jabardo. Enjambre pequeño.
jabato. Cachorro de la jabalina.
jábega. Red muy larga. Embarcación de pesca.
jabeque. Embarcación de tres palos.
jabillo. Variedad del enebro.
jabón. Masa o líquido para lavar.
jaca. Caballo de alzada inferior a siete cuartas, 2.3, 3.12.2.
jácara. Romance, cuento, patraña.
jacarandoso, a. Donairoso, alegre, desenvuelto.
jácena. Viga maestra.
jacinto. Planta liliácea.
jaco. Caballo pequeño y ruin.
jactarse (1). Alabarse presuntuosamente.

jaez. Adorno de las caballerías.

jaezar (1g). Enjaezar.

jagüey. Bejuco de la isla de Cuba.

jaharí. Especie de higos que se crían en Andalucía.

jaharrar (1). Cubrir con una capa de yeso o mortero el paramento de una pared.

jaharro. Acción y efecto de jaharrar.

jalbegar (1b). Enjalbegar.

jalbeque. Blanqueo hecho con cal o arcilla blanca.

jalda. Falda.

jalear (1). Animar con palmadas y exclamaciones a los que cantan, bailan, etc., 2.3.

jaleo. Ruido. Agitación. Desorden. Tumulto. 3.12.2.

jamás. En ningún tiempo, 4.2.3.

jamba. Pieza lateral de la puerta que sostiene el dintel o arco.

jambaje. Conjunto de las dos jambas o piezas verticales y el dintel.

jamelgo. Caballo flaco y desgarbado, 2.3.

jamerdar (1j). Limpiar los vientres de las reses. Lavar mal.

jamón. Pierna de cerdo curada, 1.6.

jaqueca. Dolor que afecta a parte de la cabeza.

jarabe. Bebida azucarada.

jarbar (1). Formar un enjambre con las abejas sueltas.

jarcia. Carga de muchas cosas distintas. Aparejos y cabos de un buque. Conjunto de instrumentos y redes para pescar.

jaricar (1a). Reunir en un canal único el agua proviniente de otros canales.

jarra. Vasija de cuello y boca anchas, con asas.

javanés, sa. De Java.

jayán, na. Persona de gran estatura y mucha fuerza.

jazmín. Planta de flores olorosas.

jefe. Superior. Adalid.

jején. Insecto díptero, 3.5.7.

jeme. Distancia que hay desde la extremidad del dedo pulgar a la del dedo índice, separando el uno del otro todo lo posible.

jenabe. Mostaza, planta. Semilla de esta planta, 3.5.7.

jengibre. Planta usada en medicina, 3.5.7.

jeniquén. Planta. Henequén. 3.5.7.

jenízaro, a. Mezclado de dos especies de cosas.

jeque. Régulo que gobierna un territorio.

jerarquía. Orden o graduación.

jeremíada. Lamentación exagerada de dolor.

jerezano, a. De Jerez.

jerga. Lenguaje especial que usan los individuos de ciertas profesiones u oficios. Jerigonza, lenguaje de difícil entender.

jergón. Colchón sin bastas.

jerguilla. Tela delgada.

jeribeque. Guiño, visaje, contorsión.

jerigonza. Jerga.

jeringa. Aparato que sirve para aspirar e impeler líquidos.

jeringar (1b). Fastidiar.

jeringuilla. Arbusto de flores muy fragantes.

jeroglífico. Escritura con figuras o símbolos, 1.2.

jerónimo, a. De la orden de San Jerónimo.

jerosolimitano, a. De Jerusalén.

jerpa. Sarmiento estéril.

jerricote. Cierto guisado.

jersey. Especie de jubón de tejido elástico.

Jesucristo. Nombre de nuestro Redentor, el hijo de Dios hecho hombre.

jesuita. Religioso de la Compañía de Jesús.

jesuítico, a. Relativo a los jesuitas o a la Compañía de Jesús, 4.3.1.

jeta. Hocico. Parte anterior de la cabeza.

jetar (1). Desleír una cosa líquida.

jeto. Colmena preparada para que acudan a ella los enjambres.

jibia. Molusco comestible.

jibraltareño, a. De Gibraltar.

jícara. Vasija pequeña.

jienense. Jiennense.

jiennense. De Jaén.

jifa. Desperdicio que se tira en el matadero al descuartizar la res.

jífero, a. Relativo al matadero.

jijallo. Cierta planta.

jijona. Variedad de trigo. Variedad de turrón.

jilguero. Cierto pájaro.

jimenzar (1e). Quitar la simiente al lino para ponerlo en agua.

jinete. El que cabalga.

jipiar (1t). Hipar.

jipido. Acción y efecto de jipiar, 3.12.2.

jipijapa. Tira flexible que se emplea para tejer sombreros y otros objetos.

jira. Viaje o excursión en que se recorren diversos puntos. Jirón. 4.11.3.

jirafa. Mamífero rumiante.

jirasal. Fruto de la yaca.

jirel. Gualdrapa rica de caballo.

jirón. Pedazo de ropa desgarrado.

job. Hombre de mucha paciencia.

jolgorio. Regocijo. Fiesta bulliciosa. 2.3, 3.12.2.

jonjabar (1). Engatusar, lisonjear.

jorcar (1a). Ahechar.

joroba. Corcova.

jovada. Terreno que puede arar en un día un par de mulas.

joven. De poca edad.

jovial. Alegre, festivo.

joya. Pieza valiosa que sirve para adorno, 3.7.2.

jubilar (1). Eximir del servicio por razón de edad o imposibilidad física.

jubileo. Indulgencia plenaria solemne y universal.

jubón. Vestidura que cubre desde los hombros a la cintura.

judaizar (1x). Abrazar o practicar el judaísmo.

judío, a. Israelita, hebreo. Que profesa el judaísmo. Avaro, usurero. 3.12.3.

juerga. Diversión bulliciosa, 2.3, 3.12.2.

jugar (1ñ). Hacer algo como diversión. Tomar parte en un juego. Hacer juego. Arriesgar en el juego.

juicio. Facultad de distinguir el bien del mal y lo verdadero de lo falso.

junto a. Locución preposicional, 7.2.6.

juñir (3h). Uncir.

jurificar (1a). Convertir en ley una norma de conducta.

jurisdicción. Autoridad para gobernar. Territorio, término.

justicia. Virtud que inclina a dar a cada uno lo que merece.

justificar (1a). Hacer justo. Aducir razones convincentes.

juventud. Edad que media entre la niñez y la edad viril.

juzgar (1b). Deliberar acerca de la culpabilidad o razón y sentenciar lo procedente.

K

k. Letra. Consonante. 1.4, 1.5, 1.6, 3.2.

kan. Entre los tártaros, príncipe o jefe.

kantiano, a. Relativo al kantismo, 3.2.2.

kantismo. Sistema filosófico ideado por Kant.

kappa. Letra griega.

Kg. Abreviatura de *kilogramo,* 3.2.2.

KGB. Abreviatura de *Komitet Gosudarstven Bezopasnosti,* 4.10.8.

Kgm. Abreviatura de *kilográmetro,* 3.2.2.

kilo. Quilo, 3.2.2.

kilogramo. Peso de mil gramos, 3.2.2.

kilolitro. Medida de capacidad, que tiene mil litros, 3.2.2.

kilómetro. Medida de longitud, que tiene mil metros, 1.6, 3.2.2.

kilovatio. Unidad electromagnética equivalente a mil vatios.

kiosco. Quiosco, 3.2.2.

Kl. Abreviatura de *kilolitro,* 3.2.2.

Km. Abreviatura de *kilómetro,* 3.2.2, 4.10.4.

Kp. Abreviatura de *kilopondio,* 3.2.2.

krausismo. Corriente filosófica del siglo XIX basada en el pensamiento de Krause, 3.2.2.

Kw. Abreviatura de *kilowatio,* 3.2.2.

L

l. Letra. Consonante. 1.4, 1.5, 1.6, 1.11. Abreviatura de *litro,* 13.4.4.

la. Artículo, 5.8.1. ‖ Pronombre personal, 4.5.1, 6.3.1, 6.3.2, 6.4, 6.5.2.

lábaro. Estardarte de los emperadores romanos.

laberinto. Lugar de difícil salida. Cosa confusa y enredada.

labia. Verbosidad persuasiva y gracia en el hablar.

labilidad. Calidad de lábil, 3.1.3.

labializar (1g). Dar carácter labial a un sonido.

labihendido, a. Que tiene hendido o partido el labio superior.

lábil. Que resbala o se desliza fácilmente, 3.1.3.

labio. Cada una de las dos partes exteriores de la boca, 1.5.

labiodental. Relativo a los labios y dientes, (sonido) 1.5.

labor. Trabajo, 5.5.10.

laboratorio. Oficina en que se hacen experimentos.

labrador, ra. Que labra la tierra.

labrantío, a. Aplícase al campo o tierra de labor, 3.12.3.

labrar (1). Trabajar, cultivar, arar.

laca. Sustancia con que se fabrica el barniz del mismo nombre.

lacayo. Criado de librea que acompaña al señor, 3.7.2.

lacear (1). Adornar con lazos.

lacerar (1). Lastimar, magullar.

lacero. Persona diestra en manejar el lazo.

lacio, a. Marchito, ajado.

lactar (1). Criar con leche.

lácteo, a. Relativo a la leche.

lado. Costado. Ala. Borde. Canto. Cara. Lugar. Aspecto. 3.12.2.

laicizar (1g). Hacer laico.

laísmo. Anomalía en el uso de *la*, 6.3.1, 6.4, 6.4.1, 6.4.3.

lance. Acción y efecto de lanzar. Trance, encuentro.

lanceta. Instrumento incisivo.

landó. Coche tirado por caballos, 4.2.3.

languidecer (2m). Adolecer de languidez.

languidez. Flaqueza, debilidad.

lanzar (1g). Arrojar. Proferir. Propagar.

lapidificar (1a). Convertir en piedra.

lapislázuli. Mineral usado en objetos de adorno.

lápiz. Instrumento para dibujar. Sustancia que sirve para dibujar. 4.2.3.

lapizar (1g). Dibujar con lápiz.

largar (1b). Soltar. Aflojar. Marcharse.

largueza. Largura, liberalidad.

laringe. Conducto de acceso a la tráquea, 3.5.14, 5.5.4.

larva. Insecto después de salir del huevo y antes de su primera transformación.

lascar (1a). Aflojar un cabo.

lascivia. Propensión a los deleites carnales.

lasitud. Cansancio, 4.11.3.

lateral. Relativo a un lado. ‖ Relativo al espacio libre que queda a ambos lados de la lengua cuando está contraída, (sonido) 1.5.

lateralizar (1g). Transformar en consonante lateral.

latinizar (1g). Dar forma latina a palabras.

latitud. La menor de las dos dimensiones principales de las superficies. Distancia de un punto de la Tierra al ecuador.

laucar (1a). Quitar el pelo a la lana.

laúd. Instrumento músico, 1.10, 5.5.6.

laudable. Digno de alabanza, 1.10.

laudes. Parte del oficio divino, posterior a maitines, 5.6.6.

lava. Materia arrojada por los volcanes en erupción.

lavabo. Lugar para la limpieza y aseo personal.

lavadero. Lugar en que se lava.

lavaje. Lavado.

lavar (1). Limpiar con agua u otro líquido.

lavativa. Medicamento líquido que se introduce por el ano.

laxar (1). Disminuir la tensión.

laxitud. Calidad de laxo, 4.11.3.

lazar (1g). Sujetar con lazo.

le. Pronombre personal, 4.5.1, 6.3, 6.4.1, 6.4.2, 6.5.1.

lebrel, la. Cierta clase de perro.

lebrillo. Vasija ancha por el borde.

lección. Lectura. Inteligencia de un texto. Tarea docente de un día. 3.3.5.

leche. Producto de secreción de las glándulas mamarias de las hembras de los mamíferos, 5.5.5.

leer (2i). Interpretar lo escrito.

legalizar (1g). Dar estado legal a una cosa. Certificar la autenticidad de algo.

legendario, a. Relativo a las leyendas.

legión. Cuerpo de tropa. Número copioso de personas. 3.5.8.

legislar (1). Dar o establecer leyes.

legítimo, a. Conforme a las leyes.

legumbre. Fruto o semilla de las vainas. Planta cultivada en huerta. 5.5.5.

leísmo. Anomalía en el uso de *le*, 6.3, 6.4.3.

lejía. Agua en que se han disuelto álcalis o sus carbonatos, 3.5.8.

lejísimos. Muy lejos.

lelaísmo. Referencia conjunta a leísmo y laísmo, 6.4.3.

lencería. Conjunto de lienzos. Tráfico que se hace con ellos.

lengua. Órgano muscular de la boca. ‖ Sistema de comunicación humano, 1, 1.5, 13.1, (catalana) 2.1, 2.4, (coloquial) 5.2, 5.3, (común) 5.1, 5.2, 5.3, (escrita) 2.1, 5.3, 12.1.1, (evolución) 5.1, (gallega) 2.1, (literaria) 5.2, (niveles) 5.2, (oral) 2.1, 5.3, 12.1.1, (vasca) 2.1.

lenguaje. Manera de expresarse. Idioma. ‖ Conjunto de señales para dar a entender algo, 1.1, (escrito) 1.1, (jeroglífico) 1.2, (oral) 1.1, 1.2, (vulgar) 2.4.

lengüeta. Fiel de la balanza. Laminilla de ciertos instrumentos. Cuchilla.

lengüilargo, a. Atrevido en el hablar.

lenificar (1a). Suavizar, ablandar.

lenitivo, a. Que tiene la virtud de ablandar y suavizar.

lentecer (2m). Ablandarse.

lentificar (1a). Imprimir lentitud.

león. Animal macho, 5.5.1.

leona. Animal hembra, 5.5.1.

letificar (1a). Alegrar.

letra. Cada uno de los signos con que se representan los sonidos de una lengua, 1.3, 1.4, 1.6, 3, (cursiva) 1.4, 12.9.2, (doble) 1.4, (manual) 1.4, (mayúscula) 1.4, 4.9, 4.10.3, (mecánica) 1.4, (minúscula) 1.4, 4.9.3, (redonda) 1.4, (volada) 13.4.4.

leva. Partida de las embarcaciones. Recluta de gente. 3.1.9.

levadura. Fermento.

levantar (1). Mover de abajo hacia arriba.

Levante. Oriente.

levantisco, a. De genio inquieto y turbulento.

leve. Ligero, de poco peso, 3.1.8.

levita. Israelita de la tribu de Leví, dedicado al servicio del templo. Vestidura masculina.

levógiro, a. Que desvía hacia la izquierda la luz polarizada.

lexicalizar (1g). Convertir en uso léxico general el que antes era figurado. Hacer que un sintagma funcione como una unidad léxica.

léxico. Conjunto de palabras de una lengua, 13.1.

léxico, a. Relativo al caudal de palabras de una lengua, (contenido) 6.6.1.

ley. Regla, norma, precepto.

leyenda. Relación de sucesos maravillosos.

liar (1t). Atar con ligaduras. Envolver. Enredar. Aturdirse. Mantener relaciones amorosas ilícitas.

libar (1). Chupar el jugo. Probar o gustar un licor.

libelo. Escrito en que se denigra o infama.

liberal. Que obra con liberalidad.

liberalizar (1g). Hacer liberal o libre.

libérrimo, a. Muy libre. El más libre de todos. 4.6.4.

libertad. Facultad humana de elegir en el obrar. Facultad de hacer o decir cuanto no se oponga a las leyes.

libertinaje. Desenfreno.

libidinoso, a. Lujurioso, lascivo.

libra. Peso. Moneda.

librar (1). Sacar de un trabajo o peligro, o preservar de él.

libre. Que goza de libertad. Exento de obligaciones. Vacante, 4.6.2.

librea. Traje de criados.

librería. Local donde se tienen o venden libros.

libreta. Cuaderno para escribir.

libreto. Obra dramática escrita para ser puesta en música.

libro. Conjunto de hojas escritas.

licencia. Facultad o permiso.

licencioso, a. Libre, atrevido.

licitar (1). Ofrecer premio en subasta.

liebre. Mamífero roedor.

ligar (1b). Atar con cuerdas. Existir una determinada relación. Entablar relación amorosa pasajera. Obligar. Unir.

liendre. Huevo de piojo, parásito, 5.5.5.

ligero, a. Que pesa poco. Ágil, veloz, 3.5.14.

lignito. Carbón fósil.

límite. Línea que señala separación, 4.2.1.

limpión. Limpieza ligera, 5.5.9.

linaje. Ascendencia o descendencia familiar. Clase o condición.

lince. Mamífero carnicero. Agudo, sagaz.

lingüista. Especialista en lingüística.

lingüística. Ciencia del lenguaje.

lío. Problema de difícil solución. Conjunto de cosas atadas. Relación amorosa ilícita. 3.12.3.

liofilizar (1g). Producir una liofilización.

líquido. Fluido, 4.2.1.

lis. Lirio, 5.5.11.

lisbonés, sa. De Lisboa.

lisonjero, a. Que linsonjea. Que agrada o deleita.

listo, a. Pronto, expedito. Sagaz, avisado. ‖ (Con *ser*) 10.6.9, (con *estar*) 10.6.9.

litarge. Óxido de plomo, 3.5.14.

litigar (1b). Entablar litigio.

litigio. Pleito, disputa, contienda.

litis. Litigio judicial, 5.5.11.

litografiar (1t). Imprimir mediante los procesos de la litografía.

litología. Estudio de las rocas.

liturgia. Orden y forma que ha aprobado la Iglesia para celebrar los oficios divinos.

liviano, a. De poco peso, poco importante, inconstante, lascivo.

lividecer (2m). Ponerse lívido.

lívido, a. Amoratado, que tira a morado.

livor. Color cárdeno. Malignidad, envidia, odio.

lo. Artículo, 5.8.2. ‖ Pronombre personal, 4.5.1, 6.3.1, 6.3.2, 6.4.1, 6.4.2, 6.4.3, 6.5.2.

loable. Laudable.

loba. Manto, sotana. Lomo entre surco y surco. Hembra del lobo.

lobanillo. Tumor o excrecencia.

lobezno. Lobo pequeño.

lobo. Animal macho.

lóbrego, a. Oscuro, tenebroso. Triste, melancólico.

lóbulo. Porción redondeada y saliente de un cuerpo.

localizar (1g). Averiguar el lugar preciso en que se halla alguien o algo. Reducir a ciertos límites. Fijarse.

loco citato. Expresión latina que expresa en el lugar citado.

locomóvil. Que puede moverse de un sitio a otro.

locución. Modo de hablar. ‖ Frase, (adverbial) 12.2.9, (conjuntiva) 7.1.2, 7.1.3.

logar (1b). Alquilar.

logia. Asamblea de francmasones y lugar donde se celebra.

lógica. Ciencia que expone las leyes, modos y formas del conocimiento científico. Disposición natural para discurrir con acierto.

loísmo. Anomalía en el uso de *lo*, 6.3.1, 6.4.2.

lombriz. Animal anélido.

lomienhiesto, a. Alto de lomos. Engreído, presuntuoso, holgazán.

lominhiesto, a. Lomienhiesto.

longa. Nota musical antigua, que valía cuatro compases o dos breves.

longevidad. Largo vivir.

longevo, a. De edad muy avanzada, 3.1.8.

lonja. Cosa larga, ancha y poco gruesa. Edificio público donde se comercia.

longitud. La mayor de las dos dimensiones principales de las figuras planas.

lord. Título inglés, 5.6.7.

losa. Piedra, 4.11.3.

losange. Rombo, 3.5.14.

loza. Vasija, 4.11.3.

lubina. Róbalo.

lubricar (1a). Hacer lúbrica o resbaladiza una cosa.

lubrificar (1a). Lubricar.

lucense. De Lugo.

lucera. Ventana o claraboya.

lucero. Astro brillante.

lúcido, a. Claro en el razonamiento o estilo.

luciérnaga. Coleóptero que despide una luz fosforescente.

Lucifer. El príncipe de los ángeles rebeldes.

lucio. Pez de carne muy estimada.

lucir (3g). Brillar, resplandecer, iluminar.

lucrativo, a. Que produce lucro, 3.2.5.

luctuoso, a. Triste y digno de llanto.

lucubrar (1). Trabajar velando y con aplicación en obras de ingenio.

luego. Conjunción subordinante sustantiva, 7.1.3.

luego que. Locución conjuntiva, 7.1.3.

lúgubre. Funesto, melancólico.

luir (29). Redimir censos. Rozar.

lumbago. Dolor reumático en los lomos.

lumbre. Materia combustible encendida, 5.5.5.

luminiscencia. Propiedad de despedir luz sin elevación de temperatura.

lunación. Tiempo que gasta la Luna desde una conjunción con el Sol hasta la siguiente.

lunes. Día de la semana, 5.6.7.

lustrar (1). Dar lustre.

lustrina. Cierta tela.

luterano, a. Que profesa la doctrina de Lutero.

luxación. Dislocación de un hueso.

luz. Agente físico que ilumina los objetos y los hace visibles. Claridad. 3.4.3, 5.6.7.

Luzbel. Lucifer, el príncipe de los ángeles rebeldes.

Ll

Ll. Letra. Consonante. 1.4, 1.5, 1.6, 2.2, 2.6, 3.7, 4.9.3.

llagar (1b). Producir llagas.

llaneza. Sencillez, moderación. Sinceridad, buena fe.

llano, a. Plano. Liso. Afable. Fácil. ‖ Dícese de la palabra con acento en la penúltima sílaba, 1.9, 4.2.2, 4.3.1.

llanura. Región sin desniveles y de baja altitud, 1.6.

llave. Instrumento para abrir y cerrar una ce-

rradura. Instrumento o mecanismo. 3.1.9,
5.5.5. ‖ Corchete, 12.10.2.

llavín. Llave pequeña.

llegar (1b). Empezar a estar en un lugar. Alcanzar el fin perseguido. Durar. Alcanzar cierta altura o nivel.

llevadero, a. Fácil de sufrir, tolerable.

llevar (1). Transportar una cosa de una pared a otra. Tolerar, sufrir. Cobrar, lograr. ‖ (Auxiliar) 10.1.4.

llovedizo, a. Dícese de lo que deja pasar el agua de lluvia.

llover (2e). Caer agua de las nubes.

llovizna. Lluvia menuda que cae blandamente.

lluvia. Acción de llover. Copia o muchedumbre.

M

m. Letra. Consonante, 1.4, 1.5, 1.6, 3.8. Abreviatura de *metro,* 4.10.4.

macabro, a. Que participa de lo feo y repulsivo de la muerte.

macar (1a). Producir una confusión. Pudrirse la fruta a causa de los golpes.

macerar (1). Ablandar una cosa estrujándola o manteniéndola sumergida por algún tiempo en un líquido.

macero. El que lleva la maza.

maceta. Mango. Martillo. Vaso de barro cocido para criar o contener plantas.

macizar (1g). Rellenar un hueco.

macizo, a. Lleno, sin huecos, sólido.

machacar (1a). Triturar. Insistir fuertemente.

machihembrar (1). Ensamblar dos piezas.

machucar (1a). Herir.

madeficar (1a). Humedecer una sustancia para preparar un medicamento.

maderaje. Conjunto de maderas.

maderizar (1g). Dar o adquirir el vino el sabor o el color de la madera.

madre. Hembra respecto de sus hijos. Título religioso. 5.5.5.

madreclavo. Clavo de especia que ha estado en el árbol dos años.

madreselva. Mata de flores olorosas.

madrinazgo. Acto de asistir como madrina. Título o cargo de madrina.

madrugar (1b). Levantarse de la cama al amanecer o muy temprano. Anticiparse.

madurez. Sazón. Buen juicio.

maduro, a. Que está en sazón. Hecho. Entrado en años. 3.12.4.

maestralizar (1g). Declinar la brújula hacia la parte de donde viene el viento maestral.

magdalena. Mujer penitente, desconsolada o lacrimosa. Cierto bollo.

magia. Arte de enseñar a hacer cosas extraordinarias y admirables.

magiar. Dícese del individuo de una raza que habita en Hungría y Transilvania.

mágico, a. Relativo a la magia.

magisterio. Enseñanza y gobierno que ejerce el maestro.

magistrado. Dignidad o empleo superior.

magistral. Con maestría. Relativo al magisterio.

magnánimo, a. Que tiene grandeza y elevación de espíritu.

magnate. Persona muy ilustre y principal.

magnesia. Óxido de magnesio.

magnético, a. Relativo al imán o a la atracción.

magnetizar (1g). Comunicar propiedades magnéticas. Fascinar.

magnificar (1a). Ensalzar.

magníficat. Canto final en las vísperas.

magnífico, a. Espléndido, suntuoso. Excelente. 3.12.6.

magnitud. Tamaño, importancia.

magnolia. Árbol de hermosas flores.

maguar (1c). Llevarse chasco.

mahometano, a. Que profesa la doctrina de Mahoma.

mahometizar (1g). Profesar el mahometismo.

mahonés, sa. De Mahón.

mahonesa. Cierta salsa.

maicena. Harina muy fina de maíz.

maitines. Hora de rezo antes del amanecer, 5.6.6.

maíz. Planta y su grano.

majestad. Calidad que constituye una cosa grave, sublime y capaz de infundir respeto. Tratamiento.

majestuoso, a. Que tiene majestad.

majeza. Calidad de majo.

mal. Apócope de malo, 5.9.5.

mal que. Locución conjuntiva, 7.1.3.

malabarista. Prestidigitador, escamoteador.

malagueño, a. De Málaga, 3.5.2.

malasangre. Dícese de la persona aviesa, 4.6.1.

malasombra. Persona patosa, 4.6.1.

malavenido, a. Mal avenido, 4.6.1.

malaventura. Desventura, infortunio.

malbaratar (1). Vender la hacienda a bajo precio.

malcarado, a. Que tiene mala cara, 4.6.1.

malcasado, a. Infiel, 4.6.1.

malcomer (2). Comer poco o a disgusto, 4.6.1.

malconsiderado, a. Falto de consideración, 4.6.1.

malcriado, a. Descortés, 4.6.1.

malcriar (1t). Educar mal.

maldecir (19a). Echar maldiciones.

maldicente. Detractor, 4.6.1.

maldición. Imprecación contra persona o cosa.

maldispuesto, a. Que no tiene buena disposición, 4.6.1.

malentender (2d). Entender equivocadamente.

malévolo, a. Inclinado a hacer el mal.

malgastador, ra. Que malgasta, 4.6.1.

malhablado, a. Desvergonzado o atrevido en el hablar.

malhadado, a. Infeliz, desventurado.

malhecho, a. Malformado, contrahecho.

malhechor, ra. Que comete delitos.

malherir (22). Herir gravemente.

malhojo. Parte que se desecha del follaje de las plantas.

malhumor. Mal humor, 4.6.1.

malhumorado, a. Que está de mal humor.

malicia. Maldad, inclinación a lo malo. Perversidad.

maliciar (1). Sospechar, presumir.

malignidad. Calidad de maligno, 3.12.6.

maligno, a. Propenso a pensar u obrar mal.

malintencionado, a. Que tiene mala intención.

malmaridada. Dícese de la mujer infiel, 4.6.1.

malmeter (2). Malgastar, 4.6.1.

malmirado, a. Malquisto. Descortés, 4.6.1.

malo, a. Que carece de bondad. Nocivo. Que se opone a la razón o a la ley. 4.6.4, 5.5.1, 10.6.9.

malparar (1). Maltratar, 4.6.1.

malparir (3). Parir antes de tiempo. Abortar. 4.6.1.

malquerencia. Mala voluntad hacia una persona o cosa.

malquerer (7). Tener mala voluntad a alguien o algo.

malsonar (1r). Hacer mal sonido, 4.6.1.

maltraer (10). Maltratar. Injuriar. 4.6.1.

maltratar (1). Tratar mal. Menoscabar, 4.6.1.

malva. Planta usada en medicina.

malvado, a. Muy malo, perverso.

malvasía. Uva muy dulce y vino que se hace de ella.

malvender (2). Vender a bajo precio.

malversar (1). Invertir ilícitamente los caudales ajenos que uno tiene a su cargo, 4.6.1.

malvezar (1g). Acostumbrar mal, 4.6.1.

malla. Tejido poco tupido y transparente. Vestido de punto usado en danza y gimnasia.

mallar (1). Machacar. Desgranar a golpes la mies.

mallo. Juego, 3.7.3.

mamá. Madre, 5.6.3, 5.6.7.

mamut. Especie de elefante fósil.

maná. Manjar milagroso, 4.2.3.

mancar (1a). Lisiar. Faltar.

manceba. Concubina.

mancebo. Mozo de pocos años. Hombre soltero.

mancilla. Mancha, desdoro.

mancipar (1). Sujetar, hacer esclavo.

mancornar (1r). Inmovilizar a un novillo, fijando sus cuernos en la tierra. Unir dos cosas separadas.

mandíbula. Quijada.

manducar (1a). Comer.

manes. Dioses infernales o almas de los difuntos, 5.6.6.

manganeso. Metal que se emplea en la fabricación del acero.

mangar (1b). Robar. Poner mango.

manguera. Manga de las bocas de riego, 3.5.2.

manifestar (1j). Dar a conocer por medio de la palabra. Mostrar. Expresar pública y solemnemente.

manigero. Capataz de una cuadrilla de trabajadores del campo.

maniquí. Figura de cuerpo humano para colocar prendas de vestir. Persona que exhibe prendas de vestir. 5.6.7.

manir (3ñ). Adobar.

mano. Parte final del brazo. Lado respecto del que habla. 5.5.3.

manojear (1). Poner en manojos.

manquedad. Falta de brazo o mano. Falta o defecto.

mansedumbre. Suavidad o benignidad, 5.5.5.

mantel. Paño de mesa, tapete, 4.2.3.

mantener (8). Costear las necesidades de alguien. Sostener un cuerpo. Proseguir. 3.1.6.

manufactura. Obra hecha a mano o con ayuda de máquina.

manuscribir (3n). Escribir a mano.

manutención. Acción de mantener o mantenerse.

manutener (8). Mantener.

mapa. Representación geográfica de la Tierra en un plano, 5.5.4.

maquiavélico, a. Que procede con astucia o perfidia.

máquina. Conjunto de mecanismos capaz de transformar energía para producir un efecto. Locomotora. 4.2.3.

maquinizar (1g). Emplear máquinas en la producción.

mar. Masa de agua salada que cubre la mayor parte de la superficie terrestre. Abundancia. 5.5.10.

maravedí. Antigua moneda, 5.6.7.

maravilla. Suceso o cosa extraordinaria que causan admiración.

maravilloso, a. Extraordinario. Admirable.

marcar (1a). Poner una marca. Dejar algo impresa una señal. Indicar la situación de algo. Accionar el teléfono. Indicar el reloj la hora. Apuntar un tanto o gol.

marcial. Relativo a la guerra. Bizarro, varonil.

mareo. Malestar acompañado de náuseas y cefaleas. Lipotimia. 3.12.3.

margen. Extremidad y orilla, 4.2.3.

marginal. Relativo al margen.

maridaje. Unión y conformidad, buena correspondencia.

mariscar (1a). Coger mariscos. Robar.

mármol. Piedra caliza, 4.2.3.

marmorizar (1g). Transformar la caliza en mármol. Formar jaspeados en el suelo.

marramizar (1g). Hacer marramao el gato.

marrubio. Planta abundante en lugares secos.

martes. Día de la semana, 4.2.3.

mártir. Persona que ha sufrido o sufre martirio, 4.2.3.

martirizar (1g). Atormentar o quitar la vida con tormento. Afligir.

martirologio. Lista de mártires, 3.5.8.

marzo. Tercer mes del año, 3.3.3.

mas. Conjunción adversativa, 4.4.4, 7.1.3.

más. Denota mayor cantidad o intensidad de las cualidades o acciones, 4.4.4.

más ínfima. Construcción incorrecta, 5.4.3.

más mínimo. Construcción incorrecta, 5.4.3.

masaje. Amasamiento.

masajista. Persona que se dedica a hacer masajes.

mascar (1a). Masticar.

masculinizar (1g). Dar o adquirir caracteres masculinos.

masculino. Categoría gramatical de género, 5.7.1, 5.7.2, 5.7.4.

masticar (1a). Presionar los alimentos entre los dientes, para triturarlos.

mástil. Palo de una embarcación, 4.2.3.

matalahúva. Anís, la planta y su semilla.

matalotaje. Prevención de comida que se lleva en una embarcación. Conjunto de cosas diversas y mal ordenadas.

matapolvo. Lluvia o riego pasajero y menudo.

materializar (1g). Considerar material algo que no lo es. Dar efectividad a un proyecto.

matiz. Cada una de las gradaciones de un color. Rasgo, característica. 5.5.12.

matizar (1g). Armonizar colores. Dar un matiz.

matraz. Vasija de figura esférica.

matricida. Persona que mata a su madre.

matriz. Víscera destinada a contener el feto. Molde.

matrizar (1g). Forjar una pieza con prensa, por medio de matrizado.

matrizado. Operación de modelar algo con matriz.

maular (1w). Maullar.

maullar (1w). Dar maullidos el gato.

maxilar. Hueso de la cara situado en la región anteroinferior, 3.11.3, (inferior) 1.5.

maximizar (1g). Buscar el máximo de una función.

máximo, a. Que no lo hay mayor, 4.6.4.

maya. Relativo a un pueblo amerindio del sureste de México y de Guatemala, 3.7.3.

mayal. Palo del que tiran las caballerías en el molino.

mayar (1). Dar su voz el gato, 3.7.2.

mayo. Quinto mes del año, 3.7.2, 3.7.3.

mayonesa. Mahonesa.

mayor. Que excede en cantidad o calidad, 3.7.1, 3.7.2.

mayoral. Pastor principal, 3.7.2.

mayorazgo. Institución jurídica que permite la perpetuación de ciertos bienes en una familia. El poseedor de ellós.

mayordomo. Criado principal.

mayoría. Calidad de mayor.

mayúsculo, a. Mayor que lo ordinario en su especie. ‖ (Letra) 4.9, (ortografía) 4.9.1.

mazar (1g). Remover la leche para que se separe la manteca. Machacar.

mazmorra. Prisión subterránea.

mazorca. Espiga de algunas plantas.

mazurca. Cierto baile.

mecanizar (1g). Implantar el uso de las máquinas.

me. Pronombre personal, 4.5.1, (posición) 4.5.3.

mecanografiar (1t). Escribir a máquina.

mecedora. Silla de brazos en la que puede mecerse el que se sienta.

mecenas. Persona poderosa que patrocina a los hombres de letras.

mecer (2a). Mover acompasadamente de un lado a otro.

mediacaña. Moldura cóncava, 5.6.7.

médica. Mujer autorizada para ejercer la medicina, 5.5.3.

medicar (1a). Administrar medicinas.

medicina. Ciencia y arte de precaver y curar las enfermedades. Medicamento, 5.6.4.

medición. Acción y efecto de medir.

médico. Hombre autorizado para el ejercicio de la medicina, 4.2.1.

medieval. Relativo a la Edad Media.

medio, a. Que es la mitad de un entero, de un todo, 4.8.4.

medir (30). Determinar medidas. Contener las palabras o acciones. Tener determinada medida.

mejer (2). Mecer un líquido.

mejicano, a. De Méjico.

mejilla. Cada una de las dos prominencias que hay en el rostro humano.

mejor buena. Construcción incorrecta, 5.4.3.

mejunje. Cosmético o medicamento.

melancolizar (1g). Entristecer.

melar (1j). Melificar.

melificar (1a). Hacer las abejas la miel.

melodrama. Composición teatral, 5.5.4.

membrana. Túnica o piel delgada.

membrete. Anotación. Nombre o título estampado.

membrillo. Arbusto y su fruto.

membrudo, a. Fornido y robusto de cuerpo y miembros.

memorizar (1g). Aprender de memoria.

mención. Recuerdo o memoria que se hace de algo o alguien.

mendigar (1b). Pedir limosna. Solicitar el favor de uno.

meneo. Acción y efecto de menear, 3.12.3.

menguar (1c). Disminuir.

menhir. Monumento megalítico.

meninge. Cada una de las membranas que envuelven el encéfalo y la médula espinal.

meningitis. Inflamación de las meninges.

menoscabar (1). Disminuir, causar mengua.

mensaje. Recado o comunicación.

menstruar (1s). Realizar la menstruación.

mentar (1j). Nombrar.

mente. Entendimiento. Propósito, voluntad. 5.5.5.

mentir (22). Decir mentiras.

menú. Relación de platos del día que se sirven en un restaurante, 5.6.7.

mercantilizar (1g). Infundir el mercantilismo.

mercar (1a). Adquirir algo por dinero.

merced. Beneficio hecho gratuitamente. Tratamiento de cortesía. 3.4.1, 4.2.3.

mercedario, a. De la orden de la Merced.

mercenario, a. Dícese de la persona o tropa que sirve por estipendio.

mercería. Trato, comercio y tienda de cosas menudas y de poco valor.

mercerizar (1g). Tratar los hilos con sosa cáustica.

merecer (2m). Hacerse digno de premio o castigo.

merendar (1j). Tomar la merienda.

merendero. Establecimiento público donde se sirve o toma la merienda, 3.10.2.

merluza. Pez comestible. Borrachera.

merovingio, a. Relativo a la dinastía de los primeros reyes franceses.

mesiazgo. Dignidad de Mesías.

mesonaje. Sitio donde hay muchos mesones.

mestizar (1g). Mezclar castas.

mestizo, a. Aplícase a la persona nacida de padre y madre de razas distintas.

metaforizar (1g). Usar de metáforas.

metalización. Acción y efecto de metalizar o metalizarse.

metalizar (1g). Adquirir o hacer adquirir propiedades metálicas.

metamorfizar (1g). Originar modificaciones

quimicofísicas en las rocas de la corteza terrestre.

metamorfosis. Transformación, mudanza.

metatizar (1g). Hacer metátesis al hablar o escribir.

metempsicosis. Metemsicosis.

metemsicosis. Doctrina de la transmigración de las almas después de la muerte.

meteorizar (1g). Causar o padecer meteorismo.

metodizar (1g). Poner orden y método.

metrificar (1a). Hacer versos a medida.

metro. Medida de longitud, 4.10.1.

metrópoli. Ciudad o nación respecto de sus colonias, 5.5.6.

mezcla. Acción y efecto de mezclar, 3.2.5.

mezclar (1). Juntar, incorporar.

mezquino, a. Pobre, diminuto, miserable, avaro.

mezquita. Edificio en que los mahometanos practican las ceremonias religiosas, 3.2.3.

mi. Apócope de mío, 4.4.4., 5.9.6.

mí. Pronombre personal, 4.4.4, 4.5.1.

miagar (1b). Maullar.

miaja. Migaja, 3.12.4.

miar (1t). Maullar.

miau. Onomatopeya del maullido del gato, 1.10.

microbio. Ser microscópico y unicelular.

microcéfalo, a. De cabeza pequeña.

micrófono. Instrumento transformador del sonido en vibraciones eléctricas, 3.10.2.

microminiaturizar (1g). Reducir al extremo las dimensiones y peso de un dispositivo electrónico.

miel. Néctar que elaboran las abejas, 5.5.8.

mies. Cereal maduro, 5.5.11.

migaja. Porción pequeña de pan o de otra cosa, 3.12.4.

migar (1b). Romper el pan en migas.

mihrab. Nicho que en las mezquitas señala el sitio adonde han de mirar los que oran.

mil. Numeral, 4.8.2.

milésimo, a. Ordinal y partitivo de mil, 4.8.2, 4.8.4.

milicia. Arte de hacer la guerra. Profesión o servicio militar. Tropa o gente de guerra.

militarizar (1g). Inculcar la disciplina o espíritu militar. Dar carácter militar a una comunidad.

millonésimo, a. Ordinal y partitivo de millón, 4.8.4.

mineraje. Labor y beneficio de las minas.

mineralizar (1g). Transformar en mineral.

minerva. Máquina tipográfica.

minimizar (1g). Reducir. Quitar importancia.

ministra. Mujer miembro del gobierno, 5.5.3.

minucia. Menudencia, cosa de poco valor o entidad.

mío, mía. Posesivo, 5.9.6.

mirificar (1a). Hacer asombroso. Enaltecer.

mirza. Título persa.

miscelánea. Mezcla, unión de cosas diversas.

mísero, a. Miserable, 4.6.4.

misérrimo, a. Muy mísero. El más mísero de todos. 4.6.4.

misivo, a. Aplícase al papel, billete o carta que se envía.

misógino. Que odia a las mujeres.

mistificar (1a). Engañar.

mitad. Partitivo de dos, 4.8.4.

mitigar (1b). Moderar. Suavizar.

mixto, a. Mezclado.

mixtura. Mezcla, 3.11.3.

mízcalo. Hongo comestible.

moblaje. Conjunto de muebles.

moblar (1r). Amueblar.

mocedad. Época de la vida humana desde la pubertad a la edad madura.

mocil. Propio de la gente moza.

modelo. Tipo, categoría. Prenda de vestir exclusiva y original. Lo que se imita. ‖ (Lingüístico) 13.1.

modernizar (1g). Transformar en moderno.

modificar (1a). Hacer que algo sea diferente de como era.

modisto. Hombre que confecciona o diseña vestidos de mujer, 5.5.4.

modo. Característica fonética, 1.5. ‖ Categoría gramatical, 3.1.5., 8.1, 9.1.1, (condicional) 8.3.4, (imperativo) 8.2, (indicativo) 8.3.4, 8.4.1, 8.4.6, 8.5, 8.6, (potencial) 8.3.4, (subjuntivo) 8.3.

moharra. Punta de la lanza.

mohatra. Venta fingida, fraude, engaño.

mohecer (2m). Cubrir de moho, enmohecer.

moheda. Monte alto con jarales y maleza.

mohín. Mueca o gesto.

mohína. Enojo o enfado.

moho. Planta de la familia de los hongos.

moje. Caldo de cualquier guisado.

mojicón. Especie de bizcocho. Golpe.

mojiganga. Fiesta pública. Cosa ridícula.

mojigato, a. Que afecta humildad o cobardía para lograr su intento.

mojinete. Albardilla, caballete.

mojón. Señal para fijar linderos.

mole. Cuerpo pesado y de enormes dimensiones, 5.5.5.

molibdeno. Cierto metal.

moler (2e). Reducir el grano a polvo. Maltratar.

molicie. Blandura, 5.5.5.

molificar (1a). Ablandar o suavizar.

mollificar (1a). Poner blando.

monetizar (1g). Hacer moneda.

monje. Solitario. Anacoreta.

monjía. Estado de monje. Monasterio. 3.5.8.

monjil. Relativo a las monjas.

monograma. Abreviatura de un nombre, 5.5.4.

monologar (1b). Hablar una persona consigo misma o sola.

monopolizar (1g). Tener o explotar algo en monopolio.

monoptongar (1b). Fundir en una sola vocal los elementos de un diptongo.

monosílabo, a. Dícese de las palabras de una sola sílaba, 4.2.3, 4.3.4, 4.4.4.

monstruo. Producción contra el orden regular de la naturaleza. Persona cruel o perversa.

montaje. Acción y efecto de montar.

montazgar (1b). Cobrar el montazgo.

monte. Montaña, 5.6.2.

moral (el). Árbol, 4.11.2, 5.5.13.

moral (la). Ética, 4.11.2, 5.5.13.

moralizar (1g). Adecuar las nomas morales.

moravo, a. De Moravia.

mordaz. Que corroe. Que critica u ofende.

morder (2e). Hincar los dientes en algo. Gastar poco a poco.

mordicar (1a). Picar o punzar como mordiendo.

morfema. Entidad lingüística de categoría gramatical, (tiempo) 8.4.5, (verbal) 8.1.

morfología. Disciplina que estudia la flexión gramatical, (verbal) 8.1.

morir (27a). Dejar de vivir. Tener fin. Estar dominado por algo.

moro. Relativo a África del norte. Musulmán. 3.10.1.

mortificar (1a). Castigar el cuerpo con penitencias. Afligir.

mosca. Insecto, 2.3.

moscovita. De Moscovia. Ruso.

mostrar (1r). Exponer a la vista. Hacer patente.

motivar (1). Dar motivo. Explicar la razón o motivo.

motivo. Causa o razón que mueve para una cosa.

moto. Motocicleta, 4.10.1.

motorizar (1g). Dotar de medios mecánicos de tracción o transporte.

motu proprio. Expresión latina: voluntariamente.

movedizo, a. Fácil de ser movido, inseguro.

mover (2e). Hacer que un cuerpo ocupe lugar distinto del que ocupa. Menear. Persuadir.

movible. Que se puede mover.

movilidad. Calidad de movible, 3.1.3.

movilizar (1g). Poner en actividad o movimiento.

movimiento. Acción de mover o moverse.

mozalbete. Mozo de pocos años.

mozárabe. Cristiano que vivía entre los moros de España.

muceta. Esclavina.

muchedumbre. Multitud, 5.5.5.

mucho, a. Que abunda en cantidad, 6.6.1.

mudanza. Acción y efecto de mudar o mudarse.

mudez. Imposibilidad de hablar.

mueble. Cada uno de los enseres que sirven para la comodidad o adorno de las casas.

muérdago. Planta parásita. 4.3.1.

muerte. Cesación completa y definitiva de la vida, 5.5.5.

muescar (1a). Hacer muescas.

mugar (1b). Desovar los peces. Fecundar las huevas.

mugido. Voz del toro y de la vaca.

mugiente. Que muge.

mugir (3b). Dar mugidos la res vacuna.

mugre. Suciedad grasienta, 5.5.5.

muharra. Moharra.

mujer. Persona del sexo femenino, 5.5.10.

mujeriego. Dado a las mujeres.

mujeril. Relativo a las mujeres.

mujerío. Conjunto de mujeres, 3.12.3.

mulatizar (1g). Tener el color del mulato.

mulcar (1a). Curar las vasijas de barro por medio de grasa y fuego.

multiplicador, ra. Que multiplica, 4.8.5.

multiplicar (1a). Hacer una multiplicación.

múltiplo. Numeral, 4.8.5, 4.10.3.

mullir (3h). Ahuecar. Esponjar.

mundificar (1a). Limpiar.

munición. Pertrechos de un ejército. Carga que se pone en las armas de fuego.

municipal. Relativo al municipio.

municipalizar (1g). Asignar al municipio un servicio público.

municipio. Ayuntamiento. Conjunto de habitantes de un término jurisdiccional, regido por un ayuntamiento.

munificencia. Generosidad espléndida.

muñir (3h). Convocar las juntas. Manejar las voluntades de otros.

murciano, a. De Murcia.

murciélago. Mamífero carnicero y volador.

mutabilidad. Calidad de mudable.

mutación. Mudanza.

mutatis mutandis. Expresión latina: cambiando lo que se debe cambiar.

N

n. Letra. Consonante. 1.4, 1.5, 1.6, 3.8.

naba. Planta crucífera, 3.1.11, 4.11.3.

nabab. Gobernador de una provincia de la India mahometana. Hombre sumamente rico. 3.1.11, 3.9.2.

nababo. Nabab, 3.1.11.

nabal. Nabar, 3.1.11, 4.11.2.

nabar. Campo de nabos. Relativo a los nabos, 3.1.11.

nabateo, a. De un pueblo de Arabia, 3.1.11.

nabato. Espinazo de los vertebrados, 3.1.11.

nabicol. Nabo parecido a la remolacha.

nabina. Semilla del nabo.

nabiza. Hoja tierna del nabo.

nabla. Antiguo instrumento, parecido a la lira.

nabo. Planta de raíz carnosa comestible, 3.1.9, 3.1.11.

nacela. Moldura cóncava que se pone en la base de las columnas.

nacer (2m). Salir del vientre materno un nuevo ser. Salir el pelo o la pluma en el animal o hojas, flores y brotes en la planta. Tener principio.

nacimiento. Acción de nacer.

nación. Territorio y sus habitantes.

nacional. Relativo a una nación.

nacionalizar (1g). Naturalizar a alguien. Hacer que pasen al estado bienes privados.

nada. Indefinido, 2.4, 3.12.5, 6.6.1.

nadie. Indefinido, 6.6.1.

nado. Acción de nadar, 3.12.2.

nafta. Líquido muy combustible.

naftalina. Hidrocarburo usado como desinfectante.

najerano, a. De Nájera.

nanjea. Árbol de Filipinas.

nao. Embarcación, nave, 5.5.3.

naranjero, a. Que vende naranjas. Dícese del caño cuyo diámetro interior es de ocho a diez centímetros.

naranjilla. Naranja verde de que se suele hacer conserva.

narbonés, sa. De Narbona.

narbonense. Narbonés.

narciso. Planta y su flor. El que cuida demasiado de su adorno.

narcotizar (1g). Producir narcotismo.

nariz. Órgano saliente de la cara, 4.2.3.

narración. Acción de narrar. Cuento, novela. 8.5.7, 8.6.3.

narval. Cetáceo.

NASA. Abreviatura de *National Aeronautics and Space Administration,* 4.10.8.

nasal. Relativo a la nariz, (sonido) 1.5.

nasalizar (1g). Hacer nasal o pronunciar como tal un sonido.

natividad. Nacimiento, especialmente el de Jesús, el de la Virgen y el de San Juan Bautista.

nativo, a. Que nace naturalmente. Perteneciente al país o lugar en que uno ha nacido.

naturalizar (1g). Admitir en un país a persona extranjera y concederle sus derechos. Introducir en un país cosas de otros.

naufragar (1b). Irse a pique. Salir mal algo.

naufragio. Pérdida o ruina de la embarcación en su medio, 3.5.8.

nava. Tierra llana, 4.11.3.

navacero, a. Que forma y cultiva los navazos.

navaja. Cuchilla cuya hoja puede doblarse sobre el mango, 3.1.11.

naval. Relativo a las naves, 3.1.11, 4.11.2.

navazo. Navajo. Huerto. 3.1.11.

nave. Barco, embarcación, 5.5.5.

navegar (1b). Hacer viaje con embarcación.

navicular. De forma abarquillada.

Navidad. Natividad de Jesús.

navideño, a. Relativo a la Navidad.

navío. Bajel de guerra.

náyade. Ninfa de los ríos y de las fuentes.

nebladura. Daño que con la niebla reciben los sembrados.

neblina. Niebla espesa y baja.

nebrina. Fruto del enebro.

nebulón. Hombre taimado e hipócrita.

nebulosa. Materia cósmica celeste, difusa y luminosa.

nebuloso, a. Cubierto de nieblas, oscurecido.

necedad. Calidad de necio.

necesario, a. Que inevitablemente ha de ser o suceder.

neceser. Estuche con objetos de tocador.

necesidad. Aquello a lo que es imposible sustraerse, faltar o resistir.

necio, a. Ignorante y que no sabe lo que podía o debía saber.

necrología. Biografía de una persona muerta recientemente.

néctar. Licor delicioso y suave.

nefrostomizar (1g). Realizar una intervención en el riñón.

negar (1d). Decir que algo no existe o que no es verdad. Decir que no. Denegar.

negativo, a. Relativo a la negación, (oración) 8.2.2, 8.2.3.

negligencia. Descuido, omisión, falta de aplicación.

negligir (3b). Incurrir en negligencia.

negociar (1). Tratar, comerciar.

negocio. Transacción comercial. Establecimiento comercial o industrial. 3.3.4.

negrecer (2m). Ponerse negro.

nenúfar. Planta de flores que flotan sobre la superficie del agua.

neologismo. Vocablo o giro nuevo en una lengua.

neoyorquino, a. De Nueva York.

nervadura. Moldura saliente. Conjunto de nervios de una hoja.

nerviar (1t). Trabar con nervios.

nervio. Agrupación de los axones de las células nerviosas y sus envolturas. Fuerza y vigor.

nervioso, a. Relativo a los nervios.

nervudo, a. Que tiene fuertes y robustos nervios.

nesciencia. Ignorancia, falta de ciencia.

nesciente. Que no sabe.

neumático. Cubierta de caucho protectora de una cámara de aire en las ruedas de los vehículos, 1.10.

neuralgia. Padecimiento cuyo principal síntoma es un dolor nervioso, 3.5.8.

neutralizar (1g). Hacer neutral. Hacer neutra una sustancia. Debilitar el efecto de una causa otra diferente u opuesta.

neutro. Categoría gramatical de género, (sustantivo) 5.8.2.

nevado, a. Cubierto de nieve.

nevar (1j). Caer nieve.

nevera. Lugar o mueble muy frío.

nevisca. Nevada corta de copos menudos.

neviscar (1a). Nevar ligeramente.

nexo. Nudo, unión, vínculo.

ni. Conjunción copulativa, 7.1.3.

nicaragüense. De Nicaragua.

nicaragüeño, a. Nicaragüense.

nictálope. Persona que ve mejor de noche que de día.

nidificar (1a). Hacer nidos las aves.

niebla. Nube en contacto con la tierra.

nieve. Agua helada que se desprende de las nubes, 3.1.9, 5.5.5.

nihilismo. Negación de toda creencia o de todo principio religioso, político y social.

nilad. Arbusto de Filipinas.

nimbo. Aureola de las imágenes.

ninfa. Deidad de las aguas.

ningún. Apócope de ninguno, 5.8.5, 5.9.5.

ninguno, a. Indefinido, 6.6.1.

ninivita. De Nínive.

niña. Mujer en los primeros años de su vida. Pupila del ojo. 5.5.1.

niño. Hombre en los primeros años de su vida, 5.5.1.

nirvana. En el budismo, bienaventuranza obtenida por la absorción e incorporación del individuo en la esencia divina.

nitrificar (1a). Transformar los nitritos del suelo en nitratos.

nitrógeno. Metaloide que constituye la casi quinta parte del aire atmosférico.

nivelar (1). Colocar en plano horizontal.

níveo, a. De nieve o relativo a ella.

no bien. Locución conjuntiva, 7.1.3.

no obstante. Locución adverbial, 12.2.9.

nobilísimo, a. Muy noble.

noble. Ilustre.

nobleza. Calidad de noble.

nocente. Que daña.

nocivo, a. Dañoso, perjudicial.

noctámbulo, a. Noctívago.

noctívago, a. Que anda vagabundo durante la noche.

nocturno, a. Relativo a la noche.

noche. Tiempo comprendido entre la puesta y la salida del Sol, 5.5.5.

Nochebuena. Noche de la vigilia de Navidad.

nombre. Designación personal de un individuo. ‖ Palabra que sirve para designar, (extranjero) 3.2.2, (propio) 3.1.12, 3.2.2, 5.6.5, 5.8.3.

nominal. Relativo al nombre, (complemento) 12.2.4, (concordancia) 5.7, 5.8.3.1, 5.8.5.

nonagenario, a. Que tiene de noventa a cien años.

nonagésimo, a. Partitivo y ordinal de noventa, 3.5.8, 4.8.2.

noningentésimo, a. Ordinal de novecientos, 4.8.2.

nono. Ordinal de nueve, 4.8.2.

norma. Regla general, (andaluza) 2.6, (lingüística) 7.1.8., 9.2.3, 9.3.1, 9.3.2, 9.3.3, 10.3.1, 10.3.2, 10.4.2, 12.1.2, 12.2.10, 12.2.11, 13.1, (ortográfica) 2.1, (pronunciación) 2.1, (prosódica) 2.1.

normalizar (1g). Regularizar. Hacer normal.

nos. Pronombre personal, 4.5.1, 4.5.3.

nosotros, as. Pronombre personal, 4.5.1.

nostalgia. Pena de verse ausente de la patria o de los deudos o amigos.

notabilidad. Calidad de notable.

notable. Digno de nota.

notificar (1a). Comunicar o dar una noticia.

noval. Tierra cultivada de nuevo.

novatada. Vejamen y molestias causadas por los alumnos de ciertos centros a sus nuevos compañeros.

novecientos, as. Numeral, 4.8.2.

novedad. Estado de las cosas recién hechas.

novel. Nuevo, sin experiencia.

novela. Obra literaria.

novelesco, a. Propio o característico de las novelas.

novelizar (1g). Dar a una narración forma y condiciones novelescas.

novena. Ejercicio devoto que se practica durante nueve días.

noveno, a. Ordinal y partitivo de nueve, 4.8.2, 4.8.4.

noventa. Numeral, 4.8.2.

noventavo, a. Partitivo de noventa, 4.8.4.

novia. Mujer recién casada o que está próxima a casarse.

noviazgo. Condición o estado de novio o novia.

noviciado. Tiempo y lugar para la probación en las religiosas.

noviembre. Penúltimo mes del año.

novilunio. Conjunción de la Luna con el Sol.

novilla. Vaca de dos o tres años.

novillada. Lidia de novillos.

novillero. Lidiador de novillos.

novillo. Toro de dos o tres años.

novio. Hombre recién casado o que está próximo a casarse.

novísimo, a. Muy nuevo, 4.6.4.

N.S. Abreviatura de *Nuestro Señor,* 4.10.4.

nubarrón. Nube grande y densa.

nube. Masa de vapor acuoso suspendida en la atmósfera, 5.5.5.

núbil. Apto para el matrimonio, 3.1.3.

nubilidad. Calidad de núbil, 3.1.3.

nublado, a. Con nubes.

nupcial. Relativo a las bodas.

nupcias. Matrimonio, 5.6.6.

nueve. Numeral, 4.8.2.

nuevo, a. Reciente, 3.1.8, 4.6.4. ‖ De uso reciente (antepuesto). Recién fabricado (pospuesto). 5.9.4.

numeral. Relativo al número, 4.8, (acentuación) 4.8.3, (cardinal) 4.8.1, (ordinal) 4.8.1, 4.8.5.

número. Cantidad, (fraccionario) 4.8.4, (multiplicador) 4.8.5, (ordinal) 4.8.3, (partitivo) 4.8.4, (submúltiplo) 4.10.3, (volado) 12.12.2. ‖ Categoría gramatical de flexión, 2.5, 3.3.3, 3.4.3, 5.5.1, 5.6.1, 5.6.3, 5.6.4, 5.6.5, 5.6.6, 5.6.7, 5.7.1, 5.7.2, 5.7.3, 5.7.4, 8.1, 9.1.1, 9.4.2.

Ñ

ñ. Letra. Consonante. 1.4, 1.5, 1.6, 4.10.1.

ñaque. Montón de cosas inútiles y ridículas.

ñiquiñaque. Sujeto o cosa muy despreciable.

O

o. Letra. Vocal. 1.4, 1.6, 11.1.1, (debilitación) 11.1.1, (diptongación) 11.1.1. ‖ Conjunción disyuntiva, 4.4.4, 7.1.2, 7.1.3.

ó. Conjunción disyuntiva, 4.4.4.

obcecación. Ofuscación tenaz y persistente.

obcecar (1a). Cegar, deslumbrar, ofuscar, 3.12.8.

obedecer (2m). Cumplir la voluntad de quien manda.

obediente. Que obedece.

obelisco. Pilar muy alto de punta piramidal.

obertura. Pieza de música instrumental.

obeso, a. Que tiene gordura en demasía.

óbice. Obstáculo, embarazo, estorbo.

obispo. Prelado superior de una diócesis.

óbito. Fallecimiento de una persona.

objeción. Razón que se propone o dificultad que se presenta en contrario de una opinión o designio.

objetar (1). Oponer reparo.

objetivo. Fin, propósito. Lente.

objetivo, a. Relativo al objeto.

objeto. Ente material. Finalidad. 3.1.2, 3.9.2, 3.12.8.

oblación. Ofrenda y sacrificio a Dios.

oblea. Hoja muy delgada de masa de harina cocida.

oblicuo, a. Sesgado, desviado del horizonte.

obligación. Imposición, exigencia, (deber) 10.4, (haber) 10.4, (perífrasis verbal) 10.1.4, 10.4, (tener) 10.4.

obligar (1b). Mover o impulsar a cumplir u obedecer.

obliterar (1). Obstruir o cerrar un conducto o cavidad de un cuerpo organizado.

oblongo, a. Más largo que ancho.

oboe. Instrumento músico de viento.

óbolo. Donativo, 4.11.3.

obra. Cosa hecha o producida.

obrador. Taller.

obraje. Manufactura.

obrajero. Capataz que gobierna la gente que trabaja en una obra.

obrar (1). Hacer una cosa. Trabajar en ella.

obrero, a. Que trabaja.

obscenidad. Acción, dicho o cosa obscena, 3.12.8.

obsceno, a. Impúdico. Torpe. 3.9.3.

obscurantismo. Oposición a que se difunda la instrucción. 3.12.8.

obscurantista. Partidario del obscurantismo, 3.12.8.

obscurecer (2m). Privar de luz y claridad, 3.12.8.

obscurecimiento. Acción y efecto de obscurecer, 3.12.8.

obscuridad. Falta de luz y claridad, 3.12.8.

obscuro, a. Que carece de luz y claridad, 3.12.8.

obsecración. Ruego, instancia.

obsecuente. Obediente, rendido, sumiso.

obsequiar (1). Agasajar con atenciones o regalos.

obsequio. Regalo, dádiva, 3.12.8.

observación. Acción y efecto de observar. Advertencia. 3.9.2.

observador, ra. Que observa.

observar (1). Examinar atentamente, 3.1.2, 3.12.8.

observatorio. Lugar o posición que sirve para hacer observaciones.

obsesión. Preocupación que influye moralmente en una persona coartando su libertad, 3.12.8.

obsesivo, a. Relativo a la obsesión.

obstaculizar (1g). Dificultar la consecución de un propósito.

obstáculo. Cosa que dificulta el paso. Dificultad. 1.1.1, 3.3.2, 3.9.3, 3.12.8.

obstante. Que obsta, 3.12.8.

obstar (1). Impedir, estorbar.

obstetricia. Parte de la medicina que trata de la gestación, el parto y el puerperio, 3.12.8.

obstinación. Pertinacia, porfía, terquedad.

obstinarse (1). Mantenerse en una resolución o tema. Porfiar. 3.1.2, 3.12.8.

obstrucción. Acción y efecto de obstruir, 3.9.3, 3.12.8.

obstruir (29). Estorbar el paso, impedir la acción.

obtención. Acción y efecto de obtener.

obtener (8). Alcanzar, conseguir, lograr, 3.1.2, 3.1.6, 3.9.2, 3.12.8.

obturación. Acción y efecto de obturar.

obturar (1). Tapar o cerrar una abertura o conducto, 3.12.8.

obtusángulo, a. Que tiene obtuso uno de sus ángulos.

obtuso, a. Romo, sin punta. De más de noventa grados. 1.8.

obvención. Utilidad además del sueldo que se disfruta.

obviar (1). Evitar, rehuir, apartar.

obvio, a. Que se encuentra o pone delante de los ojos, 3.1.2, 3.12.8.

obyecto, a. Interpuesto, puesto delante.

occidental. Relativo a occidente.

occidentalizar (1g). Realizar cambios, de acuerdo con la cultura de Occidente.

occidente. Lugar por donde se pone el Sol, 3.3.5, 3.11.1.

occipital. Hueso correspondiente al occipucio, 3.11.2.

occipucio. Parte de la cabeza que se une con las vértebras.

oceánico, a. Relativo al océano.

océano. Mar grande y dilatado.

ocena. Fetidez del aliento.

ocio. Inacción, cesación del trabajo.

ocioso, a. Que está sin trabajo o sin hacer nada.

ocluir (29). Cerrar un conducto.

oclusión. Acción y efecto de ocluir o cerrar, 1.5.

oclusivo, a. Relativo a la oclusión, (sonido) 1.5.

ocre. Mineral de color amarillo. Este color.

octágono, a. Relativo al polígono de ocho lados y ocho ángulos.

octante. Instrumento astronómico.

octava. Espacio de ocho días, 3.1.8.

octavario. Fiesta que se hace en los ocho días de una octava.

octavo, a. Partitivo y ordinal de ocho, 3.12.6, 4.8.4.

octingentésimo, a. Ordinal de ochocientos, 4.8.2.

octogenario, a. De ochenta años.

octogésimo, a. Ordinal de ochenta, 4.8.2.

octógono, a. Octágono.

octubre. Décimo mes del año.

óctuple. Resultado de multiplicar por ocho, 4.8.5.

óctuplo, a. Óctuple, 4.8.5.

ocular. Relativo a los ojos.

oculista. Médico que se dedica a las enfermedades de los ojos.

ocultar (1). Esconder, tapar, disfrazar.

oculto, a. Escondido, ignorado.

ocupar (1). Tomar posesión, apoderarse. Obtener, llenar.

ocurrencia. Encuentro, suceso casual, coyuntura.

ocurrir (3). Prevenir. Acaecer. Acontecer.

ochavo. Antigua moneda.

ochenta. Numeral cardinal, 4.8.2.

ochentavo, a. Partitivo de ochenta, 4.8.4.

ocho. Numeral cardinal, 4.8.2.

ochocientos, as. Numeral cardinal, 4.8.2.

oda. Composición poética.

odalisca. Esclava, concubina.

odiar (1). Tener odio.

odio. Antipatía y aversión, deseo de mal.

odisea. Serie de sucesos penosos y molestos, 4.1.2.

odontología. Estudio de los dientes y del tratamiento de sus enfermedades.

odorífero, a. Que huele bien.

odre. Cuero para contener líquidos.

oeste. Occidente.

ofender (2). Hacer daño, injuriar.

oferta. Propuesta para contratar.

ofertorio. Parte de la Misa.

oficial. Que es de oficio, no particular ni privado.

oficina. Departamento o lugar de trabajo.

oficio. Ocupación habitual. Profesión.

ofrecer (2m). Prometer, obligarse.

ofrenda. Don que se dedica a Dios o a los santos.

oftalmía. Inflamación de los ojos.

oftalmología. Estudio de las enfermedades de los ojos.

ofuscación. Turbación.

ofuscar (1a). Deslumbrar, turbar la vista.

ogaño. Hogaño.

ogro. Gigante mitológico.

oh. Interjección, 12.8.2.

ohmio. Medida eléctrica.

oído. Sentido del oír.

oidor, ra. Que oye.

oír (26). Percibir los sonidos.

oíslo. Persona querida y estimada.

ojal. Hendedura para abrochar un botón.

ojalá. Interjección, 12.8.2.

ojalatero. El que, en las contiendas civiles, se limita a desear el triunfo de su partido.

ojear (1). Dirigir los ojos para mirar a determinada parte, 4.11.3.

ojén. Cierto aguardiente, 3.5.7.

ojera. Mancha alrededor de la base del párpado inferior, 3.5.14.

ojeriza. Enojo y mala voluntad.

ojinegro. Que tiene los ojos negros, 4.6.3.

ojiva. Figura formada por dos arcos de círculo que se cortan en uno de sus extremos.

ovijal. De figura de ojiva.

ojo. Órgano de la vista.

ola. Onda del mar, 4.11.3.

oleada. Ola grande.

oleaginoso, a. Aceitoso.

oleaje. Sucesión continuada de olas.

óleo. Aceite de oliva.

oleoducto. Tubería para conducir petróleo, 3.12.6.

oler (2h). Percibir los olores.

olfatear (1). Oler con ahínco y persistencia.

oligarquía. Gobierno de pocos.

oligisto. Mineral muy apreciado en siderurgia.

olimpiada. Olimpíada.

olimpíada. Fiestas o juegos que se celebran cada cuatro años.

olímpico, a. Relativo al Olimpo o a la olimpíada.

oliscar (1a) Oler algo con cuidado. Averiguar. Empezar a oler mal.

oliva. Olivo. Aceituna. 3.1.9.

olivar. Sitio plantado de olivos.

olivo. Árbol que da la aceituna.

olmo. Árbol de excelente madera.

ológrafo, a. De puño y letra del firmante.

olor. Impresión del olfato.

olorizar (1g). Perfumar.

olvidadizo, a. Que se olvida con facilidad.

olvidar (1). Perder la memoria de una cosa, 7.1.7.

olvido. Falta de memoria.

olla. Vasija redonda.

ollar. Cada uno de los orificios de la nariz de las caballerías.

ombligo. Cicatriz que queda al secarse el cordón umbilical.

omega. Última letra del alfabeto griego.

omero. Aliso, árbol.

ominoso, a. Azaroso, de mal agüero, abominable, vitando.

omisión. Abstención de hacer o decir.

omitir (3). Dejar de hacer una cosa.

ómnibus. Carruaje de gran capacidad, que sirve para el transporte colectivo.

omnímodo, a. Que lo comprende o abraza todo.

omnipotente. Que todo lo puede.

omnisciente. Que todo lo sabe.

omnívoro, a. Que se alimenta de toda clase de sustancias orgánicas.

omoplato. Omóplato.

omóplato. Cada uno de los dos huesos donde se articulan los brazos.

onagro. Asno silvestre.

onanismo. Masturbación.

once. Numeral cardinal, 4.8.2.

ONCE. Abreviatura de *Organización Nacional de Ciegos Españoles,* 4.10.8.

onceavo, a. Partitivo de once, 4.8.4.

oncejo. Vencejo.

onceno, a. Undécimo.

onda. Ondulación, 4.11.3.

ondear (1). Hacer ondas, 4.11.3.

ondina. Ninfa.

ondulación. Acción y efecto de ondular.

ondular (1). Moverse una cosa formando giros en forma de eses.

onecer (2m). Crecer.

oneroso, a. Pesado, molesto, gravoso.

ónice. Ágata empleada para hacer camafeos.

onomástico, a. Relativo a los nombres propios.

onomatopeya. Imitación del sonido de una cosa por el vocablo que se forma para significarla.

ontología. Estudio del ser general y de sus propiedades trascendentales.

ONU. Abreviatura de *Organización de las Naciones Unidas,* 4.10.8, 12.4.4.

onubense. De Huelva.

onza. Antiguos peso y moneda.

onzavo, a. Partitivo de once, 4.8.4.

opacar (1a). Oscurecer.

opaco, a. Que impide el paso de la luz.

opalino, a. Relativo al ópalo.

ópalo. Cierto mineral.

opción. Acción y efecto de optar, 3.12.8.

opcional. Relativo a la opción, 3.12.8.

ópera. Poema dramático en música.

operación. Acción y efecto de operar.

operador, ra. Que opera.

operar (1). Ejecutar, obrar, maniobrar.

opereta. Ópera de poca extensión.

opinante. Que opina.

opinar (1). Formar o tener opinión.

opinión. Concepto o parecer que se forma de una cosa cuestionable.

opio. Cierto narcótico.

opíparo, a. Copioso y espléndido.

oponer (5). Poner una cosa contra otra.

oporto. Vino fabricado principalmente en la ciudad del mismo nombre.

oportunidad. Sazón, coyuntura.

oportuno, a. Que se hace o sucede en tiempo a propósito.

oposición. Acción y efecto de oponer u oponerse.

opositor, ra. Que se opone. Que participa en una oposición.

opresión. Acción y efecto de oprimir.

opresivo, a. Que oprime.

oprimir (3). Ejercer presión.

oprobio. Ignominia, afrenta, deshonra.

optación. Figura retórica, 3.12.8.

optante. Que opta, 3.12.8.

optar (1). Escoger entre cosas a que se tiene derecho, 3.12.8.

optativo, a. Que pende de opción o la admite, 3.12.8.

óptica. Estudio de las leyes y fenómenos de la luz, 3.12.8.

óptico, a. Relativo a la óptica, 3.9.1, 3.12.8.

optimación. Acción y efecto de optimar. Método matemático. 3.12.8.

optimar (1). Buscar la mejor manera de hacer una actividad, 3.12.8.

optimismo. Propensión a ver y juzgar las cosas bajo el aspecto más favorable, 3.9.1, 3.12.8.

optimista. Que tiene o implica optimismo, 3.12.8.

optimizar (1g). Optimar, 3.12.8.

óptimo, a. Muy bueno, el mejor, 3.9.1, 3.12.8, 4.6.4.

optómetro. Instrumento óptico, 3.12.8.

opuesto, a. Enemigo o contrario. Al otro lado.

opugnación. Oposición con fuerza y violencia.

opugnar (1). Asaltar o combatir.

opulencia. Abundancia, riqueza, sobra de bienes.

opúsculo. Obra literaria o científica de poca extensión.

oquedad. Espacio que queda vacío en un cuerpo sólido.

ora. Conjunción, 3.6.4, 7.1.3.

oración. Unidad sintáctica de sentido completo, 8.1, (afirmativa) 8.2.2, 8.2.3, (copulativa) 10.6.3, 10.6.5, 10.6.7, 10.6.8, (de predicado nominal) 10.6.3, 10.6.5, 10.6.7, 10.6.8, (de relativo) 6.6.5, 7.1.5, (de relativo especificativa) 6.6.5, 6.6.7, 12.2.5, (de relativo explicativa) 6.6.5, 6.6.6, 6.6.7, 12.2.5, 12.2.8, (exclamativa) 6.6.3, 7.1.5, 12.2.6, 12.8.1, 12.8.2, (impersonal) 9.2.3, (interrogativa) 7.1.5, 12.2.6, 12.7.1, 12.7.3, (negativa) 8.2.2, 8.2.3, (pasiva) 10.1.1, 10.1.2, 10.1.4, 10.6.1, 10.6.2, 10.6.4, 10.6.6, (pasiva refleja) 9.2.3, (posición de sus partes) 5.9.1, (subordinada) 8.3.2.

oráculo. Respuesta de los dioses por ellos o por sus ministros.

oraje. Tiempo muy crudo de lluvias, nieve o piedra.

oral. Que se expresa verbalmente, 1.1, 1.6, 2.1, 5.3, 12.11.

orangután. Mono antropomorfo.

orar (1). Rezar, pedir. Hablar en público.

orario. Estola grande que usa el papa.

oratorio. Lugar destinado para hacer oración.

orbe. Redondez o círculo. Mundo.

órbita. Curva que describe un astro en su movimiento de traslación.

orca. Cetáceo.

orden (el). Colocación de las cosas en el lugar que les corresponde, 5.5.9, (de las palabras) 12.2.3, 12.2.6, 12.2.11.

orden (la). Mandato. Instituto religioso, civil o militar. 5.5.9.

ordenación. Disposición, prevención, orden.

ordenanza. Conjunto de preceptos. Empleado subalterno.

ordenar (1). Poner en orden.

ordeñar (1). Extraer la leche exprimiendo la ubre.

ordinal. Numeral, 4.8.1, 4.8.3, 4.8.5.

ordinario, a. Común, regular, que acontece.

orear (1). Dar el viento en una cosa.

orégano. Planta herbácea.

oreja. Órgano del oído, 4.11.3.

orejera. Cada una de las piezas de la gorra que cubre las orejas.

orensano, a. De Orense.

orfanato. Asilo de huérfanos.

orfandad. Estado en que quedan los hijos por la muerte de sus padres.

orfebre. Artífice que trabaja en orfebrería.

orfebrería. Obra o bordadura de oro y plata.

orfeón. Sociedad de cantantes en coro.

organdí. Tela blanca muy fina y transparente.

orgánico, a. Aplícase al cuerpo con disposición o aptitud para vivir.

organillo. Órgano pequeño movido por un manubrio.

organismo. Conjunto de órganos de un ser vivo.

organista. Persona que toca el órgano.

organización. Acción y efecto de organizar u organizarse.

organizador, ra. Que organiza.

organizar (1g). Disponer, establecer o reformar.

órgano. Instrumento musical. Medio de difusión. Parte de un aparato destinada a realizar una función determinada, (activo) 1.5, (articulatorio) 1.5, (fijo) 1.5., (movible) 1.5, (pasivo) 1.5.

orgia. Orgía.

orgía. Festín inmoderado, 3.5.8.

orgiástico, a. Relativo a la orgía.

orgullo. Arrogancia, vanidad.

oriental. Relativo a Oriente.

orientar (1). Poner una cosa en posición respecto a los puntos cardinales.

Oriente. Parte por donde sale el Sol.

orificar (1a). Rellenar con oro la picadura de una muela.

orífice. Artífice que trabaja en oro.

orificio. Boca o agujero.

oriflama. Estandarte.

origen. Principio, nacimiento, manantial, 3.5.6.

original. Relativo al origen.

orilla. Término, límite, extremo.

orillar (1). Concluir, arreglar. Arrimarse a las orillas.

orillo. Orilla del paño.

orina. Líquido excrementicio.

orinar (1). Expeler naturalmente la orina.

oriundo, a. Originario.

orla. Orilla, adorno.

ornamento. Adorno, compostura.

ornitología. Estudio de las aves.

oro. Metal muy apreciado.

orogenia. Estudio de la formación de las montañas.

orografía. Estudio descriptivo de las montañas.

orondo, a. De mucha concavidad o barriga. Hinchado, hueco.

oropel. Cosa de poco valor y mucha apariencia.

orozuz. Planta herbácea, 5.5.12.

orquesta. Conjunto de músicos.

orquídea. Planta y sus flores.

orquitis. Inflamación del testículo.

ortiga. Planta herbácea.

orto. Salida o aparición del Sol u otro astro por el horizonte.

ortodoxo, a. Conforme con el dogma católico.

ortogonal. En ángulo recto.

ortografía. Corrección en la escritura, 1.6, 2.1, 2.2, 2.7, 3.

ortología. Corrección en la pronunciación, 2.

orvallo. Llovizna.

orzar (1g). Inclinar la proa hacia la parte de donde viene el viento.

orzoyo. Pelo o hebra de la seda dispuesto para labrar el terciopelo.

orzuelo. Divieso pequeño que nace en el borde de uno de los párpados.

os. Pronombre personal, 4.5.1, 4.5.3.

osa. Animal hembra. Constelación.

osadía. Atrevimiento, audacia, resolución.

osado, a. Que tiene osadía.

osamenta. Esqueleto, armazón óseo.

osario. Lugar para los huesos.

oscense. De Huesca, 1.8.

oscilar (1). Moverse alternativamente de un lado para otro.

osco, a. Relativo a uno de los antiguos pueblos de la Italia central.

oscurantismo. Obscurantismo, 3.12.8.

oscurantista. Obscurantista, 3.12.8.

oscurecer (2m). Obscurecer, 3.12.8.

oscurecimiento. Obscurecimiento, 3.12.8.

oscuridad. Obscuridad, 3.12.8.

oscuro, a. Obscuro, 3.12.8.

óseo, a. De hueso.

osezno. Cachorro del oso.

osificarse (1a). Volverse, convertirse en hueso.

osmosis. Ósmosis.

ósmosis. Paso recíproco de líquidos de distinta densidad a través de una membrana que los separa.

oso. Animal macho.

osteítis. Inflamación de los huesos.

ostensible. Que puede mostrarse o manifestarse. Patente, manifiesto.

ostensivo, a. Que muestra u ostenta.

ostentar (1). Mostrar o hacer patente.

ostia. Ostra.

ostiario. Clérigo que había obtenido el inferior de los cuatro grados menores.

ostra. Molusco, 3.3.2.

ostracismo. Destierro, exclusión.

ostrogodo, a. Relativo a una determinada parte del pueblo godo.

OTAN. Abreviatura de *Organización del Tratado del Atlántico Norte,* 4.10.8, 12.4.4.

otear (1). Registrar desde lugar alto.

otero. Cerro aislado que domina un llano.

otitis. Inflamación del órgano del oído.

otamana. Cierto estilo de sofá.

otoñal. Relativo al otoño.

otorgar (1b). Consentir, disponer, conceder.

ovación. Aplauso colectivo ruidoso.

oval. De figura de óvalo.

ovalado, a. Oval.

óvalo. Curva cerrada simétrica respecto de uno o dos ejes.

ovario. Órgano femenino de la reproducción.

oveja. Animal hembra.

ovetense. De Oviedo.

ovillo. Bola o lía de hilo.

ovino, a. Relativo al ganado lanar.

ovio, a. Obvio.

ovíparo, a. Aplícase a las especies animales cuyas hembras ponen huevos.

ovoide. Aovado, 1.10.

óvolo. Ovalado, 4.11.3.

óvulo. Célula sexual femenina.

ox. Interjección, 12.8.2.

oxidante. Que oxida, 3.11.1.

oxidar (1). Transformar un cuerpo por la acción del oxígeno o de algún oxidante.

óxido. Combinación del oxígeno con algún metal, 3.11.3.

oxigenado, a. Que contiene oxígeno.

oxígeno. Metaloide esencial para la respiración, 3.5.6.

oyente. Que oye. Que asiste a clase sin estar matriculado.

ozonizar (1g). Transformar el oxígeno en ozono.

ozono. Estado alotrópico del oxígeno.

P

p. Letra. Consonante. 1.4, 1.5, 1.6, 1.11, 3.9.

pabellón. Edificio, tienda de campaña. Bandera.

pabilo. Cordón que está en el centro de la vela o antorcha.

pábilo. Pabilo.

pábulo. Pasto, comida, alimento.

pacense. De Beja y de Badajoz.

paceño, a. De La Paz.

pacer (2m). Comer el ganado la hierba en los campos.

paciencia. Virtud de sufrir sin perturbación del ánimo los infortunios y trabajos.

pacienzudo, a. Que tiene mucha paciencia.

pacificar (1a). Establecer la paz.

pacífico, a. Quieto, sosegado, amigo de la paz, 4.2.1.

pactar (1). Asentar, poner condiciones o aceptarlas.

pacto. Acción y efecto de pactar, 3.2.4.

padecer (2m). Sentir daño, dolor o agravio.

paganizar (1g). Profesar el paganismo.

pagano, a. Relativo al paganismo. El que paga. 3.5.2.

pagar (1b). Dar a alguien lo que se le debe. Sufragar.

pagaré. Papel de obligación por una cantidad pagadera a tiempo determinado, 5.6.3.

pagel. Cierto pez.

página. Cada una de las dos planas de la hoja de un libro o cuaderno.

paginar (1). Numerar páginas o planas.

pailebot. Pailebote, goleta pequeña, 3.4.1.

país. Territorio que constituye una unidad geográfica o política, 1.10, 4.3.1.

paisaje. País, pintura o dibujo, 1.10.

paisanaje. Conjunto de paisanos.

paje. Criado, servidor.

pajel. Pagel.

pajero. Que conduce o vende paja.

pala. Utensilio con mango. Parte ancha del remo. 5.5.1.

palabra. Conjunto de sonidos que expresan una idea. Su representación escrita, 13.1. ‖ (Aguda) 4.2.3, 4.3.1, (composición) 4.6.4, 12.11.3, (compuesta) 4.6., 12.11.3, (derivada) 3.1.3, 3.1.12, 3.2.2, (escrita) 4.1.1, (esdrújula) 4.2.3, 4.3.1, 4.6.4, (estructura fonética) 4.11.3, (extranjera) 3.1.12, (homófona) 4.11.2, (llana) 4.3.1, (monosílaba) 4.2.3, 4.3.4, 4.4.4, (posición) 5.9, (semicompuesta) 12.11.3.

palabrero, a. Que habla mucho.

palaciego, a. Relativo al palacio.

palacio. Casa destinada a residencia de la autoridad.

paladar. Parte superior e interior de la boca. Gusto. 1.5.

palahierro. Tejuelo encajado en la solera del molino.

palatal. Relativo al paladar, (sonido) 1.5.

palatalizar (1g). Dar a un sonido articulación palatal.

palhuén. Arbusto espinoso.

paliar (1/1t). Mitigar un sufrimiento físico o moral.

paliativo, a. Que mitiga.

palidecer (2m). Poner pálido.

palidez. Descaecimiento del color natural.

pálido, a. De tono apagado, 4.2.3.

palimpsesto. Manuscrito antiguo que conserva huellas de una escritura anterior borrada artificialmente.

palo. Trozo de madera cilíndrica. Golpe que se da con un palo. Mástil. Cada una de las cuatro series de la baraja. 5.5.1.

pálpito. Presentimiento, corazonada, 4.2.1.

pampanaje. Hojarasca. Panacea. Medicamento o remedio universal.

panal. Celdas de cera donde las abejas depositan la miel, 5.5.8.

pandectas. Recopilación de obras.

panegírico. Discurso, elogio.

panegirizar (1g). Hacer el panegírico de alguien.

pánfilo, a. Flojo, muy pausado, tardo en el obrar.

panificar (1a). Convertir la harina en pan.

panorama. Vista extensa de un horizonte. Visión general de un tema. 5.5.4.

papá. Padre, 5.6.7.

papafigo. Ave. Papahígo.

papagayo. Ave famosa por su capacidad de repetir palabras y frases, 3.7.2.

papahígo. Gorro de paño. Velas mayores.

papahuevos. Papanatas.

paquebot. Paquebote, embarcación, 3.4.1.

para. Preposición, 7.2.18, 7.2.19.

parabién. Felicitación, 4.3.1.

parábola. Curva abierta. Narración de un hecho fingido, del que se deduce una enseñanza.

parabolizar (1g). Ejemplificar. Simbolizar.

parado, a. Que es resultado de parar. Vacilante. Dícese del trabajador que está sin empleo. 3.10.2.

paradójico, a. Que incluye paradoja.

paráfrasis. Interpretación amplificativa de un texto, 5.5.11.

paraguas. Utensilio partátil para protegerse de la lluvia, 3.10.2.

paraguayo, a. Del Paraguay.

paragüería. Tienda de paraguas.

paragüero, a. Que hace o vende paraguas.

parahusar (1w). Taladrar con el parahúso.

parahúso. Instrumento manual para taladrar.

paraliticar (1a). Paralizarse.

paralizar (1g). Causar parálisis. Impedir la acción y movimiento de algo.

paralogismo. Razonamiento falso.

paraplejía. Parálisis de la mitad inferior del cuerpo.

parar (1). Detener. ‖ (Auxiliar) 10.1.4.

pararrayos. Utensilio para preservar los edificios de los efectos de la electricidad de las nubes, 3.7.2.

parcela. Porción pequeña de tierra.

parcial. Relativo a una parte.

parecencia. Parecido, semejanza.

parecer (2m). Opinar, creer. Aparecer. Opinión, juicio, dictamen.

pared. Obra para cerrar un espacio. Tabique, cara. 2.4, 3.4.1, 3.4.3.

paréntesis. Frase incidental, 5.5.11. ‖ Signo de puntuación, 12.1.1, (cuadrado) 10.10.2, 12.1.1, (rectangular) 12.10.2, (uso) 12.10.

parhelio. Aparición simultánea de varias imágenes del Sol reflejadas en las nubes.

parhilera. Madero que forma el lomo de la armadura.

paria. Persona a quien se tiene por vil, 5.5.4.

parificar (1a). Probar con un ejemplo lo que se ha dicho.

parihuela. Camilla, cama portátil.

parkerizar (1g). Proteger un metal.

paroxismo. Exacerbación, exaltación.

paroxítono, a. Que lleva el acento en la penúltima sílaba.

parqué. Entarimado, 3.12.1.

párrafo. División en un escrito, (signo de) 12.12.1.

parricida. Que mata a sus padres o a su cónyuge.

párroco. Cura que tiene una feligresía, 4.2.3.

parte (el). Comunicación enviada o recibida, 4.11.2, 5.5.13.

parte (la). Porción de un todo o elemento de un conjunto. Cantidad que corresponde en una distribución. 4.11.2, 5.5.13.

partición. División, repartimiento.

participar (1). Tener parte. Comunicar, avisar.

partícipe. Que tiene parte en una cosa, 4.2.1.

participio. Forma no personal del verbo, 9.1.1, 9.1.2, 9.4, (absoluto) 9.4.3, (activo) 9.4.1, (concordancia) 9.4.2, 10.1.2, 10.6.2, (flexión) 9.4.2, (pasivo) 9.4.1 (perífrasis verbal) 10.1.2, 10.1.3, 10.1.4, 10.6.1.

partícula de relación. Expresión indicadora de relación gramatical, 4.7, 6.6, 7.1.1, 7.1.2.

particularizar (1g). Expresar algo con todas sus particularidades.

partir (3). Marcharse. Separar en partes.

partitivo, a. Numeral, 4.8.4.

parvedad. Pequeñez, poquedad.
parvificar (1a). Achicar, reducir.
parvo, a. Pequeño.
párvulo, a. Niño pequeño.
pasaje. Paso público. Acción de pasar. Lugar de un libro o escrito. Precio o derecho por pasar.
pasajero, a. Que pasa, que va de camino, 3.5.14.
pasavolante. Acción ejecutada ligeramente.
pasible. Que puede o es capaz de padecer.
pasivo, a. Que recibe, que deja obrar. ‖ (Oración) 9.2.3, 10.1.1, 10.1.2, 10.1.4, 10.6.1, 10.6.2, 10.6.4, 10.6.6, (perífrasis verbal) 10.1.4, 10.6.1, (voz) 10.1.1, 10.1.2, 10.1.4, 10.6.1, 10.6.2, 10.6.4, 10.6.6.
pasterizar (1g). Pasteurizar.
pasteurizar (1g). Higienizar un producto.
patavino, a. De Padua.
patente. Documento oficial acreditado. Derecho para poder explotar algo en exclusiva. 5.5.5.
patíbulo. Lugar en que se ejecuta la pena de muerte.
patihendido, a. Que tiene los pies hendidos o divididos en partes.
patitieso, a. Que se queda sin movimiento en las piernas o en los pies. Que se queda sorprendido. 4.6.3, 12.11.3.
patógeno, a. Elemento que origina y desarrolla las enfermedades.
patria. Nación considerada como unidad histórica, 3.10.1.
pauperizar (1g). Empobrecer.
paupérrimo, a. Muy pobre. El más pobre de todos. 4.6.4.
pausa. Interrupción momentánea, 2.5, 12.1.1, 12.2, 12.3.1.
pava. Animal hembra. Fuelle grande. 3.1.9.
pavada. Manada de pavos.
pavana. Danza española.
pavero, a. Que cuida o vende pavos.
pavés. Escudo.
pavesa. Partecilla de materia inflamada.
pávido, a. Tímido, medroso.
pavimentar (1). Solar, poner baldosines.
pavo. Animal macho, 3.1.9.
pavonada. Diversión o paseo que se toma por poco tiempo.
pavonear (1). Hacer ostentación de gallardía u otras prendas.
pavor. Temor con espanto o sobresalto.
pavorde. Cargo eclesiástico.

pavoroso, a. Que causa pavor.
payaso. Histrión que hace de gracioso, 3.7.2
payés. Campesino catalán.
payesa. Campesina catalana.
payo, a. Entre los gitanos, el que no es de su raza, 3.7.2.
paz. Ausencia de guerra. Tranquilidad, calma, 3.3.3.
pazguato, a. Simple, que se pasma y admira de lo que ve u oye.
peaje. Derecho de tránsito.
pebete. Pasta de polvos aromáticos.
pebre. Cierta salsa. Pimienta.
pecar (1a). Cometer pecado. Tener en exceso algo que se expresa.
pecera. Vasija para peces.
pecinal. Charco de agua estancada.
peciolo. Pecíolo.
pecíolo. Pezón de la hoja.
pectoral. Relativo al pecho.
pedagogía. Ciencia que se ocupa de los problemas educativos, 3.5.8.
pedagógico, a. Relativo a la enseñanza y educación.
pedaje. Peaje.
pedicoj. Salto que se da con un solo pie.
pedigüeño, a. Que pide con frecuencia e importunidad.
pediluvio. Baño de pies.
pedir (30). Rogar. Mendigar. Poner precio. Proponer uno a los padres de una mujer que se la concedan en matrimonio.
pedrojiménez. Variedad de uva.
peer (2i). Expeler pedos.
pegar (1b). Adherir. Maltratar con golpes. Estar una cosa próxima o contigua a otra. Dar con fuerza. Prender con fuerza. Prender fuego. Armonizar.
peje. Pez, animal acuático. Hombre astuto.
pejiguera. Cosa que nos pone en embarazo, sin producir gran provecho.
pelaje. Naturaleza y calidad del pelo.
pelvis. Cavidad del cuerpo humano en la parte inferior del tronco.
pellejero, a. Que adoba o vende pieles.
pellizcar (1a). Dar pellizcos. Tomar una pequeña cantidad de algo.
pena. Castigo. Aflicción. Dolor. 7.2.24.
pencar (1a). Azotar el verdugo.
pendiente (el). Joya prendida en el lóbulo de la oreja, 4.11.2, 5.5.13.
pendiente (la). Cuesta, declive, 5.5.13.
penígero, a. Alado, que tiene alas o plumas.

pensar (1j). Meditar. Proyectar. Opinar. Imaginar. Formar y ordenar ideas y conceptos.

pensilvano, a. De Pensilvania.

pentagrama. Renglones sobre los que se escribe música, 5.5.4.

peonaje. Conjunto de peones.

peor mala. Construcción incorrecta, 5.4.3.

peptizar (1g). Producir la peptización.

pequeño, a. Que tiene poco tamaño. Que tiene menor tamaño que otros. Nimio. De poca edad. 4.6.4.

pera. Fruto del peral. Instrumento para inyectar líquido o aire. Interruptor eléctrico. 3.10.1.

percebe. Cierto marisco.

percepción. Acción y efecto de percibir.

perceptible. Que se puede comprender o percibir.

percibir (3). Recibir, enterarse.

percollar (1r). Hurtar o robar.

perder (2d). Estar privado de algo o alguien. Desperdiciar. Empeorar. Ser vencido. Perjudicar. Equivocar el camino. Distraerse.

perdigar (1b). Soasar las aves. Adobar la carne con grasa. Preparar algo para un fin.

perdiz. Ave muy estimada, 3.4.3.

perecear (1). Dilatar, diferir.

perecedero, a. Poco durable.

perecer (2m). Acabar, fenecer.

perejil. Planta usada como condimento.

perejilla. Juego de naipes.

perendengue. Adorno de poco valor.

pereza. Falta de ganas de hacer algo, 3.10.2.

perfectible. Capaz de perfeccionarse.

perfectivo, a. (Aspecto verbal) 8.4.3, 8.4.4, 8.4.5, 8.4.6, 8.5.1, 8.6.1, 8.7.6, 8.7.7, 9.1.1, 9.2.1, 9.4.3, 10.1.4, 10.6.6.

perfecto, a. Que posee algo en grado máximo, 3.12.6. ‖ Tiempo verbal (futuro) 8.4.2, 8.4.3, 8.4.6, 8.6.1, 8.7.6, 8.7.7, (pretérito) 8.4.2, 8.4.3, 8.4.6, 8.6.1.

pergeñar (1). Disponer o ejecutar una cosa con más o menos habilidad.

pergeño. Traza, apariencia. Disposición exterior de una persona o cosa.

perífrasis verbal. Forma verbal compuesta, 5.5.11, 9.4.3, 10, (clases) 10.1.4, (estructura) 10.1, (formas no personales) 10.1.2, 10.2.1, 10.2.2, 10.5.1, 10.5.3, 10.6.3, (función) 10.1, (impersonal) 10.2.2, 10.4.1, (límite) 10.1.2, 10.1.6, (valor continuativo) 10.1.4, (valor de conveniencia) 10.6.3, (valor de incoación) 10.1.4, (valor de obligación) 10.1.4, 10.4, (valor de pasiva) 10.1.4, 10.6.1, (valor de posibilidad) 10.6.3, (valor de probabilidad) 10.1.4, 10.4, (valor de reiteración) 10.1.4, (valor de término) 10.1.4, (valor iterativo) 10.1.4, (valor resultativo) 10.1.4, (verbo auxiliar) 10.2.1.

perigeo. Punto en que la Luna se encuentra más próxima a la Tierra.

perihelio. Punto en que un planeta se halla más inmediato al Sol.

periodista. Persona que compone, escribe o edita un periódico, 5.5.4.

perjudicar (1a). Ocasionar daño.

permanecer (2m). Mantenerse en un mismo lugar, estado o calidad.

perniquebrar (1j). Quebrar una pierna o las dos.

pero. Conjunción adversativa, 7.1.2, 7.1.3, 7.1.4, 12.2.10.

perpetuar (1s). Hacer perpetuo. Dar larga duración a algo.

perplejidad. Irresolución, confusión, duda de lo que se debe hacer en una cosa.

perra. Dinero en general, 3.10.1. Animal hembra, 5.5.1, 5.6.1.

perro. Animal macho, 3.10.2, 4.2.3, 5.5.1, 5.6.1.

perseguir (30a). Seguir al que huye. Molestar. Tratar de alcanzar algo.

perseverancia. Firmeza y constancia.

perseverar (1). Mantenerse constantemente en la consecución de lo comenzado.

persona. Categoría gramatical, 8.1, 8.2.3, 9.1.1, (imperativo) 8.2.1.

personal. Relativo a la flexión de persona, 9.1.1.

personalizar (1g). Incurrir en personalidades hablando o escribiendo. Usar como personales verbos impersonales.

personificar (1a). Atribuir caracteres de persona a los seres irracionales. Representar una acción.

perspectiva. Representación de los objetos en una superficie, conservando la forma y disposición con que aparecen a la vista, 1.11.

perspicacia. Agudeza y penetración de la vista, 1.11.

persuasivo, a. Que tiene fuerza y eficacia para persuadir.

pertenecer (2m). Ser algo propiedad de alguien. Formar parte una cosa de otra.

pertinacia. Obstinación, terquedad.

pertinaz. Obstinado, terco.

perturbar (1). Trastornar el orden y concierto de las cosas.

perverso, a. Sumamente malo, depravado.

pervertir (22). Perturbar el orden o estado de las cosas. Viciar.

pervigilio. Falta y privación de sueño.

pervulgar (1b). Divulgar.

pesadez. Calidad de pesado.

pesadumbre. Calidad de pesado. Molestia, desazón. 5.5.5.

pesantez. Gravedad.

pescar (1a). Sacar del agua peces. Contraer una enfermedad. Coger. Conseguir lo que se pretende. Sorprender. Percatarse.

pésimo, a. Muy malo, 4.6.4.

pestalociano, a. Relativo al pedagogo Pestalozzi o a su método.

peste. Enfermedad contagiosa. Cualquier cosa mala. 5.5.5.

petalizar (1g). Convertirse en pétalo una pieza floral externa a la corola.

petrificar (1a). Convertir en piedra. Dejar asombrado.

pez (el). Animal acuático, 3.3.3, 4.11.2, 5.6.2, (género) 5.5.12, 5.5.13.

pez (la). Materia pegajosa, 4.11.2, 5.5.13.

piamadre. Membrana que envuelve el cerebro y la médula, 4.6.2.

piar (1t). Emitir las aves su sonido característico.

picar (1a). Morder las aves, los insectos y los reptiles. Comer con el pico las aves. Morder el cebo los peces. Desmenuzar. Caer en una trampa. Sentir comezón.

picarizar (1g). Hacer pícaro a otro.

picea. Árbol parecido al abeto.

pictografía. Escritura ideográfica que consiste en el dibujo de los objetos que han de explicarse con palabras, 1.2.

pictográfico, a. Relativo a la pictografía.

pictórico, a. Relativo a la pintura, 3.2.4.

pichihuén. Cierto pez.

piel. Tegumento que recubre el cuerpo del animal, 5.5.8.

piélago. Gran cantidad de algo, 4.3.1.

pigmento. Materia colorante de las sustancias orgánicas.

pigmeo, a. Muy pequeño.

pignorar (1). Empeñar.

pigricia. Pereza, ociosidad, negligencia.

pilotaje. Oficio de piloto.

pillaje. Hurto, latrocinio, rapiña.

pimpollecer (2m). Echar pimpollos las plantas.

pincel. Instrumento para asentar los colores.

pinchaúvas. Pillete. Hombre despreciable.

pingar (1b). Colgar. Gotear. Saltar.

pingüe. Gordo, mantecoso, craso, copioso, 4.4.7.

pingüino. Pájaro bobo, 3.5.4, 4.4.7.

pintura. Arte de pintar. Obra pintada. Color para pintar. 5.6.4.

piojento, a. Relativo a los piojos.

piragüero. El que gobierna la piragua.

piragüista. Persona que practica el piragüismo, 3.5.3.

pirámide. Sólido que tiene por base un polígono, 5.5.5.

pircar (1a). Cerrar un paraje con muro.

pirexia. Fiebre que no es sintomática de una enfermedad local.

pirotecnia. Arte de las invenciones de fuego.

piroxena. Mineral de gran dureza.

piroxilina. Pólvora de algodón.

pisaúvas. El que pisa las uvas, 4.6.2.

pisaverde. Hombre presumido y afeminado.

piscolabis. Ligera refacción.

piso. Suelo, pavimento. Planta de un edificio. Vivienda de una planta. Capa de cosas superpuestas. 2.6.

pitezna. Pestillo de los cepos.

pitpit. Cierta ave.

píxide. Copón o caja pequeña en que se guarda el Santísimo Sacramento.

pizca. Porción muy pequeña de una cosa.

pizcar (1a). Pellizcar. Tomar una porción mínima de algo.

pizpireta. Aplícase a la mujer viva, pronta y aguda.

placar (1a). Aplacar.

placentero, a. Agradable, apacible.

placer. Contento, sensación agradable, diversión.

placer (17). Agradar, dar gusto.

placidez. Calidad de plácido.

plácido, a. Quieto, sosegado, sin perturbación.

plagar (1b). Llenar de algo no conveniente. Ulcerar.

plagiar (1). Copiar en lo sustancial obras ajenas.

planeta. Cuerpo celeste sólido no luminoso, 5.5.4.

planicie. Terreno llano, 5.5.5.

planificar (1a). Trazar los planos para una obra. Hacer proyecto de una acción.

plantificar (1a). Dar golpes. Poner algo no conveniente.

plantío. Plantación reciente de vegetales, 3.12.3.

plañir (3h). Gemir y llorar.

plastificar (1a). Revestir de plástico o transformar en plástico.

platicar (1a). Conversar.

plausible. Digno de aplauso.

playa. Extensión de arena junto al mar o a un lago, 3.7.2.

plebe. Pueblo, gente común y humilde, 3.1.9, 5.5.5.

plebeyo, a. Propio de la plebe.

plebiscito. Resolución tomada por todo un pueblo mediante votación.

plegar (1d). Hacer pliegues. Ceder.

plexo. Red de filamentos nerviosos o vasculares.

pléyade. Grupo de literatos o de personas señaladas.

plumaje. Conjunto de plumas.

plúmbeo, a. De plomo. Pesado.

plural. Categoría gramatical de número, 2.5, 3.3.3, 3.4.3, 5.6.1, 5.6.2, 5.6.3, 5.6.4, 5.6.5, 5.6.6, 5.7.2, 5.7.3, 5.7.4, (abreviatura) 4.10.4, (formación) 5.6.7.

pluralizar (1g). Dar número plural a las palabras que ordinariamente no lo tienen. Atribuir a dos o más personas algo que es peculiar en una.

pluscuamperfecto. Tiempo verbal, (pretérito) 8.4.2, 8.4.3, 8.4.6, 8.5.1.

plusvalía. Acrecentamiento del valor de algo.

pluvial. Relativo a la lluvia.

pluviómetro. Aparato para medir la cantidad de lluvia caída.

población. Pueblo. Número de personas que lo componen.

poblado. Población, 4.6.4.

poblar (1r). Ocupar con seres vivos un sitio. Procrear mucho.

pobre. Desdichado (antepuesto). Menesteroso, necesitado (pospuesto). 4.6.4, 5.9.4.

pobreza. Necesidad, estrechez, escasez, falta.

pobrísimo, a. Muy pobre, 4.6.4.

pocilga. Establo para ganado de cerda.

pócima. Bebida medicinal.

poco, a. Escaso, 6.6.1.

poder (6). Estar capacitado para algo. Ser posible o probable que ocurra algo. Ser capaz de vencer a alguien. ‖ (Perífrasis verbal) 10.1.6.

poderhabiente. Persona que tiene poder o facultad de otra para representarla.

podrecer (2m). Pudrir.

podrir (3j). Pudrir.

poema. Obra en verso, 5.5.4.

poético, a. Relativo a la poesía, 5.5.5.

polarizar (1g). Concentrar la atención o las fuerzas en una cosa. Modificar los rayos luminosos por reflexión o refracción.

polcar (1a). Bailar la polca.

polemizar (1g). Entablar polémica.

policía. Buen orden. Cuerpo encargado de vigilar el buen orden.

polifagia. Hambre extraordinaria y excesiva.

polimerizar (1g). Transformar un cuerpo en un polímero.

polinizar (1g). Llegar o hacer que llegue el polen al órgano femenino de la flor.

polivalvo, a. Que tiene más de dos conchas.

poltronizar (1g). Hacerse poltrón.

polvareda. Cantidad de polvo.

polvificar (1a). Reducir a polvo.

polvo. Parte menuda y deshecha de tierra seca.

pólvora. Mezcla explosiva.

polvorín. Lugar donde se guarda la pólvora.

polvorizar (1g). Esparcir polvos. Reducir a polvo.

polvorón. Torta que se deshace en polvo al comerla.

pollo. Cría de las gallinas. Persona de pocos años. 2.2, 3.7.3.

poner (5). Colocar. ‖ (Auxiliar), 6.1.3.

ponerse (5). (Auxiliar) 10.1.4, 10.1.5.

pontificar (1a). Actuar o hablar con tono dogmático y suficiente.

popularísimo, a. Muy popular, 4.6.4.

por. Preposición, 7.2.20, 7.2.21.

por consiguiente. Locución conjuntiva, 7.1.3.

por ejemplo. Locución adverbial, 12.2.9.

porfiar (1t). Disputar obstinadamente.

porfirizar (1g). Reducir a polvo muy fino.

por lo tanto. Locución conjuntiva, 7.1.3.

por más que. Locución conjuntiva, 7.1.2, 7.1.3.

pormenorizar (1g). Enumerar minuciosamente.

por mucho que. Locución conjuntiva, 7.1.3.

por qué. Expresión interrogativa y pronominal, 4.1.1, 4.7.3.

por tanto. Locución conjuntiva, 7.1.3, 12.2.9.

porque. Partícula de relación, 4.7.3, 7.1.2, 7.1.3, 12.2.10.

porqué. Causa, razón, motivo, 4.1.1, 4.7.3.

portaguión. Oficial destinado a llevar el guión, 4.6.2.

portal. Zaguán, 5.6.2.

portavoz. El que expresa la opinión de una comunidad.

portazgar (1b). Cobrar el portazgo.

portazgo. Derecho que se paga por pasar por un camino.

poseer (2i). Ser el dueño de algo.

posesivo. Pronombre indicador de relación personal, 9.2.2, (apócope) 5.9.6, (concordancia) 5.7.4, (posición), 5.9.7.

posibilidad. Calidad de posible, 3.1.3, (perífrasis verbal) 10.6.3.

posible. Que puede ser, 3.1.3.

positivo, a. Cierto, efectivo, verdadero.

postdiluviano, a. Posterior al diluvio universal.

postergar (1b). Hacer sufrir un retraso a algo. Colocar en un lugar inferior al que tenía o que le corresponde.

postre. Fruta o dulce que se toma al final de las comidas, 7.2.19.

potable. Que se puede beber.

potaje. Caldo. Legumbres. Bebida o brebaje.

potencial. Condicional, 8.3.4, 8.7.5, 11.1.2.

potestad. Dominio, poder, jurisdicción.

poyo. Banco o asiento de piedra, 2.2, 3.7.3.

práctica. Ejercicio, destreza.

practicar (1a). Ejercer una actividad o profesión. Hacer algo con frecuencia. Abrir.

práctico, a. Que produce provecho. Diestro, experimentado, 3.2.4, 4.2.1.

prado. Terreno para pasto de ganado, 3.12.2.

pragmatismo. Método cuyo criterio de verdad se funda en los efectos prácticos.

pravedad. Perversidad, iniquidad.

pravo, a. Inicuo, perverso.

preámbulo. Exordio, prefacio.

prebenda. Renta, dote. Oficio, empleo.

precaver (2). Prevenir un riesgo o daño.

preceder (2). Ir delante.

precepto. Mandato u orden.

preceptor, ra. Persona que enseña.

preceptuar (1s). Establecer un precepto.

precisión. Obligación o necesidad. Exactitud, rigor.

preconizar (1g). Recomendar con intensidad algo de interés general.

precoz. Temprano, prematuro.

predecir (19). Anunciar algo que ha de suceder en el futuro.

predicado nominal. Complemento nominal mediante un verbo copulativo, 12.2.8, (oración) 10.6.3, 10.6.5, 10.6.7, 10.6.8.

predicar (1a). Pronunciar un sermón.

predisponer (5). Disponer anticipadamente. Influir en el ánimo de alguien.

predorsoalveolar. Relativo al dorso anterior de la lengua y a los alvéolos, 2.6.

predorsodental. Relativo al dorso anterior de la lengua y a los dientes, (sonido) 2.6.

preelegir (30b). Predestinar.

preexcelso, a. Sumamente ilustre.

prefabricar (1a). Construir con elementos normalizados, fabricados de antemano.

prefecto. Pesona que desempeña cierto cargo.

preferir (22). Gustar o apreciar más a una persona o cosa que a otras.

prefulgente. Muy reluciente.

pregunta. Demanda de información. ‖ Interrogación, 12.7.1, 12.7.2, 12.7.3, (retórica) 12.7.3.

prehistoria. Lo anterior a la historia.

prehistórico, a. De tiempo a que no alcanza la historia.

prejuicio. Acción y efecto de prejuzgar.

prejuzgar (1g). Juzgar de las cosas antes de tiempo oportuno.

premorir (27a). Morir una persona antes que otra.

prensa. Máquina para comprimir. Máquina de imprimir. Publicación informativa. Conjunto de personas que se dedican a la información. 3.8.5.

preponer (5). Anteponer una cosa a otra.

preposición. Partícula de relación, 4.7.1, 7.1.1, 7.1.3, (ortografía) 4.7.1, (uso) 7.2.

prerrogativa. Privilegio, gracia, exención.

presagio. Señal que indica, previene o anuncia.

présbita. Que percibe mejor los objetos lejanos que los próximos.

presbítero. Sacerdote.

prescindir (3). Abstenerse, privarse, evitar.

prescribir (3). Ordenar, preceptuar. Concluir o extinguirse una carga.

presencia. Asistencia personal.

presente. Tiempo verbal, 8.4.2, 8.4.3, 8.4.6, 8.5.7, 8.6.1, 8.6.2, (irregularidad) 11.1.2, (subjuntivo) 11.1.2, (valor habitual) 8.6.2, (valor histórico o narrativo) 8.6.3, (valor imperativo) 8.6.4, (valor temporal) 8.6.5, (valor profuturo) 8.6.4, (valor puntual) 8.6.2.

preservar (1). Poner a cubierto de algún daño o peligro.

presidiario. Penado que cumple condena en presidio. Presidario.

prest. Haber semanal del soldado, 3.4.1.

prestidigitador. Jugador de manos.

prestigio. Ascendiente, influencia. Fascinación, engaño.

presuponer (5). Suponer la existencia de algo.

presurizar (1g). Mantener la presión normal en un recinto.

preterir (22). Hacer caso omiso.

pretérito anterior. Tiempo verbal, 8.4.2, 8.4.3, 8.4.6, 8.5.1.

pretérito imperfecto. Tiempo verbal, 3.1.5, 8.4.2, 8.4.3, 8.4.6, 8.5.1, 8.5.2, 8.5.3, 8.5.4, 8.5.5, 8.5.6, 8.5.7, 8.6.1, (subjuntivo) 11.1.2, (valor conativo) 8.5.5, (valor de cortesía o modestia) 8.5.6, (valor habitual) 8.5.3, 8.6.1, (valor iterativo) 8.5.4, 8.6.1.

pretérito indefinido. Tiempo verbal, 8.4.2, 8.4.3, 8.4.6, 8.5.1, 8.5.7, 8.6.1, (concordancia) 5.7.4, (irregularidad) 11.1.2.

pretérito perfecto. Tiempo verbal, 8.4.2, 8.4.3, 8.4.6, 8.6.1.

pretérito pluscuamperfecto. Tiempo verbal, 8.4.2, 8.4.3, 8.4.6, 8.5.1.

pretexto. Razón fingida que se alega, 3.3.2, 3.11.3, 7.2.24.

prevalecer (2m). Sobresalir. Conseguir, obtener.

prevaler (9). Prevalecer. Valerse o servirse de algo.

prevaricar (1a). Faltar a los propios deberes.

prevenir (21). Preparar. Prever, precaver.

preventivo, a. Que previene.

prever (2j). Ver con anticipación, 5.4.5.

previo, a. Anticipado, que va delante.

prez. Honor, honra, 5.5.12.

primavera. Estación del año, después del invierno.

primer. Apócope de primero, 4.8.3.

primero, a. Ordinal de uno, 4.8.2, 4.8.3.

primicia. Fruto primero.

primitivo, a. Que no toma origen de otro.

pringar (1b). Manchar con pringue.

pringue. Grasa que suelta el tocino. Suciedad. 5.5.5.

prisma. Sólido cuyas dos bases son poligonales, 5.5.4.

privación. Acción de privar.

privar (1). Despojar, desposeer, vedar.

privativo, a. Propio y peculiar.

privilegio. Gracia, prerrogativa, derecho.

probabilidad. Calidad de probable, 3.1.3, (futuro imperfecto) 8.7.5, (futuro perfecto) 8.7.6, (perífrasis verbal) 10.1.4, 10.4, (potencial simple) 8.7.5.

probable. Verosímil, que se funda en razón prudente, 3.1.3.

probar (1r). Justificar, examinar, gustar.

probatura. Ensayo, prueba.

probeta. Vasija.

probidad. Bondad, rectitud, hombría de bien.

problema. Proposición dudosa, cuestión que se trata de aclarar, 5.5.4.

proboscidio, a. Relativo a un orden de animales mamíferos que tienen trompa.

procacidad. Desvergüenza, atrevimiento.

procaz. Desvergonzado, atrevido.

proceder (2). Modo, forma y orden de portarse. Nacer, seguirse. Portarse.

proceloso, a. Borrascoso, tormentoso.

prócer. Alto, eminente, elevado.

procesal. Relativo al proceso.

procesión. Acción de proceder. Marcha ordenada.

proceso. Transcurso del tiempo. Causa criminal. Normal desenvolvimiento.

proclive. Inclinado o propenso.

prodigar (1b). Dar mucho de algo. Esforzarse en ser útil y agradable.

prodigio. Suceso extraño o extraordinario.

producir (20). Hacer una cosa natural, salir otra de sí misma. Fabricar. Dar provecho. Causar. Crear obras de arte. Ocurrir.

productivo, a. Que tiene virtud de producir.

proejar (1). Remar contra la corriente.

profazar (1g). Abominar.

proferir (22). Emitir palabras o sonidos.

profesionalizar (1g). Dar carácter de profesión a una actividad. Convertir a un aficionado en profesional.

profetizar (1g). Hacer profecías.

profilaxis. Preservación.

profundizar (1g). Hacer más profundo. Examinar a fondo.

profuturo, a. Con proyección hacia el tiempo futuro. ‖ (Presente) 8.6.4.

progenie. Casta. Descendencia. 5.5.5.

progenitor. Pariente en línea recta ascendente.

prognato, a. Que tiene las mandíbulas salientes.

programa. Proyecto, plan. Sesión. 5.5.4.

prohibir (3q). Vedar o impedir el uso o ejecución de algo, 3.1.4.

prohijar (1u). Recibir como hijo.

prohombre. Que goza de especial consideración entre los de su clase.

prójima. Mujer de mala reputación, 4.11.3.

prójimo. Cualquier persona respecto de otra, 4.11.3.

prole. Linaje. Descendencia. 5.5.5.

prologar (1b). Escribir un prólogo.

prolongar (1b). Aumentar la longitud o la duración de algo.

promover (2e). Iniciar o activar cierta acción. Ascender a un grado superior al que se tenía.

promulgar (1b). Publicar solemnemente u oficialmente.

pronombre. Partícula carente de contenido léxico y con capacidad funcional de sustantivo, adjetivo y adverbio, 4.5, 6.6, (átono) 6.1.1, 8.2.5, (concurrencia) 6.5, 10.1.5, 10.1.6, (enclítico) 4.5.2, 6.1, 7.1.1, (indefinido) 6.6.1, (interrogativo) 6.6.2, 6.6.3, 6.6.5, (posición) 6.1, 6.3, 6.4, 6.5.4, (relativo) 6.6.5, 6.6.6, 6.6.7, 6.6.8.

pronosticar (1a). Hacer pronósticos.

pronto. Rápido, inmediato. Arrebato. Enseguida. 3.8.5.

pronunciación. Acción y efecto de pronunciar, 1.5, 2.2, 2.4, 2.6, 3.4.4, (defecto) 2.1, 2.3, 2.4, (relajada) 2.4, 3.12.1, (yeísta) 2.3.

propagar (1b). Extender.

propicio, a. Benigno, inclinado a hacer bien.

propio, a. Natural, no adquirido. Particular de uno. ‖ (Nombre) 3.1.12, 3.2.2, 5.6.5, 5.8.3.

proponer (5). Exponer un plan para su aceptación. Recomendar para un empleo o cargo. Tomar la decisión de hacer algo.

propugnar (1). Defender, amparar.

prorrata. Parte que toca a uno de lo que se reparte.

prorrogar (1b). Prolongar.

proscenio. Parte del escenario más próxima al público.

proscribir (3r). Echar del territorio, excluir, prohibir.

proseguir (30). Continuar. Seguir en un mismo estado o actitud.

prosificar (1a). Poner en prosa una composición poética.

prosodia. Recta pronunciación y acentuación de las letras, sílabas y palabras, 2.1.

próspero, a. Que implica o tiene prosperidad, 4.2.1.

prostituir (29). Entregar a la prostitución. Envilecer.

protagonizar (1g). Actuar como protagonista.

proteger (2b). Amparar, favorecer, 3.5.9.

protocolizar (1g). Incorporar al protocolo algún documento.

protohistórico, a. Entre lo prehistórico y lo histórico.

provecho. Beneficio, utilidad.

proveer (2ñ). Prevenir, disponer, resolver, suministrar, 5.4.5.

provenir (21). Originarse, proceder.

provenzal. De Provenza.

proverbio. Sentencia, adagio o refrán.

providencia. Disposición anticipada, prevención.

próvido, a. Prevenido, cuidadoso, diligente.

provincia. División de un territorio o estado.

provocar (1a). Excitar, incitar, inducir.

proxeneta. Alcahuete, tercero.

próximo, a. Que dista muy poco. Que está o sigue inmediatamente después. 3.3.2, 3.11.3, 4.11.3.

proyectar (1). Lanzar, dirigir. Idear, trazar.

proyecto. Intención, plan. Redacción provisional. 3.7.2.

proyectil. Cualquier cuerpo arrojadizo, 3.7.2.

prudencia. Buen juicio. Discernimiento para distinguir lo bueno de lo malo. 3.1.9.

prueba. Acción y efecto de probar, 3.1.9.

psicología. Estudio del alma. Sicología.

psiquiatría. Estudio de las enfermedades mentales. Siquiatría.

psíquico, a. Relativo al alma. Síquico.

PSOE. Abreviatura de *Partido Socialista Obrero Español,* 4.10.8.

PSUC. Abreviatura de *Partit Socialista Unificat de Catalunya,* 4.10.8.

puar (1s). Hacer púas en algo.

pubertad. Época de la vida en que empieza a manifestarse la aptitud para la reproducción.

pubescer (2m). Llegar a la pubertad.

pubis. Parte inferior del vientre.

publicar (1a). Hacer patente al público una cosa.

publicidad. Conjunto de medios que se emplean para divulgar una noticia.

público. Conjunto de personas, 4.2.1.

público, a. Manifiesto. Común. 4.2.1.

pudrir (3j). Corromper una materia orgánica.

pueblo. Población, gente, 3.1.2.

puente. Estructura construida sobre un obstáculo para cruzarlo, 5.5.5.

puerilizar (1g). Convertir algo en una cosa propia de niños.

puerta. Vano abierto en la pared para entrar y salir, 5.5.1.

puerto. Abrigo para embarcaciones, 5.5.1.

pues. Conjunción, 7.1.3.

pues que. Locución conjuntiva, 7.1.3.

puesto que. Locución conjuntiva, 7.1.3.

puf. Interjección, 12.8.2.

pugna. Batalla, pelea.

pugnar (1). Batallar, contender, porfiar.

pulcro, a. Aseado, 4.6.4.

pulverizar (1g). Reducir a polvo.

pundonor. Amor propio, sentimiento.

pungir (3b). Punzar.

puntiagudo, a. Que acaba en punta. Que tiene punta aguda. 4.6.3, 12.11.3.

puntisecar (1a). Secar las puntas de un vegetal.

punto. Característica fonética, 1.5. ‖ Signo de puntuación, (abreviaturas) 12.3.1, 12.4.4, (final) 12.1.1, (uso) 4.9.2, 12.4, (y aparte) 12.1.1, 12.4.3, (y seguido) 12.1.1, 12.4.2.

punto de vista. Perspectiva, 5.4.4. ‖ (Bajo el) 5.4.4.

punto y coma. Signo de puntuación, 12.1.1, (uso) 4.9.2, 12.3.

puntuación. Acción y efecto de puntuar, (reglas) 12, (signos) 12.1, (uso) 12.2.

puntual. Relativo al punto. ‖ Término verbal, (aspecto) 8.4.4, 8.4.5, 8.4.6, 8.5.7, 8.7.1, 8.7.6, 9.1.1, 10.1.4, (futuro imperfecto) 8.7.2, (presente) 8.6.2.

puntualizar (1g). Especificar circunstancias o puntos de algo.

puntuar (1s). Poner en la escritura los signos de puntuación. Computar en puntos el resultado de una prueba. Calificar un examen.

puntos suspensivos. Signo de puntuación, 12.1.1, 12.6.

punzar (1g). Pinchar. Causar aflicción.

pupilaje. Estado o condición de pupilo o pupila.

purgar (1b). Dar un purgante. Limpiar. Expiar una culpa o delito.

purificar (1a). Quitar impurezas o imperfecciones.

puro, a. Que no contiene ningún elemento extraño. No alterado. Casto. Mero. 3.10.2.

putridez. Calidad de pútrido, podrido.

puyazo. Herida que se hace a la res con una punta acerada.

Q

q. Letra. Consonante. 1.4, 1.6, 3.2, 3.3.3, 11.1.1, (mayúscula) 4.9.3.

que. Partícula de relación, 4.4.5, 4.7.3, 7.1.1, 7.1.5, 7.1.6, (pronombre relativo) 6.6.5, 6.6.8, 7.1.5, (sustantivador) 7.1.3, 7.1.5.

qué. Partícula interrogativa y pronominal, 4.4.5, 4.4.6, 4.7.3, 6.6.3, 7.1.5, (exclamativo) 7.1.5.

quebrada. Abertura estrecha y áspera entre montañas.

quebrado, a. Roto, desigual, tortuoso. Que ha hecho bancarrota.

quebrantar (1). Romper, separar las partes. Moler, machacar.

quebrar (1j). Romper, interrumpir, doblar, torcer.

quehacer. Ocupación, negocio.

quejicoso, a. Que se queja mucho.

quejigal. Terreno poblado de ciertos árboles llamados quejigos.

quepis. Gorra militar.

querer (7). Desear. Decidir. Pedir un precio por algo. Tener amor. Dar motivos para que ocurra algo. Requerir. 1.6, 3.2.3.

querubín. Ángel del primer coro.

quevedos. Lentes que se sujetan en la nariz.

quiá. Interjección, 12.8.2.

quiebra. Rotura, hendedura.

quiebro. Ademán realizado con el cuerpo.

quien. Partícula de relación, 4.4.6, 6.6.7, (pronombre relativo) 4.4.6, 6.6.7.

quién. Partícula interrogativa y pronominal,

4.4.6, 6.6.2, 6.6.3, (pronombre relativo) 4.4.6, 6.6.2, 6.6.3.

quienquiera. Indefinido, 5.6.7, 6.6.1.

quijera. Hierro que guarnece el tablero de la ballesta.

quijero. Lado en declive de la acequia o brazal.

quilificar (1a). Convertir en quilo el alimento.

quilo. Unidad de peso. Kilo. 3.2.2.

quilográmetro. Unidad de trabajo, 3.2.2.

quilogramo. Kilogramo, 3.2.2.

quilolitro. Kilolitro, 3.2.2.

quilómetro. Kilómetro, 3.2.2.

quimerizar (1g). Fingir quimeras imaginarias.

quimificar (1a). Convertir en quimo el alimento.

quince. Numeral cardinal, 4.8.2.

quinceavo, a. Partitivo de quince, 4.8.4.

quincena. Espacio de quince días.

quincuagésimo, a. Ordinal de cincuenta, 4.8.2.

quingentésimo, a. Ordinal de quinientos, 4.8.2.

quinientos, as. Numeral cardinal, 4.8.2.

quinientosavo, a. Partitivo de quinientos, 4.8.4.

quinto, a. Ordinal y partitivo de cinco, 4.8.2, 4.8.4.

quintuplicar (1a). Ser o hacer quíntuplo.

quíntuplo, a. Resultado de multiplicar por cinco, 4.8.5.

quinzavo, a. Quinceavo.

quiosco. Edificio pequeño para vender periódicos, 3.2.2.

quirúrgico, a. Relativo a la cirugía.

quiste. Tumor, 3.2.3.

quitar (1). Separar una cosa de otra. Hacer desaparecer algo. Desposeer. Impedir. 3.2.3.

quizá. Tal vez, quizás.

quórum. Número de individuos necesario para que tome ciertos acuerdos un cuerpo deliberante.

R

r. Letra. Consonante. 1.4, 1.5, 1.6, 1.11, 3.10, 4.9.3.

raba. Cebo.

rabada. Cuarto trasero de las reses después de matarlas.

rabadán. Pastor, mayoral.

rabadilla. Extremidad del espinazo.

rabanal. Terreno plantado de rábanos.

rábano. Planta de raíz comestible, 3.10.2.

rabazuz. Extracto del jugo de la raíz del orozuz.

rabel. Instrumento músico pastoril.

rabera. Parte posterior.

rabí. Título judío.

rabia. Enfermedad también llamada hidrofobia. Ira, enojo.

rabieta. Impaciencia, enfado.

rabihorcado. Ave tropical.

rabilargo, a. De rabo largo.

rabino. Maestro hebreo.

rabioso, a. Que padece rabia.

rabo. Cola, pecíolo, pedúnculo.

rábula. Abogado indocto y charlatán.

racimo. Porción de uvas. Conjunto de cosas menudas pendientes de algo.

raciocinar (1). Usar el entendimiento y razón.

raciocinio. Facultad de raciocinar.

ración. Parte o porción.

racionalizar (1g). Organizar según cálculos y razonamientos.

radicar (1a). Estar ciertas cosas en determinado lugar. Estribar.

radio de acción. Distancia máxima que puede alcanzar algo o alguien, 5.5.4. ‖ (Bajo su), 5.4.4.

radiografiar (1t). Transmitir por medio de telegrafía o telefonía sin hilos. Hacer fotografías por medio de los rayos X.

RAF. Abreviatura de *Royal Air Force*, 4.10.8.

rahez. Vil, bajo, despreciable.

rajeta. Especie de paño.

rallar (1). Desmenuzar con el rallador, 3.7.3.

ramaje. Conjunto de ramas.

ramificar (1a). Esparcirse y dividirse en ramas.

ramo. Conjunto de flores. Cada una de las partes en que se divide una ciencia, industria o actividad. 3.10.1.

rapapolvo. Represión áspera.

rapsoda. El que recita.

rapto. Acción y efecto de raptar. Impulso súbito. 3.9.1.

rapuzar (1g). Segar alta la mies. Desmochar una planta.

rarefacer (11). Hacer menos denso un cuerpo gaseoso.

rarificar (1a). Enrarecer.

rascar (1a). Restregar con algo agudo o raspante.

rasgar (1b). Romper.

rastrojera. Conjunto de tierras que han quedado en rastrojo.

ratificar (1a). Confirmar la verdad, certeza o validez de algo.

ratigar (1b). Atar con soga el rátigo del carro.

raya. Señal larga y estrecha. Cierto pez. 3.7.2. ‖ Signo de puntuación, 12.1.1, 12.10.1, 12.11.1.

rayar (1). Hacer o tirar rayas, 3.7.3.

rayo. Línea que va al centro. Chispa eléctrica. Línea que señala la transmisión de la energía. 3.7.2, 3.7.3.

razón. Facultad y acto de discurrir. Palabras con que se expresa el discurso. Argumento, motivo. Justicia. 5.5.9.

reactivo, a. Que produce reacción.

readmitir (3). Volver a admitir, 3.4.5.

reagravar (1). Volver a agravar.

realce. Adorno, lustre.

realizar (1g). Hacer real o efectivo. Ejecutar. Dirigir la ejecución de una película o emisión televisiva.

realzar (1g). Destacar.

reavivar (1). Volver a avivar.

rebaba. Porción de materia sobrante que forma resalto en los bordes.

rebajar (1). Hacer más bajo el nivel o la altura de algo. Disminuir el precio. Humillar. 3.5.7.

rebalaje. Corriente de las aguas.

rebalgar (1b). Abrir mucho las piernas al dar los pasos.

rebatir (3). Rechazar o contrarrestar con fuerza.

rebato. Convocación de vecinos.

rebelarse (1). Alzarse, 4.11.3.

rebelde. Que se rebela o subleva.

reblandecer (2m). Ablandar.

rebocino. Mantilla o toca.

rebollo. Cierto árbol.

rebombar (1). Sonar ruidosa o estrepitosamente.

reboño. Fango depositado en el cauce del molino.

reborde. Faja estrecha y saliente a lo largo del borde.

rebosar (1). Derramarse un líquido por encima de los bordes de un recipiente, 4.11.3.

rebotar (1). Botar repetidamente un cuerpo elástico.

rebotica. Trastienda. Pieza que está detrás de la principal de la botica.

rebozar (1g). Pasar un alimento por huevo, harina o pan rallado, 4.11.3.

rebozo. Modo de llevar la capa o manto.

rebrincar (1a). Brincar con alboroto.

rebrotar (1). Retoñar.

rebujina. Alboroto, bullicio de la gente del vulgo.

rebujiña. Rebujina.

rebumbar (1). Zumbar la bala de un cañón.

rebuscar (1a). Escudriñar o buscar con demasiado cuidado.

rebuznar (1). Dar voces el asno.

recabar (1). Conseguir con instancias o súplicas.

recaer (16). Caer nuevamente enfermo. Ir a parar sobre alguien algo. Reincidir en vicios o errores.

recalcar (1a). Decir algo, acentuándolo con énfasis.

recalentar (1j). Volver a calentar. Calentar demasiado.

recalzar (1g). Arrimar tierra alrededor de las plantas o árboles. Hacer un recalzo. Pintar un dibujo.

recargar (1b). Volver a cargar. Cargar demasiado. Agravar un impuesto. Adornar con exceso.

recalvastro, a. Calvo desde la frente a la coronilla.

recambiar (1). Hacer segundo cambio.

recavar (1). Cavar de nuevo, 4.11.3.

recebo. Arena o piedra menuda usadas para igualar el firme de la carretera.

recentar (1j). Poner en la masa levadura. Renovar.

recentísimo, a. Muy reciente, 4.6.4.

recepción. Acción y efecto de recibir.

receptáculo. Cavidad que contiene o puede contener.

receptivo, a. Que recibe o es capaz de recibir.

receptor, ra. Que recepta o recibe.

recésit. Permiso para no asistir a coro, 3.4.1.

receta. Prescripción médica. Nota escrita. 3.3.4.

recibidor. Que recibe. Antesala.

recibir (3). Tomar uno lo que le dan o le envían, 3.1.4.

recidiva. Repetición de una enfermedad, poco después de terminada la convalecencia.

reciente. Que ha sucedido poco antes, 3.3.4.

recientísimo, a. Muy reciente, 4.6.4.

reciprocar (1a). Hacer que dos cosas se correspondan. Responder a una acción con otra semejante.

reclamo. Voz con que un ave llama a otra. Cualquier cosa con que se atrae la atención sobre otra. 3.2.5.

recluir (29). Retener en un lugar.

recocer (2f). Volver a cocer de nuevo, 4.11.3.

recoger (2b). Volver a coger, 3.5.9.

recolectar (1). Recoger la cosecha.

recolegir (30b). Juntar las cosas dispersas.

recomponer (5). Reparar.

reconducir (20). Prorrogar un arrendamiento.

reconocer (2m). Darse cuenta de que alguien o algo eran ya conocidos. Identificar. Aceptar como legítimo. Mostrarse agradecido.

reconstituir (29). Rehacer.

recontar (1r). Contar de nuevo. Contar atentamente.

reconvenir (21). Hacer cargo a uno.

recordar (1r). Tener en la memoria. Traer a la memoria. Parecerse.

recoser (2). Coser de nuevo, 4.11.3.

recostar (1r). Reclinar.

recova. Compra de huevos.

recoveco. Vuelta y revuelta de un callejón, pasillo o camino.

recrecer (2m). Aumentar. Ocurrir una cosa de nuevo. Reanimarse.

recriar (1t). Fomentar el desarrollo de animales criados en región distinta. Dar a un ser nuevos elementos de vida.

recrudecer (2m). Tomar nuevo incremento algo malo o desagradable.

rectángulo, a. Que tiene ángulos rectos.

recto, a. Que tiene forma lineal sin ángulos ni curvas. Dícese del que va sin desviarse. Justo. 3.2.4.

rectificar (1a). Reducir a la exactitud.

rectitud. Derechura. Calidad de recto.

rector, ra. Que rige o gobierna.

recuaje. Tributo pagado por razón del tránsito de las recuas.

recubrir (3m). Volver a cubrir.

rechazar (1g). Separar de sí a alguien o algo,

obligándolo a retroceder. Contradecir lo que otro expresa. Resistir al enemigo, obligándolo a ceder.

red. Aparejo para cazar o pescar, o para el cabello.

redacción. Acción y efecto de redactar. Escrito que se ha redactado. 3.11.2.

redactar (1). Poner por escrito.

redargüir (31). Convertir el argumento contra el que lo hace.

redhibir (3). Deshacer el comprador la venta.

redituar (1s). Rendir.

redoblar (1). Aumentar otro tanto. Repetir.

redoblegar (1b). Doblegar.

reducción. Acción y efecto de reducir.

reducir (20). Disminuir, limitar. Cambiar una cosa en otra de características distintas. Colocar un hueso en su sitio. 3.5.13.

reductor, ra. Que reduce.

reduplicar (1a). Aumentar una cosa al doble de lo que era antes. Repetir.

reeducar (1a). Volver a enseñar.

reelegir (30b). Volver a elegir.

reembarcar (1a). Volver a embarcar.

reembolsar (1). Rembolsar.

reembolso. Rembolso.

reemplazar (1g). Sustituir una cosa por otra. Suceder a uno en un empleo o cargo.

reemplazo. Remplazo.

reexpedir (30). Expedir una cosa que se ha recibido.

reexportar (1). Exportar lo que se había importado.

referir (22). Dar a conocer. Mencionar. Atribuir algo a alguien. Establecer una relación entre varias personas o cosas.

reflector, ra. Que refleja.

reflexión. Acción y efecto de reflexionar. Acción y efecto de reflejar. Advertencia, consejo. 3.3.2, 3.11.3.

reflexionar (1). Considerar detenidamente.

refluir (29). Volver hacia atrás una corriente líquida.

reforzar (1n). Aumentar fuerzas a algo. Hacer más fuerte. Poner un refuerzo.

refractar (1). Hacer que cambie de dirección el rayo luminoso de luz al pasar de un medio a otro.

refregar (1d). Frotar una cosa contra otra repetidamente.

refrescar (1a). Poner fresco. Disminuir la temperatura. Hacer que se recuerden cosas olvidadas.

refrigerio. Beneficio o alivio. Cierto alimento.

refringir (3b). Refractar.

refulgir (3b). Resplandecer.

regaliz. Orozuz, 5.5.12.

regar (1d). Esparcir o derramar agua para limpiar o refrescar. Atravesar una corriente de agua un territorio. 3.5.12.

regazar (1g). Recoger las faldas hacia el regazo.

regencia. Acción de regir o gobernar.

regenerar (1). Dar nuevo ser a una cosa que degeneró.

regentar (1). Desempeñar ciertos cargos.

regicida. Matador de un rey o reina.

régimen. Modo de gobernarse. Constitución. 5.6.7.

regio, a. Relativo al rey.

región. Porción de territorio. Espacio. 3.5.8.

regir (30b). Dirigir, gobernar.

registrar (1). Mirar, examinar. Notar.

regla. Instrumento para trazar líneas rectas. Principio que rige una acción. Ley. 3.10.2 ‖ (General de acentuación) 4.2, 4.3.1, (pronunciación) 2.6.

regolaje. Buen humor, buen temple.

regoldar (1r). Eructar los gases del estómago.

regular. Conforme y sujeto a regla. De calidad o tamaño intermedio. 3.5.2.

regularizar (1g). Regular.

regurgitar (1). Expeler por la boca, sin vómito.

rehabilitar (1). Habilitar de nuevo.

rehacer (11). Volver a hacer.

rehala. Rebaño de ganado lanar.

rehartar (1). Hartar mucho.

rehén. Persona o cosa que se pone por fianza o prenda.

rehenchir (24). Volver a henchir.

reherir (22). Rebatir, rechazar.

reherrar (1j). Volver a herrar con la misma herradura.

rehervir (22). Volver a hervir.

rehilandera. Molinete de viento usado por los niños como juguete.

rehilar (1u). Hilar demasiado o torcer mucho lo que se hile.

rehilete. Flechilla con púa, para que se clave.

rehílo. Temblor de una cosa que se mueve ligeramente.

rehogar (1d). Sazonar a fuego lento.

rehollar (1). Volver a pisar.

rehoyar (1). Renovar el hoyo.

rehuir (29). Retirar, apartar, rehusar.

rehumedecer (2m). Humedecer bien.

rehundir (3r). Sumergir a lo más hondo.

rehusar (1w). Apartar, 4.11.3.

reír (25). Manifestar alegría, 1.10.

reiterativo, a. Que se repite. ‖ (Perífrasis verbal) 10.1.4.

reivindicar (1a). Recuperar uno lo que le pertenece.

reja. Verja. enrejado, 3.10.1.

rejacar (1a). Arrejacar.

rejilla. Celosía, red, tela metálica.

rejuvenecer (2m). Dar o adquirir características propias de joven.

relación. Unión entre dos cosas. Correspondencia. Narración. Lista, 3.11.2.

relajación. Acción y efecto de relajar. ‖ (Articulatoria) 4.11.3.

relativo, a. Concerniente. ‖ Término gramatical, (oración) 6.6.5, 6.6.7, 7.1.5, 12.2.5, 12.2.8, (pronombre) 6.6.5, 6.6.6, 6.6.7, 6.6.8.

relavar (1). Volver a lavar.

relazar (1g). Enlazar con lazos o vueltas.

relegar (1b). Apartar, no hacer caso.

releje. Corte de las navajas. Rodada, carrilada.

relentecer (2m). Ablandarse alguna cosa.

relevar (1). Hacer de relieve. Exaltar.

relieve. Que resalta sobre el plano.

religión. Conjunto de creencias, normas y cultos que regulan las relaciones del hombre con Dios, 3.5.8.

relingar (1b). Coser la relinga. Izar una vela hasta poner tirantes sus relingas. Moverse la relinga con el viento.

reloj. Aparato para medir el tiempo, 3.5.5, 5.5.7.

relojería. Arte de hacer relojes. Tienda donde componen y venden relojes. 3.5.14.

relojero, a. Que hace, vende o compone relojes.

relucir (3g). Reflejar luz, algo resplandeciente.

remanecer (2m). Aparecer de nuevo e inopinadamente.

remangar (1b). Recoger hacia arriba las mangas o la ropa. Tomar enérgicamente una resolución.

remarcar (1a). Hacer notar de manera especial algo.

remate. Acción de rematar. Fin, conclusión. 7.2.19.

rembolsar (1). Volver una cantidad a poder del que la había desembolsado.

rembolso. Acción y efecto de rembolsar.

remecer (2a). Mover reiteradamente una cosa de un lado a otro.

remendar (1j). Reparar un objeto roto.

remilgar (1b). Repulirse y hacer gestos con el rostro.

reminiscencia. Acción de representarse la especie de una cosa que pasó.

remolar (1r). Trucar un dado.

remolcar (1a). Arrastrar un vehículo a otro, tirando de él.

remollar (1r). Aforrar o guarnecer.

remorder (2e). Inquietar.

remover (2e). Mudar una cosa de un lugar a otro. Conmover, alterar, revolver.

remozar (1g). Dar aspecto más nuevo a algo.

remplazar (1g). Substituir una cosa por otra.

remplazo. Acción y efecto de remplazar. Renovación parcial del contingente del ejército.

remugar (1b). Rumiar.

remusgar (1b). Barruntar.

renacer (2m). Volver a nacer.

rendir (30). Obligar a alguien a que se entregue o a someterse. Cansar. Producir utilidad o provecho. Dejar de oponer resistencia.

renegar (1d). Apostatar. Detestar. Refunfuñar.

RENFE. Abreviatura de *Red Nacional de los Ferrocarriles Españoles,* 4.10.8, 12.4.4.

rengar (1b). Derrengar.

renglón. Línea, (puntuación) 12.11.2.

renovar (1r). Hacer como de nuevo. Restablecer. Trocar lo viejo por lo nuevo.

reo. Presunto autor de un delito durante el proceso, 3.12.3, 5.5.3.

reorganizar (1g). Organizar de manera distinta y eficientemente.

repanchingar (1b). Repantigarse, arrellanarse en el asiento.

repatriar (1/1t). Hacer que un expatriado regrese a su patria.

repentizar (1g). Ejecutar piezas de música a la primera lectura. Hacer un discurso sin preparación.

repetir (30). Volver a hacer o a decir. Venir a la boca el sabor de lo ingerido. Suceder varias veces lo mismo.

repicar (1a). Sonar repetidamente las campanas.

repizcar (1a). Pellizcar repetidamente.

replegar (1b). Retirarse ordenada y progresivamente las tropas en combate.

replicar (1a). Contestar. Poner objeciones.

repoblar (1a). Volver a poblar.

repodrir (3j). Repudrir.

reponer (5). Volver a poner. Remplazar. Recobrar la salud.

reprobar (1r). Censurar.

reproducir (20). Volver a producir. Repetir lo dicho anteriormente. Sacar copia. Procrear.

reptil. Animal que camina rozando la tierra con el vientre, 3.12.6.

repudrir (3j). Pudrir mucho. Consumirse interiormente.

repugnancia. Oposición, contradicción. Aversión, tedio.

repugnar (1). Ser opuesta una cosa a otra. Contradecir.

repulgar (1b). Hacer repulgos.

requebrar (1j). Lisonjear.

requerir (22). Persuadir de que se haga algo. Necesitar.

res. Cualquier animal cuadrúpedo, 5.5.11.

resaber (12). Saber muy bien.

resabio. Sabor desagradable. Vicio. Mala costumbre.

resacar (1a). Sacar.

resalir (28). Sobresalir en parte un cuerpo de otro.

resarcir (3a). Indemnizar.

resbalar (1). Escurrirse, deslizarse.

rescontrar (1r). Compensar en las cuentas una partida con otra.

rescripto. Decisión de un soberano para resolver una consulta.

resecar (1a). Efectuar la resección de un órgano. Secar mucho.

resegar (1d). Volver a segar.

reseguir (30a). Quitar a los filos de las espadas las torceduras.

resentir (22). Verse afectada una cosa por acción de otra. Sentir dolor o molestia.

reserva. Guarda o custodia. Prevención.

reservar (1). Guardar, exceptuar. Destinar.

resfriar (1t). Causar o coger un resfriado.

residuo. Lo que queda de un todo después de quitar una o más partes, 1.10.

resignación. Entrega voluntaria de sí en manos de otro, 3.5.5.

resinación. Acción y efecto de sacar resina.

resinificar (1a). Transformar en resina.

resolver (2n). Tomar determinación. Hallar solución.

resollar (1r). Respirar. Resoplar.

resonar (1r). Producir resonancia.

resorber (2). Recoger dentro de una persona o cosa un líquido que ha salido de ella.

respahilar (1u). Raspahilar, moverse rápida y atropelladamente.

respeluzar (1g). Descomponer el pelo.

respigar (1b). Coger las espigas que los segadores han dejado.

respingar (1b). Levantarse el borde de algo.

respiración. Acción o función de respirar, 1.5.

resplandecer (2m). Despedir rayos de luz. Mostrar una cualidad en alto grado.

responsabilidad. Calidad de responsable, 3.1.3.

responsable. Que debe responder. Dícese de la persona consciente y formal. 3.1.3.

resquebrar (1j). Empezar a quebrarse.

restablecer (2m). Volver a establecer algo. Recuperarse.

restituir (2g). Devolver a alguien algo que tenía antes de quitarselo, haberlo perdido o extraviado.

restregar (1d). Refregar.

restrictivo, a. Que tiene fuerza o virtud para restringir.

restringente. Que restringe.

restringir (3b). Ceñir, circunscribir.

restriñir (3h). Constreñir.

resultativo, a. Que expresa resultado. ‖ (Perífrasis verbal) 10.1.4.

resurgir (3b). Surgir de nuevo.

retacar (1a). Herir dos veces la bola con el taco de billar.

retahíla. Serie de muchas cosas.

retazar (1g). Hacer pedazos. Dividir el rebaño en hatajos. Cortar leña menuda.

retejer (2). Tejer unida y apretadamente.

retener (8). Inmovilizar, detener. Conservar, interceptar. Arrestar. Reprimir, contener. 3.1.6.

retentar (1j). Volver a amenazar una enfermedad ya padecida. Resentirse de ella. Practicar la retienta.

retentiva. Memoria, facultad de acordarse.

reteñir (24). Dar sonido vibrante el metal o cristal.

reticencia. Dar a entender que se oculta algo que podría decirse.

retocar (1a). Dar toques.

retorcer (2f). Torcer mucho.

retoricar (1a). Hablar según la retórica. Usar de retóricas.

retozar (1g). Juguetear.

retractar (1). Desdecirse, revocar lo que se ha dicho.

retráctil. Que puede retraerse.

retraer (10). Encogerse un miembro del cuerpo.

retrancar (1a). Frenar una caballería. Hacer retroceder un carruaje.

retratista. Persona que hace retratos, 5.5.4.

retrato. Representación de alguien. Fotografía. Descripción. 3.10.2.

retribuir (29). Pagar, recompensar.

retribuyente. Que retribuye.

retroactivo, a. Que obra o tiene fuerza sobre lo pasado.

retrotraer (10). Retroceder con la memoria a época pasada.

retrucar (1a). Retroceder la bola de billar y herir a la que causó el movimiento.

reunir (3r). Volver a unir. Juntar. Recoger. Poseer determinadas cualidades o requisitos.

reusar (1). Usar otra vez, 4.11.3.

revacunar (1). Vacunar al que ya está vacunado.

revalidar (1). Ratificar.

revalorizar (1g). Hacer que algo vuelva a tener valor o tenga más valor.

revaluar (1s). Volver a evaluar. Elevar el valor de algo.

revejecer (2m). Avejentarse antes de tiempo.

revelar (1). Comunicar, 4.11.3.

revenar (1). Echar brotes los árboles por la parte en que han sido desmochados.

revender (2). Volver a vender.

revenir (2l). Retornar. Consumirse poco a poco. Avinagrarse. Escupir la humedad. Ponerse algo blanco o correoso por la humedad o el calor. Ceder en lo que se ha afirmado antes.

reventar (1j). Abrir o abrirse por impulso interior. Romper algo aplastándolo. Molestar. Hacer fracasar. Estar lleno de algo. Tener deseos incontenibles de algo. Morir.

reventón. Acción y efecto de reventar.

rever (2j). Volver a ver.

reverberar (1). Hacer reflexión la luz de un cuerpo luminoso en otro bruñido.

reverdecer (2m). Cobrar nuevo verdor los campos o las plantas. Tomar nuevo vigor.

reverencia. Respeto o veneración.

reverenciar (1). Respetar o venerar.

reversible. Que puede o debe revertir.

reverso, a. Opuesto al anverso.

reverter (2d). Rebosar una cosa de sus límites.

revertir (22). Volver algo al estado o condición que tuvo antes. Redundar. Volver algo a la propiedad del dueño anterior.

revés. Parte opuesta. Golpe con la mano vuelta.

revesar (1). Vomitar.

revestir (30). Vestir una ropa sobre otra. Cubrir, disfrazar.

revezar (1g). Reemplazar.

reviejo, a. Muy viejo.

revificar (1a). Vivificar.

revirar (1). Torcer.

revista. Segunda vista. Examen hecho con cuidado.

revivir (3). Resucitar, volver a la vida, 3.1.4.

revocar (1a). Dejar sin efecto. Disuadir.

revolcar (1f). Derribar, maltratar, pisotear.

revoltijo. Revoltillo.

revoltillo. Conjunto de muchas cosas sin orden ni método.

revolución. Alboroto, sedición. Cambio violento en las instituciones políticas.

revólver. Pistola de cilindro giratorio.

revolver (2e). Menear una cosa de un lado a otro.

revuelo. Turbación, agitación.

revuelta. Revolución, alteración, riña.

rey. Monarca, soberano.

reyerta. Contienda, alteración.

rezagar (1b). Quedar atrás.

rezar (1g). Dirigir a Dios alabanzas o súplicas. Decir algo en un escrito.

rezongar (1b). Refunfuñar.

riba. Ribazo.

ribacera. Margen en talud que hay en los canales.

ribaldo, a. Pícaro, bellaco.

ribazo. Porción de tierra con alguna inclinación y declive.

ribera. Margen, 4.11.3.

ribete. Guarnición de la orilla del vestido o calzado.

ricahembra. Hija o mujer de grande, 5.6.7.

rico, a. Que tiene mucho dinero o muchos bienes. Sabroso. Agradable. Fértil. 3.10.2, 5.5.1, 10.6.9.

ridiculizar (1g). Burlarse destacando aspectos ridículos.

rígido, a. Inflexible, riguroso, severo.

ringar (1b). Descaderar. Inclinar algo a un lado más que a otro.

río. Corriente de agua continua, 3.12.3.

risa. Acción de reír, 1.6.

rival. Competidor.

rivalidad. Oposición entre personas que aspiran a obtener una misma cosa.

rivalizar (1g). Competir.

rivera. Arroyo, 4.11.3.

rizar (1g). Formar rizos.

rob. Arrope, 3.9.2.

robadera. Traílla para igualar los terrenos.

róbalo. Pez marino de carne muy apreciada.

robellón. Especie de hongo comestible.

robín. Herrumbre de los metales.

roblar (1). Doblar o remachar una pieza de hierro para que esté firme.

roble. Árbol de madera muy apreciada, 3.10.2.

roblón. Especie de clavo de hierro.

robo. Acción y efecto de robar.

roborar (1). Dar fuerza y firmeza a una cosa.

robustecer (2m). Hacer más robusto.

robusto, a. Fuerte, vigoroso.

rociar (1t). Esparcir un líquido en gotas. Arrojar cosas de modo que se diseminen. Acompañar una comida con alguna bebida.

rodar (1r). Dar vueltas un cuerpo sobre una superficie. Caer dando vueltas. Proceder al rodaje de una película o un automóvil.

rodrigar (1b). Poner rodrigones a las plantas.

roedor, ra. Que roe.

roer (2i). Cortar o descantillar menuda y superficialmente con los dientes parte de una cosa dura.

rogar (1m). Pedir como gracia o favor algo.

rojear (1). Mostrar una cosa el color rojo que en sí tiene.

rojete. Colorete, arrebol.

rojez. Calidad de rojo.

rojizo, a. Que tira a rojo.

romadizar (1g). Contraer romadizo.

románico, a. Relativo al arte de los siglos X al XIII en Europa. Derivado del latín. 5.5.5.

romanizar (1g). Difundir o adoptar las costumbres y la cultura romana, o la lengua latina.

romanzar (1g). Traducir al romance.

rompehielos. Buque acondicionado para navegar por mares donde abunda el hielo.

romper (2p). Hacer trozos. Hacer un agujero. Dividir. Desligarse de algo o de alguien. Empezar aquello que se expresa.

roncar (1a). Producir ronquidos.

ronzar (1g). Hacer ruido al masticar.

ropavejero, a. Persona que vende ropas y vestidos viejos y baratijas usadas.

rosa. Flor. Color. 3.10.1.

roscar (1a). Hacer la rosca en un tornillo.

rosigar (1b). Roer. Refunfuñar.

rotativa. Cierta máquina de imprimir.

rotativo. Periódico.

rozar (1g). Tocar ligeramente una cosa con otra. Ajar una cosa con el uso. Codearse.

ruar (1s). Andar por las calles. Pasear por la calle a fin de cortejar a las damas.

rúbeo, a. Que tira a rojo.

rubí. Mineral más duro que el acero, 3.7.1.

rubicundo, a. Rubio que tira a rojo. Persona de buen color.

rubio, a. De color rojo claro, parecido al oro.

rublo. Moneda rusa.

rubor. Color que la vergüenza saca al rostro.

ruborizar (1g). Causar o sentir rubor.

rúbrica. Señal, epígrafe. Rasgo que acompaña a la firma.

rubricar (1a). Poner la rúbrica. Suscribir.

rubrificar (1a). Poner colorado o teñir de rojo.

rucar (1a). Ronzar.

rugar (1b). Arrugar.

rugido. Voz del león.

rugir (3b). Bramar.

ruido. Sonido irregular, confuso y no armonioso. Importancia exagerada que se da a algo. 3.10.2.

rujiar (1t). Rociar.

rumiante. Mamífero que retorna a la boca el alimento engullido para masticarlo, 3.10.2.

rusticar (1a). Salir al campo.

S

s. Letra. Consonante. 1.4, 1.5, 1.6, 1.11, 2.3, 2.5, 2.6, 3.3.1, 3.3.2, 3.11.

S. Abreviatura de *sur,* 4.10.4.

S.A. Abreviatura de *sociedad anónima,* 4.10.5.

sabadellense. De Sabadell.

sábado. Día de la semana.

sabana. Llanura dilatada sin árboles.

sábana. Pieza de lienzo para cubrir la cama.

sabandija. Reptil o insecto.

sabañón. Hinchazón o ulceración de la piel.

sabatizar (1g). Guardar el sábado.

sabedor, ra. Instruido o noticioso.

saber (12). Conocer, tener noticia, 3.10.2.

sabiduría. Conducta prudente, conocimiento profundo.

sabihondo, a. Que presume de sabio sin serlo.

sabio, a. Que posee grandes conocimientos. Equilibrado, sensato, 4.11.3.

sabiondo. Sabihondo. Sablazo. Golpe dado con un sable. Acto de sacar dinero a uno.

sable. Arma blanca.

sablear (1). Sacar dinero a uno con habilidad o insistencia, sin intención de devolverlo.

sablista. Que tiene por hábito sablear.

saboneta. Reloj de bolsillo cuya tapa se abre apretando un muelle.

sabor. Sensación que ciertos cuerpos producen en el órgano del gusto.

saborear (1). Dar sabor. Percibirlo.

sabroso, a. Sazonado y grato al sentido del gusto.

sabueso, a. De olfato muy fino. Pesquisador.

sábulo. Arena gruesa y pesada.

sabuloso, a. Que tiene arena.

sacabocado. Instrumento para taladrar.

sacabocados. Sacabocado.

sacabotas. Tabla para descalzarse.

sacabrocas. Instrumento para desclavar las brocas.

sacabuche. Especie de trompeta.

sacar (1a). Hacer salir de donde estaba puesto o encerrado. Conseguir. Sonsacar. Ganar algo por suerte.

sacarificar (1a). Convertir en azúcar las sustancias sacarígenas.

sacerdote. Hombre consagrado a Dios y ordenado para celebrar y ofrecer el sacrificio de la misa.

sacralizar (1g). Conferir carácter sagrado.

sacratísimo, a. Muy sagrado, 4.6.4.

sacrificar (1a). Hacer sacrificios. Matar reses para el consumo. Privarse de algo.

saeta. Arma arrojadiza.

sagita. Porción de recta comprendida entre el punto medio de un arco de círculo y el de su cuerda.

sagrado, a. Dícese de las cosas dedicadas al culto divino, 4.6,4.

sahornarse (1). Escocerse o excoriarse una parte del cuerpo.

sahumar (1w). Dar humo aromático a una cosa.

sahumerio. Acción y efecto de sahumar.

sainar (1t). Engordar a los animales. Sangrar.

sal. Sustancia mineral para sazonar los alimentos. Gracia, garbo. 5.5.8.

salacot. Sombrero, 3.4.1.

salazón. Acción y efecto de salar carnes y pescados. Industria de conservas. 5.5.9.

salchicha. Embutido.

salegar (1b). Tomar sal el ganado.

salep. Cierta fécula.

salgar (1b). Dar sal al ganado.

salificar (1a). Convertir en sal.

salir (28). Ir fuera de un sitio. Marcharse. Aparecer. Sobresalir. Tener una cosa su origen en otra. Rebosar.

saliva. Humor segregado en la cavidad bucal.

salpicar (1a). Lanzar un líquido, mojando o ensuciando. Diseminar una cosa en otra.

salpimentar (1j). Adobar con sal y pimienta.

salubérrimo, a. Muy salubre, 4.6.4.

salubre. Saludable, 4.6.4.

salud. Estado en que el ser orgánico ejerce normalmente todas sus funciones, 3.4.1, 3.4.2, 3.12.1.

salva. Prueba. Saludo.

salvabarros. Pieza de un vehículo destinada a impedir que salpique el barro al ocupante.

salvación. Acción y efecto de salvar o salvarse.

salvador, ra. Que salva.

salvajada. Dicho o hecho propios de un salvaje.

salvaje. Sin cultivo. Necio, rudo, inculto.

salvajismo. Modo de ser o de obrar de los salvajes.

salvar (1). Librar de un peligro. Evitar, exceptuar.

salvavidas. Aparato con que los náufragos pueden salvarse sobrenadando.

salve. Oración que se reza a la Virgen, 5.5.5.

salvedad. Excusa, limitación.

salvilla. Bandeja.

salvo, a. Exceptuado, omitido.

salvoconducto. Documento autorizando el tránsito.

samblaje. Ensambladura.

san. Apócope de santo, 5.9.5.

sanforizar (1g). Tratar los tejidos por medio de sanforización.

sangre. Humor que circula por los vasos del cuerpo de los vertebrados, 5.5.5.

sanguificar (1a). Hacer que se críe sangre.

sangüeño. Cornejo.

sangüeso. Frambueso.

santabárbara. Paraje destinado en las embarcaciones para custodiar la pólvora.

santificar (1a). Hacer santo. Cumplir los preceptos religiosos los días festivos.

santiguar (1c). Hacer la señal de la cruz.

saponificar (1a). Convertir en jabón.

sarampión. Enfermedad, 5.5.9.

sarao. Fiesta nocturna, 3.12.2.

sardina. Pez comestible, 3.3.2.

sargento. Empleo superior al de cabo, 3.5.6.

sarmentar (1j). Coger los sarmientos podados.

sartén. Utensilio con mango para freír, 5.5.9.

satelizar (1g). Efectuar una satelización.

satirizar (1g). Hacer objeto de sátira.

satisfacer (11). Complacer. Pagar lo que se debe. Desagraviar.

sauce. Árbol común en las orillas de los ríos.

saúco. Árbol de flores medicinales.

savia. Jugo que nutre las plantas. Energía. 4.11.3.

saxófono. Instrumento músico.

saya. Falda.

sayal. Tela de lana burda.

sayo. Casaca, vestido.

sazón. Sabor que se da a los alimentos, 5.5.9.

se. Partícula, pronombre, 4.4.4, 4.5.1, 4.5.3, 6.5.1, 6.5.3, 6.5.4, (pasiva impersonal) 10.6.4, (pasiva refleja) 10.6.4.

SE. Abreviatura de *sudeste*, 4.10.4.

sebe. Cercado de estacas.

sebo. Grasa, gordura, 4.11.3.

secar (1a). Eliminar la humedad. Quedar seco algo. Morirse las plantas.

sección. Cortadura. Parte de un todo.

secesión. Acto de separarse de una nación parte de su pueblo y territorio.

secta. Doctrina particular, falsa religión.

sectario, a. Que profesa una secta. Secuaz, fanático.

sector. Parte de algo. Porción de círculo comprendido entre un arco y dos radios.

secularizar (1g). Convertir lo eclesiástico en secular. Incautar el estado bienes eclesiásticos.

sede. Residencia de alguna entidad. Capital de una diócesis. 5.5.5.

seducir (20). Incitar con promesas o engaños a hacer algo. Atraer.

seductivo, a. Que seduce.

seductor, ra. Seductivo, 3.12.6.

segar (1d). Cortar la mies o la hierba. Cortar bruscamente el desarrollo de algo.

segmento. Porción de una línea, superficie o volumen. Porción de un todo. 3.5.5.

segoviano, a. De Segovia.

segregar (1b). Separar una cosa de otra. Producir y despedir de sí una sustancia orgánica líquidos.

seguir (30a). Ir detrás. Venir después. Suceder. Perseguir, acosar. Resultar. Estudiar. Practicar. Convenir. 3.5.2. ‖ (Auxiliar) 10.1.4.

según. Preposición, 7.2.22.

segundogénito, a. El hijo nácido después del primogénito.

segur. Hacha grande, 5.5.10.

seis. Numeral cardinal, 4.8.2.

seisavar (1). Dar a una cosa forma de hexágono regular.

seiscientos. Numeral cardinal, 4.8.2.

selva. Terreno extenso, inculto y muy poblado de árboles.

selvático, a. Relativo a la selva.

sembrar (1j). Esparcir las semillas en la tierra. Desparramar. Dar motivo.

sementar (1j). Sembrar en la tierra.

semicompuesta. Término gramatical, (palabra) 12.11.3.

semiconsonante. La vocal *i* o *u* en principio de diptongo o de triptongo, 1.4.

sensibilizar (1g). Hacer sensible. Aumentar la sensibilidad.

sentar (1j). Colocar en algún sitio apoyado sobre las nalgas. Fundamentar en algo. Digerir bien. Caer bien o mal a alguien.

sentir (22). Percibir sensaciones por medio de los sentidos. Experimentar sensaciones. Lamentar algo triste o doloroso. Darse cuenta.

señal. Marca. Hito, mojón. Signo. Indicio. Cicatriz. 5.5.8.

señalizar (1g). Instalar señales.

señorío. Dominio sobre algo. Elegancia. 3.12.3.

seo. Iglesia catedral, 5.5.3.

septena. Setena, 3.12.6.

septenario, a. Compuesto de siete unidades, 3.12.6.

septicemia. Alteración de la sangre.

séptico, a. Que produce putrefacción.

septiembre. Setiembre, 3.12.6.

septigentésimo, a. Ordinal de setecientos, 4.8.2.

séptimo, a. Sétimo, 3.12.6, 4.8.2, 4.8.4.

septuagésimo, a. Ordinal de setenta, 4.8.2.

septuplicar (1a). Ser o hacer séptuplo.

séptuplo, a. Resultado de multiplicar por siete, 4.8.5.

ser (15). Existir. Estar en un lugar o situación. Suceder o acontecer. 10.6.6. ‖ (Auxiliar) 10.1.1, 10.1.5, 10.6.1, 10.6.2, 10.6.6, (copulativo) 10.6.3, 10.6.6, 10.6.8, (usos) 10.6.3, 10.6.7.

serie. Sucesión de cosas relacionadas entre sí. Gran número de ciertas cosas. 5.5.5.

serrar (1j). Cortar con sierra.

servato. Planta umbelífera.

serventesio. Composición poética.

servicial. Que sirve con cuidado y diligencia.

servicio. Acción y efecto de servir.

servidor, ra. Que sirve.

servidumbre. Obligación grave. Condición de siervo. 5.5.5.

servil. Relativo a los siervos o criados. Humilde. Rastrero.

servilleta. Pedazo de tela que sirve en la mesa para el aseo personal.

servio, a. De Servia.

servir (30). Estar al servicio. Ser útil o a propósito. 3.1.4.

seseante. Que sesea, 3.3.1.

sesear (1). Pronunciar la *z* o *c* como s, 2.6.

sesenta. Numeral cardinal, 4.8.2.

sesentavo, a. Partitivo de sesenta, 4.8.4.

seseo. Acción de sesear, 2.6, 3.3.1, 4.11.3.

sesgar (1b). Cortar una tela al bies.

seta. Hongo, 4.11.3.

setabense. De Játiva.

setecientos. Numeral cardinal, 4.8.2.

setena. Conjunto de siete cosas por orden, 3.12.6.

setenario. Septenario, 3.12.6.

setenta. Numeral cardinal, 4.8.2.

setentavo, a. Partitivo de setenta, 4.8.4.

setiembre. Noveno mes del año, 3.12.6.

sétimo, a. Ordinal y partitivo de siete, 3.12.6, 4.8.2, 4.8.4.

sexagenario, a. Que está entre los sesenta y los setenta años.

sexagésimo, a. Ordinal de sesenta, 4.8.2.

sexcentésimo, a. Ordinal de seiscientos, 4.8.2.

sexma. Sexta parte de algo.

sexmo. División territorial.

sexo. Condición orgánica que distingue al macho de la hembra.

sextante. Instrumento de medición.

sexteto. Conjunto de seis voces o instrumentos musicales, 3.11.3.

sextina. Composición poética.

sexto, a. Ordinal y partitivo de seis, 4.8.2, 4.8.4.

séxtuplo, a. Resultado de multiplicar por seis, 4.8.5.

sexual. Relativo al sexo.

si. Nota musical, 4.4.4. ‖ Partícula de relación, 4.4.4, 4.7.1, 7.1.2, 7.1.3, 7.2.2, 12.2.10.

sí. Afirmación, 4.4.4. ‖ Pronombre personal, 4.4.4, 4.5.1, 4.7.1.

si bien. Locución conjuntiva, 7.1.3.

sibarita. Dado a regalos y placeres.

siberiano, a. De Siberia.

sibilante. Que silba o suena a manera de silbido. ‖ (Sonido) 3.3.1.

sibilino, a. Misterioso, oscuro con apariencia de importante.

sibilítico, a. Sibilino.

sic. Expresión indicadora de que una palabra o frase incluida en una cita es textual, aunque parezca inexacta, 12.10.2.

sicalíptico, a. Lascivo, pornográfico.

sicoanalizar (1g). Efectuar sicoanálisis.

sidra. Bebida, 4.11.3.

siempre que. Locución conjuntiva, 7.1.3.

siempreviva. Planta cuyas flores se marchitan.

sierva. Criada.

siervo. Criado, 4.11.3.

siete. Numeral cardinal, 4.8.2.

sigilar (1). Sellar, imprimir con sellos. Callar, ocultar.

sigilo. Sello. Secreto.

sigla. Letra inicial que se emplea como abreviatura de una palabra, 4.10, 4.10.7, 4.10.8, (plural) 4.10.8.

siglo. Espacio de tiempo de cien años, 3.5.4.

sigma. Letra del alfabeto griego, 3.5.5.

sigmoideo, a. De forma de sigma, 3.5.5.

signar (1). Hacer el signo o señal.

signatario, a. Firmante.

signatura. Señal de catalogación.

significación. Significado.

significado. Sentido, 1.5, 1.9, 13.1, 13.2.6, (cambio de) 5.6.4.

significar (1a). Ser una cosa signo de otra. Ser una palabra o frase expresión de una idea. Equivaler.

signo. Cosa que evoca en el entendimiento la idea de otra, 1.2, 1.3, 3.5.5. ‖ Término gramatical (alfabeto) 1.4, (consonántico) 3.1.1, (diacrítico) 12.1.1.

signo de puntuación. Término gramatical, 12.

signos de admiración. Signo de puntuación, 12.1.1, (uso) 12.8.

signos de interrogación. Signo de puntuación, 12.1.1,. (uso) 12.7, 12.8.4.

sílaba. Unidad fonética, 1.7, 1.8, 1.9, 1.10, 1.11, 3.1.9, (directa) 1.8, (final) 1.9, (inversa) 1.8, 1.11, 3.2.4, (mixta) 1.8, 1.11, 3.2.4, (tónica) 1.9, (vocálica) 1.8.

silábico, a. Relativo a la sílaba, (división) 1.11, 4.3.3, 4.6.3, (escritura) 1.10, 4.1.2, (estructura) 4.1.2, (núcleo) 1.7, (separación) 4.1.2, (soporte) 1.7.

silbar (1). Producir silbos o silbidos.

silbato. Instrumento para silbar.

silbido. Sonido agudo.

silbo. Silbido.

silepsis. Falta de concordancia en género o en número entre palabras que lo exigen, 5.5.11.

silgar (1b). Llevar a la silga una embarcación. Singar.

silogismo. Argumento.

silogizar (1g). Argüir con silogismos.

silva. Composición métrica, 4.11.2, 4.11.3.

silvestre. Sin cultivo, criado en selvas o campos.

simbiosis. Asociación de dos seres de distinta especie, con provecho para ambos, 5.5.11.

simbolizar (1g). Servir una cosa como símbolo de otra. Representar algo mediante un símbolo.

simetrizar (1g). Hacer simétrico algo.

simpatizar (1g). Sentir simpatía.

simple. Sencillo (antepuesto). Tonto (pospuesto), 4.6.4, 5.9.4. ‖ No compuesto, (condicional) 8.3.4, 8.7.5, 11.1.2, (gerundio) 9.3.2, (infinitivo) 9.2.1.

simplicísimo, a. Muy simple, 4.6.4.

simplificar (1a). Hacer más sencillo.

simultáneo, a. Que se hace u ocurre al mismo tiempo, 4.2.1.

sin. Preposición, 7.2.23.

sinapizar (1g). Elaborar sinapismos.

sinceridad. Calidad de sincero, 3.8.5.

síncopa. Figura de dicción, 11.1.1.

síncope. Pérdida repentina del conocimiento y de la sensibilidad.

sincopizar (1g). Causar síncope.

sincronizar (1g). Hacer que dos o más cosas sean sincrónicas.

sindicar (1a). Agrupar en un sindicato o afiliarse a él.

sinfín. Infinidad. Sinnúmero. 4.2.3.

sinfonía. Conjunto de voces. Pieza musical.

singar (1b). Remar con un remo armado en la popa.

singlar (1b). Navegar.

singular. Categoría gramatical de número, 2.5, (flexión) 5.6.1, 5.6.2, 5.6.6, 5.7.2.

singularizar (1g). Distinguir. Dar número singular a palabras que ordinariamente no lo tienen.

sinnúmero. Número incalculable, 3.8.4.

sino. Destino, hado, 4.7.1. ‖ Conjunción, (adversativa) 7.1.3.

sinóptico, a. Que a primera vista presenta las partes de un todo, 3.9.1.

sinovia. Humor viscoso que lubrifica las articulaciones.

sinovial. Relativo a la sinovia.

sinrazón. Acción injusta realizada por medio de abuso de poder, 3.10.2, 5.5.9.

sintaxis. Estudio de las relaciones gramaticales, (pronominal) 6, (verbal) 8.1.

síntesis. Resumen, compendio. Proceso químico, 5.5.11.

sintetizar (1g). Hacer síntesis.

síntoma. Señal, indicio, 5.5.4.

sintonizar (1g). Adaptar las longitudes de onda de dos o más aparatos.

sinvergüenza. Dícese de las personas que cometen actos reprochables en provecho propio. Desvergonzado. 3.8.3, 12.11.3.

siquiera. Conjunción, 7.1.3, 12.2.9.

sirgar (1b). Llevar a la sirga una embarcación.

sirvienta. Mujer dedicada al servicio doméstico.

sisear (1). Emitir un sonido inarticulado, en señal de desagrado, 1.7.

siseo. Acción y efecto de sisear, 1.7.

sistema. Conjunto de elementos dotados de relación con un fin determinado. ‖ Término gramatical (fonológico) 1.5, 5.5.4, (lingüístico) 13.1.

sistematizar (1g). Reducir a sistema.

situar (1s). Poner en un sitio o en una situación. Lograr una posición social privilegiada.

so. Preposición, 7.2.24.

sobarcar (1a). Poner algo bajo el sobaco. Subir el vestido hacia los sobacos.

sobaco. Concavidad que forma el arranque del brazo con el cuerpo.

sobajar (1). Manosear una cosa, ajándola.

sobaquera. Abertura o refuerzo en los vestidos, en la parte de los sobacos.

sobar (1). Manejar, palpar.

sobejos. Sobras de la mesa.

soberano, a. Que posee o ejercita la autoridad suprema.

soberbia. Apetito desordenado de ser preferido a otros.

sobornar (1). Corromper con dádivas.

sobradillo. Guardapolvo de un balcón.

sobrar (1). Exceder o sobrepujar.

sobre. Preposición, 7.2.25.

sobreabundar (1). Abundar mucho.

sobrealzar (1g). Alzar demasiado.

sobrecargar (1b). Cargar con exceso.

sobrecoger (2b). Asustar.

sobrecrecer (2m). Crecer excesivamente.

sobreedificar (1a). Construir sobre otra edificación.

sobreesdrújulo, a. Dícese de la palabra cuyo acento de intensidad recae en sílaba anterior a la penúltima, 1.9, 4.2.3.

sobrehaz. Cubierta, apariencia.

sobreherido, a. Herido superficialmente.

sobrehilado, a. Puntadas en la orilla de una tela para que no se deshilache.

sobrehilar (1u). Hacer un sobrehilado.

sobrehílo. Sobrehilado, 4.6.2.

sobrehueso. Molestia, embarazo, carga.

sobrehumano, a. Que excede de lo humano.

sobrellevar (1). Ayudar a sufrir. Resignarse.

sobrenaturalizar (1g). Hacer sobrenatural algo.

sobrentender (2d). Entender una cosa que no está expresa.

sobreponer (2d). Poner una cosa encima de otra. Dominarse los impulsos del ánimo.

sobresalir (28). Exceder una persona o cosa a otras en algo. Distinguirse.

sobrescribir (3n). Poner un letrero sobre una cosa. Poner el sobrescrito en las cartas.

sobreseer (2i). Desistir. Cesar en el cumplimiento de algo. Cesar una instrucción sumarial.

sobresembrar (1j). Sembrar sobre lo ya sembrado.

sobresolar (1r). Pegar una suela nueva en los zapatos. Echar un segundo suelo.

sobrevenir (21). Suceder una cosa después de otra. Venir, ocurrir.

sobreverter (2d). Verter en abundancia.

sobrevestir (30). Poner un vestido sobre el que se lleva.

sobrevivir (3). Vivir uno más que otro.

sobrevolar (1r). Volar sobre un lugar.

sobrexceder (2). Exceder, aventajar.

sobrexponer (5). Someter una placa, película o papel fotográfico a una exposición excesiva a la acción de la luz.

socalzar (1g). Reforzar la parte inferior de un muro.

socar (1a). Emborrachar.

socavar (1). Excavar por debajo.

socavón. Cueva, hoyo grande.

socializar (1g). Transferir a la administración pública bienes privados.

socolar (1r). Rozar un terreno.

sofá. Asiento mullido, con respaldo y brazos, para dos o más personas, 4.2.3, 5.6.3, 5.6.7.

sofisma. Razonamiento falso para inducir a error, 5.5.4.

sofisticar (1a). Falsificar con sofismas.

sofocar (1a). Impedir la respiración. Extinguir. Abochornar.

sofreír (25a). Freír un poco.

solazar (1g). Dar solaz.

soldar (1r). Efectuar una soldadura.

soleá. Tonada, copla y danzas andaluzas, 3.12.5.

soledad. Carencia de compañía, 3.4.1, 3.12.5.

solemnizar (1g). Celebrar solemnemente.

soler (2e). Acostumbrar. ‖ (Perífrasis verbal), 10.1.6.

solevantar (1). Levantar una cosa empujando de abajo arriba.

solidarizar (1g). Hacer solidario.

solideo. Casquete que usan los eclesiásticos, 3.12.3.

solidificar (1a). Hacer sólido un fluido.

solifluir (29). Ser sometido a la solifluxión.

soliviantar (1). Inducir a tomar una actitud rebelde.

soliviar (1). Ayudar a levantar una cosa por debajo.

solo, a. Dícese de algo que es único. Dícese del que está sin compañía. 4.4.1.

sólo. Solamente, 4.4.1.

soltar (1r). Desatar. Dar libertad. Dar salida. Decir con violencia algo.

soluble. Que se puede disolver o desleír.

solventar (1). Arreglar cuentas, resolver.

solvente. Capaz de cumplir celosamente ocupación o cargo.

sollozar (1g). Llorar entrecortadamente.

sombraje. Sombra, resguardo.

sombrajo. Sombraje.

sombrilla. Utensilio que sirve para resguardarse del sol, 3.10.2.

somnífero, a. Que da o causa sueño.

somnolencia. Pesadez y torpeza por el sueño.

sonajero. Juguete con sonajas o cascabeles.

sonar (1r). Causar ruido. Tener una letra valor fónico. Limpiar las narices. Tener apariencia de algo. Recordar vagamente algo como ya oído. Tañer.

sonetizar (1g). Escribir sonetos.

sonido. Sensación producida en el órgano del oído por el movimiento vibratorio de los cuerpos, 1.1, 1.4, 1.5, 3.3.1, (articulado) 1.1, (consonántico) 1.7, (lingüístico) 1.5, (representación gráfica) 1.2, 1.3, (vocálico) 1.7.

sonoridad. Cualidad de sonoro, 1.5.

sonorizar (1g). Convertir una consonante sorda en sonora.

sonoro, a. Que suena. Que suena mucho y agradablemente. ‖ Dícese del fonema en cuya articulación entran en vibración las cuerdas vocales, 1.5, 3.1.1.

sonreír (25). Reírse levemente y sin ruido. Ofrecer algo un aspecto alegre.

sonrisa. Gesto de sonreír, 3.10.2.

sonrodar (1r). Atascarse las ruedas de un carruaje.

sonsacar (1a). Conseguir algo de alguien con insistencia y astucia.

soñar (1r). Representar escenas o sucesos durante el sueño. Fantasear. Desear mucho algo.

sopalancar (1a). Meter la palanca debajo de algo para moverlo.

sorber (2). Beber aspirando. Absorber. Tragar.

sorbete. Refresco.

sorbo. Cantidad pequeña de un líquido.

sordez. Cualidad de sordo, 1.5.

sordo, a. Privado del oído. Silencioso. Que suena poco. ‖ Dícese del fonema en cuya emisión no vibran las cuerdas vocales, 1.5, 2.6, 3.3.3.

sortilegio. Adivinación.

sosegar (1d). Apaciguar.

soslayar (1). Poner una cosa ladeada para pasar una estrechura. Pasar de largo, dejar de lado.

sostener (8). Sujetar. Mantener con firmeza. Proteger, prestar ayuda, 3.1.6.

sotavento. Costado de la nave opuesto al barlovento.

soterrar (1j). Esconder algo de modo que no aparezca.

sovietizar (1g). Instaurar un régimen soviético.

Sr. Abreviatura de *señor,* 4.10.8.

Srta. Abreviatura de *señorita,* 4.9.3.

SSAARR. Abreviatura de *Sus Altezas Reales,* 4.10.8.

SSMM. Abreviatura de *Sus Majestades,* 4.10.8.

SSO. Abreviatura de *sudsudoeste,* 4.10.4.

suave. Liso, blando. Dulce, grato, 3.1.8.

suavizar (1g). Hacer suave.

subalterno, a. Inferior, que está debajo. Empleado.

subarrendar (1j). Tomar un arriendo de otro arrendatario.

subasta. Venta pública al mejor postor.

subconciencia. Parte de la conciencia que todavía está sin formar.

subdelegar (1b). Dar el delegado su jurisdicción a otro.

subdistinguir (3p). Hacer una distinción en otra.

súbdito, a. Sujeto a la autoridad de un superior, 3.1.2.

subentender (2d). Sobreentender.

suberificar (1a). Convertirse en corcho la corteza de los árboles.

súbito, a. Improviso, repentino.

subjetivo, a. Relativo al sujeto.

subjuntivo. Modo verbal, 8.2.1, 8.3, (oración simple) 8.3.3, (presente) 8.2.2.

sublevar (1). Alzar en sedición o motín.

submarino, a. Que está o se efectúa bajo la superficie del mar, 3.9.2.

submúltiplo. Dícese de un número contenido un número entero de veces en otro, 4.10.3.

subordinado, a. Dependiente. ‖ (Oración) 8.3.2.

subordinante. Que subordina, (conjunción) 7.1.3.

subordinar (1). Sujetar a dependencia.

subrayar (1). Señalar, recalcar.

subrepticio, a. Con acción oculta o a escondidas.

subrogar (1m). Poner una persona o cosa en lugar de otra.

subsanar (1). Disculpar, remediar.

subscribir (3n). Suscribir, 3.9.3.

subscripción. Suscripción, 3.9.3.

subscriptor. Suscriptor, 3.9.3.

subscritor. Suscriptor.

subseguir (30a). Seguir una cosa inmediatamente a otra.

subsidio. Auxilio, socorro, contribución, 3.9.2.

subsolar (1r). Roturar el suelo a bastante profundidad.

substancia. Sustancia, 3.9.3.

substancial. Sustancial, 3.9.3.

substanciar (1). Sustanciar, 3.9.3.

substancioso, a. Sustancioso, 3.9.3.

substantivar (1). Sustantivar, 3.9.3.

substantividad. Sustantividad, 3.9.3.

substantivo, a. Sustantivo, 3.9.3.

substitución. Sustitución, 3.9.3.

substituible. Sustituible, 3.9.3.

substituir (29). Sustituir, 3.9.3.

substracción. Sustracción, 3.9.3.

substraendo. Sustraendo, 3.9.3.

substraer (10). Sustraer, 3.9.3.

substrato. Sustrato, 3.9.3.

subsuelo. Terreno que está debajo de la capa laborable.

subtender (2d). Unir una línea recta los extremos de un arco de curva.

subterfugio. Escapatoria.

subtítulo. Título secundario.

suburbio. Barrio, arrabal.

suburense. De Sitges.

subvención. Cantidad con que se ayuda, auxilia o socorre, 3.1.2.

subvenir (21). Ayudar, socorrer.

subversivo, a. Que tiende a o es capaz de subvertir, 3.9.2.

subvertir (22). Trastornar, revolver.

subyugar (1b). Dominar, avasallar.

succión. Acción de chupar, 3.3.5.

sucesivo, a. Que sucede o sigue.

sud. Sur, 5.5.6.

suegra. Con respecto a un cónyuge, madre del otro, 3.5.4.

suegro. Con respecto a un cónyuge, padre del otro, 3.5.4.

suela. Parte del calzado que toca al suelo, 5.5.1.

suelo. Superficie de la tierra. Solar de un edificio. 5.5.1.

suerte. Fortuna. Género. Manera. Casualidad a que se fía la resolución de algo. 5.5.5.

sufragar (1b). Costear. Votar a un candidato.

sufragio. Ayuda, favor. Voto, 3.5.8.

sugerencia. Inspiración, insinuación.

sugerir (22). Hacer entrar en el ánimo de alguno una idea.

sugestivo, a. Que sugiere.

sujeción. Acción de sujetar.

sujetar (1). Someter al dominio. Contener, afirmar.

sujeto. Asunto, materia. Persona. ‖ Función sintáctica, (concordancia) 10.1.2, (posición) 5.9.1, 5.9.2, 6.2.

sujuncar (1a). Lastrar.

sulfhídrico, a. Relativo a las combinaciones de azufre e hidrógeno.

sumergible. Que se puede sumergir.

sumergir (3b). Meter debajo de un líquido.

sumo, a. Supremo, 4.11.3.

superávit. Exceso de caudal sobre las obligaciones de la caja, 3.4.1, 5.6.7.

superentender (2d). Inspeccionar.

superficie. Límite de un cuerpo que lo separa de lo que no lo es. Extensión en que sólo se consideran la longitud y la latitud. 5.5.5.

superlativo, a. Muy grande, excelente.

superponer (5). Sobreponer.

superstición. Creencia extraña a la fe religiosa y contraria a la razón.

supervenir (21). Suceder.

superviviente. Que sobrevive.

suplicar (1a). Rogar con humildad.

suponer (5). Dar por sentado algo. Fingir. Importar.

supremo, a. Situado en posición más alta. Que tiene el grado máximo. 4.6.4.

supuesto que. Locución conjuntiva, 7.1.3.

surcar (1a). Hacer surcos. Ir por un fluido.

surgir (3b). Surtir, brotar del agua. Manifestarse, alzarse.

sus. Interjección, 12.8.2.

susceptibilidad. Cualidad de susceptible, 3.9.3.

susceptible. Capaz de recibir modificación o impresión. Picajoso, quisquilloso. 3.9.3.

suscitar (1). Promover algún tipo de reacción, 3.9.3.

suscribir (3n). Firmar un escrito. Adherirse. Abonarse a una publicación. 3.9.3.

suscripción. Acción y efecto de suscribir, 3.9.3.

suscriptor, ra. Que suscribe, 3.9.3.

suscritor, ra. Suscriptor.

suspecto, a. Que provoca o motiva sospecha, 3.9.3.

suspender (2). Levantar algo en el aire para que cuelgue. Privar de un cargo. Declarar no apto. Parar, interrumpir. 3.9.3.

suspense. Clímax de incertidumbre en una película u obra literaria. ‖ Suspensión en la emisión lingüística para avivar el interés del oyente o lector, 12.6.3.

suspenso, a. Que es resultado de suspender, 3.9.3.

suspicacia. Calidad de suspicaz, 3.9.3.

suspicaz. Propenso a concebir sospechas, 3.9.3.

suspirar (1). Dar suspiros, 3.9.3.

suspiro. Aspiración fuerte y prolongada seguida de una espiración, 3.9.3.

sustancia. Materia. Lo esencial en cualquier cosa. Elemento nutritivo de un producto alimenticio, 3.9.3.

sustancial. Relativo a la sustancia. Fundamental, 3.9.3.

sustanciar (1). Compendiar. Conducir un asunto por la vía procesal hasta que se dicte sentencia. 3.9.3.

sustancioso, a. Que tiene sustancia, 3.9.3.

sustantivación. Acción y efecto de sustantivar, 5.8.2.

sustantivar (1). Transformar en sustantivo, 3.9.3.

sustantividad. Existencia real, individualidad, 3.9.3.

sustantivo. Parte de la oración o categoría léxica, 3.9.3, (abstracto) 5.6.4, (concordancia) 5.7.1, 5.7.2, 5.7.3, 5.7.4, (concreto) 5.6.4, (determinación) 5.8.1, (género) 5.5, 5.8.2, (indeterminación) 5.8.1, (número) 5.6, (posición) 5.9.3, 5.9.4.

sustantivo, a. Término gramatical (flexión) 5.6.1, (función) 6.6.2, 6.6.3, 9.1.2, 9.2.2, 9.4.3.

sustentable. Que se puede sustentar o defender, 3.9.3.

sustentación. Acción y efecto de sustentar, 3.9.3.

sustentáculo. Lo que apoya o sostiene algo, 3.9.3.

sustentador, ra. Que sustenta, 3.9.3.

sustentamiento. Acción y efecto de sustentar, 3.9.3.

sustentante. Que sustenta, 3.9.3.

sustentar (1). Sostener. Mantener. Defender una idea. 3.9.3.

sustento. Mantenimiento. Alimento. 3.9.3.

sustitución. Acción y efecto de sustituir, 3.9.3.

sustituible. Que se puede sustituir, 3.9.3.

sustituir (29). Poner en lugar de otro, 3.9.3.

sustracción. Acción y efecto de sustraer. Resta. 3.9.3.

sustraendo. Cantidad que hay que restar a otra, 3.9.3.

sustraer (10). Robar fraudulentamente, 3.9.3.

sustrato. Terreno situado debajo del que se considera. Lengua extinguida que ha dejado huella en la que la ha sustituido, 3.9.3.

sutilizar (1g). Adelgazar. Limar. Discurrir ingeniosamente.

svástica. Diagrama místico.

T

t. Letra. Consonante. 1.4, 1.5, 1.6, 1.11, 2.4, 3.4.

tabaco. Planta, hoja, polvo, hebra o picadura para fumar.

tabalear (1). Menear o mecer.

tabanazo. Golpe con la mano.

tabanco. Puesto para la venta.

tabanque. Rueda de los alfareros.

tabardete. Fiebre grave y contagiosa.

tabardillo. Tabardete.

tabardo. Prenda de abrigo.

taberna. Lugar donde se vende vino y otras bebidas.

tabernáculo. Sagrario.

tabicar (1a). Cerrar con tabique.

tabique. Pared delgada, 1.6.

tabla. Pieza plana y de poco espesor.

tablado. Suelo formado por tablas, 3.12.2.

tablajero. Carpintero que hace tablas.

tablao. Tablado, 3.4.4, 3.12.2.

tablear (1). Dividir en tablas.

tableta. Tabla. Pastilla.

tabor. Unidad de tropa.

taburete. Asiento sin brazos ni respaldo.

tacar (1a). Señalar haciendo un hoyo, una mancha u otro signo.

taco. Expresión malsonante, 12.8.3.

táctica. Arte que enseña a poner las cosas en orden.

táctil. Relativo al tacto.

tacto. Uno de los cinco sentidos.

tahona. Molino de harina. Casa donde se cuece y vende pan.

tahúr. Jugador.

tajea. Paso de agua por debajo de un camino.

tal que. Locución conjuntiva, 7.1.3.

talabricense. De Talavera de la Reina.

talaverano, a. De Talavera.

talayote. Monumento megalítico.

TALGO. Abreviatura de *Tren Articulado Ligero Goicoechea-Oriol*, 4.10.8.

talmud. Libro santo de los judíos, 5.5.6.

talvina. Gachas que se hacen con leche de almendras.

tamariz. Arbusto, 5.5.12.

también. Asimismo, 12.2.9.

tamiz. Cedazo, 5.5.12.

tamizar (1g). Pasar por tamiz.

tan pronto como. Locución conjuntiva, 7.1.3.

tangente. Que toca o roza.

tangerino, a. De Tánger.

tangible. Que se puede tocar.

tanto que. Locución conjuntiva, 7.1.3.

tañer (2k). Tocar un instrumento musical de percusión o de cuerda.

tapaboca. Golpe en la boca. Bufanda.

tapabocas. Tapaboca.

tapara. Fruto del taparo.

tápara. Alcaparra.

tapicero. Que teje tapices.

tapiscar (1a). Cosechar el maíz.

tapiz. Paño tejido.

tapizar (1g). Entapizar.

taquigrafiar (1t). Escribir taquigráficamente.

tarbea. Sala grande.

tarde. Tiempo que va del mediodía al anochecer, 5.5.5.

tardecer (2m). Empezar a caer la tarde.

tarjeta. Cartulina de presentación, invitación o para el correo.

tarrascar (1a). Violentar.

tartajear (1). Hablar pronunciando con torpeza.

tartarizar (1g). Preparar una confección con tártaro.

tasación. Acción y efecto de tasar, 3.11.2.

tascar (1a). Quebrantar con la espadilla el lino o el cáñamo.

tate. Interjección, 12.8.2.

taumaturgia. Facultad de obrar prodigios.

tautología. Repetición de un mismo pensamiento expresado de distintas maneras.

taxativo, a. Que limita y reduce.

taxi. Coche de alquiler.

taxidermia. Arte de disecar los animales.

te. Pronombre personal, 4.4.4, 4.5.1, 4.5.3.

té. Planta, hojas e infusión que se prepara con éstas.

técnica. Conjunto de conocimientos propios de un oficio.

techumbre. Techo, 5.5.5.

tejedor, ra. Que teje.

tejemaneje. Afán, destreza.

tejer (2). Formar la tela con la trama y la urdimbre. Entrelazar. 3.5.7, 3.5.10.

tejero. Que fabrica tejas y ladrillos.

telegrafiar (1t). Manejar el telégrafo. Dictar comunicaciones para su expedición telegráfica.

telegrama. Despacho telegráfico, 5.5.4.

temblar (1j). Agitarse con movimiento frecuente e involuntario. Tener mucho miedo.

temer (2). Tener miedo.

temporalizar (1g). Convertir lo eterno en temporal.

temporizar (1g). Acomodarse al gusto ajeno por respeto o por conveniencia. Ocuparse en algo por mero pasatiempo.

tender (2d). Desdoblar. Extender la ropa mojada para que se seque. Suspender algo entre dos puntos. Propender. Echarse.

tener (8). Poseer. Obtener. Contener. Sujetar. 3.1.6. ‖ (Auxiliar) 10.1.4, 10.4.1, 10.5.1, 10.5.2.

tentar (1j). Ejercitar el sentido del tacto. Intentar. Experimentar.

teñir (24). Dar a algo un color distinto del que tenía.

teología. Ciencia de Dios.

teologizar (1g). Discurrir sobre razones teológicas.

teorema. Proposición que afirma una verdad demostrable, 5.5.4.

teorizar (1g). Tratar un asunto sólo en teoría.

tercer. Apócope de tercero, 4.8.3.

tercio. Partitivo de tres, 4.8.4.

tergiversar (1). Forzar las razones o argumentos para defender o excusar.

terliz. Tela, 5.5.12.

término. Fin, límite. ‖ (Perífrasis verbal) 10.1.4.

ternísimo, a. Muy tierno, 4.6.4.

terraje. Renta que paga el que labra una tierra al señor de ella.

terrecer (2m). Causar o sentir terror.

tesis. Proposición que se mantiene con argumentos, 5.5.11.

testificar (1a). Atestiguar.

testigo. Persona que da testimonio o tiene conocimiento directo de algo, 5.5.3.

testuz. Frente, 5.5.12.

textil. Relativo a los tejidos.

texto. Pasaje dicho o escrito, 3.11.3.

textual. Relativo al texto. Literal.

textura. Estructura.

texturizar (1g). Modificar las propiedades físicas de las fibras textiles sintéticas.

tez. Superficie del rostro humano.

ti. Pronombre personal, 4.5.1.

tibetano, a. Del Tibet.

tibia. Hueso principal y anterior de la pierna.

tibio, a. Templado, entre caliente y frío.

tiburón. Pez muy voraz.

tiempo. Categoría gramatical, (compuesto) 8.4.1, 8.4.2, 10.2.1, (explicado) 8.4.5, 8.4.6, 10.6.6, (futuro) 8.4.5, 8.4.6, 8.7, (imperfectivo) 10.6.6, (implicado) 8.4.5, 8.4.6, 9.1.1, 9.4.3, 10.6.6, (morfema) 8.4.5, (pasado) 8.4.5, 8.4.6, 8.5, 8.6.1, 8.6.2, (perfectivo) 8.4.3, 8.6.6, (presente) 8.4.5, 8.4.6, 8.5.6, 8.5.7, 8.6, (simple) 8.4.1, 8.4.2, (verbal) 8.1, 8.6.5.

tierno, a. Que cede fácilmente a la presión. Reciente. Afectuoso. 4.6.4.

tierra. Parte sólida del planeta Tierra. Materia inorgánica desmenuzable. Suelo. Terreno cultivado. 3.10.2.

tigre. Animal macho, 3.5.4.

tigresa. Animal hembra, 3.5.4.

tijera. Instrumento para cortar, 3.5.14.

tilde. Cosa insignificante, 5.5.5. ‖ Signo ortográfico que se coloca sobre algunas letras, 1.4, 4.2.2, 4.2.3, 4.4.1, 4.9.4, 12.1.1.

tinajero. El que hace o vende tinajas.

tincar (1a). Dar un papirotazo a una bola.

tindalizar (1g). Esterilizar por el calor.

tinglado. Cobertizo. Tablado. Enredo. 3.5.4.

tintineo. Acción y efecto de tintinear, 3.12.3.

tiovivo. Atracción de feria, 4.6.2, 12.11.3.

tiquismiquis. Escrúpulos o reparos.

tirabuzón. Sacacorchos. Rizo.

tiranizar (1g). Gobernar un tirano. Dominar despóticamente.

tisis. Tuberculosis, 5.5.11.

tisú. Tela de seda, 4.2.3.

titubear (1). Oscilar, vacilar.

título. Nombre de un texto, grado, profesión o categoría. Documento. Dignidad. 4.2.1, 4.9.3.

tizar (1g). Diseñar. Trazar.

tiznar (1). Manchar, deslustrar.

Tm. Abreviatura de *tonelada métrica,* 12.4.4.

toalla. Lienzo para secarse.

toallero. Mueble o útil para colgar toallas.

toba. Piedra porosa.

tobar. Cantera de toba.

tobera. Entrada de aire en el horno o en la forja.

tobillo. Protuberancia en la parte inferior de la pierna.

tocador. Mueble con espejo, 3.12.4.

tocador, ra. Que tañe un instrumento músico, 3.12.4.

tocar (1a). Ejercitar el sentido del tacto. Estar en contacto. Sonar o hacer sonar un instrumento. Aludir.

tocasalva. Salvilla, bandeja.

tocayo, a. Respecto de una persona, otra que tiene su mismo nombre, 3.7.2.

todavía. Hasta un momento determinado desde un tiempo anterior.

todo, a. Indefinido, 2.4, 3.12.5.

tolva. Especie de embudo para granos.

tonicidad. Tono. Cualidad de tónico. 1.9, 4.4.1.

tonificar (1a). Dar vigor al organismo.

tono. Tinte, estilo. Intensidad, grado de ele-

vación de un sonido. Inflexión, modulación de la voz. 12.7.1.

topónimo. Nombre propio del lugar, 5.8.4.

tórax. Pecho.

torcer (2f). Dar vueltas a una cosa sobre sí misma. Doblar, desviar. 3.10.1.

tornaboda. Día después de la boda.

tornaviaje. Viaje de regreso.

tornavirón. Torniscón, golpe.

tornavoz. Aparato dispuesto para que el sonido repercuta y se oiga mejor.

torre. Edificio para la defensa. Edificio alto, parte más alta de un edificio. Chalé. 5.5.5.

tos. Convulsión brusca del aparato respiratorio, 5.5.11.

tosigar (1b). Atosigar.

tostar (1r). Exponer algo a la acción del fuego hasta que tome color dorado. Broncear la piel. Calentar demasiado.

total. Completo, entero. ‖ (Aspecto) 8.4.4, 8.4.5, 8.4.6, 8.5.7, 8.7.1, 8.7.6, 9.1.1, 10.1.4.

totalizar (1g). Obtener el total de varias cantidades.

tótem. Emblema de una tribu.

toxicar (1a). Envenenar, atosigar.

toxina. Veneno.

trabajador, ra. Que trabaja.

trabajar (1). Ocuparse en cualquier ejercicio, 3.5.7.

trabajo. Acción y efecto de trabajar.

trabajoso, a. Que cuesta o causa mucho trabajo.

trabalenguas. Locución difícil de pronunciar.

trabar (1). Unir, juntar. Prender, agarrar, asir.

trabazón. Enlace, conexión, consistencia, 5.5.9.

trabe. Madero largo y grueso.

trabilla. Tira de tela o cuero para sujetar.

trabuca. Buscapiés que estalla al apagarse.

trabucar (1a). Trastornar el orden de las cosas. Equivocar.

trabuco. Arma de fuego.

tractor. Máquina para arrastrar.

traducir (20). Trasponer un texto de una lengua a otra. Interpretar.

traer (10). Conducir hacia el lugar donde se habla, 3.5.12.

trafagar (1b). Traficar. Correr mundo.

tragahombres. Perdonavidas.

tragar (1b). Hacer que algo pase de la boca

al aparato digestivo. Comer vorazmente. Dar fácilmente crédito a algo. Tolerar.

tragedia. Obra dramática. Suceso fatal o desgraciado.

traillar (1u). Igualar la tierra con la traílla.

traje. Vestido.

trajinante. Que trajina.

trajinar (1). Acarrear mercancías. Andar de un sitio a otro.

tramoya. Máquina para figurar transformaciones en el teatro, 3.7.2.

trampa. Artificio para capturar animales. Estrategia para engañar, 3.8.2.

trancar (1a). Cerrar una puerta con una tranca.

tranquilizar (1g). Poner tranquilo.

transacción. Acción y efecto de transigir. Trato, convenio, negocio. 3.8.6, 3.11.2.

transatlántico, a. Trasatlántico.

transbisnieta. Tataranieta, 3.8.6.

transbisnieto. Tataranieto, 3.8.6.

transbordador. Buque que transborda, 3.8.6.

transbordar (1). Trasbordar, 3.8.6.

transcender (2d). Trascender.

transcribir (3n). Trascribir, 3.8.6.

transcripción. Trascripción, 3.8.6, (gráfica) 1.1.

transcurrir (3). Trascurrir, 3.8.6.

transcurso. Trascurso, 3.8.6.

transeúnte. Que transita o pasa por un lugar, 3.8.6.

transferencia. Trasferencia, 3.8.6.

transferir (22). Trasferir, 3.8.6.

transfiguración. Trasfiguración, 3.8.6.

transfigurar (1). Trasfigurar, 3.8.6.

transformación. Acción y efecto de transformar, 3.8.6.

transformar (1). Trasformar, 3.8.6.

transfregar (1d). Restregar una cosa con otra.

tránsfuga. Trásfuga, 3.8.6.

transfundir (3). Trasfundir, 3.8.6.

transfusión. Trasfusión, 3.8.6.

transgredir (3ñ). Trasgredir.

transgresión. Trasgresión.

transiberiano, a. Dícese de lo que atraviesa Siberia, 3.8.6.

transición. Paso, cambio, 3.8.6.

transido, a. Fatigado, angustiado, 3.8.6.

transigencia. Acción y efecto de transigir, 3.8.6.

transigir (3b). Consentir en parte.

transilvano, a. De Transilvania.

transitar (1). Pasar por vías o parajes públicos, 3.8.6.

tránsito. Acción de transitar, 3.8.6.

transitorio, a. Que pasa, momentáneo, 3.8.6.

translaticio, a. Traslaticio.

translúcido, a. Traslúcido.

translucir (3g). Traslucir.

transmarino, a. Del otro lado del mar, 3.8.6.

transmediterráneo, a. Que atraviesa el Mediterráneo, 3.8.6.

transmigración. Trasmigración, 3.8.6.

transmigrar (1). Trasmigrar, 3.8.6.

transmisión. Trasmisión, 3.8.6.

transmitir (3). Trasmitir, 3.8.6.

transmontano, a. Tramontano, del otro lado de los montes.

transmontar (1). Tramontar, pasar al otro lado de los montes.

transmudación. Trasmudación.

transmudar (1). Trasmudar, 3.8.6.

transmutación. Trasmutación, 3.8.6.

transmutar (1). Trasmutar, 3.8.6.

transpacífico, a. Al otro lado del Pacífico.

transparencia. Trasparencia, 3.8.6.

transparentarse (1). Trasparentarse.

transparente. Trasparente, 3.8.6.

transpiración. Traspiración, 3.8.6.

transpirar (1). Traspirar, 3.8.6.

transpirenaico, a. Traspirenaico.

transponer (5). Trasponer.

transportar (1). Trasportar, 3.8.6.

transporte. Trasporte, 3.8.6.

transposición. Trasposición.

transubstanciación. Conversión total de una substancia en otra.

transvasar (1). Trasvasar.

transverberación. Trasverberación.

transversal. Trasversal, 3.8.6.

transverso, a. Trasverso, 3.8.6.

tranvía. Cierto modo de transporte colectivo, 3.8.3.

tranviario, a. Relativo al tranvía.

tranzar (1g). Cortar, tronchar.

trapazar (1g). Tapacear.

tras. Preposición, 7.2.26.

trasbocar (1a). Vomitar.

trasca. Correa fuerte, 3.8.6.

trasbisnieta. Transbisnieta, 3.8.6.

trasbisnieto. Transbisnieto, 3.8.6.

trasbordador. Transbordador, 3.8.6.

trascantón. Guardacantón, 3.8.6.

trascendencia. Penetración, perspicacia. Resultado, consecuencia.

trascendental. Que se comunica o extiende a otras cosas.

trascendente. De gran importancia por sus consecuencias, 3.8.6.

trascender (2d). Exhalar, comunicarse, empezar a ser conocido.

trascolar (1r). Colar a través de algo, 3.8.6.

trasconejarse (1). Quedarse la caza tras los perros que la siguen.

trascordarse (1r). Perder la noticia puntual de algo.

trascoro. Detrás del coro, 3.8.6.

trascribir (3n). Copiar un escrito, 3.8.6.

trascripción. Acción y efecto de trascribir, 3.8.6.

trascurrir (3). Transcurrir, 3.8.6.

trascurso. Transcurso, paso de tiempo, 3.8.6.

trasdós. Superficie exterior de un arco o bóveda, 4.6.2.

trasegar (1d). Trastornar, revolver, mudar.

trasero, a. Que está o viene detrás.

trasferencia. Transferencia, acción y efecto de trasferir, 3.8.6.

trasferir (22). Transferir, traspasar a otro un derecho o cantidad, 3.8.6.

trasfiguración. Transfiguración, acción y efecto de trasfigurar, 3.8.6.

trasfigurar (1). Transfigurar, cambiar o hacer cambiar de aspecto, 3.8.6.

trasformación. Transformación, acción y efecto de trasformar, 3.8.6.

trasformar (1). Transformar, cambiar o hacer cambiar, 3.8.6.

trasfregar (1d). Transfregar.

trásfuga. Tránsfuga, persona que abandona una ideología por otra, 3.8.6.

trasfundir (3). Transfundir, hacer pasar poco a poco un líquido de un recipiente a otro, 3.8.6.

trasfusión. Transfusión, administración intravenosa de sangre ajena, 3.8.6.

trasgo. Duende. Niño vivo y enredador. 3.8.6.

trasgredir (3ñ). Infringir, violar, desobedecer un precepto, una orden o una ley.

trashoguero. Perezoso que permanece en su casa.

trashumante. Que trashuma.

trashumar (1). Pasar de un lado a otro.

trasiego. Acción de trasegar.

traslación. Acción y efecto de trasladar.

trasladar (1). Llevar o mudar de un lugar a otro.

traslaticio, a. Sentido en que se usa un vocablo, distinto del habitual.

traslucirse (3g). Adivinarse, conjeturarse. Ser traslúcido un cuerpo.

trasluz. Luz que pasa a través de un cuerpo traslúcido, 3.8.6.

trasmano. Segundo en orden. Fuera del alcance. 3.8.6.

trasmediterráneo, a. Transmediterráneo, 3.8.6.

trasmigración. Transmigración, acción y efecto de trasmigrar, 3.8.6.

trasmigrar (1). Pasar a vivir a otro país. Pasar un alma de un cuerpo a otro. 3.8.6.

trasminar (1). Abrir camino por debajo de la tierra.

trasmisión. Transmisión, acción y efecto de trasmitir, 3.8.6.

trasmitir (3). Transmitir, transferir. Contagiar, propagar. Comunicar. 3.8.6.

trasmontano, a. Tramontano.

trasmontar (1). Tramontar, 3.8.6.

trasmudación. Transmutación, 3.8.6.

trasmudar (1). Trasladar. Trasmutar. 3.8.6.

trasmutación. Acción y efecto de trasmutar, 3.8.6.

trasmutar (1). Mudar o convertir una cosa en otra, 3.8.6.

trasnochado, a. Que trasnocha. Falto de novedad. Maciento.

trasnochar (1). Pasar la noche velando, 3.8.6.

trasoír (26). Oír con error.

trasoñar (1r). Comprender erróneamente algo.

traspapelarse (1). Confundirse, perderse un papel.

trasparencia. Transparencia, cualidad de trasparente, 3.8.6.

trasparente. Transparente, dícese del cuerpo que deja pasar la luz, 3.8.6.

traspasar (1). Pasar o llevar una cosa de un sitio a otro. Atravesar. Transgredir. 3.8.6.

traspaso. Acción y efecto de traspasar.

traspié. Resbalón, tropezón.

traspiración. Transpiración, acción y efecto de traspirar, 3.8.6.

traspirar (1). Transpirar, segregar líquido cuerpo a través de sus poros. Sudar. 3.8.6.

trasplantar (1). Mudar un vegetal del sitio donde estaba plantado, 3.8.6.

trasponer (5). Trasladar, cambiar. Quedarse alguien algo dormido.

DICCIONARIO NORMATIVO

453

trasportar (1). Transportar, llevar de un sitio a otro, 3.8.6.

trasporte. Transporte, acción y efecto de trasportar. Medios que se utilizan para trasportar. 3.8.6.

trasposición. Acción y efecto de trasponer o trasponerse.

traspunte. Apuntador, 3.8.6.

trasquilar (1). Cortar el pelo sin orden ni arte, 3.8.6.

trasroscar (1a). Pasarse de rosca.

trastada. Mala pasada.

traste. Trasto, trebejo, 3.8.6.

trastear (1). Remover, mudar trastos, 3.8.6.

trastienda. Habitación en la parte posterior de una tienda, 3.8.6.

trasto. Mueble o utensilio, especialmente si está roto o arrinconado, 3.8.6.

trastocar (1). Alterar, 3.8.6.

trastornar (1). Volver algo de arriba abajo o de un lado a otro. Inquietar, causar disgusto.

trastorno. Acción y efecto de trastornar.

trastrocar (1f). Mudar el ser o estado de algo.

trastumbar (1). Dejar caer o echar a rodar.

trasunto. Copia o traslado.

trasversal. Transversal, que atraviesa, 3.8.6.

trasverso, a. Trasversal, 3.8.6.

trasver (2j). Ver a través de algo.

trasverter (2d). Rebosar el líquido contenido en un recipiente.

travesar (1j). Atravesar.

trasvolar (1r). Pasar volando.

través. Inclinación, torcimiento.

travesaño. Pieza que atraviesa de una parte a otra.

travesía. Camino trasversal.

travestir (30). Vestir a alguien con ropa del sexo contrario.

travesura. Viveza, sutileza de ingenio.

travieso, a. Sutil, sagaz, revoltoso.

trayectoria. Línea descrita en el espacio por un punto que se mueve.

trazar (1g). Hacer trazos, delinear. Discurrir para algo. Exponer los rasgos.

trebejo. Instrumento, utensilio.

trébol. Cierta planta.

trece. Numeral cardinal, 4.8.2.

treceavo, a. Partitivo de trece, 4.8.4.

treinta. Numeral cardinal.

treintaiunavo, a. Partitivo de treinta y uno, 4.8.4.

treintavo, a. Partitivo de treinta, 4.8.4.

trenzar (1g). Hacer trenzas o trenzados. Entretejer.

tres. Numeral cardinal, 4.8.2.

trescientos, as. Numeral cardinal, 4.8.2.

trescientosavo, a. Partitivo de trescientos, 4.8.4.

tresmilésimo, a. Ordinal y fraccionario de tres mil, 4.8.4.

tresmillonésimo, a. Ordinal y fraccionario de tres millones, 4.8.4.

trezavo, a. Treceavo, partitivo de trece, 4.8.4.

triar (1t). Elegir, escoger.

tribu. Conjunto de pueblos o de familias, 5.5.6.

tribuir (29). Atribuir.

tribulación. Congoja, pena, tormento.

tribuna. Plataforma elevada.

tribunal. Lugar destinado a los jueces. Conjunto de personas que juzga.

tribuno. Magistrado.

tributar (1). Contribuir a las cargas públicas.

tricentésimo, a. Ordinal de trescientos, 4.8.2.

tríceps. Músculo, 1.11, 3.9.3, 4.2.3.

trigésimo, a. Ordinal y partitivo de treinta, 3.5.8.

trilingüe. Que tiene o habla tres lenguas.

trilogía. Conjunto de tres obras.

trincafiar (1t). Unir palos o maderos rotos de un barco.

trincar (1a). Detener. Tomar bebidas alcohólicas.

triple. Resultado de multiplicar por tres, 4.8.5.

triplicar (1a). Multiplicar por tres. Repetir tres veces.

trípode. Soporte de tres pies, 5.5.5.

tríptico. Que consta de tres partes.

triptongar (1b). Pronunciar tres vocales formando triptongo.

triptongo. Concurrencia de tres vocales en una misma sílaba, 1.10, 4.3.1, (acento) 4.3.1.

triscar (1a). Hacer ruido con los pies. Retozar.

triste. Sin categoría (antepuesto). Melancólico, afligido, deprimido (pospuesto). 5.9.4.

triunfal. Relativo al triunfo, 3.8.3.

triunfar (1). Vencer, quedar victorioso. Tener éxito.

triunfo. Victoria, éxito.

triunvirato. Junta de tres personas, 3.8.3.

trivial. Vulgarizado, sabido, sin importancia.

trivializar (1g). Minimizar.

trizar (1g). Hacer trizas, dividir en trozos pequeños.

trocar (1f). Mudar. Cambiar una cosa por otra.

trociscar (1a). Dividir en partes una sustancia medicamentosa.

troj. Almacén para guardar frutos, 5.5.7.

trompeta. Instrumento musical de viento, 3.8.2.

trompicar (1a). Tropezar repetidamente, dar tumbos.

tronar (1r). Producirse o sonar truenos. Causar ruido.

troncar (1a). Truncar, cortar, impedir el desarrollo.

trono. Asiento con gradas y dosel. Dignidad de soberano. 3.10.2.

tronzar (1g). Partir, tronchar. Hacer pliegues pequeños en las faldas.

tropezar (1e). Topar, hallar un impedimento. Hallar casualmente.

trotaconventos. Alcahueta.

trovador. Que trova. Poeta.

trovar (1). Hacer versos.

troyano, a. De Troya.

trozar (1g). Trocear, hacer pedazos.

trucar (1a). Hacer trucos en el juego.

truhán. Sinvergüenza, que vive de engaños y estafas.

truhanesco, a. Propio de truhán.

truncar (1a). Cortar parte de algo. Descabezar. Interrumpir.

tu. Apócope de tuyo, 4.4.4.

tú. Pronombre personal, 4.4.4.

tuberculina. Preparación hecha con gérmenes tuberculosos.

tubérculo. Protuberancia, abultamiento. Excrecencia feculenta de ciertas plantas.

tuberculosis. Cierta enfermedad.

tubería. Conducto para líquidos o gases.

tubo. Elemento de conducción. Recipiente. 4.11.3.

tubular. Relativo al tubo o que tiene su forma.

tullecer (2m). Tullir.

tullir (3h). Dejar tullido, impedido de movimiento.

tumbo. Vaivén violento, 3.8.2.

tumultuar (1s). Levantar tumulto, alborotar.

turbación. Confusión, desorden.

turbamulta. Multitud confusa y desordenada.

turbante. Tocado consistente en una faja larga de tela que rodea la cabeza.

turbar (1). Alterar el curso natural de las cosas.

turbina. Rueda hidráulica.

turbio, a. Mezclado, alterado. Poco claro.

turbión. Aguacero, 5.5.9.

turbulento, a. Confuso, alborotado.

turgente. Abultado, elevado.

turíbulo. Incensario.

turificar (1a). Incensar.

tuyo, a. Posesivo, 3.7.2.

U

u. Letra. Vocal. 1.4, 1.6, 3.2.3, 3.5.2, 3.5.3. ‖ Conjunción disyuntiva, 7.1.3.

ubérrimo, a. Muy abundante y fértil, 4.6.4.

ubicar (1a). Estar en determinado espacio o lugar.

ubicuidad. Calidad de ubicuo.

ubicuo, a. Que está presente al mismo tiempo en todas partes.

ubiquitario, a. Relativo a cierta secta protestante.

ubre. Cada una de las tetas de la hembra en los animales, 5.5.5.

UCD. Abreviatura de *Unión de Centro Democrático,* 4,10,8.

Ud. Abreviatura de *usted,* 4.9.3.

ueste. Oeste.

uf. Interjección, 12.8.2.

ugetista. Afiliado a UGT, 13.4.4.

UGT. Abreviatura de *Unión General de Trabajadores,* 12.4.4.

ujier. Portero, empleado.

úlcera. Llaga, rotura de tejidos orgánicos.

ulfilano, a. Tipo de letra gótica.

ulterior. Que está en la parte de allá. Que sucede o se ejecuta después.

ultimar (1). Acabar, concluir.

ultimátum. Resolución definitiva, 5.6.7.

último, a. Que no tiene otra cosa después.

ultra. Además de.

ultrajar (1). Ajar, injuriar, despreciar.

ultraje. Injuria o desprecio.

ultramar. Al otro lado del mar.

ultramarinos. Ciertos comestibles.

ultramontano, a. Del otro lado de los montes.

ultranza. A todo trance.

ultrarrojo. Relativo a la parte invisible del espectro que se extiende a continuación del color rojo.

ultravioleta. Relativo a la parte invisible del espectro que se extiende a continuación del color violado.

ulular (1). Dar gritos o alaridos.

umbela. Grupo de flores o frutos que nacen en un mismo punto del tallo.

umbilicado, a. De figura de ombligo.

umbráculo. Cobertizo para resguardar del sol.

umbral. En las puertas, parte inferior y contrapuesta al dintel.

umbrático, a. Relativo a la sombra.

umbrío, a. Sombrío.

umero. Omero.

un. Apócope de uno, 4.8.2, 5.8.1.

unánime. Dícese del parecer en que conviene un grupo de personas.

unanimidad. Calidad de unánime.

uncial. Cierto tipo de escritura.

unción. Acción de ungir.

uncir (3a). Atar al yugo.

undécimo, a. Ordinal y partitivo de once, 4.8.2.

undécuplo, a. Resultado de multiplicar por once, 4.8.5.

undulante. Ondulante.

undular (1). Ondular.

ungir (3b). Signar con óleo u otra materia pingüe.

ungüento. Lo que sirve para ungir. Medicamento. Substancia para embalsamar.

ungulado, a. Que tiene cascos o pezuñas.

unicelular. Que consta de una sola célula.

unicidad. Calidad de único.

único, a. Solo y sin otro de su especie.

unicornio. Animal fabuloso con un cuerno en la frente.

unidad. Singularidad.

unificar (1a). Hacer de muchas cosas una o un todo.

unifoliado, a. Que tiene una sola hoja.

uniformar (1). Hacer uniformes. Igualar en algo.

uniforme. Que tiene la misma forma. Vestido distintivo de ciertos empleados o militares.

unión. Acción y efecto de unir.

unípede. De un solo pie.

unipersonal. Que consta de una sola persona.

unir (3). Juntar, mezclar, acercar, casar.

unisexual. De un solo sexo.

unisonar (1r). Sonar al unísono.

unísono, a. Que tiene el mismo tono. Sin discrepancia.

universal. Que comprende a todos en su especie.

universalizar (1g). Hacer universal.

universidad. Institución docente superior.

universitario, a. Relativo a la universidad.

universo. Mundo.

univocar (1a). Convenir en una razón dos o más cosas.

unívoco, a. Que tiene igual naturaleza o valor que otra cosa.

UNO. Abreviatura de *United Nations Organization*, 4.10.8.

uno, a. Numeral e indefinido, 4.8.2, 5.8.1.

untar (1). Ungir con materia grasa. Sobornar.

uña. Parte del cuerpo de naturaleza córnea.

uñir (3h). Unir. Uncir.

uranio. Metal muy denso.

Urano. Planeta mayor que la Tierra.

urbanidad. Cortesanía, comedimiento.

urbanificar (1a). Realizar una urbanización.

urbanizar (1g). Convertir en poblado una porción de terreno.

urbano, a. Relativo a la ciudad.

urbe. Ciudad, especialmente la muy populosa.

urdimbre. Conjunto de hilos que se colocan en el telar, 5.5.5.

urdir (3). Preparar los hilos para el telar. Maquinar.

uremia. Enfermedad de la sangre.

uréter. Conducto por donde desciende la orina de los riñones a la vejiga.

uretra. Conducto por donde se expele la orina.

urgencia. Calidad de urgente.

urgente. Que urge, 1.8, 3.5.6.

urgir (3b). Instar una cosa a su pronta ejecución.

urinario, a. Relativo a la orina.

urna. Vaso, arquita, caja.

urología. Estudio de las enfermedades del aparato urinario.

urraca. Pájaro domesticable.

urticaria. Enfermedad eruptiva de la piel.

uruguayo, a. Del Uruguay.

USA. Abreviatura de *United States of America*, 4.10.8.

usado, a. Gastado, deslucido.

usagre. Erupción infantil.

usanza. Uso, costumbre, moda.

usar (1). Hacer servir una cosa, disfrutarla.

usía. Vuestra señoría.

uso. Acción y efecto de usar, 3.6.4, 4.11.2, (bilingüístico) 9.2.3, 12.1.2, 13.1.

USO. Abreviatura de *Unión Sindical Obrera*.

usted. Pronombre personal, 2.4, 3.4.2, 3.12.1, 4.5.1.

usual. Que se usa común o frecuentemente.

usuario, a. Que usa o tiene derecho a usar.

usufructo. Derecho de usar de la cosa ajena y aprovecharse de todos sus frutos.

usufructuar (1s). Tener o gozar el usufructo.

usura. Interés excesivo. Ganancia, fruto.

usurero, a. Que presta con usura.

usurpador, ra. Que usurpa.

usurpar (1). Quitar a uno lo que es suyo.

uta. Enfermedad del Perú.

utensilio. Lo que sirve para uso manual y frecuente.

útero. Matriz de las hembras de los mamíferos.

útil. Que produce provecho, comodidad o interés, 4.2.3.

utilidad. Calidad de útil.

utilizar (1g). Aprovecharse de una cosa.

utopia. Utopía.

utopía. Proyecto o sistema halagüeño pero irrealizable.

utópico, a. Relativo a la utopía.

uva. Fruto de la vid.

úvula. Parte media del velo palatino.

uxoricida. El que mata a su mujer.

uxoricidio. Muerte causada a la mujer por su marido.

V

v. Letra. Consonante. 1.4, 1.6, 3.1.

vaca. Animal hembra, 4.11.3.

vacada. Manada o conjunto de vacas.

vacante. Libre, 4.11.3.

vacar (1a). Cesar, quedar sin empleo, descansar.

vaciar (1t). Dejar vacía una cosa. Sacar, verter.

vacilar (1). Moverse indeterminadamente. Estar poco firme. Titubear.

vacío, a. Falto de contenido. Vano, ocioso.

vacuna. Preparación que se inocula para preservar de una enfermedad.

vacunar (1). Aplicar la vacuna.

vacuno, a. Relativo al ganado bovino.

vadear (1). Pasar una corriente. Tantear, inquirir.

vademécum. Libro de poco volumen.

vado. Paraje de un río con fondo firme y poco profundo.

vagabundear (1). Andar vagabundo.

vagabundo, a. Que anda errante de una parte a otra.

vagancia. Acción de vagar o estar sin oficio u ocupación.

vagar (1b). Tener tiempo suficiente para hacer algo. Andar de una parte a otra sin tener destino fijo.

vagido. Llanto del recién nacido.

vagina. Conducto desde la vulva hasta la matriz.

vago, a. Desocupado, sin oficio. Indeterminado, indeciso.

vagón. Carruaje.

vagoneta. Vagón pequeño y descubierto.

vaguada. Línea que marca la parte más honda de un valle.

vaguedad. Calidad de vago.

vahaje. Viento suave.

vaharada. Acción y efecto de arrojar o echar el vaho o respiración.

vahído. Desvanecimiento, turbación breve del sentido.

vaho. Vapor que despiden los cuerpos en determinadas condiciones.

vaina. Funda en que se guardan algunas armas.

vainica. Deshilado menudo.

vainilla. Planta y fruto muy oloroso.

vaivén. Movimiento alternativo de un lado a otro.

vajilla. Conjunto de útiles que se emplean en la mesa.

vale. Papel canjeable por algo. Entrada gratuita para un espectáculo público. 4.2.3.

valedero, a. Que debe valer.

valenciano, a. De Valencia.

valentía. Esfuerzo, aliento, vigor.

valer (9). Amparar, proteger. Importar, tener precio.

valeroso, a. Eficaz, que puede mucho. Valiente, esforzado.

valetudinario, a. Enfermizo, de salud quebrada.

valía. Valor, aprecio.

validar (1). Dar fuerza o firmeza.

valido. Primer ministro.

válido, a. Firme. Robusto.

valiente. Eficaz, activo, robusto, fuerte.

valija. Maleta. Correo.

valioso, a. Que vale mucho.

valón, na. Natural del territorio comprendido entre el Escalda y el Lys. Idioma de esta región. 3.1.2.

valona. Cuello grande y vuelto.

valor. Cualidad, fuerza, título, grado.

valorar (1). Señalar a una cosa el valor correspondiente.

valorizar (1g). Valorar. Aumentar el valor de una cosa.

valquiria. Divinidad mitológica.

vals. Cierto baile.

valuar (1s). Señalar precio.

válvula. Pieza mecánica para interrumpir comunicaciones.

valla. Defensa para cerrar, estacada, 3.7.3.

valladar. Obstáculo.

valle. Llanura entre montes. Cuenca.

vallisoletano, a. De Valladolid.

vampiro. Murciélago americano. Espectro fantástico que chupa la sangre.

vanagloria. Jactancia del propio valer, 5.6.7.

vandálico, a. Relativo a los vándalos o al vandalismo.

vandalismo. Devastación propia de los antiguos vándalos. Espíritu de destrucción.

vanegar (1b). Marcar en una embarcación los puntos en que se fijan las cabezas para que queden perpendiculares a la quilla.

vanguardia. Parte adelantada de una fuerza armada.

vanidad. Calidad de vano.

vanidoso, a. Que tiene vanidad.

vano, a. Falto de realidad o entidad. Hueco, vacío.

vánova. Colcha o cubierta de cama.

vapor. Fluido aeriforme.

vaporizar (1g). Convertir en vapor.

vaporoso, a. Tenue, ligero.

vapular (1). Azotar.

vapulear (1). Vapular.

vaquero, a. Pastor de reses vacunas.

vaqueta. Piel curtida, 4.11.3.

vara. Ramo, palo o bastón largo y delgado.

varapalo. Palo largo a modo de vara.

varar (1). Encallar la embarcación.

varear (1). Derribar con vara los frutos de algunos árboles.

varetazo. Golpe de lado que da el toro con el asta.

varga. Parte más pendiente de una cuesta.

variable. Que varía o puede variar.

variar (1t). Hacer que una cosa sea diferente de lo que era antes.

varicela. Enfermedad contagiosa.

variedad. Calidad de vario, 5.6.4.

variedades. Espectáculo ligero, 5.6.4.

varillaje. Conjunto de varillas.

vario, a. Diverso, diferente, 4.11.3.

varón. Hombre, 4.11.3.

varonía. Calidad de descendiente de varón en varón.

varonil. Relativo al varón.

varsoviano, a. De Varsovia.

vasallaje. Vínculo de dependencia y fidelidad.

vasallo, a. Súbdito. Sujeto a un señor.

vasco, a. De las provincias vascongadas.

vascuence. Dícese de la lengua hablada por los vascos.

vasija. Pieza destinada a contener líquidos o ciertos alimentos.

vaso. Pieza capaz de contener algo.

vástago. Renuevo del árbol.

vasto, a. Dilatado, muy extenso.

vate. Adivino, poeta.

vaticano. Relativo al Papa, a su palacio o a su corte.

vaticinar (1). Pronosticar, adivinar.

vatio. Cantidad de trabajo eléctrico equivalente a un julio por segundo.

vaya. Interjección, 3.7.3, 4.11.3.

vecinal. Relativo al vecindario o a los vecinos.

vecindad. Calidad de vecino. Conjunto de vecinos.

vecindario. Conjunto de vecinos.

vecino, a. Que tiene casa y hogar en un lugar. Que habita con otros en la misma casa, pueblo o barrio.

veda. Tiempo en que está vedado pescar o cazar.

vedar (1). Prohibir por ley, estatuto o mandato. Impedir, estorbar.

vedija. Mechón de lana.

vega. Parte de tierra baja, llana y fértil.

vegetación. Conjunto de los vegetales propios de un paraje o región.

vegetal. Que vegeta. Relativo a las plantas.

vegetar (1). Germinar, nutrirse y crecer las plantas. Vivir una persona con vida meramente orgánica.

vegetariano, a. Que se alimenta exclusivamente de vegetales.

veguero. Cigarro puro hecho de una sola hoja.

veguero, a. Relativo a la vega.

vehemente. Que mueve o se mueve con ímpetu y violencia.

vehículo. Artefacto que sirve para transportar personas o cosas.

veinte. Numeral cardinal, 4.8.2.

veinteavo, a. Partitivo de veinte, 4.8.4.

veinticinco. Numeral cardinal, 4.8.2.

veinticuatro. Numeral cardinal, 4.8.2.

veinticuatroavo, a. Partitivo de veinticuatro, 4.8.4.

veintidós. Numeral cardinal, 4.8.2.

veintidosavo, a. Partitivo de veintidós, 4.8.4.

veintinueve. Numeral cardinal, 4.8.2.

veintiocho. Numeral cardinal, 4.8.2.

veintiséis. Numeral cardinal, 4.8.2.

veintisiete. Numeral cardinal, 4.8.2.

veintitrés. Numeral cardinal, 4.8.2.

veintitresavo, a. Partitivo de veintitrés, 4.8.4.

veintiunavo, a. Partitivo de veintiuno, 4.8.4.

veintiuno. Numeral cardinal, 4.8.2.

vejación. Acción y efecto de vejar.

vejamen. Vejación.

vejar (1). Maltratar, molestar, perseguir.

vejez. Calidad de viejo. Senectud.

vejiga. Bolsa, ampolla, receptáculo.

vela. Acción de velar. Lona o lienzo para impulsar por el viento. Cilindro de cera.

velada. Reunión nocturna de varias personas.

velador. Mesita de un solo pie.

velar. Relativo al velo del paladar, (sonido) 1.5, 3.5.6.

velar (1). Estar sin dormir el tiempo destinado al sueño.

veleidad. Voluntad antojadiza, inconstancia, ligereza.

velero, a. Que navega a vela.

veleta. Pieza que sirve para señalar la dirección del viento. Persona inconstante y mudable.

velicar (1a). Punzar para dar salida a los humores.

velintonia. Árbol, 3.1.12.

velo. Cortina o tela que cubre. Parte posterior del paladar, 1.5.

velocípedo. Vehículo que se mueve con los pies.

velón. Lámpara compuesta con un vaso y varios mecheros.

veloz. Acelerado, 3.3.3.

vello. Pelillo, 4.11.3.

vellón. Lana que sale junta.

velludo, a. Que tiene mucho vello.

vena. Conducto que lleva la sangre al corazón.

venablo. Dardo o lanza.

venaje. Conjunto de venas.

venal. Que se deja sobornar. Vendible.

venatorio, a. Relativo a la montería.

vencejo. Pájaro de larga cola.

vencer (2a). Rendir o sujetar al enemigo.

venda. Tira o faja.

vendaje. Ligadura que se hace con vendas.

vendar (1). Atar o cubrir con la venda.

vendaval. Viento fuerte.

vendedor, ra. Que vende.

vendeja. Venta pública, como en feria.

vender (2). Traspasar a otro la propiedad de algo por el precio convenido.

vendimia. Recolección y cosecha de la uva.

veneciano, a. De Venecia.

veneno. Substancia que causa la muerte o graves trastornos.

venenoso, a. Que contiene veneno.

venerable. Digno de veneración.

venerar (1). Respetar en sumo grado.

venéreo, a. Relativo al deleite sensual.

venero. Manantial de agua.

venezolano, a. De Venezuela.

venganza. Satisfacción que se toma del daño o agravio.

vengar (1b). Tomar venganza.

vengativo, a. Inclinado a tomar venganza.

venia. Perdón, licencia.

venial. Que se opone levemente.

venidero, a. Que está por venir u ocurrir.

venir (21). Moverse de allá para acá. ‖ (Auxiliar) 10.1.4.

venta. Acción y efecto de vender. Casa para hospedaje de pasajeros.

ventaja. Superioridad o mejoría.

ventana. Apertura en la pared.

ventanaje. Conjunto de ventanas.

ventanal. Ventana grande.

ventar (1j). Soplar el viento.

ventarrón. Viento que sopla con mucha fuerza.

ventear (1). Soplar el viento, hacer aire fuerte.

ventero, a. Que cuida la venta.

ventilador. Instrumento que impulsa o remueve el aire.

ventilar (1). Hacer penetrar el aire.

ventisca. Borrasca de viento y nieve.

ventiscar (1a). Nevar con viento fuerte. Levantarse la nieve por la violencia del viento.

ventolera. Golpe de viento.

ventosa. Apertura para ventilar. Instrumento que se adhiere mediante el vacío.

ventrículo. Cavidad orgánica.

ventrílocuo, a. Que tiene el arte de modificar la voz imitando a otros.

ventura. Felicidad. Contingencia, riesgo.

venusto, a. Hermoso, agraciado.

ver (2j). Percibir por los ojos. Observar, atender.

veracidad. Calidad de veraz.

veraneante. Que veranea.

veranear (1). Pasar el verano en alguna parte.

veraniego, a. Relativo al verano.

verano. Estío, estación del año.

veraz. Que dice o profesa siempre la verdad.

verbal. Relativo al verbo, (acción) 8.4.4, 8.7.6, 10.1.4, (irregularidad) 11.1.1, 11.1.2, 11.1.3, (modo) 8.2.1, (morfema) 8.1, (perífrasis) 5.5.11, 9.4.3, 10.

verbena. Feria o velada.

verberar (1). Fustigar, azotar.

verbigracia. Ejemplo.

verbo. Una de las partes de la oración, 8,9, (acento) 4.5.3, (auxiliar) 10.1.1, 10.2, 10.5, 10.6, (copulativo) 10.6.3, (formas no personales) 9.1, 9.4.3, (impersonal) 10.2.2, 10.3.1, (implicación de tiempo) 8.6.5, (irregular) 3.1.5, 11.1, (número) 9.2.3, (posición) 5.9.1, 5.9.2, (regular) 11.1, (semiauxiliar) 10.1.4, 10.5, 10.6.1.

verboso, a. Abundante y copioso de palabras.

verdad. Conforme a las cosas. Propiedad, autenticidad. 2.4, 3.4.2, 3.4.3.

verdadero, a. Que contiene la verdad.

verde. Cierto color.

verdemar. Color semejante al verde que suele tomar el mar.

verdinegro, a. De color verde oscuro.

verdolaga. Planta comestible.

verdoso, a. Que tira a verde.

verdugo. Vástago. El que ejecuta penas de muerte. Persona cruel.

verdura. Hortaliza.

vereda. Camino angosto.

veredicto. Dictamen emitido por un jurado.

verga. Miembro, percha.

vergel. Huerto rico.

verger (2b). Estar inclinado hacia un lado.

vergonzante. Que pide limosna encubriéndose.

vergonzoso, a. Que causa vergüenza. Que siente vergüenza.

vergüenza. Turbación de ánimo. Pundonor, cortedad. 4.4.7.

vericueto. Lugar donde se anda con dificultad.

verificar (1a). Probar, comprobar. Realizar.

verigüeto. Molusco.

verja. Enrejado.

vermiforme. De figura de gusano.

vermú. Vermut, 3.12.1.

vermut. Licor aperitivo, 3.4.1, 3.12.1, 4.2.3.

vernáculo, a. Nativo.

verónica. Cierto lance de toros.

verosímil. Que tiene apariencia de verdadero.

verruga. Excrecencia cutánea.

versado, a. Ejercitado, práctico.

versalilla. Letra mayúscula de igual tamaño que la minúscula.

versar (1). Tratar.

versátil. Que se vuelve o se puede volver fácilmente.

versículo. Cada una de las divisiones de un capítulo.

versificar (1a). Hacer o componer versos.

versión. Traducción. Modo de referir.

verso. Conjunto de palabras sometidas a medida.

vértebra. Cada uno de los huesos que forman el espinazo.

vertebrado, a. Que tiene vértebras.

verter (2d). Derramar, echar. Traducir.

vertical. Perpendicular a la línea del horizonte.

vértice. Punto en que concurren los lados de un ángulo.

vertiente. Declive por donde corre o puede correr el agua.

vertiginoso, a. Relativo al vértigo. Que lo causa.

vértigo. Vahído, turbación.

vesania. Demencia, furia.

vesánico, a. Que padece vesania.

vesícula. Vejiga pequeña.

vespertino, a. Relativo a la tarde.

vestal. Dícese de las doncellas romanas consagradas a la diosa Vesta.

vestfaliano, a. De Vestfalia.

vestíbulo. Atrio o portal.

vestido. Pieza o piezas con que se cubre el cuerpo.

vestigio. Huella, señal, 3.5.8.

vestiglo. Monstruo fantástico.

vestir (30). Cubrir o adornar.

vestuario. Conjunto de piezas que sirven para vestir.

veta. Filón.

vetar (1). Poner veto.

veterano, a. Experimentado, antiguo.

veterinaria. Ciencia y arte de curar las enfermedades de los animales.

veto. Derecho a vedar o impedir.

vetusto, a. Muy antiguo o de mucha edad.

vez. Alternación. Tiempo u ocasión.

vezar (1g). Avezar.

vía. Camino, espacio, carril, 1.10.

viabilidad. Calidad de viable.

viable. Que puede llevarse a cabo.

vía crucis. Ejercicio piadoso en conmemoración de los pasos del Calvario.

viaducto. Puente para el paso de un camino, 1.10.

viajante. Que viaja para negociar.

viaje. Camino, jornada, traslado.

viajero, a. Que viaja, 3.5.14.

vial. Relativo a la vía.

vianda. Sustento, comida.

viandante. Persona que anda camino.

viaticar (1a). Administrar el Viático.

viático. Prevención de lo necesario para el viaje. Sacramento en peligro de muerte.

víbora. Culebra venenosa.

vibración. Acción de vibrar.

vibrante. Que vibra. ‖ Dícese del sonido en que hay una o varias oclusiones rápidas, 1.5.

vibrar (1). Dar o tener movimiento trémulo.

vibrátil. Capaz de vibrar.

vicaría. Oficio o dignidad de vicario. Su oficina.

vicario, a. Que tiene poder de otro o lo sustituye.

vicepresidente, a. Que está facultado para hacer las veces de presidente.

viceversa. Al contrario.

viciar (1). Dañar o corromper.

vicio. Mala calidad, defecto, hábito, (dicción) 2.2, 2.4, 2.5, 2.6, 3.4

vicisitud. Orden sucesivo o alternativo de alguna cosa. Alternativa de lo bueno y lo malo.

víctima. Destinado al sacrificio. Persona que padece daño o se expone a trave riesgo.

victoria. Superioridad, ventaja. Vencimiento.

vid. Planta cuyo fruto es la uva.

vida. Fuerza, actividad, aliento.

vidente. Que ve, 4.11.3.

vidriera. Bastidor con vidrios.

vidrio. Sustancia frágil, dura, transparente.

viejo, a. De mucha edad (antepuesto). Deslucido, estropeado por el uso (pospuesto). 5.9.4.

vienés, sa. De Viena.

viento. Corriente de aire.

vientre. Cavidad orgánica.

viernes. Día de la semana.

viga. Elemento entre paredes.

vigente. Que está en vigor.

vigésimo, a. Ordinal y partitivo de veinte, 3.5.8, 4.8.2, 4.8.4.

vigía. Atalaya, torre. Persona que vigila, 5.5.4.

vigilancia. Cuidado y atención.

vigilante. Que vigila.

vigilar (1). Velar, atender cuidadosamente.

vigilia. Acción de estar despierto. Víspera.

vigor. Fuerza, eficacia, viveza.

vigorizar (1g). Dar vigor.

viguería. Conjunto de vigas.

vigués, sa. De Vigo.

vihuela. Instrumento de música, 3.6.2.

vil. Bajo, despreciable.

vileza. Calidad de vil.

vilipendiar (1). Dspreciar, tratar con vilipendio.

villa. Casa de recreo. Población, pueblo. 3.1.10.

villancico. Composición poética popular, 3.1.10.

villanía. Bajeza de nacimiento.

villar. Pueblo pequeño, 3.1.10.

villorrio. Población pequeña y mal urbanizada.

vinagre. Líquido agrio y astringente.

vinagreta. Salsa fría.

vinajera. Cada uno de los jarrillos para el agua y el vino en la misa, 3.5.14.

vinar. Vinatero.

vinatero, a. Relativo al vino.

vincular (1). Sujetar a vínculo.

vínculo. Unión, atadura, sujeción.

vindicar (1a). Vengar, defender.

vindicta. Venganza.

vinícola. Relativo a la fabricación del vino.

vinicultura. Elaboración de vinos.

vino. Licor que se hace del zumo de las uvas.

viña. Terreno plantado de vides.

viñedo. Viña.

viñeta. Dibujo de adorno.

viola. Instrumento musical.

violar (1). Infringir, profanar, ajar.

violento, a. Que está fuera de su natural estado. Falso, torcido, impetuoso.

violeta. Cierta planta. Color morado claro.

violín. Instrumento musical, 1.10.

violoncelo. Instrumento musical.

viraje. Acción y efecto de virar.

virar (1). Volver, dar vuelta, cambiar de rumbo.

virgen. Que no ha tenido comercio carnal, 3.5.6, 4.2.3.

virginal. Puro, incólume, inmaculado.

vírgula. Vara, raya o línea delgada.

viril. Varonil.

virilizar (1g). Producir o adquirir virilismo.

virreinato. Dignidad y cargo de virrey.

virrey. El que gobierna en nombre del rey.

virtual. Implícito, tácito.

virtud. Disposición constante a hacer el bien. Capacidad de hacer algo. 3.4.2, 3.4.3, 3.12.1, 5.6.7.

virtuoso, a. Que ejercita la virtud.

virulento, a. Ponzoñoso.

virus. Humor maligno.

visaje. Gesto.

visar (1). Examinar poniendo el visto bueno.

víscera. Entraña.

viscoso, a. Pegajoso, glutinoso.

visera. Ala para resguardar la vista.

visibilidad. Calidad de visible, 3.1.3.

visible. Que se puede ver. Evidente. 3.1.2, 3.1.3.

visión. Acción y efecto de ver.

visionario, a. Que se figura y cree cosas quiméricas.

visita. Acción de visitar.

visitar (1). Ir a ver a alguien.

vislumbrar (1). Ver un objeto confusamente.

vista. Sentido corporal. Ojo. Estampa, apariencia. 5.5.4.

vistazo. Mirada superficial o ligera.

vistoso, a. Que atrae la atención.

visualizar (1g). Visibilizar. Formar en la mente imagen visual de un concepto abstracto o de lo que no se tiene a la vista.

vital. Relativo a la vida.

vitalizar (1g). Infundir fuerza o vigor.

viticultura. Cultivo de la vid.

vitorear (1). Aplaudir o aclamar con vítores.

vitrificar (1a). Convertir en vidrio.

vitrina. Armario con superficie de cristal.

vituperar (1). Decir mal de una persona o cosa.

viuda. Mujer a quien se le ha muerto su marido y no ha vuelto a casarse, 1.10.

viudo. Hombre a quien se le ha muerto su esposa y no ha vuelto a casarse, 1.10.

vivac. Campamento para pasar una noche, 3.2.4, 4.2.3.

vivaquear (1). Pasar las tropas la noche al raso.

vivaz. Agudo, ingenioso.

víveres. Provisiones de boca, 5.6.6, 5.6.7.

vivero. Semillero, criadero.

vividor, ra. Que vive a expensas de los demás.

vivienda. Morada, habitación.

vivificar (1a). Dar vida.

vivir (3). Tener vida, 3.1.4.

vivo, a. Que tiene vida. Vivaz. 10.6.9.

vizcaíno, a. De Vizcaya.

vizconde. Título nobiliario.

vocablo. Palabra, voz, 4.1.1.

vocabulario. Catálogo de voces.

vocación. Inspiración, inclinación, dedicación.

vocal. Sonido articulado. ‖ Letra, 1.5, 1.7, 1.9, 1.10, (abierta) 2.5, (cerrada) 1.10, 2.5, (débil) 1.10.

vocálico, a. Relativo a la vocal, (combinación) 1.8, 1.10, 4.1.2, 4.3.1, (fonema) 1.5, 1.6.

vocalizar (1g). Ejercitarse con la voz.

vocativo. Uno de los casos de la declinación, 12.2.7.

vocear (1). Dar voces o gritos.

vociferar (1). Vocear alto. Proclamar jactanciosamente.

vocinglero, a. Que da muchas voces.

volado, a. Dícese de un tipo de imprenta, (número) 12.12.2.

volandero, a. Suspenso en el aire.

volante. Adorno de tela plegada o fruncida. Rueda que regula el mecanismo de dirección de un automóvil. Comunicación o aviso escrito. Que vuela. Que gira. Que no está sujeto.

volapié. Suerte del toreo.

volar (1r). Ir o moverse por el aire.

volatería. Conjunto de aves. Su caza.

volátil. Que se mueve ligeramente y anda por el aire.

volatilizar (1g). Transformar en vapor o gas.

volatizar (1g). Volatilizar.

volavérunt. Exclamación que indica lo que se ha perdido o desaparecido, 3.4.1.

volcán. Abertura en la superficie de la tierra.

volcar (1f). Torcer de modo que se caiga o vierta algo.

volear (1). Sembrar a voleo. Darle una cosa en el aire para impulsarla.

voleo. Golpe dado en el aire a una cosa.

volframio. Cuerpo simple metálico, 3.1.12.

volquete. Carro que se vacía fácilmente.

voltaje. Conjunto de voltios.

voltear (1). Dar vueltas a algo.

voltereta. Vuelta ligera dada en el aire.

volteriano, a. Incrédulo, impío, cínico.

voltio. Unidad de fuerza electromotriz.

voluble. Que fácilmente se puede volver. Versátil.

volumen. Espacio ocupado por un cuerpo. Magnitud o importancia. Intensidad de la voz o de un sonido. Libro. 4.2.3.

voluminoso, a. Que tiene mucho volumen.

voluntario, a. Que se hace por voluntad.

voluptuoso, a. Que inclina a la complacencia en los deleites carnales.

voluta. Adorno en los capiteles.

volver (2n). Dar vuelta o vueltas. Repetir, reiterar. Regresar. 6.1.4. ‖ (Auxiliar) 10.1.4.

vomitar (1). Arrojar violentamente por la boca lo contenido en el estómago.

vorágine. Remolino impetuoso.

voraz. Muy comedor.

vosear (1). Dar tratamiento de vos.

vosotros, as. Pronombre personal, 4.5.1.

votación. Acción y efecto de votar.

votar (1). Emitir voto, 4.11.2.

voto. Promesa. Opinión dada en orden a una elección. Deseo de lo que se expresa. 4.11.2.

voz. Sonido que emite el hombre al hablar. ‖ Categoría gramatical, 8.1, 10.6, (activa) 10.1.1, 10.1.2, 10.6.1, (estativa) 10.6.5, 10.6.6, (pasiva) 10.1.1, 10.1.2, 10.1.4, 10.6.1, 10.6.2, 10.6.4, 10.6.6, (pasiva impersonal) 10.6.4, (pasiva refleja) 10.6.4, (resultativa) 10.6.5.

vozarrón. Voz muy fuerte.

vuelco. Acción de volcar.

vuelo. Acción de volar.

vuelta. Movimiento. Curvatura. Regreso.

vuestro, a. Posesivo.

vulcanizar (1g). Combinar azufre con goma elástica.

vulgar. Relativo al vulgo. Común, general.

vulgarismo. Palabra o expresión propia de la lengua hablada, 2.6.

vulgarizar (1g). Hacer vulgar o común.

vulgata. Versión latina de la Sagrada Escritura.

vulgo. El común de la gente popular.

vulnerar (1). Dañar, perjudicar.

vulpeja. Zorra.

W

w. Letra. Consonante. 1.4, 1.6, 3.1.1, 3.1.2, 3.1.12.

wagneriano, a. Relativo a Wagner, 1.6, 3.1.12.

walón. Valón, 3.1.12.

washingtoniano, a. Relativo a Washington, 3.1.12.

wat. Nombre del vatio en la nomenclatura internacional.

wellingtonia. Velintonia, 3.1.12.

whiski. Voz inglesa que se da a cierta bebida alcohólica, 3.1.12.

wolfram. Volframio, 3.1.12.

wolframio. Volframio, 3.1.12.

X

x. Letra. Consonante. 1.4, 3.3.2, 3.11.

xana. Ninfa de las fuentes.

xenofobia. Odio, repugnancia u hostilidad hacia los extranjeros.

xerocopia. Copia fotográfica obtenida por medio de xerografía.

xerografía. Procedimiento fotográfico electrostático. Fotocopia obtenida por este procedimiento.

xerografiar (1t). Reproducir por medio de la xerografía.

xilografía. Arte de grabar en madera.

xilórgano. Instrumento músico.

Y

y. Letra. Consonante. 1.4, 1.5, 1.6, 2.2, 2.6, 3.7, 11.1.1. ‖ Conjunción copulativa, 3.7.2, 4.9.3, 7.1.2, 7.1.3, 7.1.4.

ya. Conjunción distributiva, 7.1.3.

ya que. Locución conjuntiva, 7.1.2, 7.1.3.

yacente. Que yace.

yacer (2g). Estar echado o tendido.

yacija. Lecho, sepultura.

yacimiento. Sitio donde se halla naturalmente un mineral.

yantar (1). Comer.

yarda. Medida inglesa.

yate. Embarcación de recreo.

yedra. Hiedra.

yegua. Animal hembra, 3.7.1, 3.7.2.

yeguada. Piara del ganado caballar.

yegüero. El que cuida o guarda las yeguas.

yeísmo. Sustitución de *ll* por *y,* 2.2, 2.6, 3.7.2, 4.11.3.

yelmo. Parte de la armadura que resguarda la cabeza.

yema. Renuevo. Porción central. 3.7.2.

yerba. Hierba.

yerbajo. Derivado de hierba.

yermo. Despoblado, 3.7.2.

yermo, a. Inhabitado, inculto.

yerno. El marido de la hija, 3.7,1, 3.7.2.

yerro. Equivocación, 4.11.3.

yerto, a. Tieso, rígido, áspero.

yesca. Materia en que prende fácilmente una chispa, 3.7.1.

yeso. Sulfato de cal hidratado. Tiza. 1.6, 3.7.2.

yo. Pronombre personal.

yodo. Metaloide de brillo metálico, 3.7.1, 3.7.2.

yoduro. Cuerpo resultante de la combustión del yodo.

yola. Embarcación ligera.

yucateco, a. Del Yucatán.

yugo. Instrumento para uncir los bueyes o mulas, 3.7.2.

yunque. Prisma de hierro donde golpear con el martillo, 3.7.1, 3.7.2.

yunta. Par de bueyes, mulas u otros animales, 3.7.1, 3.7.2.

yusera. Piedra que sirve de suelo en el alfarje de los molinos.

yute. Materia textil, 3.7.2.

yuxtaponer (5). Poner una cosa junto a otra, 3.11.3.

Z

z. Letra. Consonante. 1.4, 1.5, 1.6, 2.4, 2.6, 3.3, 3.4, 3.3.1, 3.3.3, 3.3.4, 3.3.5, 5.6,2, 11.1.1.

zabucar (1a). Mover un líquido contenido en una vasija.

zabullir (3h). Zambullir.

zaguán. Habitación, vestíbulo, 1.10.

zahareño, a. Desdeñoso, intratable.

zahén. Dobla de oro finísimo.

zaherir (22). Reprender. Mortificar.

zahina. Planta gramínea.

zahorí. Que se le atribuye facultad de ver lo que está oculto.

zahoriar (1t). Escudriñar.

zahúrda. Pocilga.

zambullir (3h). Meter una cosa debajo del agua con ímpetu.

zambucar (1a). Esconder una cosa entre otras.

zampuzar (1g). Zambullir.

zanahoria. Planta de raíz comestible.

zancadilla. Acción de cruzar un pie entre las piernas de otro para hacerle caer. Ardid para perjudicar. 1.6.

zancajear (1). Andar mucho de una parte a otra.

zancajera. Parte del estribo donde se pone el pie para entrar en el coche.

zape. Interjección, 12.8.2.

zapuzar (1g). Zambullir.

zarabanda. Danza. Cosa que causa ruido estrepitoso.

zaragüelles. Calzones anchos, 5.6.6.

zarza. Planta arbustiva y espinosa, 3.3.3.

zarzahán. Especie de tela de seda.

zarzaparrilla. Bebida refrescante. Arbusto. 12.11.3.

zebra. Cebra.

zedilla. Virgulilla.

zéjel. Composición estrófica.

zenit. Cenit.

zeta. Letra griega, 4.11.3.

zigzag. Serie de líneas que forman alternativamente ángulos entrantes y salientes, 3.3.4.

zinc. Cinc, 3.3.4.

zipizape. Riña ruidosa, 3.3.4.

zorra. Animal hembra, 3.3.3.

zorro. Animal macho.

zóster. Erupción en un nervio, 5.5.10.

zuavo. Soldado argelino.

zubia. Lugar donde afluye mucha agua.

zuiza. Suiza.

zulacar (1a). Cubrir con zulaque.

zumacar (1a). Adobar pieles con zumaque.

zumo. Jugo, 4.11.3.

zurcir (3a). Coser de modo que la costura quede disimulada.

zurdo, a. Dícese de la persona que usa la mano o el pie izquierdo para hacer lo que en general se hace con el derecho, 2.6.

zurriagar (1b). Castigar con el zurriago.

zurriar (1t). Sonar confusamente.

zurrón. Morral, talego, 3.3.3.

zurruscar (1a). Irse de vientre involuntariamente.

ÍNDICE

0. **Introducción** 7

1. **Estructura fónica de la lengua** 11

    1.1. Lenguaje y escritura 11
    1.2. Arte y escritura 11
    1.3. Alfabeto 12
    1.4. Alfabeto español 14
    1.5. Fonemas del español 15
    1.6. Correspondencia entre fonemas y letras 17
    1.7. Vocales y consonantes 19
    1.8. Estructura de la sílaba 19
    1.9. Acento de intensidad 20
    1.10. Combinaciones vocálicas 21
    1.11. Combinaciones consonánticas 23

2. **Ortología o correcta pronunciación** 25

    2.1. Ortología y prosodia 25
    2.2. El yeísmo 27
    2.3. La aspiración 28
    2.4. Exceso y defecto en la pronunciación de *d* 29
    2.5. Aspiración, asimilación y pérdida de *s* 29
    2.6. Ceceo y seseo 30
    2.7. La ortología y los códigos 31

3. **Ortografía de las letras** 33

    3.1. B - V - W 33
        3.1.1. Posibilidades ortográficas del sonido *b/v/w* 33
        3.1.2. Ante consonante 33
        3.1.3. En terminaciones *-bil, -ble, -bilidad* 34
        3.1.4. En los verbos terminados en *-bir/vir* 34
        3.1.5. Terminaciones de pretérito imperfecto de indicativo .. 34
        3.1.6. En el verbo *tener* y sus compuestos 35
        3.1.7. En el verbo *haber* 35

3.1.8. Adjetivos en -avo/ava, -evo/eva, -ivo/iva, -ave, -eve   35
3.1.9. Los mismos sonidos finales en sustantivos   36
3.1.10. Palabras que empiezan con billa/villa   36
3.1.11. Palabras que empiezan con nava   36
3.1.12. Uso de la letra w   36
3.2. C - K - Q   37
3.2.1. Posibilidades ortográficas del sonido c/k/q   37
3.2.2. Uso de la letra k   37
3.2.3. Uso de c ante a, o, u   37
3.2.4. Uso de c en posición final de sílaba   38
3.2.5. Uso de c ante l y r   38
3.3. C - S - Z   38
3.3.1. Dialectología del sonido s/z; seseo y ceceo   38
3.3.2. Uso de s y de x   39
3.3.3. Uso de s y de z   39
3.3.4. Uso de c/z ante e/i   40
3.3.5. Ortografía cc de los sonidos k+z   40
3.3.6. Sinopsis del uso de c/z   40
3.4. D - T - Z   41
3.4.1. Palabras terminadas en t   41
3.4.2. Omisión incorrecta de la d final   41
3.4.3. Sustitución incorrecta de d final por z   42
3.4.4. Palabras terminadas en -ado, -ido y -ador   42
3.4.5. Sílabas ad/at y et   43
3.5. G - J   43
3.5.1. Sinopsis del uso de g/j   43
3.5.2. Uso de g ante a, o, u; uso de gu ante e, i   44
3.5.3. Uso de güe, güi   44
3.5.4. Uso de g ante l y r   45
3.5.5. Uso de g/j en posición final de sílaba   45
3.5.6. La sucesión gen   45
3.5.7. La sucesión jen; verbos terminados en -jar; verbo tejer   46
3.5.8. Palabras terminadas en gio/gia, gío/gía, gión y gésimo   47
3.5.9. Verbos de infinitivo terminado en -ger, -gir   47
3.5.10. Verbos de infinitivo terminado en -jar, -jer, -jir   48
3.5.11. Verbos de infinitivo terminado en -jear   48
3.5.12. Formas del verbo traer y sus compuestos   48
3.5.13. Verbos de infinitivo terminado en -cir (formas irregulares)   48
3.5.14. Palabras terminadas en -ge/je, -jero, -jera, -jería   49
3.6. H   50
3.6.1. Mudez y aspiración de h; h procedente de f latina ...   50
3.6.2. Uso de h ante ie, ue   50
3.6.3. Palabras que empiezan con hip-, hidr-   50
3.6.4. Diferencia de significado en palabras con o sin h   51
3.6.5. Expresiones monosilábicas con o sin h   51
3.7. I - Y - LL   52
3.7.1. Uso de y en posición inicial y final de sílaba   52
3.7.2. Consecuencias ortográficas del yeísmo   52

3.7.3. Diferencia de significado en palabras con *ll* o con *y* . .   53
3.8. M - N   53
    3.8.1. Posibilidad de confusión entre *m* y *n*   53
    3.8.2. Uso de *m* ante *p* y *b*   54
    3.8.3. Uso de *n* ante *v* y *f*   54
    3.8.4. Uso de *m/n* ante *n*   54
    3.8.5. Uso de *n* ante *c, d, m, s, t*   54
    3.8.6. Sílabas *trans* y *tras*   54
3.9. B - P   56
    3.9.1. Uso de *b/p* en posición final de sílaba..............   56
    3.9.2. Prefijos *ab, ob, sub*   56
    3.9.3. Uso de *a(b)s, o(b)s, su(b)s*   56
3.10. R - RR   57
    3.10.1. Sinopsis del uso de *r/rr*..........................   57
    3.10.2. Uso de *r* ante y tras vocal; ante y tras consonante ...   57
3.11. X - S - C   59
    3.11.1. Ortografía de los sonidos *k + s* y *k + z*   59
    3.11.2. Uso de *cc*   59
    3.11.3. Uso de *x*..   60
    3.11.4. *Ex/es* en posición inicial de palabra   60
3.12. Omisión de consonantes   61
    3.12.1. Palabras terminadas en *d, t, c*   61
    3.12.2. Palabras terminadas en *ao/ado*   61
    3.12.3. Palabras terminadas en *edo/eo* y en *ido/ío*..........   62
    3.12.4. Omisión de *d, b, g* intervocálicas   63
    3.12.5. Omisión de la sílaba final   63
    3.12.6. Omisión de *c, g, p* en posición final de sílaba   64
    3.12.7. Palabras que empiezan con *ab/ap* y *abs*   64
    3.12.8. Palabras que empiezan con *ob/op* y *obs*   65

4.   **Ortografía de las palabras**   67

4.1. Estructura de la palabra   67
    4.1.1. Unidad formal de la palabra   67
    4.1.2. División de la palabra en sílabas   67
4.2. Regla general de acentuación gráfica   69
    4.2.1. Palabras agudas, llanas y esdrújulas...............   69
    4.2.2. Sinopsis de la acentuación gráfica..................   70
    4.2.3. Acentuación gráfica de agudas, llanas y esdrújulas ...   70
4.3. Acentuación de las combinaciones vocálicas   71
    4.3.1. Diptongo y acento en la vocal fuerte   71
    4.3.2. Diptongo, triptongo y acento en la vocal débil   72
    4.3.3. Palabras con *h* entre vocales   72
    4.3.4. *Fue, fui, dio, vio, pie, guión* y otras palabras monosílabas   73
4.4. Acentuación diferencial   73
    4.4.1. Oposición *solo/sólo*   73
    4.4.2. Oposición *este/éste, ese/ése, aquel/aquél*   74

4.4.3. Oposición *aun/aún* 75
4.4.4. Palabras diferenciadas por su acento gráfico 75
4.4.5. Oposición *que/qué* y *cuando/cuándo* 76
4.4.6. *Que, cual, quien, cuan, cuanto, cuando, donde, adonde, cuyo* 77
4.4.7. Uso de la diéresis 78
4.4.8. Norma acentual y corrección ortográfica 79
4.5. Formas pronominales átonas 79
4.5.1. Sinopsis de las formas pronominales 79
4.5.2. Anteposición y posposición de formas átonas: su ortografía 80
4.5.3. Alteraciones ortográficas por posposición de formas átonas 81
4.6. Palabras compuestas 84
4.6.1. Su acentuación como las simples 84
4.6.2. Adverbios en *-mente* 84
4.6.3. División silábica especial de algunas palabras compuestas 85
4.6.4. Superlativos en *-ísimo, -érrimo* e irregulares 86
4.7. Partículas de relación 88
4.7.1. *Si no/sino* 88
4.7.2. *Aun que/aunque* 89
4.7.3. *Por qué/porque, con que/conque* 89
4.8. Los numerales 90
4.8.1. Números y guarismos 90
4.8.2. Tabla de numerales cardinales y ordinales 91
4.8.3. Género, apócope y doble ortografía 93
4.8.4. Tabla de numerales fraccionarios 93
4.8.5. Tabla de numerales múltiplos 95
4.9. Las mayúsculas 96
4.9.1. Nombres propios 96
4.9.2. Mayúsculas por puntuación 97
4.9.3. Abreviaturas y consonantes compuestas 97
4.9.4. Acentuación gráfica de las mayúsculas 98
4.10. Abreviaturas y siglas 98
4.10.1. Abreviación y abreviatura 98
4.10.2. Tabla de abreviaturas usuales 99
4.10.3. Fórmulas abreviadas y sistema métrico decimal 103
4.10.4. Plural de las abreviaturas 103
4.10.5. Lectura de abreviaturas 104
4.10.6. Ambigüedad de las siglas 105
4.10.7. Uso y abuso de las siglas 105
4.10.8. Lectura de siglas 106
4.11. Significado, pronunciación y escritura 107
4.11.1. Palabra y contexto 107
4.11.2. Valor distintivo del género gramatical 108
4.11.3. Valor distintivo de la ortografía 109

5. Problemas de redacción 111

   5.1. Norma y uso 111
   5.2. Lengua común.. 112
   5.3. Ejercicio de reflexión 113
   5.4. La base, el nivel y otras perlas 114
        5.4.1. *En base a, a nivel de, desde ya* 114
        5.4.2. *De acuerdo a/con, en relación a/con, como muy* 114
        5.4.3. Incorrección en comparativos y superlativos 114
        5.4.4. *Bajo el punto de vista, bajo el radio de acción, bajo encargo* 114
        5.4.5. Un extraño verbo: *preveer* 115
   5.5. El género de los sustantivos 115
        5.5.1. Flexión de género en el adjetivo 115
        5.5.2. Flexión de género en el sustantivo 115
        5.5.3. Sustantivos femeninos terminados en *-o* 116
        5.5.4. Sustantivos masculinos terminados en *-a* 116
        5.5.5. Género de los sustantivos terminados en *-e* 117
        5.5.6. Género de los sustantivos terminados en *-i,* en *-u* y en *-d* 117
        5.5.7. Género de los sustantivos terminados en *-j* 118
        5.5.8. Género de los sustantivos terminados en *-l* 118
        5.5.9. Género de los sustantivos terminados en *-n* 118
        5.5.10. Género de los sustantivos terminados en *-r* 119
        5.5.11. Género de los sustantivos cuyo singular termina en *-s* 119
        5.5.12. Género de los sustantivos terminados en *-t,* en *-x* y en *-z* 120
        5.5.13. Palabras cuyo significado se distingue por su género 120
   5.6. El número de los sustantivos 120
        5.6.1. Valor del género y del número en los sustantivos 120
        5.6.2. Flexión de plural en sustantivos y en adjetivos....... 121
        5.6.3. Plural de palabras terminadas en vocal tónica 121
        5.6.4. Sustantivos carentes de plural 122
        5.6.5. Plural de los nombres propios 122
        5.6.6. Sustantivos carentes de forma de singular 123
        5.6.7. Sinopsis del plural de sustantivos y adjetivos 123
   5.7. Concordancia nominal.................................. 124
        5.7.1. Concordancia entre sustantivo y adjetivo 124
        5.7.2. Concordancia de un adjetivo con varios sustantivos .. 125
        5.7.3. Excepciones a las reglas de concordancia nominal.... 125
        5.7.4. Concordancia del artículo y de los determinativos.... 126
   5.8. El artículo 126
        5.8.1. Sobre determinación e indeterminación del sustantivo 126
        5.8.2. El artículo neutro *lo* y las formas contractas *al* y *del* 127
        5.8.3. Uso de artículo ante nombre propio de persona 127
                5.8.3.1. Nombres propios de persona en plural 127
                5.8.3.2. Nombres propios de persona simbólicos.... 128
                5.8.3.3. Nombres propios de personas famosas 128
                5.8.3.4. Nombres propios de autores 128
        5.8.4. Uso de artículo ante nombre propio de lugar 128

            5.8.4.1. Nombres propios de montes y ríos   128
            5.8.4.2. Localidades, comarcas y naciones   129
            5.8.4.3. Nombres geográficos con complemento dis-
                      tintivo   129
        5.8.5. El artículo ante palabras que empiezan con *a* o *ha* tónica   129
    5.9. El orden de las palabras   129
        5.9.1. Orden normal de las partes de la oración   129
        5.9.2. Posibilidades combinatorias en el orden de las palabras   130
        5.9.3. Posición del adjetivo respecto del sustantivo........   131
        5.9.4. Posición del adjetivo y cambio en su significado   131
        5.9.5. Apócope de adjetivos calificativos antepuestos.......   132
        5.9.6. Apócope de adjetivos posesivos antepuestos   132
        5.9.7. Posposición de los adjetivos demostrativos y posesivos   133

6. **Sintaxis pronominal**   135

    6.1. Posición de los pronombres   135
        6.1.1. Posición de las formas pronominales átonas.........   135
        6.1.2. El pronombre átono en las perífrasis verbales   135
        6.1.3. El pronombre átono en las perífrasis incoativas......   136
        6.1.4. El pronombre átono y los verbos *ir* y *volver*   136
    6.2. Sistema pronominal átono de tercera persona................   136
    6.3. Formas de leísmo   138
        6.3.1. Uso académico de las formas pronominales átonas ...   138
        6.3.2. Leísmo parcial....................................   138
        6.3.3. Leísmo total......................................   139
    6.4. Laísmo y loísmo   139
        6.4.1. Laísmo   139
        6.4.2. Loísmo   140
        6.4.3. Tendencia a la pérdida de flexión casual en el pronombre   140
    6.5. Concurrencia de pronombres átonos......................   141
        6.5.1. Concurrencia de formas átonas de acusativo y dativo   141
        6.5.2. Formas átonas de acusativo de tercera persona   142
        6.5.3. Colocación de la forma *se*   142
        6.5.4. Regla general de concurrencia pronominal   142
    6.6. Del pronombre a la partícula   143
        6.6.1. Formas del pronombre indefinido   143
        6.6.2. Función interrogativa del pronombre   143
        6.6.3. Formas pronominales interrogativas   144
        6.6.4. La interrogación y las partículas *cuanto, donde, como,*
                cuando   145
        6.6.5. Pronombre relativo *que*..........................   146
        6.6.6. Pronombre relativo *cual*   146
        6.6.7. Pronombre relativo *quien*   147
        6.6.8. Pronombre relativo *cuyo*..........................   147

7. Partículas de relación 149

7.1. A la partícula desde el pronombre 149
    7.1.1. Relación entre pronombre y partícula 149
    7.1.2. La conjunción 150
    7.1.3. Funciones de la conjunción 150
    7.1.4. Uso de la conjunción *y* 150
    7.1.5. Uso de *que* (conjunción y pronombre) 152
    7.1.6. *Dequeísmo* o uso incorrecto de *de+que* 154
    7.1.7. Corrección e incorrección en el uso de *que/de+que* .. 154
    7.1.8. Incorrección y norma lingüística 155
7.2. Uso de las preposiciones 156
    7.2.1. Significado y uso de las preposiciones 156
    7.2.2. Preposición *a* 157
    7.2.3. Sinopsis del uso de *a* 158
    7.2.4. Preposición *ante* 159
    7.2.5. Preposición *bajo* 160
    7.2.6. Preposición *cabe* 160
    7.2.7. Preposición *con* 160
    7.2.8. Sinopsis del uso de *con* 161
    7.2.9. Preposición *contra* 161
    7.2.10. Preposición *de* 162
    7.2.11. Sinopsis del uso de *de* 163
    7.2.12. Preposición *desde* 163
    7.2.13. Preposición *en* 164
    7.2.14. Sinopsis del uso de *en* 164
    7.2.15. Preposición *entre* 165
    7.2.16. Preposición *hacia* 165
    7.2.17. Preposición *hasta* 165
    7.2.18. Preposición *para* 166
    7.2.19. Sinopsis del uso de *para* 166
    7.2.20. Preposición *por* 167
    7.2.21. Sinopsis del uso de *por* 168
    7.2.22. Preposición *según* 169
    7.2.23. Preposición *sin* 169
    7.2.24. Preposición *so* 170
    7.2.25. Preposición *sobre* 170
    7.2.26. Preposición *tras* 170

8. Uso de las formas personales del verbo 171

8.1. Forma y función del verbo 171
8.2. Modo imperativo 172
    8.2.1. El modo verbal 172
    8.2.2. Paradigma de imperativo 172
    8.2.3. Imperativo y tratamiento......................... 173
    8.2.4. Tiempo del imperativo............................ 174

	8.2.5.	Imperativo y formas átonas del pronombre	174
8.3.	Modo subjuntivo		175
	8.3.1.	Oposición realidad/no realidad	175
	8.3.2.	Gradación del subjuntivo	175
	8.3.3.	Subjuntivo en oraciones simples	177
	8.3.4.	Potencial o condicional	177
8.4.	Tiempos de indicativo		178
	8.4.1.	Terminología de los tiempos de indicativo	178
	8.4.2.	Tiempo simples y compuestos	179
	8.4.3.	Tiempos perfectos e imperfectos	179
	8.4.4.	Perfección, duración y totalidad	180
	8.4.5.	Tiempo implicado y tiempo explicado	181
	8.4.6.	Paradigma de indicativo en español	182
8.5.	Uso de los tiempos de pasado		182
	8.5.1.	Pretéritos pluscuamperfecto y anterior	182
	8.5.2.	Pretérito imperfecto durativo	183
	8.5.3.	Pretérito imperfecto habitual	184
	8.5.4.	Pretérito imperfecto iterativo	184
	8.5.5.	Pretérito imperfecto de conato	185
	8.5.6.	Pretérito imperfecto de cortesía	185
	8.5.7.	Pretérito indefinido	185
8.6.	Uso de los tiempos de presente		186
	8.6.1.	Pretérito perfecto: relación entre pasado y presente	186
	8.6.2.	Presente puntual y habitual	188
	8.6.3.	Presente histórico o narrativo	188
	8.6.4.	Presente imperativo y profuturo	189
	8.6.5.	Presente intemporal	189
8.7.	Uso de los tiempos de futuro		190
	8.7.1.	Futuro imperfecto durativo	190
	8.7.2.	Futuro imperfecto puntual	190
	8.7.3.	Futuro imperfecto imperativo	190
	8.7.4.	Futuro imperfecto de cortesía	191
	8.7.5.	Futuro imperfecto y potencial simple de probabilidad	191
	8.7.6.	Futuro perfecto	191
	8.7.7.	Futuro perfecto de probabilidad	192
9.	**Formas no personales del verbo**		195
9.1.	Las formas no personales		195
	9.1.1.	Aspecto verbal de las formas no personales	195
	9.1.2.	Función sintáctica de las formas no personales	195
9.2.	El infinitivo		196
	9.2.1.	Infinitivo simple e infinitivo compuesto	196
	9.2.2.	Funciones sintácticas del infinitivo	197
	9.2.3.	El infinitivo en oraciones impersonales	197
9.3.	El gerundio		199
	9.3.1.	Funciones sintácticas del gerundio	199

		9.3.2.	El gerundio compuesto	200
		9.3.3.	Usos incorrectos del gerundio	200
	9.4.	El participio		201
		9.4.1.	Participio activo y participio pasivo	201
		9.4.2.	Flexión del participio: género y número	202
		9.4.3.	El participio y el adjetivo	202

10. Perífrasis verbales **205**

	10.1.	Estructura y función de las perífrasis	205
		10.1.1.	Tipos de perífrasis	205
		10.1.2.	Perífrasis con participio	206
		10.1.3.	Integración del participio en la perífrasis	207
		10.1.4.	Clasificación de las perífrasis	208
		10.1.5.	Perífrasis y formas pronominales átonas	210
		10.1.6.	Verbos de uso sólo perifrástico	211
	10.2.	Verbo auxiliar de tiempo	211
		10.2.1.	Función auxiliar y semiauxiliar del verbo *haber*	211
		10.2.2.	Uso semiauxiliar del verbo *haber*	212
	10.3.	Uso impersonal del verbo *haber*	213
		10.3.1.	Uso incorrecto del plural	213
		10.3.2.	Las formas impersonales *ha* y *hay*	214
		10.3.3.	Sinopsis del uso del verbo *haber*	214
	10.4.	Entre la obligación y la probabilidad	215
		10.4.1.	Perífrasis obligativas con *haber* y *tener*	215
		10.4.2.	*Deber + de +* infinitivo y *deber +* infinitivo	216
		10.4.3.	Relación entre obligación y probabilidad	217
	10.5.	Verbos semiauxiliares	217
		10.5.1.	Función semiauxiliar y función plena	217
		10.5.2.	Sinopsis del uso del verbo *tener*	218
		10.5.3.	Uso auxiliar y pleno del verbo *ir*	219
	10.6.	Verbos auxiliares de voz	220
		10.6.1.	La conjugación pasiva	220
		10.6.2.	Concordancia del participio	222
		10.6.3.	Sinopsis del uso del verbo *ser*	224
		10.6.4.	Pasiva refleja o impersonal	225
		10.6.5.	Sinopsis del uso del verbo *estar*	226
		10.6.6.	Voz pasiva y voz estativa	226
		10.6.7.	Oposición sintáctica *ser/estar*	230
		10.6.8.	Oraciones de predicado nominal	230
		10.6.9.	Significado del adjetivo según el verbo copulativo	231

11. Modelos de conjugación **233**

| | 11.1. | Regularidad e irregularidad | 233 |
| | | 11.1.1. | Modelos básicos de irregularidad | 233 |

11.1.2. Correlación de irregularidades 235
11.1.3. Clasificación de verbos irregulares 236
11.2. Tabla numerada de verbos irregulares 237

12. **Reglas de puntuación** 263

12.1. Signos de puntuación.................................... 263
    12.1.1. Ortografía del texto 263
    12.1.2. Puntuación y estilo............................. 264
12.2. Uso de la coma... 265
    12.2.1. Coma o conjunción copulativa 265
    12.2.2. Coma y conjunción copulativa.................... 266
    12.2.3. Coma, elisión del verbo y orden de la frase 266
    12.2.4. Coma y complemento nominal explicativo 267
    12.2.5. Coma y oraciones de relativo..................... 268
    12.2.6. Coma y expresiones enfáticas..................... 269
    12.2.7. Coma y vocativo................................ 270
    12.2.8. Coma y aposición 271
    12.2.9. Coma y expresiones adverbiales................... 272
    12.2.10. Comas toleradas 272
    12.2.11. Comas prohibidas.............................. 273
12.3. Uso del punto y coma 274
    12.3.1. Punto y coma no es punto+coma 274
    12.3.2. Punto y coma en oraciones de estructura compleja... 275
    12.3.3. Valor enfático del punto y coma.................. 276
    12.3.4. Valor sintáctico del punto y coma................. 276
    12.3.5. Valor estilístico del punto y coma 277
12.4. Uso del punto 277
    12.4.1. Valor estilístico del punto 277
    12.4.2. Punto y seguido 278
    12.4.3. Punto y aparte 278
    12.4.4. Punto, abreviatura y sigla...................... 279
12.5. Uso de los dos puntos 279
    12.5.1. Dos puntos y enumeración 279
    12.5.2. Dos puntos y cita textual 280
    12.5.3. Dos puntos y estilo directo 280
    12.5.4. Dos puntos y causa o conclusión.................. 281
    12.5.5. Dos puntos y saludo epistolar 281
12.6. Uso de los puntos suspensivos 281
    12.6.1. Abuso de los puntos suspensivos................. 281
    12.6.2. Puntos suspensivos e interrupción del texto 282
    12.6.3. Valor enfático de los puntos suspensivos............ 283
12.7. Uso de los signos de interrogación 283
    12.7.1. Oraciones interrogativas 283
    12.7.2. Interrogaciones parciales 284
    12.7.3. Preguntas sin respuesta 285
12.8. Uso de los signos de admiración 285

12.8.1. Oraciones exclamativas 285
12.8.2. Exclamaciones e interjecciones.................... 286
12.8.3. Expresiones interjectivas 287
12.8.4. Interrogación + admiración 287
12.9. Uso de las comillas...................................... 287
12.9.1. Tipos de comillas 287
12.9.2. Recursos tipográficos 288
12.9.3. Comillas de repetición 288
12.10. Uso de los paréntesis 289
12.10.1. Tipos de paréntesis 289
12.10.2. Paréntesis, corchetes y llaves 290
12.11. Uso de los guiones 291
12.11.1. Raya o guión largo.............................. 291
12.11.2. Guión corto y división de palabras 291
12.11.3. Guión corto y unión de palabras.................. 292
12.12. Otros signos ortográficos 293
12.12.1. El párrafo 293
12.12.2. El asterisco..................................... 293

13. **Diccionario léxico y gramatical**................................. 295

13.1. Léxico y diccionario...................................... 295
13.2. Instrucciones para el uso del diccionario 297
13.2.1. Dudas ortográficas 297
13.2.2. Conjugación de los verbos 298
13.2.3. Remisiones al texto.............................. 299
13.3. Diccionario.. 303